임차인의 권리 연구

공익법총서 11

임차인의 권리 연구

법무법인(유한) 태평양
재단법인 동천   공동편집

景仁文化社

| 발간사 |

　최근 3만 명 가까운 많은 피해자가 나온 전세사기 사건은 주거취약계층의 불안정한 상태가 단적으로 드러난 것인바, 주거불안은 여성 1인의 합계 출산율 0.78이 세계 최저 출산율이라는 충격적인 현실로 나타나고 있고 이러한 현실 앞에서 뭐라도 해야 한다는 생각은 공익법총서 제9권과 동천에 주거공익법센터를 설치한 계기가 되었습니다. 공익법총서 제9권을 만들 때 최초에는 사회적 주택을 중심으로 편집기획이 이루어졌으나, 진행 과정에서 공공임대주택을 포함하여 보다 넓은 의미에서 주거취약계층을 위한 공공주택을 포괄하는 것으로 정리하였습니다. 하지만 동천 주거공익법센터가 출범하기 전에 주거 문제에 대한 공부가 많이 부족한 상태여서, 주거 취약계층들 대다수가 이용하는 임대차 법제를 본격적으로 다루지 못한 아쉬움이 있었습니다.

　2023년 동천에 주거공익법센터가 설치된 것을 계기로 동천의 주거공익법제연구는 본격화되어 최근까지 국회에서 총 4회의 주거공익법제포럼을 진행하여 주로 주택도시기금의 구조, 사용목적, 거버넌스 구조 등에 대한 집중적인 연구 검토를 진행하였습니다. 이를 바탕으로 2025년 6월 「225조 원의 질문 : 주택도시기금의 진실과 미래」라는 제목으로 단행본을 출간할 예정입니다.

　이러한 주택도시기금을 중심으로 한 국회 주거공익법제포럼 진행과는 별도로 "임차인의 권리 연구"라는 제목으로 공익법총서 제11권을 기획한 것은, 주거 취약계층 다수가 이용한 임대차 제도를 본격적으로 검토하고 개선방안을 모색할 필요가 있다는 생각에서였습니다. 이에 김재형 전(前) 대법관님을 편집위원장으로 모시면서 김 전(前) 대법관님의 주도 아래 국내 임대차 법제 최고의 전문가들을 모시고 공익법총서 제11권을 발간하기에 이르렀습니다. 특히 2025년 4월 12일 국내 학술단체 중 최고의 권위를 자랑하는 한국민사법학회와 공동으로 춘계학술대회를 개최하여, 제11권에 수록될 논문 중 네 편을 발표하고 토론하는 자리를 마련하기도 하였습니다.

편집위원회는 김재형 전(前) 대법관님을 위원장으로, 태평양의 유철형 변호사님, 김준우 변호사님, 김경목 변호사님, 동천의 이희숙 변호사님, 그리고 저를 위원으로 하여 구성되었습니다. 기획부터 편집까지 지혜를 모아 주신 편집위원 여러분의 노력 끝에 오늘 공익법총서 제11권 "임차인의 권리 연구"가 출간될 수 있었습니다. 이 자리를 빌어 바쁘신 가운데 정성을 다하여 옥고를 작성하여 주신 필진들과 편집위원들께 감사의 말씀을 드립니다.

공익법총서 제11권의 발간을 통하여 우리 임대차 법제의 한계와 문제점으로 인하여 고통받는 주거취약계층을 포함한 임차인들의 주택 임대차 법제 문제를 바로잡는 소중한 계기가 마련되기를 기대합니다. 임차인의 주거권은 헌법적으로 보장되어야 하는 기본권이고, 우리 주택 임대차 법제는 그러한 헌법정신에 근거하여 새롭게 정비되어 제도의 한계와 흠결로 인하여 고통받는 피해자가 나오지 않도록 하여야 할 것입니다. 동천과 태평양은 이 책의 논문들이 제시하는 입법적 개선과제를 종합하고 우선순위에 따라 입법과제를 설정하는 등 입법전략을 수립하여, 현실적인 입법의 열매를 맺을 수 있도록 적극적으로 추진할 것을 다짐합니다.

재단법인 동천 이사장 유 욱

| 차 례 |

발간사　iv
에필로그　516

주택임대차 거래의 합리화를 위한 법제 및 거래 문화 개선 방안 _ 김제완

 Ⅰ. 서론 ···2
 Ⅱ. 우리나라에서 주택임대차법제 개선의 주요 목표에 대한 고찰 ········4
 Ⅲ. 주택임대차보호법제 합리화를 위한 주요 문제점과 개선 방안 ······10
 Ⅳ. 임대차계약에 있어서 거래 문화와 관행의 개선 방안 ··················34
 Ⅴ. 결론 ···51

전세사기 피해 실태에 기반한 법률 개정 방향 _ 최은영·홍정훈

 Ⅰ. 들어가며 ··62
 Ⅱ. 전세사기·깡통전세 피해 실태 ··66
 Ⅲ. 대규모 전세사기·깡통전세 발생 전후 법률 개정 현황 ···············79
 Ⅳ. 해외 사례 ··84
 Ⅴ. 법률 개정 방향 ··91

일본의 건물임대차법 _ 박인환

 Ⅰ. 머리말 ···98
 Ⅱ. 일본 차지·차가 법제의 형성과 전개 ·································100
 Ⅲ. 「차지차가법」상 건물임대차의 주요 내용 ·····························112
 Ⅳ. 맺음말 ···151

미국 주택임대차제도에 대한 소고 _ 정소민

  Ⅰ. 들어가며 ···156
  Ⅱ. 미국 주택임대차 관련 법률 ···158
  Ⅲ. 통일주택임대차법의 주요 내용 및 특징 ·································163
  Ⅳ. 우리나라에의 시사점 - 결론에 갈음하여 - ··························186

독일 주택임대차 법제에 있어 주택임차인 보호 고찰 _ 이도국

  Ⅰ. 서언 ···194
  Ⅱ. 독일 주택임대차 법제 개관 ···196
  Ⅲ. 주택임차인 보호를 위한 시사점 ··218
  Ⅳ. 결언 ···223

프랑스의 주택임대차법 _ 이은희

  Ⅰ. 서 ···228
  Ⅱ. 거주안정성 ···229
  Ⅲ. 주거석합성 ···248
  Ⅳ. 부담가능성 ···256
  Ⅴ. 결 ···277

한국 임차인의 권리 증진 _ 김영두

  Ⅰ. 서론 ···285
  Ⅱ. 임차인의 주거권과 임대인의 수익권 ·····································286
  Ⅲ. 임차인의 주거권 보장방안 ···302
  Ⅳ. 임대인의 수익권 보장방안 ···312
  Ⅴ. 결론 ···320

임대주택의 주거적합성 _ 서종균

- Ⅰ. 서론 ··· 324
- Ⅱ. 부적합한 거처 대응의 한계 ······························ 326
- Ⅲ. 임대주택의 질에 영향을 미치는 기존 정책 ········ 332
- Ⅳ. 외국의 주거적합성 정책 ·································· 338
- Ⅴ. 주거적합성 정책 추진 방안 ····························· 353
- Ⅵ. 합리적인 주택개조에 대한 편의제공 ················ 361
- Ⅶ. 결론 ··· 364

임차인의 부담가능성 - 임차인 권리 증진을 위한 소고
_ 김경목·권도형·백지욱·임부루

- Ⅰ. 들어가며 ·· 370
- Ⅱ. 임대료 변화 및 전월세상한제의 실효성 평가 ····· 372
- Ⅲ. 임대료 규제에 관한 헌법적 검토 ······················ 379
- Ⅳ. 차임 규제 방식의 개선 방안 ···························· 394
- Ⅴ. 주거비 지원 정책의 개선 방안 ························· 406
- Ⅵ. 나가며 ·· 416

한국 민간임대주택사업자 등록제도 개선 방향
_ 김준우·용진혁·이희숙·최나빈

- Ⅰ. 서론 ··· 424
- Ⅱ. 민간임대주택사업자 등록제도 연혁 및 현황 ······ 426
- Ⅲ. 임대사업자 등록제도에 관한 논의 및 평가 ······· 446
- Ⅳ. 임대사업자 등록제도 법개정안 및 쟁점 ············ 458
- Ⅴ. 민간임대주택 등록제도 개선 방안 ···················· 470

주택 전세제도 개선에 관한 소고 _ 장보은

- Ⅰ. 문제의 제기 ·· 480
- Ⅱ. 전세제도의 의의와 특징 ·································· 481
- Ⅲ. 시장의 변화와 법률의 대응 ····························· 488
- Ⅳ. 전세제도 관련 법 개선 방안 ···························· 499
- Ⅴ. 결어 ··· 512

주택임대차 거래의 합리화를 위한 법제 및 거래 문화 개선 방안

김제완*

|초록|

이 논문은 우리나라의 주택임대차 거래가 좀 더 합리적으로 운영되기 위하여 근본적으로 필요한 제도 개선이 무엇인지, 나아가 법제뿐만 아니라 거래 관행과 문화에 관하여 개선이 필요한 부분이 무엇인지를 모색하여 보는 것을 목적으로 한다.

이 글에서는 먼저 우리나라에서 주택임대차법제 개선의 주요 목표를 ①존속보장과 차임안정화, ②임차보증금의 반환보장으로 정리한다(제2장). 존속보장은 이미 많은 논의가 이루어진 바 있고, 갱신요구권을 추가 확대할 것인가의 입법적 결단이 필요하다. 차임안정화는 존속보장의 강화에 따라 함께 이루어질 것으로 기대된다. 임차보증금의 반환보장에 관하여는 최근 전세사기와 깡통주택 문제에서 알 수 있듯이 법제적 보완이 긴요하다.

이 글에서는 우리나라의 주택임대차보호법제 합리화를 위하여, 특히 임차보증금의 반환보장을 실효성 있게 확보하고자 하는 정책적 측면에 초점을 두어, 근본적으로 그리고 시급히 개선해야 할 문제점과 개선 방안을 검토한다. 특히 그중에서 ①임대차의 공시방법과 익일(翌日) 조항의 개정 필요성 및 임차권 등기제도로의 전환상의 쟁점을 살핀 후, ②임차보증금 반환의 현실적 이행이 보장되는 방향으로 보증보험제도와 신용정보제공의무에 관한 법제 개선 필요성 및 ③신속한 분쟁해결 및 강제집행이 가능한 방향으로 임대차분쟁조정제도에 관한 근본적인 개선 필요성을 제시한다(제3장). 임차보증금의 반환보증에 관한 제도를 정리함에 있어서는 우리나라 임대차거래,

---

* 고려대학교 법학전문대학원 교수

특히 거액의 임차보증금을 수수하는 거래가 지닌 금융거래적 성격에 착안하여야 하며, 그에 따른 금융기법상의 위험 관리 및 반환보증 방안을 제시하는 접근방법이 필요하다고 생각된다.

주택임대차 거래는 단지 「주택임대차보호법」의 개선만으로 합리화될 수 있는 것은 아니고, 더 나아가 임대차계약에 있어서 우리나라의 거래 문화와 관행을 개선할 필요가 있다. 이 글에서는 그 방안 중에서 ①법률 등 전문분야 쟁점 등에 관한 공인중개사의 주의의무 법리 확립과 전속중개 및 통합부동산거래정보망(multiple listing service, MLS) 시스템의 활성화 등을 중심으로 공인중개사 관련 법제 및 관행의 개선 필요성을 제시하고, ②임대차 관련 거래 관행과 계약 문화의 개선에 관하여 임대차계약에서 서면 청약 의무화와 임대차 종료시 임차보증금 중 계약금의 선반환(先返還) 의무화 등을 중심으로 필자의 의견을 제시한다(제4장).

이 글에서는 이상의 검토를 바탕으로 「주택임대차보호법」 및 「공인중개사법」을 일부 개정하는 내용의 개정시안도 제시한다. 대항력의 발생 시기에 관한 익일(翌日) 조항을 당일(當日) 0시로 소급하는 조항으로 개정(주택임대차보호법 제3조 제1항), 임대인이 반환보증보험증권 제공의무를 부담하도록 하는 내용으로 「주택임대차보호법」 조항을 신설(제3조의 8), 계약만료 전 계약금 선반환 의무화에 관한 조항을 신설(제6조 제4항), 그리고 공인중개사의 쌍방에 대한 일반중개계약을 통한 쌍방대리 관행을 억제하기 위하여 일반중개계약 체결을 규제하여 전속중개계약 활성화를 유도하는 공인중개사법 조항의 신설(제22조 제2항)과 공인중개사의 계약서 초안 작성 및 제시 의무를 규정하는 내용의 공인중개사법 개정(제26조)에 관한 시안을 제시한다.

I. 서론

인간의 삶에 주거는 필수적이고도 중요한 요소로서, 임대차 시장의 안정은 법정책적 수단을 통해 국민의 생존에 필요한 사항을 적절히 규율함으로써 달성하고자 하는 국가 차원의 목표에 해당한다. 그러나 우리나라의 주거문제는 쉽게 개선되지 않고 있다.1) 우리나라는 1981년 「주택임대차보호법」 제정을 통해 노력하여 왔지만, 최근 다양한 유형의 전세사기와 깡통주택 등 문제로 주택임차인의 피해가 가중되어 심각한 사회문제가 되었다.2) 이에 전세제도 자체의 제도적 존속 여부를 포함하여 주택임대차보호법제 전반에 대해 법제적 재검토가 필요한 상황이다.3)

이미 주택임대차보호법제의 세부 개선 필요성에 관하여는 학계와 실무계의 논의가 많이 이루어진 바 있다. 최근에는 갱신요구권 제도의 운영을 둘러싸고 ①임대차의 자동갱신 및 갱신거절권 중심 구조로의 개편, ②임대인의 갱신거절과 실거주 의사 증명을 위한 '갱신거절통지서' 도입, ③법정 손해배상제도의 보완, ④임대주택의 매매계약과의 관계 규율, ⑤갱신 후 차임 증감에 관한 절차적 보완 등 관련 법제 개선 방향이 제시되고 있고,4) 주택임대차보호법뿐만 아니라 민간임대사업자 제도 및 이에 대한 관리 강화 등 주택임대차제도 전반에 관한 개선 방안도 제시되고 있다.5) 그 밖에도 코로나19 등 재난 상황에서 주택임차인의 보호 문제를 주요 선진국에서는 법제화한 바 있었는데,6) 우리

---

1) 국토교통부가 2024년 12월 발표한 『2023년도 주거실태조사』 결과에 따르면, 전국의 자가를 보유한 가구는 전체 가구 중 60.7%이며, 자가에서 거주하고 있는 가구는 전체 가구 중 57.4%이다. 이는 2022년의 자가보유율 61.3%, 자가점유율 57.5%보다 오히려 감소한 수치이다.
2) 실무상 나타나는 전세사기의 주요 유형에 대하여는, 황세은·장희순, "전세사기 유형별분석 및 해결방안" 주거환경 제21권 제1호 (2023); 이상영·서정렬, "전세사기의 원인 분석과 대안 탐색", 동향과 전망 제118호 (2023) 등 참조.
3) 김제완, "임대주택 양도시 임차인의 지위와 임대인의 통지의무 - 깡통주택·전세사기로부터 주택임차인을 보호하기 위한 법제 개선방안 -", 법조 제760호 (2023).
4) 추선희·김제완, "주택임대차에서 임대인의 선제적 갱신거절이 임차인의 갱신요구권을 침해한 경우의 법률관계 - 대상판결 : 의정부지방법원 2024. 6. 20. 선고 2023나203178 판결 -", 비교사법 제31권 제4호 (2024).
5) 정연부, "주택임대사업자 관련 법제의 문제점과 개선방향", 홍익법학 제20권 제1호 (2019); 민태욱, "임대주택관련 법제의 정비방향", 토지공법연구 제72호 (2015).

나라에서도 적절한 대비가 필요하다.

이 글에서는 이와 같은 세부쟁점보다는 우리나라의 주택임대차거래가 좀 더 합리적으로 운영되기 위하여 근본적으로 필요한 최우선적 제도 개선이 무엇인지, 나아가 법제뿐만 아니라 거래 관행과 문화에 관하여 개선이 필요한 부분이 무엇인지를 모색하여 보는 것을 목적으로 한다. 이에 따라 이 글에서는 먼저 우리나라에서 주택임대차법제 개선의 주요 목표를 정리한 후(제2장), 최우선으로 개선해야 할 문제점과 그에 대한 방안 중에서 ①임대차의 공시방법과 익일(翌日) 조항의 개정, ②임차보증금 반환의 현실적 이행이 보장되는 방향으로 보증보험제도와 신용정보제공의무에 관한 법제 개선 필요성 및 ③임대차분쟁조정제도에 관한 근본적인 개선 필요성을 제시하고자 한다(제3장). 나아가 임대차계약에 있어서 우리나라의 거래 문화와 관행의 개선 방안으로 ①공인중개사 관련 법제 및 관행의 개선 필요성을 제시하고, ②임대차 관련 계약 문화의 개선에 관하여 임대차계약에서 서면 청약 의무화와 임대차 종료 시 임차보증금 중 계약금의 선반환(先返還) 의무화 등을 중심으로 필자의 의견을 제시하고자 한다(제4장).

II. 우리나라에서 주택임대차법제 개선의 주요 목표에 대한 고찰

1. 존속보장과 차임안정화

우선 우리나라에서 임차인의 보호를 주요 선진국 수준으로 높이기

---

6) 김제완·신송이·최예린, "코로나19 특별재난 상황에서 임차인의 보호 : 캐나다의 퇴거 집행 유예(eviction order moratorium) 제도를 중심으로", 법학논총 제33권 제1호 (2020).

위하여, 임대차의 존속보장을 강화하는 것이 필요하다.7) 우리나라에서 갱신요구권이 도입된 것은 1회 2년에 한정된 것이지만 주택임대차법제에서 존속보장을 향상하는 방향으로의 첫걸음이라고 평가될 대표적인 법제 개선 사항이라고 할 수 있다.8)

그럼에도 불구하고 존속보장은 주요 선진국에 비해 매우 취약하다. 이는 채권적 전세제도를 매개로 한 갭투자를 통하여 '내 집 마련'을 하는 방식이 이른바 '주거 사다리'로 작동하여 온 우리나라 부동산 시장의 특성이 반영된 것이라고 생각된다. 이와 같은 시장의 특성상 임대인은 단기 임대를 선호하며, 임차인으로서도 '내 집 마련'이라는 목표가 '임차인으로서의 주거 안정'보다 중시되었기 때문이다. 그러나 이와 같은 방식은 부동산 시장이 계속 성장한다는 전제하에서만 가능한 것이며, 부동산 시장이 하락하는 국면에서는 전세제도가 일반화되기 어렵다. 더구나 '내 집 마련'이라는 목표를 모든 국민이 이룰 수 있는 것은 아니고, 평생 임차인으로 사는 사람도 있을 수밖에 없다. 누구나 인생 중 상당 기간을 임차인으로 거주하게 된다.9) 이는 우리나라가 세계적인 부국(富國)이 되더라도 마찬가지이다. 중산층의 경제력이 탄탄한 유럽의 주요 선진국은 물론 이른바 '천조국(千兆國)'이라는 미국에서도 주택임대차에서 존속보장 정책을 중요시하는데, 모든 국민이 주택을

---

7) 주요 선진국의 주택임대차법제의 최근까지의 동향에 관하여는, 김제완 외 3인, "주요국들의 최근 주택임대차 안정화 법제에 관한 연구", 법무부 연구용역보고서 (2022); 김제완 외, 외국의 임대차법 비교 연구 용역, 서울특별시 연구용역보고서 (2018); 김제완 외, 주요국의 세입자 보호제도와 국내 도입방안 -주택임차인 보호를 중심으로 -, 국회사무처 연구용역보고서 (2015) 등 참조.
8) 추선희·김제완, "개정 주택임대차보호법상 갱신요구권에 관한 몇 가지 쟁점", 법학논집 제25권 제1호 (2020).
9) 학생이나 취업준비생 등 사회초년생, 중년 이후 도산 등으로 경제적으로 어려워진 사람들은 대부분 임차인이고, 자가를 소유하고 있으면서도 직장, 사업, 학업, 주택의 용도나 사회·경제적 이유 등으로 자기 주택을 임대하고 인근 또는 타지에서 임차인으로 거주하는 경우도 적지 않다.

소유하며 평생 자기 집에 거주하는 나라는 없기 때문이다. 우리나라도 국민들의 주거안정을 위해서 임대차의 존속보장을 법제개선 목표로 삼아 지속해서 관심을 기울여야 하며,10) '주거 사다리'를 통한 '내 집 마련' 방식을 이유로 이를 방치하여서는 안 된다. 최근 몇 년 사이 우리나라 부동산 시장의 상황을 볼 때 지금이 바로 그와 같은 변화를 위한 전환기가 될 것으로 생각된다. 추가적으로, 코로나19 사태 등 특별한 재난 상황에서 주택임차인이나 상가임차인들을 어떠한 방식으로 어디까지 보호할 것인지, 그로 인한 부담을 사회적으로 어떻게 분담할 것인지는 새로운 과제 중의 하나이다.11)

한편, 존속보장과 함께 차임의 상승에 대한 적절한 규제도 주택임대차법제의 주요 목표 가운데 하나이다. 그런데 차임이 급격히 상승하면 임차인의 지위가 열악해지고 국민의 주거복지 수준이 하락하게 되지만, 반대로 차임에 대해 과도한 규제가 가해지면 임대용 주택의 공급이 감소하는 측면이 있다. 따라서 과부족이 없는 적정 수준의 규제가 필요하다. 현재 우리나라의 주택임대차보호법제에서는 주로 주택임대차의 갱신 시 차임의 인상률에 한도를 두는 방식이 있을 뿐이고, 신규임대차나 합의에 의한 갱신 시에는 차임의 상승에 대한 규제가 적용되지 않는다. 이는 갱신 시의 인상률 상한의 규제뿐만 아니라 차임에 대한 통계 등 객관적 자료를 기준으로 차임의 수준 자체에 대해 다양한 방식으로 규제하고 있는 주요 선진국 수준에 미치지 못한다.12)

우리나라에서 차임의 상승에 대해 갱신요구권 행사 시 인상률 한도

---

10) 김제완 외 3인, "주택임대차 계약갱신제도에 관한 입법사례 분석 및 제도 도입 필요성에 관한 연구", 법무부 연구용역보고서 (2018).
11) 김제완 외 3인, "코로나19 상황 하의 상가임대차 보호 관련 외국법제 사례 분석", 서울특별시 연구용역보고서 (2021).
12) 예컨대, 공정임대료의 도입도 임대차 문제 해결에 도움이 되지만, 제도의 도입 자체에 대한 부정적인 견해도 있다. 박인, "선진국의 임대료규제와 도입방안의 연구 - 공정임대료법안을 중심으로", 대한부동산학회지 제33권 제2호 (2015).

를 규제하는 방식에 의하고 있고, 갱신요구권이 1회에 한하여 인정되기 때문에, 차임의 상승을 적절히 규제할 기회도 1회에 한정할 뿐이다. 따라서 우리나라 주택임대차보호법제에서 차임의 상승에 대한 적절한 규제라는 목표를 달성하기 위해서도 갱신요구권의 확대를 통한 존속보장이 먼저 강화될 필요가 있다. 즉, 신규임대차 등에서 차임의 수준 자체를 규제하는 방식도 병행되어야 하지만, 주된 정책적 목표는 갱신요구권이 확대되면서 그에 따라 차임인상률 제도도 효과적으로 작용될 수 있도록 유도하는 것이라고 생각한다.

참고로, 이 글에서 상세히 다루지 않지만, 상가임차인의 보호 문제는 주택임대차와 유사한 측면도 있고 다른 양상도 있다. 일단 주요 선진국의 경우 상가임차인에 대하여는 존속보장이나 차임규제 못지않게 임차권의 양도 등을 통한 투하 자본의 회수가 중요한 정책목표이다.[13] 대표적으로 임차권의 양도가 'sales of business'라는 방식을 통하여 널리 활성화되어 있다는 점을 들 수 있다.[14] 이는 우리나라의 경우 임대차 존속기간 중에 임차권을 양도하는 것은 원칙적으로 허용되지 않고, 단지 임대차가 종료되는 경우에만 소정의 요건하에 권리금 회수 기회가 보장됨에 그치는 것과 비교된다. 주목할 것은 우리나라의 「상가건물임대차보호법」은 갱신요구권이 10년까지 보장되어, 주요 선진국에 비해 「주택임대차보호법」보다는 상가임대차의 존속보장이 오히려 잘 이루어지고 있다는 점이다.[15]

---

[13] 김제완 외, "상가건물임대차 분쟁사례와 분쟁해결 방안 연구 - 상가건물 임대차 보호 국내외 사례 조사 -", 중소기업중앙회 연구용역보고서 (2015).
[14] 김제완 외, "상가임대차 보호 관련 외국 법제 사례분석 용역", 서울특별시 연구용역보고서 (2021).
[15] 한편, 주요 선진국과 마찬가지로 우리나라에서도 코로나19 등 재난 발생 시 상가임대차를 어떻게 규율할 것인가 등의 특수 문제도 있다. 천병주·김제완, "코로나19 특별재난에서 상가임대차에 관한 '임대료 멈춤법'의 법리적 근거 : 임대차계약에서 위험의 부담과 담보책임 법리에 대한 재조명", 비교사법 제28권 제1호 (2021).

2. 임차보증금의 반환보장

우리나라 「주택임대차보호법」은 주요 선진국에 비해 존속보장보다는 임차보증금의 반환보장을 매우 중요시하고 있다는 특징이 있다. 임차보증금의 반환보장은 거액의 보증금을 납입하는 것이 관행으로 형성된 우리나라 임대차법제의 고유한 문제점으로, 다른 나라에서는 찾아볼 수 없다. 지금까지 우리나라의 주택임대차법제는 주로 여기에 초점을 두었으며, 이는 대항력과 우선변제권 법리를 중심으로 전개되어 왔다.

소정의 요건하에 대항력과 우선변제권을 인정함으로써 우리나라에서 임차보증금을 반환받을 임차인의 권리가 법리적으로 향상된 것은 사실이다. 그러나 임차보증금의 반환보장 법제도 문제점을 안고 있다. 첫째, 여러 차례의 손질에도 불구하고 대항력과 우선변제권은 법리적으로 불완전성과 한계를 안고 있다. 이에 관하여 「주택임대차보호법」의 세부 개정 필요성에 관하여는 이미 많은 논의가 축적되어 있다.[16] 둘째, 최근 주로 부각되는 것은 임대인의 무자력으로 인한 문제이다. 지금까지는 주로 임대인이 일시적으로 무자력이어서 임차인이 적기에 임차보증금을 반환받지 못함으로 인한 문제점이 지적되어 왔고, 이를 위하여 몇 가지 법제개선이 지속해서 이루어진 바 있다.[17] 그러나 최근에는 임대인의 무자력이 일시적인 것이 아니라 확정적인 경우가 발생하는데, 전세사기와 깡통주택의 문제가 그것이다. 이와 같은 상황에

---

16) 이근영, "주거권 강화와 개정 주택임대차보호법의 문제점과 개선방안에 관한 소고", 민사법의 이론과 실무 제24권 제3호 (2021); 임숙녀, "주택임대차제도에 관한 고찰", 토지공법연구 제94호 (2021); 김성욱, "주택임대차 제도의 개선방향에 관한 연구", 법학연구 제52권 제2호 (2011); 이봉림, "주택임대차 관련 임차인 보호제도에 관한 연구", 원광법학 제26권 제2호 (2010) 등.
17) 주택임대차보호법상 집행개시요건의 완화(제3조의2 제1항), 임차권등기신청으로 인한 기존의 대항력 등의 유지(제3조의3 제1항 제5항) 등을 들 수 있다.

서는 법적으로 대항력과 우선변제권이 인정되고, 그에 따라 임차보증금의 반환을 명하는 확정판결이 있더라도 임차인이 실제로 보증금을 돌려받지 못한다. 이에 「전세사기피해자 지원 및 주거안정에 관한 특별법」이 제정되었음에도 불구하고, 지원방식이나 요건상의 문제점 등으로 근본적인 해결책이 되지 못하고 있는 상황이다.[18] 이제 임차보증금의 반환보증에 관한 법제 또한 근본적인 변화를 위한 전환기에 이르고 있다고 생각된다. 거액의 보증금을 수수하는 거래 관행에 대한 근본적인 변화가 필요할 뿐 아니라, 반환 의무가 있음을 법적으로 선언하는 데 그치지 않고, 그 반환의무의 이행이 현실적으로 보장되도록 하는 방향의 제도개선이 필요하다.

이하에서는 이와 같은 우리나라 주택임대차보호법제의 합리화를 위하여 시급하고도 근본적으로 필요한 법제 개선사항이 무엇인지를 모색해 보고자 한다. 이를 위하여는 위에서 살핀 바와 같은 주택임대차에 관한 법제개선을 위한 두 가지 중요한 정책방향을 살펴야 할 것이지만, 임대차의 존속보장 문제에 관하여는 이 글에서 상세히 다루지는 않기로 한다. 왜냐하면 이 문제는 이미 상당 부분 논의가 이루어진 상황으로, 이제는 입법자가 선택할 문제일 뿐이기 때문이다.[19] 이에 비해 임차보증금의 반환보장 문제는 위에서 지적한 바와 같이 전세사기와 깡통주택 문제가 사회적으로 해소되지 않은 채 우리나라 주택임대차의 난제로 남아 있고, 문제점에 관한 분석과 대안의 제시가 좀 더 필요한 상황이다.

---

[18] 박세훈, "전세사기 피해지원 법제 및 정책에 대한 토지공법적 검토 - 전세사기 피해자 지원 및 주거안정에 관한 특별법, 전세사기 피해자 지원제도 -" 토지공법연구 제107호 (2024); 조재진, "전세보증금 미반환 피해자 구분에 관한 연구 - 특별법상 피해자와 사실상의 피해자를 중심으로 -" 법이론실무연구 제12권 제4호 (2024) 등.

[19] 즉, 갱신요구권을 몇 회 더 보장할 것인지 아니면 그대로 현재 상황을 유지할 것인지의 선택 문제이고, 법학자로서 더 이상 상세히 논하여야 할 세부 쟁점은 그리 많지 않다.

Ⅲ. 주택임대차보호법제 합리화를 위한 주요 문제점과 개선 방안

1. 익일(翌日) 조항의 개정 필요성과 임차권 등기제도

가. 문제의 소재

　임차보증금의 반환보장을 위한 「주택임대차보호법」의 핵심 규정은 등기 없이도 임차인이 주택의 인도와 주민등록(전입신고)을 마친 때 제3자에 대한 대항력을 인정한다. 그런데 현행법상 주택임대차 대항력은 임차인이 주택 인도와 주민등록을 마친 '다음 날 0시부터' 효력이 발생하는 것으로 규정하고 있는데(주택임대차보호법 제3조 제1항), 이와 같이 주택의 인도와 주민등록을 마친 '즉시'가 아니라 '다음 날 0시'부터 대항력을 가지는 것으로 하는 현행법 조항을 학계와 실무에서는 '익일(翌日) 조항'이라고 칭한다. 이에 비해 부동산등기는 일반적으로 등기관이 등기를 마친 경우 그 등기를 '접수한 때'부터 효력이 발생하는 것으로 규정하고 있다(부동산등기법 제6조 제2항).
　이와 같은 '익일 조항'의 법제하에서는 임차인이 주민등록과 주택의 인도를 받은 직후에 제3자에 의해 저당권이 설정되거나 소유권이전등기를 경료하게 되면, 임차인은 이와 같은 제3자들에 대하여 대항력이나 우선변제권을 가질 수 없게 된다. 최근 발생한 전세사기 피해자 중 상당 수는 이와 같이 대항요건을 갖춘 시점과 익일 0시 사이의 대항력 시간차를 악용한 전세사기행위로 인한 것이라고 할 수 있다. 설사 전세사기피해를 입지 않은 경우에도 익일 조항으로 인하여 임차인은 다음 날 0시까지 매우 불안정한 지위에 있게 된다. 그러나 한편으로는 저당권을 설정하려는 금융회사나 해당 주택의 매수인의 입장에서는 이와 같은 익일 조항이 도움이 된다. 현행법상 '익일 조항'에 대하여, 우리 대법원은 '임차인보다 등기를 경료한 권리자를 우선'시하는데 그 취지가 있다고 이해하고 있으나, 이는 「주택임대차보호법」의 목적이나 존재 이유에는 부합하지 않는다.[20] 대항력에 있어서 기본적으로는 자연적 계산법이 아닌 역법적 계산법을 채용한 것이 합리적인지도 의문이다.[21]

이에 이 조항은 다수 학자 및 실무가들에 의하여 「주택임대차보호법」의 대표적인 중요 개정 필요 사항으로 지속해서 지적되어 왔다. 즉, 주택임차인의 임차보증금 반환보장 등 합리적 보호를 위하여 무엇보다도 대항력의 발생 시기를 익일이 아닌 당일 0시로 개정하여야 하며, 이는 전세사기 중 일부 유형의 예방에 도움이 된다는 점은 꾸준히 제안되어 왔다.[22] 이는 우리 「주택임대차보호법」이 지닌 일종의 루프홀(loophole) 문제로서, 이에 대한 법률 규정 및 제도 운영상 시급한 개선이 필요하다. 주택임대차의 대항력 발생 시기에 관한 '다음 날(翌日) 0시 조항'에 관해서 다음과 같은 몇 가지 방향의 개선 방안을 생각해 볼 수 있다.[23]

---

[20] 익일 조항 등 현행 공시제도의 근본적인 문제점에 관하여는, 지원림, "주택임차권 공시제도의 개선방안", 저스티스 제150호 (2015); 이은희, "임대차법의 현황과 과제", 민사법학 제36호 (2007); 고상용, "임대차법의 문제점과 그 개정방향", 고시연구 제221호 (1992) 등 참조.

[21] 입법에 있어서 자연적 계산법과 역법적 계산법의 채용의 동향에 관하여는, 윤장근, "기간계산규정에 관한 연구"1~3, 법제 제367-369호 (1992) 참조.

[22] 서해용, "주택임대차보호법상의 임차인의 대항력 발생시기 - 익일조항 폐지를 중심으로", 법학연구 제60호 (2015); 김상현, "주택임대차보호법상 대항력에 관한 고찰", 일감부동산법학 제19호 (2019); 류창호, "주택 및 상가임차권의 공시에 관한 연구", 법학논총 제33권 제2호 (2013); 소건영, "주민등록의 효력발생시기 및 주택임대차보호법상 대항력의 유·무효", 사법 제12호 (2010); 소건영, "주택임대차보호법의 대항력: 주민등록을 중심으로", 법학연구 제33호 (2009) 등.

[23] 김제완 외, "주택임대차 대항력 발생시기 변경 과제", 연구용역보고서, 법무부 (2024).

나. 대항력의 발생 시기 : '즉시 조항'·'당일 조항'·'사전 신고'로의 개정

대항력의 발생 시기에 관하여는 첫째, '즉시 조항'으로의 개정 방식을 들 수 있다. 즉, 일반적인 부동산등기 법리와 마찬가지로 임차인이 대항요건을 갖춘 즉시 발생하도록 개정하자는 방안이다. 대항력 조항 중 "주택의 인도와 주민등록을 마친 때에는 그 다음 날부터"를 "주택의 인도와 주민등록을 마친 즉시"로 개정하는 제안이다. 이와 같이 개정하면, 임차인의 전입신고와 제3자의 저당권 등 등기 신청이 같은 날에 행하여진 경우, 그 하루 중 단 1초라도 먼저 완료한 사람이 선순위 권리자가 되지만, 양자의 선후관계를 명확히 확인하여 이를 입증하는 것은 사실상 곤란하다는 중대한 문제점이 있다.

이는 현행 익일 조항보다 임차인을 보호하는 것으로 평가할 수 있다. 하지만 이는 제3자의 등기나 압류와의 경합관계에서 부동산등기법의 일반 법리에 의하는 것으로서, 일견 공평하다고 볼 측면은 있다. 하지만 임차인이 제3자와의 경합관계에 노출된다는 문제점이 있고, 임차인을 특별히 충분히 보호하는 것이라고 평가하기 어려운 측면이 있다. 임차인으로서 주민등록과 주택의 인도를 마친 후 보증금을 지급하는 관행이 성립되지 않는 한, '즉시 조항'으로의 개정만으로는 임차인의 보증금 반환보장은 제대로 이루어지기 어렵다.

둘째, 대항력의 발생 시기에 관하여 이를 '당일 조항'으로 개정하는 방식을 생각할 수 있다. 즉, 주택임대차 대항력이 현행 "주택의 인도와 주민등록을 마친 다음 날부터" 발생하는 규정을 "그날 0시부터" 발생하도록 개정하는 방안이다. 이에 관하여 대항력 발생시점을 변경하는 경우 현행 주택임대차 제도에 법적인 혼란이 초래되지는 않을지 검토해 보아야 하는데, 대표적으로, '당일 0시' 법제에 따르면 저당권이 설정된 날과 같은 날 주택임차인이 대항요건을 갖추는 경우에는 저당권자가 후순위로 밀리게 된다는 문제가 지적될 수 있다. 그러나 이 문제의 근본 원인은 현행 부동산 담보거래 관행상 저당권 설정 후 지체없이 대출 실행을 하기 때문이므로,「주택임대차보호법」개정 후 입법취지에 대응한 금융기관 측의 부동산 담보대출 시 저당권설정 다음 날 대출금을 지급하는 내용의 '대출금 지연지급' 실행의 관행을 확립함으로써 문제를 예방할 수 있을 것이다.24)

사견으로는, 대항력 발생 시기를 '당일 0시'로 변경함으로 인해 현행 주택임대차 법체계에 혼란을 가져오는 등 실질적 문제가 발생할 가능성은 적다고 생각된다. 이 개정방안에 따르면 1일의 공백이 생기는 점을 악용하려는 극소수 악의의 임대인을 규제하기 위한 것으로 전세사기 행위를 미리 차단하는 효과가 있으며, 대다수 선의의 임대인으로서는 별다른 추가적인 부담이 없다. 대다수 선의의 임대인으로서는 이와 같은 전세사기 예방을 위한 입법과 무관하게 애당초 '1일의 공백'이 생기는 점을 악용하려는 의사가 없을 것이므로, '당일 0시'로의 법 개정은 당사자 간 이해관계 조율과 주택임대차 제도개선이라는 사회적 필요를 종합적으로 고려한 합리적 방안이다.25) 특히 전세사기가 양산되는 현 상황에서 대항력 조항에 관한 개정이 매우 시급한 시점인데, '당일 0시' 대항력을 부여하는 입법과 더불어 뒤에서 살피는 바와 같은 사전신고제도가 함께 도입된다면 사전 공시를 통해 권리관계의 안정성을 제고하고 그로써 선의의 제3자 또한 보호될 수 있을 것이다.

참고로, 법무부가 국토교통부 및 서울시 등과 함께 제작한 "주택임

---

24) 이는 보이스피싱 등 전자금융사기 예방을 위한 '지연인출 제도'와 같은 맥락에서 이해될 수 있다. 지연인출제도는 2012년부터 시행되고 있고, 전자금융사기 예방을 위해 지금보다 더 강화되어야 할 제도 중 하나로 제시되고 있다. 정대용, "전자금융사기 예방서비스의 개선방안에 대한 연구", 석사학위 논문, 고려대학교 (2014), 61; 신성원, "보이스피싱의 실태 및 대응방안에 관한 연구", 한국치안행정논집 제19권 제4호 (2022), 175-183 등 참조.
25) 이는 주택임차인의 보호와 전세사기 방지 등 공익 및 정책적 필요에 따라 임차권의 대항력 발생 시기의 기산점에는 '초일산입' 법리를 적용함을 법률로써 분명히 하는 것으로 설명할 수도 있다.

대차 표준계약서"에서는 임대인과 임차인의 임대차계약 체결에 있어 주택을 인도받은 임차인은 '특정 일자까지' 주민등록(전입신고)과 주택임대차계약서상 확정일자를 받기로 정하여 임차인이 우선변제권 취득의 요건까지 갖추는 일자를 제시하도록 하고 있으며, 그 '약정일자의 다음 날까지' 임대인은 임차주택에 저당권 등 담보권을 설정할 수 없도록 하는 특약사항을 계약 내용으로 포함하고 있다.26) 이는 같은 문제점을 법 개정 전에 약정에 의해 해결하려는 시도로 이해될 수 있다.

셋째, 사전신고 제도를 전제로 소급 적용하는 개정방안도 생각할 수 있다. 2023년 대통령 직속 국민통합위원회 산하 민생사기 근절 특별위원회는 임차인이 일정 요건을 갖추어 "대항력 사전신고를 하는 경우 주택의 인도와 주민등록을 마친 날의 오전 0시부터" 대항력이 발생하도록 하는 법 개정(안)을 제안한 바 있다. 이처럼 임차인이 미리 임대차에 관한 신고를 완료하는 경우 대항요건을 실제 갖춘 날의 오전 0시부터 제3자효를 인정하는 내용의 법 개정은 '전세계약 후 선순위저당권을 설정하는 유형의 전세사기'로 인한 세입자의 피해를 방지하는 데에 효과적인 해결책이 될 수 있으며, 대항력의 발생 예정사실의 사전 공시를 통해 대상 주택에 이해관계를 맺고자 하는 사람들의 혼란을 예방하고 법적 안정성을 제고할 수 있다. 다만, 사전신고 제도의 도입을 위해서는 입법과정에서 충분한 논의와 세심한 대비가 선행되어야 한다.27)

이와 같이 사전신고 도입을 전제로 대항력 발생 시기를 변경한다면 좀 더 안정적인 제도 정착에 도움이 될 것이지만, 현행 부동산거래신고법에 따른 '주택임대차계약 신고'는 국토교통부의 부동산 거래관리 시스템에서 행하여지고 있다. 따라서 사전신고제도의 취지를 반영하고

---

26) 법무부 홈페이지, 법무정책서비스 - 법무/검찰 - 주택임대차법령정보, https://www.moj.go.kr/moj/314/subview.do (2025. 3. 9. 확인).

27) 특히 사전신고 시스템상 발생할 수 있는 주소 불일치 등의 문제점은 해결해야 할 중요한 과제이다.

나아가 명확한 대항력을 부여하기 위해서는 『부동산 거래관리 시스템 (Real Estate Transaction Management System, RTMS)』 내 사전신고 사실 그 자체를 누락 없이 확인하여 확정일자의 존부를 정확하게 파악할 수 있어야 한다.[28] RTMS는 투명성과 편의성을 제공하지만, 사전신고 제도를 효과적으로 구현하려면 시스템의 정확성과 통합성을 향상시켜야 한다는 문제점이 있다. RTMS와 등기부 간 불일치 문제를 해결하고, 실시간 확인 기능을 강화할 필요가 있다. 실제 사전신고제도가 신설되는 경우에는 임차인으로 하여금 어느 곳에 어떠한 형식으로 사전신고를 하도록 할 것인가 하는 사전신고 시스템의 현실화 방향의 문제가 제기된다.[29] 근본적으로는, 최근 정보처리시스템을 이용하여 주택임대차계약을 체결한 경우, 대표적으로 『부동산거래 전자계약시스템 (Integrated Real Estate Trade Support System, IRTS)』 상의 전자계약서를 이용하여 주택임대차계약을 체결한 경우가 증가함에 따라 대항력 요건 법리 등의 변화가능성에도 주목하여야 한다.[30] 법적 측면과 IT 기술적 측면이 조화롭게 반영된 제도 개선이 이루어져야 한다.

---

28) 국토교통부 부동산거래관리스템 홈페이지, https://rtms.molit.go.kr (2025. 3. 9. 확인). 이 RTMS 시스템은 국토교통부가 관리하며, 부동산 거래의 신고, 확정일자 관리, 실거래가 공개 등을 담당하고 있다.
29) 사전신고 시 주택임대차계약 후 주택 인도 및 주민등록의 대항요건을 갖추기 7일 이전에 동주민센터나 등기소 등 대항력 사전 신고기관에 대하여 '일정 사항'을 신고하여야 하는데, 이때 사전신고사항은 원칙적으로 현행 임대차계약 신고사항에 준하여 사전신고 대상 항목을 정하는 것이 적절할 것이다. 공시 수단으로서의 사전신고 조회방안은 사전신고사항의 조회 범위를 '간단 정보'와 '상세 정보'로 이원화하여, 각각 접근 가능한 당사자의 범위를 정하는 방법이 바람직할 것이다.
30) 국토교통부 부동산거래 전자계약시스템 홈페이지, http://irts.molit.go.kr (2025. 3. 9. 확인). 이 경우, 임차인은 확정일자 부여기관을 방문하지 않고도 정보처리시스템을 통하여 전자계약증서에 확정일자 부여를 신청할 수 있다(주택임대차계약증서상의 확정일자 부여 및 임대차 정보제공에 관한 규칙 제2조의2 참조).

다. 대항력의 요건 : '임차권 등기' 제도로 전환하는 방안의 문제점

　이상에서 살핀 익일 조항의 문제점 등은 '주택의 인도(입주)'와 '주민등록(전입신고)' 두 가지 요건에 의한 공시 수단이 부동산등기에 비해 불완전하면서도 간이한 방법이라는 근본적인 한계에서 오는 측면이 있다.31) 이에 임차권을 부동산등기로 공시하도록 하는 것이 근본적인 해결방안이 아닌가 하는 문제를 제기할 수 있다. 실제로 최근「주택임대차보호법」상 대항력 발생 요건으로서의 '주택의 인도와 주민등록(전입신고)' 제도를 폐지하고 주택임대차를 반드시 '등기'하도록 하는 내용의 개정안이 제출된 바 있다.32) 이 개정안의 요지는 '주택의 인도와 주민등록' 및 확정일자를 요건으로 하는 현행 제도를 폐지하고 부동산등기부상의 임차권등기로 대신하자는 요지이다.
　부동산등기로 임차권을 공시하는 경우 임차권의 성립과 소멸시기와 그 내용 등이 더욱 명확해지고, 그에 따라 임차인의 지위도 강화될 수 있는 것은 사실이고, 근본적인 해결방안임은 틀림없다. 그러나 이 방식은 세부 쟁점상 고려하여야 할 점이 많으며, 자칫 임차인의 권리를 약화시켜서「주택임대차보호법」의 제정 취지에 반할 수도 있다. 예컨대 위 개정안은 다음과 같은 몇 가지 문제점이 예상된다.
　첫째, 임대인이 즉시 등기에 협력하지 않을 경우가 문제된다. 임차권등기제도가 가지는 많은 장점에도 불구하고 결정적인 약점은 임대인이 협력하지 않을 경우 임차인으로서 즉시 등기절차를 이행할 수 없다는 데 있다. 개정안 제3조 제1항에 의하면, "주택임대차계약을 한 임

---

31) 공시 수단으로서 주택의 인도와 주민등록이 가지는 문제점에 관한 다양한 지적으로는, 김성욱, 앞의 논문(주 16); 소건영, "주민등록의 효력발생시기 및 주택임대차보호법상 대항력의 유·무효", "주택임대차보호법의 대항력: 주민등록을 중심으로"; 지원림, "주택임차권 공시제도의 개선방안"(주 20); 류창호, 앞의 논문(주 22); 이근영, 앞의 논문(주 16) 등 참조.
32) 박용갑 의원이 발의한「주택임대차보호법」개정안 (2024) 참조.

차인은 임차권등기를 하여야 하며, 임대인은 이에 협력하여야 한다"라고 규정하고 있을 뿐, 임대인이 이에 협력하지 않을 경우 임차인이 어떻게 할 수 있는지에 관한 규정이 없다. 그렇다면 임차인으로서는 임차권등기 경료를 위해 일반 민사소송 절차에 의하여야 할 것인바, 그 절차가 간단하지 않다.33)

둘째, 임차권등기를 위하여 추가 비용과 시간 등이 소요되어 현재의 제도에 비해 비경제적이다. 통상적으로는 법무사 또는 변호사가 양 당사자를 대리하여 신청하게 되는데, 이로 인한 보수와 등기 관련 제세공과금 등 각종 비용을 추가적으로 부담하게 된다. 이와 같은 추가 비용은 임차인이 부담할 가능성이 있는데,34) 통상적으로 주택임대차의 경우 계약기간이 2년이라는 점을 고려할 때, 전국적으로 임차인의 부담 비용이 적지 않을 것으로 예상된다.35) 임대인으로서도 임대차계약 시 임차인에게 임차권등기 경료를 위한 등기이전서류(주민등록등본과 인감증명서 등)를 미리 준비해 교부하여야 하는 부담이 발생하며, 갱신 시에도 추가적인 등기이전서류를 교부하여야 한다. 현재의 제도상으로 임차인은 통상적으로 주민센터를 1회 방문하는 것으로 대항력과 우선변제권을 쉽게 갖출 수 있는데, 개정안에 따르면 임차인으로서는 주민등록법상 의무사항인 전입신고는 그대로 유지되며, 추가적으로 관

---

33) 임차인으로서는 (a) 먼저 순위를 확보하기 위해 부동산처분금지가처분신청을 하여 결정을 받은 후 (b) 임대인을 상대로 임차권등기절차이행을 구하는 민사소송절차를 시작하여야 한다. 이 소송절차는 통상적인 임대차기간 2년을 초과하는 경우도 있을 수 있으며, 따라서 임대차기간이 만료되기까지 임차권등기가 경료되지 못하는 경우도 있을 수 있다.
34) 참고로, 근저당권설정등기에 대해 은행이 아닌 채무자인 금융소비자가 부담하도록 한 사례가 있다. 대법원 1962. 2. 15. 선고 4294민상291 판결.; 대법원 2010. 10. 14. 선고 2008두23184 판결.; 지원림, "(근)저당권 설정비용의 부담자", 고려법학 제66호 (2012) 등 참조.
35) 나아가, 묵시적 갱신이나 갱신요구권에 의한 갱신이 이루어지는 경우에도 차임 등의 증감청구권이 행사될 경우 임차권등기에 대한 변경등기를 하여야 하는 경우가 발생하므로, 등기에 관한 임차인의 부담이 증가할 것이다.

할 등기소를 한 번 더 방문하여야 하는 부담을 안게 된다. 한편, 임대차가 종료된 경우에는 임대인으로서 이를 말소하는 과정에 임대인도 같은 부담을 안게 된다. 임대인은 임차인으로부터 미리 말소등기서류를 교부받아야 할 것인데, 만일 임차인이 정당한 사유 없이 이를 거부하거나 지체할 경우 임대인은 임차인을 상대로 임차권등기말소절차이행의 소를 제기하여야 한다.[36]

셋째, 대항력 등 발생 시기로서 '임차권등기를 마치면 그때부터'의 의미에 관한 분쟁이 예상된다. 즉, '등기 접수 시'인지 또는 '등기부 등재 시'인지가 분명하지 아니하다. 개정안 제3조 제2항에 의하면, "제1항에 따라 임차권등기를 마치면 그때부터" 대항력과 우선변제권을 취득하는 것으로 규정하고 있다. 그런데 여기서 '등기를 마치면 그때부터'라고 하는 의미가 '등기신청 접수 시'인지 또는 '등기부 등재 시'인지가 불분명하다. 등기실무상 접수와 동시에 등재되는 것을 기대하기는 어려운바, 등기신청이 이루어진 후 등기부에의 등재가 지체된 경우, 특히 그 와중에 제3자의 담보설정이나 제3자에의 처분, 또는 경합하는 다른 임차권등기의 경료 등이 이루어지게 되면 어떻게 되는 것인지가 불분명하여, 이에 대한 보다 면밀한 검토가 필요하다.

넷째, 소액임차인의 최우선변제권과의 불균형과 혼란이 우려된다. 개정안은 소액임차인의 최우선변제권에 관하여는 개정사항에서 제외하고 있는바, 이는 대항력과 우선변제권 관련 제도를 더욱 복잡하게 할 우려가 있다. 개정안에 따르면, 소액임차인으로서는 여전히 주민등록전입신고와 경매개시 전 주택의 인도를 통해 최우선변제권을 확보하게 된다. 그 결과 일반 임차인은 임차권등기로, 소액임차인은 기존의 제도로 최우선변제권을 보장받는다. 그런데 이와 같이 이원적으로 규

---

36) 그 판결이 확정되어 말소되기 전까지 임대인으로서는 해당 부동산에 대하여 새로운 임차권의 설정이나 담보의 제공, 해당 부동산의 처분 등 원활한 권리행사를 하는 데 어려움이 따를 수 있을 것으로 예상된다.

율하는 것이 바람직한지 의문이다.37)

요컨대, 이와 같이 개정안은 임차권등기의 다양한 장점에도 불구하고 여러 가지 법적 문제점으로 인하여 그대로 실현하기는 어려울 것이다. 보다 합리적인 대안을 모색하려면 심도 있고 추가적인 연구 검토가 필요하다. 대안을 모색하는 과정에 반영되어야 할 고려사항으로는 ①임대차 성립 시 즉시 등기가 이루어지고, 종료 시 즉시 말소등기가 이루어질 수 있어야 한다는 점,38) ②임차권등기를 위한 비용이 임차인에게 추가적인 부담이 되지 않도록 하여야 하고, 임대인의 말소등기 비용도 마찬가지라는 점, ③ 대항력과 우선변제권의 발생 시기에 관하여, 기존의 익일 조항의 문제점에 관한 논의를 충분히 반영하여 합리적인 시점에 규정하여야 한다는 점, ④ 소액임차인의 최우선변제권을 어떻게 할 것인지에 대한 검토가 필요하다는 점 등을 들 수 있다.

한편, 등기에 의한 대항력 취득 법제와 관련하여, 현재의 임차권등기명령제도에 관하여도 임차권등기와의 일원화를 포함하여 부동산거래관리시스템이나 촉탁등기의 활용 등에 대한 문제 제기도 있는데,39) 권원보험 제도의 활용과 더불어 주택임대차의 대항력 문제를 예방하거나 해결하는 방안의 하나로 좀 더 깊이 살펴볼 필요가 있다.

---

37) 특히 법 개정 후 제도 정착을 위한 과도기 동안 '등기부상 임차권등기만 확인하면 된다'라고 잘못 생각한 매수인이나 신규 임차인, 경락인 등이 최우선변제권의 존재를 간과함으로 인한 혼란의 우려도 있을 것으로 예상된다.
38) 이를 위하여 현행법 제3조의 3의 임차권등기명령신청제도를 삭제하는 것이 아니라 오히려 확대적용하는 방안을 포함하여, 주민등록전입/전출신고 시 직권/신청에 의한 촉탁등기 등 다양한 기법을 검토할 필요가 있다.
39) 윤영수, "주택임대차보호법에 의한 임차권등기명령의 실무상 문제점에 관한 연구 - 임대인이 부동산소유자가 아닌 경우를 중심으로", 법조 제70권 제1호 (2021); 김성욱, "주택임대차에 있어서 임차권등기명령 제도 및 대항요건 등과 관련한 법적 문제", 경희법학 제46권 제2호 (2011) 등. 아울러 등기제도의 미흡으로 인하여 불이익을 입은 피해자들이 권원보험(title insurance)에 준하는 제도로 보호하는 방안을 생각해 볼 필요가 있다. 변우주, "미국의 부동산 거래와 권원보험", 동아법학 제98호 (2023).

라. 소결 : 「주택임대차보호법」 개정시안의 제시

이상 살핀 바를 종합해 볼 때, 사견으로는 익일 조항을 당일 0시로 소급하는 것으로 개정하는 방식이 가장 바람직하다고 생각된다. 이를 위하여 「주택임대차보호법」 제3조 제1항에 대한 개정시안을 제시해 보면 다음과 같다.

현행	개정시안
제3조(대항력 등) ① 임대차는 그 등기가 없는 경우에도 임차인이 주택의 인도와 주민등록을 마친 때에는 **그 다음 날부터** 제삼자에 대하여 효력이 생긴다. 이 경우 전입신고를 한 때에 주민등록이 된 것으로 본다.	제3조(대항력 등) ① 임대차는 그 등기가 없는 경우에도 임차인이 주택의 인도와 주민등록을 마친 때에는 **그날 0시로부터** 제삼자에 대하여 효력이 생긴다. 이 경우 전입신고를 한 때에 주민등록이 된 것으로 본다.

2. 임차보증금 반환의 이행 보장

가. 임차보증금 반환의 현실적 이행 보장의 필요성

우리나라의 「주택임대차보호법」이 대항력과 우선변제권을 인정함으로써 임차보증금의 반환을 법적으로 보장하지만, 여기에는 큰 맹점이 있는데, 임대인의 무자력 문제가 그것이다. 전세사기와 깡통주택 문제에서도 알 수 있듯이 실제로 임차인이 임차보증금반환청구의 소를 제기하여 승소하더라도 임대인이 무자력이면 강제집행이 불가능하다. 또한 임차인이 경매에서 우선변제권을 확보하였다고 하더라도 경매에서 배당금이 부족한 상황이라면 우선변제권은 무의미하다.

지난 수십 년간 이와 같은 문제가 발생하지 않았는데, 최근에 와서 우리 주택임대차보호법제의 근본적인 문제가 드러나게 된 데에는 몇 가지 원인이 있을 것이다. 그중 대표적으로 지적할 점은 우리사회가 오랜 기간 인구가 증가하면서 부동산 가격도 지속해서 상승했다는 점이다. 즉, 고도성장기의 부동산 경기의 호황이 장기간 지속되면서, 주택의 대주와 차주는 모두 이익을 얻었다. 임대목적인 주택의 가격이 상승하는 한 임대인의 무자력 상태에 빠질 가능성은 줄어들며, 임차인으로서는 법에 정한 대항력과 우선변제권을 취득하면 보증금을 돌려받지 못하게 되는 경우는 극히 드물다. 그러나 임대주택의 가격이 하락하고 주택임대차의 수요가 감소하게 되면, 임차인으로서는 적기에 임차보증금을 돌려받지 못하는 경우가 증가하게 되는데, 이는 대항력과 우선변제권을 취득한 경우에도 마찬가지이다. 더 나아가 임대인으로서 일시적이 아니라 종국적으로 임차보증금 지급불능 상황에 빠지는 경우도 발생하게 되는 것이다.[40]

현재 나타나고 있는 문제가 향후 부동산경기가 활성화되는 경우 일시적으로 완화될 수 있을지 모르지만, 이는 근본적인 문제해결이라고 할 수 없다. 우리 주택임대차보호법제상 임차보증금의 반환이 법적 의무로 인정되는 데 그치는 것이 아니라, 더 나아가 그와 같은 법적 의무가 현실적으로 이행될 수 있도록 보장되는 방향으로의 제도개선이 필요하다. 이와 같은 문제의 해결방안을 찾기 위한 출발점으로 우리나라에서 거액의 임차보증금을 수수하는 주택임대차 거래가 지닌 금융거래적 성격에 착안하여야 한다.[41]

---

[40] 이에 무분별한 갭투자를 예방하고 전세보증금 미반환 사고를 막기 위해 '전세가율 상한제'가 제안되기도 한다. 김진유·권혁신, "전세사기 예방을 위한 제도개선방안 연구", 주택연구 제32권 제4호 (2024).

[41] 김제완, "임대주택 양도시 임차인의 지위와 임대인의 통지의무 - 깡통주택·전세사기로부터 주택임차인을 보호하기 위한 법제 개선방안 -"(주 3), 42 이하 참조

나. 임차보증금 수수의 금융거래적 성격

우리나라는 특히 채권적 전세 및 반전세 등의 관행으로 거액의 임차보증금이 수수되는 것이 관행으로 정착되어 있는바, 이는 임대인으로서는 갭투자를 위한 금융으로서 기능하는 한편, 임차인으로서는 임차보증금에 대한 이자가 차임지급의 변형된 형태로 기능한다고 할 수 있다. 즉, 임대인에게는 레버리지 효과를 통해 투자 수단화되는 한편, 동시에 임차인으로서도 월세에 비해 차임부담이 줄어들기 때문이다.[42] 이 구조는 세입자의 자산 형성을 돕는, 이른바 '서민을 위한 주거 사다리'로서 순기능을 한 것이 최근까지의 동향이다.

이에 비해 주요 선진국의 경우 임대인이 임차인으로부터 거액의 보증금을 수수하는 것은 법적으로 금지되어 있는 것이 일반적이다. 통상적으로는 1개월 또는 2개월의 차임에 해당하는 보증금의 수수만이 허용되며, 그나마 마지막 달의 차임과 상계되어 반환할 임차보증금은 없거나 소액으로 된다. 우리나라와 같은 거액의 보증금을 임차인이 임대인에게 납입하는 것은 상상할 수 없을 것이다.

우리나라와 같이 거액의 보증금이 수수되게 되면, 주택임대차는 그것이 물권적이든 채권적이든, 용익보다는 금융거래적 성격이 강해진다. 우리나라의 주택임대차보호법제가 존속보장보다는 임차보증금의 반환보장에 집중하였던 것도 같은 맥락에서 이해될 수 있다. 이 상황에서는 건물주와 세입자 간에는 용익관계뿐 아니라 일종의 월세 상당액의 이율의 금전소비대차와 유사한 금융거래관계, 말하자면 일종의 'tenant financing'로서의 금융거래 관계도 성립된다. 비유하자면, 부동산 매매계약에서 토지매수인이 금융기관으로부터 정식으로 모기지 대출을 받지 못하는 상황에서 예외적으로 매도인이 대여해 주는 거래를 영미법 국가에서 'seller financing'이라고 하는데,[43] 우리나라의 임차보

---

42) 이상영·서정렬, 앞의 논문(주 2) 참조.

증금 수수 거래는 임대인이 세입자로부터 금원을 차용하는 것이므로 일종의 tenant financing이라고 표현할 수 있을 것이다. 우리 민법 입법 당시에도 전세제도는 등기가 없는 한 '채권인 임대차와 소비대차의 결합'이라는 인식이 있었다는 점에도 착안할 필요가 있다.44) 말하자면 우리 임대차계약에서 임대인과 임차인은 '서로가 대주이자 차주로서 상호 간 담보를 확보하고 있는 특수관계'라고 평가할 수 있다. 그런데 갈수록 수수하는 보증금의 규모가 커지면서 우리나라 주택임대차거래가 지닌 금전소비대차로서의 금융거래적 성격은 갈수록 뚜렷해지고 있다. 그 결과 세입자는 일반적인 금융채권자와 마찬가지로 자신의 채권인 보증금반환채권이 지급불능에 빠질 수 있다는 불안정성과 위험(금융에서 말하는 일종의 default risk)에 노출된다.

앞서 지적한 바와 같이 이 문제는 일종의 담보로서 기능하는 임대목적 주택의 가격이 지속해서 상승하면 걱정할 것 없지만, 금융거래적 성격을 고려한다면 채권자인 임차인으로서는 거액의 보증금을 지급하기 전에 지급불능 위험에 대비할 수 있도록 하는 방향으로의 법제개선이 필요하다. 임대인의 지급불능에 대비하려면 금융거래제도상의 기법을 활용하여야 할 것인데, 대표적으로 물적 담보, 인적 담보, 지급보증이나 보증보험, 신용평가 등을 생각할 수 있다. 이들 중에서 주택임대인의 지급불능에 대비할 수 있는 것으로 참고할 것은 지급보증(또는 보증보험 형태도 마찬가지)과 신용평가를 생각할 수 있다. 이하에서는 이 두 가지를 중심으로 하여 법제 개선 방안을 생각해 보고자 한다.

---

43) 미국 부동산 거래에서 seller financing의 위험과 그로 인한 법적 분쟁, 소비자보호 문제 등에 관하여는, Genevieve Hébert Fajardo, "Owner Finance! No Banks Needed!", Consumer Protection Analysis of Seller-Financed Home Sales: A Texas Case Study, 20 Geo. J. on Poverty L. & Pol'y 42.

44) 법제사법위원회 민법안심의소위원회 1956. 1. 27. 회의. 명순구, 실록 대한민국 민법2, 법문사 (2010), 313.

다. 임차보증금 반환을 위한 보증보험제도의 개선

현재 우리나라에서는 주택도시보증공사(HUG)와 한국주택금융공사(HF) 등에서 임차보증금의 반환을 보장하기 위한 보증보험제도가 시행되고 있다. 그런데 현행 제도는 기본적으로 임차인이 반환보증보험에 가입하고, 보증금 미반환 사고가 발생하면 보증보험회사가 대위변제한 후 임대인에게 구상하는 제도이다. 따라서 현행 제도하에서는 임대차계약 체결 후 임차인이 보증보험에 가입하고자 하여도 임대인의 신용불량 등으로 반환보증보험의 가입이 거절되는 경우가 있을 수밖에 없다. 이와 같은 경우에 대비하여 실무상 '전세보증보험 가입이 거절되는 경우 계약을 무효로 하고, 계약금과 중도금, 잔금을 즉시 반환한다'라는 특약을 두기도 하지만, 그와 같은 특약에도 불구하고 임대인이 계약금의 반환을 거절하는 경우가 적지 않다.[45] 이에 임차인으로서는 임대차계약 체결 전에 임대인의 신용에 관한 정보를 미리 제공받을 필요가 있지만, 뒤에서 살피는 바와 같이 이것도 간단하지 않은 문제이다. 허위 계약서에 기한 보증보험 관련 전세사기 등도 보고되고 있으며,[46] 현행 보증금반환보증제도는 여러 가지 면에서 제도개선이 필요하다는 지적이 있다. 보증기관이 전세보증금 미반환을 확인 후 전세보증금을 선지급하고 임차권명령등기를 대위 신청하는 방안,[47] 임차인이 스스로 보증금반환채권을 보장하기 위하여 보험에 가입하는 「전세금보장신용보험」의 활용[48] 등 다양한 지적이 있다.

---

[45] 조재진, "부동산 거래(임대차) 사고 예방을 위한 법제연구 - 임차인의 지위 강화를 중심으로", 법이론실무연구 제11권 제2호 (2023).
[46] 강문찬, "전세사기 발생원인 및 법적 방지방안에 관한 연구" 부동산법학 제27권 제2호 (2023).
[47] 김선주, "전세보증금보험 개선방안 연구", 부동산법학 제23권 제3호 (2019).
[48] 최성경, "전세자금대출제도와 전세금보장보험제도에 대한 법정책적 제언", 법과정책연구 제13권 제4호 (2013).

이제는 현행 보증보험제도의 근본적인 개선을 생각해 볼 단계에 이르렀다고 판단된다. 그리고 이는 임차보증금의 반환을 금융거래적 시각에서 출발하여 한다. 이 시각에 따르면, 금융거래의 채무자인 임대인이 자신이 수령하게 되는 임차보증금의 반환에 관하여 먼저 자신의 변제능력 등 신용정보를 제공하여야 할 뿐 아니라, 나아가 스스로 담보수단을 제공하는 것이 원칙이다. 따라서 사견으로는, 임차보증금 내지 전세금 반환보증은 현행 제도와 같이 '임차인'이 계약당사자로서 보증보험상품에 가입하는 것이 아니라, 임차인을 위하여 '임대인'이 보험에 가입하는 방법으로 변경할 필요가 있다. 즉, 임대인의 보증금 반환보증 가입 의무화를 통해 임차인의 보증금 반환을 보장해야 한다.[49] 임차보증금의 반환을 보장하는 신용보험상품은 본질적으로 '임대인'의 임차보증금반환 불이행에 따른 신용보험상품이기 때문이다.

따라서 이를 위한 제도개선 방안은 근본적으로 「주택임대차보호법」에서 '임차보증금반환을 위한 보증보험증서를 제공할 법적 의무'를 임대인에게 부과하는 것이다. 이를 위한 세부 법리를 구상하자면, ①보증보험의 가입 주체를 임차인이 아닌 임대인으로 함과 동시에 ②임대인의 보증보험 가입이 의무화되고, ③임대인의 보증보험증서 교부와 임차인의 임차보증금 지급은 동시이행관계로 규율하는 것을 의미하며, 「주택임대차보호법」에 이와 같은 임대인의 의무에 관한 세부 근거규정을 둘 필요가 있다는 것이다. 임대인의 보증보험 강제가입 제도화는 전세금반환 보증제도의 실효성을 담보할 수 있을 것이며, 깡통전세와 전세사기 문제를 해결하는 데 있어서 핵심적인 정책방안이다.

이와 같이 「주택임대차보호법」에서 임대인에게 보증보험에 가입할 의무 및 임차인에게 보증보험증서를 교부할 의무를 부과하게 되면, 그

---

[49] 서진형, "전세보증금반환 보증상품에 대한 법·정책적 제언", 부동산경영 제15호 (2017); 또는 보증금 예치제도 도입을 생각해볼 수도 있다. 황선훈, "전세사기 방지를 위한 공법적 대응", 부동산법학 제28권 제4호 (2024) 등 참조

와 같은 보증보험증서를 '임대인'이 발급받는 과정에서 금융기관에 의해 임차보증금 반환을 위한 '임대인'의 변제자력에 관하여 금융거래상의 기법으로 면밀히 검토될 것이다. 임대주택의 순자산가치와 임대인의 책임재산 등에 대한 심사결과 해당 임차보증금에 대한 임대인의 변제자력에 위험이 있다고 판단되는 경우에는 보증보험증서의 발급이 거절됨으로써 임대인은 보증금을 교부받지 못하게 되며, 임차인이 깡통전세와 전세사기 위험에 빠지는 일을 예방할 수 있다. 임대인이 보증보험에 가입하도록 하는 것이 과도한 부담이 아닌가 하는 반론이 부동산 및 건설업계를 중심으로 제기될 수 있으나, 사견으로는 부당하지 않다. 오히려 과도한 전세대출 및 전세금반환 보증보험 등을 통한 부동산금융의 편법 확대로 인한 우리나라 가계부채 문제에도 제동을 걸 수도 있다.[50] 실무상 예상되는 분쟁으로는, 임대인이 문서의 위조나 사기 등의 방식으로 하자 있는 보증서를 발급받아 이를 임차인에게 교부하는 경우가 있다. 이 경우 보증기관으로서는 사기 등을 이유로 한 취소나 무효 등을 주장할 것이다. 제도의 도입 취지에 비추어볼 때 이와 같은 위조와 사기 등의 위험을 임차인에게 전가하는 것보다는 보증기관이 부담하도록 함으로써, 보다 면밀한 심사를 하도록 유도하는 것이 바람직하다고 생각된다.

우리나라에서 이미 『민간임대주택에 관한 특별법』상으로는 등록임대주택에 거주하는 임차인을 위한 주택임대사업자의 임대보증금 보증가입이 임대사업자에게 의무화되었다(제49조). 특히 이 법에서는 보증서의 위조 사기의 위험으로부터 임차인을 보호하고 있다. 이와 같은 법제의 성과와 문제점을 잘 살펴서,[51] 『주택임대차보호법』에서도 이를 받아들일 것인지 여부를 판단할 단계이다. 사견으로, 이는 마치 자동차

---

50) 보증보험증권을 발급하는 금융회사나 보증기관은 구상권을 담보하기 위해 근저당권을 설정하는 관행이 성립될 수도 있을 것으로 예상된다.
51) 양미숙·박신욱, "민간임대주택법에 따른 보증금 반환보증에 관한 연구", 법과정책 제27권 제1호 (2021).

손해배상보장법에 따라 책임보험이 의무화된 것이 교통사고 배상 시 운전자의 무자력 문제를 해결한 것에 비견될 수 있는 것으로, 우리나라 주택임대차보호법제의 역사상 매우 중요한 전기가 되는 의미있는 제도개선이 될 것이라고 확신한다.

라. 임대인의 신용정보 제공의무

한편, 현행 제도 하에서 임차인으로서는 반환보증보험에 가입하려면 계약 전에 임대인의 신용정보를 미리 제공받아야 할 현실적인 필요가 있다. 그런데 계약의 체결 자체가 확정적이지 않은 상태에서 민감한 개인정보인 임대인의 신용정보를 임차인이 되고자 하는 사람에게 제공하는 것이 타당한지에 대해 의문이 제기되기도 한다. 이에 임대인의 신용정보 제공의무를 어느 정도까지 어느 단계에서 누구에게 인정할 것인지에 관한 논의가 필요하다.

그런데 이와 같은 임대인의 신용정보 제공의무에 관한 논의도 현재의 보증보험제도, 즉 임차인이 가입자가 되는 보증보험제도의 운용을 전제로 하고 있다. 그러나 이와 같은 현행 제도를 전제하는 한 임대인의 신용정보 제공의무에 관한 논의가 쉽게 해결될 것으로 기대하기 어렵다. 사견으로는 앞서 제기한 바와 같이 반환보증보험을 임차인이 아닌 임대인이 가입하는 것으로 한다면, 오히려 임대인의 신용정보 제공의무는 간단히 해결될 수 있다고 본다. 임대인으로서는 자기 통제하에 적절한 범위 내에서 자신의 신용정보를 관리하면서 반환보증보험 가입에 필요한 한도 내에서 이를 활용할 것이기 때문이다. 따라서 중개인이나 임차인이 되고자 하는 자 등 제3자에게 임대인이 신용정보를 제공할 필요가 없게 된다.

결국, 이와 같은 법제 개선의 방향은 기본적으로 ①임대인의 신용정보를 임차인이 받아 이를 활용하여 자신의 임차보증금을 온전하게 돌려받을 방안을 강구하도록 하는 것이 아니라, ②임대인 스스로 자신이 임차보증금을 반환할 수 있음을 증명 내지 보장하도록 하는 것이다. 즉, 전세보증금반환을 위한 보험이나 보증상품의 가입 주체가 임대인이 되도록 하는 제도개선이 필요하며, 그렇게 할 경우 임대인은 필요한 범위 내에서 신용정보를 제공하게 될 것이고, 그 신용정보의 수령 및 사용 주체가 임차인이 아닌 금융기관이 될 것이므로, 임대인의 신용정보가 남용될 가능성도 없다.

임대인의 신용정보는 ①임대차계약을 체결할 것인지 여부와 어떤 조건으로 체결할 것인지에 대한 임차인의 판단자료가 되는 것은 물론이고, ②임차인이 금융기관 등으로부터 전세금반환대출을 받는다거나 전세보증금반환보증을 받는 데에도 중요하게 사용될 것이다. 특히 깡통주택과 전세사기를 예방하려면 임대인의 신용상태에 관한 정보가 임차인에게 정확하게 제공되는 것이 필요하다. 예컨대, 소득에 비해 임대인이 감당할 수 없는 부채를 부담하고 있다면 임대보증금반환채무의 이행을 보장하기 어려울 것이다.[52] 따라서 보증금이 지급되기 전에 필요한 범위 내에서 임대인의 부동산 보유 현황, 부채 현황과 원리금 연체 여부, 세금 체납여부 등 기본적인 신용정보가 확인될 필요가 있다. 한편, 금융빅데이터인 개인신용정보와 주택빅데이터인 주택실거래정보를 결합하여 산출된 지수를 통하여 임대인의 임차보증금반환 불능의 위험을 분석하는 등 새로운 제도개선의 기초가 될 수도 있다.[53]

마. 소결 :「주택임대차보호법」 개정시안의 제시

이상 살핀 바를 종합해 볼 때, 사견으로는 임대인이 소정의 금액 이

---

[52] 참고로, 전세대출의 경우에도 다른 요소에 비해 '소득 대비 대출금 비율'이 높을수록 채무불이행 위험이 커지는 것으로 조사된 바 있다. 김병국, "전세대출 채무불이행 위험 추정", 금융감독연구 제11권 제2호 (2024).
[53] 이태리·송연호·황관석·박천규, "CoLTV 지표를 이용한 임대차주의 상환위험 분석", 부동산연구 제28권 제1호 (2018).

상의 보증금을 수령하는 경우 임대인이 반환보증보험증권 제공의무를 부담하도록 하는 내용으로「주택임대차보호법」조항을 신설하는 것이 바람직하다고 판단된다. 소정의 금액의 범위와 반환보증보험증권의 기준이나 요건은 대통령령에 위임하는 것을 시론적으로 제안한다. 이를 위하여「주택임대차보호법」제3조의 8을 신설하는 내용의 개정시안을 제시하자면 다음과 같다. 개정시안의 작성에는 이미 유사한 제도를 도입한「민간임대주택에 관한 특별법」제49조를 참고하였다.

현행	개정시안
(신설)	제3조의 8(임차보증금에 대한 보증) ① 임대인이 임차보증금을 수령하는 경우 임차보증금의 반환에 대한 보증에 가입하여야 한다. ② 임대인은 제1항에 따른 보증을 임차보증금 수령 이전까지 가입하여야 하며, 임차인의 퇴거 시까지 가입을 유지하여야 한다. ③ 보증의 제공과 임차보증금의 지급에 관하여는 민법 제536조를 준용한다. ④ 제1항에 따라 임대인이 보증에 가입한 경우 보증회사는 그 임대인의 허위서류 제출을 포함한 사기, 고의 또는 중대한 과실이 있는 경우에도 이에 대하여 임차인에게 책임이 있는 사유가 없으면 임차인에게 해당 임차보증금에 대한 보증의 해지 또는 무효·취소로써 대항할 수 없다. ⑤ 제1항에 따라 수령 시 보증에 가입하여야 할 보증금의 범위와 보증의 기준은 대통령령으로 정한다.

3. 분쟁해결제도의 개선

가. 현행 법제의 문제점

우리나라 주택임대차보호법제의 맹점 중 하나는 분쟁해결제도가 불충분하다는 점이다. 주택임대차분쟁조정위원회(주택임대차보호법 제14조)가 있기는 하지만, 뒤에 살피는 바와 같이 다른 나라에 비해 그 역할이 제한적이다.

그 이유로는 우선 우리나라가 주택임대차의 존속보장이 약하다는 점을 들 수 있다. 어느 정도 존속이 보장되어야 그 기간 중에 임대인과 임차인 간의 이견이나 분쟁이 발생하고 이를 조정할 필요가 있는 것인데, 우리나라는 갱신요구권 제도가 도입되기 전에는 존속보장 기간이 2년에 불과한 것이라 그 기간에 당사자 간 분쟁이 발생한다고 가정하더라도 임대차 존속기간 중 조정안이 도출되지 않고 기간이 만료되는 경우가 대부분이다. 설사 조정안이 마련된다고 하더라도 당사자 중 한쪽이 불복할 경우 소송절차로 가야 하는데, 판결이 임대기간 중에 선고되거나 확정될 가능성은 거의 없다. 다만, 갱신요구권 제도의 도입으로 존속기간이 4년으로 연장됨에 따라 이제 분쟁조정절차가 어느 정도 실효성을 가질 수 있을 것으로 기대된다.

우리나라 주택임대차분쟁조정제도가 실효성을 가지지 못하는 또 다른 이유는, 임차인의 실체법상 권리가 약하다는 데에서도 찾을 수 있다. 차임감액청구나 유익비 필요비 상환청구, 나아가 임차인에 대한 수선의무 보호의무 등에서 임차인의 청구가 실체법상 인정되는 경우가 극히 드물다. 따라서 분쟁조정위원회에서 제반 사정을 참작해 여러 가지 이유를 들어 임차인의 권리를 일부 인정하는 합리적 조정안이 제안되더라도 임대인으로서는 이에 불복하면서 소송으로 가는 것이 유리한 경우가 많다. 다만, 이 문제에 관하여 갱신요구권제도의 도입으로 약간의 변화가 감지된다. 갱신 시 차임의 결정에 관하여 임차인의 주장이 받아들여질 여지가 있기 때문이다.

이와 같이 분쟁조정절차가 실효성을 가지려면 임대차의 존속기간이 어느 정도 인정되어야 하며, 실체법상으로도 임차인과 임대인이 어느 정도 대등하게 다툴 수 있는 여건이 되어야 한다.54) 이제 주택임대차에서도 갱신요구권이 도입되기 시작하였으니, 이에 맞추어 주택임대차분쟁조정제도도 개선이 필요하다. 사견으로는 제도개선은 첫째, 임대차 존속기간 내에 조속히 조정이 이루어질 수 있어야 한다는 점이고, 둘째, 소송으로 가지 않고 임대차 존속기간 내에 조정결정문이 강제집행될 수 있는 방향으로 이루어져야 한다는 점, 그리고 마지막으로 임차인뿐만 아니라 임대인에게도 도움이 되는 조정제도를 목표로 하여야 한다고 생각된다. 즉, 주택임대차조정위원회의 기능을 대폭 보강하여 조정전치주의로의 전환 및 조정에 대한 강제집행력을 부여하여 효율적인 해결에 이르도록 제도가 되어야 한다고 생각된다.55) 한편, 분쟁발생 시 공인중개사의 책임으로 연결되는 경우도 많은데, 공인중개사법상 분쟁해결절차에 관하여 규정하고 이를 공제제도와 연계하여 운영하는 방안도 생각해 볼 필요가 있다.56)

이하에서는 외국 임대차분쟁조정절차의 하나의 예로서, 캐나다 온타리오주의 임대차위원회 제도 하에서의 주택임대차분쟁해결절차를 살펴보면서 우리 제도의 개선에 관한 시사점을 찾아보고자 한다.

---

54) 상가건물임대차의 경우는 분쟁조정절차의 실효성이 주택임대차보다 더 큰 것으로 보이는데, 그 이유는 상가건물임대차의 경우 갱신요구권이 10년까지 인정된다는 점, 차임증감과 권리금회수기회보장 등 임차인이 주장하여 인용될 만한 실체법상의 쟁점이 주택임대차보다 많다는 점을 들 수 있다.
55) 박해선·모승규·김제완, "주택임대차보호법상 갱신요구권 제도의 개선 방안 - 캐나다 온타리오주 법제의 시사점 -", 법학연구 제65호 (2021).
56) 김학환·나현선·오주용, "공인중개사법상 손해배상책임보장을 위한 공제제도의 개선방안 -일본 택지건물거래업 보증제도에서의 시사점을 중심으로-", 부동산경영 제29호 (2024).

나. 캐나다 온타리오주 임대차위원회 제도의 시사점

캐나다는 연방법이 아닌 주법으로 주택임대차보호법제를 제정하여 운영하고 있는데, 온타리오주의 경우 주택임차법(Residential Tenancies Act, 2006)이 있다.[57] 이에 따라 임대차위원회(The Landlord and Tenant Board, LTB)가 설치 운영되고 있는데, 조정관의 중재와 조정을 통해 해결된다. 중재 절차에서 심문을 마치면 임대차위원회 위원이 임대인과 임차인 양측이 제출한 증거에 기반하여 내린 결정에 따라 명령서가 발부된다. 임대차위원회는 임대차분쟁에 관하여 집행력이 있는 결정을 내린다. 예컨대 임대인이 임차인에 대한 퇴거(eviction) 명령을 신청하여 인용결정을 받으면, 이를 가지고 집행관에게 위임하여 강제집행을 할 수 있다. 위원회의 결정은 법적인 구속력이 있다.[58] 다만, 위원회의 인용 또는 기각 결정에 대해 불복하여 당사자가 재심리를 요청(request to review an order)하면 위원회에서 이를 다시 심리하는데, 일종의 이의신청 절차에 해당한다.[59]

한편, 임대차위원회는 임대차에 관하여 발생할 수 있는 주요 유형의 분쟁에 관하여 참고하도록 다양한 자료와 양식을 제공하고 있다. 우선 임대인과 임차인에게 주택임차법상의 권리와 책임에 관한 안내를 제공하는 한편,[60] 주정부에서 만든 표준임대차계약서 양식을 제공한다. 표준임대차계약서 양식 및 설명서는 전자문서로 쉽게 입력한 후 출력하여 사용할 수 있도록 제공되고 있다.[61]

---

57) Residential Tenancies Act(RTA) 2006, SO 2006, c 17. 캐나다의 법령, 법원의 판례와 온타리오주 임대차위원회의 명령은, 캐나다 종합법률정보원(Canadian Legal Information Institute, CanLII) website, https://www.canlii.org/en/ (2025. 3. 9. 확인)에서 검색할 수 있다.
58) Residential Tenancies Act(RTA) 2006, Section 209(1).
59) Statutory Powers Procedure Act에 의하여 불복할 수 있다. Statutory Powers Procedure Act R.S.O. 1990 s. 21.2(1).
60) Brochure: A Guide to the Residential Tenancies Act. p.1.

특히 온타리오주는 분쟁의 해결에 관하여 표준화된 통지서와 신청서 제도를 활용하고 있다. 즉, 임대차의 종료, 차임의 증감청구, 쌍방 간의 손해배상이나 비용의 청구, 부당하게 수령한 금원의 반환, 수선요구, 부당한 행위에 대한 금지청구 등 주요 분쟁을 유형별로 정리한 후, 우선 그와 같은 상황이 발생하였을 경우 상대방에게 어떠한 형식과 내용으로 통지해야 하는지에 관하여 임대차위원회에서 표준화된 통지서 양식을 제공하고 있다. 대표적으로, 임대인의 통지로서 임대차 종료에 관한 것으로는 N4(차임 미지급으로 인한 임대차 조기 종료 통지), N8(기간만료로 인한 임대차 종료) 등이 있다. 우리나라에서 참고할 만한 유형으로는 갱신거절사유에 해당하는 N12(임대인 측의 점유 필요로 인한 임대차 종료 통지)와 N13(임대인의 임대주택 철거, 수리 또는 용도 전환을 위한 임대차 종료 통지)를 들 수 있다.[62] 쌍방 간 해결이 되지 않은 경우 위원회에 제출할 구제신청서도 분쟁별로 표준화된 양식을 제공한다. 표준화된 통지서나 신청서 양식에는 핵심 요건사실이 정확하게 기재되어 있고, 필요한 설명과 사후 절차까지 포함하고 있어서,

---

61) 표준임대차계약서는 매년 임대차위원회에 의해 서식이 정해진다. 임대차 기간, 차임, 서비스와 공과금, 차임감액, 임대보증금, 열쇠보증금, 흡연, 임차인보험, 임대주택 변경, 유지 관리 및 보수, 양도 및 전대, 부가조항, 표준임대차계약서에 대한 변경, 서명 등에 관해 작성하도록 하고 있다. Ontario Ministry of Housing, Standard Lease Guide_English (2021).

62) 그밖에 N5(다른 임차인을 방해, 기물손상, 과다인원 거주로 인한 임차 종료 통지), N6(임대주택에서의 불법 행위 또는 허위 소득 고지로 인한 임차 종료 통지), N7(임대주택이나 주거 단지에서 심각한 문제를 야기함으로 인한 임차종료 통지), 차임 증액에 관하여는 N1(일반 차임증액의 통지), N2(특별 차임증액 통지), N3(간병 서비스 및 식사에 대한 임대료 또는 요금 인상 통지)와 N10(가이드라인을 상회하는 임대료 인상에 대한 합의)이 있다. 한편, 임차인 측의 통지로는 N9(임대차 종료에 대한 임차인의 통지), N11(임대차 종료 합의), N15(성적 또는 가정 폭력 및 학대에 대한 두려움으로 인하여 임대차 종료하려는 임차인의 통지) 등이 있다. 캐나다 Tribunals Ontario website, https://tribunalsontario.ca/ltb/forms/ (2025. 3. 9. 확인).

이를 작성하는 과정에 스스로 자기 주장이 법적으로 합당한 것인가를 판단할 수 있다. 표준화된 통지서는 저렴한 비용으로 신속하게 분쟁을 해결하며, 임차인뿐 아니라 임대인의 권리구제에도 도움이 된다.[63]

우리나라에서는 현 상황에서 주로 갱신거절과 차임증감청구, 명도 관련 분쟁의 조정이 쟁점화할 것으로 보이는데, 특히 차임의 증감 등에 임대인과 임차인의 의사가 쉽고 빠르게 반영되는 것이 중요하다.[64] 임대차조정결정에 대한 집행력의 인정과 함께 온타리오주의 N12, N13, N1 등 표준화된 통지서제도 등을 우리 법 제도 운용에 참고할 수 있을 것이다.[65]

Ⅳ. 임대차계약에 있어서 거래 문화와 관행의 개선 방안

우리나라에서 주택임대차 거래가 합리화되고 주택임차인이 적절히 보호되려면 「주택임대차보호법」 자체가 안고 있는 문제점을 해결하는 것이 시급하고 긴요하다. 하지만 그것 못지않게 주택임대차 거래와 관련된 우리나라의 부동산계약에 있어서 거래 문화와 관행도 주요 선진국을 참고하여 개선하는 것이 필요하다. 특히 부동산거래에서 공인중개사가 차지하는 역할이 매우 중요하므로, 이에 관한 법제의 정비와

---

63) 대표적으로, 임대인이 사용하는 양식으로는 L2(임대차 종료 및 임차인 퇴거), L1(미납 차임 징수 신청), L5(임대료 인상 신청) 등이 있다.
64) 박지영, "주택임대료 규제에 관한 현행 제도 및 해외 사례", 이슈와 논점 제1047호 (2015).
65) 모승규·박해선·김제완, "임대인의 실제거주를 이유로 한 갱신거절의 정당성 판단기준 - 캐나다 온타리오주 법제 및 판례의 동향과 시사점 -", 법학논고 제73호 (2021).

바람직한 법리 형성이 필요하다.

1. 공인중개사 관련 법제 및 관행의 개선

가. 주택임대차 관련 거래에서 공인중개사의 주의의무

공인중개사가 주택임대차를 중개하는 것은 말할 것도 없고, 매매 등 다른 거래를 중개하는 경우에도 주택임대차가 관련된 경우가 적지 않다. 임차인에게 전세사기나 깡통주택 피해가 발생한 임대차계약의 중개가 전자의 유형이라면, 임차인의 갱신요구권이 문제되는 주택의 매매계약을 중개하여 매수인이나 매도인 등에게 피해가 발생하는 경우가 후자의 유형이다. 어느 경우든 피해자들은 공인중개사에 대해 주의의무를 다하지 못하였음을 이유로 책임을 묻게 된다. 이를 뒤집어 말하면, 공인중개사가 주의의무를 충실히 행한다면, 이와 같은 주택임대차 관련 분쟁이나 피해자의 발생이 효과적으로 예방될 수 있음을 의미하는 것이기도 하다.

공인중개사와 중개의뢰인 사이에 체결된 부동산 중개계약은 민사중개이며 전문가를 활용하는 민법상 위임계약의 일종이므로,[66] 선량한 관리자의 주의로 의뢰받은 중개업무를 처리할 의무가 있을 뿐 아니라, 공인중개사법 제29조 제1항에 의하여 신의와 성실로 공정하게 중개행위를 할 의무가 있고, 전문가로서 고도의 주의의무를 부담한다.[67] 그러나 실제 발생하는 분쟁 사례들을 보면 우리나라에서 공인중개사의

---

[66] 김제완·최예린, "중개계약의 종료와 공인중개사의 보수청구권 - 영미 국가에서 효력연장조항(holdover provision) 활용의 시사점 -", 인권과 정의 제438호 (2013).
[67] 대법원 2007. 11. 15. 선고 2007다44156 판결.; 대법원 2012. 11. 29. 선고 2012다69654 판결.; 대법원 2008. 3. 13. 선고 2007다73611 판결.; 이재웅·김영규, "개업공인중개사의 주의의무에 대한 고찰", 법학연구 제21권 제3호 (2018) 등.

주의의무에 관한 기준과 법리는 구체적이지 않다. 공인중개사의 주의의무를 더 구체적이고 명확하게 하는 방향으로 관련 법제나 윤리규칙 등을 분명히 하는 것이 다른 어떤 법제개선보다도 주택임대차 관련 분쟁이나 피해를 예방할 수 있을 것이다.

대표적인 예로서, 주택의 매매계약 후 양수인이 자신의 실거주를 이유로 갱신거절권을 행사할 수 있는지에 관한 분쟁을 들 수 있다. 이 문제에는 갱신요구권제도가 실행되던 초기에 빈번하게 발생하였던 분쟁유형의 하나로 여러 가지 민감하고 복잡한 쟁점이 있었으며, 차후 갱신요구권제도에 대해 추가 개정을 하게 되는 경우에 주요 선진국을 참고한 법제 개선이 반드시 필요하다는 점도 지적된 바 있다.[68] 그러나 이 문제는 공인중개사법 시행규칙 개정을 통하여 공인중개사의 확인·설명의무를 강화함으로써 의외로 쉽게 해결되었다고 평가할 수 있다.[69] 이에 공인중개사들은 주택의 매매 중개 시 임차인이 갱신요구권을 행사하였는지 여부를 확인하게 되어, 바람직한 방향으로 거래관행이 형성된 것이다. '양수인의 실거주를 이유로 한 갱신거절의 가부'라는 어려운 논점은 「주택임대차보호법」에서 아직 명확히 해결책을 주지 못한 상태이지만, 공인중개사의 주의의무를 통하여 분쟁과 갈등이 상당부분 예방되어 사회적 비용을 절감할 수 있었던 좋은 사례이다.

---

[68] 최진솔·모승규·김제완, "주택임대차에서 양수인의 실거주를 이유로 한 갱신거절의 법적 쟁점 – 대상판결 : 대법원 2022. 12. 1. 선고 2021다266631 판결", 고려법학 제108호 (2023), 117. 참조.

[69] 개정된 공인중개사법 시행규칙에 '주거용건축물의 중개대상물 확인, 설명서'(별지 제20호 서식)의 '권리관계 확인' 부분에서는 공인중개사로 하여금 중개 시 임차인의 계약갱신요구권 행사여부를 확인하여 ① 확인(확인서류 첨부), ② 미확인, ③ 해당사항 없음 중에서 항목을 선택하여 기재하도록 하였다(제16조). 공인중개사가 이와 같은 중개대상물의 확인 및 설명의무를 위반하여 성실·정확하게 중개대상물의 확인·설명을 하지 아니하거나 설명의 근거자료를 제시하지 아니한 자에게는 500만원 이하의 과태료를 부과하도록 하고 있다(공인중개사법 제51조 제2항 1의5호).

다음으로, 임대 중인 주택의 매매를 중개하면서 갱신요구권을 행사하지 않은 상태임을 확인하였음에도 추후 임차주택의 매매계약 완료 전에 임차인이 마음을 바꾸어 계약갱신요구권을 행사하였고, 이로 인해 아파트 매매계약 진행에 혼선이 발생하여 계약의 해제가 문제된 사안도 있다.70) 이 사건의 경우에는 매수인과 매도인 간의 분쟁이지만, 매수인과 매도인이 같은 편에서 임차인을 상대로 다투는 유형이 될 수도 있을 것이다. 어느 경우든 재판 결과에 따라 불이익을 당한 당사자는 공인중개사를 상대로 주의의무위반을 이유로 책임을 묻게 될 가능성을 배제할 수 없다. 공인중개사가 주의의무를 위반했는지 여부를 사안에 따라 개별적이고 구체적으로 판단할 수밖에 없고, 그 확인·설명의무의 범위는 계약마다 다양할 수밖에 없다.71) 공인중개사로서 실거주 매수인에게 불측의 손해가 발생하지 않도록 부동산 중개 실무상 개선방안 등 법리적·입법정책적 개선 방안이 필요하다. 최근 공인중개사법과 시행령·시행규칙 등이 개정되어 설명의무 등 공인중개사의 책임이 강화된 것은 일보 전진한 것으로 볼 수 있다.72)

나. 다른 전문영역 쟁점에 관한 공인중개사의 주의의무

문제는 이와 같이 공인중개사의 주의의무 위반 여부를 판단함에 있어서 쟁점이 되는 문제점이 법률적 쟁점이어서 변호사 등 법률전문가의 판단이 필요한 경우가 많다는 데에도 있다. 최근의 사례로, 임대된 주택의 매매를 중개하였는데, 임차보증금 반환채무의 면책적 인수 여

---

70) 모승규·김제완, "주택 임차인의 갱신요구권 행사가 해당 부동산의 매매계약에 미치는 영향 - 대상판결 : 대법원 2023. 12. 7. 선고 2023다269139 판결 -" 법학논집 제29권 제2호 (2024).
71) 변우주, "부동산 거래에서 중개업자의 설명의무의 범위-일본의 宅地建物取引業法과 비교하여 -", 민사법의 이론과 실무 제21권 제1호 (2017), 349.
72) 김성욱, "부동산 전세사기 피해자 구제방안" 집합건물법학 제47호 (2023).

부에 관한 공인중개사의 주의의무 위반이 문제된 바 있다.[73] 이 사례는 임대 중인 주택을 매매하면서 임차보증금을 매수인이 면책적으로 인수하기로 하여 거래하였으나, 매수인이 보증금을 반환하지 못하자 전세금보장신용보험의 보험자가 임차인에게 대신 지급하고 종전 임대인인 매도인을 상대로 구상금을 청구하게 되어 결과적으로 면책적 채무인수가 아니라는 점이 확인된 사안이다. 매도인이 공인중개사의 주의의무 위반을 이유로 손해배상을 청구한 사안인데, 하급심에서는 공인중개사의 배상책임을 인정하였으나, 대법원은 공인중개사가 부동산을 중개하는 과정에서 채무인수의 법적 성격까지 조사·확인하여 설명할 의무가 없다고 보아 배상책임 부정 취지로 파기환송하였다.

이와 같은 대법원의 판시는 비판의 여지가 있다고 판단된다. 공인중개사로서는 변호사의 업무와 달리 최종적인 법률 의견을 부여하여야 할 의무는 없고 또한 그래서도 안 되지만,[74] 향후 발생할지도 모를 법적 쟁점을 설명하고 중개의뢰인이 부동산 거래의 위험성에 놓인 경우에 이에 관해 변호사의 최종적 의견을 받아볼 수 있도록 조언·권고하여야 할 최소한의 의무는 여전히 부담하며, 만연히 면책될 수는 없다고 보아야 한다. 이는 외국의 부동산 중개 실무상으로도 널리 인정되는 기본적인 주의의무이다. 나아가 이는 법률적인 쟁점에만 그러한 것이 아니다. 건물의 구조나 설계에 관한 기술적인 문제, 세제상의 문제 등 법률가가 아닌 다른 전문가의 영역에 속하는 쟁점이 있는 경우, 공인중개사로서는 해당 전문가의 조언을 받도록 권유해야 할 의무가

---

73) 대법원 2024. 9. 12. 선고 2024다239364 판결. 이 판결에 대한 평석은, 이해진·최예린·김제완, "임차보증금 반환채무의 면책적 인수 여부에 관한 공인중개사의 주의의무 - 대상판결 : 대법원 2024. 9. 12. 선고 2024다239364 판결" 법학논총 제42권1호 (2025) 참조.
74) 임대보증금의 승계를 포함한 부동산 매매 거래는 형사적으로 사기가 문제될 수 있을 정도로 법적 평가가 용이하지 않은 문제이다. 신동훈, "부동산 매수인의 임대차보증금반환채무 인수의무와 사기죄 - 대법원 2023. 6. 29. 선고 2022도16422 판결 -", 법조 제73권 제1호 (2024).

있고, 만연히 자신의 경험에 따른 의견을 제시하는 경우 주의의무 위반이라는 평가를 면하기 어렵다.

예를 들어 캐나다 온타리오주의 경우에는 공인중개사법(Real Estate and Business Brokers Act, REBBA)이 있는데,[75] 이에 근거한 시행령으로 윤리규칙(Code of Ethics)에서 공인중개사의 각종 주의의무에 관하여 규정하고 있다.[76] 실무상으로는, 부동산 거래에 관하여 어떤 법률적인 쟁점이 있는데, 이것이 차후 법적으로 어떻게 될 것인지에 관하여 공인중개사로서 나름대로 의견을 제시할 수도 있지만, 그 의견의 정확성을 확신할 수 없는 경우가 대부분이다. 이와 같은 경우 공인중개사로서는 그와 같은 법적 쟁점이 발생할 수 있다는 점을 의뢰인에게 알리고, 나아가 이에 대하여 법률전문가인 변호사에게 의견을 구해 볼 것을 권고하여야 한다. 이 과정에 공인중개사로서는 실무상 흔히 발생하는 간단하고 단순한 법률 쟁점인 경우에는 자신의 경험에 비추어 의견을 제시할 수도 있는데, 이 경우에도 자신은 법률전문가가 아니니 변호사의 의견을 받아볼 것을 의뢰인에게 권고하여야 한다. 이는 법적 쟁점이 발생하는 경우에만 한정된 법리가 아니다. 다른 전문영역, 예컨대 거래 대상 부동산의 기술적 하자 여부가 문제되는 경우, 해당 부동산의 거래 후 발생하는 세금의 부과 여부에 관한 문제도 같은 법리에 따라 처리되어야 한다. 공인중개사로서는 그와 같은 쟁점이 있다는 점을 알리면서 나름대로의 의견을 제시할 수 있지만, 최종적으로는 해당 분야 전문가인 건축기술사나 세무사 회계사 등과 상의하여 최종적인 전문가 의견을 듣도록 권고하여야 한다.

이와 같이 캐나다에서 공인중개사는 전문분야에 관한 문제가 의심되는 경우 이 점에 관하여 의뢰인에게 설명하고, 정확한 의견을 해당

---

[75] Real Estate and Business Brokers Act, 2002, S.O. (2002).
[76] O. Reg. 365/22: CODE OF ETHICS, https://www.ontario.ca/laws/regulation/r22365 (2025. 3. 9. 확인).

분야 전문가로부터 들어볼 것을 권고하여야 할 주의의무를 부담한다. 이와 같은 공인중개사의 권고를 의뢰인이 듣지 않고 거래를 행한 결과 차후 문제가 발생하더라도 공인중개사에게 책임을 물을 수는 없다. 그러나 공인중개사로서 해당 분야의 문제가 있을지 모를 상황에서, 이에 관하여 의뢰인에게 아무런 설명이나 의견을 제시하지 않고 해당분야 전문가의 의견을 듣도록 권고하지 않은 경우에도, 공인중개사로서 주의의무를 다하였다고 보기 어렵다. 이 문제에 관하여 온타리오 주의 윤리규칙 규정에서는, 다른 전문가로부터의 서비스(services from others)를 받는 과정에서의 공인중개사의 의무와 윤리에 관하여 규정하고 있다(제11조). 즉, 공인중개사가 자신이 합리적인 지식, 기술, 판단력 및 능력으로 서비스를 제공할 수 없거나 또는 그와 같은 서비스를 제공하는 것이 법으로 허용되지 않는 경우, 공인중개사로서는 다른 전문가로부터 의견을 구할 것을 조언하여야 할 뿐 아니라,[77] 그와 같은 상황에서 고객 등이 다른 전문가의 특정 조언을 받지 않도록 유도해서는 안 된다고 규정하고 있다.[78]

공인중개사가 어느 정도까지의 전문영역 관련 주의의무를 부담하는 것으로 할 것인가는 판단하기 쉽지 않은 문제이다. 대표적으로, 최근 전세사기의 주요 유형 중에 신탁부동산에 대한 임대차계약이 문제되고 있다. 신탁관계가 설정된 부동산에 관하여 임대차계약을 중개하는 공인중개사로서는 선량한 관리자의 주의와 신의성실로써 신탁관계에 관한 조사·확인을 거쳐, 중개의뢰인에게 신탁원부를 제시하고, 신

---

[77] §11. (1) A registrant shall advise a person to obtain services from another person if the registrant is not able to provide the services with reasonable knowledge, skill, judgment and competence or is not authorized by law to provide the services.

[78] §11. (2) A registrant shall not discourage a person from seeking a particular kind of service from another person if the registrant is not able to provide the service with reasonable knowledge, skill, judgment and competence or is not authorized by law to provide the service.

탁관계 설정 사실 및 그 법적인 의미와 효과 등을 성실하고 정확하게 설명하여야 할 의무가 있다고 판단한 사례가 있다.[79] 임차인을 보호하고자 하는 이 판례의 기본 취지에는 공감하지만, 신탁법리에 관하여 공인중개사가 얼마나 정확하게 설명할 수 있는지 사견으로는 다소 의문이다.[80] 또 다른 예로서, 다가구주택의 임대차를 둘러싼 법률관계의 판단도 어려운 문제인데, 공인중개사로서는 판단이 용이하지 않은 난제이다.[81] 이와 같은 문제에 있어서 오히려 기본적인 설명 후 정확한 판단을 위해 변호사의 의견을 듣도록 권고하는 것이 공인중개사의 주의의무라는 방향으로 법리가 형성되는 것이 좀 더 바람직하다.

다. 공인중개사의 쌍방대리 억제와 전속중개계약의 활성화, MLS 등

우리나라에서 주택임차인이 어떤 피해를 당하면 공인중개사가 주로 가해자인 임대인 측의 이익을 위하여 공모하거나 방조하였음이 밝혀지는 경우가 많다. 대표적으로 깡통주택과 전세사기 문제가 그러하다.[82] 이 유형 중에는 임차인에게 주택의 적정가치 산정이나 관련 정보의 공유 등을 통하여 임대주택의 시세에 관한 정보가 정확하게 제공

---

79) 대법원 2023. 8. 31. 선고 2023다224327 판결. 이에 대한 평석은 장민, "개업공인중개사의 중개대상물에 대한 확인·설명의무 : 대법원 2023. 8. 31. 선고 2023다224327 판결", 건설법무 제10권 제1호 (2024).
80) 이에 신탁등기를 하면 신탁원부 확인과 임대차 계약의 당사자를 확인하도록 하는 내용의 부기등기를 의무화하자는 제안도 있다. 서영천, "주택 전세사고 예방을 위한 법·제도 개선방안 연구" 대한부동산학회지 제41권 제2호 (2023).
81) 공인중개사의 확인·설명의무에는 다가구주택의 선행 임차인의 확정일자부여현황과 보증금, 선순위 근저당권자의 채권액 등이 포함되어 있으나, 공인중개사에게 위 내용을 확인할 권한이 부여되어 있지 않고 있다는 문제점이 지적된다. 홍승한, "공인중개사의 확인·설명의무 - 다가구주택을 중심으로 -" 인문사회21 제10권 제3호 (2019).
82) 권경선, "대규모 전세사기(빌라왕)에 대한 공법적 규제방안" 부패방지법연구 제6권 제2호 (2023).

되는 것이 필요하고, 임대주택의 시세정보에 관하여는 마땅히 공인중개사가 중요한 역할을 수행하여야 하는데,83) 오히려 전세사기 가해자와 공모하여 공범으로 처벌되는 경우도 있다.84) 만일 임차인 측에 임차인의 이익을 위하여 일하는 공인중개사가 있었다면, 이와 같은 피해를 예방할 수 있을 것이다.

이 점에 관하여 우리나라의 공인중개사 법제는 선진국과 비교할 때 큰 문제점이 있는데, 실무에서 사실상 쌍방대리가 일반화되어 있다는 점이다. 즉, 현행 공인중개사법상 거래당사자 쌍방을 대리하는 행위는 금지되어 있지만(제33조 제1항 6호), 기본적으로 중개의 형태로 이루어지는 우리 거래 관행의 특성상 실질적으로는 쌍방대리를 피하기 어렵다는 문제가 있다.85) 이에 비해 주요 선진국에서는 양 당사자를 서로 다른 공인중개사가 각각 대리하는 전속중개계약이 원칙이다. 중개계약은 위임계약의 일종으로 당사자 간의 특별한 대인적 신뢰관계를 기초로 하는 것이 본질이므로,86) 중개계약은 전속중개계약(제23조, exclusive agency listing contract)으로 체결하는 것이 바람직하다. 주요 선진국의 경우는 전속중개계약을 원칙으로 하여 공인중개사가 부동산 거래의 어느 한쪽 당사자만을 조언하는 것이 일반화되어 있다.87) 예외적으로 쌍방을 모두 조언하는 경우도 허용되지만, 이는 매우 이례적인

---

83) 이상영·서정렬, 앞의 논문(주 2).
84) 공인중개사가 임대인측으로부터 이른바 '알(R, rebate)'이라고 칭하는 거액의 중개수수료를 받아 챙기면서 시세보다 높은 가격의 임대차를 임차인에게 떠안기기도 한다.
85) 권오상, "개업공인중개사의 주의의무와 책임에 관한 연구-전세사기 방지의 관점에서 다가구주택 중개에 관한 대법원의 동향 및 제도의 개선안 마련을 중심으로-" 저스티스 201, (2024).
86) 김제완·최예린, 앞의 논문(주 67).
87) 한 마크 만균·권헌영, "미국 부동산 거래절차에 관한 고찰 - 주택 거래를 중심으로", 토지공법연구 제67호 (2014); 이무선, "공인중개사법상 '중개계약' 규정의 문제점과 개선방향", 홍익법학 제17 제3호 (2016).

상황으로서 양쪽 당사자의 승낙을 받아야 할 뿐 아니라, 특히 각 당사자로부터 수령하는 중개수수료 등 경제적 이익을 공개하여야 한다. 쌍방대리(multiple representation, dual representation)를 하려는 공인중개사가 없는 것은 아니지만, 차후에 어느 한 당사자에게 충실의무를 다하지 못하였거나 편파적이었다는 이유로 징계를 받거나 손해배상을 청구당하는 경우가 많기 때문에, 통상적으로는 쌍방대리를 피하고 있다. 쌍방대리를 하는 경우 공인중개사로서는 임대인 편에 서게 될 가능성이 더 큰데, 일반적으로 임대인이 좀 더 장기적인 고객이 되기 때문이다.

우리나라에도 전속중개계약으로 전문적인 조력을 받을 수 있도록 제도를 두고 있지만, 이를 활용하는 경우가 실무상 극히 드물고, 대부분 일반중개계약(제24조, open listing contract)에 의하며 공인중개사는 양 당사자 모두를 위하여 일한다. 이와 같은 상황에서 공인중개사가 부동산거래의 쌍방을 동시에 조언하면서 이해관계가 상충되는 양 당사자 모두에게 충실한다는 것은 불가능하다. 이에 일반중개계약을 억제하고 전속중개계약 중심으로 제도와 관행을 개선하는 것이 시급하다.[88] 변호사법에 적용되는 이익충돌의 법리(conflict rule)가 공인중개사에게도 적용되는 것이다.[89] 사견으로는 우리나라에서도 부동산거래 시 쌍방대리를 실질적으로 금지하는 것이 필요하다. 전속중개계약제도는 효율성, 신뢰성, 관계지향성 등에서 장점이 있고,[90] 제도적 개선 내

---

[88] 권오상, "부동산 전세사기 방지에 관한 소고: 전세사기피해자법의 주요 개정 내용과 입법정책 개선안을 중심으로" 부동산법학 제28권 제4호 (2024); 김학환, "일반중개계약제도의 문제점과 개선방안에 관한 연구", 부동산경영 제22호 (2020); 김대명·이대운, "공인중개사법상 부동산중개계약에 관한 연구", 법학연구 제34호 (2009); 김상명, "부동산중개계약에 관한 연구(1)", 법학연구 제25호 (2007).

[89] 변호사법상 이익충돌의 법리에 관하여는, 김제완, "이익충돌방지를 위한 로펌의 자율통제절차에 관한 연구 - 미국 및 캐나다의 conflict-checking 및 ethical screening을 중심으로 -", 인권과 정의 제414호 (2011); 김제완, "이익의 충돌에 의한 수임제한과 변호사의 윤리", 인권과 정의 제330호 (2004) 등 참조.

지는 정착화를 추진해야 한다.91) 쌍방대리를 금지시키면 공인중개사의 소득을 감소시키거나 당사자의 중개수수료부담이 커지는 것이 아닌가 하는 우려가 있겠으나, 전체 중개수수료는 동일하다. 한편, 예외적으로 쌍방의 승낙을 받는 쌍방대리의 경우에도 중개수수료를 포함한 경제적 이익을 투명하게 공개하도록 하는 것은 특히 깡통전세와 전세사기 문제 해결을 위해 반드시 필요하다. 전속중개계약의 활성화와 함께 공인중개사의 보수 지급을 둘러싼 법리도 정밀하게 정착되어야 한다.92) 공인중개사가 이익이 충돌되는 여러 당사자를 대리하는 경우는 거래의 양 당사자를 동시에 대리하는 경우 이외에도, 경합하는 여러 당사자를 동시에 대리하는 경우(예컨대 특정 부동산의 매수를 원하는 여러 명이 있는 경우)도 마찬가지로 문제된다. 이를 다른 나라에서는 이른바 'multiple representation' 상황이라 칭하고 별도로 규율하면서, 공인중개사에게 가중된 설명의무와 정보공개(disclosure) 의무를 부과하는 등 방식으로 적절히 규제하고 있다.93)

그 밖에도 우리나라 부동산 공인중개사 법제는 여러 가지 측면에서 선진화가 필요하다. 사견으로는, 대표적으로 통합매물정보망 내지 통합 부동산거래정보망으로 이른바 multiple listing service(MLS) 시스템을 구축하여 허위매물로 인한 소비자 피해를 방지할 필요가 있고,94)

---

90) 서봉진·박원석, "전속중개계약제도의 속성이 중개서비스 품질에 미치는 영향", 부동산학연구 제18권 제2호 (2012).
91) 문영기·최봉현, "부동산거래비용이론에 의한 전속중개계약의 효율성 제고 방안 연구", 부동산연구 제17권 제2호 (2007).
92) 이 점에 관하여는, 김제완·최예린, 앞의 논문(주 67); 소재선, "독일민법상 중개계약의 기본구조에 관한 소고 - 본 계약과 중개계약의 관계에 따른 보수청구권의 문제를 중심으로", 가천법학 제8권 제3호 (2015); 최창렬, "不動産 仲介契約에서의 報酬請求權에 관한 小考", 가천법학 제8권 제4호 (2015); 이재웅, "부동산공동중개와 중개업자의 보수청구권에 관한 고찰 -일본판례를 중심으로", 경영법률 제20권 제2호 (2010) 등 참조.
93) 예컨대, 캐나다 온타리오주의 경우, 공인중개사 윤리규칙 Code of Ethics §16 (Disclosure before multiple representation) 참조.

공인중개사의 시세정보 제공의무와 그 이행 확인에 관한 규정도 보다 구체적으로 정비되어야 한다. 한편, 시세정보의 자료는 정부에서 제공하는 공식적 자료뿐 아니라 다양한 자료에 근거할 것인데, '전월세 신고제'(「부동산 거래신고 등에 관한 법률」 개정)에 따라 축적되는 공공데이터베이스가 중요한 기초자료가 될 것이며, 선진화된 임대료지수를 개발하는 것도 필요하다.[95]

이상 살핀 바를 종합해 볼 때, 사견으로는 공인중개사의 쌍방대리를 적절히 규제하는 것이 가장 시급한 과제라고 판단된다. 그런데 현행 공인중개사법상 쌍방대리는 이미 금지되어 있지만(제33조 제1항 6호), 실무상으로는 공인중개사가 쌍방을 중개하는 행위는 이에 해당하지 않는 것으로 인식되고 있는 것으로 보인다. 사견으로는, 쌍방에 대한 일반중개계약 체결을 규제하여 전속중개계약 활성화를 유도하는 방안을 제시한다. 공인중개사법 제22조 제2항을 신설하는 내용의 개정시안을 제시하자면 다음과 같다. 개정시안의 작성에는 변호사윤리장전상의 이익충돌로 인한 수임제한 관련 규정과 법리를 참고하였다.

현행	개정시안
(신설)	제22조(일반중개계약) ② 공인중개사는 거래의 양 당사자와 일반중개계약을 체결하여서는 아니된다. 다만, 다음 각 호의 경우는 그러하지 아니하다. 1. 중개보수 등 의뢰인과 공인중개사 간의 일반중개계약의 세부내용을 미리 그 상대방 의뢰인에게

---

94) MLS에 관하여는, 한 마크 만균, "부동산거래정보(콘텐츠)에 관한 법적규제의 쟁점", 공공사회연구 제3권 제2호 (2013); 이문석·박정일·최승영, "부동산거래정보망 활성화 방안에 관한 연구", 한국지적정보학회지 제15권 제1호 (2013); 김철호·송형국, "부동산중개계약의 특질에 관한 연구", 부동산학보 제54호 (2013); 최봉현·문영기, "전속중개계약과 부동산 거래정보망제도가 중개업자 신뢰성과 고객만족에 미치는 영향 분석", 유통과학연구 제4권 제2호 (2006) 등 참조.
95) 예컨대, 원혜진·이창무·곽하영, "전월세시장 임대료 지수 세분화 연구", 주택연구 제28권 제3호 (2020).

현행	개정시안
	공개하고, 양 당사자의 서면동의를 받은 경우 2. 양 당사자로부터 위임을 받더라도 어느 당사자의 이익도 침해되지 않는 합리적인 이유가 있음을 미리 설명하고, 양 당사자의 서면동의를 받은 경우 ③ 제2항의 서면동의는 의뢰인의 중개사에 대한 손해배상청구 등 다른 구제수단을 제한하지 않는다.

2. 임대차 관련 거래 관행과 계약 문화의 개선

가. 임대차계약에서 서면 청약 의무화와 임차인의 검토 기회 부여

법률문화적 측면에서 볼 때 우리나라에서 주택임대차 거래를 포함한 대부분의 부동산거래에서 대화자 간 계약 방식 중심의 독특한 계약 문화도 불합리한 측면이 있다. 우리나라는 부동산거래 시 서면에 의한 청약과 승낙의 절차가 분리되어 순차적으로 진행되지 않는다. 부동산 거래를 위해 양 당사자가 대금 등 중요 내용에 관하여 의견을 교환하다가 중요 부분에 관한 의견이 합치되면, 공인중개사가 작성한 계약서 문안에 양 당사자가 동시에 서명날인을 하는 방식이 일반화되어 있다. 우리나라와 달리 주요 선진국에서는 부동산거래에 있어서 청약(offer)과 승낙(acceptance)이 명확히 구분되어 각각 서면행위로 이루어진다. 임대차의 경우에도 임차인이 먼저 서면으로 된 청약서를 작성하여 기한을 정해 임대인에게 송부하면, 임대인이 검토 후 기한 내 승낙하거나 변경된 청약서를 작성하여 역시 기한을 정해 임차인에게 송부하는 것이 일반화되어 있다. 양 당사자 중 누가 청약을 하고 누가 승낙을 하는지가 구분되지 않는 우리 관행은 법률문화적으로 매우 특이한 것으로, 이는 청약의 구속력을 피하려는 측면도 있을 것으로 추정된다. 이에 우리나라에서는 소비자보호 등을 위하여 다양한 유형의 거래에서 청약과 청약의 유인의 구별이 중요한 쟁점이 되고 있고,[96] 이 문제에 관한 비교법적 연구도 중요한 의미를 가진다.[97]

이와 같은 계약문화의 차이가 주택임대차 관련 분쟁에 미치는 영향도 적지 않은 것으로 보인다. 임차인들은 계약서를 미리 검토할 기회를 가지지 못하고, 예상하지 못한 특약 등이 있는 경우에도 충분히 검토하지 못한 상황에서 현장에서 즉석으로 판단하거나, 계약 자체를 깨버리는 수밖에 없다. 어렵사리 임대주택을 물색한 상황에 계약서 작성 현장에서 거래를 깨는 방안은 임차인으로서 선택하기 매우 어렵다. 예컨대, ① 건물 자체가 법적으로 '주택'이 아니라는 점을 뒤늦게 발견하게 될 수도 있고,[98] ② 주민등록 전입신고가 불가능하다는 점이 기재되어 있을 수도 있으며, ③ 전입신고를 임대인의 근저당권설정등기가 경료된 이후까지 연기하기로 하는 특약이 있을 수도 있다. 나아가 ④ 공인중개사의 보수 청구금액도 이때 처음으로 알게 되는 경우가 대부분이다. 만일 주요 선진국의 계약 문화와 같이 정식으로 서면으로 된 청약 내지 변경된 청약서를 미리 받는다면, 임차인으로서는 기한까지 신중히 검토한 후 승낙 여부를 판단할 수 있을 것이다. 그러나 우리나라의 계약 문화상으로는 대금 등 계약의 주요 내용에 대해서만 구두합의하고, 그 밖의 중요 세부내용에 관하여는 처음 대하는 계약서를 보고 현장에서 즉석으로 판단하여야 한다는 불합리가 있다.

---

[96] 이재목, "청약과 청약의 유인의 구별에 관한 일고 - 상품광고에 관한 해석론의 동향을 중심으로", 법학연구 제52권 제1호 (2011); 김재형, "분양광고와 계약 - 청약, 유인, 손해배상을 중심으로", 민사판례연구 제31호 (2009).

[97] 백경일, "유럽공통매매법안(CESL)에서의 계약체결규정에 관한 비교법적 검토", 비교사법 제20권 제2호 (2013); 김진우, "CISG에서의 청약의 요건", 국제거래법연구 제20권 제1호 (2011).

[98] 최근의 주요 사례로는 임대목적물이 생활형숙박시설이나 업무용 오피스텔, 지식산업센터에 속한 기숙사인 경우 등을 들 수 있다. 실제 거주 중인 장소라고 하더라도 주민등록 전입신고가 가능한지 여부가 문제되는 사례유형과 이에 대한 유권해석 동향에 관하여는, 행정안전부, 주민등록 질의·회신 사례집(2018) 참고

사적 자치의 원칙상 계약체결 방식은 자유라고 할 수밖에 없다. 하지만 적어도 부동산거래에 관한 한 공인중개사법상 공인중개사의 서면청약 의무화가 필요하다. 임차인이나 임대차 쟁점이 있는 부동산매매계약의 당사자로서 계약서 검토를 위한 최소한의 기간을 부여하는 방향으로의 제도개선이 필요하다. 즉, 최소한 공인중개사는 계약서 초안을 미리 작성하여 이를 양 당사자에게 미리 교부하여 충분히 검토할 수 있는 기회를 부여하는 방향으로 부동산중개 관련 법규와 규정이 개정되어야 한다.[99] 이러한 계약문화를 바꾸는 데에는 상당한 시간이 소요될지 모르나, 그 방향성은 분명하다.

이상 살핀 바를 종합하여, 공인중개사법 제26조에 초안 작성 및 제시 의무를 규정하는 내용의 개정시안을 제시하자면 다음과 같다.

현행	개정시안
제26조(거래계약서의 작성 등) ①개업공인중개사는 중개대상물에 관하여 중개가 완성된 때에는 대통령령으로 정하는 바에 따라 거래계약서를 작성하여 거래당사자에게 교부하고 대통령령으로 정하는 기간 동안 그 원본, 사본 또는 전자문서를 보존하여야 한다. 다만, 거래계약서가 공인전자문서센터에 보관된 경우에는 그러하지 아니하다.	26조(거래계약서의 작성 등) ①개업공인중개사는 중개대상물에 관하여 **계약체결 전에 미리 서면계약서의 초안을 의뢰인과 상대방에게 교부하여야 한다.** 그 후 중개가 완성된 때에는 대통령령으로 정하는 바에 따라 거래계약서를 작성하여 거래당사자에게 교부하고 대통령령으로 정하는 기간 동안 그 원본, 사본 또는 전자문서를 보존하여야 한다. 다만, 거래계약서가 공인전자문서센터에 보관된 경우에는 그러하지 아니하다.

---

99) 부동산 거래에 있어서 매도인이 전화권유판매의 방식으로 매수인과 부동산 매매계약을 체결한 후, 매수인이 방문판매법을 근거로 청약철회권을 행사할 수 있도록 하자는 제안이 있는바, 충분한 검토 기회를 가지지 못한 부동산거래에 있어서 청약철회권이 논의되는 것은 당연한 귀결이다. 김도년·최명구, "부당한 부동산 거래행위와 매수인의 보호-분양사업자의 건축물 부당매매와 매수인의 방문판매법상 청약철회권 행사를 중심으로", 토지법학 제29권 제1호 (2013).

나. 임차보증금 반환의무의 동시이행 및 계약금의 선반환(先返還)

우리나라에서는 임차인이 이사 당일 임차보증금을 돌려받아 당일 새 임차주택의 임대인에게 지급하여야 하는 거래 관행이 형성되어 있다. 이는 매우 불안정하고 불합리하며, 사회적으로도 비경제의 원인이 된다. 당사자 중 한 사람이라도 임차보증금반환 지체 등 채무불이행을 하면, 순차적으로 다음 당사자에게 임차보증금을 지급하지 못하게 되어 연쇄적인 영향을 받게 된다. 존속보장이 약해서 외국에 비해 잦은 이사를 해야 하는 우리나라의 상황에서, 이와 같은 거래 관행은 우리 주택임대차거래의 불안정성과 불편함을 보여주는 대표적인 예이다.

이와 같은 문제의 해결을 위한 최소한의 조치로, 임대인으로서는 임대차계약 만료 전에 임차인이 새로운 임대주택을 구하여 계약을 체결할 수 있도록 최소한 계약금 상당의 금원을 임차인에게 미리 반환하는 것이 필요하다. 일각에서는 이미 계약금 상당액을 미리 반환하는 것은 관행으로 정착되어가고 있다. 이를 법제화한다면, 임차인의 지위를 안정적으로 보호하고 임대차거래가 좀 더 합리적으로 운영되도록 하는 데 도움이 된다. 임차인이 적기에 새로운 임대주택을 찾아 계약할 수 있게 임대인이 임차인에게 계약금을 미리 반환하도록 규정하는 것이다. 이때 반환할 계약금은 당초 임대차계약상 수수된 계약금 상당액으로 하는 것이 타당할 것이다. 이와 같은 새로운 관행과 법리의 정당성은 임차인과 임대인의 공정한 대우에서 찾을 수 있다. 임차인이 계약체결 시 임대주택을 인도받기 전이지만 계약금을 선급하였듯이, 임대차관계가 종료되었을 때는 임대주택의 인도 전이라고 하더라도 임대인은 과거 자신이 선수령하였던 금액만큼 선지급하는 것이 공정하기 때문이다.

이와 같은 개선 방안에 관하여, 기존의 판례법리는 우호적이지 않다. 보증금 반환에 관하여 이른바 '변형된 동시이행의 법리'를 형성해 왔기 때문이다. 임차인이 임차목적물을 명도할 의무와 '임대인이 보증금 중 연체차임 등 당해 임대차에 관하여 명도 시까지 생긴 모든 채무를 청산한 나머지를 반환할 의무' 상호 간에는 동시이행의 관계가 있다는 것이다.[100] 이는 명도의무가 '보증금반환의무'보다 선이행이라는 취지의 기존 판례를 전원합의체를 통하여 폐기한 것인데,[101] 여기서 동시이행 관계에 있는 의무는 '보증금반환의무'가 아니라 '임대인이 보증금 중 연체차임 등 당해 임대차에 관하여 명도 시까지 생긴 모든 채무를 청산한 나머지를 반환할 의무'로서 변형된 동시이행으로, 임차보증금의 담보적 기능에 관한 일종의 조건부 동시이행으로 이해된다.[102] 그러나 이 법리는 임대차종료 후 보증금을 반환받기 위해 목적물을 점유하는 임차인의 보증금반환채권에 대한 소멸시효 문제 등 여러 가지 복잡한 문제를 발생시키는 근본적인 난제 중의 하나이다.[103]

이와 같이 임차보증금에 관하여 법리가 변형되고 있는 이유는 임차보증금의 수수가 앞서 살핀 바와 같은 금융거래적 성격을 가지고 임대차계약에서 거래상의 주된 급부로 인식되어, 임차보증금에 대하여 일

---

100) 대법원 1977. 9. 28. 선고 77다1241, 1242 전원합의체 판결; 대법원 1989. 2. 28. 선고 87다카2114, 2115, 2116 판결; 대법원 1987. 6. 23. 선고 87다카98 판결 등. 이재후, "임대차에 있어서 보증금반환의무와 임차목적물반환의무와의 동시이행관계", 법조 27권 9호 (1978); 유현석, "임대차종료에 따른 목적물반환과 보증금반환의 동시이행", 판례연구 제2권 (1989); 김학동, "임차인의 임차보증금반환채권등과 유치권", 판례월보 제315호 (1996).
101) '대법원 1962. 3. 29. 선고 4294민상939 판결.'을 폐기하였다.
102) 조경임, "임대차보증금의 담보적 성격과 이론적 근거", 법조 제64권 제12호 (2015).
103) 임대차보증금반환채권의 소멸시효에 관하여는, '대법원 2020. 7. 9. 선고 2016다244224, 244231 판결.' 참조. 이에 관한 주요 쟁점은, 원종배, "주택임차인의 점유와 임대차보증금반환채권의 소멸시효- 대법원 2020. 7. 9. 선고 2016다244224, 244231 판결", 민사법의 이론과 실무 제25권 제2호 (2022) 참조. 결론의 타당성에 공감하나 논리를 비판하는 의견으로는, 성위석, "임대차보증금반환채권의 소멸시효 - 대법원 2020. 7. 9. 선고 2016다244224, 244231 판결의 검토를 중심으로", 법학논고 제78호 (2022); 신동현, "임차인의 점유와 임대차보증금반환채권의 소멸시효 - 대법원 2020. 7. 9. 선고 2016다244224, 244231 판결", 서강법률논총 제10권 제3호 (2021).

종의 쌍무계약적 견련성이 쉽게 받아들여지기 때문으로 추측된다. 이 문제가 부동산시장에서 거래 관행이 개선됨으로써 해결될 수도 있을 것이지만, 필자로서는 임대차계약 만료 전에 임대인이 계약금을 선반환할 의무를 법제화할 것을 제안한다. 이를 위하여 「주택임대차보호법」 제6조 제4항을 신설하는 개정시안을 제시하자면 다음과 같다.

현행	개정시안
(신설)	제6조(계약의 갱신) ④ 제1항에 따라 임대차가 갱신되지 아니하는 경우, 임대인은 임차인으로부터 받았던 임차보증금 중 계약금 상당금액을 임차인으로부터 주택을 인도받기 1개월 전까지 임차인에게 미리 반환하여야 한다.

V. 결론

우리나라는 「주택임대차보호법」 제정 이후 현재까지 수십 년 동안 가장 중요한 정책목적은 임차보증금의 반환보장으로, 주요 선진국들에서 임대차법의 주요 규율대상으로 삼고 있는 존속보장과 차임상승 규제는 거의 규율되어 오지 못하였다. 그런데 이제는 전세사기와 깡통주택 문제에서도 알 수 있듯이 임차보증금의 반환조차도 제대로 보장해 주지 못하는 총체적 난국에 빠져 있는 것으로 보인다. 우리나라의 전세권이 더 이상 '주거 사다리'로서의 역할을 계속 수행할 수 있을지도 근본적으로 의문이다. 임대차가 자가를 소유하기 전에 임시로 활용되는 법제라거나 소수의 빈민을 구제하는 법제라고 이해하여서는 안 된다. 주택임대차보호법제는 국민의 상당부분을 구성하는 중산층과 서민들을 위한 민생 입법으로서, 정책상 우선순위를 차지하여야 한다는 인식을 분명히 하는 것이 필요하다.

글로벌 금융위기 이후 OECD 국가에서 주택가격이 급상승하는 한편 부(富)의 불평등도 심화되고 있는데, 이른바 '주택 금융화'의 심화는 주택시장 변동성과 가계의 금융 취약성을 높이고 주택 소유 여부에 따른 자산 격차를 확대함으로써 세대 간 자산불평등을 악화시킬 수 있다는 점이 지적된다. 이에 우리나라도 자가 소유를 계획하고 있는 실수요 가구에 대하여 자가 소유에 대한 접근성을 확대할 필요가 있지만, 동시에 임차가구에 대해서도 자가 소유 지원에 준하는 정책적 지원이 이루어져서 '점유형태의 중립성'을 실현하는 것이 중요하다.[104] IMF에서도, '주택조달에 대한 부담은 그 사회 내 주거의 불평등문제와 직결되며(housing affordability has a direct link to housing inequality), 주거 불평등은 그 사회의 경제사회적 불평등을 영속화하는 현저한 요소(dominant factor perpetuating socioeconomic inequality)'라는 점을 지적한 바 있다.[105] 유엔 해비타트 회의의 '해비타트 Ⅲ 새로운 도시 의제'에서 제기된 주요 개선요소 중에서 우리나라의 경우 저소득층과 취약계층에 대한 저렴한 주택의 공급확대 등 '포용성이 강화된 정책적 노력'이 향후 우리의 주택정책이 해결해야 할 과제로 남아 있다는 점도 지적된 바 있다.[106]

우리나라의 주택임대차 거래의 합리화를 위하여 「주택임대차보호법」의 세부 규정이나 관련 법리의 조율만으로 해결되기 어렵고, 보다 근본적인 변화가 필요한 단계에 이르렀다고 생각된다. 외국 법제와 비교되는 우리 주택임대차법제 및 관련 거래 문화의 특성과 문제점에 대한 정확한 이해를 바탕으로 여러 가지 측면에서 획기적인 개선이 필요하다.

---

104) 국회미래연구원, "OECD 국가의 주택자산 불평등과 정책 시사점", 국가미래전략 Insight 제96호 (2024).
105) INTERNATIONAL MONETARY FUND, Housing Market Stability and Affordability in Asia-Pacific (2022), 23.
106) 박미선, "유엔 해비타트 Ⅲ 새로운 도시의제의 기조에 비추어 본 한국 주택정책의 성과와 과제" 공간과 사회 제26권 제4호 (2016).

| 참고문헌 |

⟨단행본⟩

국토교통부, 2023년도 주거실태조사, 국토교통부 (2024)
국회미래연구원, OECD 국가의 주택자산 불평등과 정책 시사점(국가미래전략 Insight 96호), 국회미래연구원 (2024)
김제완 외, 주택임대차 대항력 발생시기 변경 과제, 법무부 연구용역보고서 (2024)
김제완 외 3인, 주요국들의 최근 주택임대차 안정화 법제에 관한 연구, 법무부 연구용역보고서 (2022)
김제완 외 3인, 코로나19 상황 하의 상가임대차 보호 관련 외국법제 사례 분석, 서울특별시 연구용역보고서 (2021)
김제완 외, 상가임대차 보호 관련 외국 법제 사례분석, 서울특별시 연구용역보고서 (2021)
김제완 외, 외국의 임대차법 비교 연구, 서울특별시 연구용역보고서 (2018)
김제완 외 3인, 주택임대차 계약갱신제도에 관한 입법사례 분석 및 제도 도입 필요성에 관한 연구, 법무부 연구용역보고서 (2018)
김제완 외, 주요국의 세입자 보호제도와 국내 도입방안 - 주택임차인 보호를 중심으로, 국회사무처 연구용역보고서 (2015)
김제완 외, 상가건물임대차 분쟁사례와 분쟁해결 방안 연구 - 상가건물 임대차 보호 국내외 사례 조사, 중소기업중앙회 연구용역보고서 (2015)
명순구, 실록 대한민국 민법2, 법문사 (2010)
행정안전부, 주민등록 질의·회신 사례집 (2018)

⟨논문⟩

강문찬, "전세사기 발생원인 및 법적 방지방안에 관한 연구", 부동산법학 제27권 제2호 (2023)
고상용, "임대차법의 문제점과 그 개정방향", 고시연구 제221호 (1992)
권경선, "대규모 전세사기(빌라왕)에 대한 공법적 규제방안", 부패방지법연구 제

6권 제2호 (2023)

권오상, "개업공인중개사의 주의의무와 책임에 관한 연구 - 전세사기 방지의 관점에서 다가구주택 중개에 관한 대법원의 동향 및 제도의 개선안 마련을 중심으로 -", 저스티스 제201호 (2024)

_____, "부동산 전세사기 방지에 관한 소고 : 전세사기피해자법의 주요 개정 내용과 입법정책 개선안을 중심으로", 부동산법학 제28권 제4호 (2024)

김대명·이대운, "공인중개사법상 부동산중개계약에 관한 연구", 법학연구 제34호, 한국법학회 (2009)

김도년·최명구, "부당한 부동산 거래행위와 매수인의 보호 - 분양사업자의 건축물 부당매매와 매수인의 방문판매법상 청약철회권 행사를 중심으로 -", 토지법학 제29권 제1호, 한국토지법학회 (2013)

김병국, "전세대출 채무불이행 위험 추정", 금융감독연구 제11권 제2호 (2024)

김상명, "부동산중개계약에 관한 연구(1)", 법학연구 제25호 (2007)

김상현, "주택임대차보호법상 대항력에 관한 고찰", 일감부동산법학 제19호, 건국대학교 법학연구소 (2019)

김선주, "전세보증금보험 개선방안 연구", 부동산법학 제23권 제3호 (2019)

김성욱, "부동산 전세사기 피해자 구제방안", 집합건물법학 제47호 (2023)

_____, "주택임대차에 있어서 임차권등기명령 제도 및 대항요건 등과 관련한 법적 문제", 경희법학 제46권 제2호 (2011)

_____, "주택임대차 제도의 개선방향에 관한 연구", 법학연구 제52권 제2호 (2011)

김재형, "분양광고와 계약 - 청약, 유인, 손해배상을 중심으로", 민사판례연구 제31호 (2009)

김제완, "임대주택 양도 시 임차인의 지위와 임대인의 통지의무 - 깡통주택·전세사기로부터 주택임차인을 보호하기 위한 법제 개선방안 -", 법조 제760호 (2023)

_____, "이익충돌방지를 위한 로펌의 자율통제절차에 관한 연구 - 미국 및 캐나다의 conflict-checking 및 ethical screening을 중심으로 -", 인권과 정의 제414호 (2011)

_____, "이익의 충돌에 의한 수임제한과 변호사의 윤리", 인권과 정의 제330호 (2004)

김제완·신송이·최예린, "코로나19 특별재난 상황에서 임차인의 보호 : 캐나다의 퇴거 집행 유예(eviction order moratorium) 제도를 중심으로", 법학논총 제33권 제1호 (2020)

김제완·최예린, "중개계약의 종료와 공인중개사의 보수청구권 - 영미 국가에서 효력연장조항(holdover provision) 활용의 시사점 -", 인권과 정의 제438호 (2013)

김진우, "CISG에서의 청약의 요건", 국제거래법연구 제20권 제1호 (2011)

김진유·권혁신, "전세사기 예방을 위한 제도 개선방안 연구", 주택연구 제32권 제4호 (2024)

김철호·송형국, "부동산중개계약의 특질에 관한 연구", 부동산학보 제54호 (2013)

김학동, "임차인의 임차보증금반환채권등과 유치권", 판례월보 제315호 (1996)

김학환·나현선·오주용, "공인중개사법상 손해배상책임보장을 위한 공제제도의 개선방안 - 일본 택지건물거래업 보증제도에서의 시사점을 중심으로 -", 부동산경영 제29호 (2024)

김학환, "일반중개계약제도의 문제점과 개선방안에 관한 연구", 부동산경영 제22호 (2020)

류창호, "주택 및 상가임차권의 공시에 관한 연구", 법학논총 제33권 제2호 (2013)

모승규·김제완, "주택 임차인의 갱신요구권 행사가 해당 부동산의 매매계약에 미치는 영향 - 대상판결: 대법원 2023. 12. 7. 선고 2023다269139 판결 -", 법학논집 제29권 제2호 (2024)

모승규·박해선·김제완, "임대인의 실제거주를 이유로 한 갱신거절의 정당성 판단기준 - 캐나다 온타리오주 법제 및 판례의 동향과 시사점 -", 법학논고 제73호 (2021)

문영기·최봉현, "부동산거래비용이론에 의한 전속중개계약의 효율성 제고 방안 연구", 부동산연구 제17권 제2호 (2007)

민태욱, "임대주택관련 법제의 정비방향", 토지공법연구 제72호 (2015)

백경일, "유럽공통매매법안(CESL)에서의 계약체결규정에 관한 비교법적 검토", 비교사법 제20권 제2호 (2013)

박미선, "유엔 해비타트 III 새로운 도시의제의 기조에 비추어 본 한국 주택정책의 성과와 과제", 공간과 사회 제26권 제4호 (2016)

박세훈, "전세사기 피해지원 법제 및 정책에 대한 토지공법적 검토 - 전세사기피

해자 지원 및 주거안정에 관한 특별법, 전세사기 피해자 지원제도 -",
토지공법연구 제107호 (2024)

박인, "선진국의 임대료규제와 도입방안의 연구 - 공정임대료법안을 중심으로 -",
대한부동산학회지 제33권 제2호 (2015)

박지영, "주택임대료 규제에 관한 현행 제도 및 해외 사례", 이슈와 논점 제1047호 (2015)

박해선·모승규·김제완, "주택임대차보호법상 갱신요구권 제도의 개선 방안 - 캐나다 온타리오주 법제의 시사점 -", 법학연구 제65호 (2021)

변우주, "미국의 부동산 거래와 권원보험", 동아법학 제98호 (2023)

_____, "부동산 거래에서 중개업자의 설명의무의 범위 - 일본의 宅地建物取引業法과 비교하여 -", 민사법의 이론과 실무 제21권 제1호 (2017)

서봉진·박원석, "전속중개계약제도의 속성이 중개서비스 품질에 미치는 영향", 부동산학연구 제18권 제2호 (2012)

서진형, "전세보증금반환 보증상품에 대한 법·정책적 제언", 부동산경영 제15호 (2017)

서영천, "주택 전세사고 예방을 위한 법·제도 개선방안 연구", 대한부동산학회지 제41권 제2호 (2023)

서해용, "주택임대차보호법상의 임차인의 대항력 발생시기 - 익일조항 폐지를 중심으로 -", 법학연구 제60호 (2015)

성위석, "임대차보증금반환채권의 소멸시효 - 대법원 2020. 7. 9. 선고 2016다244224, 244231 판결의 검토를 중심으로 -", 법학논고 제78호 (2022)

소건영, "주민등록의 효력발생시기 및 주택임대차보호법상 대항력의 유·무효", 사법 제12호 (2010)

_____, "주택임대차보호법의 대항력: 주민등록을 중심으로", 법학연구 제33호 (2009)

소재선, "독일민법상 중개계약의 기본구조에 관한 소고 - 본 계약과 중개계약의 관계에 따른 보수청구권의 문제를 중심으로 -", 가천법학 제8권 제3호 (2015)

신동현, "임차인의 점유와 임대차보증금반환채권의 소멸시효 - 대법원 2020. 7. 9. 선고 2016다244224, 244231 판결 -", 서강법률논총 제10권 제3호 (2021)

신동훈, "부동산 매수인의 임대차보증금반환채무 인수의무와 사기죄 - 대법원

2023. 6. 29. 선고 2022도16422 판결 -", 법조 제73권 제1호 (2024)

신성원, "보이스피싱의 실태 및 대응방안에 관한 연구", 한국치안행정논집 제19권 제4호 (2022)

양미숙·박신욱, "민간임대주택법에 따른 보증금 반환보증에 관한 연구", 법과정책 제27권 제1호 (2021)

원종배, "주택임차인의 점유와 임대차보증금반환채권의 소멸시효 - 대법원 2020. 7. 9. 선고 2016다244224, 244231 판결 -", 민사법의 이론과 실무 제25권 제2호 (2022)

원혜진·이창무·곽하영, "전월세시장 임대료 지수 세분화 연구", 주택연구 제28권 제3호 (2020)

유현석, "임대차종료에 따른 목적물반환과 보증금반환의 동시이행", 판례연구 제2호 (1989)

윤영수, "주택임대차보호법에 의한 임차권등기명령의 실무상 문제점에 관한 연구 - 임대인이 부동산소유자가 아닌 경우를 중심으로 -", 법조 제70권 제1호 (2021)

윤장근, "기간계산규정에 관한 연구 13", 법제 제367-369호 (1992)

이근영, "주거권 강화와 개정 주택임대차보호법의 문제점과 개선방안에 관한 소고", 민사법의 이론과 실무 제24권 제3호 (2021)

이무선, "공인중개사법상 '중개계약' 규정의 문제점과 개선방향", 홍익법학 제17권 제3호 (2016)

이문석·박정일·최승영, "부동산거래정보망 활성화 방안에 관한 연구", 한국지적정보학회지 제15권 제1호 (2013)

이봉림, "주택임대차 관련 임차인 보호제도에 관한 연구", 원광법학 제26권 제2호 (2010)

이상영·서정렬, "전세 사기의 원인 분석과 대안 탐색", 동향과 전망 제118호 (2023)

이은희, "임대차법의 현황과 과제", 민사법학 제36호 (2007)

이재목, "청약과 청약의 유인의 구별에 관한 일고 - 상품광고에 관한 해석론의 동향을 중심으로 -", 법학연구 제52권 제1호 (2011)

이재웅·김영규, "개업공인중개사의 주의의무에 대한 고찰", 법학연구 제21집 제3호 (2018)

이해진·최예린·김제완, "임차보증금 반환채무의 면책적 인수 여부에 관한 공인중개사의 주의의무 - 대상판결 : 대법원 2024. 9. 12. 선고 2024다239364 판결" 법학논총 제42권 1호 (2025)

이재후, "임대차에 있어서 보증금반환의무와 임차목적물반환의무와의 동시이행 관계", 법조 제27권 제9호 (1978)

이태리·송연호·황관석·박천규, "CoLTV 지표를 이용한 임대차주의 상환위험 분석", 부동산연구 제28권 제1호 (2018)

임숙녀, "주택임대차제도에 관한 고찰", 토지공법연구 제94호 (2021)

장민, "개업공인중개사의 중개대상물에 대한 확인·설명의무 : 대법원 2023. 8. 31. 선고 2023다224327 판결", 건설법무 제10권 제1호 (2024)

정대용, "전자금융사기 예방서비스의 개선방안에 대한 연구", 석사학위 논문, 고려대학교 (2014)

정연부, "주택임대사업자 관련 법제의 문제점과 개선방향", 홍익법학 제20권 제1호 (2019)

조경임, "임대차보증금의 담보적 성격과 이론적 근거", 법조 제64권 제12호 (2015)

조재진, "전세보증금 미반환 피해자 구분에 관한 연구 - 특별법상 피해자와 사실상의 피해자를 중심으로 -", 법이론실무연구 제12권 제4호 (2024)

_____, "부동산 거래(임대차) 사고 예방을 위한 법제연구 - 임차인의 지위 강화를 중심으로", 법이론실무연구 제11권 제2호 (2023)

지원림, "주택임차권 공시제도의 개선방안", 저스티스 제150호 (2015)

_____, "(근)저당권 설정비용의 부담자", 고려법학 제66호 (2012)

천병주·김제완, "코로나19 특별재난에서 상가임대차에 관한 '임대료 멈춤법'의 법리적 근거 : 임대차계약에서 위험의 부담과 담보책임 법리에 대한 재조명", 비교사법 제28권 제1호 (2021)

최봉현·문영기, "전속중개계약과 부동산 거래정보망제도가 중개업자 신뢰성과 고객만족에 미치는 영향 분석", 유통과학연구 제4권 제2호 (2006)

최성경, "전세자금대출제도와 전세금보장보험제도에 대한 법정책적 제언", 법과 정책연구 제13권 제4호 (2013)

최진솔·모승규·김제완, "주택임대차에서 양수인의 실거주를 이유로 한 갱신거절의 법적 쟁점 - 대상판결: 대법원 2022. 12. 1. 선고 2021다266631 판결 -", 고려법학 제108호 (2023)

최창렬, "부동산 중개계약에서의 보수청구권에 관한 소고", 가천법학 제8권 제4호 (2015)

이재웅, "부동산공동중개와 중개업자의 보수청구권에 관한 고찰 - 일본판례를 중심으로 -", 경영법률 제20권 제2호 (2010)

추선희·김제완, "주택임대차에서 임대인의 선제적 갱신거절이 임차인의 갱신요구권을 침해한 경우의 법률관계 - 대상판결: 의정부지방법원 2024. 6. 20. 선고 2023나203178 판결 -", 비교사법 제31권 제4호 (2024)

추선희·김제완, "개정 주택임대차보호법상 갱신요구권에 관한 몇 가지 쟁점", 법학논집 제25권 제1호 (2020)

한 마크 만균·권헌영, "미국 부동산 거래절차에 관한 고찰 - 주택 거래를 중심으로 -", 토지공법연구 제67호 (2014)

한 마크 만균, "부동산거래정보(콘텐츠)에 관한 법적 규제의 쟁점", 공공사회연구 제3권 제2호 (2013)

홍승한, "공인중개사의 확인·설명의무 - 다가구주택을 중심으로 -", 인문사회21 제10권 제3호 (2019)

황선훈, "전세사기 방지를 위한 공법적 대응", 부동산법학 제28권 제4호 (2024)

황세은·장희순, "전세사기 유형별 분석 및 해결방안", 주거환경 제21권 제1호 (2023)

⟨외국 자료⟩

INTERNATIONAL MONETARY FUND, Housing Market Stability and Affordability in Asia-Pacific (2022)

Ontario Ministry of Housing, Standard Lease Guide_English (2021)

Genevieve Hébert Fajardo, "Owner Finance! No Banks Needed!"", Consumer Protection Analysis of Seller-Financed Home Sales: A Texas Case Study, 20 Geo. J. on Poverty L. & Pol'y 42

전세사기 피해 실태에 기반한 법률 개정 방향

최은영*・홍정훈**

|초록|

전세사기・깡통전세가 전국적으로 확산하면서 2023년 2월 이후 8명의 피해자가 사망했고, 국토교통부가 「전세사기피해자법」에 따라 3만여 명을 피해자 등으로 결정했다. 중앙정부 차원의 전세사기・깡통전세 피해가구 실태조사조차 공개되지 않고 있는 가운데, 한국도시연구소 등은 2023년 전국, 2024년 수원시에 대한 실태조사를 수행했다. 이 글에서는 실태조사 결과를 기반으로 임차인 보호에 걸림돌이 되고 있는 현행 법과 제도의 한계를 살펴보고, 「주택임대차보호법」을 비롯한 세입자 보호제도의 개선 방향을 제시한다.

피해가구 설문조사와 피해주택 등기부등본을 연계한 결과 경・공매 절차에서 최우선변제금도 받지 못하는 후순위임차인 비율이 전국은 48.6%, 수원은 68.4%로 높았다. 임차권등기명령이나 전세권설정을 하지 않은 임차인은 경・공매 진행 상황에 대한 정보 접근권이 취약했다. 계약기간 중 임대인이 변경된 사실조차 통지받지 못했거나, 신탁사기로 대항력이 인정되지 않을 위험이 큰 피해자가 많았다. 보증금반환 보증・보험 가입이 의무인 등록민간임대주택임에도 보증・보험에 가입되어 있지 않은 피해주택이 대부분으로, 제도가 있어도 제대로 작동하지 않고 있다.

대규모 피해 발생 이후 만들어진 정부의 전세사기 예방책은 미봉책에 가깝다. 임차인의 권리는 강화되지 않았고, 임대차계약 체결 전에 임대인의 보증금반환 능력과 관련한 중요 정보는 여전히 알 수 없다. 반면, OECD 주요

---

 * 한국도시연구소 소장
** 한국도시연구소 책임연구원

국은 보증금 규모와 최초 임대료, 임대료 인상률, 주거 품질 등을 규제하고 있다. 특히 미국 캘리포니아주는 세입자의 지속 거주권 보장과 임대인의 보증금 사용범위 제한 등 보호 규정을 법제화했고, 영국 런던 광역정부는 악성 임대인과 중개사에 관한 정보를 폭넓게 공개하고 있다.

임차인의 권리를 실질적으로 보호하고 전세사기·깡통전세를 예방하기 위해서는 다음과 같은 법률 개정과 제도 개선이 필요하다. 우선, 임차인과 임대인의 권리와 의무를 명확히 규정해야 한다. 임대차계약 시 임대인의 보증금 반환 능력 관련 정보를 임차인에게 공개하도록 법률로 명시하고, 임대인 변경 시 임차인에 대한 정보 제공을 의무화해야 한다. 보증금을 주택가격의 일정 비율 이하로 제한하고, 최우선변제금은 근저당권 설정 시점과 무관하게 보장되도록 해야 한다. 임차인의 주거권 보장을 위해 정부가 임대차시장을 보다 적극적으로 관리해야 한다.

I. 들어가며

2023년 2월 28일 "더는 버티기 힘들다. 저의 이런 결정으로 이 문제를 꼭 해결했으면 좋겠다"라는 유서를 남기고 첫 번째 희생자가 세상을 떠났고, 피해자 8명이 사망했다. 대출까지 받아 마련한 생존권적 재산인 보증금을 돌려받지 못하고 경매로 매각된 집에서 억울하게 쫓겨나는 강제퇴거 행렬이 끊이지 않고 있다.

민법은 임대차의 등기를 규정하고 있지만 임대인 동의를 전제로 하기 때문에 세입자는 제3자에 대한 대항력을 보장받지 못한다.[1] 이로 인해 과거에는 임대차 기간 중 임대인이 임대차 목적물을 처분할 경우

---

[1] 민법 제621조(임대차의 등기) ①부동산임차인은 당사자 간에 반대약정이 없으면 임대인에 대하여 그 임대차등기절차에 협력할 것을 청구할 수 있다. ②부동산임대차를 등기한 때에는 그때부터 제삼자에 대하여 효력이 생긴다.

세입자는 제3자인 새로운 임대인에게 보증금을 반환받지 못하고 퇴거당하는 문제가 발생했다. 이러한 민법의 한계 극복과 국민의 주거 안정을 위해 1981년 3월 5일 민법에 대한 특례로 「주택임대차보호법」이 제정되었다. 「주택임대차보호법」은 세입자에게 대항력과 우선변제권을 부여해 임대인 동의 없이 등기할 수 없는 임차권의 성격을 채권이 아닌 물권과 유사하게 만들었다.

하지만 정부가 인정한 피해자만 3만 명에 가깝고, 주택도시보증공사가 대위 변제한 금액이 10조 원이 넘는 대규모 전세사기·깡통전세 발생은 현행 법과 제도가 세입자의 권리 보호에 뚜렷한 한계가 있다는 점을 보여준다. 해외 유사 법률과는 다르게 「주택임대차보호법」은 세입자와 임대인의 권리와 의무를 명확하게 규정하고 있지 않다. 임대인은 월세의 수십~수백 배에 달하는 막대한 보증금을 요구하고 있지만 세입자의 보증금 보호 장치는 미흡하다. 생명권과 건강권을 위협하는 임대주택의 주거 품질에 관한 규정도 「주택임대차보호법」에는 포함되어 있지 않다.

전세사기·깡통전세 피해자들은 시민의 상식과 동떨어져 있는 법과 제도를 만든 국가에 대한 배신감과 불신을 토로하고 있다. '빌라왕', '건축왕'이라 불리는 소유자들이 수천 채가 넘는 집에 대해 사기치는 동안 "국가는 어디에서 무엇을 하고 있었는지?"를 묻고 있다. 계약 체결 후 임대인이 바뀌면서 보증금을 떼일 위기에 놓인 한 세입자는 방송에서 변호사에게 "정말 법에 임대인이 바뀌면 세입자에게 통보하라는 내용이 없나요?"라고 몇 번을 되물었다. 더 큰 문제는 대규모 피해 발생 이후 정부가 여러 차례 대책을 발표하고 법률을 개정했지만, 아직도 개선된 것이 거의 없다는 것이다. '임대인의 동의 요건'은 「국세징수법」, 「지방세법」 등 최근 개정된 법률에서마저 세입자의 권리 보호에 걸림돌이 되고 있다.

법과 제도가 부재하기도 하고, 위반건축물 방치와 등록임대사업자 관리 부실 등의 사례처럼 존재하는 법과 제도가 제대로 작동하지 않기도 한다. 임차인은 보증금 반환 능력, 악성 임대인 여부 등 임대인에 대한 정보 및 보증보험 가입 가능 여부를 알지 못한 채 계약할 수밖에 없다. 전세사기 예방대책으로 「국세징수법」과 「지방세징수법」이 개정되었음에도, 여전히 임차인은 계약 전에 임대인 동의 없이는 조세 체납 여부조차 확인할 수 없다. 일부 공인중개사, 감정평가사 등이 제공하는 거짓 정보에 속지 않는 게 어렵다. 계약 전에 임차인의 보증금 대출 심사를 진행하는 금융권은 임대인의 보증금 반환 능력을 확인하지 않는다. 공적 보증기관인 주택도시보증공사(HUG)와 주택금융공사(HF) 등이 대출액의 90%까지 보증하기 때문이다.2) 법률이 개정된 후에도 임차인은 계약 체결 후 임대차 기간 시작일 전까지만 임대인 동의없이 국세, 지방세 체납 사실을 확인할 수 있다. 이 때문에 전세사기 피해자도 계약기간 중에는 압류 통보 전까지 임대인의 세금 체납 사실을 확인할 수 없다.

임대인의 보증금 활용 범위에 대한 제약도 없다. 임차목적물의 가격 상승으로 인한 이익은 임대인이 모두 가지지만 가격 하락 시 리스크는 모두 임차인이 지게 된다. 보증금 반환 능력이 없는 '바지 임대인'으로 임대인이 변경되어도, 경매가 진행되어도, 세금을 체납해도 임차인은 아무런 정보를 통보받지 못하는 상황에 놓이게 된다. 보증보험은 임대차 기간 시작일 이후, 즉 임차인이 임대인에게 보증금을 이미 모두 건넨 이후 가입할 수 있지만, 보증기관이 가입을 거절하면 임차인은 속수무책이다. 전세사기 발생 후에는 최우선변제금조차 받기 어려운 문제, 가해자에 대한 미약한 처벌이 세입자를 기다리고 있다.

법과 제도의 허점으로 집 때문에 사람들이 목숨을 잃지 않도록 근본적인 제도 개선이 필요하다. 세입자의 보증금에 대한 보호 장치가

---

2) 2025년 2월 금융위원회의 가계부채 관리방안이 발표되기 전까지 HUG는 전세자금대출의 100%까지 보증했다(금융위원회, 2025.02.27., '25년도 가계부채 관리방안 (2025. 2. 27.)).

미흡한 현행 제도하에서 세입자가 돌려받지 못한 보증금으로 빚잔치가 벌어지고 있다. 악성 임대인, 정부와 지자체, 은행 등 금융기관, 건축업자, 공인중개사, 부동산컨설팅 업체, 감정평가사, 경매꾼, 투기꾼, 사기꾼, 부실채권을 매입한 대부업체가 세입자의 보증금을 나누어 가진다.

재발 방지를 위한 실효성 있는 법과 제도 개선 방안을 만드는 과정에서 다음과 같은 수많은 질문에 대한 해결책을 찾아야 한다.

- 물권과 채권의 성격을 동시에 갖는 임차권이 임차인의 주거권과 재산권 보장에 한계가 뚜렷한데, 어떻게 개선할 것인가?
- 특히 문제 발생 시 보증금을 제대로 반환받기 어려운 후순위임차인 보호는 어떻게 할 것인가?
- 채권자인 임차인이 채무자인 임대인의 보증금 채권 반환 능력을 판단하는 데 필요한 정보를 어떻게 제공할 것인가?
- 세입자가 임차 주택뿐 아니라 임대인이 소유한 모든 주택의 채무와 체납 세금에 대해 무한 책임을 지는 현행 제도를 어떻게 개선할 것인가?
- '바지 임대인' 등 자격 없는 임대인으로부터 세입자를 어떻게 보호할 것인가?
- 정부와 지자체가 등록임대사업자의 의무 준수 여부를 관리하지 않고, 불법 쪼개기·근생주택 등 위반건축물조차 방치하고 있는 법이 작동하지 않는 문제를 어떻게 할 것인가? 그로 인한 피해는 불법으로 이익을 얻은 사람이 아닌 무고한 전세사기·깡통전세 피해자가 져야 하는 문제는 어떻게 할 것인가?
- 전세대출을 실행하는 은행과 보증기관이 임대인의 보증금 반환 능력을 심사하지 않는 문제를 어떻게 할 것인가?
- 1984년 시행된 후 지속적으로 상향된 현행 최우선변제금 제도는 사각지대를 양산하고 있는데 어떻게 개선할 것인가? 기준 시점

별, 지역별 소액보증금 기준을 초과하면 최우선변제금 전액을 받을 수 없는 현행 제도를 유지할 것인가?
- 공인중개사와 감정평가사의 추락한 신뢰 회복 방안은 무엇인가? 특히 사고 이력이 있는 나쁜 임대인 여부 등 세입자에게 꼭 필요한 정보를 제공하면 영업이 어려워지는 공인중개사의 이해충돌 문제를 제도로 어떻게 해결할 것인가? 감정평가사의 이해충돌 문제는 어떻게 방지할 것인가?

피해 예방을 위한 법과 제도의 근본적인 개선은 기존 피해자에 대한 실질적인 구제 대책 마련의 시작이 된다. 이에 여기서는 전세사기·깡통전세 피해 예방을 위한 법률 개정 방향을 제시하고자 한다. 법률 개정 없이 정부 정책만으로 개선할 수 있는 과제는 구체적으로 다루지 않았다.

우선 전세사기·깡통전세 피해 실태조사를 토대로 임차인 보호에 걸림돌이 되고 있는 현행 법과 제도의 한계를 살펴본다. 해외사례 등을 토대로 세입자의 권리 강화를 위해 무엇이 바뀌어야 하는지를 살펴보고 법률 개정 방향을 제시하고자 한다.

II. 전세사기·깡통전세 피해 실태

여기서는 한국도시연구소 외(2023)의 전국 전세사기·깡통전세 피해가구 실태조사와 수원시·한국도시연구소(2024)의 수원시 전세사기·깡통전세 피해 가구 실태조사의 주요 결과와 시사점을 살펴본다. 등기부등본에 기재된 권리관계는 경매 낙찰 후에도 대항력과 우선변제권을 유지할 수 있는지 여부를 가르고, 최우선변제를 받을 수 있는 소액임차인 기준이 되기 때문에 피해 규모와 회복 과정에 미치는 영향이 매우 크다. 하지만 피해가구가 권리관계를 정확하게 파악하고 있지 못한 경우가 많아 설문조사와 등기부등본을 연계해 분석하였다. 전국 실태조사는 2023년 8월 24일~9월 17일간 1,579가구, 수원시 실태조사는 2024년 4월 22일~5월 31일간 374가구를 대상으로 실시하였다.

1. 가구 특성

전국 피해가구의 평균 보증금은 1억 2,564만 원이고, 거주 지역은 인천(28.4%), 부산(22.4%), 서울·경기(24.4%), 대전(15.6%), 기타(9.2%) 순이다. 주택유형은 오피스텔(32.7%), 연립·다세대(29.3%), 단독·다가구(19.7%), 아파트(13.9%), 기타(4.4%) 순이다. 가구주 연령대는 30~39세(49.7%), 30세 미만(28.9%), 40~49세(12.9%), 50세 이상(8.5%) 순이고, 가구원수는 1인가구(58.4%), 2인가구(24.3%), 3인가구(11.0%), 4인 이상 가구(6.2%) 순이며, 월평균 가구총소득은 312.7만 원이다.

수원 피해가구의 평균 보증금은 1억 5,271만 원이고, 주택유형은 연립·다세대(72.2%), 오피스텔(13.4%), 단독·다가구(8.0%), 기타(2.1%) 순이다. 가구주 연령대는 30~39세(56.9%), 30세 미만(30.8%), 40세 이상(12.4%) 순이며, 월평균 가구총소득은 338.2만 원이다. 전국에 비해 연립·다세대 거주 비율이 크게 높은 것을 제외하면, 가구 특성은 유사하다.

전국 피해가구의 83.0%는 전세자금 마련을 위한 대출·차입이 있다고 응답했다(그림 1). 평균 대출·차입금은 9,639만 원으로 평균 전세보증금 대비 76.7%를 차지했다. 대출·차입금은 대부분 금융기관을 통해 조달했다. 동시에 가족·친인척으로부터 돈을 빌린 가구 비율도 57.8%로 높았다. 수원 피해가구도 대출·차입이 있는 가구 비율이 85.8%로 높았고, 평균 대출·차입금은 1억 426만 원으로 평균 전세보증금 대비 68.3%를 차지했다.

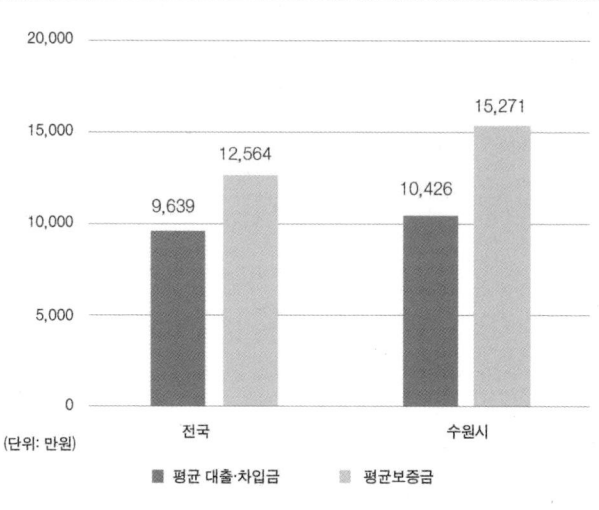

〈그림 1〉 평균 대출·차입금과 보증금

자료: 한국도시연구소 외(2023), 수원시·한국도시연구소(2024).

2. 법의 보호를 받지 못하는 비소액 후순위임차인 실태

모든 전세사기·깡통전세 피해자의 고통이 심각하지만 경매 종료 시 최우선변제금도 받지 못한 채 강제퇴거를 당할 가능성이 높은 임차인 문제가 특히 심각하다. 8명의 사망자 대부분이 최소한의 피해 구제도 받기 어려운 후순위임차인이었다.

대항력[3]이 있으면서 경·공매에서 배당을 요구하지 않은 선순위임차인[4]은 낙찰자에게 전세 계약의 잔여기간 동안 거주할 권리와 보증금

---

[3] 임차인의 대항력은 주택의 인도와 전입신고(주민등록)를 마친 다음 날부터 효력이 생긴다.
[4] 선순위 채권이 없는 주택에서 대항력을 갖춘 세입자를 선순위임차인, 대항력이 선순위 채권보다 후순위인 세입자를 후순위임차인이라 정의한다.

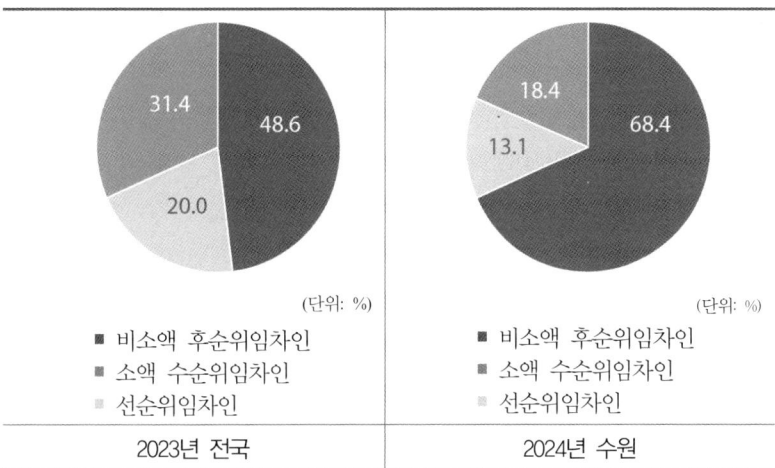

〈그림 2〉 후순위임차인 해당 여부

2023년 전국 / 2024년 수원

자료: 한국도시연구소 외(2023), 수원시·한국도시연구소(2024).

을 전부 돌려달라고 요구할 권리가 있다. 반면 근저당이 설정되어 있는 상태에서 전입신고와 확정일자를 받고 주택을 점유한 후순위임차인은 경매 종료 시 대항력이 없어져 낙찰자에게 보증금 변제를 주장할 수 없으며, 낙찰가에서 근저당을 설정한 채권자(금융기관)의 채무를 변제하고 남은 금액만 회수할 수 있다. 후순위임차인이면서 「주택임대차보호법」 제8조 및 동법 시행령 제11조에 의한 소액임차인(소액보증금) 기준을 충족하는 경우에만 시행령 제10조에 따라 경·공매에서 선순위 채권에 우선하는 최우선변제금을 배당받을 수 있다. 최우선변제금 대상이 아닌 후순위임차인은 경매 시 피해 회복이 어려운 경우가 많다.

전국 피해가구 중 후순위임차인은 68.6%, 선순위임차인은 31.4%로 나타났다(그림 2). 비소액 후순위임차인[5]은 48.6%, 소액 후순위임차인은 20.0%이다. 수원시 피해가구는 후순위임차인 비율이 81.6%로 전국

---

5) 소액임차인 기준을 충족하지 못하는 후순위임차인을 의미한다.

에 비해 높고, 선순위임차인 비율은 18.4%로 전국에 비해 낮았다. 특히 수원시는 비소액 후순위임차인이 68.4%로 전국에 비해 그 비율이 크게 높고, 소액 후순위임차인 비율은 13.1%에 불과하다.

「주택임대차보호법」 시행령 개정으로 꾸준히 소액임차인 기준이 상향되었음에도 이처럼 비소액 후순위임차인 비율이 높은 것은 소액임차인 기준일이 대항력 발생 시점이 아니라 선순위근저당 설정 시점인 것과 관련된다.

예를 들어 수원시에 거주하며 보증금이 1.4억 원인 임차인의 대항력이 2023년 6월 발생하여 현재 소액임차인 기준(1.45억 원)을 충족하더라도, 선순위근저당 설정일이 2022년 6월일 경우 시행령에 따라 당시 소액임차인 기준(1.3억 원)을 초과하기 때문에 최우선변제금을 배당받지 못한다. 수원시에 적용되는 소액임차인 기준은 2018년 9월 18일~2021년 5월 10일에는 1억 원, 2021년 5월 11일~2023년 2월 20일에는 1.3억 원, 2023년 2월 21일 이후에는 1.45억 원으로 상향되었다(그림 3). 보증금이 현행 「주택임대차보호법」 시행령상 수원시의 소액임차인 기준을 충족하는 피해가구 비율은 40.9%인데, 선순위근저당 설정시점을 기준으로 판단되는 최우선변제 대상은 19.0%에 그친다.

최우선변제금이라도 회수할 수 있는 소액임차인 비율이 낮은 것은 지역별 소액임차인 기준이 전국적으로 시행되는 전세자금대출 한도와 괴리된 문제와도 관련이 있다. 2023년 2월 「주택임대차보호법」 시행령 개정 이후 소액임차인 기준은 서울 1.65억 원, 수도권 과밀억제권역·세종시 1.45억 원, 비수도권 광역시 및 경기도 5개 시(과밀억제권역 외) 0.85억 원, 기타 지역 0.75억 원으로 차등화되어 있다. 수도권과 비수도권 광역시 간 소액임차인 기준의 차이가 6,000만 원인 것과 달리, 피해가구주 대다수를 구성하는 청년 대상 버팀목전세자금 정책의 대출한도는 2022년 10월까지 지역에 관계없이 0.7~1억 원으로 동일하다.

〈그림 3〉 보증금 분포 및 소액임차인 범위의 변화(2024년 수원)

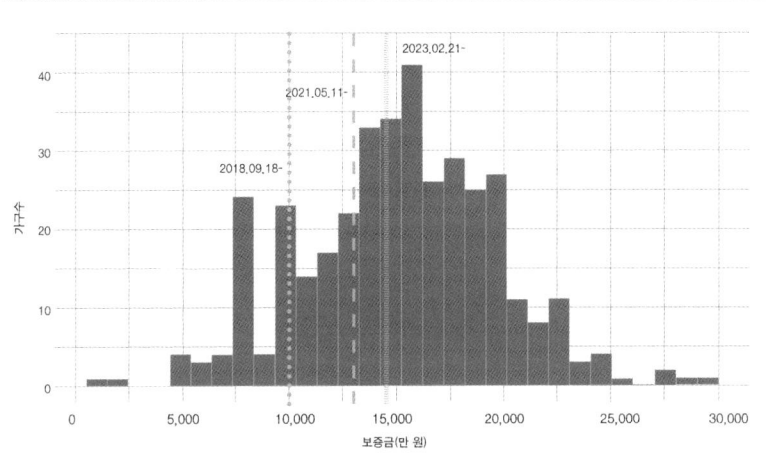

자료: 수원시·한국도시연구소(2024).

〈그림 4〉 인천·대전·부산의 후순위임차인 해당 여부(2023년)

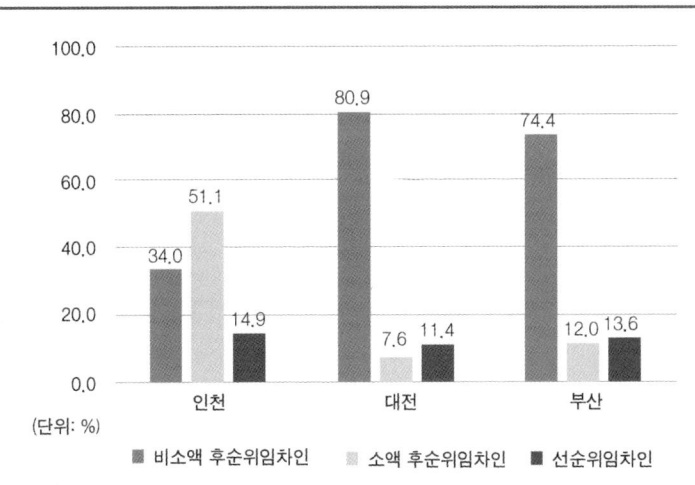

자료: 한국도시연구소 외(2023).

전국 실태조사에 의하면 인천(9,245만 원), 대전(1억 969만 원), 부산(9,605만 원)은 평균 보증금이 1억 원 내외에서 큰 차이가 없고, 대출·차입이 있는 가구 비율도 인천(80.5%), 대전(81.3%), 부산(84.9%) 간 큰 차이가 없다. 그러나 비소액 후순위임차인 비율은 비수도권 광역시인 대전(80.9%)과 부산(74.4%)이 수도권 과밀억제권역인 인천(34.0%)보다 크게 높다(그림 4). 즉, 대전과 부산에서 피해가구의 보증금이 소액임차인 기준을 초과하는 비율이 인천에 비해 높다.

3. 낮은 정보 접근권

후순위임차인은 선순위근저당권자가 경·공매를 진행하는 과정을 통해 보증금을 회수하게 된다. 현행 경·공매 절차에서는 임차권등기명령 또는 전세권설정을 하지 않은 임차인에게 관련 정보를 통지할 의무가 없어 정보의 사각지대에 놓이고, 지원대책을 신청하거나 미리 대비하지 못한 상태에서 퇴거를 당할 위험이 크다.

전국적으로 임차권등기 또는 전세권설정을 마친 가구 비율이 39.3%, 마치지 않은 가구 비율이 60.7%로 정보 접근성이 취약한 가구가 많다(그림 5). 수원시에서는 임차권등기 또는 전세권설정을 마친 가구 비율이 50.5%, 마치지 않은 가구 비율이 49.5%로 전국에 비해 대응한 비율이 높다.

피해가구 대부분이 경·공매 진행 상황을 잘 알고 있다고 생각했지만, 등기부등본상 정보와 피해가구가 파악하고 있는 상황이 다른 경우가 많았다. 수원시에서 경·공매 절차가 진행되지 않은 가구 비율이 응답 기준으로는 38.0%였으나, 등기부등본을 연계하여 경·공매 등기가 이루어진 경우를 제외한 결과 21.4%로 크게 낮아졌다. 실제로는 경·공매 절차가 이미 개시되었지만 이를 인지하지 못한 가구가 많은 것이다.

자신의 피해 상황을 정확히 알지 못해 비관적으로 인식하는 피해자

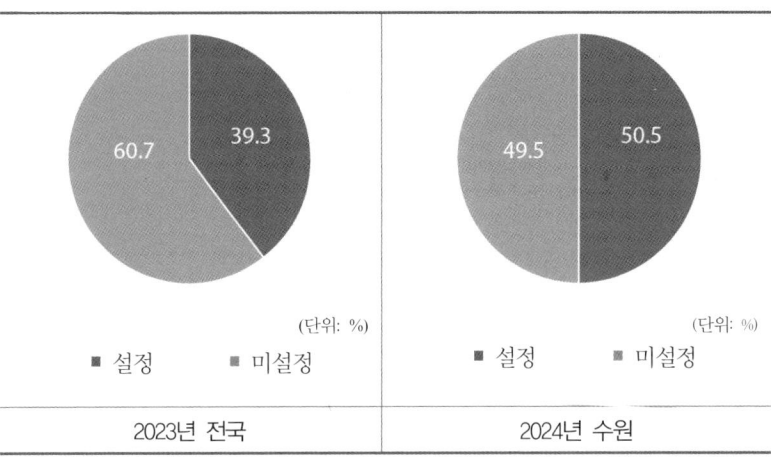

〈그림 5〉 임차권등기 또는 전세권설정 여부

자료: 한국도시연구소 외(2023), 수원시·한국도시연구소(2024).

도 적지 않다. '보증금을 언제 돌려받을 수 있을지, 돌려받을 수는 있을지'조차 알 수 없는 불확실성 때문에 큰 고통을 받고 있는 임차인들이 정확하고 객관적인 상황을 알 수 있게 하는 조치가 필요하다. 2023년 열린 토론회에서 한 피해자는 "죽고 싶은 생각이 들 정도로 절망적이다"라고 발언했으나, 자신이 선순위임차인임을 확인하고 '경매 이후에도 대항력이 유지되어 퇴거 위험은 없다'는 정보를 알게 된 후 안도한 사례가 있다.

4. 계약기간 중의 임대인 변경 및 신탁사기

등기부등본상 최초 임대차계약 체결 후 임대인이 변경된 가구 비율이 전국은 31.5%이고, 수원시는 60.4%로 차이가 크다(그림 6). 수원시에서는 정씨 일가 피해가구에서 보증금 반환 능력이 없는 '바지 임대인'으로 변경되었다는 응답이 많았다.

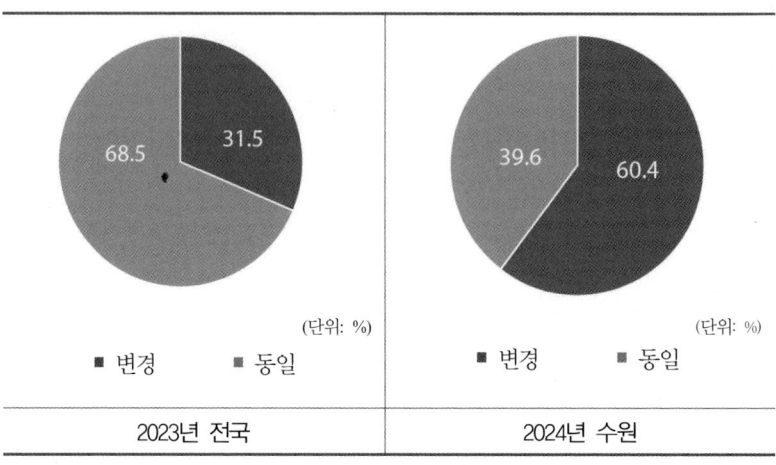

〈그림 6〉 최초 임대차계약 이후 임대인 변경 여부

자료: 한국도시연구소 외(2023), 수원시·한국도시연구소(2024).

'바지 임대인'으로 임대인이 바뀌어도 세입자에게 고지할 의무가 없는 현행 제도로 인해 임대인 변경 시 계약을 파기할 수 있는 임차인의 권리가 사실상 사문화되고 있다. 이에 제21대 국회에서는 「주택임대차보호법」을 개정하여 계약기간 내 임대인 변경 시 임차인 동의를 받도록 의무화하는 법안(의안번호 제2122021호, 제2121927호), 임차인이 기존 임대인의 주택 양도에 동의하지 않는 경우 임대차계약을 해지할 수 있도록 하는 개정안(의안번호 제2120848호) 등이 발의되었으나, 법제사법위원회에서 논의조차 못하고 폐기되었다.

소유자(위탁자)가 신탁회사(수탁자)의 동의 없이 임차인과 임대차계약을 체결하여 발생한 신탁사기 피해도 심각하다. 전국 실태조사에서는 신탁사기 비율이 11.1%로 나타났고, 대구와 서울에서 신탁사기 피해가 집중적으로 발생했다. 신탁사기 피해가구 중에는 계약과정에서 신탁회사의 동의가 필요하며, 신탁원부로 권리관계를 확인해야 한다는 내용을 임대인과 공인중개사 등으로부터 듣지 못했다는 사례가 많았다. 신탁사기 피해가구는 임대차계약 자체가 무효로 간주되어 「주택임대차보호법」상 대항력이 인정되지 않을 가능성이 높다. 소액임차인이라 하더라도 경·공매 절차를 통해 최우선변제금조차 회수할 수 없어, 보증금 전액을 잃을 위험이 크다. 전입신고를 하고 확정일자를 받은 신탁사기 피해가구는 '피해자 등'으로 결정될 수 있고,[6] 2024년 9월 「전세사기피해자법」 개정을 통해 공공주택사업자에 피해주택 매입을 요청할 수 있게 되었다. 그러나 경·공매 절차에서 우선매수권을 행사할 수 없어, 신탁회사가 동의하지 않거나 LH공사의 매입기준을 충족하지 못할 경우 보증금 전액을 손실하고 강제퇴거에 직면할 수밖에 없다.

5. 있어도 작동하지 않는 법과 제도

2023년 4월 17일 5% 이하의 임대료 인상률 규제를 적용받는 등록임대사업자의 의무를 지키지 않은 갱신계약으로 선순위근저당 설정일 당시 소액임차인 기준을 초과하게 되어 최우선변제금도 받지 못하게 된 전세사기 피해자가 세상을 떠났다.

「민간임대주택에 관한 특별법」에 따라 민간임대주택을 등록한 임대사업자는 보증금반환보증 가입, 임대의무기간 및 5% 이하의 임대료 인상률 준수 등 의무를 이행해야 한다. 임대사업자는 이러한 의무를 이행하는 것을 전제로 재산세, 취득세, 종합부동산세, 임대소득세, 양도소득세, 건강보험료 감면 등의 혜택을 받는다. 하지만 전국 실태조사 결과 피해주택 등기부등본에 민간임대주택등기가 설정된 가구의 7.7%만 보증금반환 보증·보험에 가입했을 뿐, 92.3%는 가입하지 않았다(그

---

[6] 전세사기피해자법 제2조 다목에 의하면, 동법 제3조 제1항 제2호 및 제4호의 요건을 모두 충족하면서 임차주택을 인도받았으며(인도가 불가능했던 경우 포함), 전입신고를 하고 확정일자를 받은 임차인은 동법 제6조에 따른 전세사기피해지원위원회의 심의·의결을 거쳐 전세사기피해자 등으로 결정될 수 있다.

림 7). 수원시 실태조사에서는 민간임대주택등기가 설정된 가구의 보증금반환 보증·보험 가입 비율이 51.4%로 전국에 비해 크게 높았다. 다만, 수원시는 피해주택에 민간임대주택등기가 이루어진 비율이 10.6%로 전국(33.0%)에 비해 크게 낮았다.

임대사업자에 대한 관리·감독 권한은 기초자치단체에 있는데, 대부분의 기초자치단체에 민간임대주택 및 임대사업자를 관리하는 공무원이 부족하다. 일례로 수원시에는 2024년 6월 기준 등록민간임대주택 재고가 3.1만 호인데,7) 임대차행정 담당 공무원 수는 6명에 불과해1인당 5,000호 이상을 관리해야 한다.

<그림 7> 민간임대주택 등기 및 보증금반환 보증·보험 가입 여부

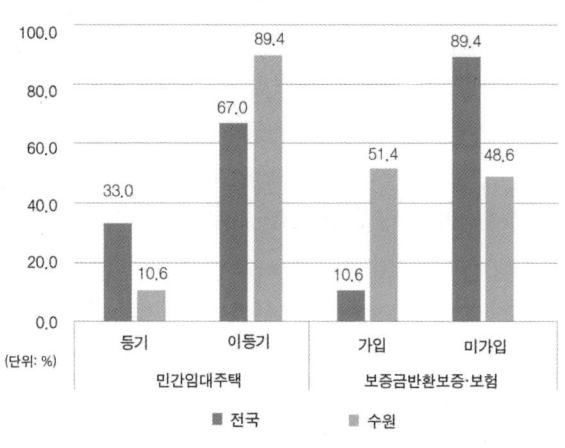

자료: 한국도시연구소 외(2023), 수원시·한국도시연구소(2024).

---

7) 국토교통부, 등록민간임대주택 데이터, (2024. 6. 17. 현재).

6. 피해 발생 원인과 개선책

전국 실태조사에서 대규모 전세사기 피해 발생에 가장 큰 영향을 미친 법률·제도 요인은 '보증금 반환 능력 등 임대인 관련 정보 제공 미비(42.0%)', '등록임대사업자·위반건축물 등에 대한 정부의 관리·감독 부실(23.2%)', '불완전한 세입자의 대항력과 우선변제권(17.9%)' 순이었다(그림 8). 수원시 실태조사에서도 '보증금 반환 능력 등 임대인 관련 정보 제공 미비(46.5%)', '등록임대사업자·위반건축물 등에 대한 정부의 관리·감독 부실(20.3%)', '불완전한 세입자의 대항력과 우선변제권(17.3%)' 순으로 전국과 큰 차이가 없었다.

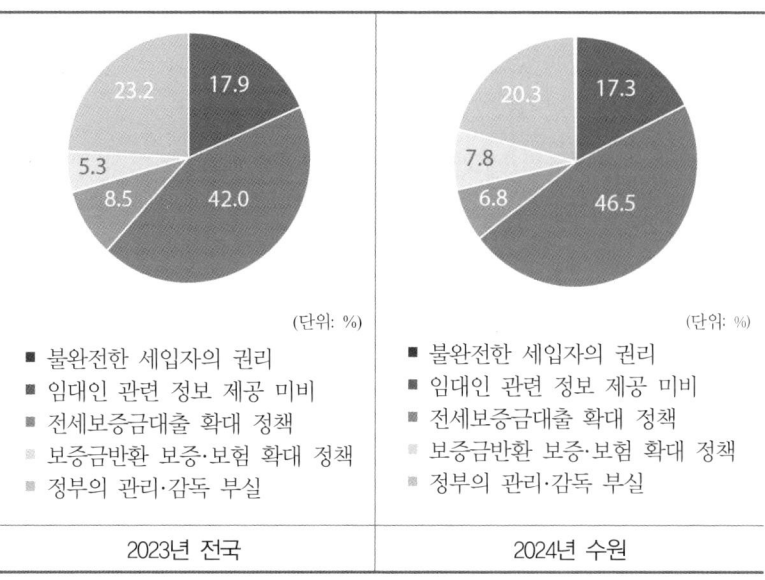

〈그림 8〉 대규모 전세사기 피해 발생에 영향을 미친 법률·제도 요인

자료: 한국도시연구소 외(2023), 수원시·한국도시연구소(2024).

<그림 9> 전세사기·깡통전세 예방을 위해 필요한 개선책

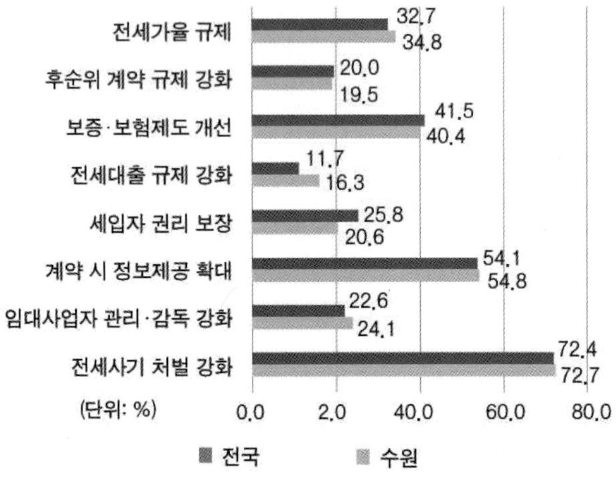

항목	전국	수원
전세가율 규제	32.7	34.8
후순위 계약 규제 강화	20.0	19.5
보증·보험제도 개선	41.5	40.4
전세대출 규제 강화	11.7	16.3
세입자 권리 보장	25.8	20.6
계약 시 정보제공 확대	54.1	54.8
임대사업자 관리·감독 강화	22.6	24.1
전세사기 처벌 강화	72.4	72.7

(단위: %)

자료: 한국도시연구소 외(2023), 수원시·한국도시연구소(2024).
주: 1·2·3순위 응답을 가중치 없이 합함.

전국 피해가구의 95.3%가 공인중개사·중개보조인에게 전세사기·깡통전세 발생 책임이 있다고 응답했다. 공인중개사·중개보조인이 선순위근저당 등 목적물의 권리관계에 대해 부정확하거나 부적절한 설명으로 임대차계약을 체결하도록 유도한 사기 유형이 다수였다. 수원 피해가구도 공인중개사·중개보조인에게 책임이 있다고 응답한 가구 비율이 98.6%로 크게 높았다. 특히, 수원시에서는 소유자가 여러 부동산을 담보로 대출을 받은 공동담보 피해가구가 대부분(82.1%)인데, 임차인이 등기부등본을 보더라도 임대차계약을 체결하려는 주택 외 공동담보물의 권리관계와 전세가율을 파악하기 어렵다. 이로 인해 공인중개사·중개보조인의 설명에 의존하게 되는데, '문제 없다'는 식으로 임대차계약 체결을 유도한 경우가 많다.

전세사기·깡통전세 예방을 위해 필요한 주요 개선책에 대해 전국 피해가구는 '전세사기·깡통전세 가담자에 대한 처벌 강화(72.4%)', '임대차계약 체결 단계에서 권리관계, 임대인의 보증금 반환 능력 관련 정보 제공 의무 확대(54.1%)', '보증금반환 보증 또는 보험 제도 개선(41.5%)' 순으로 응답했다(그림 9). 수원시 피해가구의 응답도 '전세사기·깡통전세 가담자에 대한 처벌 강화(72.7%)', '임대차계약 체결 단계에서 권리관계, 임대인의 보증금 반환 능력 관련 정보 제공 의무 확대(54.8%)', '보증금반환 보증 또는 보험 제도 개선(40.4%)' 순으로 전국과 유사했다.

III. 대규모 전세사기·깡통전세 발생 전후 법률 개정 현황

1. 대규모 전세사기·깡통전세 발생 이전

코로나19로 인한 저금리와 유동성 증가가 주택 가격과 임대료를 폭등시키는 상황에서 임대차 3법이 개정되었다. 정부와 국회는 2020년 7월 「주택임대차보호법」을 개정해 계약갱신청구권과 전월세인상률상한제를 도입했다. 1989년 계약기간을 1년에서 2년으로 연장한 뒤 31년 동안 거의 변화가 없었던 법이 큰 전기를 맞게 되었다. 계약갱신청구권 도입으로 계약기간은 최소 4년으로 늘어났고, 전월세인상률상한제 도입으로 임대료 인상률은 5%를 넘지 않게 되었다. 2020년 8월에는 「부동산거래신고법」을 개정해 임대차 신고제를 도입하였다.

계약갱신청구권과 임대료 인상률 제한은 전세가 상승폭을 낮추는 역할을 하며, 전월세 신고제는 전세가에 대한 정확하고 투명한 정보 제공의 기반이 된다. 하지만 신규 계약에 대한 임대료 규제 미비, 임대인의 실거주를 계약갱신거절 사유로 폭넓게 인정하면서도 입증책임을 규정하지 않은 점, 표준임대료 미도입 등 한계도 명백한 입법이었다.

임차인의 권리 강화를 위해서는 전세가율(주택가격 대비 보증금 비율), 보증금반환 보장 방안 등에 대한 규제와 함께 주택 품질에 대한 규제 도입도 필요하다. 금융권 대출 시 주택 담보인정비율(LTV)은 70%로 규제하면서 전세가율에 대한 규제가 전혀 없는 현행 제도는 세입자의 주거 안정을 위협하고 있다.

「부동산거래신고법」의 과태료 유예가 계속되는 한 사기 목적의 신고를 제어할 수단이 없다. 정부는 임대차 신고제의 과태료를 부과하지 않는 계도기간을 3차례 연장하여 2025년 6월 1일로 시행일을 미루었다. 2022년 이후에도 평균 매매가가 2억 원 전후인 아파트 단지(인천 부평구 소재, 1997년 건축, 200여 세대) 전용면적 60㎡의 전세가가 3억~4억 원으로 실거래가 자료에 등록되는 등 사기 목적의 정보가 유통되는 것을 방치하고 있다. 「부동산거래신고법」 추가 개정을 통해 허위 가격 신고로 인한 전세사기·깡통전세 발생을 예방해야 한다. 최대 100만 원인 과태료 인상 등 처벌을 강화하고, 행정부에서 과태료를 부과하지 않아 사실상 입법을 무력화시키는 것을 예방할 법률 개정이 필요하다.

2. 대규모 전세사기·깡통전세 발생 이후

전세사기·깡통전세 피해가 확산하자 정부는 2022년 8월부터 관련 대책을 여섯 차례 이상 발표했다. 정부가 발표한 법률 개정안을 중심으로 2025년 2월 현재 처리 여부 등 진행 상황을 살펴본 결과는 〈표 1〉과 같다. 「국세징수법」, 「주택임대차보호법」, 「지방세징수법」 관련 대책은 법률 개정이 이루어졌음에도 임차인의 권리를 충분히 보호하지 못하는 한계가 있으며, 「공인중개사법」 관련 대책 일부는 법률 개정 과정에서 제외되어 처리되지 않았다.

2022년 12월 「국세징수법」 개정, 2023년 3월 「지방세징수법」 개정을 통해 임차인이 임대차계약을 체결하기 전에 미납 국세·지방세를 열람할 수 있게 되었으나, 임대인의 동의 없이는 불가능한 한계가 남아 있다. 임대인의 동의 없이도 관련 정보를 열람할 수 있는 기간은 임대차계약을 체결한 후부터 임대차 기간 시작일 전까지로 제한된다.

「주택임대차보호법」은 2023년 4월 개정되었으나, 임대차계약을 체결할 때 임대인이 제시해야 하는 정보는 미납 국세·지방세, 다가구·다중주택의 확정일자 부여일, 임차료 등으로 확대되는 데 그쳤다. 가장 중요한 권리관계와 임대인의 보증금반환 능력 관련 정보 제공은 법률에 명시되지 않았다. 「민간임대주택에 관한 특별법」에서는 제48조에 따라 등록임대사업자에게 임대차계약 체결 시 선순위 담보권, 국세·지방세 등 권리관계에 관한 사항을 임차인에게 설명하고 확인받을 의무를 부과하는 것과 큰 차이가 있다.[8]

---

[8] 「민간임대주택에 관한 특별법」 제48조(임대사업자의 설명의무) ① 민간임대주택에 대한 임대차계약을 체결하거나 월임대료를 임대보증금으로 전환하는 등 계약내용을 변경하는 경우에는 임대사업자는 다음 각 호의 사항을 임차인에게 설명하고 이를 확인받아야 한다.
1. 제49조에 따른 임대보증금에 대한 보증의 보증기간 등 대통령령으로 정하는 사항
2. 민간임대주택의 선순위 담보권, 국세·지방세의 체납사실 등 권리관계에 관한 사항. 이 경우 등기부등본 및 납세증명서를 제시하여야 한다.
3. 임대의무기간 중 남아 있는 기간과 제45조에 따른 임대차계약의 해제·해지 등에 관한 사항
4. 제44조 제2항에 따른 임대료 증액 제한에 관한 사항

〈표 1〉 정부가 추진한 전세사기 방지 법률 처리 현황

구분	주요 내용	처리여부	개정 일시
국세징수법	임대인 동의 없이 미납세금 열람 허용	△	22.12.31.
주택임대차보호법	임대인 세금체납·선순위 권리관계 제시 의무화	△	23.04.18.
	임차권 등기 간소화(송달 전 등기 가능)	○	23.04.18.
주택도시기금법	나쁜 임대인(악성임대인) 명단 공개	○	23.03.28.
	나쁜 임대인 명단 공개 및 심의위 설치	○	23.03.28.
민간임대주택법	나쁜 임대사업자 명단 공개	○	23.03.28.
	先보증, 後등록, 보증 미가입자 추가등록 제한	○	23.06.01.
	세금체납 시 임대주택 등록 거부	○	23.03.28.
	전세사기 가담 시 등록말소, 추가등록 제한	○	23.03.28.
공인중개사법	세금체납·권리관계 확인 권한 설명 의무화	○	23.04.18.
	전세사기 가담 중개사 제재 강화	○	23.06.01.
	전세사기 신고 중개사 포상금 지급 확대	X	
	중개사 요청 시 임대인 정보제공 의무화	X	
	전세사기 가담 중개사 자격취소 요건 확대	○	23.06.01.
	교란행위 신고센터 기능 확대(전세사기 등)	○	23.06.01.
	중개보조원 채용 상한제 도입	○	23.04.18.
감정평가사법	전세사기 가담 감평사 제재 강화	○	23.05.09.
지방세징수법	임대인 동의 없이 미납세금 열람 허용	△	23.03.14.

자료: 관계부처합동, 전세사기 예방 및 피해 지원방안 (2023. 2. 2.); 국회의안정보시스템.

국토교통부는 공인중개사 범용 계약서를 개선하여 특약에 임차인이 우선변제권을 확보하기 전에 임대인이 선순위 담보권을 설정하지 못하도록 하는 조항을 추가했다고 설명하고 있으나, 이는 법적 구속력이 없다. 특히, 임대인이 변제 능력이 없는 '바지 임대인'으로 바뀌는 전세사기에서는 실효성이 전혀 없다.

악성임대인 명단을 공개하기 위한 「주택도시기금법」 개정과 「민간임대주택에 관한 특별법」 개정은 2023년 3월 이루어졌으나, 대상이 2023년 9월 이후 주택도시보증공사가 임차보증금을 대위변제한 임대

인과 보증금반환채무를 이행하지 않은 등록임대사업자로 제한되는 한계가 있다. 이러한 조건 탓에 대규모 전세사기범인 '빌라왕' 김○성, 수원시 정씨 일가 등은 명단에 포함되지 않는다.

피해 확산 이후 법률 개정으로 강화된 공인중개사의 의무는 임대인의 체납세액 등의 정보를 열람할 권한이 있다는 사실을 임차인에게 설명하는 것에 그친다. 형사처벌을 받은 공인중개사에 대한 등록취소 등 제재조치가 강화되고, 부동산거래질서 교란행위 신고센터를 통해 금지행위를 위반한 공인중개사를 신고하는 절차가 마련되었을 뿐이다. 공인중개사의 요청 시 정당한 사유가 없는 한 임대인이 정보 제공을 거부할 수 없도록 하기 위한 「공인중개사법」 개정안(의안번호 제2118885호)은 국회 국토교통위원회 법안심사 과정에서 처리되지 않고 폐기되었다. 금지행위를 위반한 공인중개사 신고자에 대한 포상 범위를 확대하는 개정안도 처리되지 않았다.

정리하면, 피해자들이 요구했던 임대인의 보증금 반환 능력, 선순위 근저당권, 불법건축물 여부 등에 대한 정확한 설명 의무를 명시하는 법률 개정은 이루어지지 않았다. 그동안 정부가 발표하고 추진한 대책들은 법률과 제도의 루프홀(loophole)로 인해 발생하는 문제에 대한 해결책이 될 수 없다. 세입자의 주거권 보장이라는 관점이 빠진 땜질식 정책으로 사각지대를 양산할 가능성이 높고, 실효성이 부족하다.

Ⅳ. 해외 사례

1. OECD 국가의 사례[9]

OECD 주요 국가에서 민간임대시장에 대한 규제는 일반화되어 있다. 우리나라처럼 최소 계약기간만 보장하며 신규 계약 시의 최초 임대료, 보증금 반환, 주거 품질에 대해 규제하지 않는 국가는 드물다. 미국, 일본, 프랑스, 독일 등 OECD 주요 18개국의 민간임대시장 규제 현황을 살펴본 결과는 다음과 같다(표 2).

민간임대주택의 최초 임대료를 일부라도 규제하는 국가와 규제하지 않는 국가의 수는 같다. 노르웨이에서는 임대료 규제나 협상이 모든 임대주택에 적용되며, 지역의 시장 임대료에 비해 과도하게 높게 책정할 수 없다. 오스트리아, 캐나다, 덴마크, 프랑스, 독일, 이탈리아, 스웨덴, 미국에서 최초 임대료 규제는 지역, 공공의 지원 여부, 건축 연도 등에 따라 달라진다.

덴마크에서는 1999년 이전에 건축된 건물에 대해서만 임대료가 규제되는데, 이는 포괄 범위가 넓어 민간임대주택 재고의 약 80%에 해당한다. 프랑스에는 2018년 제정된 ELAN법[10]에 따라 예외를 두지만, 지방정부가 주택시장이 초과 수요 상태인 지역을 지정하여 기준임대료 범위 내에서 5년간 최초 임대료를 규제할 수 있다. 2019년 파리시가 최초로 도입했고, 릴(Lille)시 광역권은 2020년 3월, 리옹과 빌뢰르반은 2021년, 보르도와 몽펠리에는 2022년에 최초 임대료 규제를 도입하였다.

독일에서는 주택시장이 과열된 지역의 임대주택에 한하여 임대료

---

9) OECD, OECD *Affordable Housing Database: PH6.1 RENTAL REGULATION* (2024)을 정리함.

10) 원문은 'Loi portant Évolution du Logement, de l'Aménagement et du Numérique'로, '주택, 정비, 디지털 발전을 위한 법률'로 번역할 수 있음.

규제가 적용되며, 이 경우 임대료는 지역 기준임대료의 10%를 초과할 수 없다. 이 규제는 주 정부가 법안을 제정한 곳에서 시행된다. 스웨덴에서는 최초 임대료를 자유롭게 협상할 수 있지만, 지역 내 유사한 거처의 임대료 수준을 과도하게 초과할 수 없다. 통상 5% 이내의 차이가 합당한 것으로 간주된다. 미국에서는 몇몇 주요 도시에서 임대료 규제 조치가 도입되었지만, 연방 차원에서 적용하는 것은 아니며 주마다 다르다.

많은 국가에서는 특정 조건을 충족할 때 임대인이 계약기간 내에 정기적으로 임대료를 인상할 수 있도록 한다. 오스트리아, 덴마크, 프랑스, 네덜란드, 포르투갈, 스위스 등에서 연간 임대료 인상률은 소비자물가지수에 기반하여 산정된다.

일본, 스페인, 영국은 최초 임대료 수준을 규제하지 않는 동시에 계약기간 내 정기적인 임대료 인상에 대한 규제 장치를 두지 않는다. 지역 임대료 수준에 부합하도록 최초 임대료를 규제하는 독일과 노르웨이에는 정기적인 임대료 인상에 대한 규제 장치가 없다.

전형적인 최소 계약기간은 국가마다 차이가 있다. 덴마크, 독일, 네덜란드, 스웨덴에서는 대부분 기간을 정하지 않는 무기 계약이 체결된다. 오스트리아, 벨기에, 프랑스, 이탈리아, 노르웨이에서는 전형적인 최소 계약기간이 3년 이상이다. 핀란드, 포르투갈, 스위스, 미국은 12개월이고, 영국은 6개월로 OECD 주요국 중 가장 짧다.

대부분의 OECD 국가는 보증금 상한을 임대료와 연동하여 규제하고 있다. 벨기에, 덴마크, 독일, 이탈리아, 포르투갈, 스위스에서는 3개월분, 노르웨이에서는 6개월분 임대료 이하로 제한한다. 보증금 상한이 미국과 프랑스에서는 1~2개월분 임대료, 캐나다에서는 1개월분이다. 네덜란드, 스웨덴에는 한국처럼 구체적인 보증금 상한 기준이 없다.

일부 국가를 제외한 대부분의 국가에서 임대주택의 품질 규제를 시행하고 있는데, 규제 내용은 국가별로 차이가 있다. 벨기에, 핀란드, 프랑스, 독일, 영국 등에서는 임대주택의 최소 주거면적과 안전·건강·위생과 관련된 '최소 쾌적도(level of comfort)'를 규정하고 있다. 오스트리아처럼 특정 도시에서만 규제하거나, 스위스처럼 공공의 지원을 받아 건설한 주택에만 적용하기도 하며, 핀란드처럼 각 방의 세부 면적을 규정하기도 한다. 최소 에너지 기준은 오스트레일리아, 프랑스, 뉴질랜드에서 규정하고 있다. 프랑스에서는 2021년 8월에 공표한 「기후·회복력에 관한 법률(Loi Climat et résilience)」에 따라 2023년 1월 1일 기준 최종 에너지소비량이 450kWh/m²을 초과하는 주택은 임대할 수 없다. 일부 국가에서는 주택의 다양한 기능과 건물의 청결도에 관한 최소 기준도 규정하고 있다. 반면, 한국처럼 최저주거기준을 설정하고 있음에도 강행규정으로서 실행하지 않는 국가들도 있다.

〈표 2〉 OECD 주요 국가의 민간임대시장 규제

국가	최초 임대료 수준	계약기간 내 정기적 임대료 인상	전형적인 최소 계약기간	보증금 (임대료 대비)	주거 품질의 최소수준 보장
오스트리아	일부 규제	O	3년	3배(최대 6배)	X
벨기에	X	O	9년 / 3년 미만	최대 3배	O
캐나다	일부 규제	O	매월 갱신	1배	O
덴마크	일부 규제	O	무기	3배	O
핀란드	X	O	12개월	1~3배	O
프랑스	일부 규제	O	3년	1~2배	O
독일	일부 규제	X	무기	3배	O
이탈리아	일부 규제	O	(약정) 3+2년 (자유) 4+4년	최대 3배	O
일본	X	X	-	-	O
한국	X	X	2+2년	무제한	X
네덜란드	X	O	무기	무제한 (일반적으로는 3개월)	O
노르웨이	규제	X	3년	최대 6배	X

국가	최초 임대료 수준	계약기간 내 정기적 임대료 인상	전형적인 최소 계약기간	보증금 (임대료 대비)	주거 품질의 최소수준 보장
포르투갈	X	O	12개월	최대 3배	O
스페인	X	X	-	-	O
스웨덴	일부 규제	O	무기	무제한	O
스위스	X	O	12개월	3배	X
영국	X	X	6개월	5~6주	O
미국	일부 규제	O	12개월	1~2배 (주마다 다름)	X

자료: OECD (2024).
주: 한국의 임대차제도 관련 정보는 필자가 보완함.

2. 미국의 캘리포니아주 사례[11]

미국에서 주 단위의 임대료 규제를 시행 중인 곳은 오레곤(Oregon)과 캘리포니아다.[12] 두 주 정부 모두 2019년부터 소비자물가지수상승률과 연계한 임대료 인상률 상한제를 시행했는데, 여기서는 캘리포니아 사례를 살펴본다.

캘리포니아는 「2019년 세입자 보호법(Tenant Protection Act of 2019)」을 제정해 주 전역에서 임대료와 퇴거에 대한 규제를 시행하고 있다. 계약 상태와 관계없이 법률로 보장되는 세입자의 기본 권리는 다음과 같다.

---

[11] California Departmnt of Real Estate, California Tenants : A Guide to Residential Tenants' and Landlords' Rights and Responsibilities (2022)를 정리함.
[12] New York Times, "California Approves Statewide Rent Control to Ease Housing Crisis." (2019.09.11.).

〈캘리포니아주 민법 등에 보장된 세입자의 기본 권리〉

- 임대인이 요구할 수 있는 보증금 금액을 제한할 권리가 있다.
- 임대인이 임대주택에 들어오는 것을 제한하는 권리가 있다.
- 보증금의 일부를 임대인이 제하고 돌려주었을 때, 그 사유를 서면으로 설명받을 권리가 있다.
- 법률 또는 임대차계약 위반에 대해 임대인을 고소할 수 있는 권리가 있다.
- 합리적으로 인정되는 상황에서 임차인이 임대인에게 사전 통지했을 경우, 임대주택의 심각한 결함을 수리하고 수리 비용을 임대료에서 공제할 수 있는 권리가 있다.
- 합리적으로 인정되는 상황에서 임대료를 내지 않을 권리가 있다.
- 거주 적합성 보장에 따른 권리가 있다.
- 임대차계약에 내재되어 있는 임대인의 부당한 행위 없이 임대주택을 온전히 사용할 수 있는 '평온한 향유(quiet enjoyment)'의 권리가 있다.
- 보복적 퇴거로부터 보호받을 권리가 있다.
- 대부분의 세입자는 정당한 사유 없이 퇴거당하지 않도록 보호된다. 퇴거에는 정당한 법적 사유가 있어야 한다.
- 합당한 편의를 요청할 권리가 있다.
- 공정한 주택에 대한 권리 및 불법적인 차별로부터 보호받을 권리가 있다.

자료: California Department of Real Estate (2024).

또한 세입자에게는 계속거주권이 인정되며, 정당한 사유가 있을 때에 한해 임대차계약이 종료될 수 있다. 계속거주권이 인정되지 않는 정당한 사유는 세입자에게 귀책이 있는 경우와 없는 경우로 구분되는데, 주요 세입자의 귀책 사유는 다음과 같다.

- 임대료 체납
- 임대차계약의 중요 조건을 위반하는 행위로, 시정 요청을 서면으로 받은 후에도 시정되지 않는 경우
- 임대차계약을 위반하여 목적물을 전대하거나 양도하는 행위
- 임대인이 주택 출입에 대한 허가를 받았을 때 출입을 거부하는 행위
- 관리 문제를 발생시키거나 쓰레기 등을 버리는 행위
- 범죄 또는 불법적인 목적으로 주택을 사용하는 행위

주거 품질 보장을 위한 일환으로 임대인이 임차인에게 고지할 의무가 있는 사항이 법률에 규정되어 있는데, 주요 내용은 다음과 같다.
- 납 페인트(1978년 이전에 건축된 주택)
- 곰팡이
- 공과금(부과방식 포함)
- 홍수 위험(침수 위험 지역에 위치한 주택)
- 군사시설 관련(실탄·폭발물이 사용되는 군사시설 인근 주택)
- 주택 내 사망자(사망 원인, 단, AIDS로 인한 사망은 제외)

캘리포니아는 민법전(Civil Code) Section 1947.12(d)에 따라 2020년 1월 1일부터 경과연수 15년 초과 임대주택에 대해 임대료 인상률 규제를 적용해왔다. 연간 임대료 인상률 상한은 소비자물가지수상승률보다 5%p 높은 비율 또는 10% 중 더 낮은 비율이며, 12개월 내에 2회를 초과하는 임대료 인상은 금지된다(Section 1947.12.(a)). 별도의 임대료 안정화 프로그램이 있는 캘리포니아주 도시에 거주하는 세입자는 추가 보호를 받을 수 있다.

Section 1950.5(c)에 의하면 2024년 7월 1일 이후 임대차계약을 체결하려는 임대인은 1개월분 임대료를 초과하는 보증금을 요구할 수 없다. 임대인이 자연인이거나 자연인으로만 구성된 유한책임회사이고,

임대용 구분거처(dwelling units)가 4호 이하인 2주택 이하 소유자인 경우만 임대료 2개월분의 보증금을 요구할 수 있다.

또한 Section 1950.5(b)는 임차인의 보증금 보호를 위한 규정으로 임대인이 보증금에서 공제할 수 있는 비용의 종류를 엄격하게 제한하고 있다. 체납 임대료, 임차인에 의한 목적물 손상 수리비, 임대 개시 상태의 청결 상태 회복을 위한 청소비용, 임대차계약에 의한 목적물 반환 불이행 구제를 위해서만 보증금을 요구할 수 있다. 해당 조항은 통상적인 손모(ordinary wear and tear)에 대해서는 보증금을 공제할 수 없다고 명시하고 있으며, 125달러를 초과하는 수리 비용은 반드시 내역 명세서를 제시하도록 한다.

이와 대조적으로, 한국에서는 민법과 「주택임대차보호법」 어디에도 임대인의 보증금 사용처를 제한하는 규정이 없다. 국내에도 임대인이 통상의 손모에 대한 비용을 청구하는 것은 부당하다는 판례가 있으나,[13] 캘리포니아 민법처럼 명시적인 규정은 존재하지 않는다.

3. 영국

영국 런던광역정부(Greater London Authority)는 세입자 권리를 강화하고, 지방정부(local councils)의 행정제재 권한 사용을 지원하며, 불법적인 임대를 예방하기 위해 '악성 임대인·중개사 감시자(Rogue Landlord and Agent Checker)' 웹사이트를 구축했다.[14] 여기에서는 법률 위반으로 기소되거나 벌금을 부과받은 악성 임대인·중개사 명단을 확인할 수 있다. 명단과 함께 임대주택 주소지, 법률 위반 사항, 행정

---

[13] 서울중앙지법 2007. 5. 31. 선고 2005가합100279,2006가합62053 판결: 항소.
[14] Greater London Authority, Check a landlord or agent
(https://www.london.gov.uk/rogue-landlord-checker).

제재 유형과 시행·말소일 등을 공개한다. '감시자'는 정보 공개 범위와 정보 보관 기간 등이 상이한 세 부분으로 구성되어 있다.

- 대외 공개: 특정 집행 조치에 직면한 개인 임대인 및 중개사에 대한 목록으로, 조치 유형이 함께 설명되어 있다. 목록은 공개적으로 사용할 수 있다.
- 내부 공유: 런던 자치구와 런던 소방대(LFB)만 접근할 수 있는 데이터베이스로, 더 오랜 기간 기록을 볼 수 있는 더 광범위한 집행 조치를 포함한다.
- 제보 창구: 세입자가 적법한 허가 없이 임대사업을 운영하는 악성 임대인·중개사를 지역 당국에 제보할 수 있는 창구이다.

V. 법률 개정 방향

민간임대시장에 대한 규제는 우리나라에 대한 유엔 사회권규약위원회 제4차 최종 견해에 포함되어 있고, 유엔 주거권 특보의 대한민국 방문 보고서의 권고에도 포함되어 있다. 특보는 전세제도의 단계적 폐지를 포함한 강력한 규제의 필요성을 강조하였다(Farha, 2019).

법률이 있어도 집행되지 않는 문제를 막을 수 있도록 관련 조직을 법제화하는 것도 필요하다. 「민간임대주택에 관한 특별법」에 규정된 등록임대사업자의 의무가 정부와 지자체에 의해 거의 관리되고 있지 않다. 법률 제49조 및 제67조에 의하면 일정 요건을 충족하는 임대사업자는 전세보증금 반환 보증을 의무적으로 가입해야 한다. 미가입 시 2022년 1월부터 과태료가 부과되어야 했다. 그러나 2022~2024년 반환 보증 미가입으로 과태료를 부과받은 임대사업자는 총 441명에

불과했다.[15)]

위반건축물의 세입자는 「전세사기피해자법」에 의한 구제가 제한적이다. 정부와 지자체의 관리·감독 부실로 건축물대장에도 위반 사실이 기재되어 있지 않고, 사후에야 근생빌라 등 위반건축물이라는 것을 알게 되는 경우가 많다. 위반건축물 문제 해결을 위해 건축법이 강화되고 있음에도 불구하고, 기초지자체의 이행강제금 부과에 대한 시도 및 중앙정부의 관리 감독 체계가 없어, 법률이 실제로 작동하지 않고 있다.

행정부에 의해 법률 개정이 무력화되는 상황을 막을 수 있는 입법도 필요하다. 임대차 3법 중 하나인 「부동산거래신고법」은 과태료 부과가 계속 유예되면서 법률 개정 효과가 무력화되고 있다.

세입자와 임대인의 권리와 의무를 명확하게 규정하고, 법적 구제절차를 마련하기 위한 「주택임대차보호법」, 「민간임대주택에 관한 특별법」의 전면 개정이 필요하다. 세입자 보호 강화를 위한 「민법」, 「공인중개사법」, 「감정평가 및 감정평가사에 관한 법률」 등 관련 법률 개정도 필요하다.

우선, 임차인과 임대인의 권리와 의무 규정을 위한 「주택임대차보호법」 개정이 필요하다. 현행 「주택임대차보호법」에 임차권은 임차인의 권리로 명확히 규정되어 있지 않고, 보증금을 돌려받지 못할 때 취할 수 있는 조치인 임차권등기명령과 '경매에 의한 임차권의 소멸' 관련 조항에만 존재한다. 임차인과 임대인의 권리와 의무를 규정하는 한편, 주거 품질 규제, 신규 계약에 대한 임대료 규제 등을 함께 규정할 필요가 있다.

현행법상 임차인은 임대인의 동의나 보증금 미반환 피해 없이는 권리를 등기로 공시할 수 없는 이상한 채권자이다. 임차인이 권리를 제3

---

15) 국토교통부, '2022~2024년 연도별, 시도별, 부과사유별 주택임대사업자 과태료 부과현황', 이연희 국회의원실 제출 자료 (2025).

자에게 알릴 수 있는 전세권설정 또는 임차권등기를 하기 위해서는 임대인의 동의가 필요해 권리 행사가 사실상 불가능하기 때문이다. 임차권등기 또는 전세권설정이 채권자인 세입자의 권리가 될 수 있도록 민법을 개정할 필요가 있다.[16)]

세입자가 제3자에 대해 임대차계약상 권리를 주장할 수 있는 대항력이 당일이 아닌 다음 날(익일)에 생기기 때문에 계약 직후부터 이사당일 사이 근저당권이 설정되면 후순위임차인이 되는데, 이는 임차인의 권리를 크게 제약한다. 세입자의 대항력이 익일 발생하는 문제는 정부 대책처럼 은행 대출 시 협조를 구하거나 표준계약서에 특약을 넣는 방식으로는 해결할 수 없다. 세입자의 대항력이 즉시 발생하도록 보장하기 위해서는 임차권등기 의무화가 필요하다.

보증금반환 능력이 없는 '바지 임대인'으로 임대인이 변경되는 것을 예방할 수 있도록「주택임대차보호법」제3조 제4항에서 채무의 성격을 '중첩적 채무'로 명확하게 규정하거나, 임대인 변경 시 임차인에 대한 통보 의무 조항을 추가하는 것이 필요하다. 현행 제도와 법률로는 임대인이 보증금반환 능력과 의사가 없는 '바지 임대인'으로 바뀔 경우 세입자는 통보조차 받을 수 없고 보증금반환 채무 양도를 거부할 권리도 없다. 임차주택의 양도인이 갖는 채무의 성격을 '중첩적 채무'인지, '면책적 채무'인지를 명확하게 하지 않은 입법이 미비한 가운데,[17)] 대법원 판례에서는 임대인의 보증금반환 채무를 '면책적 채무'로 보고 있기 때문이다.[18)] 임대인이 변경될 때 기존 임대인의 채무가

---

16) 전세권은 계약 시부터 등기부등본에 등기되는 권리로, 소송 없이 경매를 청구할 수 있는 권리를 갖게 되는 등 현행 임차권과 큰 차이가 있지만 임대인의 동의를 전제로 한다는 점에서 사실상 권리 행사가 제약되고 있다.
17) 임차주택의 양수인(讓受人)(그 밖에 임대할 권리를 승계한 자를 포함한다)은 임대인(賃貸人)의 지위를 승계한 것으로 본다(「주택임대차보호법」제3조 4항).
18) 임대차의 목적이 된 임차주택의 양수인은 양도인의 보증금반환 채무를 면책적으로 인수하고, 양도인은 임대차관계에서 탈퇴하여 임차인에 대한 보증금반환 채무를 면하게 된다(대법원 2021. 11. 11.선고 2021다251929 판결).

면책되는 것으로 해석하고 있는 것이다. 입법 미비와 대법원 판례에 의해 임대차계약에서는 채무자가 바뀔 때 채권자의 동의가 필요한 민법의 기본적인 원칙조차 지켜지지 않고 있는 문제를 해결할 수 있는 입법 및 판례 변경이 필요하다.

　전세가율 등 보증금 규모 제한을 위한 「주택임대차보호법」 개정이 필요하다. 임차 가구가 보증금을 돌려받지 못하는 깡통전세 피해를 예방하기 위해 보증금을 주택가격의 일정 비율 이하로만 받을 수 있도록 하는 제도적인 장치를 마련할 필요가 있다. 주택가격 대비 70% 이하 또는 공시가격의 100% 이하 중 낮은 금액으로 보증금의 규모를 제한하는 입법이 필요하다.[19] 다른 나라처럼 월세의 3~6배 이상을 받을 수 없게 하는 방식으로 보증금 규모를 제한하는 방식의 입법도 가능하다고 판단된다.

　후순위 임대차계약을 사실상 금지하거나 보증금을 추가로 제한하기 위한 「주택임대차보호법」 개정이 필요하다. 미추홀구와 수원시 전세사기에서처럼 선순위근저당권이 설정되어 있는 상태에서 경매가 이루어질 경우 세입자의 권리가 거의 보호되지 않기 때문에 후순위 임대차계약의 보증금에 대해서는 더욱 강하게 규제해야 한다. 임차인에게 근저당 말소 요청권, 감액등기 요청권을 부여하는 방식으로 후순위 임대차 계약을 사실상 금지하거나, 근저당권과 보증금의 합계가 주택가격의 일정 비율을 초과하지 않도록 규제해야 한다.

　일정 금액의 최우선변제금은 근저당권 설정 시점과 무관하게 보장되도록 「주택임대차보호법」을 개정할 필요가 있다. 현행 제도에서 최우선변제금을 받을 수 있는 소액보증금 범위의 기준일은 계약시점이 아니라 근저당권 설정시점이다. 소액보증금의 범위는 2~3년마다 상향되었는데, 현재의 전세보증금이 근저당 설정 시점의 소액보증금 이하

---

[19] 심상정 의원이 대표발의한 「주택임대차보호법」 개정안은 보증금이 주택가격의 70%를 초과하지 못하도록 하고 있다.

여야 최우선변제금을 받을 수 있다. 소액임차인 기준을 폐지하여 모든 임차인에게 최우선변제금을 보장하도록 법률을 개정할 필요가 있다. 이에 대한 차선책으로 근저당권 설정 당시의 최우선변제금은 보증금 증액과 상관없이 보장하는 것으로 제도를 재설계할 필요가 있다.

국가와 지자체가 법률에 규정되어 있는 의무를 지키지 않아 발생하는 세입자의 피해에 대해 국가와 지자체의 책임을 명시하는 관련 법률 개정도 필요하다. 위반건축물과 등록임대사업자에 대한 국가와 지자체의 관리·감독 소홀로 발생하는 임차인의 피해 회복에 있어 공공의 지원은 필수적이다.

위와 같은 법률 개정을 통해 임차인의 권리를 실질적으로 보호하고 전세사기·깡통전세를 예방하는 조치를 조속히 마련해야 한다. 불완전한 임대차보호제도를 유지하는 한, 사실상 형법상 사기 행위 억제에만 초점을 둔 전세사기 방지책으로는 추가적인 피해를 근절하기 어렵다. 임차인의 주거권을 온전히 보장하기 위해 국가와 지자체가 임대차시장을 더욱 적극적으로 관리해야 한다.

| 참고문헌 |

〈논문 및 단행본〉

수원시·한국도시연구소, 2025-2029년 수원시 주거복지종합계획, (2024)

한국도시연구소·주거권네트워크·민주사회를위한변호사모임, 전세사기·깡통전세 피해 가구 실태조사 및 피해 회복과 예방을 위한 제도 개선 방안 (2023)

California Department of Real Estate, *California Tenants: A Guide to Residential Tenants' and Landlords' Rights and Responsibilities(2024 Edition)* (2024)

Farha, L., *Visit to the Republic of Korea(A/HRC/40/61/Add.1)*. United Nations, General Assembly (2019)

OECD, OECD *Affordable Housing Database: PH6.1 RENTAL REGULATION* (2024)

〈기사 및 보도자료〉

관계부처합동, 전세사기 예방 및 피해 지원방안 (2023.02.02.)

금융위원회, '25년도 가계부채 관리방안 (2025.02.27)

New York Times, "California Approves Statewide Rent Control to Ease Housing Crisis.", (2019.09.11.)

일본의 건물임대차법

박인환*

| 초록 |

일본에서는 임차인 등의 권리 보호를 위하여 건물의 소유를 목적으로 하는 지상권과 토지 및 건물 임대차에 대하여 민법 이외에 특별법으로서 종래 「차지법」과 「차가법」 등을 통합한 「차지차가법」(借地借家法)이 시행되고 있다. 이 법률들의 내용은 우리 민법 제정과정에서 부동산 임대차에 관한 규정에 직간접적으로 영향을 미쳤다. 게다가 압축적 고도성장 과정에서 인구의 도시 집중에 따른 주택난, 건물난이라는 공통의 과제에 대한 한일 양국의 입법적, 해석론적 대응은 유사성과 차이점을 모두 가지고 있다.

이러한 배경에서 건물 임대차에 관한 일본의 「차지차가법」상 건물 임대차에 대한 규정과 관련 일본민법의 규정을 중심으로 각 규정의 목적과 취지를 검토하고 이에 대응하는 우리나라의 「주택임대차보호법」과 「상가건물임대차보호법」의 관련 규정 및 민법상 임대차에 관한 규정을 비교 검토하여 보았다.

우리 민법의 입법과정에서 일본민법에 없는 신설 규정들은 당시 일본의 「차지법」과 「차가법」의 영향을 받은 조문이 적지 않을 뿐 아니라 「주택임대차보호법」 및 「상가건물임대차보호법」의 건물 임차인 보호를 위한 제반 규정들의 형성에 있어서도 일본의 차지·차가법의 관련 규정들이 영향을 미친 것으로 추정된다.

가령, 건물등기 있는 차지권의 대항력에 관한 민법 제622조는 당시 일본민법에는 없었고, 일본의 「건물보호에 관한 법률」 제1조를 참고한 것이다. 차임증감청구권에 관한 민법 제628조는 당시 일본의 「차지법」 제12조, 일본

---

* 인하대학교 법학전문대학원 교수

의 「차가법」 제7조, 전차인의 갱신청구권과 매수청구권에 관한 민법 제644조는 당시 일본 「차지법」 제10조, 임차인의 부속물매수청구권은 당시 일본 「차가법」 제5조, 일시 사용을 위한 임대차의 특례에 관한 민법 제653조는 일본 「차가법」 제8조를 각각 참고하고, 임대차 해지통고의 전차인에 대한 통지를 규정한 민법 제638조는 당시 일본의 「차가법」 제4조의 영향을 받은 것으로 보인다.

이후 우리나라의 「주택임대차보호법」, 「상가건물임대차보호법」의 여러 규정도 일본의 차지·차가법으로부터 적지 않은 영향을 받은 것으로 추정된다. 다만, 우리 입법자들은 일본 법제를 참고하면서도 우리 실정에 맞게 이를 적절히 변형 수정하여 반영하였다. 대항력 요건으로 인도 외에 주민등록이나 사업자등록을 요구한 것, 임대인 갱신거절 사유를 일반규정에서 제한적 열거주의로 변경한 것 등이 대표적이다.

향후 관련 규정의 해석론이나 제도 운용에 있어서 일본의 「차지차가법」 규정과 그에 대한 해석론은 참고할 것이 적지 않다. 특히 갱신거절, 해약신청에 있어서 정당사유와 그 판단기준 내지 그에 대한 해석론, 차임증감청구권의 행사 요건, 부속물매수청구권 행사에 관한 해석론, 동거인의 임대차 승계에 관한 해석론 등이 그것이다.

I. 머리말

일본에서는 건물의 소유를 목적으로 하는 지상권과 토지 및 건물 임대차에 대하여 임차인 등의 권리 보호를 위하여 민법 이외에 특별법으로서 「차지차가법」(借地借家法)이 시행되고 있다. 「차지차가법」은 토지 및 건물 임차인 등을 보호하기 위하여 오랫동안 시행되어 오던 「건물보호에 관한 법률」(建物保護ニ関スル法律, 1909년 법률 제40호), 「차지법」(借地法, 1921년 법률 제49호 같은 해 5. 15. 시행), 「차가법」(借家法, 1921년 법률 제50호, 같은 해 5. 15. 시행)을 통폐합하여 1991년 10

월 4일 제정 시행된 법률이다. 이 법률들의 내용은 우리 민법상 부동산 임대차에 관한 규정에도 직간접적으로 영향을 미쳤다.[1] 가령 건물등기 있는 차지권의 대항력에 관한 민법 제622조는 당시 일본민법에는 없었고, 일본의 「건물보호에 관한 법률」 제1조를 참고한 것이다.[2] 차임증감청구권에 관한 민법 제628조는 당시 일본의 「차지법」 제12조, 일본의 「차가법」 제7조,[3] 전차인의 갱신청구권과 매수청구권에 관한 민법 제644조는 당시 일본 「차지법」 제10조,[4] 임차인의 부속물매수청구권은 당시 일본 「차가법」 제5조,[5] 일시사용을 위한 임대차의 특례에 관한 민법 제653조는 일본 「차가법」 제8조[6]를 각각 참고하고, 임대차 해지통고의 전차인에 관한 통지를 규정한 민법 제638조는 당시 일본의 「차가법」 제4조의 영향을 받은 것으로 추측된다.[7]

이후 우리나라의 「주택임대차보호법」 「상가건물임대차보호법」의 여러 규정도 일본의 차지·차가법으로부터 적지 않은 영향을 받은 것으로 추정된다. 다만, 우리 입법자들은 일본 법제를 참고하면서도 우리 실정에 맞게 이를 적의 변형 수정하여 반영하였음은 말할 나위가 없다. 대항력 요건으로 인도 외에 주민등록이나 사업자등록을 요구한 것, 임대인 갱신거절 사유를 일반규정에서 제한적 열거주의로 변경한 것 등이 대표적이다.

---

[1] 민의원 법제사법위원회 민법안심의소위원회, 민법안심의록 상권, 1957, 358 이하 임대차에 관한 참고 외국입법례로서 주요하게 참고된 것은 독일민법, 프랑스민법 외에 특히 당시 일본민법에 없던 신설 조문에 관해서는 만주국민법의 입법례와 함께 당시 일본의 차지법과 차가법의 조문 번호가 빈번히 예시되고 있다.
[2] 민법안심의록 상권, 360(611조).
[3] 민법안심의록 상권, 364(제617조).
[4] 민법안심의록 상권, 374(제633조).
[5] 민법안심의록 상권, 375이하(제636조).
[6] 민법안심의록 상권, 380이하(제645조).
[7] 단, 해당 조문에 대한 민법안심의록 상권, 370(제627조)에는 외국의 입법례로서 열거되어 있지 않다.

압축적 고도성장 과정에서 인구의 도시 집중에 따른 주택난, 건물난이라는 공통의 과제에 대한 한일 양국의 입법적, 해석론적 대응은 유사성과 차이점을 모두 가지고 있어서 비교법적 연구의 좋은 소재가 됨을 알 수 있다. 이러한 배경에서 이하에서는 일본의 차지·차가법제의 형성과 주요내용을 고찰하고, 그에 대한 비교와 검토를 통하여 우리 건물임대차법제에 시사점을 찾고자 한다.

Ⅱ. 일본 차지·차가 법제의 형성과 전개

1. 일본 구민법상 차지관계

일본의 부동산 임차에 관한 규율은 에도(江戸) 시대 막부(幕府) 체제하 각 영주의 법과 관습법에 의거하다가 메이지유신(明治維新) 이후 행정상의 지령이나 재판소의 판결에 의하여 점차 통일되었다. 그 사이에 임대차법을 포함하여 주로 프랑스법을 계수한 일본 구민법이 1890년에 제정되었다. 프랑스 법학자인 보아소나드(Boissonade)가 기초한 일본 구민법은 부동산이용권으로서 용익권(日本旧民法 財産編 第45条 이하), 사용권 및 거주권(日本旧民法 財産編 第110条 이하) 외에 임차권(日本旧民法 財産編 第115条 이하), 영차권(永借權, 日本旧民法 財産編 第155条 이하) 및 지상권(日本旧民法 財産編 第171条 이하)을 규정하였다. 이는 전체적으로 로마법=프랑스법의 제도를 모범으로 한 것이다. 일본 구민법은, 소작권(小作權)을 염두에 둔 것이기는 하지만, 임차권에 대하여 원칙적으로 양도의 자유를 인정하였다.[8] 이는 임차권의 물

---

8) 日本旧民法 財産編 第134条 임차인은 임대차의 기간을 넘지 않은 한 그 임차권을 무상 혹은 유상으로 양도 또는 그 임차물을 전대할 수 있다. 단, 반대의 관습 또는 합의가 있는 때에는 그러하지 아니하다.

권성을 인정한 것으로 프로이센을 제외한 유럽 제국에서는 입법례가 없는 획기적인 것이었다.9)

2. 메이지민법 제정과 차지·차가권의 보호

일본 구민법이 법전논쟁10) 끝에 시행이 유보되고, 일본인 학자들11)의 손에 의한 새로운 민법전 제정 논의가 시작되었다. 새롭게 제정된 메이지민법에서는 부동산 이용권에 관하여 지상권 및 임차권은 유지되었으나, 임차권은 채권(人權=債權)이 되고, 용익권, 사용권, 거주권은 폐지되었다. 일본 구민법과 가장 큰 차이는 임차권을 물권이 아닌 인권, 즉 채권으로 분명히 규정한 점이다. 임차권을 가지고 제3자에게 대항할 수 있도록 할 필요가 있다면, 굳이 물권으로 규정하지 않더라도 등기를 통해 제3자에게 대항하도록 하면 된다는 이유였다.12) 그 결과 메이지민법상 건물, 수목 등 지상물을 소유하기 위하여 타인의 토지를 이용하는 관계는 물권으로서 지상권과 채권으로서 임차권이라는 서로 다른 성질의 두 가지 권리가 입법되었다. 어느 것이든 등기를 통하여 제3자에게 대항력을 갖는다는 점에서 그 이용상 큰 차이가 없는 것으

---

9) 澤野順彦, 借地借家法の經濟的基礎, 日本評論社 (1988), 157.
10) 서양 제국과의 불평등조약 개정을 앞두고 민법과 상법의 제정과 시행을 서둘렀으나 입법기구의 심의 부족, 관습에 대한 조사 고려의 부족, 민법과 상법의 통일성 부족 외에 민법의 인사편은 일본 고유의 미풍양속인 가족제도를 파괴하는 것이라는 비판이 거세게 제기되었다. 특히 연기파인 호즈미 야츠카(穗積八束)는 民法出デテ忠孝亡ブ(민법이 나와서 충효(의 미풍)이 사라진다)는 논고를 法学新報 제5호에 발표하여 큰 파장을 일으켰다. 民法典論争 Wikipedia 〈ttps://ja.wikipedia.org/wiki/%E6%B0%91%E6%B3%95%E5%85%B8%E8%AB%96%E4%BA%89〉
11) 우메 겐지로(梅謙次郎), 토미이 마사아카라(富井政章), 호즈미 시게노부(穗積陳重)가 일본민법의 기초자 3인이다.
12) 民法修正案(前三編)理由書, 有斐閣 (1987), 514. 澤野順彦, 157 이하.

로 보았다.13)

　일본 메이지민법 시행 당시 종래 건물 등을 소유하고자 타인의 토지를 이용하는 차지권(借地權)에 대하여, 1898년 7월 16일 민법 시행에 따른 경과규정으로 민법 시행 후 1년 이내에 등기하지 않으면 제3자에게 대항할 수 없다는 규정이 마련되었다. 그러나 지상권 및 임차권의 등기에 관한 「부동산등기법」의 시행이 1899년 6월 16일로 늦어지자, 종래 차지권자들은 차지권을 지상권이라고 주장하면서 지상권의 가등기 등을 청구하였으나, 재판소는 지상권 주장을 배척하였다. 그 결과, 차지권자들의 불만이 커지면서, 1900년 지상권에 관한 법률안(地上權に関スル法律案)이 제출되었다. 이 법률안은 동 법률 시행 전 타인의 토지에 공작물 또는 죽목(竹木) 등을 소유하기 위하여 토지를 사용하고 있는 자를 지상권자로 간주하고, 1년 이내 등기를 하면 선의의 제3자에게도 대항할 수 있는 것으로 하였다. 이 법률안은 의회에서 간주 규정이 추정 규정으로 수정되어 1900년 4월 16일 시행되었다. 하지만 임차권으로 추정되면 등기할 길이 없고 지상권도 등기하지 않은 것은 제3자에게 대항할 수 없다는 점에서 한계를 안고 있었다.14)

　이러한 입법조치에도 불구하고 건물 소유 목적의 차지관계는 지상권이 아니라 임차권이 일반화되었다. 그 주된 이유는 토지 소유자가 지상권의 설정을 원치 않고 토지 임차인으로서는 토지 소유자와 분쟁을 무릅쓰면서 등기하는 것은 원치 않기 때문이었다.15)

　메이지민법상 차지권의 존속기간(지상권에 대하여는 제268조 제1항16))은 당사자의 계약에 의하여 정해지는데, 특히 임차권의 존속기간

---

13) 法典調査會民法議事速記錄 32권, 182 https://dl.ndl.go.jp/pid/12019115/1/182
14) 澤野順彦, 160 이하.
15) 澤野順彦, 161.
16) 일본메이지민법 제268조 설정행위로 지상권의 존속기간을 정한 경우에 별도의 관습이 있는 때에는 지상권자는 언제든지 그 권리의 포기를 할 수 있다. 단, 지대를 지급하여야 할 때는 1년 전에 미리 예고하거나 아직 기한에 이르지 않은

에 대해서는 최장기간의 상한이 있는 것 이외에는 제한이 없으므로[17] 그 당시 차지계약은 5년 이하의 단기간인 경우가 많았다. 지대(地代) 인상을 위한 토지 소유자의 의사가 반영된 이러한 계약 관행에 따라 토지 소유자가 명도청구를 하는 경우, 재판소는 이를 예문(例文)에 지나지 않은 것으로 해석하는 등의 방법으로 대응을 하기도 하였으나 한계가 있을 수밖에 없었다.[18] 결국 지가의 이상 등귀(騰貴)와 그에 수반된 '지진매매(地震賣買)'의 폐해가 퍼져 나가자, 이에 대응하는 입법 요구가 비등(沸騰)하게 되었다. 청일(淸日), 러일(露日) 전쟁을 거치며 산업화에 따른 인구의 도시 집중 등으로 지가와 지대(地代)의 상승이 일상화되자, 지주는 지대 인상에 응하지 않는 토지 임차인에 대하여 지상권이나 임차권이 등기되어 있지 않은 것을 기화(奇貨)로 대지를 제3자에게 매도하여 토지 임차인이 그 제3자로부터 대지의 명도를 청구당하는 일이 빈발하였다. 이는 실제로는 가장매매인 경우가 많았지만, 그 입증이 곤란하였으므로 명도를 해주든가, 지대 인상에 응하지 않으면 안 되었다. 이러한 상황을 건물이 지진을 맞은 것처럼 토지 임차인을 위태롭게 한다고 하여 지진(地震)매매라고 하였다.[19] 이러한 지진매매로부터 건물 소유자 등 차지권자를 보호하기 위하여 차지의 명도(明渡)를 청구하려면 지상의 공작물 또는 죽목(竹木) 등에 대하여 그 종류와 토지의 이용 상황을 고려한 이전료의 지급을 요하도록 하는 입

1년분의 지대를 지급하여야 한다. 지상권자가 전항의 규정에 의하여 그 권리를 포기하지 않은 때에는 법원은 당사자의 청구에 의하여 20년 이상 50년 이하의 범위 안에서 그 공작물 또는 수목의 종류와 상황, 기타 지상권 설정 당시의 사정을 참작하여 그 존속기간을 정한다.

17) 일본메이지민법 제602조 처분의 능력 또는 권한이 없는 자가 임대차를 하는 경우에는 그 임대차는 아래의 기간을 넘을 수 없다. 1. 수목의 식재 또는 벌채를 목적으로 하는 산림의 임대차 10년, 2. 기타 토지의 임대차 5년, 3. 건물의 임대차 3년, 4. 동산의 임대차 6개월.

18) 甲斐道太郎·石田喜久夫, 借地借家法, 靑林書院 (1996), 10.

19) 澤野順彦, 162.

법청원이 의회에서 제기되었다. 단, 공작물 등의 소유자가 계약을 위반한 경우에는 이전료의 지급은 요하지 않고, 이전료의 액수는 공작물 등의 종류와 토지의 상황을 고려하여 재판소가 결정하는 것으로 하였다.[20]

이어서 지상권 또는 토지 임차권에 의하여 공작물을 소유하는 자는 등기가 없더라도 그 사실을 알고 있는 제3자에게 대항할 수 있다는 법안이 중의원에 제출되었다. 이 법률안에 대하여 중의원에서 건물 소유를 목적으로 하는 지상권의 최단 존속기간을 20년으로 하고, 건물 소유를 목적으로 하는 토지 임대차가 기간만료로 종료하는 경우, 그 기간을 갱신할 수 있다는 규정이 추가되었다. 이 법률안을 회부받은 귀족원은 최단 존속기간과 갱신청구권에 관한 규정을 삭제한 채로 1910년「건물보호에 관한 법률」(建物保護ニ関スル法律)을 통과시켰다.[21]

3.「차지법」(借地法)과「차가법」(借家法)의 제정

가.「차지법」·「차가법」제정 논의

「건물보호에 관한 법률」이 통과된 후에도 최단 존속기간의 보호 및 갱신청구권의 필요성이 없어진 것은 아니었다. 동법 시행 다음 해 차지권의 최단 존속기간을 20년으로 하고, 임대차의 양도를 인정하며, 임료의 증액에 대하여 합의가 이루어지지 않는 경우에는 지료협정위원회(地料協定委員會)에 임료액의 결정을 청구하는 것[22]을 내용으로 하

---

20) 澤野順彦, 162.
21) 澤野順彦, 163.
22) 지료협정위원회는 각 시정촌(市町村, 시군구에 해당)에 두고, 지주와 토지 임차인 가운데 선거로 선출된 각각 5인의 위원에 시정촌 장을 더하여 11인으로 구성되어 임료액을 결정하는 기능을 갖는다. 이 결정은 민사재판소를 기속(羈束)

는 차지에 관한 법률안(借地ニ關スル法律案)이 제출되는 등 차지권 보호를 위한 입법이 여러 차례 시도되었으나 귀족원에 의하여 번번이 부결되었다.23)

이와 같이 결실을 얻지 못한「차지법」제정 논의가 계속되는 과정에서「차지법」뿐만 아니라「차가법」의 제정 필요성도 제기되었다. 즉, 「차지법」이 통과되면 지주가 토지를 빌려주는 것을 상당히 주저하게 되고, 그러면 지주가 스스로 집을 지어서 빌려주는 차가(借家) 거래가 자연스럽게 증가할 것이므로「차가법」도 필요하다는 주장이었다. 이에 대하여 일본정부는 차임의 상승은 가옥의 공급이 부족해서 발생하는 가옥의 수급문제이므로 폭리행위에 해당하지 않는 한 사법성(司法省)의 문제(법률문제)라기보다는 타 성(省)의 문제(경제문제)라고 하여 반대의 의견을 피력하였다.24) 당시 일본에서는 차가 보호보다는 차지 보호를 우선적으로 고려하고, 차가에 대해서는 입법의 대상이 아니라는 인식이 있었다.25)

나.「차지법」의 제정

결국 일본에서「차지법」과「차가법」의 제정은 입법 논의가 시작된

하고 이 위원회에 임료액 결정 신청이 있는 경우에는 그 결정이 있을 때까지 민사소송의 진행이 중지되는 것으로 하였다. 茶谷勇吉, "借地借家の現行法規に關する若干の考察", 司法研究 第17輯 報告書集 5, 司法省調査課(1933), 2 이하, 澤野順彦, 179 주 15) 재인용.
23) 澤野順彦, 164.
24) 澤野順彦, 165.
25) 이러한 생각은 메이지유신 이후 급격한 사회경제적 변혁, 특히 지조개정작업(地租改正事業)에 따른 각종 토지입법의 대응에 쫓겨 차가 문제까지 손쓸 수 없었다는 점, 원래 집주인(大家)과 임차인(店子)은 부모와 자식과 같다는 사상이 침투되어 있었다는 점, 그리고 정부의 차가 문제에 대한 인식이 낮고 사회의 하층에 있는 임차인에 대한 법적 보호 필요성을 그다지 중요하게 받아들이지 않은 것은 아닌가 하는 점 등이 그 이유로 제시되고 있다. 澤野順彦, 166.

후 20여 년이 지난 1921년 4월 8일에야 실현되었다. 다만 제정 당시 이 법률은 전국에 일률적으로 적용되는 것이 아니라 부칙으로 그 시행 구역을 칙령(勅令)으로 정하는 것으로 규정하였고(당시 칙령에 의하면 도쿄, 쿄토, 오사카, 가나자와, 효고의 일부에만 적용), 1941년 개정에 의하여 비로소 전국에 적용되게 되었다.26)

먼저 「차지법」은 민법 규정의 불충분성을 보완하는 것으로서 주된 내용은 다음과 같다.

(1) 차지계약상 최단 존속기간을 정함과 동시에 그 기간이 만료한 때 토지 임차인이 지주에게 계약 갱신을 청구할 수 있도록 하고, 지주가 갱신을 거절한 경우에는 토지 임차인이 지주에게 차지상의 건물을 매수할 것을 청구할 수 있도록 하였다.

(2) 건물과 함께 차지권의 양도 또는 전대를 지주가 승낙하지 않는 경우에는 차주의 양수인은 지주에 대하여 그 건물의 매수를 청구할 수 있도록 하였다.

(3) 합의된 지대의 금액이 시간의 경과에 따라 사정의 변경에 의하여 상당하지 않게 된 때는 각 당사자가 상대방에 대하여 그 증감을 청구할 수 있도록 하였다.27)

「차지법」의 목표는 첫째 단기간의 차지가 인정되는 결과, 내용연한(耐用年限)이 여전히 남아 있는 건물을 철거할 수밖에 없는 사태를 방지하기 위한 것이다. 이는 1910년의 「건물보호에 관한 법률」과 연속성을 갖는 것이다. 이러한 목표를 실현하는 규정으로 약정 최단기간의 규정, 기간의 법정화를 들 수 있고, 매수청구권 역시 같은 목표를 실현하기 위한 규정이다. 첫째 목표가 사회경제적 관점에서 건물의 존속을 보호하기 위한 것이라면, 둘째는 임차인을 보호하기 위함이다. 차지 상 건물이 존재하는 경우라도 존속기간이 만료하면, 차지권 그 자체는 소

---

26) 澤野順彦, 167.
27) 一問一答 新しい借地借家法, 法務省民事局参事官室編, 商事法務研究会 (1992), 6.

멸하고 임차권의 양도와 전대(轉貸)는 지주의 반대가 있으면 불가능하다. 하지만 매수청구권이 부여되어 임차인은 건물에 투하한 자금을 회수할 수 있으므로 임차인 보호의 목표가 달성될 수 있다. 이와 같은 단기 차지의 금지, 건물 보호와 투하자금의 회수 보장은 국가에 의한 계약자유의 제한으로서 당초 토지 임차인 보호는 소시민인 차가인의 주거 보호라는 기능을 하였으나, 그 후에는 기업체인 토지 임차인의 투하자본의 보호라는 이질적인 기능을 하는 경향도 나타나게 되었다.[28]

그리고 원래 기간이 만료된 차지권은 소멸하지만, 토지 임차인의 계약갱신청구에 대하여 지주의 거절 또는 차지권 소멸 후 토지 임차인의 토지 사용 계속에 대한 이의신청이 없을 경우에는 차지권은 존속한다. 제정 당시에는 존속기간이 보장된다고 하더라도, 그 기간이 만료되면 건물이 남아 있어도 지주가 갱신을 거절하고 명도를 청구할 수 있었다. 따라서 건물 매수청구권의 인정은 별론으로 존속보장이 충분하다고는 할 수 없었다. 이에 1941년 개정으로 지주의 갱신거절 또는 이의신청을 위해서는 "스스로 토지를 사용하는 것을 필요로 하는 경우 기타 정당한 사유가 있을 것"을 요하는 것으로 개정되었다. 개정 배경에는 전쟁 수행을 위한 물가통제정책의 일환으로서 시행되었으나 실제적으로는 차지권의 안정이라는 의미를 갖게 되었다.[29]

전후의 경제 사정의 변화에 따라 차지·차가법 개정의 기운이 지속해서 높아졌으나 전면 개정에는 이르지 못하였다. 다만 1966년 차지권의 양도에 관하여 특별재판절차에 의하여 지주의 승낙에 갈음하는 허가 제도가 도입되었고, 지대와 차임의 증감청구에 관하여 다툼이 생긴 경우 상당액의 공탁으로 계약이 해제되지 않도록 하는 규정이 추가되었다.

---

28) 中川淳編 借地借家法, 三省堂 (1978), 3.
29) 中川淳編, 3; 甲斐道太郎·石田喜久夫, 11.

다. 「차가법」의 제정

「차가법」의 주된 내용은 다음과 같다.

(1) 임대차 기간이 만료하고 건물 임차인이 사용을 계속하는 경우 집주인(家主)이 지체 없이 이의를 제기하지 않으면 계약은 갱신된다. 또한 임대차기간의 정함이 없는 경우에는 집주인이 해약의 신청을 한 때부터 6개월을 경과한 후에 임대차가 종료하는 것으로 하였다.
(2) 기간이 만료되거나 해약되어 차가관계가 종료된 때에는 건물 임차인은 집주인의 동의를 얻어 건물에 딸린 부속물의 매수를 집주인에게 청구할 수 있는 것으로 하였다.
(3) 차임의 금액이 시간의 경과에 따른 사정의 변경에 따라 증감할 것을 각 당사자는 상대방에게 청구할 수 있도록 하였다.[30]

이후 전시체제에 따른 인력 및 물자 부족으로 주택 공급이 부진하자, 도시의 주거난이 더욱 악화되었다. 그로 인한 차지·차가 분쟁의 증가를 해결하기 위하여 1941년 「차지법」과 함께, 주로는 「차가법」이 개정되었다. 이 개정에서는 기간의 정함이 있는 경우에 당사자가 기간 만료 6개월 전 내지 1년 이내에 갱신거절 등의 통지를 하지 않으면 법정갱신이 된다는 것, 그리고 「차지법」과 마찬가지로 기간 만료 시 갱신 거절 또는 기간의 정함이 없는 경우에 해약을 통지하려면 집주인이 스스로 사용하거나 기타 정당한 사유가 필요하다는 것이 추가되었다.[31]

1945년 패전 후 일본 주택난이 만성화되고 차지·차가 분쟁도 복잡화되면서 토지임차인과 건물임차인에 대한 구제의 필요성에 대응하여 새로운 입법 움직임이 나타났다. 1966년의 개정은 「차지법」에 중점이

---

30) 一問一答 新しい借地借家法, 7.
31) 一問一答 新しい借地借家法, 8.

놓인 것으로 「차가법」의 주된 개정은 차임증감청구권 행사를 둘러싼 다툼이 있는 경우 공탁을 통하여 임대인의 해제를 억제하고, 거주용 건물의 임차인이 상속인 없이 사망한 경우 피상속인인 토지 임차인의 사실혼 배우자 또는 사실상의 친자(親子)에게 차임권의 승계를 인정하는 것이었다.

4. 1991년 「차지차가법」의 개정

가. 법 개정의 필요성

전후 「차지법」·「차가법」의 전면적인 개정 움직임은 1965년부터 시작되었으나 그 후 거의 4반세기가 지난 1991년에 비로소 「차지차가법」의 전면 개정이 실현되었다.

개정의 필요성은 일본 사회의 급격한 사회경제적 변화에 따라 「차지법」·「차가법」에 당사자의 이해조정이 적절하게 이루어질 수 있는 제도적 틀을 마련하기 위한 것이었다. 먼저 「차지법」에서는 차지권의 존속 보호가 필요하다 하더라도 그 획일성 때문에 토지의 이용관계가 다양화하는 현상에 충분히 대응하지 못한다는 점, 차지라는 형식의 토지 이용관계가 그다지 활용되지 않는 반면, 비용이 들지 않는 방식으로 차지 형태를 이용하고자 하는 수요가 많아지고 있으므로 이에 대응할 방법에 관한 검토가 필요하다는 점, 가령, 부동산 가격 상승과도 관련하여 지대나 차임의 증액에 관한 다툼을 보다 합리적으로 해결하는 방법이 없을까, 금전적인 방법에 의하여 당사자 간에 이해조정을 하지 않고 차지관계를 종료시켜도 좋은가 등을 고려하지 않으면 안 되게 되었다. 이와 같이 1991년 「차지차가법」 개정은 당시의 사회경제적 사정에 맞게 당사자의 공평한 이해조정이라는 관점에서 추진 되었다.[32]

나. 법 개정의 형식과 내용

새롭게 성립된 「차지차가법」은 당시 시행되던 법률의 개정이 아니라 새로운 법률을 제정하는 형식으로 이루어졌다. 즉, 「차지법」, 「차가법」, 「건물보호에 관한 법률」을 적의 개정하여 「차지차가법」 하나의 법률로 통합하여 히라가나로 현대어화하였다. 제정의 형식이지만 실질적으로는 세 개 법률을 통합하는 개정이었다.

이 과정에서 각각 개정된 부분은 다음과 같다.

차지에 대해서는 차지 기간이 만료된 후에도 토지 임차인이 토지의 사용을 계속하는 경우, 지주로부터 적법한 이의가 제기되어 계약이 갱신되지 않은 때에도 토지 임차인에게 건물매수청구권을 인정하였다. 그리고 건물 멸실 후 새로 재축이 되면 차지 기간이 연장되는 경우가 있으나 이 경우 건물의 멸실에는 토지 임차인이 스스로 건물을 멸실시킨 경우를 포함하는 것이 추가되었다.

차가에 대해서는 당사자가 합의할 수 없어 계약이 자동적으로 갱신된 경우에는 기간의 정함이 없는 계약이 된다는 취지의 개정, 그 밖에 계약관계를 해소하는 중요한 요건인 정당사유에 대한 개정, 지대와 차임의 증감청구권에 대한 개정 등 그간 형성된 판례법리를 반영한 개정이 이루어졌다.[33]

다. 개정의 주요 논점

개정의 첫 번째 포인트는 차지·차가의 다양화에 대응하여 정당사유가 없는 한 계약은 계속해서 갱신된다는 획일성에 대하여 일정한 범위에서 예외를 인정한 점이다.

---

32) 一問一答 新しい借地借家法, 10.
33) 一問一答 新しい借地借家法, 13.

차지관계에 있어서는 갱신규정의 작용을 받지 않는 정기차지권(定期借地權)을 인정하였다.

차가관계에서는 급여생활자의 일시적인 전근 등 어쩔 수 없는 사정이 있는 경우나 건물이 철거될 예정이 있는 경우에 정해진 기한으로 종료하는 차가계약을 할 수 있게 하였다.

두번째 포인트는 갱신이 인정되는 보통 차지권에 의한 차지관계와 차가관계에 대해서도 당사자 관계의 합리적 개선이라는 관점에서 몇 가지 개선책을 마련하였다.

차지관계에서는 차지권의 존속기간을 당초는 30년으로 하고 갱신 후에는 1회에 한하여 20년, 이후에는 10년으로 하고, 건물 후폐(朽廢)에 의하여 차지권이 당연히 소멸하는 것으로 하는 제도를 폐지하였으며, 정당사유의 내용에 대하여 판단의 기준이 되는 사항을 분명히 하였다. 차가관계에서도 정당사유의 내용에 대하여 판단 기준 사항을 분명히 하였다.

세번째 포인트는 존속보장 외에 제도적으로 합리적인 장치를 신설하거나 종래 제도를 합리적인 범위로 확장하였다.

차지관계에서는, 건물이 멸실한 경우라도 토지 임차인은 게시를 함으로써 건물의 재축에 필요한 일정한 기간만은 토지의 권리가 제3자에게 이전하더라도 건물이 계속 존재하는 것처럼 제3자에게 차지권을 주장할 수 있게 되었다. 자기 차지권의 설정 즉, 차지권을 설정하고자 하는 자가 타인과 함께라면 자기를 토지 임차인으로 하여도 차지권을 설정할 수 있도록 하였다. 사정의 변화에 따라 재판소에 건물에 관한 차지 조건을 변경하고자 하는 범위를 넓혔다.

차가관계에서는 건물 임차인이 집주인의 승낙을 얻어 부속시킨 다다미 등 부속물을 집주인이 매수하도록 하는 부속물매수청구권에 대하여 당사자가 이를 배제하는 합의를 하는 것도 인정하였다. 차지권이 기간만료에 의하여 소멸하는 경우에 차지 위에 건축된 건물의 임차인이 그 기간의 만료를 알지 못한 때에는 그 건물임차인을 보호하는 조치를 하였다.

마지막으로 절차적 정비로서, 좀 더 간이 신속한 분쟁 해결이 가능하도록 지대·차임에 관한 분쟁 해결에 대하여 조정제도를 이용하도록 하였다.34)

이하에서는 현행「차지차가법」가운데 건물임대차(차가)를 중심으로 주요 내용을 살펴본다.

Ⅲ.「차지차가법」상 건물임대차의 주요 내용

1. 본법의 적용범위

본법상 건물이란, 토지에 정착한 것으로 주벽(周壁)과 옥개(屋蓋)가 있고 주거, 영업, 물건의 저장 등의 용도에 사용할 수 있는 영속성이 있는 건조물이라고 정의된다.35) 건조물의 일부에 대해서도 장벽 등에 의하여 다른 부분과 구획되어 독점적 배타적 지배가 가능한 구조와 규모를 가진 것이면 건물로 본다.36) 주택의 하나의 방(一室) 또는 수개의 방을 임대차한 경우에도 본 조를 적용한다.37) 그러나 상업시설 내에 벽이나 칸막이가 없는 공간을 빌리는 경우, 장벽 등 다른 부분과 구획되어 독점적 배타적 지배가 가능한 구조를 가진 부분에 대한 이용계약이 아니면 건물임대차라고 할 수 없다.38)

---

34) 一問一答 新しい借地借家法、16-18.
35) 大阪高判 昭和 53.5.30 民集 38권 9호, 1093 ; 東京地判 平成 19.12.20. 渡辺晋, 建物地貸借(改訂3版)、大成出版社, 2022, 942 참조.
36) 最判 昭和 42.6.2. 判時 1577호, 7. 판례집에 수록된 판결에 한하여 이하의 사이트에서 검색 가능하다.〈https://www.courts.go.jp/app/hanrei_jp/search1 이하 같다.〉; 中川 淳編, 260, 263(白羽).
37) 星野榮一, 借地借家法, 有斐閣, 1969, 497.

건물의 임대차인지 여부가 문제된 것으로 철도 고가(高架) 아래 시설물인 점포에 대하여 구 「차지법」상 건물임대차를 인정한 예가 있다.[39] 한편 건물 외에 부속설비나 거래처 등을 포함한 영업 전체의 임대차도 건물의 사용이 계약의 주된 목적인 경우에는 본법이 적용될 수 있다.[40] 반대로 광고탑 소유를 목적으로 하는 건물 옥상의 임대차[41]나 입체주차장 설비의 이용[42] 등에 대해서는 건물임대차를 부정하고 있다.

본법의 적용을 위해서는 임대차이어야 하므로 무상인 사용대차에는 적용되지 않는다.[43] 회사나 공공기관의 종업원이나 공무원을 위한 사택(社宅)이나 숙사(宿舍)로서 이용료를 징수하여 건물을 이용하는 법률관계도 이용료가 사택이나 숙사의 이용 대가라면 임대차에 해당한다.[44]

---

38) 東京地判 平成 20.6.30.(역구내의 판매), 判時 2020호, 86 ; 東京地判 平成 18.9.4.(빌딩 내 필로티의 꽃 판매시설), 渡辺晋, 945.
39) 最判 平成 4.2.6., 判時 1443호, 56, 渡辺晋, 943.
40) 稲本洋之助·澤野順彦, コンメンタール借地借家法 第4版, 日本評論社 (2020), 207 (石川).
41) 大阪高判 昭和 53.5.30., 高裁民集 31권 2호, 421 渡辺晋, 941.
42) 東京地判 昭和 61.1.30., 判タ 677호, 100.
43) コンメンタール借地借家法, 207(石川).
44) 最判 昭和 31.11.16., 判タ 1149호, 307, 大阪高判 昭和 29.4.23., 高民集 7권3호, 338.

2. 건물 임대차의 존속보장

가. 최단기간의 제한

> 제29조(건물임대차의 기간) 기간을 1년 미만으로 하는 건물 임대차는 기간의 정함이 없는 건물임대차로 간주한다.
> 2. 민법 제604조의 규정은 건물의 임대차에는 적용하지 않는다.

본 조에 의하여 건물임대차 기간은 1년 이상이 원칙이다. 기간을 1년 미만으로 하는 건물 임대차는 기간의 정함이 없는 건물임대차로 간주한다. 다만, 신설된 정기건물임대차는 1년 미만도 가능하다. 1999년 이전 건물임대차는 개정 전 일본민법 제604조 "임대차의 기간은 20년을 넘지 못한다"라는 규정이 적용되었으나, 1999년 개정에 의하여 본 법 제29조 제2항에서 일본민법 제604조의 적용을 배제하고 있다. 따라서 현재 개정 민법 제604조는 임대차의 상한을 50년으로 상향하였으나 이 규정도 적용되지 않는다.[45]

나. 법정갱신

> (건물임대차의 갱신 등)
> 제26조 건물의 임대차에 대하여 기간의 정함이 있는 경우에 당사자가 기간의 만료 1년 전부터 6월 전까지의 사이에 상대방에 대하여 갱신하지 않겠다는 뜻의 통지 또는 조건을 변경하지 않으면 갱신하지 않겠다는 뜻의 통지를 하지 않은 때에는 종전의 계약과 동일한 조건으로 갱신한 것으로 본다. 단, 그 기간은 정함이 없는 것으로 한다.
> 2. 전항의 통지를 한 경우라도 건물의 임대차기간이 만료한 후 건물의 임차인이 사용을 계속하는 경우, 건물의 임대인이 지체없이 이의를 제기하지 않는 때에는 동항과 같다.

---

45) コンメンタール借地借家法、209(石川).

> 3. 건물이 전대차되어 있는 경우에는 건물의 전차인이 하는 건물 사용의 계속을 차가인이 하는 건물 사용의 계속으로 간주하고 건물 임차인과 임대인 사이에 대하여 전항의 규정을 적용한다.

(1) 법정갱신의 요건

(가) 기간의 정함이 있는 보통 건물임대차

본 조는 기간의 정함이 있는 보통의 건물임대차에서 기간이 만료된 경우에 적용된다.[46]

따라서 동법 제29조 제1항에 따라 특약이나 법률에 의하여 계약 갱신의 가능성이 배제되는 특별한 건물임대차에는 본 조가 적용되지 않는다. 즉, 기간을 1년 미만으로 정하였거나(본법 제29조 제1항) 기간의 정함이 없는 건물임대차(본법 제28조), 일시사용 목적의 건물임대차(본법 제40조), 1992년 개정 당시 신설된 기한부 건물임대차(구법 제38조, 본법 제39조), 1999년 개정으로 신설된 정기(定期) 건물임대차(개정 제38조), 2001년 제정된 「고령자의 거주 안정 확보에 관한 법률」(高齢者の居住の安定確保に関する法律) 제52조 이하에 창설된 종신 건물임대차에는 적용되지 않는다.[47]

(나) 기간만료

합의해제나 채무불이행으로 해제된 경우, 건물 임대차 성립 전 설정된 저당권 실행에 의하여 건물임대차가 종료된 경우에도 법정갱신은 적용되지 않는다. 다만 합의해제가 되더라도 임차인 계속 사용에

---

46) 법명에는 차가라는 표현을 포함하고 있으나 민법이나 「차지차가법」에서는 건물임대차라고 하고 차가인, 차가권이라는 표현은 사용하지 않는다. 보통이라는 표현은 법률상의 개념은 아니지만 본 조 적용대상 건물임대차를 지칭하는 관용적 표현이다.
47) コンメンタール借地借家法、208(石川).

관한 제2항은 유추적용된다는 견해도 있다.48)

(다) 갱신거절이나 조건변경의 통지가 없을 것

기간만료 1년 전부터 6개월까지의 사이에 갱신거절 또는 조건변경의 통지가 없어야 한다. 이 기간은 임차인에게 미리 임대차의 종료를 예고하여 변경조건을 검토하고 임대차의 승낙 여부를 결정하기 위한 준비기간이라고 할 수 있다. 이 기간을 경과한 후에는 갱신거절의 통지를 하더라도 무효이지만, 법정갱신 후의 임대차(기간의 정함이 없는 임대차)에는 해약 신청의 의사표시로서 효력이 발생할 수 있다(무효행위의 전환).49)

임대인이 임차인에게 갱신거절을 통지하는 경우에는 그 통지 내용에는 정당사유가 있어야 한다. 갱신거절의 통지에 정당사유가 없는 경우에는 법정갱신이 이루어진다. 반대로 임차인이 임대인에 대하여 통지하는 경우에는 정당사유를 요하지 않는다.

조건변경의 통지는 임대차의 조건을 변경하지 않으면 계약 갱신을 하지 않는다는 뜻의 통지로서, 변경된 조건의 내용이 구체적으로 제시되어야 한다고 해석된다. 임대인의 변경조건의 통지에도 불구하고 침묵한 경우 변경에 동의한 것으로 보고, 그 제시된 조건으로 임대차가 갱신된 것으로 해석한다.50)

(라) 전차인에 대한 통지

한편 전차인이 있는 경우에는 임대인은 임차인에 대한 통지와는 별도로 전차인에 대하여 임대차가 종료한다는 뜻을 통지하지 않으면 전차인에 대하여 대항할 수 없다(법 제34조).

---

48) 広瀬武文, 借地借家法の課題, 日本評論社 (1964), 218; 星野榮一, 497.
49) コンメンタール借地借家法, 210(石川).
50) コンメンタール借地借家法, 211(石川).

기간만료나 계약해제를 이유로 하는 건물명도청구의 제소도 갱신 거절에 상당한 것으로 본다.

(2) 법정갱신의 효과

법정갱신의 효과는 종전의 계약과 동일한 조건으로 계약갱신이 인정된다. 물론 당사자는 새로운 차임액으로 합의할 수 있다. 종전 보증금 관계는 갱신 후에도 그대로 유지된다.

법정갱신의 효과는 간주의 효과이므로 반증으로 번복되지 않는다. 이는 일본민법 제619조 제1항이 임대차를 한 것으로 추정한다고 규정하고 있는 것과 다르다.

법정갱신 후의 계약기간에 대하여 일본민법 제619조 제1항 후단(갱신 후에는 기간의 정함이 없는 것이 되어 언제든 해약 신청을 할 수 있다)이 적용되는지 여부에 관해 해석상 의문이 있었으나, 일본 최고재판소 판결례를 보면 구법 제2조는 민법 제619조 제1항 전단의 특별규정으로서 후단의 특별규정은 아니므로 기간의 정함이 없는 계약이라고 해석하였다.[51]

다. 해약에 의한 건물임대차 종료

(해약에 의한 건물임대차의 종료)
제27조 건물의 임대인이 임대차의 해약신청을 한 경우에는 건물의 임대차는 해약 신청일부터 6개월이 경과함으로써 종료한다.
2 전조 제2항 및 제3항의 규정은 건물의 임대차가 해약신청에 의하여 종료한 경우에 준용한다.

본 조는 일본민법 제617조에 대한 특칙으로서 동조가 기간의 정함이 없는 건물임대차에 대하여 임대인이 해약통지를 한 경우 3개월이

---

51) 最判 昭和 27.1.18. 民集 6권 1.; 最判 昭和 28.3.6. 民集 7권 267.

경과하면 임대차가 종료하는 것으로 규정하고 있다. 이에 대하여 본 조는 그 기간을 6개월로 연장한 것으로 구「차지법」제3조와 같은 취지이다. 본 조 제2항에서는 제26조를 준용하므로 해약신청에 의하여 임대차가 종료된 경우에도 법정갱신의 여지가 있다.52) 본 조의 해약신청에 관하여 건물임대인에는 임차건물의 양수인을 포함한다.53) 단 새로운 소유자는 소유권취득의 등기를 경료하여야 임차인에게 유효한 해약신청을 할 수 있다.

본 조 해약통지의 대상이 되는 것은 기간의 정함이 없는 보통의 건물임대차이다. 따라서 정기건물임대차(본법 제38조), 철거예정 건물의 임대차(본법 제39조), 일시사용목적의 건물임대차(본법 제40조)에는 적용이 없다. 반면에 판례에 따르면, 영구대여라는 문구는 장기간의 임대차라는 취지로 기간의 정함이 없는 임대차로 해석된다.54) 기한의 정함이 있더라도 해제권유보의 특약이 있는 경우에는 해약신청에 의하여 종료되는 임대차로 해석한다. 해제권유보특약이 본법 제30조(편면적 강행규정성)에 위반되는 것은 아닌지 의문이 들 수 있으나 특약에 기한 해약신청에도 정당사유가 필요하므로 반드시 임차인에게 불리하다고 단정할 수 없다고 본다.55)

해약신청의 방법은 명시 또는 묵시적으로 가능하며, 무단 개축이나 무단 전대를 이유로 하는 계약 해제의 의사표시에도 해약신청의 효력을 인정한다.56)

한편 해약신청에는 정당사유가 존재하여야 한다. 판례는 정당사유의 존재는 해약신청 시에 존재하면 족하고 해약통지 후에 정당사유가 소멸하더라도 해약신청의 효력에는 영향이 없다.57)

---

52) コンメンタール借地借家法, 218(石川).
53) コンメンタール借地借家法, 218(石川).
54) 最判 昭和 27.12.11., 民集 6권, 1139.
55) 星野榮一, 借地借家法, 有斐閣, 1969, 493; コンメンタール借地借家法, 219(石川).
56) 東京高判 昭和 41.6.17., 判夕 196호, 159.

다만 해약신청 시에는 정당사유가 없었더라도 명도청구소송 제기 시 또는 소송계속 중 정당사유가 존재하게 된 경우 묵시적인 해약신청을 인정한 사례가 있다.[58]

해약신청 이후 퇴거금(立退料)을 제공하거나 그 증액을 제안한 경우 당초 해약신청의 정당사유 판단에 고려할 수 있다는 견해도 있다.

라. 정당사유의 존재

> (건물임대차계약 갱신거절 등의 요건)
> 제28조 건물의 임대인에 의한 제26조 제1항의 통지 또는 건물임대차 해약신청은 건물의 임대인 및 임차인(전차인을 포함한다. 이하 이 조에서 동일)이 건물의 사용을 필요로 하는 사정 외에 건물의 임대차에 관한 종전의 경과, 건물의 이용상황 및 건물의 현황, 건물의 임대인이 건물의 명도 조건으로서 또는 건물의 명도와 교환하여 건물의 임차인에 대하여 재산상의 급부를 하는 취지의 신청을 한 경우에 그 신청을 고려하여 정당한 사유가 있다고 인정되는 경우가 아니면 할 수 없다.

(1) 입법목적

건물임차인은 통상 건물 임대차를 기반으로 그 임차건물을 거주용 또는 영업용으로 계속적으로 사용하여 일정한 사회경제적 생활관계를 형성하고 있으므로 건물 이용의 계속적 보장은 임차인에게는 중대한 생활상의 이익을 의미한다. 그러나 민법상 임대차에 의하면 기간의 정함이 없는 경우 집주인의 해약신청으로 3개월 후 임대차는 소멸하고 (일본민법 제617조), 기간의 정함이 있는 경우에는 실제로는 드문 묵시적 갱신(일본민법 제619조)의 경우 이외에는 기간만료로 임대차가 종료된다. 반면에 계약자유의 원칙상 임대차기간은 단기로 체결되는 경우가 많아 임차인의 생활이익은 거의 보호되지 못한다. 이에 대하여

---

57) 最判 昭和 33.1.23., 民集 12권, 96, コンメンタール借地借家法, 221(石川).
58) 最判 昭和 29.3.9. 民集 8권, 657.

일본의 판례는 갱신거절 또는 해약신청을 제한하기 위하여 신의칙 또는 권리남용의 법리를 전개하였으나,59) 집주인의 주관적 사정만을 고려하는 데 그쳤다. 이에 1941년 「차가법」을 개정하여 제1조의 2를 신설하여 "건물의 임대인은 스스로 사용할 필요가 있는 경우 기타 정당한 사유가 있는 경우가 아니면 임대차의 갱신을 거절하거나 해약의 신청을 할 수 없다."라고 규정하였다.60)

(2) 정당사유의 해석의 변천

차가법 제1조의2의 입법목적이 집주인의 부당한 명도청구를 억제하려는 것이므로 전전 일본의 대심원은 "건물의 임대인이 스스로 사용할 필요가 있다는 주관적 사정만 인정되면 족하고, 임대인의 이해가 임차인의 이해보다 커야 할 것을 요하는 것은 아니다"라는 태도를 취하였다.61)

이에 대하여 다수의 학설은 양자의 이익형량의 필요성을 주장하였으나 그 이유가 일치되지는 못하였다. 특히 대심원 판례에 의하면 임차건물의 새로운 집주인이 자기 사용의 필요를 주장하는 경우 쉽게 퇴거시킬 수 있었다. 이에 새로운 집주인의 사용목적을 임차건물의 매수 이후의 사유로 제한한다든가 새로운 집주인과 임차인의 건물이용에 대한 이익을 형량하여야 한다는 학설이 제시되었다. 특히 당시의 하급심은 대심원판결과는 달리 이익형량을 원칙으로 채용하여 임대인의 자기사용 목적을 판단하는 데에 임차인의 사정도 참작하여 임차인의 손실과 고통이 임대인의 편익에 비하여 현저히 큰 경우에는 정당사유를 인정하지 않았다.62)

---

59) 大判 昭和 16.9.12.,
60) 中川淳編, 298.
61) 大判 昭和 18.2.12. 民集 22권, 57.
62) 中川淳編, 298.

종전(終戰)을 전후하여 주택 분쟁의 양상이 과거와는 달리 공습에 의한 가옥 소실 등으로 자기 거주 주택을 잃은 집주인이 한 채의 임차 주택을 두고 임차인과 다투는 경우가 많아지자, 대심원은 종래의 견해를 수정하여 "차가법 제1조의2의 취지인 자기사용의 필요는 정당성에 기할 것을 요하는 것으로 해석하여야 하고, 그 정당성이 있는가의 여부를 판단함에 있어서는 임대인 및 임차인 쌍방의 이해득실을 비교 고찰하고 나아가 공익상, 사회상, 기타 여러 사정을 참작하여 판단하여야 하는 것으로, 임대인의 편익에 비하여 임차인의 손해 또는 고통이 큰 경우라고 하더라도 공익상, 사회상 등의 견지에서 해약권을 인정하는 것이 지당하다고 인정되는 경우에는 위 정당성이 있다"라고 하여 이익형량론을 취하였다.[63]

전후 최고재판소도 위 판결을 수용하고 학설도 이를 지지하여 정당사유 판단에 있어서 이익형량론이 확립하였다.[64]

이후 일본의 판례에서 정당사유로서 고려되는 사정은 다기(多岐)하여 "직업, 생계사정, 건물의 구조, 임대인의 거주 현황, 임차인의 건물 사용 상황, 자산상태, 임차인의 이사할 곳 유무, 임차인의 불성실 또는 불신행위, 임대차계약 당시의 사정, 해약신청 전후의 교섭 경과" 등 광범위한 사정을 참작하는 것으로 이해되었다.[65]

나아가 정당사유 유무의 판단은 위와 같은 사정을 종합적 상관적으로 고량(考量)하여 집주인과 임차인 중 누가 임차주택을 이용하는 것이 타당한가를 판단하는 정책적 재량적 판단의 성격을 띠게 되고, 그 평가의 방법에는 해석 판단하는 사람 개인의 사상이나 가치관이 크게 영향을 미치게 된다. 집주인과 임차인의 가옥 사용의 필요성이 비슷한 경우 사유재산제에 기반을 둔 소유권을 중시하는가 아니면 임차인의

---

63) 大判 昭和 19.9.18., 中川淳編, 299 이하.
64) 中川淳編, 300 이하 및 같은 301 이하 最判 昭和 25.2.1., 民集 42권, 29, 最判 昭和 25.6.16., 民集 46권, 227.
65) 中川淳編, 302.

현재의 점유 상태, 즉 이용권을 중시하는가에 따라 집주인 또는 임차인의 우위를 인정하는 경향을 띠게 된다. 이에 대하여 학설은 집주인에게 차가계약을 계속할 것인지 여부를 결정하는 자유를 빼앗아 집주인측에 정당한 사유가 있는 경우에만 차가계약을 계속하지 않는 것으로 규정한 차가법 제1조의2의 취지에 비추어, 임차인의 건물 사용의 필요성에 우위를 인정하여야 한다는 견해,[66] 또는 임차인의 거주권이 고도의 사회법원리에 기한 것이므로 임차인의 우위를 인정하여야 한다는 견해가 유력 다수설이었다.[67]

일본의 실무례를 분석한 바에 따르면 건물의 자기사용의 필요성, 제3자에게 사용하게 할 필요성, 새 집주인의 사정, 매각이나 재임대의 필요성, 건물의 철거 신축, 대수선의 필요성, 당사자의 파산, 임차인의 불신행위, 명도 교섭에 있어서 집주인과 임차인의 태도, 대체 건물이나 퇴거금의 제공 등 모든 사정을 비교형량하여 결정하는 것으로 분석되었다.[68]

(3) 정당사유 판단요소의 구체화·명확화

개정 전 차가법 제1조의2는 정당사유에 대하여 "임대인이 스스로 건물을 사용하는 경우 기타 정당한 사유가 있는 경우"라고만 규정하였으나 앞서 살펴 본 바와 같이 재판실무는 다종다기한 사정들을 종합적으로 고려하여 정당사유의 존부를 판단하였다. 이러한 취급은 조문상으로는 전혀 알 수 없으므로, 본 조의 정당사유의 개정은 정당사유의 내용을 좀 더 분명히 하기 위하여 이러한 판례실무 가운데 판단의 중심이 되는 사정을 명시한 것이다.[69]

이에 본 조는 건물임대인의 갱신거절의 통지 또는 해약신청이 있는

---

66) 広瀬武文, 総合判例研究叢書民法(1) 家屋明渡における「正当事由」, 39, 42 이하.
67) 薄根正男, 借地借家(借家編) 青林書院 (1952), 250; 中川淳編, 303.
68) 中川淳編, 303-316 및 316-371의 각 판결 참조.
69) 一問一答 新しい借地借家法, 172.

경우,[70] 건물임대차를 종료하기 위한 정당사유의 판단기준을 제시하는 것으로서 "임대인 및 임차인(전차인 포함)이 건물의 사용을 필요로 하는 사정", "임대차에 관한 종전의 경과", "건물의 이용상황", "건물의 현황" 및 "임대인이 명도의 조건 또는 그와 교환으로 임차인에게 제안한 급부(퇴거금(立退料)이라고 한다)"를 제시하고 있다.

본 조는 임대인의 자기사용의 필요성만으로 곧바로 정당사유가 인정되지 않는다는 점에서 일반조항의 성격을 갖는다.[71] 정당사유의 구체화·명확화는 당사자에게 명도의 유무에 대한 예측을 가능하게 하고 재판소에서의 신속한 분쟁해결에도 기여하는 이점이 있다. 그러나 이를 넘어서 정당사유의 구체화·명확화가 그러한 사정이 존재하는 것만으로 정당사유를 인정하는 처리로 기울어져서 건물 임차인의 입장을 상대적으로 약화시키기 쉽다는 우려도 있다. 이에 본 조의 정당사유 판단에서 고려할 제 요소를 열거하는 것에 지나지 않고 그때까지의 재판실무에서 벗어나지 않도록 하는 몇 가지 입법상 배려를 하였다고 평가된다. 즉, 쌍방의 사용 필요성과 다른 판단요소 사이에 '기타'라는 문언을 삽입함으로써 사용 필요성을 주된 사정으로 고려하고 기타의 사정은 이에 종속된 요소라는 점을 분명히 하고,[72] 건물의 유효 이용을 이유로 하는 명도 청구에 기울어지기 쉬운 '건물이 존재하는 지역의 상황'이라는 요소와 '기타 일체의 사정'이라는 요소는 삭제하였다.[73]

① 임대인과 임차인이 건물의 사용을 필요로 하는 사정

먼저 거주 필요성은 집주인에게 유리한 제1요소이지만 일본에서 주택사정이 완화된 1960년대 이후에는 집주인 측의 거주 필요성이 상당

---

[70] 동법 제5조 차지권자의 갱신 청구에 대한 차지권설정자의 이의 제기에 있어서 정당사유에 대해서는 제6조 참조.
[71] コンメンタール借地借家法, 225(本田).
[72] 一問一答 新しい借地借家法, 171.
[73] コンメンタール借地借家法, 225 이하(本田).

히 상회하는 경우를 제외하고 이 사유만으로 정당사유를 인정하는 예는 비교적 적어졌다. 양측의 거주 필요성이 비교형량되는데, 그 정도가 비슷한 경우에는 퇴거금의 제공이 결정적 기준이 될 수 있다. 단, 영업계속의 필요성이 높거나 명도로 인하여 임차인의 생활에 큰 타격이 있는 경우에는 퇴거금이나 대체 가옥의 제공에도 불구하고 정당사유가 인정되지 않는다.[74] 한편 영업의 필요성과 관련하여 건물을 개축하여 유효하게 이용하겠다는 이유로 명도를 구하는 사례가 늘고 있으나 그러한 이유만으로 정당사유가 긍정되는 것은 많지 않다. 인정되더라도 많은 퇴거금의 제공이 필요하다.[75] 결혼하는 자식의 사용 등 제3자의 사용 필요성도 임대인 측의 사용 필요성으로 고려될 수 있다. 기타 건물을 유리하게 매각하기 위한 명도의 경우 원칙적으로 정당사유에 해당하지 않으나 그것이 생계의 유일한 방책인 경우에는 예외적으로 정당사유가 될 수 있다. 건물 대지의 임대인으로부터 명도 청구를 받는 경우에도 그러한 사실로 임차인에게 해약신청하는 것을 정당사유라고는 보지 않는다. 그러한 경우에는 임차인의 명도의무가 이행불능이 되므로 건물 임대인이 지주로부터 받을 퇴거금을 건물임차인에게 배분해 주는가 여부에 따라 정당사유의 여부가 결정될 수 있다.[76]

② 임대차에 관한 종전의 경과

이 가운데 당초 건물임대차 관계 설정의 경위는 정당사유 판단에 결정적인 요소가 되는 경우가 많다. 철거 신축 예정임을 알고 임차한 경우,[77] 그밖에 임대차계약 체결의 기초된 사정이 변경된 경우,[78] 특

---

74) コンメンタール借地借家法, 227 이하(本田).
75) 大阪地判 昭和 63.10.31., 判時 1308호, 134; 東京高判 平成 1.3.30., 判時 1306호, 38; コンメンタール借地借家法, 227 이하(本田).
76) コンメンタール借地借家法, 229(本田).
77) 東京地判 昭和 61.2.28., 判時 1215호, 69.
78) 東京高判 昭和 51.3.13., 判タ 339호, 269.

별한 사정 때문에 임차료를 낮춰 준 경우[79] 임대인에게 유리한 판단요소이다. 계약기간 중 임차인이 임료 미지급, 무단 전대, 무단 증·개축 등 불신행위가 있는 경우에도 마찬가지이다.[80]

③ 건물의 이용상황

'건물의 이용상황'이란 엄밀한 의미에서 임차인이 계약목적에 따라 건물을 적법하고 유효하게 사용수익을 얻고 있는지 여부를 말한다. 그러나 이러한 사정은 건물의 사용 필요성에 흡수될 수 있다. 반면에 건물의 이용방식이 해당 건물의 구조나 규모 등을 고려할 때 효율적이지 않거나 주변 건물과 비교하여 수익성이 낮은 경우를 고려하는 것이라면, 전자는 건물의 현황으로 파악할 수 있고, 후자는 지역 상황적 요소를 포함하게 된다. 그러나 이는 본 조의 입법 취지를 크게 벗어난 것이 되어 건물의 이용상황이라는 판단요소는 상당히 모호하다는 평가를 받고 있다.[81]

④ 건물의 현황

건물 자체의 물리적 상황, 건물의 노후화라든가(건물을 가까운 장래에 철거하지 않으면 위험한지, 혹은 대수선을 하기 위해 어느 정도의 비용이 소요되는지 등), 사회경제적 효용의 상실 등을 포함한다. 최근 판례는 건물의 고도(高度) 한도의 재사용을 목적으로 하는 것(예컨대, 임대인이 사업 확장을 위해 건물 건축을 이유로 노후화되지 않은 건물의 명도를 요구한 경우)에 대해서는 고액의 퇴거금 제공을 보강조건으로 정당한 사유를 폭넓게 인정하는 방향으로 나아가고 있다.[82]

---

79) 東京地判 昭和 60.2.8., 判時 1186호, 81.
80) コンメンタール借地借家法、230 이하(本田).
81) コンメンタール借地借家法、233(本田).
82) コンメンタール借地借家法、234(本田).

⑤ 재산상의 급부

'재산상 급부'에는 보통은 금전(퇴거금)의 제공을 의미하지만 대체 가옥의 제공도 포함된다. 퇴거금의 내용으로는 이전 비용, 임차권 가격, 영업 보상 등이 포함된다.[83] 퇴거금의 수액은 당사자의 합의가 없으면 제반사정을 참작하여 정해지는데, 임대인의 명도 필요성이 높으면 금액이 낮아지고 임차인이 당해 건물을 영업용으로 이용하고 있는 경우에는 영업이익 상실분이 포함되므로 퇴거금의 액수도 높아질 수 있다.[84]

마. 강행규정성

(강행규정)
제30조 이 절의 규정에 반하는 특약으로 건물 임차인에게 불리한 것은 무효로 한다.

본 조는 건물 임차인의 존속보장에 관한 제26조 내지 제29조의 편무적 강행규정성을 규정한 것이다. 다만 제38조 정기건물임대차, 철거 예정의 건물임대차(제39조), 일시사용목적의 건물임대차(제40조)에는 명문으로 본 조의 적용이 배제된다. 그 밖에 임차권의 효력에 관한 강행규정성에 대해서는 본 조와 별도로 제37조에서 규율하고 있다.

본 조의 해석과 관련하여 종래 임차인에게 불리한 특약의 판단기준에 대하여 계약 조건 자체를 개별적으로 볼 것인지 그 밖의 여러 조건을 참작하여 종합적으로 판단할 것인지에 대하여 의견이 나누어졌다. 이에 대하여 최고재판소는 "특약이 임차인에게 불리한 것인지 여부의 판단에 있어서는 계약 자체를 형식적으로 관찰하는 것에 그치는 것이 아니라 당사자의 실질적 목적도 고찰하는 것이 전혀 허용되지 않는다

---

83) コンメンタール借地借家法、236(本田).
84) コンメンタール借地借家法、237(本田).

고 해석해서는 안 된다"라고 하여 현재에는 종합적으로 판단한다는 사고가 채용되어 있다.[85]

바. 예외로서의 정기건물임대차 등

(1) 정기건물임대차

(정기건물임대차)
제38조 기간의 정함이 있는 건물의 임대차를 하는 경우에는 공정증서에 의하는 등 서면에 의하여 계약을 하는 때에 한하여 제30조의 규정과 상관없이 계약의 갱신이 없는 것으로 하는 취지를 정할 수 있다. 이 경우에는 제29조 제1항의 규정을 적용하지 않는다.
2. 전항의 규정에 따른 건물의 임대차를 하려는 경우 건물의 임대인은 미리 건물의 임차인에게 동항의 규정에 따른 건물의 임대차는 계약의 갱신이 없고, 기간의 만료에 의하여 해당 건물의 임대차는 종료하는 것에 관하여 그 취지를 기재한 서면을 교부하여 설명하여야 한다.
3. 건물의 임대인이 전항의 규정에 따른 설명을 하지 아니한 때에는 계약의 갱신이 없는 것으로 하는 취지의 규정은 무효로 한다.
4. 제1항의 규정에 의한 건물의 임대차에 있어서 기간이 1년 이상인 경우에는 건물의 임대인은 기간만료 1년 전부터 6개월 전까지의 기간(이하 이 항에서 "통지기간"이라 한다)에 건물의 임차인에 대하여 기간만료로 건물의 임대차가 종료한다는 뜻의 통지를 하지 아니하면 그 종료를 건물의 임차인에게 대항할 수 없다. 다만, 건물의 임대인이 통지기간 경과 후 건물의 임차인에게 그 취지의 통지를 한 경우, 그 통지일로부터 6월이 경과한 후에는 그러하지 아니하다.
5. 제1항의 규정에 의한 거주용으로 사용하는 건물의 임대차(바닥면적(건물의 일부분을 임대차의 목적으로 하는 경우에는 해당 일부분의 바닥면적)이 200제곱미터 미만인 건물과 관련된 것에 한한다)에 있어서 전근, 요양, 친족의 간병, 그 밖의 부득이한 사정으로 인하여 건물 임차인이 건물을 자기의 생활의 본거로서 사용하는 것이 곤란하게 된 때에는 건물 임차인은 건물 임대차 해약을 신청할 수 있다. 이 경우에 건물 임대차는 해약 신청을 한 날부터 1월을 경과함으로써 종료한다.
6. 전 2항의 규정에 반하는 특약으로 건물의 임차인에게 불리한 것은 무효로 한다.

---

[85] コンメンタール借地借家法、248 이하(石田); 渡辺晋、借地借家法の解説, 住宅新報出版(5訂) (2024), 231.

> 7. 제32조의 규정은 제1항에 의한 건물 임대차에 차임의 개정에 관한 특약이 있는 경우에는 적용하지 않는다.

정기건물임대차는, 개정 전의 임대인 부재기간의 건물 임대차와 기간만료에 의해 종료되는 점에서는 공통성이 있다. 후자는 임대인이 전근 등의 사유로 인하여 자택을 생활의 본거지로 사용할 수 없는 경우에만 할 수 있는 임대차였으나, 전자는 그 사유 여하를 불문하고 계약할 수 있는 점에서는 크게 다르다.

종래 경제학자는 정당사유 제도를 통해 임차권의 존속이 보장됨에 따라 전세 공급이 저해되고 있으니 「차지차가법」상 정당사유 제도를 폐지해 계약에 자유롭게 맡겨야 한다고 주장했다. 이러한 사정도 고려하여 1990년대 후반의 규제완화론에 힘입어 의원입법으로 발의된 「양질의 임대주택 등의 공급 촉진에 관한 특별조치법」(良質な貨貸住宅等の供給の促進に関する特別措置法)에 의하여 도입된 것이다.[86]

정기건물임대차는 갱신이 보장되는 일반 임대차와 비교하면 기간만료에 따라 확정적으로 종료되는 것이므로 그 효과에 큰 차이가 있다. 임차인이 정기건물임대차라는 것을 충분히 인식하고 계약체결에 이르렀음을 명확히 하고자 서면에 의한 계약을 의무화한 것이며, 이에 관하여 당사자의 의사 확인이 가장 엄격하고 확실하게 이루어질 수 있는 공정증서를 서면의 예시로 제시하였다.[87]

---

86) コンメンタール借地借家法、309(藤井) 이하.
87) コンメンタール借地借家法、312(藤井).

(2) 철거예정인 건물의 임대차

> (철거예정인 건물의 임대차)
> 제39조 법령 또는 계약에 의하여 일정한 기간이 경과한 후에 건물을 철거할 것이 분명한 경우, 건물의 임대차를 하는 때에는 제30조의 규정에도 불구하고, 건물을 철거하게 되는 때에 임대차가 종료한다는 취지를 정할 수 있다.
> 2. 전항의 특약은 같은 항의 건물을 철거하여야 하는 사유를 기재한 서면으로 하여야 한다.
> 3. 제1항의 특약이 그 내용 및 전항에서 규정하는 사유를 기록한 전자적 기록에 의하여 행해진 때에는 그 특약은 같은 항의 서면에 의하여 행해진 것으로 보아 같은 항의 규정을 적용한다.

그밖에 법령이나 계약에 의해 건물의 철거가 예정되어 있는 경우, 서면으로 건물 철거 시에 임대차가 종료한다는 특약을 정한 경우, 동법 제30조에도 불구하고 그 특약의 유효성을 인정함으로써 갱신거절이나 해약통지에 필요한 정당한 사유 없이 임대차를 종료할 수 있다. 서면은 특약에 대하여만 요구되고 일정기간 경과 후의 시점은 불확정인 경우도 가능하다.[88]

철거 예정의 근거가 되는 법령으로서는 일본의 「토지구획정리법」에 의한 가환지에 따른 건물의 제각(除却)(동법 제77조), 환지처분에 따른 대지소유권의 이전(동법 제104), 「토지수용법」에 의한 건물대지의 수용, 사용, 물건의 이전(동법 제2조, 제12조), 「도시재개발법」에 기한 권리변환처분에 의한 대지소유권의 이전(동법 제87조)이 여기에 해당한다.[89]

철거 예정의 근거가 되는 계약으로는 일반정기차지권(본법 제22조), 및 사업용정기차지권(본법 제23조)에 의하여 차지계약이 종료하면 차지계약을 갱신하지 않고 임차 토지 상의 건물을 철거하여 임차 토지를 차지권 설정자에게 반환하기로 계약한 경우 또는 차지설정자와 차지

---

88) 渡辺晋、317.
89) 渡辺晋、318.

권자가 차지계약을 합의해제한 후 차지상의 건물에 대하여 차지계약상 합의해제를 전제로 차지권자가 임대차계약을 체결하는 경우가 여기에 해당한다.[90]

(3) 일시사용 목적의 건물 임대차

> (일시사용 목적의 건물 임대차)
> 제40조 이 장의 규정은 일시사용을 위하여 건물임대차를 하였음이 분명한 경우에는 적용하지 아니한다.

기간을 한정한 이벤트 행사를 위한 임대차, 건물 증개축을 위한 가(假)주거, 가(假)점포로서의 임대차 등에 임차인의 존속 보호에 관한 규정을 적용하는 것은 적당하지 않으므로 제26조 내지 제39조의 적용을 배제하는 것이다.[91]

사. 비교와 검토

우리 민법은 건물임대차의 존속보장과 관련하여 처분 능력이나 권한 없는 자의 단기임대차에 대하여 토지임대차는 장기 10년, 단기 5년를 규정하고(민법 제619조) 있는 것 외에 건물 기타 공작물의 임대차는 3년의 최장기간을 제한하고 그 기간만료 전 3개월 내 갱신을 허용한다. 기간의 정함이 없는 건물임대차에 대한 임대인의 해지통고는 6개월, 임차인의 해지통고는 1개월의 유예기간을 규정하고 있다.(민법 제635조 제2항 제1호) 나아가 임대차기간 만료 후 임차인이 임차물을 계속 사용·수익하는 경우 임대인이 상당한 기간 내에 이의를 제기하지 않으면 전 임대차와 동일한 조건으로 다시 임대차한 것으로 본다고 규

---

90) 渡辺晋, 319.
91) 渡辺晋, 321.

정하고 있다(민법 제639조). 우리 민법 제619조는 일본민법 제602조 제3호, 우리 민법 제635조 제2항은 일본민법 제617조 제3호(단, 임대인 해지통고와 임차인 해지통고를 구분하지 않고 모두 3개월의 유예기간을 규정하고 있다) 우리 민법 제639조는 일본민법 제619조와 대체로 같은 취지이다.

일본 차가법과 우리의 주택·상가건물 임대차법의 존속보장을 비교해 보면, 일본은 보통의 건물임대차에 대하여 1년의 최단기간을 보장하는 데 비하여 우리의 「주택임대차보호법」은 2년의 최단기간을 보장하고 상가건물임대차에 대해서는 일본의 건물임대차와 마찬가지로 일단 1년의 최단기간을 보장한다.

다음으로 일본의 건물임대차에서는 갱신거절 또는 해약통지에 있어서 임대인에게 정당사유를 요구하는 데 반하여 우리 「주택임대차보호법」과 「상가건물임대차보호법」은 2020년 개정을 통하여 임차인이 임대차기간 만료 2개월 전에 계약의 갱신을 청구하는 경우, 주택 임대차에서는 존속기간 2년의 계약갱신을 인정하고(주택임대차보호법 제6조 제1항, 제2항) 상가건물 임대차에서는 존속기간 1년의 계약갱신을 인정한다(상가건물임대차보호법 제10조 제1항, 제2항, 제4항).

이때 임대인이 임차인의 계약 갱신을 거절하는 경우 정당한 사유가 있을 것을 요건으로 하였다. 그리고 정당사유에 해당하는 구체적 사정으로서 임차인의 차임연체, 무단전대, 기타 현저한 의무 위반 등 채무불이행에 해당하는 사유, 멸실·훼손, 철거 또는 재건축(단, 임대차계약 체결 당시 임차인에게 고지, 건물의 노후 훼손에 따른 안전사고 우려, 법령에 따른 철거 재건축에 해당하여야 한다), 합의에 따른 상당한 보상을 제공하는 경우, 그리고 주택임대차에 한정된 사정으로 임대인 또는 그 직계존비속의 거주가 제한적으로 열거되어 있다(주택임대차보호법 제6조의3, 상가건물임대차보호법 제10조).

일본의 「차지차가법」에서는 건물임대차의 갱신에 특별한 횟수 제한을 두지 않고, 임대인의 갱신거절이나 해약통지에 있어서는 정당사유를 일반규정으로 하면서, 그 판단 요소에 관해 건물의 사용을 필요로 하는 사정을 중심으로 건물의 임대차에 관한 종전의 경과, 건물의 이용상황 및 건물의 현황, 건물의 임대인이 건물의 명도 조건으로서 또는 건물의 명도와 교환하여 건물의 임차인에게 제공하는 재산상의 급부 등을 예시적으로 열거하고 있다. 우리 「주택임대차보호법」이 정당사유를 제한적으로 열거함으로써 예측가능성이 높은 한편, 일본의 건물임대차에서는 사용 필요성과 같은 임대인과 임차인의 사정을 종합하여 비교형량함으로써 좀 더 구체적 타당성이 있는 해결을 꾀할 수 있다는 것이 장점이다. 나아가 일본은 정당사유에 의한 임대인의 갱신거절 내지 해약통지의 제한에 적합하지 않은 계약관계를 유형적으로 분리하여 예외를 인정하는 데 반하여 우리 주택·상가건물임대차보호법은 일시사용을 위한 임대차(주택임대차보호법 제11조, 상가건물임대차보호법 제16조) 외에는 정당사유의 한 예로서 규정하고 있는 점이 다르다.

그리고 우리 법상 임차인의 계약 갱신청구는 주택임대차의 경우 계약 갱신청구를 1회에 한하여 행사할 수 있는 데 반하여(주택임대차보호법 제6조의3 제2항) 상가건물임대차에 대해서는 최초 임대차로부터 10년 내까지 행사할 수 있다(상가건물임대차보호법 제10조 제2항). 결과적으로 우리 법상 주택임대차는 총 4년간의 존속기간이 보장되고 상가건물임대차에서는 총 10년간의 존속기간이 보장된다. 이와 같이 차이를 두는 것은 상가건물 임대차의 경우 영업을 위한 설비와 권리금의 지급 등 영업을 위한 투자비용의 회수를 위해서는 비교적 장기의 임대차의 존속이 보장되어야 하기 때문이라고 이해된다. 반면에 주택임차인의 주거 안정이라는 측면에서는 주택임대차에도 장기의 존속보장이 필요할 수 있는데, 주택 임대인의 입장에서는 임차주택을 회수하여 실거주 목적으로 사용이 필요한 경우가 적지 않으므로 그 균형점으로 4년의 존속보장을 규정한 것이라고 볼 수 있다.

이와 달리 일본의 「차지차가법」에서는 갱신청구에 관하여 기간이나 횟수의 제한을 두고 있지 않다.

3. 건물 임대차의 대항력

> (대항력등)
> 제31조[92]) 건물의 임대차는 그 등기가 없더라도 건물의 인도가 있었던 때에는 그 후 그 건물에 대하여 물권을 취득한 자에게 그 효력이 생긴다.

가. 임차건물 인도에 의한 대항력

본 조는 구「차가법」제1조와 같다.

일본민법 제605조[93])에 따르면, 임차권을 등기하면 제3자에 대한 대항력을 취득하지만 별도의 합의가 없는 한 임대인은 임차권 등기를 해 줄 의무가 없으므로 현실적으로 건물임차권 등기는 거의 행해지지 않는다. 임차건물을 취득한 양수인이 임차건물의 명도를 청구하는 경우 건물임차인은 큰 불이익을 입게 되므로, 임차권 등기가 없더라도 건물을 인도받으면 그 후 그 건물에 물권을 취득한 자에 대하여 대항할 수 있도록 하였다.

여기서 인도는 현실의 인도는 물론 간이인도나 점유물반환청구권의 양도에 의한 인도를 포함한다. 점유개정의 경우에는 본 조의 인도를 인정하는 견해[94])도 있으나 임차인이 이미 존재한다는 사실상의 인

---

92) 본 조에는 제1항에 의하여 제3자에게 대항할 수 있는 건물임차권이 존재하는 건물이 매매된 경우 매도인의 담보책임에 관한 제2항, 동시이행의 항변권에 관한 제3항이 있었으나 민법 개정에 의하여 모두 삭제되었다.
93) 일본민법 제605조 부동산의 임대차는 이를 등기한 때에는 그 부동산에 대하여 물권을 취득한 자 기타 제3자에 대항할 수 있다.
94) 我妻榮 債權各論(中), 岩波書店 (2007), 517.

식가능성이 있을 때 비로소 제3취득자에게 계약상의 의무를 지울 합리적 근거가 있고, 그렇지 않다면 제3취득자에게 가혹하거나 가장계약에 의하여 취득자를 사해하는 것도 용이하게 되어 자유로운 부동산 거래의 안전을 부당히 좁히는 것이라고 비판하는 의견[95]도 있다.

본 조의 대항요건의 구비시기는 임차권에 대항할 수 있는 제3자가 대항력을 구비하기 전까지이다. 그 건물에 물권을 취득한 자는 누구보다도 건물소유권을 취득한 자이다. 이와 관련해서는 일본민법 제605조의2가 적용되어 대항력 있는 임대차의 부동산이 양도된 경우 그 부동산의 임대인으로서의 지위는 그 양수인에게 이전한다. 이와 관련하여 부동산 양도인이 임대인인 경우, 부동산 양도인과 양수인과의 합의로 임차인의 동의 없이 임대인의 지위가 이전된다(일본민법 제605조의3). 대항력을 갖춘 부동산 임차인은 부동산의 점유를 방해하거나 침해하고 있는 제3자에 대하여 방해의 정지 또는 반환을 청구할 수 있다.

나. 대항력과 임대인 지위의 승계

> 일본민법
> (부동산 임차권의 대항력)
> 제605조의2 전조, 「차지차가법」(1991년 법률 제90호) 제10조 또는 제31조 및 그밖의 법령의 규정에 따른 임대차의 대항요건을 갖춘 경우, 그 부동산이 양도된 때에는 그 부동산의 임대인 지위는 양수인에게 이전한다.
> 2. 전항의 규정에도 불구하고, 부동산의 양도인 및 양수인이 임대인 지위를 양도인에게 유보하는 취지 및 그 부동산을 양수인이 양도인에게 임대하는 취지의 합의를 한 때에는 임대인 지위는 양수인에게 이전하지 아니한다. 이 경우, 양도인과 양수인 또는 그 승계인 간의 임대차가 종료한 때에는 양도인에게 유보되어 있던 임대인 지위는 양수인 또는 그 승계인에게 이전한다.
> 3. 제1항 또는 전항 후단의 규정에 따른 임대인 지위의 이전은 임대물인 부동산에 대하여 소유권이전의 등기를 하지 아니하면 임차인에게 대항할 수 없다.

---

[95] 好美淸光, "債權に基づく妨害排除についての考察", 一橋大学法学研究 2호 (1959. 3.), 292(주 19).

> 4. 제1항 또는 제2항 후단의 규정에 따라 임대인 지위가 양수인 또는 그 승계인에게 이전한 때에는 제608조의 규정에 따른 비용의 상환과 관련된 채무 및 제622조의2 제1항의 규정에 따른 같은 항에서 규정하는 보증금의 반환과 관련된 채무는 양수인 또는 그 승계인이 승계한다.
> (합의에 의한 부동산의 임대인 지위의 이전)
> 제605조의3 부동산의 양도인이 임대인인 때에는 그 임대인 지위는 임차인의 승낙을 요하지 아니하고 양도인과 양수인의 합의에 의하여 양수인에게 이전시킬 수 있다. 이 경우, 전조 제3항 및 제4항의 규정을 준용한다.
> (부동산 임차인에 의한 방해정지의 청구 등)
> 제605조의4 부동산의 임차인은 제605조의2 제1항에서 규정하는 대항요건을 갖춘 경우, 다음 각 호에서 열거하는 때에는 각각 해당 각 호에서 정하는 청구를 할 수 있다.
> (1) 그 부동산의 점유를 제3자가 방해하고 있는 때 그 제3자에 대한 방해정지의 청구
> (2) 그 부동산을 제3자가 점유하고 있는 때 그 제3자에 대한 반환의 청구

부동산 임차권이 대항력을 갖는 경우 그 양수인에게 임대인의 지위가 당연 승계되는 것으로 하는 것이 종래 일본의 판례 통설이다. 즉, 임차 부동산의 이전에 수반된 임대인 지위의 승계는 당연히 발생하고 임차인에 대한 통지를 요하지 않으며[96] 승낙도 요하지 않는다.[97] 임대인의 지위가 양수인에게 이전된 이상 구 임대인은 임대인으로서 계약 해제권을 상실하고,[98] 구임대인과 임차인 사이에 합의는 원칙적으로 새로운 임대인에게 승계된다.[99] 나아가 「차가법」 제1조(현행 「차지차가법」 제31조)에 의하여 임대차의 승계에 대항할 수 있는 관계에 있는 건물임차인이 종전 임대인에게 지급한 보증금(敷金)은 건물의 승계인에게 당연히 인수되는 것으로 보며,[100] 구 임대인과의 사이에 미지급 차임이 있으면 보증금은 이에 충당되어 잔액에 대한 권리의무가 새로

---

96) 最判 昭和 33.9.18., 民集 12권, 2040.
97) 最判 昭和 46.4.23., 民集 25권, 388.
98) 最判 昭和 39.8.28., 民集 18권, 1345.
99) 最判 昭和 38.9.26., 民集 17권, 1025; 最判 昭和 39.6.26., 民集 18권, 968.
100) 大判 昭和 11.11.27., 民集 15권, 2110, 最判 昭和 48.2.2., 民集 27권, 80.

운 임대인에게 승계되는 것으로 한다.101) 본 조는 위와 같은 판례법리를 명문화한 것이다.102)

따라서 건물인도 후에 건물소유권을 취득한 새로운 소유자는 구 소유자와 임차인 간의 건물임대차관계를 법률상 당연하게 승계한다. 따라서 임차인에 대하여 임대차계약에서 발생하는 임대인으로서의 의무를 지고 구 소유자는 임대차관계에서 이탈하는 것으로 본다.103)

대항력 있는 부동산 임차권의 경우 제3자가 그 부동산을 침해하는 때에는 방해배제를 청구할 수 있다는 것이 일본 최고재판소의 확립된 판례이다. 대항력 있는 임차권은 물권적 효력을 갖는다는 것을 근거로 한다.104)

다만 학설 가운데에는 대항력 내지 배타성은 관념적인 것으로 권리 상호 간의 우열관계를 문제로 하는 것인 데 반하여, 방해배제를 인정할 필요성은 사실상의 지배인 점유 내지 이용권의 보호에 관한 것이므로, 점유라는 요건을 중시할 것인지, 대항력만을 요건으로 하는 것이 적당한지에 관한 논란이 있다.105)

저당권의 설정등기 전에 본 조에 따른 대항요건을 구비한 건물임차인은 임차권을 저당권자 및 경락인에게 대항할 수 있고, 대항력 있는 건물임차권이 저당권 설정 후에 합의 갱신된 경우에도 임차인은 갱신 후의 임차권을 저당권자, 경락인에게 대항할 수 있다.106) 반면에 저당권 설정 등기 후에 대항요건을 구비한 건물 임차인은 저당권자, 경락

---

101) 最判 昭和 44.7.17., 民集 23권, 1610.
102) 我妻·有泉 コンメンタール民法(総則·物権·債権) 第5版, 日本評論社 (2018), 1236.
103) コンメンタール借地借家法, 237(本田).
104) 最判 昭和 29.2.5., 民集 8권, 390. 기타 最判 昭和 29.6.17., 民集 8권, 1121; 最判 昭和 30.2.18., 民集 9권, 195; 最判 昭和 30.10.18., 民集 9권, 1633; 最判 昭和 30.4.5., 民集 9권, 431.
105) 我妻·有泉 コンメンタール民法 737.
106) 大判 昭和 14.9.28., 民集 18권, 1121.

인에게 대항할 수 없다.107)

다. 비교와 검토

우리 민법 제621조 제1항은 "부동산임차인은 당사자 간에 반대약정이 없으면 임대인에 대하여 그 임대차등기 절차에 협력할 것을 청구할 수 있다"라고 규정하고, 제2항에서 "부동산 임대차를 등기한 때에는 그때부터 제삼자에 대하여 효력이 생긴다"라고 규정하고 있다. 제2항은 일본민법 제601조와 같은 취지이지만, 제1항은 일본민법에는 없는 규정이다. 그 취지는 물권의 이전 또는 설정과 같이 반대의 특약이 없는 한 임대인은 임대차등기에 대한 협력의무가 있음을 규정한 것이다. 이는 임차권의 물권화 경향을 반영한 것이다.108) 그러나 이후 판례나 학설은 제1항 규정 신설의 의의를 간과하고 일본민법 제601조의 해석론을 답습하여 특별한 합의가 없는 한 등기협력의무를 인정하지 않았다. 등기협력의무를 원칙으로 특약을 예외로 설정한 우리 입법자의 입법 의도가 일본민법학의 해석론을 추수하면서 무산되었다고 할 수 있다.

이후 등기하지 않은 건물임대차의 대항력은 주지하는 대로 주택임대차보호법 제3조에서는 주택의 인도와 주민등록, 상가건물임대차보호법 제3조에서는 인도와 사업자등록의 방식으로 인정되었다. 일본차지차가법은 차지·차가권의 대항요건에서 인도만을 요건으로 규정하고 있으나 점유라는 사실만으로는 공시에 불완전한 측면에 있으므로 우리의 주택·상가건물 임대차보호법은 주민등록이나 사업자등록으로 이를 보완한 것이라고 평가할 수 있다. 다만 부동산 거래의 참여자로서는 그 권리관계에 관하여 원래 예정된 등기부 외에 주민등록이나 사업자등록 여부, 점유 상태를 조사하여야 한다는 점에서 거래비용을 증가

---

107) コンメンタール借地借家法(東川始比古), 261.
108) 민법안심의록(상권), 360.

시키고 대항력을 갖는 구체적인 계약 내용을 파악하는 데에는 한계가 있다. 제도적으로는 부동산등기부의 공시력이 제한된다는 점에서도 바람직한 법 상태라고는 할 수 없을 것이다.

다른 한편으로 일본민법 제605조의2는 등기된 임대차나 「차지차가법」상 대항요건을 갖춘 임대차에 대하여 임차건물 양수인의 임대인 지위 승계를 규정하고 있는 데 비하여 우리 민법에서는 등기로 대항력 있는 건물임대차에서는 이를 명시하지 않고, 특별법인 「주택임대차보호법」과 「상가건물 임대차보호법」이 적용되는 건물임대차에 대해서만 임차건물 양수인의 임대인 지위 승계를 규정하고 있다(주택임대차보호법 제3조 제4항, 상가건물임대차보호법 제3조 제2항).

4. 건물 임대차의 차임규제

(차임증감청구권)
제32조 건물의 차임이 토지 또는 건물에 대한 조세 및 그 밖의 부담의 증감에 의하여 토지 또는 건물의 가격 상승 또는 저하, 그 밖의 경제사정의 변동에 의하여 또는 근방 동종의 건물의 차임에 비하여 상당하지 아니하게 된 때에는 계약조건에 관계없이 당사자는 장래를 향하여 건물 차임의 증감을 청구할 수 있다. 다만, 일정한 기간 건물의 차임을 증액하지 아니한다는 취지의 특약이 있는 경우에는 그 정함에 따른다.
2 건물 차임의 증액에 관하여 당사자 간에 협의가 성립되지 아니한 때에는 그 청구를 받은 자는 증액이 정당하다고 하는 재판이 확정될 때까지는 상당하다고 인정하는 금액의 건물 차임을 지급하는 것으로써 충분하다. 다만, 그 재판이 확정된 경우, 이미 지급한 금액에 부족이 있는 때에는 그 부족액에 연 10%의 비율에 의한 지급기 후의 이자를 붙여 이를 지급하여야 한다.
3 건물 차임의 감액에 관하여 당사자 간에 협의가 성립되지 아니하는 때에는 그 청구를 받은 자는 감액이 정당하다고 하는 재판이 확정될 때까지는 상당하다고 인정하는 금액의 건물 차임의 지급을 청구할 수 있다. 다만, 그 재판이 확정된 경우, 이미 지급을 받은 금액이 정당하다고 한 건물의 차임액을 초과하는 때에는 그 초과액에 연 10%의 비율에 의한 수령 시부터의 이자를 붙여 이를 반환하여야 한다.

가. 차임증감청구권의 목적

본 조는 건물임대차가 장기에 이르는 경우 합의된 차임이 물가나 세금 등 사회경제적 사정의 변동에 따라 상당하지 않게 된 경우, 임대차계약의 일방 당사자에게 차임의 증감을 청구할 수 있는 권리를 인정하고 차임의 개정이 확정되기까지의 규율을 정하고 있다(구법 제7조와 기본적으로 같은 취지이며, 지대개정에 관한 본법 제11조에 대응한다). 일찍이 지대와 차임의 금액을 통제하던 「地代家賃統制令」(昭和 21年 勅令 443号)은 1986년 12월 말로 폐지되었다. 1999년의 「차지차가법」 일부 개정에 의하여 도입된 정기건물임대차에 있어서 차임개정특약이 있는 경우에는 본 조의 적용이 배제될 여지가 있다.[109]

나. 차임증감청구의 조정절차

> 일본민사조정법
> (지대차임 증감청구사건의 조정의 전치)
> 제24조의2 「차지차가법」(1991년 법률 제90호) 제11조의 지대 또는 토지차임액의 증감청구 또는 같은 법 제32조의 건물 차임액의 증감청구에 관한 사건에 대하여 소를 제기하고자 하는 자는 우선 조정을 신청하여야 한다.
> 2 전항의 사건에 대해 조정 신청을 하지 아니하고 소를 제기한 경우에는, 수소재판소는 그 사건을 조정에 회부해야 한다. 다만, 수소재판소가 사건을 조정에 회부하는 것이 적당하지 아니하다고 인정하는 때에는 그러하지 아니하다.
>
> (지대차임증감조정사건에 대하여 조정위원회가 정하는 조정조항)
> 제24조의3 전조 제1항의 청구와 관련된 조정사건에 대해서는, 조정위원회는 당사자 간에 합의가 성립할 가능성이 없는 경우 또는 성립한 합의가 상당하지 않다고 인정하는 경우, 당사자 간에 조정위원회가 정하는 조정조항에 따른 내용의 서면 합의(해당 조정사건에 관한 조정 신청 후에 이루어진 것에 한한다)가 있을 때에는, 신청에 의해 사건의 해결을 위하여 적당한 조정조항을 정할 수 있다.
> 2 전항의 조정조항을 조서에 기재한 때에는 조정이 성립한 것으로 보고, 그 기재는 재판상 화해와 동일한 효력을 갖는다.

---

109) コンメンタール借地借家法、265-266(副田).

당사자 사이에 차임의 증감에 대하여 합의가 되지 않는 경우에는 차임의 개정을 구하는 소를 제기할 수 있다. 단, 일본의 민사조정법 개정으로 신설된 제24조의2, 제24조의3는 차임증감에 관한 소 제기 전에 먼저 조정을 신청하도록 규정하였다. 차임개정 분쟁을 조정절차에서 신속하게 해결하는 것이 그 목적이다.

다. 차임증감청구의 적용범위와 기준

차임 이외에 공익비(公益費, 管理費)에 대해서도 차임증감 청구의 대상이 되는지가 문제된다. 법적으로 공익비는 ①공용부분의 유지관리 등을 위한 필요경비로서 전유부분에 안분(案分)하여 실비 정산의 취지에서 징수하는 경우, ②제2의 차임처럼 징수하는 경우, ③공용부분의 필요경비로서의 의미와 제2 차임의 의미가 병존하는 경우 세 가지 유형으로 구분된다.110) 공익비에 포함된 비목, 정산방법, 부담비율 등이 차임과 구별되는 것으로 합의된 경우 차임증감청구권은 부정된다.111)

상업시설의 차임은 매출액과 연동하여 차임을 정하는 경우가 적지 않다. 그 가운데에서도 차임액이 매출액에 전부 연동되는 방법과 고정 차임 외 부분만 매출액에 연동시키는 방법이 있다. 후자의 고정임료 부분에 대해서는 차임증감청구권 행사가 가능하다는 재판례,112) 차임액이 매출액 전부에 연동되는 방법에서 부분적으로 매출액에 연동시키는 방법으로 차임산정방법을 변경하는 것은 특별한 사정이 없는 한 허용되지 않는다는 재판례113)가 있다.114)

---

110) 東京地判 平成 22.12.7.,
111) 渡辺晋, 245 이하.
112) 最判 昭和 46.10.14. 民集 25권, 933.; 広島地判 平成 19.7.30.; 東京地判 平成 29.3.1., 渡辺晋, 246.
113) 広島地判 平成 19.7.30., 渡辺晋, 265.
114) 渡辺晋, 246.

본 조에서는 차임증감청구의 요건인 불상당성을 판단하는 기준으로, ①토지, 건물에 대한 조세 기타 부담의 증감, ②토지, 건물의 가격 상승과 저하, 기타 경제사정의 변동, ③근방 유사한 건물의 차임과의 비교, ④기타의 사정을 열거하고 있다. ④의 기타의 사정을 고려하면 ①, ②, ③은 예시에 지나지 않는다.[115]

차임의 불상당성 판단에 있어서 현행 차임액이 적정 차임액에서 현저히 괴리된 경우에만 증감청구를 할 수 있는지 여부가 문제된다. 원칙적으로 차임이 현저히 괴리된 경우에만 증감청구를 할 수 있는 것은 아니지만,[116] 재판소의 감정에 의하여 상당 차임액과 현행 차임액의 괴리의 정도가 작은 것은 종전 차임의 불상당성을 판단하는 하나의 요소가 된다.[117] 다만 차임 등을 유지하는 것이 현저히 불상당한 경우에 차임증감청구를 할 수 있다는 특약은 유효하다.[118] [119] 적정 차임의 산정은 부동산감정평가기준에 의한다. 감정평가의 방법으로는 ①차액배분법, ②이율법, ③슬라이드법, ④임대사례비교법이 사용된다. ①이율법은 건물과 그 대지가격에 기대이율을 곱하여 얻은 순차임에 필요경비(감가상각비, 수선비, 유지관리비, 공조공과 등)를 가산하는 방법이다. ②슬라이드법은 종전의 차임을 기준으로 하여 그 후의 경제 변동의 지수(예를 들면 물가 지수, 집세 지대의 변동 지수 등)를 곱하는 방법(엄밀하게는 기존의 차임 중의 순임료에 변동률을 곱한 것에 변경 시점의 필요 경비를 더한다)이다. ③차액배분법은 당해 건물 및 부지의 경제가치에 맞는 적정한 임대료와 실제 지급 임대료의 차액에 대하여 계약내용, 계약체결 경위 등을 종합적으로 감안하여 당해 차액 중 집주인에게 귀속되어야 한다고 판단되는 부분을 종전의 지급 차임에 가

---

115) 渡辺晋, 248.
116) 東京地判 平成 19.7.26., 渡辺晋, 250.
117) 東京地判 令和 2.1.29., 渡辺晋, 250.
118) 東京地判 令和 元年 5.15., 渡辺晋, 480.
119) 渡辺晋, 251. 이하.

산하는 방법이다. ④차임사례비교법은 인근의 동종 동등한 임대 사례에서의 차임 시세와 비교하여 개별 요인에 따라 보정하여 구하는 방법이다.120)

라. 비교와 검토

우리 민법 제628조는 임대차 일반에 대하여 일본민법에는 없는 차임증감청구권을 규정하고 있다. 다만 이 규정은 사정변경원칙을 구체화한 것으로 설명121)되고 있기 때문에 계약 준수의 원칙과 함께 사정변경원칙상 사정변경의 현저성을 엄격히 고려한다면 본 조의 적용범위는 매우 좁아질 가능성이 있다.122) 이에 비하여 「주택임대차보호법」 제7조에서는 증액 청구는 보증금 또는 차임의 5%를 초과하지 못하는 것으로 제한하되, 특별시, 광역시, 시·도, 특별자치도의 조례로 증액청구의 상한을 달리 정할 수 있도록 하고 있고, 「상가건물임대차보호법」 제11조에서는 증액청구에 대하여 대통령령으로 정한 기준 비율123)을 초과하지 못한다는 제한을 두고 있다. 민법 제628조에서와 같은 엄격한 해석론적 요청에 구애될 이유가 없다고 생각되는데, 이는 증감청구가 주로 임대차계약 기간의 갱신청구와 관련하여 행사되기 때문에 차임 약정의 구속력이 문제되지 않기 때문이다.124) 단, 우리나라의 주택·

---

120) コンメンタール借地借家法, 274(副田), 보다 상세히는 渡辺晋, 261 이하 참조.
121) 곽윤직·김재형, 민법총칙 박영사 (2013), 79.
122) 본 조의 해석론적 가능성에 대해서는 졸고, "Covid-19 팬데믹하 상가임대차에 있어서 차임의 조정 - 차임증감 및 차임감액 청구를 중심으로 - ", 340 이하 참조.
123) 현행 상가건물임대차보호법 시행령 제4조에 의하면 차임 또는 보증금의 5%를 초과하지 못한다.
124) 실제 한 지방의 임대차분쟁조정위원회 참여하고 있는 필자의 경험에 따르면, 주택임대차나 상가건물임대차에서나 증액 청구의 경우 대체로 5% 한도액까지 인정했던 사례가 많았다.

상가건물 임대차보호법에서는 차임 약정 후 1년 이내에는 증감청구권을 행사할 수 없다. 다만 우리 「주택임대차보호법」과 「상가건물임대차보호법」에서는 위 증액 한도를 규제하고 있는 이외에는 특별히 차임 등의 증감에 관한 기준을 제시하지 않고 있다. 이 점에 있어서 일본 실무에서 적정 차임의 산정을 위하여 제반 사정을 고려하는 방법과 요소들은 향후 우리 건물임대차 실무에 있어서도 참고할 가치가 있다고 생각된다.

그외에 거액의 보증금 수수가 일반적인 우리나라에서는 보증금을 월차임으로 전환하는 경우에 그 산정률에 관한 규정을 별도로 두고 있는 점은 일본의 법제와 다른 점이다(주택임대차보호법 제7조의2, 상가건물임대차보호법 제12조).

한편, 적정 차임액의 결정에 있어서 임대인과 임차인의 이해가 정면으로 대립하게 되는바, 양 당사자의 소송으로 인한 절차비용을 덜어주기 위하여 일본에서는 민사조정을 선행하도록 강제하고 있고, 우리 「주택임대차보호법」과 「상가건물임대차보호법」에서는 지역마다 임대차분쟁조정위원회를 설치하여 차임증감청구와 관련한 건물임대차의 분쟁사안에 대하여 조정 서비스를 제공하고 있으나(주택임대차보호법 제14조 제1항, 제2항 제1호, 「상가건물임대차보호법」 제20조 제1항, 제2항 제1호) 법률에 의하여 조정이 강제되는 것은 아니다.

5. 부속물 매수 및 비용상환 청구

(부속물매수청구권, 造作買取請求權)
제33조 건물의 임대인의 동의를 얻어 건물에 부가한 다다미, 창호 및 그 밖의 부속물이 있는 경우에는 건물 임차인은 건물 임대차가 기간만료 또는 해약의 신청에 의하여 종료하는 때에 건물 임대인에 대하여 그 부속물을 시가로 매수할 것을 청구할 수 있다. 건물 임대인으로부터 매수한 부속물에 대해서도 또한

> 같다.
> 2 전항의 규정은 건물 임대차가 기간만료 또는 해약신청에 의하여 종료하는 경우에 건물의 전차인과 임대인 간에 대하여 준용한다.

가. 규정의 취지와 목적

임차 건물에 부속시킨 물건 가운데에 건물에 부합한 물건에 대해서는 일본민법 제608조 제2항에 의하여 유익비상환청구가 가능하지만, 건물에 대하여 물건으로서의 독립성을 유지하는 경우에는 임차인은 원상회복의무의 이행으로 이를 수거하지 않으면 안 된다. 이러한 부속물은 분리 수거하는 경우 건물의 가치도 훼손되고 부속물은 무용의 것이 되는 경우가 대부분이다. 따라서 건물 임차인에게 부속물에 있는 잔존가치를 회수할 기회를 부여할 필요가 있고, 부속물이나 건물의 사회경제적 가치가 사라지는 것을 방지하는 데 본 조 부속물매수청구권의 의의가 있다.[125] 제1항은 구법 제5조와 같은 취지이고, 제2항은 종래 해석상 인정되어 온 것을 명문화한 것이다. 다만 구법 제5조는 같은 제6조에 의하여 편면적 강행규정이었으나[126] 현행 제37조는 본 조를 임의규정화하였다.[127]

현재는 다다미나 창호가 호환성을 잃고 표준적으로 당연히 비치되어 있기 때문에, 대상이 되는 것은 대형 냉난방기 등 일부에 불과하다

---

125) コンメンタール借地借家法, 281(山本).
126) 다만 부속물매수청구권의 포기가 임차인에게 불리한가 여부에 대하여 그 특약 자체만으로 판단하여야 하고 별도로 포기의 보상이 제공되더라도 특약은 무효라거나 매수대금을 미리 정해서 임대차 종료 시에 그 대금으로 매수한다는 특약의 효력을 무효로 하는 판례가 있으나, 특수한 사정이 있거나 임차인의 자본투자에 상당하는 실질적 반대급부가 있는 경우 전체적으로 볼 때 임차인에게 불이익하다고 볼 수 없다는 반대설도 있었다. 新版註釋民法(15) 債權(8), 769 (渡辺·原田) 참조.
127) コンメンタール借地借家法, 281 이하(山本).

는 점, 부속물매수청구권이 강행규정으로 되어 있어 부속물 설치에 임대인 동의를 얻기 어려워 불편을 초래하고 있는 점, 사업용 부속물은 특수한 것이 많아 임대인에게 그 매수를 강요하는 것이 가혹하다는 비판이 있는 점, 무엇보다도 유익비상환청구권에 대한 일본민법 제608조 2항은 임의 규정이므로 본 조를 강행규정으로 하면 불균형하다는 점이 지적되었다.[128]

임대인의 동의는 부속물의 설치 전후 명시적이든 묵시적이든 관계없고 건물의 용도상 객관적으로 필요한 것이거나 임차인의 사용목적을 양해한 경우 그 사용목적에 필요한 부속물에 대해서는 계약 체결에 있어서 임대인의 포괄적 동의가 포함된 것으로 보는 것이 다수설의 태도이고[129] 하급심판결[130]도 같은 취지이다. 반대로 임대인이 그와 같은 범위의 부속물 설치에 이유 없이 동의하지 않거나 매수의무를 지지 않는다는 조건을 붙이는 것은 임대인의 사용수익에 적합한 상태로 제공해야 할 의무의 합리적 내용에 포함된다는 점에서 허용되지 않는 것으로 보는 견해가 있다.[131] 다만 본 조는 임의규정화되었으므로 동의를 거부할 수는 없으나 매수청구권을 특약으로 배제하는 것은 가능한 것으로 본다.[132]

반면에 임대인으로부터 매수한 부속물은 객관적으로 건물의 이용가치를 증가시켰는지 여부를 음미할 필요가 없다는 데 의미가 있다.[133]

임대차의 종료사유로서 기간만료 시 유효한 갱신거절, 해약신청, 합의해지, 임차권 포기의 경우에 부속물매수청구권이 발생하는 것에는

---

128) コンメンタール借地借家法、285 이하(山本).
129) 我妻榮. 521, 星野榮一, 628, 新版註釋民法(15), 760(渡辺·原田) 긍정설의 이유에 대해서는 같은 책 763 이하 참조.
130) 東京地判 昭和 46.3.31.,
131) 我妻榮. 520.
132) コンメンタール借地借家法、282(山本).
133) 我妻榮. 520.

이론(異論)이 없다. 그러나 임대인이 임차인의 채무불이행이나 무단양도·전대 등을 이유로 계약을 해제한 경우에도 부속물매수청구권이 인정되는가에 대해서는 판례와 학설이 대립한다. 구법 제5조의 해석으로서는 판례는 일관되게 부정설을 취하였다.[134] 그러나 입법자도 이를 부정하지 않았으며[135] 긍정하는 것이 다수설이다.[136]

나. 비교와 검토

부속물매수청구권과 관련하여 우리 법과의 차이는 종래 우리 법에서와 마찬가지로 일본의 구「차가법」제5조는 임차인 보호를 위한 편면적 강행규정이었으나(동법 제6조), 「차지차가법」제정으로 임의규정화된 점이다. 이는 임차인의 비용상환청구권을 규정한 일본민법 제608조가 임의규정이라는 점에서 건물 임차인의 시설 투자비용의 회수에 관하여 통일성을 기한 것이라고 볼 수 있다. 이에 반하여 임차인의 시설 투자비용 회수에 관하여 규정하고 있는 우리 민법 제626조 임차인의 비용상환청구권은 임의규정인 데 반하여, 건물 임차인과 전차인의 부속물매수청구권에 대해서는 이를 여전히 편면적 강행규정으로 정하고 있다(제652조).

건물 임차인의 비용상환청구권 행사에 있어서는 비용 지출에 대한 임대인의 동의를 요하지 않는다는 점에서 임대인의 설치 동의를 요하는 부속물매수청구권의 행사를 달리 취급하는 근거를 찾지 못할 바는

---

134) 大判 昭和 13.3.1. 民集 17권 318; 最判 昭和 31.4.6. 民集 10권 356; 最判 昭和 33.3.13. 民集 12권 524.
135) 입법과정에서 임차인의 해약선청에 대해서는 의무불이행에 의한 임대차종료 시에는 적용하지 않는다 라는 수정안이 제안되었으나, 정부위원은 이에 반대하여 집의 설비는 모든 경우에 부속물 매수의무를 인정하는 것이 적당하다고 하여 이를 수용하지 않았다. 星野英一, 627, (주 2).
136) 星野英一, 627; 中川淳, 408(篠塚昭次, 內田勝一), 我妻榮. 521; コンメンタール 借地借家法、284(山本); 新版註釋民法(15), 764(渡辺·原田)

아니지만, 건물 임차인의 시설 투자비용의 회수라는 점에서 건물에 부합한 물건에 대한 비용 상환에 대한 청구권과 부합하지 않은 부속물에 대한 매수청구권의 성질을 임의규정과 강행규정으로 굳이 달리 취급할 이유가 있는지 의문이 없지 않다. 특히 미묘한 부합 여부에 따라 유익비청구권 또는 부속물매수청구권으로 구분될 수 있다는 점에서 그러하다. 한편 일본에서는 임대인의 동의에 대한 해석에 있어서 건물의 용도에 필요한 시설의 설치에 관해서는 계약 체결 시에 묵시적 포괄적 동의 등을 인정하는 방법으로 부속물매수청구권의 인정 범위를 넓히고 있다는 점은 우리 법의 해석에 있어서도 참고할 만하다.

부속물매수청구권에 관한 우리 민법의 해석론상으로도 채무불이행으로 임대차가 종료된 경우에는 부속물매수청구권을 부정하고 있다. 부속물매수청구권을 유책성 없는 임차인으로 제한하는 것은 채무불이행에 대한 구제수단이 별개로 준비되어 있다는 점에서 양자를 결부하는 것에 대해서는 의문이 없지 않다.

6. 거주용 건물의 임대차 승계

(거주용 건물의 임대차 승계)
제36조 거주용으로 사용하는 건물의 임차인이 상속인 없이 사망한 경우, 그 당시 혼인 또는 입양신고를 하지 아니하였으나, 건물의 임차인과 사실상 부부 또는 양부모와 동일한 관계에 있던 동거인이 있는 때에는 그 동거인은 건물임차인의 권리의무를 승계한다. 다만, 상속인 없이 사망한 사실을 안 후 1개월 이내에 건물의 임대인에게 반대의사를 표시한 때에는 그러하지 아니하다.
2 전항 본문의 경우에는 건물의 임대차관계에 기초하여 발생한 채권 또는 채무는 같은 항의 규정에 의하여 건물 임차인의 권리의무를 승계한 자에게 귀속한다.

가. 규정의 목적과 취지

사실혼 배우자나 사실상의 양자인 경우에는 상속인이 아니기 때문에 임차인인 동거인의 사망과 동시에 정든 가옥을 명도해야 하는 문제가 생기므로 상속인 아닌 동거자의 거주를 보호할 필요가 있다. 이와 관련하여 본 조와 관련해서는 1960년대부터 상속인과 동거자(배우자 및 2촌 이내의 친족, 사실혼에 의한 경우를 포함) 간의 협의로 건물임차권의 승계인을 정하도록 하는 방안, 배우자 또는 2촌 이내의 친족(임차인과의 사실혼에 의하여 이들과 같은 관계에 있는 자를 포함)이 공동으로 임차권을 승계하는 방안, 건물 임차인이 상속인 없이 사망한 경우에 한하여 사망 당시 그 건물에 임차인과 생계를 같이 하는 사람이 동거하고 있던 때에는 건물임차권을 승계하는 방안 등이 제안되었다.[137]

본 조의 적용대상은 거주용 건물로서 임차인이 상속인 없이 사망한 경우에만 적용된다. 종래 전전(前戰) 일본 판례는 양도성이 있고 일신전속성이 없다는 이유에서 건물임차권이 상속대상이 되는 것을 인정하였다.[138] 전후(戰後) 상속인이 아닌 거주자가 거주의 계속을 다투는 하급심 재판례에서는 상속인 아닌 동거인의 계속 거주를 인정하기 위하여, 상속인의 임차권을 원용하여 동생이나 사실혼의 처에 대한 집주인의 가옥명도청구를 기각하거나,[139] 건물임차권의 상속성을 부인하고 일반적으로 공동생활자 중 대표적 입장에 있는 자로서 사실혼의 처에게 임차인의 거주권을 인정하거나,[140] 상속권이 없다고 사실혼의 처에 대하여 명도를 청구하는 것을 권리남용이라고 본 것[141]이 있었다. 그

---

137) コンメンタール借地借家法, 301(五島), 299.
138) 大判 大正 13.3.13., 法律新聞 2247호, 21.
139) 京都地判 昭和 25.5.31. 下民 1권 5호, 850; 大阪 地判 昭和 31.8.27. 下民 7권 8호, 2296.
140) 大阪地判 昭和 26.10.5. 下民 2권 10호, 1163.
141) 東京地判 昭和 33.8.19. 判時 163호, 16.

후 1962년 최고재판소는 임차인의 생전에는 가족공동체의 일원으로 임차권을 원용할 수 있었으므로 이는 임차인이 사망한 후 상속인 등이 임차권을 승계한 이후에도 달라지지 않는다고 하여 사실상 양자의 계속 거주를 인정하였고,142) 이 판결에 의하여 이후 판례는 상속권 원용 법리에 의하여 상속인 아닌 거주자를 보호하게 되었다.143) 그런데 원용할 임차권을 상속하는 자가 없는 경우에는 이 법리에 의하여 구제할 수 없으므로 1966년 법 개정을 통하여 상속인이 없는 경우에는 사실혼의 처와 사실상의 양자에게 건물임차권을 승계시키는 규정을 두어 문제를 해결한 것이다. 따라서 본 조 입법 후에는 상속인이 있는 경우에도 사실혼의 처와 사실상 양자의 상속권 원용을 인정하고 있다. 단, 동거인이 건물임차권을 취득하거나 양도나 전대가 된 것이 아니고, 임차권은 상속인이 승계하므로, 상속인의 차임 연체로 인하여 임대인이 한 해제의 의사표시는 유효하며 정당한 사유가 있는 경우 임대인에 의한 해지신청이나 갱신거절을 면할 수 없다.

나. 비교와 검토

임차인이 상속인 없이 사망한 경우「주택임대차보호법」제9조 제1항은 일본「차지차가법」제36조와 마찬가지로 공동생활을 하는 사실혼 배우자에게 임차인의 권리·의무를 승계하는 것으로 정하고 있다. 다만, 일본「차지차가법」제36조와는 달리 사실상 양자는 여기에 포함되지 않는다. 사망한 임차인에게 상속인이 있는 경우 일본의 재판실무에서는 해석론에 의하여 동거인에게 상속인의 상속권 원용을 인정하여 임대인에게 임대차의 계속을 주장하는 것을 인정함으로써 해석론에 의하여 동거인을 보호하고 있다. 이에 대하여 우리「주택임대차보호법」

---

142) 最判 昭和 37.12.25. 民集 16권 2455.
143) コンメンタール借地借家法、301(五島)

제9조 제2항은 상속인이 임차인인 피상속인과 동거하고 있지 않은 경우 동거 중이었던 사실혼 배우자와 2촌 이내 친족이 임차인의 지위를 공동상속한다고 규정하고 있다. 다만 사실혼 배우자와 2촌 이내 친족이 여럿 있는 경우에 각 지분에 대해서는 분명하지 않다.

7. 전차인의 보호

(건물임대차 종료의 경우 전차인 보호)

제34조 건물이 전대차된 경우, 건물 임대차가 기간만료 또는 해약신청에 의하여 종료하는 때에는 건물 임대인은 건물 전차인에게 그 취지의 통지를 하지 아니하면 그 종료를 건물 전차인에게 대항할 수 없다.
2 건물 임대인이 전항의 통지를 한 때에는 건물 전대차는 그 통지가 된 날부터 6개월이 경과함으로써 종료한다.

가. 규정의 목적과 취지

본 조는 구 「차가법」 제4조와 같다. 본 조에 의하여 보호되는 전대차는 임대인의 동의를 얻은 적법한 전대차여야 한다. 동의는 묵시적으로도 가능하다. 동의가 없더라도 신의칙상 임대인의 해제권이 부정되는 경우에는 본 조가 적용된다는 견해가 있으나[144] 이를 부인하는 하급심판결[145]이 있다. 전대차 또는 임대차가 일시사용 목적인 경우에는 본 조가 적용되지 않지만 정기임대차 또는 철거예정 건물의 임대차인 경우에는 원칙적으로 본 조가 적용된다.[146] 사용대차에는 본 조가 적용되지 않는다.[147] 임대차의 종료가 전차인에게 대항할 수 없다고 해

---

144) 新版註釋民法(15), 737(渡辺·原田).
145) 東京地判 昭和 32. 7. 18., 判時 129호, 30.
146) コンメンタール借地借家法, 287(上田·宮崎).

석하는 경우의 법률관계에 대해서는 전차인과의 관계에서는 전차권을 존립시키는 데 필요한 범위에서 임대차가 존속한다고 해석한다는 학설[148]이 유력하였지만, 현재는 임대인이 임차인의 지위를 승계한다고 하는 견해[149]가 다수설이다.

나. 비교와 검토

우리 민법 제638조의 취지와 동일하다. 다만 일본「차지차가법」제34조는 기간만료로 인한 임대차 종료와 해약신청에 의한 임대차 종료에 관해 규정하고 있는 반면, 우리 민법 제638조는 해지통고로 종료된 경우에 관해서만 규정하고 있다.

Ⅳ. 맺음말

건물 임대차에 관한 일본의「차지차가법」상 건물 임대차에 대한 규정과 관련 일본민법의 규정을 중심으로 각 규정의 목적과 취지를 검토하고 이에 대응하는 우리나라의「주택임대차보호법」과「상가건물임대차보호법」의 관련 규정 및 민법상 임대차에 대한 규정을 비교 검토하여 보았다. 우리 민법의 입법과정에서 일본민법에 없는 신설 규정들은 당시 일본의「차지법」과「차가법」의 영향을 받은 조문이 적지 않을 뿐

---

147) 東京地判 昭和 26.6.2. 下民 2권 6호, 729; コンメンタール借地借家法、287(上田·宮崎).
148) 我妻榮. 464.
149) 星野英一, 377, 新版注釋民法(15), 959(渡辺·原田); コンメンタール借地借家法、287(上田·宮崎); 東京高判 昭和 38. 4. 19., 下民 14권 4호, 755, 東京高判 昭和 58.1.31., 判時 1071호, 65.

아니라 「주택임대차보호법」과 「상가건물임대차보호법」의 건물 임차인 보호를 위한 제반 규정들의 형성에 있어서도 일본의 차지·차가법의 관련 규정이 영향을 미친 것으로 추정된다. 따라서 향후 관련 규정의 해석론이나 제도 운용에 있어서 일본의 「차지차가법」 규정과 그에 대한 해석론은 참고할만 것이 적지 않다. 특히 갱신거절, 해약신청에 있어서 정당사유와 그 판단기준 내지 그에 관한 해석론, 차임증감청구권의 행사 요건, 부속물매수청구권 행사에 관한 해석론, 동거인의 임대차 승계에 관한 해석론 등이 그러하다. 향후 개별 쟁점에 대한 상세한 분석과 대안의 제시에 관하여는 후속 연구를 기약해 본다.

| 참고문헌 |

민의원 법제사법위원회 민법안심의소위원회, 민법안심의록 상권 (1957)
곽윤직·김재형, 민법총칙, 박영사 (2013)
박인환, "Covid-19 팬데믹하 상가임대차에 있어서 차임의 조정 – 차임증감 및 차임감액 청구를 중심으로 - ", 한국민법과 프랑스민법 연구(남효순 교수 정년기념논문집), 박영사 (2021)

広中俊雄編, 民法修正案(前三編)理由書, 有斐閣 (1987)
法典調査會民法議事速記録 32권 〈https://dl.ndl.go.jp/pid/12019115/1/182〉
新版註釋民法(15) 債権(8), 有斐閣 (1988)
一問一答 新しい借地借家法, 法務省民事局参事官室編, 商事法務研究会 (1992)
澤野順彦, 借地借家法の経濟的基礎, 日本評論社 (1988)
甲斐道太郎·石田喜久夫, 借地借家法, 青林書院 (1996)
広瀬武文, 借地借家法の課題, 日本評論社 (1964)
薄根正男, 借地借家(借家編), 青林書院 (1952)
稲本洋之助·澤野順彦, コンメンタール借地借家法 第4版, 日本評論社 (2020)
渡辺晋, 建物地貸借(改訂3版), 大成出版社 (2022)
渡辺晋, 借地借家法の解説, 住宅新報出版(5訂) (2024)
星野榮一, 借地借家法, 有斐閣 (1969)
我妻·有泉 コンメンタール民法(総則·物権·債権) 第5版, 日本評論社 (2018)
我妻榮 債権各論(中), 岩波書店 (2007)
中川淳編 借地借家法, 三省堂 (1978)
茶谷勇吉, "借地借家の現行法規に関する若干の考察", 司法研究 第17輯, 報告書集 5, 司法省調査課 (1933)
好美清光, "債権に基づく妨害排除についての考察", 一橋大学法学研究 2호 (1959. 3.)

미국 주택임대차제도에 대한 소고
- 통일주택임대차법을 중심으로 -

정소민*

|초록|

주택임대차계약은 전 세계에서 통용되는 계약으로서 각국의 주택임대차제도를 비교법적으로 분석하면 우리나라 임대차제도의 현황과 개선점을 파악하기에 용이하다. 본 논문에서는 미국의 「통일주택임대차법」(Uniform Residential Landlord and Tenant Act)을 중심으로 미국 주택임대차제도를 개관하고 시사점을 찾고자 하였다. 특히 우리나라에서 상대적으로 논의가 부족했던 통일주택임대차법상의 (ⅰ)임차주택의 주거적합성, (ⅱ)임대인의 보복행위 금지, (ⅲ)가정폭력 등의 피해자인 임차인 보호, (ⅳ)반려동물과 관련한 내용을 검토하였다. 구체적인 내용은 다음과 같다.

첫째, 통일주택임대차법은 임차주택이 주거에 적합할 것을 요구하면서 임대인에게 일정한 의무를 부과하고 있다. 우리나라에서 주거적합성은 주로 행정법 등 공법의 영역에서 논의되었으나, 주거적합성을 둘러싼 다툼은 종국적으로 임대인과 임차인 사이의 민사사건으로 귀결되므로 민사법 영역에서 주거적합성의 개념을 수용하고 민사 법리를 발전시킬 필요가 있다.

둘째, 미국에서 임차인에게 임차주택의 주거적합성 미달 시 임차료의 지급을 거절할 권리가 인정된 이후 임차료 인상, 계약 갱신 거절, 퇴거 요구 등 임대인의 보복행위가 많이 발생하였다. 이에 따라 통일주택임대차법은 임대인의 보복행위를 금지하고 임차인을 보호하는 규정을 두고 있다. 우리나라에 주거적합성의 개념을 임대차 관련 법에 도입할 경우 임대인의 보복행위를 방지하는 규정을 두는 것도 함께 고려하여야 한다.

---

* 한양대학교 법학전문대학원 교수

셋째, 통일주택임대차법은 가정폭력, 스토킹 등의 피해자가 임차인인 경우에 임차주택에 계속 거주하는 것이 정신적 피해를 유발하거나 추가적인 가정폭력 등으로 고통받을 합리적인 두려움이 있는 경우 임대인의 동의 없이 임대차계약을 해지할 수 있도록 규정하고 있다. 가정폭력이나 스토킹은 주로 피해자의 거주지에서 발생하고 피해자가 추가적인 피해를 예방하기 위하여 즉시 주거지를 이전하길 원한다는 점을 고려하면, 우리나라에서도 임차인의 위와 같은 해지권을 규정하는 것을 적극적으로 검토할 필요가 있다. 넷째, 통일주택임대차법은 임차인이 반려동물을 기르는 경우 임대인이 추가 보증금을 요구할 수 있다고 규정한다. 다만, 장애인이 보조하는 동물(service animal)을 키울 권리를 규율하는 다른 법률에 의해 임대인의 이러한 권리는 제한될 수 있다. 우리 사회에서 반려동물을 키우는 가구 수가 최근 급격히 증가하고 있는바, 임대차 관련 법에 반려동물 유무에 관한 정보제공의무, 추가 임차보증금 요구권에 관한 규정을 신설하는 것이 반려동물을 둘러싼 임대차 분쟁을 예방하는 데 도움이 될 것으로 판단된다.

I. 들어가며

주택은 사람의 생존에 필수적이다. 우리나라뿐만 아니라 많은 국가가 국민의 주거생활 안정을 위하여 주택임대차에 관한 법률을 제정하여 규율하고 있다. 임대차계약은 계속적 계약의 성격을 가지므로 일회적이고 일시적인 계약과는 달리 당사자의 지속적인 계약상 의무이행이 중요하다. 또한 임대차기간에 발생하는 다양한 사건·사고-예컨대, 임차주택의 경매 또는 임차주택의 화재 등-에 대하여 임대인과 임차인이 어떤 구제 수단을 가지는지도 중요한 법적 문제이다. 우리나라는 민법과 그 특별법인 「주택임대차보호법」을 제정하여 임대차관계를 규율하고, 특히 임차인의 주거생활 안정을 보호하기 위하여 일정한 경우 임차권에 대항력을 인정하고 임차보증금반환채권에 대해서도 우선변제권을 인정하고 있다.

　임대차계약은 많은 국가에서 통용되는 계약으로서 각국의 임대차제도를 비교법적으로 검토하면 우리나라의 임대차제도가 임차인 보호에 충실한지, 임대인의 권리는 충분히 보장되고 있는지 등을 판단하고 개선점을 찾기에 용이하다.

　본 논문에서는 미국의 주택임대차제도를 「통일주택임대차법」(Uniform Residential Landlord and Tenant Act)을 중심으로 살펴보고 시사점을 얻고자 한다. 통일주택임대차법은 1972년 제정되어 현재 21개 주에서 채택·시행되고 있다.[1] 1972년 시행 이후 새롭게 발생하는 문제를 해결하기 위해 2015년 개정되었다. 우선 미국 주택임대차를 규율하는 법률에 대해 개관하고, 2015년 개정된 통일주택임대차법을 중심으로 미국 주택임대차제도의 주요 내용을 살펴보기로 한다. 특히 우리나라에서는 많이 연구되지 않은 쟁점이지만 향후 임대차관계에 시사점을 줄 수 있는 (ⅰ)주거적합성, (ⅱ)임대인의 보복행위 금지, (ⅲ)가정폭력 등의 피해자인 임차인 보호, (ⅳ)임차인 사망 시의 법률관계, (ⅴ)반려동물과 관련한 규정, (ⅵ)임대차보증금에 관한 법률관계를 중심으로 살펴보고자 한다.

---

[1] 통일주택임대차법의 법문과 이를 채택한 주(states)는 www.uniformlaws.org에서 확인할 수 있다. https://www.uniformlaws.org/committees/community-home?Commu-nity Key=e9cd20a1-b939-4265-9f1e-3a47a538d495#LegBillTrackingAnchor (2025. 3. 30. 마지막 방문).

Ⅱ. 미국 주택임대차 관련 법률

1. 연방법의 규율

　미국에서 주택임대차의 핵심적인 법률관계-임대차계약의 체결 및 해지, 임대료, 임차보증금 등-는 대부분 각 주의 주법과 판례법에 의해 규율된다. 그러나 임대차에 있어서 차별금지, 장애인 보호, 폭력행위의 피해자인 임차인 보호 등 사회정책적 목적이나 공공성이 요구되는 영역에는 이를 규율하는 연방법이 적용된다.

　(1) 「공정주거법」(Fair Housing Act)

　공정주거법은 임대차 설정에 있어서 인종 또는 피부색, 종교, 성별, 출신 국가, 장애 또는 가족 상태(자녀 유무 등)에 의한 차별을 금지한다. 이를 위반하여 임대를 거절하거나 임대차 조건을 더 엄격하게 설정하는 것(예컨대 더 높은 임차료의 부과 등), 공정주거법에 따른 권리행사를 방해하거나 보복하는 것 등은 모두 불법으로 규정한다.[2] 공정주거법이 금지하는 차별적인 주거행위를 허용하는 주법은 그 한도 내에서 효력이 없다.[3]
　특히 공정주거법은 임차인이 장애인인 경우에 주택 판매나 임대 등에 있어서 장애를 이유로 차별하는 것을 금지하고,[4] 합리적인 편의(reasonable accommodations)를 제공하도록 하며[5] 합리적인 개조(reasonable modifications)를 허용하도록 규정하고 있다.[6] 즉, 공정주거

---

2) 42 U.S.C § 3604.
3) 42 U.S.C § 3615.
4) 42 U.S.C. § 3604(f).
5) 42 U.S.C. § 3604(f)(3)(A).
6) 42 U.S.C. § 3604(f)(3)(B).

법은 장애인 임차인이 동등하게 주택을 사용하고 향유할 수 있도록 필요한 경우 임대인이 규칙, 정책, 관행 등을 합리적으로 수정해야 하고(안내견 허용 등), 장애인 임차인이 자비로 시설을 개조할 수 있도록 허용할 의무를 부과하고 있다.7)

공정주거법 위반 행위가 있으면, 피해자는 주택 및 도시개발부(Department of Housing and Urban Development)에 신고하거나8) 연방법원에 소송을 제기하여 차별행위 중지명령이나 손해배상을 청구할 수 있다.9)

(2) 「여성폭력방지법」(Violence Against Women Act)

임대차를 신청한 자 또는 임차인이 단지 가정 폭력, 데이트 폭력, 성폭행 또는 스토킹의 피해자라는 이유만으로 임대차계약의 체결을 거절하거나 퇴거 조치를 할 수 없다.10) 또한 임차인의 가족이나 손님이 유발한 폭력과 직접적으로 관련된 범죄행위를 이유로 그 피해자인 임차인에게 퇴거 조치를 할 수 없다.11) 한편, 임대인은 폭력행위를 한 자만을 퇴거시키고 피해자인 임차인과 다른 가족들은 임차주택에서 계속 거주하도록 가해자와 피해자를 분리 조치할 수 있다.12) 이 법은 가정폭력 등 폭력행위의 피해자들이 안전한 주거를 유지하거나 확보할 수 있도록 하여 피해자가 학대 상황을 벗어나는 데 중요한 역할을 하고 있다.

---

7) 주택임대차와 관련한 장애인 보호 문제는 공정주거법에서 규정하고 있고, 미국 장애인법(Americans with Disabilities Act)은 공공주택, 공공 편의시설 및 상업시설에서의 장애인 차별금지에 관하여 규정한다.
8) 42 U.S.C § 3610.
9) 42 U.S.C § 3613.
10) 34 U.S.C § 12491(b)(1).
11) 34 U.S.C § 12491(b)(3)(A).
12) 34 U.S.C § 12491(b)(3)(B).

(3) 기타 임대인에게 1978년 이전에 건설된 임대 부동산의 납 기반 페인트의 위험성을 공개하도록 의무화한 「주거용 납 기반 페인트 위해 감소법」(Residential Lead-Based Paint Hazard Reduction Act),13) 일반적으로 퇴거 전 최소 90일 전에 통지하도록 함으로써 압류된 임대 부동산에 거주하는 임차인을 보호하는 「강제집행에서 임차인보호법」 (Protecting Tenants at Foreclosure Act)14) 등이 있다.

2. 「통일주택임대차법」

앞서 언급한 바와 같이 미국에서 주택임대차는 주로 각 주의 주법과 판례법에 의해 규율된다. 미국 주법통일위원회(National Conference of Commissioners on Uniform State Laws)에서는 다른 법률 분야와 마찬가지로 각 주의 주택임대차제도의 통일성을 기하기 위하여 1972년 통일주택임대차법(Uniform Residential Landlord and Tenant Act(1972), 이하 "1972년 법" 또는 "URLTA"라고 한다)을 제정하였고, 그 후 2015년 이를 개정하였다(Revised Uniform Residential Landlord and Tenant Act(2015), 이하 "통일주택임대차법" 또는 "RURLTA"라고 한다).

통일주택임대차법15)은 크게 13개의 조문으로 구성되어 있다.

제1조에서는 이 법의 실질적 조항을 해석하는 데 필수적인 37개의 정의 규정을 두고(제102항), 이 법의 적용 범위를 규정하고 있다. 이는 통일주택임대차법의 적용을 받지 않는 주거 제공 유형을 명시하고 있다는 점에서 매우 중요하다(제103항). 또한 제1조는 새로운 개념인 "기

---

13) 42 U.S.C. § 4852d(a)(1)(A).
14) 12 U.S.C. § 5220.
15) 본 논문에서 "통일주택임대차법"이라고 칭하는 것은 2015년 개정된 통일주택임대차법을 말한다. 본 논문에서 법명을 밝히지 않고 언급하는 조문은 모두 통일주택임대차법의 조문이다.

록에 의한 통지"를 규정한다(제107항(b)). 일반적으로 통지가 임대차계약의 해지로 이어질 수 있는 경우, 해당 통지는 기록에 의한 통지로 이루어져야 한다. 2015년 개정에서는 기록에 의한 통지에 직접 교부, 우편 송부 외에 "기타 통신수단"에 의한 통지를 포함하고 있다. "기타 통신수단"은 전자메일 등 전자 통지의 사용 증가를 반영한 것이면서 장래 등장할 새로운 통신수단을 포함할 수 있도록 포괄적으로 규정한 것이다.[16]

제2조는 임대차에 적용되는 일반조항이다. 임차인의 임차료 지급의무와 임대인 또는 임차인이 서명하지 않은 임대차계약의 효력 등을 규정한다. 한편, 2015년 개정을 통하여 기존에 산재하였던 변호사 비용과 관련된 조항들을 제205항으로 통합하였다. 이 조항은 상대방이 선의로 행동하지 않았거나, 임대차계약 또는 통일주택임대차법에서 금지하는 행위를 고의로 하거나, 임대차계약 또는 통일주택임대차법상의 의무를 고의로 거부하였다고 법원이 판단하는 경우 법원은 승소한 당사자에게 합리적인 변호사 비용의 지급을 명할 수 있다고 규정한다.

제3조는 임차인에 대한 임대인의 의무를 명시하고 있다. 임대인의 가장 중요한 의무는 임대차 개시 시 임차인에게 건물을 인도하는 것이다. 또한 임대인은 임차주택을 거주에 적합한 상태로 유지하고(warranty of habitability) 수리할 의무가 있음을 규정하고 있다.

제4조는 임대인의 임대차계약 위반 및 이 법에 따른 의무 위반에 대한 임차인의 구제책을 규정하고 있다. 특히 1972년 법과 달리 2015년 통일주택임대차법은 임대인이 계약 위반사항을 시정하기 불가능한 경우 임대인의 책임을 (ⅰ)해지, 또는 (ⅱ)임차인이 건물에 계속 거주할 수 있는 경우에는 임차주택의 가치 하락에 대한 손해배상으로 제한하고 있다.[17]

---

16) Comment to RURLTA Sec. 107(b).
17) RURLTA Sec. 403.

제5조 및 제6조에서는 임차인의 의무를 명시하고 임차인의 채무불이행 시 임대인의 구제책과 관련한 보완 규정을 두고 있다.

제7조는 임대인의 임차주택의 출입 및 출입과 관련된 남용에 대해 임대인과 임차인 모두에게 적용되는 구제책을 규정하고 있다.

제8조는 1972년 법과 동일하게 정기 임대차(periodic tenancies)와 임대차종료 후의 임대차(holdover tenancies)에 관하여 규정한다. 2015년 개정으로 임차인의 사망과 관련된 새로운 조항을 규정하였다. 임차인의 생존 배우자 또는 임차주택에 거주하는 동거인은 임대차계약을 승계할 수 있도록 하여 생존 배우자 또는 동거인이 임차주택에서 강제 퇴거당하지 않도록 보호 조치를 두고 있다(제803항). 이 조항은 임대인 또는 임차인 대리인(tenant representative)이 사망한 임차인의 임대차계약을 해지할 수 있는 절차에 관해서도 규정하고 있다.

제9조는 보복성 퇴거와 관련하여 보복행위로 추정되는 행위와 그 추정을 반박하는 방법에 관해 규정하고 있다.

제10조는 2015년에 도입된 완전히 새로운 조항으로서 임차인이 건물에서 나가거나 임대차계약의 해지 또는 임차인의 사망하였을 때 임차인이 남긴 인적 재산(personal property)의 처분에 관해서 규정한다.

제11조도 완전히 새로운 조항으로서 가정폭력의 피해자가 임대차계약을 일방적으로 해지할 수 있는 권리와 동일한 임차주택 또는 임차주택이 속한 건물의 다른 주택의 임차인인 가정폭력의 가해자에 대한 임대인의 권리에 관해 규정한다.

제12조는 보증금에 관한 규정이다. 보증금은 수수료가 아닌 선불 임대료를 포함하여 정기 임대료의 두 배를 초과하지 않도록 권장하지만, 각 주(states)는 이를 변경할 수 있다. 또한 본조에서는 임대인의 보증금에 대한 권리는 소유권이 아닌 담보권이라는 점을 명확히 하고 있다. 임대인과 임차인의 채권자가 보증금에 대해 가지는 권리에 관해서도 규정한다. 마지막으로, 임대차계약 종료 시 임차보증금의 보관과 회계 처리에 관한 규칙을 규정하고 있다.

III. 통일주택임대차법의 주요 내용 및 특징

1. 주거적합성

(1) 민사법에서 임차주택의 주거적합성 논의

우리 민법이나 「주택임대차보호법」에는 임차주택이 주거에 적합한 상태여야 한다는 규정이 없고, 민사법의 영역에서 임차주택의 주거적합성에 관한 논의는 거의 이루어지지 않았다. 사법의 영역에서 계약자유의 원칙에 따라 임차인과 임대인 사이에 임대차에 관한 합의가 이루어지면 되는 것이고 임차주택의 주거적합성은 굳이 따질 필요가 없다는 방임주의적 사고에 기반한다. 또한 임차주택이 사회 통념상 다소 주거에 적합하지 않은 상태라고 할지라도 시장 원리에 따라 그만큼 낮은 임차료로 임대차계약이 이루어질 것이기 때문에 정부가 개입할 필요가 없다는 생각이 지배적이었다.[18]

그럼에도 미국의 주거적합성에 대응하는 조문으로 민법 제623조 임대인의 유지·수선의무를 생각해 볼 수 있다. 민법 제623조는 "임대인은 목적물을 임차인에게 인도하고 계약존속중 그 사용, 수익에 필요한 상태를 유지하게 할 의무를 부담한다"라고 하여 주택임대차에서 주택으로서의 사용, 수익에 필요한 상태를 유지하고 수선할 추상적인 의무를 임대인에게 부과하고 있다. 그런데 임대인과 임차인이 곰팡이로 오염된 건물을 그 상태로 낮은 임차료로 임차하기로 약정하였다면, 그 임차주택은 주거에 적합하지 않을 수는 있으나 계약자유의 원칙상 임대차계약은 유효하고, 임대인이 민법 제623조를 위반한 것도 아닐 것이다. 이에 대하여 주택은 계약의 목적물이기 전에 사람의 생존과 사

---

[18] 주거적합성에 관한 자세한 논의는 김영희, "미국법상 임대차주택의 주거적합성에 관한 연구", 법사학연구 제57권 (2018. 4.), 339 이하 참조.

회의 유지에 필수적인 시설이기 때문에 임대차주택의 주거적합성 문제를 계약자유 원칙에 맡겨 둘 것이 아니라, 적절한 주거가 이루어질 수 있도록 민법학에서 관련 법리를 적극적으로 전개하여야 한다는 주장이 있다.[19] 우리나라에서 주거적합성에 관한 문제는 공법 영역에서 논의되기 시작하였다. 1990년대 후반에 인권 및 사회적 기본권을 논하는 과정에서 주거권이 열거되었고, 이 논의가 구체화되면서 주거적합성 문제가 다루어지게 되었다.[20] 그러나 공법 영역에서 주거적합성 관련 논의는 한계가 있다. 임차주택의 주거적합성을 둘러싼 분쟁은 종국적으로 임대인과 임차인 사이의 민사사건으로 귀결되는데, 공법의 법리를 기초로 구체적인 민사적 구제방법을 도출하기 어렵기 때문이다.[21]

(2) 통일주택임대차법상 주거적합성

1) 주거적합성과 필수 서비스

미국에서는 임차주택의 주거적합성에 관한 논의가 꾸준히 진행되었다.[22] 통일주택임대차법에는 임대인은 건물을 주거에 적합한 상태로 유지해야 할 의무를 구체적으로 규정하고 있다. 임대인은 임차주택이 속한 건물이 외기(外氣)로부터 보호되는 방수 가능한 지붕과 외벽을

---

19) 김영희, 341-342.
20) 박찬운, "사회권의 성격과 사법구제 가능성 −헌법재산에서의 사법구제 가능성을 중심으로−", 법학논총 25권 3호 (2008), 19; 장민, "미국 주택임대차에서 있어서 주거적정성의 묵시적 보장", 법학논총 제26집 (2011. 7), 155 이하 참조.
21) 이은기, "주거권의 입론", 서강법학 제9권 제2호 (2007. 12), 164 및 185; 김영희, 341.
22) 1901년 뉴욕임대차주택법은 주택을 임대차하려면 사람이 살기에 적합한 최소한의 주거시설 요건을 갖추어야 한다는 주거적합성(habitability) 내지 최저주거기준(minimum standard of habitability) 개념을 미국에 최초로 도입하였다. 이 법은 현재 미국 전역에 존재하는 주택규정(housing code)의 모범으로 자리매김되어 있기도 하다.

갖추고, 알맞은 배관시설, 수도시설, 환기 및 난방시설, 배선 및 전기시설을 갖추고, 설치류 기타 해충을 통제하고, 석면이나 독성 곰팡이 기타 유해 물질에 노출되지 않도록 합리적인 조치를 취할 의무 등이 있다.23) 임대인의 위와 같은 의무는 면제해 줄 수 없는 의무(nonwaivable duties)이므로24) 임대인의 의무를 임차인에게 이전하는 것은 허용되지 않는다.25) 다만, 임대인과 임차인은 임차인이 특정 수리, 유지·보수 작업, 변경 또는 리모델링을 수행하도록 하는 계약을 체결할 수 있다. 이 계약은 적절한 대가로 뒷받침되어야 하며 임대차계약서 이외의 기록으로 반영되어야 한다.26) 임차인이 계약을 이행하지 않았다고 해서 임대인이 임대차계약 또는 이 법에 따른 임대인의 의무를 이행하지 않은 것이 면제되지는 않는다. 계약을 위반하는 경우 임대인은 임차인을 상대로 구체적인 이행 또는 손해배상을 청구할 수 있다.27)

주택임대차에서 임대인의 주요 의무는 임차주택의 인도의무, 임차주택의 유지·수선의무 등이다. 구체적으로 살펴보면, 임대차기간이 개시될 때 임차주택을 임차인에게 현실인도를 하여야 한다.28) 또한 임대인은 임차주택을 주거에 적합한 상태로 유지·수선할 의무가 있다. 통일주택임대차법은 특히 임대인이 제공해야 할 필수 서비스(essential service)를 정의하고 있다. 필수 서비스란 주거생활을 영위하기 위해서 필수적인 난방, 냉·온수 시설, 하수·오수처리 및 전기 서비스를 말한다.29) 특약이나 법률에 의해 가스나 에어컨에 대한 설치 의무를 규정

---

23) RURLTA Sec. 107(b).
24) RURLTA Sec. 302(a).
25) Comment to RURLTA Sec. 302.
26) RURLTA Sec. 302(d).
27) Comment to RURLTA Sec. 302.
28) RURLTA Sec. 301.
29) RURLTA Sec. 102(10).

하기도 하는데, 이 설치의무를 위반하면 임차인이나 직계 가족의 건강, 안전 또는 재산에 심각한 위협을 초래할 경우에는 가스나 에어컨의 설치 의무도 필수 서비스에 포함된다.30)

2) 임차인의 기본적 구제방안

임대인이 위 1)에 기재한 의무를 불이행하여 임차인이나 그의 가족들의 안전과 건강 또는 임차주택의 사용을 중대하게 침해한 경우 통일주택임대차법은 임차인에게 다양한 구제방안을 부여하고 있다. 여기서 "중대한 침해"는 모든 상황을 종합적으로 고려하여 판단해야 한다.31) 다만, 필수 서비스의 비용을 임차인이 지불해야 하는데 임차인이 지불하지 않아서 그 서비스가 중단되었다면 임대인이 필수 서비스 제공 의무를 위반하였다고는 볼 수 없다.32)

임대인의 의무 위반행위가 일정한 기간 내에 시정되지 않으면 임차인은 임대차계약을 해지할 수 있다.33) 임차인이 임대차를 유지하고 싶은 경우에는 임대차를 유지하면서 다음과 같은 구제방안 중 하나 이상을 선택할 수 있다. (ⅰ)임차료를 지급하지 않거나, (ⅱ)실손해의 배상 청구, (ⅲ)금지명령, 특정 이행 또는 이에 상응하는 구제책, (ⅳ)수리비를 차임에서 공제하고 지불, (ⅴ)임대인의 의무 위반 기간 동안 필수 서비스 또는 임차주택과 유사한 대체주택의 확보이다.34) 다만, 임대인의 의무 위반이 임차인 또는 그 직계가족의 건강이나 안전, 임차주택

---

30) RURLTA Sec. 102(10).
31) Comments to Sec. 402. 예컨대, 주택에 있는 유일한 화장실을 사용할 수 없게 되면 주택의 사용을 실질적으로 해한 것이 된다. 그러나 화장실이 2개 있는 주택에서 화장실 1개가 고장나서 이용할 수 없는 경우 이는 주택의 사용을 실질적으로 방해하였다고 보기는 어렵다.
32) Comments to Sec. 401.
33) RURLTA Sec. 402.
34) RURLTA Sec. 402(a)(2).

의 사용을 중대하게 침해하지 않는 경우에는 임차인은 위 (ii), (iii) 및 (iv)의 구제 조치 중 하나 이상을 선택할 수 있다.35)

임대인의 의무 위반이 임차인이나 그의 직계가족 또는 손님(이하 "임차인 등"이라 한다)의 행위로 인하여 발생한 경우나 임차인 등이 임대인이 위반사항을 시정하기 위하여 임차주택에 출입하는 것을 막은 경우에 임차인은 위에 언급된 구제방안을 행사할 수 없다.36)

3) 임차인 구제방안의 제한

임차주택이 부분적으로 손상되었지만 임차인이 손상되지 않은 부분을 계속 점유하는 것이 적법한 경우에 임차인은 계속 이를 점유하면서 손해배상을 청구하거나 다른 구제책을 행사할 수 있다.37) 그러나 임대인이 통제할 수 없는 상황-예컨대 자연재해의 지속적인 영향으로 적시에 수리할 자재나 인력을 구할 수 없는 경우 등-이 발생하여 임대인이 법에서 정한 기간 내에 임차주택을 수리할 수 없는 경우 임차인의 구제책은 임대차계약의 해지 또는 임차주택의 가치 하락분을 한도로 하는 실손해의 복구로 제한된다.38)

(가) 화재, 기타 사상자, 자연재해로 인하여 임차주택 또는 주거 시설의 다른 부분이 화재, 사상자 발생 또는 자연재해로 인하여 중대하게 손상되거나 파괴된 경우로서, ①주택 또는 주거시설로서 거주할 수 없거나 접근 불가능하거나 ②계속 점유하는 것이 불법인 경우에 임차인은 임차주택에서 퇴거할 수 있고, 일정 기간 내에 임대인에게 서면으로 임대차계약의 해지통고를 할 수 있다. 이 경우 임대차계약은 임차인이 그 주택에서 퇴거한 날로부터 해지된다.39) 만약 임차인이 계속

---

35) RURLTA Sec. 402(b).
36) RURLTA Sec. 402(c).
37) Comments to Sec. 403; RURLTA Sec. 403(a)(2); Sec.402(a)(2)(A), (B), (C) or (D).
38) Comments to Sec. 403.

점유하는 것이 적법한 경우에는, 일정한 제약 하에, 임차인은 임대차 계약을 유지하면서 위에 언급한 기본 구제방안 중 (ⅰ) 내지 (ⅳ)에 따른 구제를 청구할 수 있다.[40]

(나) 화재, 기타 사상자, 자연재해로 인하여 임차주택 또는 주거 시설의 다른 부분이 화재, 사상자 발생 또는 자연재해로 인하여 중대하게 손상되거나 파괴된 경우로서, 임차주택의 계속적인 점유가 위험하거나 불법인 경우 또는 임차인이 임차주택으로부터 퇴거한 상태에서만 수리가 가능한 경우에 임대인은 임차인에게 통지서에 특정된 날짜에 임대차계약이 해지된다는 서면 통지를 함으로써 임대차계약을 종료할 수 있다.[41] 이 경우 통지서에 해지일로 특정된 날은 그 통지를 한 날로부터 최소 5일이 지난 날이어야 한다.[42]

(다) 임대인의 의무 위반이 임차인이나 그 직계가족의 안전이나 건강 또는 임차주택의 사용을 중대하게 침해하고, 임대인이 법에 따른 기간 내에 이를 시정하기 불가능한 경우에 임차인은 임대차계약을 해지하거나 임대차를 유지하면서 임차주택의 가치하락분을 한도로 실손해의 배상을 청구할 수 있다.[43]

(라) 임대인의 의무 위반이 임차인이나 그 직계가족들의 안전이나 건강 또는 임차주택의 사용을 중대하게 침해하고 임대인이 제401조에 따른 통지를 받은 후 [30]일[44] 이내에 그 위반을 시정하는 것이 불가

---

39) RURLTA Sec. 403(a)(1).
40) RURLTA Sec. 403(a)(2).
41) RURLTA Sec. 403(b).
42) RURLTA Sec. 403(b).
43) RURLTA Sec. 403(c).
44) 통일주택임대차법 조문에서 [ ] 안의 내용은 각 주(states)의 상황에 맞게 변경이

능한 경우, 임대인은 임차인에게 서면으로 특정 날짜에 임대차가 종료된다는 통지를 함으로써 임대차를 종료할 수 있다. 특정 날짜는 임대인이 위 통지를 한 날 이후 최소 [30]일이 지난 날이어야 한다. 임대인은 임대계약 해지 후 [90]일 동안 해당 임차주택을 임대할 수 없다.[45]

(마) 위 (가) 내지 (라)의 사유로 임대차계약이 해지된 경우 임대인은 보증금과 지급받은 임차료 중 해지일 이후 발생하는 임차료 부분(unearned rent)을 반환하여야 한다.[46]

2. 임대인의 보복행위 금지와 임차인 보호

(1) 임대인의 보복행위

임대차는 계속적 계약관계이다. 임대차기간 동안 임대인과 임차인 사이에 갈등이 발생하기도 한다. 임차인은 (ⅰ)임차주택과 관련한 법규 위반사항을 정부기관에 민원신청, (ⅱ)주택임대차에서 차별을 금지하는 법의 집행을 담당하는 정부기관에 민원신청, (ⅲ)임대인이 임차주택이 속한 건물을 주거에 적합한 상태로 유지할 의무[47]를 준수하지 않는다는 불만제기, (ⅳ)임차인 조합 또는 이와 유사한 단체를 조직하거나 회원이 되거나, (ⅴ)임대차계약 또는 관련 법률에 따른 권리나 구제책을 행사하거나 행사하려는 시도, (ⅵ)임대인을 상대로 소송 또는 행정절차를 제기하거나 법원이나 행정절차에서 임대인에게 불리한 증언

가능하다. 본 논문에서 인용하는 통일주택임대차법 다른 조문에서도 마찬가지이다.
45) RURLTA Sec. 403(d).
46) RURLTA Sec. 403(e).
47) RURLTA Sec. 302.

등을 할 수 있다(이하 "임차인의 선행행위"라고 한다).48) 통일주택임대차법은 임차인의 선행행위에 대하여 임대인이 보복행위를 하지 못하도록 규정하여 임차인을 보호하고 있다.

구체적으로 임대인은 임차인에게 보복할 목적으로 (i)임대료 또는 수수료의 인상, (ii)서비스 감소, 임차인의 의무 증가, 임차인이나 그 직계가족에 대해 다른 규칙이나 임대인의 규칙을 선택적으로 시행하는 행위,49) (iii)임차료 미지급이 아닌 다른 사유로 임차주택의 인도를 구하는 소송을 제기하는 행위,50) (iv)임대차계약 상 임대차 종료 후 임대인과의 협상 없이 임차인이 행사할 수 있는 임대차 갱신청구권의 행사를 거절하는 행위,51) (v)임대인이 임차인이나 그 직계가족 혹은 그의 손님에 대한 범죄행위52) 등 위와 같은 보복행위를 하겠다고 협박하는 행위를 할 수 없다.53)

사실 임대료의 인상이나 임차료 연체 이외의 다른 사유로 임차주택의 인도를 구하는 소송을 제기하는 것 등은 일반적인 상황에서는 임대인이 자신의 권리를 행사하는 것으로 볼 수 있다. 여기에서 금지하는 것은 민원신청 등 임차인의 선행행위에 대하여 임대인이 보복할 목적으로 임대료 인상 등의 행위를 하는 것이다. 임대인이 이러한 행위를 하는 "유일한 목적", "실질적 또는 지배적인 목적" 또는 단순히 "목적"인 경우에만 보복행위를 금지하는 본 규정이 적용되는지 여부는 법원이 결정할 사항이다.54) 다만, 실제에서는 임대인의 정당한 권리행사인지 보복행위인지 여부가 불분명할 수 있으므로 통일주택임대차법은

---

48) RURLTA Sec. 901(a).
49) RURLTA Sec. 901(b)(2).
50) RURLTA Sec. 901(b)(3).
51) RURLTA Sec. 901(b)(4).
52) RURLTA Sec. 901(b)(6).
53) RURLTA Sec. 901(b).
54) Comments to Sec. 901.

보복행위 추정규정을 두어 임차인을 보호하고 있다.

(2) 보복행위의 추정

통일주택임대차법상 민원신청 등의 임차인의 선행행위가 임대인의 보복행위라고 주장되는 행위가 있기 전 6월 내에 있었다는 증거가 있으면 임대인의 행위는 보복을 목적으로 행해진 것으로 추정된다.[55] 이 추정은 반증에 의하여 깨질 수 있다.[56] 다만, 임대인이 임차인에게 임대료 인상이나 인도청구 등을 하겠다는 의사를 통지한 이후에 임차인이 민원신청 등의 행위를 한 경우에 임대인의 행위는 보복행위로 추정되지 않는다.[57] 또한 임대인에게 보복행위로 추정되는 행위를 할 충분한 정당성이 인정되고 민원신청 등 임차인의 행위 여부와 상관없이 동시에 동일한 방식으로 그러한 행위를 하였을 것이라는 우세한 증거를 제출하여 추정을 깨뜨릴 수 있다.[58] 한편, 임차인이 민원이나 소송을 제기한 임차주택 관련 위반행위가 주로 임차인, 그 직계가족이나 손님에 의해서 발생한 경우,[59] 임차인의 민원신청, 소송제기, 증언 등이 불합리한 방식이나 시기에 이루어졌거나 임대인을 괴롭히는 방식으로 반복된 경우[60] 등의 사안에서는 임대인은 보복행위에 대해 책임을 지지 않는다.[61]

---

55) RURLTA Sec. 903(a).
56) RURLTA Sec. 903(a).
57) RURLTA Sec. 903(b).
58) RURLTA Sec. 903(c).
59) RURLTA Sec. 901(c)(1).
60) RURLTA Sec. 901(c)(2).
61) RURLTA Sec. 901(c).

(3) 임차인의 구제수단

임대인의 보복행위에 대하여 임차인은 (ⅰ)인도소송에서 항변을 하거나 임차주택의 점유회복 또는 임대차계약을 해지할 수 있고, (ⅱ)정기 임차료의 [3]배 또는 실손해액의 [3]배 중 더 큰 금액을 청구할 수 있다.[62] 임차인이 임대차계약을 해지하는 경우 임대인은 임차보증금과 지급받은 임차료 중 해지일 이후 발생하는 임차료에 해당하는 부분은 반환하여야 한다.[63]

(4) 임대인의 구제수단

임차인이 사실적 또는 법적 근거가 없음을 알면서도 임대차 관련 민원신청 등의 행위를 하는 경우, 임대인은 실손해의 배상을 청구할 수 있고 법원은 임대인에게 정기 임차료의 최대 [3]배까지 배상을 명할 수 있다.[64]

3. 가정폭력, 데이트폭력, 스토킹 또는 성폭력에 대한 규제

(1) 폭력행위로부터 임차인 보호

2015년 개정된 통일주택임대차법은 가정폭력, 데이트폭력, 스토킹 또는 성폭행(이하 "가정폭력 등"이라 한다)이 발생하였을 때 임차인을 보호하기 위한 구제 수단을 구체적으로 명시한 것이 특징이다. 1972년 법의 제정 당시에는 가정폭력 등은 임대차의 해지 사유로 규정되어 있

---

62) RURLTA Sec. 902(a).
63) RURLTA Sec. 902(b).
64) RURLTA Sec. 904.

지 않았다.

　가정폭력 등의 피해자가 임차인 또는 직계가족이고 피해자가 해당 주택에 계속해서 거주할 경우 정신적 피해 또는 추가적인 가정폭력 등으로 고통받을 합리적인 두려움이 있는 경우 임차인은 임대인의 동의 없이 임대차계약을 해지할 수 있다. 이때 임차인은 기록에 의한 해지 통지를,[65] (i)법원이 가해자에게 내린 임차인 또는 직계가족에 대한 접근금지명령, (ii)임대인의 임차인 또는 직계가족에 대한 가정폭력 등에 대한 유죄 판결이나 재결 증명서, 또는 (iii)임차인이 선서하고 작성한 임차인의 이름, 주소, 가정폭력 등의 발생일 등을 기재한 확인서와 함께 임대인에게 보내야 한다.[66] 해지 통지에는 통지일로부터 최소 [30]일이 지난 날짜[67]에 임대차계약이 해지하고자 하는 의도[68]와 피해자가 임차주택에 계속 거주할 경우 정신적 피해나 가정폭력 등의 추가 행위 또는 정신적 피해에 대한 두려움을 유발하는 사실을 명시하여야 한다.[69] 해지 통지는 (i)가정폭력 등이 있은 날로부터 최소한 [90]일 이내, (ii)가정폭력 등으로 인해 가해자가 임차인 또는 직계가족에의 접근을 금지하는 법원 명령이 있는 경우, 또는 (iii)가해자가 수감된 경우, 임차인이 가해자가 더 이상 수감되어 있지 않았다는 사실을 안 날로부터 [90]일 이내에 임대인에게 전달되어야 한다.[70] 위와 같이 임차인의 해지 통지로 위 규정에 따라 임대차는 해지되고 임대인 측의 추가적인 행위는 필요하지 않다.

---

65) RURLTA Sec. 1102(a).
66) RURLTA Sec. 1102(a); Sec. 1104.
67) 다만, 가해자가 임차주택의 동거인인 경우에는 그 이전 날짜도 가능하다.
68) RURLTA Sec. 1102(b)(1).
69) RURLTA Sec. 1102(b)(2).
70) RURLTA Sec. 1102(b)(3).

(2) 임대차계약 해지의 효과와 임차보증금 반환의무

1) 임차인이 1인인 경우

임차인이 1인인 경우 해지 통지에 명시한 날짜 또는 그 이전에 임차인이 임차주택에서 퇴거하면 해지 통지에 명시한 날짜에 임대차는 해지된다.71) 임차인은 임대차의 해지 이후 발생하는 임차료 또는 임대차 해지로 인한 실제 손해에 대해서는 책임지지 않는다. 그러나 임차인은 임대차 해지 전에 발생한 임차료 및 기타 금액에 대해서는 책임을 진다.72) 임대인은 임차인이 임차주택에서 퇴거한 후 임차인에게 임차보증금과 이미 지급받은 임차료 중 퇴거일 이후 발생하는 임차료에 해당하는 부분은 반환하여야 한다.73)

2) 임차인이 여러 명인 경우

임차인이 여러 명인 경우 해지 통지를 한 임차인은 해지 통지에 명시한 날짜 이전에 임차주택에서 퇴거하면 해지 통지에 명시된 날짜에 임대차계약이 해지되지만, 다른 임차인에 대한 임대차계약은 종료되지 않는다.74) 해지한 임차인은 임대차의 해지 이후 발생하는 임대료 또는 임대차 해지로 인한 실제 손해에 대해서는 책임지지 않는다.75) 다른 임차인은 가해자에게 임대차계약 해지로 인한 실제 손해에 대한 배상을 청구할 수 있다.76) 임대인은 모든 임차인에 대하여 임대차가 종료되었을 때 임차보증금을 돌려줄 의무가 있다.77)

---

71) RURLTA Sec. 1102(c)(1).
72) RURLTA Sec. 1102(c).
73) RURLTA Sec. 1103(1).
74) RURLTA Sec. 1102(d)(1).
75) RURLTA Sec. 1102(d)(2).
76) RURLTA Sec. 1102(d)(3).
77) RURLTA Sec. 1102(d)(4).

임차인이 가해자인 경우에는 위 규정들이 적용되지 않는다.[78] 임차인이 그의 직계가족에게 가정폭력을 행사한 경우에 임차인이 가해자이므로 그 임차인은 임대차를 해지할 수 없다.[79]

(3) 임차주택의 잠금장치 기타 보안장치의 변경

통일주택임대차법은 임차인이 가정폭력 등의 피해자인 경우에 임대인에게 먼저 연락하지 않고도 가능한 한 빨리 임차주택의 잠금장치나 기타 보안장치를 변경할 수 있도록 규정하고 있다.

임차인 또는 그 직계가족이 가정폭력 등의 피해자인 경우 임차인에게 가해자 또는 가해자 대신 다른 사람이 임차주택에 들어올 수도 있다는 합리적인 두려움이 있다면, 임차인은 임대인의 동의 없이 임차주택의 잠금장치 또는 기타 보안장치를 전문적인 방법으로 변경하거나 교체할 수 있다.[80] 임차인은 임차주택의 잠금장치를 변경하기 위해 임대인에게 통지 등을 할 필요는 없다.[81] 임차인은 임대차계약의 당사자인 임대인과 다른 임차인에게 새로운 잠금장치 또는 보안장치의 열쇠 또는 기타 접근 수단을 제공해야 한다.[82] 이 규정에도 불구하고 임차인은 당연히 임대인에게 임차주택의 잠금장치나 기타 보안장치를 변경해 달라고 먼저 요청할 수 있고, 임대인이 스스로 임차인을 대신하여 임차인의 비용으로 임차주택의 잠금장치나 기타 보안장치를 변경할 수도 있다.[83]

그러나 가해자가 임대차계약의 당사자인 경우, 가해자에게 임차주

---

78) RURLTA Sec. 1102(e).
79) Comment to Sec. 1102.
80) RURLTA Sec. 1106(a).
81) Comment to Sec. 1102.
82) RURLTA Sec. 1106(a).
83) Comment to Sec. 1106.

택에서의 퇴거를 요구하거나 임차인 또는 그 직계가족에 대한 접근 금지를 명시적으로 요구하는 법원 명령84)이 있고 그 명령 사본을 임대인에게 제공하지 않는 한 임차인은 임차주택의 잠금장치 또는 기타 보안장치를 변경하거나 교체할 수 없다.85)

4. 임대인의 해지권과 자력구제 금지 등

(1) 임대인의 해지권

임차인이 임차료를 지급하지 못하거나 임대차계약이나 통일주택임대차법을 중대하게 위반한 경우에 임대인은 임대차계약을 해지할 수 있다. 임차인이 임차료를 지급하지 않는 경우 임대인은 통지일로부터 [14]일 내에 임차료가 지급되지 않으면 통지 후 [14]일 기간의 만료 또는 그 이후 지정된 날짜에 임대차계약은 종료된다는 내용의 서면 통지를 임차인에게 보내어 임대차계약을 해지할 수 있다.86) 임차인이 임차료 미지급 이외에 임대차계약상의 의무를 중대하게 위반한 경우 임대인은 서면으로 임차인의 계약 위반 행위 또는 부작위를 명시하고 통지 후 [14]일 이내에 해당 위반사항이 시정되지 않으면 임대인이 통지한 날로부터 최소 [30]일 이후인 특정 날짜에 임대차계약이 종료된다는 사실을 임차인에게 통지할 수 있다.87)

일정한 경우에는 임차인에게 시정할 기회를 주지 않고 임대인은 해지 통지로 임대차계약을 해지할 수 있다.88) 예컨대, 임차인이 임대차

---

84) 일방 명령(ex parte order)은 제외한다. RURLTA Sec. 1106(c).
85) RURLTA Sec. 1106(c).
86) RURLTA Sec. 601(a)(1).
87) RURLTA Sec. 601(a)(2).
88) RURLTA Sec. 601(b).

계약 해지 통지 전 [4]개월 이내에 최소 [2]회 이상 임차료를 제때 지급하지 못한 경우,[89] 임차인 등의 위반행위가 임대인 등의 건강과 안전에 실제적이고 임박한 위협이 되는 경우,[90] 임차인 등이 범죄를 저지른 경우[91] 등이다.

한편, 임차인이 통일주택임대차법 제501항에 따른 의무[92]를 위반(중대한 위반인지 여부는 불문)하는 경우 임대인은 (ⅰ)가처분 또는 특정 이행 명령을 얻거나,[93] (ⅱ)임차인의 채무불이행으로 임대차계약이 종료되었는지 여부와 상관없이 실손해[또는 임대차계약에서 정한 손해배상 예정액(liquidated damage)]을 청구할 수 있다.[94]

그러나 임대인이 임차인의 의무 위반이 있다는 사실을 알면서도 연속한 2기 이상의 기간에 해당하는 임차료를 수령하거나 임대차계약상의 조건과 다른 임차인의 행위에 대해 승낙하는 것은, 임차인의 의무 위반 이후 임대인과 임차인 사이에 다른 합의가 없는 한, 임대인은 임차인의 의무 위반을 이유로 한 임대차계약 해지권을 포기한 것으로 본다.[95]

---

89) RURLTA Sec. 601(b)(1).
90) RURLTA Sec. 601(b)(3).
91) RURLTA Sec. 601(b)(4). 다만, 임차인이 그의 직계가족이나 손님이 범죄를 저지를 것이라는 것을 알지 못하였고 범행이 반복되지 않도록 합리적인 조치를 취한 경우에 임대인은 임대차계약을 해지할 수 없다. RURLTA Sec. 601(e).
92) ①임대차계약에 따른 임차인의 의무, ②건물, 주택, 화재, 보건 규칙 기타 법에 의해 임차인에게 부과된 의무, ③임차주택을 합리적으로 안전하고 위생적으로 유지해야 할 의무, ④깨끗하고 안전한 방법으로 쓰레기 등을 처리할 의무, ⑤임차주택의 모든 배관설비를 깨끗하게 유지할 의무, ⑥임차주택의 전기, 배관, 난방, 환기 및 냉방 시스템 기타 시설 및 기구를 합리적으로 사용할 의무 등이다. RURLTA Sec. 501.
93) RURLTA Sec. 601(d)(1).
94) RURLTA Sec. 601(d)(2).
95) RURLTA Sec. 602. 임대인이 해지권을 포기한 것으로 보는 명확한 규정이 있어서 임대차관계를 안정시킬 수 있다고 평가하는 견해로 전장헌, "미국주택임대차의 범위 및 구제에 대한 소고 – 미국주택임대차법을 중심으로 –", 동북아법연구 제13권 제3호 (2020. 1), 436.

(2) 자력 구제(self-help recovery) 금지

일반적으로 임대차가 해지되면 임차인은 자발적으로 임차주택 내부에 있는 물건을 외부로 반출하고 법원의 개입 없이 임차주택을 임대인에게 인도하여야 한다.[96] 그러나 임대차가 종료되었는데도 임차인이 건물을 비우지 않는 경우에 임대인이 어떤 방법으로 임차주택을 인도받아야 하는지 문제된다. 우선 임차인이 임차주택에서 자진하여 퇴거하도록 한 후 이를 반환받아야 한다. 여기서 자진하여 퇴거하도록 하여 반환받는다는 의미는 법적인 절차에 따라 임차주택을 반환받는 것이 아니고 임차인이 임차주택의 점유를 자발적으로 포기하여 공실로 된 경우 임대인이 이를 반환받는 것을 말한다.[97] 예컨대, 임차인이 자발적으로 퇴거하여 임차주택의 점유를 포기하면 임대인은 법원 명령 없이 임차주택의 점유를 회복할 수 있다.[98] 이와 관련하여 통일주택임대차법은 임대인은 임차주택의 필수 서비스를 고의로 중단하거나 고의로 중단하게 유발하는 등의 자력 구제 행위로 임차주택의 점유를 회복할 수 없다고 규정한다.[99] 임대인이 자력으로 임차인을 건물에서 퇴거시키는 것을 금지하는 것이다.

임대차가 해지되었음에도 임차인이 자발적으로 임차주택을 임대인에게 인도하거나 임차주택의 점유를 포기하지 않는 경우 통일주택임대차법은 임대인은 법적으로 허용되는 소송에 의해서만 임차주택의 점유를 회수할 수 있다.[100] 이는 임차인이 임차주택의 점유를 자발적

주의할 점은 이 경우에도 월 단위 또는 주 단위로 이루어지는 정기 임대(periodic tenancy)의 경우에는 임대인이 제801항에 따른 해지 통지로 무조건적으로 정기 임대를 해지할 수 있는 권리를 갖는다. RURLTA Sec. 602(b); Sec. 801.

96) Comment to RURLTA Sec. 605.
97) RURLTA Sec. 605.
98) Comment to RURLTA Sec. 605.
99) RURLTA Sec. 605(1).
100) RURLTA Sec. 605(2).

으로 포기하지 않는 경우에 임차인으로부터 임차주택을 인도받기 위해서는 소송이 필요하다는 일반 원칙을 천명한 것이다. 이 소송은 해당 주의 퇴거법에 따라 이루어지거나 보다 신속한 약식재판절차(summary procedure)에 따라 이루어질 수 있다.101)

(3) 담보권 등 설정 금지

임대인은 임차인의 임대차계약 또는 통일주택임대차법에 따른 임차인의 의무 이행을 확보하기 위해 임차인의 유체 동산(tangible personal property)에 부담(lien) 또는 담보권을 설정하거나 등록 또는 실행할 수 없다.102) 임대인은 임대차계약에 따른 임차인에 대한 채권의 만족을 얻기 위해서 또는 임차인의 의무 이행을 담보하기 위하여 임차인의 유체 동산을 압류하거나 담보권을 설정, 등록 또는 실행하는 것을 금지하고 있다. 그러나 임대인은 임대차계약과 무관한 다른 계약상 임차인의 채무를 담보하기 위하여 임차인의 유체동산에 부담 또는 담보권을 설정할 수는 있다. 예컨대, 임대인이 소유한 가전제품판매점에서 임차인이 가전제품을 할부로 구입한 경우 임대인은 할부매매에 따른 대금채권을 담보하기 위하여 임차인의 가전제품을 압류하거나 담보권을 설정할 수 있다.103)

(4) 가정폭력 등에 따른 임대차계약 해지와 임대인의 구제수단

임차인 또는 그 직계가족이 가정폭력 등의 피해자로서 통일주택임대차법에 따라 임대차계약을 해지한 경우 임대인은 가해자에게 이로

---

101) Comment to RURLTA Sec. 605.
102) RURLTA Sec. 603(b). 통일주택임대차법의 시행일 이전에 설정되거나 등록된 물적 부담 또는 담보권에는 적용되지 않는다.
103) Comment to RURLTA Sec. 603.

인한 실손해의 배상을 청구할 수 있다. 가해자가 임대차계약의 당사자로서 임차주택을 점유하고 있는 경우 임대인은 가해자에게 임대차계약 또는 통일주택임대차법에 따른 모든 채무에 대해 책임을 물을 수 있다.[104]

5. 임차인의 사망 시 법률관계

임차인의 사망 시 법률관계에 관한 규정은 2015년 통일주택임대차법이 개정되면서 새로 입법된 것이다.

(1) 생존 배우자의 임대차계약 승계

임대차계약상 유일한 임차인이 임대차기간 중 사망한 경우, 해당 주택에 거주하는 임차인의 생존 배우자[105]는 임대인에게 기록에 의한 통지를 하고 임대차계약을 승계할 수 있다. 위 통지는 임차인이 사망한 날로부터 [20]일 이내에 이루어져야 하고 임대차계약을 승계할 의사를 밝혀야 한다.[106] 임대차계약을 승계하면 생존 배우자가 임대차계약의 임차인이 된다. 이때 임대차계약의 승계에 임대인의 동의는 필요하지 않다.[107]

---

104) RURLTA Sec. 1105(a).
105) 통일주택임대차법은 생존 배우자 외에 partner in a civil union, domestic partner 를 추가할 수 있다고 한다. RURLTA Sec. 803(a).
106) RURLTA Sec. 803(a).
107) Comment to Sec. 803(a); RURLTA Sec. 803(a).

(2) 임대차계약의 해지

임대차기간 중 임차인이 사망한 경우, 임대인 또는 임차인 대리인(tenant representative)[108]은 임대차계약을 해지할 수 있다.[109] 그러나 앞서 살펴본 바와 같이 생존 배우자가 임차인이 사망한 날로부터 [20]일 이내에 임대차계약을 승계하겠다는 의사를 표시할 수 있으므로 임대인 또는 임차인 대리인은 생존 배우자가 임대차계약을 승계할지 여부를 결정할 수 있는 기간이 도과하기 전에는 해지권을 행사할 수 없다.[110]

임대인 또는 임차인 대리인은 상대방과 임차주택에 살고 있는 생존 배우자에게 서면 통지를 함으로써 임대차계약을 해지할 수 있다. 생존 배우자에게 보내는 통지에는 그 통지를 받은 때로부터 [20]일 내에 임대차를 승계할 수 있다는 내용을 명시하여야 한다. 만약 생존 배우자가 임대차계약을 승계하면 생존 배우자가 그 임대차계약의 임차인이 된다.[111]

임대인이 임대차계약을 해지하기 위해 임차주택에 거주하는 생존 배우자나 임차인 대리인과 연락할 수 없는 경우에, 임대인은 임차료가 최소 [25]일 연체되면 통지 없이 일방적으로 임대차계약을 해지할 수 있다. 예를 들면, 12월 31일에 종료되는 임대차계약의 임차인이 3월 1일에 임대료를 납부하고 3월 5일에 사망했다고 가정해 보자. 임대인은 3월 10일 임차인의 사망 사실을 알았다. 3월분 임대료가 납부되었으므로 임대인은 3월에 임대차계약을 해지할 수 없다. 그러나 4월 1일에

---

108) RURLTA Sec. 102(35)에서 임차인 대리인을 정의하고 있다. "임차인 대리인(tenant representative)"는 (ⅰ)사망한 임차인의 상속재산에 관한 개인 대리인, 또는 (ⅱ)개인 대리인이 임명되기 전에는 연락 담당자(contact person), 연락 담당자가 없는 경우에는 임대인이 상속법상 임차인의 상속인이라고 합리적으로 판단되는 사람을 의미한다.
109) RURLTA Sec. 803(c).
110) RURLTA Sec. 803(c).
111) RURLTA Sec. 803(b).

임차료가 납부되지 않았고 임대인이 임차인 대리인과 연락할 수 없는 경우, 임대인은 4월 25일 이후에 임대차계약을 일방적으로 해지할 수 있다. 임대인이 임차인 대표와 연락이 되는 경우에는 임대인은 일방적으로 해지할 수 없고, 서면 통지를 통해 임대차계약을 해지할 수 있다.112)

6. 반려동물 관련 규정

통일주택임대차법 이외의 법률에서 달리 규정하는 경우를 제외하고, 임차인이 임차주택의 부지에서 반려동물을 기르는 경우, 임대인은 임차인에게 임차주택 부지의 추가적인 손상 위험에 비례하여 추가 보증금을 지급하도록 요구할 수 있다.113) 그러나 임대인이 반려동물에 대해 더 높은 보증금이나 수수료를 요구하는 것은 장애인인 임차인이 장애인을 보조하는 동물(service animal)을 키울 권리를 규율하는 연방법이나 주법에 의해 제한될 수 있다.114)

7. 임차보증금(security deposit)

(1) 의의

"임차보증금"이란 임대차계약 또는 통일주택임대차법에 따른 임차인의 금전 및 기타 채무의 이행을 담보하기 위해 임대인에게 제공되는 자금과 그 자금의 식별 가능한 수익금을 의미한다. 임차보증금에 임차료나 수수료는 포함되지 않는다.115) 통일주택임대차법은 임차보증금을

---

112) Comment to Sec. 803(d).
113) RURLTA Sec. 1201(d).
114) omment to Sec. 1201.

기본적으로 월 임차료의 [2]배로 예정하고 있다.116) 다만, 각 주는 해당 주 내의 시장 상황에 적합한 금액을 선택할 수 있다.117)

(2) 임차보증금의 분리 예치 의무

통일주택임대차법은 2015년 개정을 통하여 임대인은 임차보증금을 임대인의 다른 자금과 분리(segregation)해야 한다는 새로운 요건을 도입하였다. 임대인의 임차보증금 반환의무를 확실히 담보하기 위한 것이다. 임대인이 반드시 임차인으로부터 받은 금액 그 자체를 임차보증금 예금계좌에 입금할 필요는 없다. 임대인이 임차보증금으로 충당하기 위해 자신의 돈을 임차보증금 예금계좌에 입금하면 이 자금은 더 이상 임대인의 개인 자금이 아닌 것으로 된다. 따라서 이 경우 임대인이 임차보증금을 혼화한 것은 아니다.118)

통일주택임대차법상 임대인은 임차보증금을 임차보증금만을 위한 별도의 계좌(이하 "임차보증금 계좌"라고 한다)에 예치하고 계좌의 명칭에 임차보증금이 예치되어 있음을 표시하여야 한다.119) 임대인은 임차보증금을 다른 자금(예컨대, 개인 자금이나 사업 자금 등)과 혼화할 수 없다. 그러나 임차인별로 별도의 계좌를 만들어야 하는 것은 아니고, 임차보증금 계좌에 복수의 임차인들의 임차보증금을 함께 예치할 수 있다.120) 다만, 임대인은 임차보증금 계좌에 예치된 자금 중 각 임차인에게 귀속되는 액수를 항상 기록하고 유지하여야 한다.121)

---

115) RURLTA Sec. 101(29).
116) RURLTA Sec. 1201(b).
117) Comment to Sec. 1201.
118) Comment to Sec. 1203.
119) RURLTA Sec. 1203(a)(1)(A).
120) RURLTA Sec. 1203(a)(2).
121) RURLTA Sec. 1202(a)(1)(B).

(3) 임대인의 파산 시 임차보증금의 법률관계

임차보증금과 관련하여 임대인이 파산한 경우에 임차인을 보호하는 규정을 두고 있다. 임차보증금에 대한 임대인의 권리는 담보권으로 제한된다.[122] 임대인의 채권자 또는 양수인(파산한 임대인의 수탁자 포함)은 일반적으로 임대인의 임차보증금에 대한 권리보다 더 큰 지분을 가질 수 없다.[123]

마찬가지로 임차인이 파산한 경우에도 임대인을 보호하는 규정을 두고 있다. 임차보증금에 대한 임대인의 담보권은 임차인의 채권자 또는 양수인(파산한 임차인의 수탁자 포함)의 경합하는 권리보다 우선한다.[124] 통일주택임대차법은 임차보증금이 임차인의 자산임을 명확히 하여 임차인의 파산 신청 여부와 관계없이 임차인의 채권자에게 도움이 되도록 하였다.[125]

임차인의 보증금에 대한 권리는 은행의 상계권보다 우선한다. 은행은 은행의 계좌 유지와 관련된 비용 외에는 임대인에 대한 채권으로 임차보증금과 상계할 수 없다.[126] 임대인, 임차인 또는 은행은 이와 달리 계약할 수 없다. 은행이 계좌에서 수수료를 공제하는 경우 임대인은 해당 비용을 계좌에 보충할 의무가 있다.[127]

이 법에서 허용하지 않는 혼화의 효과(예: 임대인이 임대인의 개인 자금과 보증금을 혼화한 경우)는 이 법이 아닌 다른 법률의 적용을 받는다.[128] 보증금이 입금된 은행 계좌로부터 자금을 양수한 자가 임차

---

122) RURLTA Sec. 1202(a).
123) RURLTA Sec. 1202(a)(3).
124) RURLTA Sec. 1202(a)(2); Comment to Sec. 1202(a)(2).
125) Comment to Sec. 1202
126) RURLTA Sec. 1202(b)(1); Comment to Sec. 1202.
127) Comment to Sec. 1202.
128) Comment to Sec. 1202.

인의 권리로부터 자유로운 자금을 취득하는지 여부는 부당이득에 관한 법에 의해 규율된다.129)

8. 임대차 기간만료 후의 법률관계

보통법(common law)에 따르면 임차인이 임대차 기간이 만료된 후에도 임차주택을 점유하는 경우 임대인은 임차인을 무단침입자(trespasser) 또는 정기 임차인(periodic tenant)중 하나로 취급할 수 있다.130) 일반적인 임대차는 일정한 기간을 정한 임대차(tenancy for a fixed term)131)인 반면 정기 임대차(periodic tenancy)란 월 단위 또는 주 단위의 임대차를 의미한다. 보통법의 전통을 반영하여 통일주택임대차법은 임대인의 동의 없이 임대차기간이 만료된 후 또는 정기 임대차의 해지 후에도 임차인이 임차주택을 계속 점유하는 경우 임대인은 임차주택의 인도소송을 제기할 수 있다고 규정하고 있다.132) 이때 임차인의 계속적 점유가 고의적인 경우에는 임대인은 정기 임차료(periodic rent)의 [3배]와 실제 손해액의 [3배] 중 더 큰 금액의 배상을 청구할 수 있다.133) 임대인과 임차인이 서면으로 달리 합의하지 않는 한, 임대차 기간이 만료된 후 임차인이 임대인의 동의를 얻어 계속해서 거주할 경우, 만료된 임대차와 동일한 조건으로 월 단위의 정기 임대차계약이 이루어지게 된다.134)

---

129) Comment to Sec. 1202; RURLTA Sec. 1202(c); Restatement (Third) of Restitution and Unjust Enrichment§ 67, cmt. d.
130) Comment to RURLTA Sec. 802(a).
131) RURLTA Sec. 102(33).
132) RURLTA Sec. 802(a).
133) RURLTA Sec. 802(a).
134) RURLTA Sec. 802(b).

IV. 우리나라에의 시사점 - 결론에 갈음하여 -

통일주택임대차법의 규율 내용 중 우리나라의 임대차제도에 시사점을 주는 내용을 간추려 보면 다음과 같다.

1. 주거적합성

우리 민법이나 「주택임대차보호법」에는 임차주택이 주거에 적합한 상태여야 한다는 규정이 없다. 임차주택이 사회 통념상 다소 주거에 적합하지 않은 상태라고 할지라도 임차인과 임대인 사이에 임대차에 관한 합의가 이루어지면 주거적합성은 크게 문제되지 않는다. 그러나 주거에 적합하지 않은 옥탑방, 창고방, 쪽방 등 열악한 주거환경에서 살아가는 임차인들의 현실을 고려하면 주거적합성의 문제를 행정법 등 공법의 영역에서만 규율할 것이 아니라 민사법의 영역에서도 적극적으로 대응할 필요가 있다. 임차주택에 수도, 환기, 난방, 전기, 방수 가능한 외벽 시설을 갖추고, 설치류나 기타 해충을 제거하고, 석면이나 독성 곰팡이 기타 유해 물질에 노출되지 않도록 합리적인 조치를 취할 의무를 임대인에게 부과하고, 임대인의 위와 같은 의무를 임차인이 면제해 주거나 임차인에게 이전하는 것을 허용하지 않는 것이 필요하다. 나아가 임대인이 위 의무를 위반하는 경우에 일정한 기간 내에 시정하지 않으면 임차인이 임대차계약을 해지하거나 손해배상청구를 할 수 있도록 규정하는 것이 바람직하다.

주거적합성과 관련된 위와 같은 제안에 대하여 반론을 제기하는 것도 가능하다. 임차인이 주거에 적합하지 않은 주택에 상대적으로 낮은 임차료로 임대차계약을 체결한 후 일정 기간 거주 후에 주거적합성을 문제 삼아 갑자기 계약을 해지하거나 손해배상청구를 할 위험이 있다는 것이다. 물론 임차인의 악의적이고 기회주의적인 행위가 있다면 이는 규율되어야 한다. 그러나 민사법의 영역에서 주거적합성에 관한 기준을 정하고 임대인에게 의무를 부과하는 것은 인권 및 사회적 기본권과 연결된 문제라고 생각한다. 또한 주거적합성을 둘러싼 다툼은 종국적으로 임대인과 임차인 사이의 민사사건으로 귀결되므로 민사법 영역에서 주거적합성의 개념을 수용하고 민사 법리를 발전시킬 필요가 있다.[135]

2. 임대인의 보복행위 금지 조항

미국 임대차제도의 역사를 보면, 임대인이 주거적합성 관련 의무를 위반하는 경우에 임차인이 임차료의 지급을 거절할 수 있는 구제방법이 법원에서 인정된 이후[136] 임대인의 보복행위가 빈발하였다.[137] 임차인이 주거적합성과 관련하여 임차주택의 법규 위반사항을 정부기관에 민원을 제기하거나 소송을 제기하면 임대인은 임차료 인상, 계약갱신 거절, 주거적합성을 위한 공사를 해야 한다는 구실로 임대차기간 도중에 퇴거를 요구하는 등 임차인에게 다양한 보복행위를 시도한 것이다. 이러한 역사적 배경 아래 통일주택임대차법은 임대인이 보복행위를 금지하는 규정을 두고 임차인을 보호하고 있다.

---

135) 김영희, 341-342.
136) Boston Housing Authority v. Hemingway, 363 Mass. 184 (1973). 임차인의 임차료 지급 의무와 견련관계에 있는 것은 임대인의 단순한 목적물 인도 의무가 아니라 주거에 적합한 주택을 인도할 의무라고 함으로써, 임대인이 주거적합성에 미달하는 주택을 인도하였을 경우에 임차인이 임차료 지급을 거절할 수 있다고 판단하였다.
137) 김영희, 380.

우리나라 임대차제도에 주거적합성의 개념을 수용하는 경우에도 위와 같은 임대인의 보복행위에 관한 사례를 염두에 두어야 한다. 주거적합성 관련 조항의 신설이 오히려 현실에서 임차인에게 불리하게 작용하는 일이 없도록 통일주택임대차법과 같이 임대인의 보복행위 금지 조항과 임차인의 민원신청 등의 행위가 있은 후 6개월 이내에 임대인의 임차료 인상, 계약갱신 거절 등의 행위는 보복행위로 추정하는 규정의 입법을 고려해 볼 수 있을 것이다.

3. 가정폭력, 스토킹 등으로부터 임차인 보호

이미 언급한 바와 같이 통일주택임대차법은 2015년 개정을 통하여 가정폭력, 스토킹 등으로부터 임차인을 보호하기 위한 구제 수단을 도입하였다. 임차인이나 그 직계가족이 가정폭력이나 스토킹의 피해자인 경우에 임대차기간이 만료되지 않았다는 이유로 그 임차주택에서 계속 거주해야 한다면 피해자는 심각한 정신적 고통을 겪을 가능성이 높다. 이에 따라, 통일주택임대차법은 가정폭력 등의 피해자가 임차인 또는 직계가족이고 피해자가 임차주택에 계속해서 거주하는 것이 정신적 피해를 유발하거나 추가적인 가정폭력 등으로 고통받을 합리적인 두려움이 있는 경우, 임차인은 임대인의 동의 없이 임대차계약을 해지할 수 있도록 규정하고 있다.

가정폭력, 스토킹, 데이트폭력과 같은 범죄는 우리 사회에서도 빈번히 발생하고 있으며, 이들 범죄는 피해자의 주거지와 밀접한 관련성을 갖는다는 특징이 있다. 가정폭력이나 데이트폭력은 피해자의 거주지에서 발생하고, 스토킹 역시 가해자가 피해자의 주거지 인근에서 대기하거나 미행하는 방식으로 이루어지는 경우가 많다. 따라서 가해자에 대한 형사적 처벌과 더불어, 피해자의 불안감과 정신적인 고통을 완화하기 위하여 주거와 관련된 보호조치도 필요하다. 특히 가해자에게 피해자의 주거지가 완전히 노출된 상태에서도 임대차계약에 묶여 피해자가 즉시 주거지를 이전할 수 없다면 피해는 더욱 심화되기 때문이다. 이러한 점을 고려하여 우리나라에서도 2024년 11월 5일 임차인 또는 임차인의 가족 구성원이 가정폭력, 성폭력, 스토킹 등 특정 범죄의 피해자가 되었고 법원이 가해자에게 해당 피해자에 대한 접근금지 결정을 내린 경우에는 임대인에게 임대차계약의 해지를 요청할 수 있는 특례 규정(제6조의4)을 신설한 주택임대차보호법 일부개정법률안이 발의되었다.[138] 가정폭력, 성폭력, 스토킹범죄의 피해자가 범죄 현장이자 재범의 공포를 불러일으키는 거주지를 벗어나 평온한 일상을 회복하도록 지원하기 위한 것이다. 가정폭력, 스토킹 등의 범죄피해자인 임차인을 보호하기 위하여 위와 같은 임대차계약 해지권이 조속히 입법되기를 희망한다.

4. 반려동물에 관한 규정

우리 사회에서 반려동물을 키우는 가구 수는 최근 급격히 증가하고 있지만, 임대차 관련 법에는 반려동물에 관한 규정을 전혀 두고 있지 않다. 물론 임대차계약의 특약사항으로 반려동물과 관련된 사항을 정할 수도 있으나, 실제 주택임대차계약 실무를 살펴보면 임대인과 임차인이 임차보증금과 임대차기간 외의 사항에 관해 상세한 협상을 거치는 경우는 드물다.

통일주택임대차법은 임차인이 반려동물을 기르는 경우에 임대인이 추가 보증금을 요구할 수 있다. 다만, 장애인을 보조하는 동물(service animal)을 키울 권리를 규율하는 다른 법률에 의해 임대인의 이러한 권리는 제한될 수 있다고 규정한다.

---

[138] 주택임대차보호법 일부개정법률안(강득구의원 대표발의), 2024. 11. 5.

우리나라에서도 반려동물과 관련된 임대차 분쟁을 예방하기 위해 법적 규정을 마련할 필요성이 있다고 판단된다. 구체적인 분쟁의 사례를 살펴보면, (ⅰ)임대차계약 체결 시 임차인이 반려동물을 키운다는 사실을 임대인에게 알리지 않거나 (ⅱ)임대차기간 중 반려동물을 키우기 시작하면서 임차주택을 훼손할 위험이 커진 경우에 임대인이 임차인에게 계약 해지를 요구하는 상황 등을 볼 수 있다. 이를 방지하기 위해서 (ⅰ)임대차계약 체결 시 또는 임대차기간 중 반려동물을 키우게 될 경우, 일정 기간 내에 임대인에게 이를 고지할 의무를 임차인에게 부과하고, (ⅱ)반려동물로 인해 임차주택이 통상적인 경우보다 더 훼손될 위험이 있다면 임대인이 임차인에게 추가 보증금을 요구할 수 있는 권리를 입법하는 것을 생각해 볼 수 있다. 임차인에게 고지의무를 부과하면 임대인이 계약상대방을 선택할 자유를 보장받을 수 있어 법적 분쟁을 예방할 수 있다. 또한 임대인에게 추가 보증금 요구권을 부여하면 반려동물로 인한 주택 훼손 위험에 대하여 임차인과 임대인 간의 이해관계의 균형을 맞출 수 있을 것으로 판단된다. 다만, 「장애인복지법」은 "누구든지 보조견표지를 붙인 장애인 보조견을 동반한 장애인이 대중교통수단을 이용하거나 공공장소, 숙박시설 및 식품접객업소 등 여러 사람이 다니거나 모이는 곳에 출입하려는 때에는 정당한 사유 없이 거부하여서는 아니된다"라고 규정한다(동법 제40조 제3항). 따라서 임대차 관련 법에 반려동물에 관한 규정을 입법하는 경우에도 장애인의 기본권을 보장하기 위하여 장애인을 보조하는 동물(보조견 등)에 대하여는 추가 보증금 요구권에 관한 예외 규정을 둘 필요가 있다.

| 참고문헌 |

김영희, "미국법상 임대차주택의 주거적합성에 관한 연구", 법사학연구 제57권 (2018. 4)
박찬운, "사회권의 성격과 사법구제 가능성 – 헌법재산에서의 사법구제 가능성을 중심으로-", 법학논총 25권 3호 (2008)
이은기, "주거권의 입론", 서강법학 제9권 제2호 (2007. 12)
장민, "미국 주택임대차에서 있어서 주거적정성의 묵시적 보장", 법학논총 제26집 (2011. 7)
전장헌, "미국주택임대차의 범위 및 구제에 대한 소고 – 미국주택임대차법을 중심으로 -", 동북아법연구 제13권 제3호 (2020. 1)
_____, "미국부동산에서 주택임대차의 성립요건과 의무에 대한 고찰 – 미국주택임대차법을 중심으로 -", 법학연구 제19권 제2호 (2019. 6)
_____, "미국임대차에서 의무위반의 구제에 대한 고찰 – 미국주택임대차법을 중심으로 -", 법학연구 제19권 제3호 (2019. 9)
National Conference of Commissioners on Uniform State Laws, "Revised Uniform Residential Landlord and Tenant Act (2015) with Prefatory Note and Comments" (2015)

독일 주택임대차 법제에 있어 주택임차인 보호 고찰

이도국*

| 초록 |

본고에서는 한국과 독일의 주택임대차의 현실과 법제가 서로 동일하지 않음을 전제로, 가능한 범위 내에서 독일법상 법규·제도를 분석함으로써 한국의 주택임차인의 권리 보호 개선 방안을 모색하여 보고자 하였다. 구체적으로 주택임차인 보호의 관점에서 독일의 주택임대차관계에 관련한 규정들, 특히 주택임대차의 차임인상, 주택임대차의 해지, 임차주택의 양도 그리고 임차보증금의 반환에 있어서 중요한 법규범의 분석을 통하여 우리의 주택임대차 관련 법제에 대한 비교법적 시사점을 고찰하고자 하였다.

독일에서 타인 소유 주택의 사용은 전형적으로 매월 차임을 지급하는 임대차계약의 형식으로 이루어지고 있다. 이와 같은 독일 주택임대차 법제는 채권적 전세 유형이 일반적인 우리 주택임대차 법제와 전적으로 일치하지는 않다. 그럼에도 사회적 약자의 지위에 놓인 주택임차인의 보호라는 공통의 목적을 가지고 있다고 할 것이다. 그에 따라 독일에서는 민법(BGB)을 중심으로, 먼저 차임보호의 관점에서 여러 차례에 걸친 개정을 통해 지역상례적 비교차임(ortsübliche Vergleichsmiete), 차임 규제(Mietpreisbremse) 등을 중심으로 주택임대차 시장 상황에 따른 차임인상의 합리적 제한을 도모하고 있다. 다음으로, 존속보호 측면에서 장기적인 임대차 관행에 비추어 어떤 방식으로 주택임대차관계를 합리적으로 해지(Kündigung)할 수 있는가에 관해서 상세히 규정하고 있다. 그리고 임차주택이 제3자에게 양도될 때 새로운 양수인이 법률의 규정에 의해 기존의 임대인의 지위를 승계하는 것으로 하여 임차인의 임차권을 보호하고 있다(Kauf bricht nicht Miete).

* 한양대학교 정책학과 교수

또한 임대차보증금은 임대차관계에서 발생 가능한 임차인 측의 채무불이행에 대한 담보를 위한 목적으로 월 차임의 3배를 한도로 요구될 수 있도록 규정하고 있다(Mietsicherheit).

우리의 경우 수차례에 걸쳐 「주택임대차보호법」 등 관련 법제의 개선 노력을 지속하고 있음에도 불구하고 고도의 대도시 편중현상으로 인하여 서울이나 수도권을 중심으로 아직도 주택임차인의 계약 교섭력이 상대적으로 약한 것으로 평가된다. 따라서 임차인의 보호를 기초로 하여 궁극적으로 임대인과 임차인의 합리적인 이해관계 조절을 위하여 지속적인 법·정책적 개선 논의는 여전히 필요하다. 이제는 주택시장에서 거주공간을 바라봄에 있어 소유의 목적에서 거주의 목적을 위한 주택의 사용이라는 인식의 대전환이 필요한 시점이라고 판단되는데, 이러한 관점에서 독일민법상 주택임대차 관련 법제도가 임차인 보호를 위하여 시사하는 여러 방향성에 관한 지속적인 관심과 연구의 필요성이 크다.

I. 서언

쾌적하고 안정된 주거생활의 중요성은 그 누구도 부인할 수 없을 것이다. 이를 위하여서는 각자 자신이 희망하는 주거공간을 직접 소유하는 것이 궁극적으로 가장 이상적인 방식일 수 있다. 그러나 이는 물리적 한계성에 기인하여 현실적으로 쉽지 않기에 주거를 위해 타인 소유의 주택을 빌려 사용할 수밖에 없는 사람들이 있고, 일반적으로 이들은 특히 주거 수요가 높은 주택시장에서 상대적으로 경제적 약자로서 불리한 지위에 처해지게 되었다. 최근 주거실태 통계에 따르면, 전국적으로 38.8%의 국민이 임차의 형태로 주거하고 있고, 저소득층일수록 그 비중이 더욱 높음을(48.5%)을 확인할 수 있다.[1] 따라서 이와 같

---

1) https://stat.molit.go.kr/portal/cate/statView.do?hRsId=327 (2025.2.10. 최종확인).

이 타인 소유 주택을 주거를 위한 용익의 목적으로 사용하여야 하는 사람들을 사회적 관점에서 보호해야 할 필요성은 우리에게 여전히 크다.

이러한 상황은 우리뿐만 아니라 약 60%의 국민이 임대차 계약을 통하여 주거생활을 하고 있는 독일에서도 크게 다르지 않다. 독일은 이미 제1·2차 세계대전 이후, 그리고 또다시 1990년 동서독 통일 이후에 대도시를 중심으로 심각한 주택난을 경험하였다. 이 과정에서 현출된 주택임차인 보호의 필요성에 착안하여 독일민법(BGB) 등을 중심으로 한 개선을 통해 주택임차인의 보호를 도모하고 있다.

이에 여기에서는 한국과 독일의 주택임대차의 현실과 법제가 서로 동일하지 않음을 전제로,[2] 가능한 범위 내에서 법규·제도를 분석함으로써 한국의 주택임차인의 권리 보호 문제를 개선하는 방안을 모색하여 보고자 한다. 구체적으로 주택임차인 보호의 관점에서 독일의 주택임대차관계와 관련한 규정들, 특히 주택임대차의 차임인상, 주택임대차의 해지, 임차주택의 양도 그리고 임차보증금의 반환에 있어서 중요한 법규범의 분석을 통하여(제2장) 우리의 주택임대차 관련 법제에 대한 비교법적 시사점을 고찰하고자 한다(제3장).

---

[2] 최근 통계에 따르면(https://kosis.kr/statHtml/statHtml.do?sso=ok&returnurl=https%3A%2F%2Fkosis.kr%3A443%2FstatHtml%2FstatHtml.do%3FtblId%3DDT_30404_N0006_R1%26orgId%3D408%26checkFlag%3DN%26 [2025.02.10. 최종확인]) 한국의 임대차시장의 경우 임차주택 가격의 약 39~84%(전국 평균 64.3%)에 해당하는 임차보증금이 지급되는 유형인 이른바 '채권적 전세' 또는 보증금을 일부 지급하고 그 외에 추가적으로 매월 차임을 지급하는 이른바 '보증부 월세'가 주로 이용되고 있다. 이에 비하여 독일에서는 전형적으로 매월 차임을 주거 사용의 대가로 지급하는 '사용임대차(Mietvertrag)'가 일반적이다. 이러한 차이점으로 인하여 근본적으로 양국의 주택임대차관계 보호 규정은 서로 다른 방향과 목적을 가지고 발전되었다고 평가할 수 있다.

II. 독일 주택임대차 법제 개관

1. 서설

독일은 제1차 세계대전 이후 심각한 주택난에 따른 주택임차인 보호를 위하여 1923년 6월 1일 이른바 「임차인 보호법(Das Gesetz über Mieterschutz und Mieteinigungsämter: Mieterschutzgesetz)」을 제정하여 시행하고 있었다. 이는 독일에서 최초로 주거권(Wohnrecht)이 보장의 대상임이 인정된 것으로 이해할 수 있다. 이후 임대차법의 규율 형태가 체계적이지 못하다는 인식에 따른 개선 필요에 의하여 임대인과 임차인간 이익 조정을 목적으로 「임대차법의 새로운 편성, 간소화 및 개정에 관한 법률(Gesetz zur Neugliederung, Vereinfachung und Reform des Mietrechts)」을 통하여 민법 중 임대차에 관한 법률을 전면 개정하여 2001년 9월 1일부터 시행하고 있으며, 이후 이를 통하여 '주거용 건물(이하 주택임대차)'과 '영업용 건물 임대차'에 관한 규정을 민법에서 규율하는 일원적인 체계를 취하고 있다.[3]

이에 따라 독일에 있어서 현행 임대차 법체계는 독일민법(BGB)에서 통일하여 제5절(Title 5. Mietvertrag, Pachtvertrag)에서 다루고 있다. 다만, 주택임대차관계(Mietverhältnisse über Wohnraum)에 대한 규정을 제2관(Untertitel 2)에서 별도로 두며, 주거 이외의 공간에 대한 임대차관계(Mietverhältnisse über Räume, die keine Wohnräume sind) 등에는 주택임대차에 관한 일부 규정을 특별히 준용하는 방식으로 규율하고 있다(독일민법[4] 제578조 제2항 참조).

독일 주택임대차 법제는 물론 독일민법 편제 상 흐름을 기준으로

---

[3] 김형석, "독일 민법상 주택임대차와 상가임대차", 일감 부동산법학 제10호 (2015), 241 참조.
[4] 이하 별도의 표시가 없는 조문은 독일민법을 의미한다.

하여 살펴볼 수 있다. 다만, 우리의 주택임차인 권리 개선의 관점에서 주로 논의되고 있는 쟁점들과 연관하여 분석하는 방법이 더욱 유의미할 것으로 판단되므로 이하에서는 ⅰ) 부담가능한 주거보장, ⅱ) 존속보호, ⅲ) 대항력, ⅳ) 임차보증금과 같이 주요 네 가지 쟁점별로 검토하고자 한다.

2. 부담가능한 주거보장: 차임인상의 제한

가. 개관

독일에서 차임인상에 대한 규제는 『차임인상법(Gesetz zur Regelung der Miethöhe)』을 통하여 민법이 아닌 특별법으로 규율되어 왔다. 그러나 2001년 동법이 독일민법에 편입되었다. 이에 의하면 독일민법 제557조에 따라 임대차관계가 존속하는 동안 차임의 인상은 기본적으로 당사자의 자유로운 합의를 통하여 이루어질 수 있다. 장래의 차임인상 또는 인하에 대해서는 계단식차임(Staffelmiete) 또는 지수식차임(Indexmiete)의 방법을 당사자의 합의로 약정할 수 있다. 그러나 당사자의 합의가 아닌 임대인의 일방적인 차임의 인상 방법 역시 독일민법에 규정되어 있다. 즉 독일민법 제558조 이하에 의하면, 일정한 경우 임대인은 지역상례적 유사차임(ortsübliche Vergleichsmiete)이라는 기준을 한계로 차임인상에 동의할 것을 임차인에게 청구할 수 있다.

나. 합의에 의한 차임인상

(1) 임대차관계 존속 중 차임인상

제557조 제1항에 따라 임대차계약 당사자는 '임대차관계가 존속하는 동안' 계약자유의 원칙(Prinzip der Vertragsfreiheit)의 실현[5]이라는 관점에서 차임의 인상에 대한 합의가 가능하다. 명문으로 동항이 적용되기 위한 요건으로 오로지[6] 임대차관계의 존속이 요구되므로 이에 따라 임대차계약 체결 시의 합의가 포함되지는 않는다고 보아야 할 것이다.[7] 따라서 계약 체결의 시점에서 '장래' 차임인상 여부에 관한 합의는 뒤에서 살필 계단식 차임방식 또는 지수식 차임방식만이 가능하다.[8] 만약 동항의 규정이 없다면 당사자들은 임대차계약을 해지한 후 변경할 차임을 내용으로 새로운 계약을 체결할 수밖에 없는 번거로움이 예견되므로[9] 이를 고려하였다는 점에 특히 의미가 있는 규정이라 할 것이다.[10] 임대차관계의 존속 중에서 차임인상과 관련한 특징은 임차인 보호 기능을 하는 제558조에 따른 차임인상제한기간(Jahressperrfrist)[11] 및 차임인상한계(Kappungsgrenze)[12] 규정이 제557조 제1항에 따른 합

---

5) 박신욱, "한국과 독일의 임대차임규제에 관한 비교연구", 비교사법 제21권 제4호 (2014), 1514 참조.
6) Harz/Riecke/Schmid/Fleindl, Handbuch des Fachanwalts Miet- und Wohnungseigentumsrecht, 6. Aufl., 2018, Kap. 4, Rdn. 138.
7) Schmidt-Futterer/Börstinghaus, Mietrecht, 16. Aufl., 2024, § 557, Rdn. 22. 계약 체결 시 차임에 대한 합의가 있었으나 임대차관계의 존속 중 특정 시점에 효과가 나타나는 것으로 합의된 경우라면 역시 동항이 적용되어야 할 것이다.
8) Blank/Börstinghaus/Siegmund/Börstinghaus, Miete, 7. Aufl., 2023, § 557, Rdn. 7.
9) Blank/Börstinghaus/Siegmund/Börstinghaus, Miete, 7. Aufl., 2023,§ 557, Rdn. 1.
10) 이도국, "독일 주택임대차관계에서의 차임에 관한 연구", 법학논총 제36집 제2호 (2019), 186.
11) 제558조 제1항 제2문 "차임인상 청구는 최종의 차임인상이 있은 후 적어도 1년이 경과한 후에야 이를 할 수 있다".
12) 제558조 제3항 "제1항에 의한 인상에 있어서 차임은 3년 동안에, 제559조 내지

의에는 적용되지 않으므로 이러한 제한과 무관하게 합의에 따른 차임 변경이 가능하다는 점이다.

(2) 장래를 향한 차임인상

제557조 제2항에 따라 주택임대차관계에서 장래를 향한 차임 변경에 대한 합의는 아래와 같이 계단식 차임 또는 지수식 차임 방식을 통하여 가능하다.[13]

(가) 계단식 차임(Staffelmiete)

제557조의a에 따라 임대인과 임차인은 계단식 차임방식을 통하여 각 특정기간 동안 차임이 변동될 수 있음과 각 기간별 인상 정도에 대하여 합의할 수 있다(제1항). 이러한 합의는 계약 체결 시 또는 임대차관계가 존속하는 중에 가능하다.[14] 이 방식은 경제상황의 변동과 무관하게 임대인과 임차인은 앞으로 지급될 차임을 예상하여 계산할 수 있게 된다는 특징이 있다. 즉 임대인은 투자의 관점에서 어느 정도의 차임을 지급받을 수 있을지 보다 명확히 계산할 수 있고, 임차인은 장래의 차임인상 범위 및 기간을 미리 쉽게 판단할 수 있게 된다.[15]

유의할 점은 2015년 개정을 통하여 차임 규제(Mietpreisbremse) 규정들이 도입되면서 제556조의d 내지 제556조의g에 따른 해당 규정이

제560조에 의한 인상을 제외하고, 20%를 초과하여 인상하지 못한다(인상한계). 어느 기초지방자치단체 또는 그 일부에서 주민들에 대하여 적절한 조건으로 충분한 임대차 주거를 제공하는 것이 특히 위태롭고 또한 그러한 지역이 제3문에 따라 정하여지는 경우에는, 제1문에 규정된 비율은 15%에 해당한다. 주(州)정부는 법규명령을 통하여 각 최장 5년의 기간으로 그러한 지역을 정할 권한을 가진다".

13) Blank/Börstinghaus/Siegmund/Börstinghaus, Miete, 7. Aufl., 2023, § 557, Rdn. 8-10 참조.
14) MüKoBGB/Artz, Münchener Kommentar zum Bürgerlichen Gesetzbuch, 9. Aufl., 2023, § 557a, Rdn. 5.
15) Grüneberg/Weidenkaff, Bürgerliches Gesetzbuch, 83. Aufl., 2024, § 557a, Rdn. 1.

계단식 차임에도 적용될 수 있다는 것이다(제557조의a 제4항).16) 즉, 주거시장 사정이 열악한 지역에서 장래 차임에 대하여 계단식 차임을 약정하는 경우 해당 차임의 전부는 지역상례적 비교차임(ortsübliche Vergleichsmiete)의 10% 이내로 제한되게 되었다.

(나) 지수식 차임(Indexmiete)

제557조의b에 의하여 차임을 독일 연방통계청에서 조사된 가계물가지수에 따라 정하기로 합의하는 것이 지수식 차임 방식이다(제1항).17) 동 방식에 따르는 경우 계단식 차임방식에서와 같이 앞으로 지급되어야 할 차임의 정도가 어느 정도인지 명확하고 쉽게 예상할 수는 없을 것이다. 통상적으로 물가가 상승할 것이라는 것은 추상적으로 예측 가능하지만 구체적으로 어느 정도인지는 불명확하기 때문이다. 동 방식은 임대인의 입장에서는 본인의 생계를 위한 지출이 가계물가에 따른 영향을 받는 만큼 차임을 안정적인 수입으로 삼을 수 있다는 점과 제558조 이하의 차임인상 절차보다 상대적으로 간편한 차임인상이 가능하다는 것이 장점이다. 또한 임차인의 입장에서는 동일 지역 내에서 통상적인 차임인상 수준이 최근 몇십 년간 물가 인상 폭보다 더욱 크다는 점을 부인할 수 없다는 측면에서 경제적으로 유리하다는 것이 장점으로 작용할 수 있다.18) 물론 경우에 따라서는 물가가 하락할 수도 있으므로 그에 따른 차임 인하를 기대하게 되는 것도 하나의 장점일 것이다.

앞서의 계단식 차임 방식과 마찬가지로 주거시장 사정이 열악한 지

---

16) 2015년 이전의 경우 계약 체결시 당사자는 원칙적으로 자유롭게 이와 같은 제한 없이 차임의 인상을 합의할 수 있었다. 물론 이 경우에도 독일형법(StGB) 제291조 및 독일경제형법(WiStG) 제5조에 따른 제한은 가능하였다.
17) 2001년 임대차개혁법(MietRRG)에 의해서 민법전에 새롭게 규율되었다(Gramlich, Mietrecht, 14. Aufl., 2018, § 557b, Rdn. 1).
18) Schmidt-Futterer/Börstinghaus, Mietrecht, 16. Aufl., 2024, § 557b, Rdn. 8.

역에서 장래 차임에 대하여 지수식 차임 방식으로 합의할 경우에는 제556조의d 내지 제556조의g에 따른 차임 규제의 제한을 고려하여야 한다(제4항). 다만 시장 상황에 따른 가계물가지수의 유동성을 고려한 특성상 앞으로의 지수식 차임방식에 따른 전체 차임이 아닌, 약정상 최초 차임에 대해서만 차임 규제 규정이 적용된다는 것에 차이가 있다.[19] 아울러 계단식 차임방식과 달리 시간의 경과에 따라 자동적으로 차임 변경이 이루어지는 것이 아니라 임대차임 변경을 위해서는 계약당사자 일방의 문면방식(Textform)에 의한 의사표시가 요구된다(제3항).

다. 임대인에 의한 일방적 차임인상

(1) 지역상례적 비교차임(ortsübliche Vergleichsmiete)

임대인은 제558조에 따라 일정한 경우 임차인과 합의 없이도 이른바 지역상례적 비교차임(ortsübliche Vergleichsmiete)을 상한으로 하여 임차인에게 차임인상에 동의할 것을 청구할 수 있다. 이는 임차 주택이 있는 지역 내 비슷한 유형의 주택에 대한 통상적인 차임이 어느 정도인지를 상호 비교할 수 있고, 차임인상 시 비교된 일정 수준 이상의 초과 인상을 제한할 수 있는 기준을 의미한다. 임대인에게 독자적으로 차임인상을 요구할 수 있는 법적 근거가 있으나, 동시에 이를 행사할 때 일정한 제한 범위 내에서 그의 권리가 제한될 수 있다는 점에서 동 규정은 임차인 보호의 관점에서 큰 의미가 있다고 할 것이다.[20]

제558조의b에 의하면 임차인이 차임인상 청구에 동의하는 경우 인상청구 도달 후, 세 번째 달이 시작되는 때로부터 그 인상된 차임에 대한 채무를 부담하게 된다(제558조의b 제1항). 그러나 만약 임차인이 임

---

19) Gramlich, Mietrecht, 14. Aufl., 2018, § 557b, Rdn. 7.
20) 이도국, "독일 주택임대차관계에서의 차임에 관한 연구", 법학논총 제36집 제2호 (2019), 188.

대인의 이러한 청구에 동의하지 않는다면 임대인은 소를 제기할 수 있다(제558조의b 제2항). 임차인의 입장에서는 차임에 동의하지 않고 임대인이 소를 제기할 때까지 기다려 대응할 수도 있겠지만, 임대인의 차임인상이 법원에 의하여 받아들여질 경우에는 차임에 대한 부담 증가를 이유로 지불 가능한 다른 주거 공간을 찾을 수도 있을 것이다. 그러한 의미에서 임대인의 차임인상에 임차인이 동의하지 않는다면 임차인은 임대차계약을 스스로 특별 해지(Sonderkündigung)할 수 있다(제561조 제1항).21) 따라서 이러한 임대인의 권리는 임차인의 동의권이 실효적으로 보장되는지의 문제와 함께 논의되어야 할 것이다.

동 규정은 먼저 임차인의 입장에서는, 임대인이 일방적으로 인상을 요구하고 이를 임차인이 받아들이지 않으면 임대차계약을 해지하여 새로운 임차인을 구하는 것이 법률상 허용되지 않는다는 점에서 이른바 존속보장의 측면에서도 의미가 있다. 아울러 임대인의 입장에서는 주택시장의 현실을 반영한 적절한 차임을 받을 수 있는 법적 방법이라는 점에 그 의의가 있다.22)

지역상례적 비교차임은 통상 주거공간을 유형적으로 분류한 기준에 따라 고려될 수 있다(제558조 제2항). 즉, 유사한 임차주택의 종류(Art)·크기(Größe)·설비(Ausstattung)·성상(Beschaffenheit)·위치(Lage)·에너지 고효율과 관련된 시설과 성상(energetische Ausstattung und Beschaffenheit)23) 등을 통하여 지역별로 정해질 수 있다.24)

---

21) 제561조 제1항 "임대인이 제558조 내지 제559조에 의한 차임인상을 행한 경우에 임차인은 임대인의 의사표시 도달 후 두 달이 경과할 때까지 임대차관계를 특별해지할 수 있고, 이 해지는 두 달의 경과로 효력이 발생한다. 임차인이 해지하면 차임인상은 발생하지 않는다".
22) Schulze/Eckert, Bürgerliches Gesetzbuch: Handkommentar, 10. Aufl., 2018, § 558, Rdn. 1.
23) 2013년 개정법에 따라 기존의 기준 이외에 해당 기준이 추가되었고 이는 독일에서의 에너지 정책에 따른 주택개량과 이에 따른 차임인상 문제를 함께 규율하기 위한 것이라고 평가할 수 있다. 자세한 내용은 이도국, "2013년 독일 주택

(2) 인상청구 근거

지역상례적 비교차임을 기준으로 임대인이 임차인에게 차임의 인상을 문면으로 요구할 때 적법한 '이유'로서 제시할 수 있는 것으로는, 차임일람표(Mietspiegel), 차임정보은행의 정보자료(Mietdatenbank), 공적으로 위촉받고 선서한 전문가가 이유를 붙여 작성한 감정서 또는 개별 유사주택에 있어서 상응하는 대가(이 경우 3개 주거를 열거하면 충분함)가 있다(제558조의a 제2항).

(가) 차임일람표(Mietspiegel)

차임일람표는 두 가지 방식이 인정된다. 먼저 일반적인 차임일람표(einfacher Mietspiegel)는 임대인 및 임차인의 이익대표가 공동으로 또는 주법에 의하여 관할권 있는 기관이 작성하거나 승인한 지역상례적 비교차임에 관한 보통의 일람표를 의미한다(제558조의c).[25] 다음으로 공인차임일람표(qualifizierter Mietspiegel)는 이와 같은 일반차임일람표의 작성기준을 보다 강화하여 추가 요건을 규정하고 있는데, 일반적으로 승인된 전문적 원칙에 따라 작성되고 주법에 의하여 관할권 있는 기관 또는 임대인과 임차인의 이익대표가 승인한 차임일람표를 말한다(제558조의d).[26] 차임일람표는 통상 해당 임차주택이 언제 건축되었는지와 면적의 대소를 기본적인 기준으로 각각의 거주 위치, 설비 등을 고려하여 평방미터(m2) 당 월 유로화(€) 기준 순수차임(Netto-Kaltmiete)

임대차개정법에 대한 고찰", 법학논총 제31집 제3호 (2014), 241 이하 참조.
24) 물론 이러한 명문의 기준 이외에도 해당 주택의 건축연령(Baualter)도 실무적으로 하나의 기준으로 역할을 할 수 있다(Blank/Börstinghaus/Siegmund/Börstinghaus, Miete, 7. Aufl., 2023, § 558, Rdn. 31).
25) MüKoBGB/Artz, Münchener Kommentar zum Bürgerlichen Gesetzbuch, 9. Aufl., 2023, § 558c, Rdn. 1.
26) MüKoBGB/Artz, Münchener Kommentar zum Bürgerlichen Gesetzbuch, 9. Aufl., 2023, § 558d, Rdn. 1.

이 당해 지역에서 통상적인 차임으로 볼 수 있는가의 정보를 담고 있다.

(나) 차임정보은행상의 정보자료(Mietdatenbank)

이는 지역상례적 비교차임을 조사하기 위하여 지속적으로 수집한 차임 정보의 집합으로서, 임대인과 임차인 측 이익대표가 공동으로 또는 지방자치단체가 이를 수집하거나 승인하고 또한 그로부터 개별 주거에 대하여 그 지역상례적 비교차임을 추정할 수 있는 정보를 제공하는 것을 의미한다(제558조의e).[27] 차임정보은행상의 정보자료의 주요 기능은 지역상례적 비교차임의 조사와 정보 제공에 있으므로,[28] 차임인상을 요구하는 임대인뿐만 아니라 임차인 역시 충분한 정보에 쉽게 접근하고 그 정보를 활용할 수 있어야 할 것이다.[29]

(3) 지역상례적 비교차임 적용의 법적 한계

(가) 차임인상한계(Kappungsgrenze)

임대인의 일방적인 차임인상의 경우 일차적으로 지역상례적 비교차임의 범위 내로 제한을 받는 것에 이어 이차적인[30] 법률적 한계가 존재함에 유의하여야 한다. 즉, 제558조 제3항 제1문에 따라 원칙적으로 3년 동안에 20%를 초과하여 인상하지 못하는 제한이 그것이고, 이를 일반적으로 차임인상한계(Kappungsgrenze)라고 칭한다. 이러한 차임인상의 제한은 독일 전 지역에 일률적으로 적용되었다. 그러나 차임

---

27) MüKoBGB/Artz, Münchener Kommentar zum Bürgerlichen Gesetzbuch, 9. Aufl., 2023, § 558e, Rdn. 2-5.
28) Blank/Börstinghaus/Siegmund/Börstinghaus, Miete, 7. Aufl., 2023, § 558e, Rdn. 1-7.
29) 이도국, "독일 주택임대차관계에서의 차임에 관한 연구", 법학논총 제36집 제2호 (2019), 191.
30) Schulze/Eckert, Bürgerliches Gesetzbuch: Handkommentar, 10. Aufl., 2018, § 558, Rdn. 4.

인상한계는 모든 인상 요구에 적용되지는 않는다. 즉, 주택 개량조치(제559조) 또는 관리비(제560조)의 상승을 원인으로 하는 차임인상의 경우에는 위와 같은 제한의 적용 없이 인상 가능하다.

그러던 중 이러한 제한은 2013년 개정법에 따라 신설된 제558조 제3항 제2문에 의하여 더욱 강화되었다. 즉, 임차주택의 수요가 큰 지역의 경우 차임인상한계를 한층 더 축소하여 '15%'로 제한할 수 있게 되었고 이를 통하여 차임통제를 통한 임차인의 권리보호가 한층 더 강화될 수 있게 되었다. 구체적으로 어떤 지역이 임차주택의 원활한 공급이 부족하여 15%를 한도로 차임인상이 제한될 수 있는가는 동항 제3문에 따라 각 주(州)정부의 권한에 속하게 된다. 주정부는 이를 위하여 법규명령에 따라 매 5년을 최고 기간으로 주 내 지역 중 해당 차임인상한계가 적용될 곳을 정할 수 있다.

(나) 차임 규제(Mietpreisbremse)

독일의 주택임대차관계에 있어 차임인상의 규제는 앞서의 차임인상한계를 통한 제한에 그치지 않고 또 하나의 중대한 변화를 맞이하였다. 즉, 2015년 4월 21일 제556조의c 뒤에 새로이 제1목의a(Unterkapitel 1a)가 추가되어 제556조의d 내지 제556조의g 규정들이 마련되었고 동년 6월 1일부터 시행되었다.[31] 동 규정들은 임차주택의 수요가 큰 과밀지역에서 새롭게 주택임대차계약을 체결할 때 '최초 개시차임(Miete zu Beginn des Mietverhältnisses)'에 관한 규제의 근거가 없었던 기존의 법적 한계를 보완하고자 각 주(州)별로 지역상례적 비교차임의 최대 '10%' 수준의 한계를 정해 더욱 강력한 차임 규제의 법적 근거를 담고 있다.[32] 다만, 이러한 내용을 제556조의d 이하에서 '차임 규제

---

31) Gramlich, Mietrecht, 14. Aufl., 2018, § 556d, Rdn. 2.
32) 박신욱, "한국과 독일의 임대차임규제에 관한 비교연구", 비교사법 제21권 제4호 (2014), 1525; 김세준, "독일의 주택임대차계약상 차임의 규제", 강원법학 제48권 (2016), 210 이하.

(Mietpreisbremse)'라는 용어로서 직접적인 명문으로 표현하지는 않고, 다만 실무상·강학상 용어로 사용되고 있다. 'Bremse'라는 독일어는 '제동'이라는 의미를 가지고 있다. 따라서 해당 용어는 급등하는 '차임(Mietpreis)인상'을 '제동(Bremse)'하겠다는 의미로 사용된 것이라고 보인다.33) 즉, 기존의 차임인상의 법적 제한보다 더욱 강력한 규제라는 의미로 많은 이론적·실무적 문헌에서 당해 용어가 사용되고 있는 것이다.34)

그런데 이와 같은 '차임 규제(Mietpreisbremse)'는 기대한 만큼의 성과를 거두지 못한 것으로 평가되었다.35) 또한 임차주택의 개량조치가 증가함에 따라 늘어나는 분담금이 임차인에게는 차임인상으로 이어지게 되므로 임차인이 이를 감당할 수 없게 되어 결국 주거 공간을 떠나게 만드는 등 이른바 '임차인 축출을 위한 개량조치(Herausmodernisieren)'가 문제되었다.36)

이러한 점을 입법적으로 개선하고자 2019년부터 시행되고 있는 「임대차관계 시작 시 허용되는 차임에 대한 규정의 보완 및 임대차 목적물 개량에 대한 규정의 수정에 관한 법(Das Gesetz zur Ergänzung der Regelungen über die zulässige Miethöhe bei Mietbeginn und zur Anpassung der Regelungen über die Modernisierung der Mietsache: Mietrechtsanpassungsgesetz)」의 핵심 사항은 크게 두 가지로 요약될 수 있다.37) 첫째, 차임 규제의 실효성 강화의 관점에서 주택임대차 계약 시 요구되는 '이전 차임(Vormiete)'의 정보와 관련하여 임대인의 고지의무(Auskunftspflichten)를 통한 투명성 제고를 모색하였다는 점과,38)

---

33) 이러한 관점에서 '차임제동수단'이라는 용어로 직역하여 이를 소개하는 견해도 있으나, 해당 용어는 차임인상을 강력히 규제한다는 의미가 있다고 의역되므로 여기서는 이하 '차임 규제'라고 한다.
34) 이도국, "독일 주택임대차관계에서의 차임에 관한 연구", 법학논총 제36집 제2호 (2019), 192.
35) Börstinghaus, "Die Mietpreisbremse in der Praxis", NJW 2018, 665.
36) BT-Drucks. 19/4672 S. 1.
37) Mietrecht, Beck-Texte im dtv, 49. Aufl., 2019, Vorwort.

둘째, 임대인으로부터의 주택 개량조치(Modernisierungsmaßnahme)를 이유로 하는 차임인상 요구에 따른 부담으로부터 임차인이 더욱 보호될 수 있도록 법적 장치를 보완하였다는 점이다(제556조의e). 해당 개정법은 주택임차인의 임차권 강화의 관점에서, 특히 차임의 규제와 관련하여 기존의 주택임대차관계에 대한 법규범의 실효를 높이고 보완하고자 마련된 입법의 결과라고 볼 수 있다.[39]

3. 존속보호: 임대차관계 존속기간 및 해지 제한

가. 임대차관계 존속기간 제한

독일 민법상 주택임대차와 관련하여 계약개시 후 해지는 1년 이후에나 가능하기 때문에(제550조 제2문) 실질적인 최단 존속기간은 1년이며, 그 외에 별도의 규정은 없다. 즉, 독일법상 주택임대차계약은 특별한 사유가 없으면 기한의 정함이 없는 계약관계로 체결되는 것이 일반적이다. 따라서 특별한 사유가 없다면 임차인의 거주의사가 있고 차임이 지속적으로 지급되는 경우 종신계약도 가능하다.

이와는 달리 임대인 측에서 기간의 제한이 있는 계약을 체결하려면 다음과 같은 소정의 사유가 있어야 한다(제575조 제1항). 즉, ⅰ) 임대인 자신이나 그의 가족구성원 또는 그의 세대에 속하는 사람을 위한 주거로 사용하여야 할 경우, 또는 ⅱ) 적정한 방법으로 그 주거공간을 철거하거나, 임대차관계가 계속되면 그 작업이 현저히 곤란해질 만큼 중대한 변경이나 수리를 해야하는 경우, 혹은 ⅲ) 주거공간을 노무의무

---

38) Herlitz/Saxinger/Herlitz, Handbuch sozialer Wohnungsbau und Mietrecht, 2019, Kap. 4, Rdn. 204.
39) 이도국, "독일 주택임대차관계에서의 차임에 관한 연구", 법학논총 제36집 제2호 (2019), 193 이하 참조.

자에게 임대하는 경우이다. 임차인은 기간이 정해진 경우 계약 기관 만료 4개월 전부터 임대인에 대하여 임대인이 자신에게 기간 특정의 사유가 여전히 존재하는지를 1개월 안에 통지할 것을 요구할 수 있고, 통지가 지연되어 행해진 경우에는 임차인은 그 지연 기간만큼 임대차 관계 연장을 청구할 수 있다(동조 제2항). 아울러 기간을 정하는 사유가 나중에 비로소 발생하는 경우에는 임차인은 그에 상응하는 기간만큼 임대차관계 연장을 청구할 수 있고, 사유가 소멸한 경우에는 기한의 약정이 없는 주택임대차계약을 청구할 수 있다(동조 제3항).

나. 묵시적 연장

주택임대차계약에 있어서 일정한 존속기간이 정해진 경우에 그 기간이 만료되면 임대차관계는 종료된다. 그러나 계약기간의 연장은 명시적 또는 묵시적으로 가능하며, 임차인이 임대차 계약기간의 경과 후에도 불구하고 계속 그 주택을 사용할 경우, 당사자 일방이 2주 내에 상대방에게 반대의 의사표시를 하지 않는 한 임대차 관계는 기간의 정함이 없이 연장된다(제545조).

다. 해지 제한

독일에서는 우리와 달리 '기간의 정함이 없는' 주택임대차관계가 일반적이므로 임차인의 존속보호의 측면에서 '해지(통상해지 또는 특별해지)'가 주택임대차관계의 종료에 큰 역할을 하고 있다. 먼저 이러한 해지는 독일민법 제568조에 따라 서면방식(schriftliche Form)을 요하고 해지의 사유와 함께 임차인이 만약 이의가 있다면 이를 표시할 수 있음이 명시되어야 한다.[40]

---

40) 1년 이상의 계약기간을 목적으로 하는 주택임대차 계약은 서면으로 체결하지

(1) 통상해지

(가) 개관

일반적으로 임대차계약은 계속적 계약으로서 당사자는 특별한 사유 없이도 통상해지를 할 수 있다. 그러나 주택임대차관계에서는 임차인 보호의 측면에서 다르게 규정되는 것이 특징이다. 임차인은 제573조 이하에 따라 일반적인 경우 특별한 사유 없이도 통상 3개월의 해지기간을 두고 이른바 통상해지(ordentliche Kündigung)를 할 수 있다. 그러나 임대인의 경우는 오로지 임대차관계의 종료에 있어 '정당한 이익(berechtigtes Interesse)'을 가지는 때에 한하여 통상해지를 할 수 있다. 이때 차임인상 목적이나 주택 매각을 위한 경우에는 해지권 행사가 배제되는데, 이는 차임에 대한 실효적 규제를 위하여 매우 중요한 의미를 지닌다. 이러한 규정은 임차목적물이 주택인 경우 임차인의 인간으로서 생활 중심지이자 삶의 터전(Lebensmittelpunkt menschlichen Daseins)을 임대인의 자의적인(willkürlich) 해지로부터 보호하려는 목적에서 규율되었다.41)

여기서의 임대인 측의 정당한 이익은 ⅰ) 먼저 임차인이 유책하게 계약상 의무를 상당한 정도로 위반하였을 때, ⅱ) 임대인이 임차주택을 자신이나 그의 가족구성원 또는 그의 세대에 속한 사람의 주거로 필요한 때, 또는 ⅲ) 임대인이 임대차관계의 연장으로 인하여 토지를 경제적으로 적절히 이용하는 데 장애를 받고 그로 인하여 현저한 불이익이 우려되는 때의 사유 등으로 제573조 제2항에 의하여 제한되고 있다.

않으면, 기간의 약정이 없는 경우로 간주되기 때문에, 존속기간을 정할 경우에는 서면으로 계약을 체결해야 한다(제550조 제1문 참조). 그리고 계약의 개시 이후 1년 이내에는 해지권이 제한되기 때문에(동조 2문), 실제로 1년은 항상 임차인에게 보장된 기간으로 볼 수 있다.

41) MüKoBGB/Häublein, Münchener Kommentar zum Bürgerlichen Gesetzbuch, 9. Aufl., 2023, § 573, Rdn. 1.

(나) 곤궁한 임차인의 이의 제기권

이와 같은 통상해지와 관련하여 추가적으로 살펴볼 중요한 점은 임차인에게 일정한 사유(특별한 사회적 곤궁)가 있는 경우 임대인의 유효한 통상해지의 주장에 대하여 임차인이 '이의(Widerspruch)'를 제기할 수 있다는 점이다.

제574조 내지 제574조의c는 '사회적 형평규정(Sozialklausel)'으로서 민법상 임대권의 사회적 구속성을 보여주는 대표적인 규정이다.42) 즉, 임대인의 통상해지권의 행사에 대하여 특별한 사회적 곤궁(besondere soziale Härte)을 고려해야 할 필요성으로 인해서, 제574조43)는 주택임대차에서 임차인에게 통상해지(제573조) 또는 법정해지 기간이 필요한 특별해지(제564조 및 제573조의d)에 대하여 해지 이의(Kündigungswiderspruch)로 임대차관계의 존속을 요구할 수 있도록 하였다.44) 이의 제기가 받아들여져 계약관계가 지속되는 경우에도 임대

---

42) 사회적 형평규정은 국가에 의한 주택규제정책(Wohnungszwangswirtschaft)의 폐지와 결부되어 1960년 6월 23일에 민법전에 구독일민법 제556조의a에서 제556조의c로 편입된 후 여러 차례의 개정을 거듭하다가 2001년의 임대차개혁법(MietRRG)에 의해서 제574조부터 제574조의c로 세분화되었다(홍영오 외 9인, "주택 및 상가 임대차 실태 및 주거권 및 영업권 보장 방안 연구", 한국형사·법무정책연구원 연구보고서 (2022), 560-561).

43) 2001년 임대차법의 개혁 이전에는 제556조의a에서 임대인의 해지권 행사에 대한 항변권을 규정하고 있었는데, 이후 제574조로 이전되며 가족 구성원들에게까지 보호영역의 확대 등과 같이 내용의 보완이 이루어졌다(Hannemann/Wiegner/Schönleber, Münchener Anwaltshandbuch Mietrecht, 4. Aufl., 2014, Rn 509; 홍영오 외 9인, "주택 및 상가 임대차 실태 및 주거권 및 영업권 보장 방안 연구", 한국형사·법무정책연구원 연구보고서 (2022), 561).

44) 제575조 제3항에 따라, 기간의 정함이 있는 임대차 관계에서도 임차인은 기간 특정의 이유가 임대차 계약 체결 이후에야 비로소 발생한 경우에는 그에 상응하는 기간만큼 연장을 청구할 수 있으며, 그러한 이유가 소멸한 경우에는 기한의 정함이 없는 연장, 즉 기한이 없는 임대차로 전환을 요구할 수 있다(Emmerrich/Sonnenschein/Haug, Miete, 10. Aufl., 2011, § 575 Rn. 40 ff.; 홍영오 외 9인, "주택 및 상가 임대차 실태 및 주거권 및 영업권 보장 방안 연구", 한국형사·법무

인에게 종래의 계약조건 대로 유지하는 것이 부당한 경우에는 임차인은 적절한 조건 변경 하에서 존속을 요구할 수 있다(제574조의a 제1항 제2문). 이러한 이의 제기권 행사의 요건으로 임대인의 적법한 해지, 임차인 측에 대한 가혹함, 이익형량을 들고 있다.45)

요건에 관하여 살펴보면, 우선 임대인이 임대차관계를 종료하고자 하는 적법한 해지의 의사표시를 하여야 한다. 임대인의 해지권 행사가 적법하고 유효한 것이어야 함은 당연한 전제이다.46) 해제(Rücktritt), 취소(Anfechtung), 합의해지(Mietaufhebungsvertrag)의 경우에는 적용되지 않는다.47) 특별즉시해지의 경우에는 제574조의 적용이 배제되고(동조 제1항 제2문), 통상해지나 법정 해지기간(제575조의a 제2항)이 필요한 특별해지를 하는 경우일 것을 요한다.48)

다음의 요건은 임대차관계가 종료되는 것에 따라 임차인, 그의 가족 또는 당해 세대에 속한 다른 구성원49)이 가혹(Härte)한 상황에 처하는 경우이다. 이때 임대인이 임차인에게 개인적으로 가혹한 상황임을

정책연구원 연구보고서 (2022), 561).
45) 이종덕, "임대차계약의 해지와 곤궁한 주택임차인의 보호 필요성 ― 독일민법 제574조의 항변권을 중심으로 ―", 서울법학 제26권 제13호 (2018), 166 이하.
46) MüKoBGB/Häublein, Münchener Kommentar zum Bürgerlichen Gesetzbuch, 9. Aufl., 2023, § 574 Rn. 8.
47) 임차인이 해지권을 스스로 행사한 경우나 해지권의 철회와 관련하여서도 제574조는 적용될 수 없다고 본다. 다만, 임차인의 파산관재인이 파산법 제109조에 따라 정당하게 임대차계약의 해지권을 행사한 경우에는 제574조가 적용될 수 있다고 본다(Eckert, "Neues im Insolvenzrecht der Wohnraummiete", NZM 2001, 260, 261; 홍영오 외 9인, "주택 및 상가 임대차 실태 및 주거권 및 영업권 보장 방안 연구", 한국형사·법무정책연구원 연구보고서 (2022), 561).
48) 홍영오 외 9인, "주택 및 상가 임대차 실태 및 주거권 및 영업권 보장 방안 연구", 한국형사·법무정책연구원 연구보고서 (2022), 561.
49) 이때 사실혼 관계 또는 등록된 생활동반자 관계(Lebenspartnerschaft)에 있는 자도 이 범위에 포함될 수 있다(Eisenschmid, "Das Mietrechtsreformgesetz", WuM 2001, 215, 216; 홍영오 외 9인, "주택 및 상가 임대차 실태 및 주거권 및 영업권 보장 방안 연구", 한국형사·법무정책연구원 연구보고서 (2022), 561 참조).

인식할 것까지는 요구하지 않는다.[50] 가혹함은 단순히 주거의 이전과 통상적으로 결부되는 불쾌감, 불편 또는 부대비용의 발생을 의미하는 것이 아니다. 제574조 제2항에서 직접 가혹한 상황으로 기대 가능한 조건으로 대체주거공간을 마련할 수 없는 경우(fehlender Ersatzraum)를 규정하고 있지만, 이와 관련하여 단순히 임차인이 저렴한 임대료만을 감당할 수 있다는 것만으로는 부족하다. 그러나 추가적으로 현재의 주택에 거주하지 못하는 경우에 발생하는 재산적 손해가 과도한 사정이 있다면, 임대인의 정당한 이익과 비교형량을 통해서 가혹한 경우로 인정될 수도 있다.[51]

원칙적으로 임대인의 해지권 행사도 법규정에 따른 것이므로 임대인 측의 정당한 이익에 대한 고려(Interessenabwägung)가 필요하다. 임차인이 처한 가혹함의 정도가 임대인의 정당한 이익(berechtigtes Interesse des Vermieters)을 초과한 경우에만 해지권 행사에 항변하여 임대차관계를 존속시키는 것이 정당화될 수 있다.[52] 즉, 이것은 임대차 관계가 종료되었을 때 임차인이 받을 영향과 임대차관계가 적정한 기간 동안 존속함으로 인해서 임대인이 받게 되는 피해를 이익형량하는 것을 뜻한다.[53] 임대인의 정당한 이익은 원칙적으로 제573조 제3항

---

50) LG Bochum ZMR 2007, 452, 454; Schmidt-Futterer/Hartmann, Mietrecht, 16. Aufl., 2024, § 574, Rdn. 20.
51) 베를린주 헌법재판소는 제574조와 관련하여 임차인의 가혹함의 근거를 불충분하게 입증하였음에도 불구하고 임대인의 해지권 행사를 부정한 것은 재산권보장(Eigentumsgarantie)에 반한다고 보았다(VerfGH Berlin, 18.06.2014 - VerfGH 153/13 = NJW-RR 2014, 1292; 홍영오 외 9인, "주택 및 상가 임대차 실태 및 주거권 및 영업권 보장 방안 연구", 한국형사·법무정책연구원 연구보고서 (2022), 562).
52) LG Berlin GE 1995, 429; LG Hamburg NJW 1997, 2761; LG Hamburg ZMR 2013, 635; 홍영오 외 9인, "주택 및 상가 임대차 실태 및 주거권 및 영업권 보장 방안 연구", 한국형사·법무정책연구원 연구보고서 (2022), 562.
53) Schmidt-Futterer/Hartmann, Mietrecht, 16. Aufl., 2024, § 574, Rdn. 64; 홍영오 외 9인, "주택 및 상가 임대차 실태 및 주거권 및 영업권 보장 방안 연구", 한국형

에 따른 해지서면에 기재된 이유만으로 평가한다. 다만, 해지서면의 제출 이후에 사후적으로 발생한 사정들은 참작하여 판단한다(제574조 제3항 단서). 임대료 증액 목적의 통상해지 자체를 제573조 제1항 제2문에서 명시적으로 금지하고 있으므로 임대인의 정당한 이익을 판단함에 있어 차임의 인상으로 인한 이익은 당연히 제외된다.54) 임차인이 유책하게 계약상의 의무를 상당한 정도로 위반한 경우에는 특별즉시해제가 가능하므로 계약상 의무를 충실히 이행한 임차인(vertragstreuer Mieter)만이 이의 제기권의 이익을 누릴 수 있다.55)

(2) 중대한 사유로 인한 특별즉시해지

임대차 계약에 있어서 당사자는 계약관계에 비추어 볼 때 일정한 중대한 사유가 있는 경우, 즉 임대인 또는 임차인 각자의 임대차 계약상의 주요의무가 이행되지 않는 경우에 이를 근거로 상대방에 대하여 특별즉시해지(außerordentliche fristlose Kündigung aus wichtigem Grund)할 수 있다. 이에 관해서 기본적으로 임대차관계 전체에 적용되는 독일민법 제543조에 규정되어 있으나, 주택임대차관계에서 이를 좀 더 정확히 규율하기 위하여 별도로 제569조에서 상세히 규율하고 있는 태도를 취하고 있다.56)

사・법무정책연구원 연구보고서 (2022), 562.
54) MüKoBGB/Häublein, Münchener Kommentar zum Bürgerlichen Gesetzbuch, 9. Aufl., 2023, § 574, Rdn. 26-28; 홍영오 외 9인, "주택 및 상가 임대차 실태 및 주거권 및 영업권 보장 방안 연구", 한국형사・법무정책연구원 연구보고서 (2022), 562.
55) MüKoBGB/Häublein, Münchener Kommentar zum Bürgerlichen Gesetzbuch, 9. Aufl., 2023, § 574, Rdn. 29; 홍영오 외 9인, "주택 및 상가 임대차 실태 및 주거권 및 영업권 보장 방안 연구", 한국형사・법무정책연구원 연구보고서 (2022), 562.
56) 소성규 외 4인, "주택 및 상가건물임대차 관련 선진국의 주요 법적 규율과 그에 대한 사회・문화적 배경 등에 대한 연구", 법무부 연구보고서 (2017), 85; MüKoBGB/

특별즉시해지가 가능한 중대한 사유는 먼저 임차한 거주공간의 사용으로 인해 건강에 현저한 위험이 초래되는 성상이 있는 경우이다(제569조 제1항). 당사자 일방이 거주공간의 평온을 지속적으로 방해하여 구체적인 사정, 특히 당사자들의 과책을 고려하여 쌍방 당사자의 이익을 형량할 때 임대차관계를 해지기간의 경과 시까지 또는 기타의 임대차관계의 종료 시까지 유지하는 것을 해지자에게 기대할 수 없는 때이다(동조 제2항). 또한 임차인이 제551조에 따라 자신의 의무이행을 위해 임대인에게 담보를 제공하기로 한 경우에 그러한 담보제공을 월 차임액의 2배만큼 지체한 경우에도 마찬가지이다(동조 제2항의a). 이러한 중대한 사유는 해지서면에 기재하여야 하며(동조 제4항), 주택임대차의 특별해지의 중요한 사유에 대한 사항은 임차인에게 불리한 것은 효력이 없는 편면적 강행규정이다(동조 제5항).

(3) 법정기간을 둔 특별해지

임대차계약 당사자는 앞서 통상해지 및 특별즉시해지 이외에 법률이 규정하는 해지기간을 준수한 특별해지(Sonderkündigung mit gesetzlicher Frist)가 가능하다.[57] 먼저 임차인은 임대인의 승낙 없이 목적물의 사용을 제3자에게 이전할 수 없으며, 특히 목적물을 다시 사용임대할 수 없다. 임대인이 승낙을 거절하는 때에는 임차인은 제3자의 신상에 중대한 사유가 없는 한 법정기간을 두고 특별해지를 할 수 있다(제540조 제1항).[58] 임대인이 제558조 내지 제559조에 의한 차임인상을 행한 경우에는, 임차인은 임대인의 의사표시가 도달한 후 다다음

Häublein, Münchener Kommentar zum Bürgerlichen Gesetzbuch, 9. Aufl., 2023, § 569, Rdn. 1.

57) 소성규 외 4인, "주택 및 상가건물임대차 관련 선진국의 주요 법적 규율과 그에 대한 사회·문화적 배경 등에 대한 연구", 법무부 연구보고서 (2017), 89.

58) MüKoBGB/Bieber, Münchener Kommentar zum Bürgerlichen Gesetzbuch, 9. Aufl., 2023, § 540, Rdn. 18.

달이 경과할 때까지 임대차를 특별해지할 수 있고, 이 해지는 다다음 달 경과로 효력을 발생한다. 임차인이 해지하면 차임인상은 일어나지 않는다(제561조 제1항).

또한 임차인의 사망으로 인하여 제563조에 정하여진 다수의 사람이 공동으로 임차인이 되는 경우에, 그중 1인의 임차인이 사망하면 임대차관계는 나머지 임차인과 사이에 계속되는데, 잔존 임차인은 임차인의 사망을 안 때로부터 1개월 내에 임대차를 법정기간을 두고 특별해지할 수 있다(제563조의a). 임차인이 사망하여도 제563조에 의하여 임대차관계를 승계하는 사람이 없거나 제563조의a에 의하여 계속되는 임대차관계에 남는 사람이 없는 경우에는 임대차관계는 상속인에 의하여 계속된다. 이 경우에 상속인 및 임대인은 각기, 임차인이 사망하였음과 임대차관계의 승계 또는 계속이 이루어지지 아니함을 안 때로부터 1개월 내에 임대차를 법정기간을 두어 특별해지할 권리를 가진다(제564조).

4. 대항력

임대차관계에서 임대인이 임대주택의 소유권을 이전한 경우 임차인의 임차권 보호가 문제된다. 즉, 기존의 임대차관계의 존속 여부가 문제가 되고, 만약 계속 존속한다면 임대차계약의 채권적 효력과 목적물의 소유권 이전에 따른 물권적 효력 간의 법률관계를 살펴보아야 한다. 독일민법 제566조에 따르면 임대인이 임대한 주거공간을 임차인에게 인도한 후에 이를 제3자에게 양도한 경우에 양수인은 그가 소유권을 가지는 기간에 임대차관계로부터 발생하는 권리 및 의무에 관하여 임대인에 갈음한다. 따라서 독일에서는 이러한 이른바 "매매는 임대차를 깨지 못한다(Kauf bricht nicht Miete)"라는 법리에 따라 임차인의 임차권이 계속 보장된다.[59] 즉, 독일은 법률의 규정에 의하여 계약 당사자의 이전이 발생하므로 임차인은 특별한 어려움이 없다고 할 수 있다. 새로운 소유자 혹은 그 가족이 새로 매수한 주택을 직접 사용하고자 하는 경우에만 해지가 가능하며, 그 경우에도 대체 주택을 구할 때까지 충분한 기간이 보장되기 때문이다.[60]

5. 임차보증금

주택임대차관계에서 임대인에게는 임차인에 의한 임차목적물의 파손, 임차인의 경제적 상황 등으로 인한 차임연체 또는 고의로 차임을 지급하지 않는 경우(이른바 Mietnomade[61]) 등 예기치 못한 손해가 발생할 수 있다.[62] 만약 이 경우 임대차에 대한 어떤 담보가 없다면 임대인은 이를 배상받기 위하여 손해를 직접 입증하고 임차인에게 손해배상을 별도로 청구해야 함에 따른 일련의 소송기간 등을 감내해야 한다. 더 나아가 임차인이 무자력 상태인 경우라면 소송에 이기고도 손해에 대한 실질적인 배상을 받기 어려울 수 있다.[63] 따라서 임대인의 입장에서는 이처럼 발생 가능한 손해에 대한 어느 정도의 담보보장의 필요성이 크다. 이에 따라 임대인의 이익을 위해 임대차담보(Mietsicherheit)

---

59) MüKoBGB/Häublein, Münchener Kommentar zum Bürgerlichen Gesetzbuch, 9. Aufl., 2023, § 566, Rdn. 1.
60) 소성규 외 4인, "주택 및 상가건물임대차 관련 선진국의 주요 법적 규율과 그에 대한 사회·문화적 배경 등에 대한 연구", 법무부 연구보고서 (2017), 109.
61) http://de.wikipedia.org/wiki/Mietnomade 참조 (2025.02.10. 최종확인).
62) 이도국, "주택임대차의 월세전환 가속화에 따른 보증금규정의 개선방안 연구 - 독일민법과 비교법적 고찰", 법과정책연구 제14집 제3호 (2014), 1216-1217.
63) 물론 임대차담보가 이와 같이 발생한 모든 손해를 배상할 정도로 충분하지 않을 경우라도, 적어도 제공된 담보는 임대차관계가 종료될 때 임대인의 이익을 위하여 우선적으로 손해배상에 충당될 수 있다(이도국, "주택임대차의 월세전환 가속화에 따른 보증금규정의 개선방안 연구 - 독일민법과 비교법적 고찰", 법과정책연구 제14집 제3호 (2014), 1217.

에 대한 규정이 독일민법 제551조에 마련되게 되었다.64) 동 규정은 크게 임대인의 입장에서는 임대차계약에서 발생가능한 손해에 대한 담보를 보장받을 수 있는 방법을 제공하여 주었다는 점과 임차인의 입장에서는 임대차담보가 무조건 제공되어야 하는 것이 아니라 합의를 통하여 제공되어야 함을 밝히고 있다.65)

임대차담보는 동조 제1항에 의하여 관리비용을 제외한 순수차임(Kaltmiete)의 최대 3배라는 법정한도 이내에서만 제공될 수 있고, 더 나아가 제공된 임대차담보가 금액으로 지급된 경우(임차보증금, Kaution)66)에는 임차인에게 보증금을 분할하여 지급할 수 있는 권리(Teilzahlungsrecht)67)를 인정하고 있다(동조 제2항).68) 임대인은 보증금

---

64) 이도국, "주택임대차의 월세전환 가속화에 따른 보증금규정의 개선방안 연구 - 독일민법과 비교법적 고찰", 법과정책연구 제14집 제3호 (2014), 1218 참조: 주택임대차관계에서 임대차담보를 위하여 보증금 이외에 어떤 담보유형이 제공가능한 것인지가 문제되는데, 이는 동조에서 임대차담보의 유형이 직접적으로 모두 규정되어 있지 않기 때문이다. 그러나 동법 제232조의 취지에 따라 동법 제551조에서의 임대차담보에는 보증금뿐만 아니라 본질적으로 모든 담보의 유형들이 임대차담보로서 고려될 수 있다고 해석하는 것이 일반적이다. 따라서 동법 제765조 이하의 규정에 의한 보증인수(Übernahme einer Bürgschaft), 동법 제1273조 이하의 예금증서의 질권설정(Verpfändung eines Sparbuchs), 동법 제398조 이하의 담보양도(Sicherungsabtretung) 또는 동법 제414조 이하의 채무인수(Schuldübernahme) 등에 의한 임대차담보의 지급도 가능하다고 해석하는 것이 일반적이다(Derleder, "Im Überblick: Die Sicherung des Vermieters durch Barkaution, Bürgschaft, Verpfändung, Sicherungsabtretung und Schuldübernahme", NZM 2006, 601, 602; MüKoBGB/Bieber, Münchener Kommentar zum Bürgerlichen Gesetzbuch, 9. Aufl., 2023, § 551 Rdn. 9).
65) 이도국, "주택임대차의 월세전환 가속화에 따른 보증금규정의 개선방안 연구 - 독일민법과 비교법적 고찰", 법과정책연구 제14집 제3호 (2014), 1217.
66) 임대차관계에 있어서 발생가능한 손해를 담보할 목적으로 금전으로 지급되는 임대차담보의 대표적 유형을 의미하고 일반적으로 현금이 수수되는 측면에서 'Barkaution'이라는 용어로 사용되기도 한다.
67) 임차인이 임대차담보로서 보증금을 제공하기로 합의한 경우 이를 일시에 지급할 수 있다. 그러나 이는 의무사항이 아니다. 즉, 제551조 제2항 제1문에 따라

을 임차인의 이익으로 금융기관에 예치하고(Anlagepflicht),[69] 이자를 증식시켜야 하는 의무(Verzinsungspflicht)[70]를 부담하는 등(동조 제3항) 임대차계약 당사자의 이익형량과 관련하여 실제 주택임대차거래 관행에서 의미가 있다고 할 것이다.[71]

III. 주택임차인 보호를 위한 시사점

이상에서 살펴본 독일 주택임대차 법규범은 주택임차인 보호의 관

임차인은 보증금을 특별히 분할하여 제공할 수 있는 권리가 있다. 이는 제266조에 규정된 '채무자는 채무의 이행에 있어서 분할급부를 할 수 없다'는 일반원칙에 대한 예외로서 임차인이 자신의 이익을 위하여 보증금액을 3개월에 걸쳐 균등하게 분할하여 제공할 수 있도록 규정하고 있다.

[68] 이는 임차인이 새로운 주택으로 이주할 때에 당면할 수 있는 경제적 어려움의 경감을 최우선적인 목적으로 규율되었다. 즉, 임차인은 어떤 새로운 주택임대차관계를 시작할 때 보증금의 제공 이외에 중개수수료, 이사비용 또는 가구 등의 시설에 대한 구매비용 등을 부담하여야 하는 것이 통상적이기 때문에 이러한 경우 보증금의 제공이 임차인의 입장에서 경제적으로 부담이 될 가능성을 입법적으로 고려하여 이의 감경을 목적으로 한 것이다(BT-Drucks. 14/4553, S. 48).

[69] 임차인이 임대인에게 임대차보증으로 보증금을 지급했다면, 임대인은 이 보증금을 독일민법 제551조 제3항 제1문에 따라 일정한 금융기관(Kreditinstitut)에 자신의 일반재산과 분리하여 예치(Anlage)하여야 한다. 이러한 임대인의 의무는 파산 등에 기한 지급불능 상황에서 그의 일반채권자의 채권실행으로부터 임차인의 보증금반환청구를 보장하려는 데 기인한다(BT-Drucks. 9/2079 S. 10; Kinne/Schach/Bieber/Bieber, Miet-und Mietprozessrecht: Kommentar zu den §§ 535-580a BGB mit Schriftsatz- und Klagemustern für die Rechtspraxis, 7. Aufl., 2013, § 551 Rdn. 14).

[70] 독일민법 제551조 제3항 제3문에 따라 보증금 예치를 통한 수익(즉 이자, 복리 또는 다른 예치유형을 통한 수익 등, Verzinsung)은 임차인에게 귀속된다.

[71] 이도국, "주택임대차의 월세전환 가속화에 따른 보증금규정의 개선방안 연구 – 독일민법과 비교법적 고찰", 법과정책연구 제14집 제3호 (2014), 1218-1225.

점에서 우리에게 다양한 법적·제도적 시사점을 보여주고 있다. 그중에서 특히 다음의 두 가지를 중심으로 살펴보고자 한다.

1. 차임보호 관점에서 지역상례적 비교차임

앞에서 살펴본 바와 같이 독일의 경우 「과밀주택시장의 차임인상제한과 주택중개 주문자원칙 강화에 관한 법률(Gesetz zur Dämpfung des Mietanstiegs auf angespannten Wohnungsmärkten und zur Stärkung des Bestellerprinzips bei der Wohnungsvermittlung (Mietrechtsnovellierungsgesetz))」에 따라 과밀주택시장 내에서의 임대차 개시 시(신규 계약 시) 차임에 대하여 일정한 규제를 할 수 있도록 각 주정부는 법규명령을 통하여 일정 지역을 최대 5년 동안 과밀주택시장으로 지정할 권한을 갖고, 이 지역 내에서 주택임대차계약이 체결되는 경우, 임대차관계 개시 당시의 차임은 이른바 '지역상례적 비교차임(ortsübliche Vergleichsmiete)'의 최대 10% 이내의 범위에서만 허용될 수 있도록 하고 있다.[72] 이후 동 규정의 실효성을 제고하기 위하여 2019년 「임대차관계 시작시 허용되는 차임에 대한 규정의 보완 및 임대차 목적물 개량에 대한 규정의 수정에 관한 법(Gesetz zur Ergänzung der Regelungen über die zulässige Miethöhe bei Mietbeginn und zur Anpassung der Regelungen über die Modernisierung der Mietsache (Mietrechtsanpassungsgesetz))」을 통한 보완이 이루어졌다. 특히 새로운 임대차 계약 시 차임 결정을 위한 비교 요소로서 '이전(以前) 차임(Vormiete)'의 정보와 관련하여 임대인의 고지의무를 인정하고 있는데

---

72) 다만, 제556조의f에 차임 제한에의 일정한 예외가 마련되어 있다. 즉, 최초 차임에 대한 제한 규정은 2014년 10월 1일 이후 최초로 임대되는 주거공간에는 적용되지 않으며, 아울러 포괄적인 개량행위 이후 최초 임대되는 주거공간에도 적용되지 않는다.

이를 통하여 상한 제한에 있어 투명성 제고를 도모하고자 함을 알 수 있다.73)

다만, 이와 같은 경우 임대인의 기본권적 관점에서 재산권에 대한 과도한 침해 또는 계약자유의 원칙에의 부당한 간섭 등에 해당하는지 여부가 문제될 수 있으므로 숙고가 필요할 것이다. 관련하여 2019년 독일 연방헌법재판소 결정74)에 따르면 독일민법 제556조의d(Mietpreisbremse) 규정은 비례원칙에 비추어 독일기본법 제14조 제1항에 따른 재산권을 침해하거나, 제2조 제1항에서 도출되는 계약의 자유를 침해하거나, 또는 제3조 제1항의 평등원칙을 침해하지 않는다고 하고 있다.75) 이러한 결정은 우리에게 있어서 당장 전면적인 전월세상한제의 신규 차임에의 적용까지는 어렵겠지만 계약자유의 원칙, 사적자

---

73) 이도국, "독일 주택임대차관계에서의 차임에 관한 연구", 법학논총 제36집 제2호 (2019), 193.
74) BVerfG, Beschl. v. 18.7.2019 - 1 BvL 1/18, 1 BvL 4/18, 1 BvR 1595/18.
75) 독일 연방헌법재판소는 "재산권 침해 여부에 대하여, 차임규제가 주택소유자인 임대인의 재산권에 제약을 가하는 것은 사실이나 이러한 제약이 헌법적으로 정당화될 수 있다고 보았다. 기본법 제14조 제1항이 보장하는 재산권은 사회적 법치국가 보장에 중요한 의미를 갖는 것으로 개인 재산의 처분·사용·수익권이 보장된다고 하면서, 한편 제14조 제1항 제2문에 따라 재산의 내용과 한계는 법률로 형성될 수 있는 것이라고 한 다음, 이에 따른 한계 형성에 해당하는 것이 민법 제556조의d 규정이라고 하였다. 이러한 입법자의 특별한 한계 형성은 비례원칙에 합치해야 하는데, 재산의 사회적 구속성이 강할수록 입법자의 한계형성 권한은 더 커질 수 있다고 보았다. 이에 따라 비례원칙을 적용하여 심사하였을 때, 민법 제556조의d 제1항은 차임규제를 통해 경제적 약자 집단이 주거보장에서 배제되지 않도록 보호하는 것으로서 공공의 이익에 부합하는 정당한 목적을 추구하는 것이며, 차임규제는 이러한 목적을 달성하는 데 적합한 수단이고, 이를 위한 필요성의 한계에 위배되지 않으며, 적절한 수준의 차임증액에 대해서는 허용되고 있는 것이므로 이러한 차임규제가 임대인에게 과도한 부담으로 작용하지 않고, 비례원칙에 합치한다는 것이다"라고 판시하였다(홍윤선/이승현/이선미, "독일의 임대차관계에서의 차임액의 규율 및 인상방식의 검토, 국내법상 도입 가능성에 관한 연구", 한국법학원 2019년 하반기 법무부 용역보고서 (2019), 72-73).

치의 원칙 및 재산권 보호를 염두에 둔 이익형량에 비추어 적어도 일정한 기준을 통한 차임(또는 보증금) 제한 가능성과 관련하여 시사하는 바가 있다.76)

따라서 '공정임대료' 또는 '표준임대료' 등의 도입과 관련한 다수의 국회의원 입법의안의 취지에서 볼 수 있듯이, 우리 역시 차임보호의 관점에서 전월세상한제의 취지에 따른 실효성을 높이기 위하여 주택임대차시장에서의 객관적이며 상당한 기준으로서 독일민법상 차임일람표나 차임정보은행상의 정보자료 등 지역상례적 비교차임제도에 관한 종합적·체계적 연구가 필요하다고 할 것이다. 이러한 제도적 장치가 마련된다면 임대인의 일방적이고 자의적인 차임 또는 보증금의 인상으로부터 보다 합리적으로 임차인을 보호할 수 있을 것으로 기대한다.

2. 존속보호 관점에서 곤궁을 이유로 한 이의 제기권

앞서 다룬 것과 같이 독일의 주택임대차는 기간의 정함이 있는 주택임대차를 체결할 수 있는 경우를 엄격하게 제한하는 제575조 규정77)으로 인해서 대부분이 기한의 정함이 없는 계약으로 체결되고 있

---

76) 이도국, "현행 주택임대차보호법상 임차권 보장에 관한 소고 - 계약갱신요구권, 전월세상한제 및 조정제도를 중심으로 -", 법과정책연구 제22집 제3호 (2022), 22.
77) 독일민법 제575조[기간의 정함이 있는 임대차계약, Zeitmietvertrag]에 따르면, 임대인이 임대차기간 만료 후에 다음의 행위를 하려는 경우에 한하여 존속기간의 정함이 있는 임대차관계가 설정될 수 있다. ① 그 공간을 자신, 가족구성원, 또는 동일세대원을 위한 주거로 사용하는 경우, ② 해당 공간을 없애거나 본질적으로 변경하거나 수선하는 것이 허용되는 경우로 임대차관계가 계속되면 그러한 조치가 현저히 곤란할 때, ③ 해당 공간을 노무의무자에게 임대하려는 경우. 이러한 경우를 제외하고는 기간의 정함이 없는 주택임대차가 설정된 것으로 본다. 기간의 정한 임대차인지 의심스러울 때에는 기간의 정함이 없는 계약

으며,78) 제753조에서 임대인이 통상해지를 위해서는 정당한 이익이 존재하여야 하고, 특히 차임의 증액은 정당한 이익이 없는 것으로 명시하는 점에 더해서 해지통고에 대하여 임차인이 곤궁을 이유로 이의 제기권을 행사하여 임대차의 존속을 주장할 수 있도록 하고 있다. 즉, 주택임대차의 통상해지는 임대인에게 정당한 이익이 있는 경우에만 가능할 뿐만 아니라 제574조에 따라 정당한 이익이 있더라도 임차인 측이 처한 특별한 사정을 이유로 해지권 행사에 대하여 이의를 제기할 수 있다.79)

그런데 이러한 이의 제기권을 행사하는 경우에도 계약내용을 그대로 유지하는 것이 임대인에게 부당한 경우에는 임차인은 적절한 내용의 변경 하에서만 그 임대차의 존속보장을 요구할 수 있다는 점에서 제574조의 곤궁함을 이유로 한 이의 제기권은 임대인의 이익을 과도하게 침해하지 않는 합리적인 보호수단이라고 할 것이다. 이와 같이 독일에서의 Sozialklausel은 상당 기간 축적된 많은 판례들이 보여주듯이 곤궁한 임차인의 보호에 상당한 효과를 발휘하고 있으며, 사회적 약자를 배려하는 중요한 규정으로 평가받고 있다는 점에서 우리 법제에 시사하는 바가 크다.

특히, 계약갱신요구권 행사에 대한 임대인의 거절권 행사와 관련하여 그 의미가 있다 할 것이다. 즉, 우리 사회에서 최근 고령·독거 임차인이 점차 증가하는 추세에 맞추어 임대인의 계약갱신 거절의 경우에 일정한 경우 임차인이 이러한 개인적 상황을 이유로 이의 제기를 할 수 있는 제도적 장치가 마련된다면 임차인 보호에 기여 가능할 것으로 생각된다. 임차인 측의 노령, 장애 등과 같이 피치 못할 일정한 사정을 고려하여 해당 주거공간에 계속 거주할 필요성이 큰 경우 이익형량을

으로 본다(OLG Köln NZM 1999, 1142).
78) Medicus/Lorenz, Schuldrecht II, 16. Aufl., 2012, Rdn. 469.
79) Hannemann/Wiegner, Münchener Anwaltshandbuch Mietrecht, 4. Aufl., Rdn. 512.

통하여 필요한 경우 예외적·한정적으로 임차인이 임대인의 거절권 행사에 대하여 이의 제기권을 행사할 수 있는 법적 장치 도입의 타당성 여부에 관해 논의가 필요할 것으로 생각된다.

Ⅳ. 결언

이상과 같이 주택임차인 보호의 관점에서 독일에서의 차임인상, 임대차의 해지, 임차주택의 양도 및 임차보증금에 있어서 주요 법규범의 분석을 통하여 비교법적으로 우리나라 주택임대차 법제에 시사하는 바를 살펴보았다.

독일에서 타인 소유 주택의 사용은 전형적으로 매월 차임을 지급하는 임대차계약의 형식으로 이루어지고 있다. 이와 같은 독일 주택임대차 법제는 물론 채권적 전세 유형이 일반적인 우리 주택임대차 법제와 서로 전적으로 일치하지는 않다. 그럼에도 사회적 약자의 지위에 놓인 주택임차인의 보호라는 공통의 목적이 있다 할 것이다. 그에 따라 독일에서는 민법을 중심으로 먼저, 차임보호의 관점에서 여러 차례에 걸친 개정을 통해 지역상례적 비교차임을 중심으로 주택임대차 시장 상황에 따른 차임 인상의 합리적 제한을 도모하고 있다. 다음으로, 존속보호 측면에서 장기적인 임대차 관행에 비추어 어떻게 주택임대차관계를 합리적으로 해지할 수 있는가에 관해 상세히 규정하고 있다. 그리고 임차주택이 제3자에게 양도될 때 새로운 양수인이 법률의 규정에 의해 기존의 임대인의 지위를 승계하는 것으로 하여 임차인의 임차권을 보호하고 있다. 또한 임대차보증금은 임대차관계에서 발생 가능한 임차인 측의 채무불이행에 대한 담보를 위한 목적으로 월차임의 3배를 한도로 요구할 수 있도록 규정하고 있다.

우리의 경우 수차례에 걸쳐 「주택임대차보호법」 등 관련 법제의 개선노력이 지속되고 있음에도 불구하고 고도의 대도시 편중현상으로 인하여 서울이나 수도권을 중심으로 아직도 주택임차인의 계약 교섭력이 상대적으로 취약한 것으로 평가된다. 따라서 임차인의 보호를 기초로 하여 궁극적으로 임대인과 임차인의 합리적인 이해관계 조절을 위하여 지속적인 법·정책적 개선 논의는 여전히 필요하다. 이제는 주택시장에서 거주공간을 바라봄에 있어 소유의 목적에서 거주 중심의 사용이라는 인식의 대전환이 필요한 시점이라고 여겨지는데, 이러한 관점에서 독일민법상 주택임대차 관련 법제도가 임차인 보호를 위하여 시사하는 여러 방향성에 대한 지속적 관심과 연구의 필요성이 크다.

| 참고문헌 |

1. 국내문헌

김세준, "독일의 주택임대차계약상 차임의 규제", 강원법학 제48권 (2016)
김형선, "독일 민법상 주택임대차와 상가임대차", 일감 부동산법학 제10호 (2015)
박신욱, "한국과 독일의 임대차임규제에 관한 비교연구", 비교사법 제21권 제4호 (2014)
소성규 외 4인, "주택 및 상가건물임대차 관련 선진국의 주요 법적 규율과 그에 대한 사회·문화적 배경 등에 대한 연구", 법무부 연구보고서 (2017)
양창수, 독일민법전, 2024년판 (2024)
이도국, "2013년 독일 주택임대차개정법에 대한 고찰", 법학논총 제31집 제3호 (2014)
이도국, "주택임대차의 월세전환 가속화에 따른 보증금규정의 개선방안 연구 - 독일민법과 비교법적 고찰", 법과정책연구 제14집 제3호 (2014)
이도국, "독일 주택임대차관계에서의 차임에 관한 연구", 법학논총 제36집 제2호 (2019)
이도국, "현행 주택임대차보호법상 임차권 보장에 관한 소고 - 계약갱신요구권, 전월세상한제 및 조정제도를 중심으로 -", 법과정책연구 제22집 제3호 (2022)
이종덕, "임대차계약의 해지와 곤궁한 주택임차인의 보호 필요성 ― 독일민법 제574조의 항변권을 중심으로 ―", 서울법학 제26권 제13호 (2018)
홍영오 외 9인, "주택 및 상가 임대차 실태 및 주거권 및 영업권 보장 방안 연구", 한국형사·법무정책연구원 연구보고서 (2022)
홍윤선/이승현/이선미, "독일의 임대차관계에서의 차임액의 규율 및 인상방식의 검토, 국내법상 도입 가능성에 관한 연구", 법무부 연구보고서 (2019)

2. 국외문헌

Blank/Börstinghaus/Siegmund, Miete, 7. Aufl., 2023

Börstinghaus, "Die Mietpreisbremse in der Praxis", NJW 2018

BT-Drucks. 14/4553

BT-Drucks. 19/4672

Derleder, "Im Überblick: Die Sicherung des Vermieters durch Barkaution, Bürgschaft, Verpfändung, Sicherungsabtretung und Schuldübernahme", NZM 2006

Eckert, "Neues im Insolvenzrecht der Wohnraummiete", NZM 2001

Eisenschmid, "Das Mietrechtsreformgesetz", WuM 2001

Emmerrich/Sonnenschein, Miete, 10. Aufl., 2011

Gramlich, Mietrecht, 14. Aufl., 2018

Grüneberg, Bürgerliches Gesetzbuch, 83. Aufl., 2024

Hannemann/Wiegner, Münchener Anwaltshandbuch Mietrecht, 4. Aufl., 2014

Harz/Riecke/Schmid, Handbuch des Fachanwalts Miet-und Wohnungseigentumsrecht, 6. Aufl., 2018

Herlitz/Saxinger, Handbuch sozialer Wohnungsbau und Mietrecht, 2019

Kinne/Schach/Bieber, Miet- und Mietprozessrecht: Kommentar zu den §§ 535-580a BGB mit Schriftsatz- und Klagemustern für die Rechtspraxis, 7. Aufl., 2013

Medicus/Lorenz, Schuldrecht II, 16. Aufl., 2012

Mietrecht, Beck-Texte im dtv, 49. Aufl., 2019

Münchener Kommentar zum Bürgerlichen Gesetzbuch, 9. Aufl., 2023

프랑스의 주택임대차법

이은희*

|초록|

프랑스에서 임대차에 관한 일반법은 프랑스민법 제1709조부터 제1778조까지이다. 하지만 중요한 점에서 이들 민법 조문에 우선하여 적용되는 특별법이 민간주택의 임대차에 광범위하게 적용된다. 프랑스의 주택임대차법인 '1989년 법'은 4개의 편으로 구성되어 있다. 제1편(제1조부터 제25-2조까지)은 임대인과 임차인의 관계를 규율하는 규정들이고, 제1-2편(제25-3조부터 제25-11조까지)은 임차인의 주된 주거지로 사용되는 가구 딸린 주택(logements meublés)의 임대차에 관한 규정들이다. 제1-3편(제25-12조부터 제25-18조까지)은 직무 연수, 고등교육, 견습계약 등과 관련하여 단기로 임대된 가구 딸린 주택의 임대차에 관한 규정들이고, 제2편(제26조부터 제47조까지)은 잡칙이다.

프랑스에서 주택임대차의 묵시적 갱신을 저지할 수 있는 수단은 임대인의 해지통고권만이 있고 그 해지통고는 임대차기간 만료 6개월 전까지 하여야 한다(1989년법 제15조 I). 임대인은 임차인에게 온당한 주택(logement décent)을 인도하여야 한다(제6조 제1항). 이 의무는 임차인의 주된 주거지로 사용되는 주택의 임대차에 적용되는 의무이다. 프랑스민법 제1719조 제1호 역시 임대인은 "목적물이 임차인의 주된 주거라면, 온당한 주택을 인도"하여야 함을 규정하고 있다. 최초차임에 대한 규제는 없다(제17조 II). 그러나 긴장지구(zone tendue)에서는 최초의 차임에 대해 데크레에 의한 규제가 적용되는데, 도지사에 의한 규제까지도 받을 수 있다.

---

* 충북대학교 법학전문대학원 교수

I. 서

프랑스에서 임대차에 관한 일반법은 프랑스민법 제1709조부터 제1778조까지이다.1) 하지만 중요한 점에서 이들 민법 조문에 우선하여 적용되는 특별법이 민간주택의 임대차2)에 광범위하게 적용된다. 필자는 프랑스의 주택임대차법인 '1989년 법'3)의 내용을 소개함으로써 우리나라 주택임차인의 권리 보장에 관한 시사점을 얻고자 한다.

1989년법은 4개의 편으로 구성되어 있다. 제1편(제1조부터 제25-2조까지)은 임대인과 임차인의 관계를 규율하는 규정들이고,4) 제1-2편(제25-3조부터 제25-11조까지)은 임차인의 주된 주거지5)로 사용되는

---

1) 이에 대한 번역은 한불민사법학회, 프랑스민법전, 박영사 (2023), 891 이하를 보시오.
2) 프랑스에서 주택 거주유형은 대출 자가(propriétaire accédant), 무대출 자가(propriétaire non accédant), 민간임차가구, 공공임차가구의 네 가지로 구분된다. 민간임차가구는 중간소득계층의 주된 거주유형이며, 2021년 현재 전체 주택 중 23%를 차지하고 있다. 공공임차가구는 주로 사회주택(logements sociaux) 거주자를 의미하는데, 2021년 현재 전체 주택 중 17%를 차지하고 있다. 공공성을 띠고 국가의 지원을 받아 건설되는 주택은 사회주택으로 통칭된다. 프랑스의 사회주택에 관하여는 최민아, "프랑스 사회주택 제도 고찰 및 시사점", 주거공익법제연구, 경인문화사 (2023), 159 이하를 보시오.
3) L. n° 89-462 du 6 juillet 1989 tendant à améliorer les rapports locatifs et portant modification de la loi n° 86-1290 du 23 décembre 1986 (임대차관계의 개선 및 1986년법 수정을 위한 법률).
4) 제1편은 총 3장으로 구성되어 있는데, 제1장(제1조부터 제9-1조까지)은 총칙이고, 제2장(제10조부터 제15조까지)은 임대차계약의 기간에 관하여 규정한다. 제3장(제16조부터 제25-2조까지)에는 차임과 관리비, 분쟁해결에 관한 규정을 두고 있다.
5) 주된 주거지라고 하기 위해서는 임차인이나 그의 배우자 또는 건축및주거법전(Code de la construction et de l'habitation)에서 말하는 책임자(personne à charge)가 연간 8개월 이상 거주하여야 한다. 그러나 임차인 등이 직업상의 의무, 건강

가구 딸린 주택(logements meublés)의 임대차에 관한 규정들이다.6) 제1-3편(제25-12조부터 제25-18조까지)은 직무 연수, 고등교육, 견습계약 등과 관련하여 단기로 임대된 가구 딸린 주택의 임대차에 관한 규정들이고, 제2편(제26조부터 제47조까지)은 잡칙이다. 이 중 제1편과 제1-2편을 중심으로 소개하겠다.

첫 조문인 제1조에는 주거권(droit au logement)은 기본권이라는 점(제1항), 임대인과 임차인의 상호적 권리와 의무는 개별적 관계와 집단적 관계에서 모두 대등하여야 한다는 점(제5항)7)을 규정하고 있다. 1989년법의 본질은, 임대차시장의 불균형으로 인하여 임차인에게 불리한 법적 불균형이 초래되는 것을 막는 것이다. 임대차계약관계의 균형을 위한 입법자의 노력은 임대주택의 거주안정성(Ⅱ), 주거적합성(Ⅲ), 부담가능성(Ⅳ)에 관한 규정들에서 찾아볼 수 있다.

Ⅱ. 거주안정성

1. 주택임대차의 기간

1989년법은 제1편 제2장에 임대차계약기간에 관한 10개의 조문을

상의 이유 또는 불가항력으로 인하여 당해 주택에 거주하지 못한 경우에는 그러하지 아니하다(제2조 제2항 제2문).
6) 임대차 목적물이 가구 딸린 주택인 경우에도 제1편의 많은 조문들[제1조, 3조, 3-2조, 3-3조, 4조(단 1호 제외), 5조, 6조, 6-2조, 7조, 7-1조, 8조, 8-1조, 17조, 18조, 20-1조, 21조, 22조, 22-2조, 24조, 24-1조]이 적용된다(제25-3조 제2항). 하지만 보증금, 임대차기간, 차임규제, 해지 통고 등에서 차이가 있다.
7) 1989년법 제1조 제5항의 균형원칙은 매우 포괄적인 의미를 담고 있다. 임대인과 임차인 사이의 약정이 불균형을 표상하는 경우 당사자는 제1조 제5항을 원용하여 그 약정의 효력을 다툴 수 있다. 법관은 법률이나 계약을 해석함에 있어서 위 조항에 의거할 수 있다.

두고 있다.

가. 최단기간(durée minimale)

최단기간은 임차인이 목적물에 입주할 당시 임대인이 자연인인지 법인인지에 따라 결정된다. 원칙적으로 임대인이 자연인이면 최단기간이 3년이고 법인이면 6년이다(제10조 제1항). 임대차기간 중에 목적물이 양도되어 새로운 임대인의 성격이 자연인에서 법인으로 변하더라도 최단기간이 변경되지 않는다.8) 그리고 임대인이 1989년법 제13조에 규정된 요건을 충족하는 경우에도 최단기간이 3년인데(제10조 제1항 전단), 제13조에 규정된 경우는 다음 두 가지이다. 하나는 4촌 이내 혈족 및 인척만으로 설립된 부동산 가족회사가 임대인인 경우(제13조 a호)이고 다른 하나는 임대주택이 공유재산인 경우(제13조 b호)이다. 이 두 경우에는 최단기간이 3년이다. 사실혼 배우자들끼리 설립한 민사회사가 임대인인 경우는 제13조 a호의 요건을 충족하지 못하므로9) 임대차의 최단기간이 6년이다. 임대인이 민사회사인 경우 그 회사가 가족회사라는 증명책임은 임대인이 부담한다.10)

가구가 구비된 주택의 경우 최초의 임대차기간은 적어도 1년이어야 한다(제25-7조 제2항). 이 임대차가 묵시적으로 갱신되는 경우 갱신된 임대차기간은 1년이다(같은 조 제3항). 임차인이 학생인 경우에는 임대차기간을 9개월로 정할 수 있고 묵시적 갱신이 적용되지 않는다(같은 조 제4항).

---

8) 이은희, "프랑스법상 주택임대차에 관한 연구", 법학연구 제26권 제1호, 충북대 법학연구소 (2015), 59.
9) Civ. 3^e, 8 nov. 1995, n° 93/11196, *Bull. civ.* Ⅲ, n° 223.
10) Paris, 15 nov. 1993, RG n° 92/017437, *Loyers et copr.* 1994, n° 43.

나. 임대차기간에 관한 약정

임대차의 최단기간에 관한 규정은 강행규정이다. 따라서 3년보다 짧은 기간이 약정되어 있는 경우 법관은 이를 기재되지 않은 것으로 보아야 한다.11) 당사자들이 최단기간보다 장기의 기간을 약정하는 것은 자유이다.12) 임차인이 생존하는 동안 목적물에서 계속 거주한다고 약정하는 "종신적" 임대차도 가능하다. 그 경우 기한이 불확정기한이기는 하지만 임대인은 원칙적으로 기한이 도래하기 전에 해지통고를 할 수 없다.13) 그러한 임대차는 영구적 임대차로서 무효인지(프랑스민법 제1709조) 하는 문제가 있는데, 임차인은 해지통고를 함으로써 계약의 구속에서 벗어날 수 있기 때문에 영구적 임대차가 아니라고 본다.14)

다. 단기임대차(contrat à durée réduite)

(1) 임대차기간

앞서 말하였듯이 임대인이 자연인인 경우 임대차 최단기간은 3년이

---

11) 3년보다 짧은 기간이 약정되어 있던 사안에서 Versailles 항소법원은 1심법원이 임대차기간을 3년으로 본 것에 대해 타당하다고 하면서 다른 계약조항들은 그대로 적용되어야 한다고 판시하였다 : Versailles, 6 mai 2000, RG n° 98/05483, D. 2002. Somm. 1722, obs. CRDP Nancy 2. 동일한 취지 : Paris, 23 oct. 2014, RG n° 12/02153, Loyers et copr. 2015, n° 4, obs. Vial-Pedroletti.

12) Civ. 3ᵉ, 28 nov. 2006, n° 05/17726, NP, AJDI 2007. 205, note de la Vaissière (9년의 임대차) - 31 mai 2012, n° 11/18041, NP, Loyers et copr. 2012, n° 228, obs. Vial-Pedroletti - Paris, 16 janv. 1997, RG n° 95/002241, Loyers et copr. 1997, n° 103 (7년의 임대차) - 28 mars 2013, RG n° 11/16613, AJDI 2013. 529 - TI Melun, 28 nov. 1995, Rev. loyers 1996. 75 (12년의 임대차).

13) Civ. 3ᵉ, 10 mars 2010, n° 09/12135, Bull. civ. III, n° 56; D. 2010. AJ 766, obs. Rouquet; ibid. 2010. 1846, note Juillet; AJDI 2010. 889, note Damas.

14) 프랑스민법 제1210조(영구적인 의무부담의 금지)에 관한 한불민사법학회, 개정 프랑스채권법 해제, 박영사 (2021), 284 이하 참조.

다. 이 원칙에 대해서는 하나의 예외가 있다. 즉, 어떤 명확한 사건으로 인하여 자연인인 임대인이 직업적 또는 가정적인 이유로 목적물의 점유를 회복하여야 하는 때에는 당사자들은 3년 미만의 기간으로 계약을 체결할 수 있다. 하지만 1년 미만으로 할 수는 없다(1989년법 제11조 제1항 제1문). 따라서 임대차기간은 1년부터 3년까지가 가능하다. 이 단기임대차는 임대인이 자연인인 경우에만 가능하고, 계약서에 그 이유와 주장하는 사건을 명시하여야 한다(같은 항 제2문). 계약서에 명시하는 사유는 임대인 자신이 그 주택에 살고자 한다든가 가까운 가족 구성원을 그 주택에 살게 하겠다든가 하는 식으로 명료하여야 한다. 단순히 '가정상 이유'라고 기재한 것은 충분히 명료하지 않다고 판시된 바 있으며, '직업상 가정상 이유로 인하여 2년 내에 파리에서 살 필요'라고 기재한 것 역시 법정기간보다 단기의 임대차를 허용하기에 충분하지 않다고 판단되었다.15)

1989년법은 묵시적 갱신이나 계약갱신을 규율하는 규정들을 두고 있지만 단기의 임대차계약은 특별한 규율을 받는다. 당사자들이 통상 부과되는 기간보다 짧은 기간의 임대차계약을 체결하였다면 그 계약을 기간만료 후에도 지속시키는 것은 그 계약이 달성하고자 한 목적에 부합하지 않는다. 임대차계약을 체결할 당시, 장래에 발생할 사건으로 인하여 임대인이 주거를 회복하여야 한다는 점을 임차인이 안 경우에 바로 그러하다. 따라서 그 계약은 정해진 기간을 넘어 연장될 수 없다.

(2) 통지절차

임대인은, 임대차기간 만료 2개월전까지는16) 임차인에게 계약서상 합의한 사건이 발생하였음을 통지하여야 한다(제11조 제2항). 통지받

---

15) Civ. 3e, 14 déc. 1994, n° 92/19219, *Bull. civ.* III, n° 211; Administrer août-sept. 1995, p. 28, note Canu.
16) 제15조에서 정하는 기간을 적용받지 않는다.

은 사건 발생이 진실임이 확인된 때에는[17] 임차인은 계약기간 만료시에 목적물에 대한 점유권을 당연히 상실한다(같은 조 제4항). 임차인은 부동산에서 퇴거하여야 하고 퇴거하지 않으면 임차인에게 인도명령이 내려질 것이다. 통지받은 사건발생이 진실임이 확인되지 않거나 사건발생을 뒤늦게 통지한 때에는 임대차계약은 3년으로 간주된다(같은 조 제5항). 즉, 계약서에 기재한 사건이 일어나지 않거나 임대인이 그 사건의 발생 여부를 임차인에게 통지해 주지 않으면 임차인은 임대차가 임대차개시일로부터 3년이라고 간주할 수 있다.

사건발생이 지체되는 경우 임대인은 계약기간 만료 2개월전까지 계약기간의 연장을 제안할 수 있다(같은 조 제3항). 임대인은 이 권한을 한 번만 행사할 수 있다.

(3) 단기임대차에 적용되는 차임

원칙적으로 단기임대차의 차임결정은 특별한 규정에 따르지 않지만 하나의 예외가 있다. 단기임대차계약이 "동일한 목적물에 관하여 동일한 임차인과 체결한 임대차계약에 연이어 체결된 경우에는, 새로운 차임액이 종전 차임보다 높을 수 없다"(같은 조 제6항).

라. 주택임차인의 해지통고권

1989년법이 정하는 최단기간은 임대인만을 구속한다. 임차인은 임대차기간 중에도 임대차를 종료하고자 해지통고(congé)를 할 수 있다(제12조).[18] 다만, 3개월(제15조 Ⅰ 제8항) 또는 1개월(같은 조 제9항)의 예고기간을 준수하여야 한다. 임차인이 예고기간을 준수하지 않은

---

17) 즉, 계약서에서 합의한 사건이 예정하였던 대로 발생하면.
18) 하지만 임대차기간 중에 임대인이 임대차를 종료시키는 방법은 임차인의 채무불이행을 이유로 하는 해지(résiliation)를 하는 것이다.

때에는 그 기간의 차임을 지급하여야 한다. 임차인은 예고기간 중에도 퇴거하고 열쇠를 반환할 수 있는데 이는 그로 인하여 임대인에게 아무런 손해가 없는 때에 한한다.[19]

가구가 구비된 주택의 임차인도 언제든지 해지통고를 할 수 있는데 1개월의 예고기간을 준수하여야 한다(제25-8조 Ⅰ 제1항). 이는 임대차 최단기간이 9개월인 경우에도 마찬가지이다. 최단기간이 짧다고 하여 예고기간까지 감축되지는 않는다.

임차인이 언제라도 해지통고를 할 수 있는 권한은 임대차계약상 반대 약정이 있더라도 인정된다.[20] 임대차계약을 서면으로 작성하지 않은 경우에도 임차인은 예고기간을 준수하여야 한다.[21]

마. 임대차기간 만료시의 세 가지 상황

원래의 임대차기간(3년 또는 6년)이 만료하면 당사자들은 다음 세 가지 상황 중 하나에 처하게 된다.

첫째, 임대차기간이 만료하기 적어도 6개월 전에 임대인이 1989년 법 제15조에 기하여 자신의 임차인에게 법정 사유(주거 목적의 점유회복, 매매를 위한 해지통고, 정당하고 심각한 사유에 기한 해지통고) 중 하나를 이유로 해지통고(congé)를 하였다. 둘째, 위 기간 내에 임대인이 제17-2조에 따라 임차인에게 조건변경에 의한 갱신을 제안하였다. 셋째, 법정기간 내에 임대인이 임차인에게 해지통고를 하지도 않고 갱신을 제안하지도 않았다. 그 경우에 임대차는 묵시적으로 갱신된다.

이 세 가지 경우(해지통고, 합의에 의한 갱신, 묵시적 갱신)는 1989

---

19) 기존 임차인의 퇴거와 동시에 새로운 임차인이 입주하는 경우에 그러하다.
20) Civ. 3ᵉ, 6 avr. 2005, n° 04/11374, Bull. civ. Ⅲ, n° 85; D. 2005. 1109, obs. Rouquet; ibid. 2006. Pan. 962, obs. Damas; AJDI 2005. 651, obs. Rouquet.
21) Civ. 3ᵉ, 15 oct. 2008, n° 07/13294, Bull. civ. Ⅲ, n° 153; D. 2008, AJ 2722, obs. Rouquet.

년법 제10조에 규정되어 있다. 즉, 제10조 제2항에 따르면 "임대인이 제15조에서 정한 방식과 기간의 요건에 따라서 해지통고를 하지 않은 때에는 임대차계약은 기간만료 시에 합의에 의해 갱신되거나 묵시적으로 갱신된다." 이하에서는 합의에 의한 갱신(2.)과 묵시적 갱신(3.)에 관하여 차례로 설명한다.

2. 합의에 의한 갱신(renouvellement)

임대차기간 만료에 즈음하여 임대차관계의 종료를 원하지 않는 임대인은 임차인에게 갱신청약을 할 수 있다. 이 갱신청약은 해지통고에 관하여 규정된 방식과 기한을 지켜서 하여야 한다(제10조 제4항 제2문). 즉, 임대차기간 종료 6개월 전에 하여야 한다. 결국 임대인의 청약과 임차인의 승낙에 기한 합의에 의해 임대차계약의 갱신이 이루어질 수 있다. 갱신된 임대차의 기간은 법정기간인 3년 또는 6년으로 되며(같은 항 제1문) 차임만은 새로이 정할 수 있다(같은 항 제3문). 따라서 갱신청약의 주된 유용성은 임대인이 차임 증액에 착수할 수 있도록 허용한다는 점이다. 기존의 보증은 갱신된 임대차에는 적용되지 않으며 새로이 보증을 제공받아야 한다.

가구가 구비된 주택의 경우 임대차기간의 만료 시 계약조건을 수정하고자 하는 임대인은 이를 3개월 전에 임차인에게 통지하여야 한다(제25-8조 Ⅰ 제2항). 임차인이 수정 조건을 승낙하면 계약이 갱신되며 갱신된 임대차기간은 1년이다. 당사자의 약정으로 이러한 절차를 회피할 수 없다.[22]

---

22) Civ. 3ᵉ, 17 déc. 2015, n° 14/25.523, P, D. 2016. 71, obs. Rouquet; *ibid.* 1102, obs. Damas. : "임차인이 새로운 조건을 승낙하지 않으면 계약은 종래의 조건으로 갱신(reconduction)된다. 임대차의 조건은 임대차 갱신 시에만 당사자의 합의에 의해 변경될 수 있고, 종래의 계약을 대체하는 새로운 계약에 서명한다고 해

3. 묵시적 갱신

프랑스에서 주택임대차는 원칙적으로 기간만료 시에 묵시적 갱신이 이루어지는데, 임대인의 해지통고권은 그것을 저지하는 방법이다. 주택임대차의 묵시적 갱신이 반복하여 일어나기 때문에 임대인의 해지통고권도 매 3년 또는 6년마다 문제된다.

가. 임대인의 해지통고 사유

임대인은 다음 세 가지 중 하나를 이유로 하여서만 임대차계약을 해지할 수 있다(1989년법 제15조 Ⅰ 제1항). 첫째, 임대인 자신이 목적부동산에 거주하고자 하는 경우.[23] 둘째, 임대인이 목적부동산을 매각하고자 하는 경우. 셋째, 정당하고 중대한 사유가 있는 경우.

(1) 거주 목적의 해지통고권

거주 목적의 해지통고권은 자연인인 임대인에게만 인정된다. 임대인 자신이 임차주택을 사용하고자 하는 경우뿐만 아니라 임대인의 배우자, 해지통고 시에 등록된 민사연대계약(PACS) 동반자, 해지통고 시 1년 이상 된 주지(周知)의 동거인(concubin notoire), 직계존속, 직계비속이 임대주택을 사용하고자 하는 경우, 배우자, 위 동반자, 위 동거인

서 건축및주거법전 제L.632-1조의 규정을 회피할 수 없다." 이 판결에서 건축및주거법전의 규정이 언급되는 것은 종래 가구가 구비된 주택의 임대차는 1989년법이 아닌 건축및주거법전에 의해 규율되었기 때문이다.

23) 농지임대차의 경우에는 임대인이 자경 목적의 점유회복(reprise pour exploiter)을 위한 갱신거절이 인정되나, 상가임대차에서는 자영 목적의 점유회복을 위한 갱신거절이 인정되지 않는다. 농지임대인의 자경 목적의 점유회복은 농지소유자 자신이나 배우자 또는 상속인이 최소 15년 이상 정착하여 자경할 의사가 있는 경우에 인정된다.

의 직계비속이 임대주택을 사용하고자 하는 경우에도 임차인에게 해지통고를 할 수 있다.

임대인은 자신의 점유회복 결정이 현실적이고 중대하다는 점을 증명하여야 한다. 해지통고서에는 점유회복으로 인한 수혜자의 이름과 주소, 임대인과 수혜자 사이의 관계를 밝혀야 하며, 이를 밝히지 아니하면 그 해지통고는 무효이다. 임대인은 임대인의 의무에 관한 정보와 임차인의 구제방법에 관한 정보를 담은 서면을 해지통고서와 함께 보내야 한다.

(2) 매매 목적의 해지통고권

임대인은 최초의 임대차기간 또는 갱신된 임대차기간의 만료 시에 목적물을 매각하기 위한 해지통고를 할 수 있다(1989년법 제15조 Ⅱ).24) 임대인이 주택의 매각결정을 이유로 해지통고를 하는 경우 그 통지서에는 예정된 매매가격과 조건을 기재하여야 하며 이를 기재하지 않으면 그 해지통고는 무효이다(제15조 Ⅱ 제1항). 그밖에 매매목적물의 면적을 기재하여야 하고 1989년법 제15조 Ⅱ 제1항부터 제5항까지의 법규정을 기재하여야 한다.

임대인이 목적물을 매각하기 위해 해지통고를 하는 경우 임차인은 우선매수권을 갖는다(제15조 Ⅱ).25) 임대인의 해지통고는 임차인에 대

---

24) 목적부동산에 대한 매각이 임대차존속 중에 이루어지는 때에는 프랑스민법 제1743조가 적용된다. 즉 목적물이 양도되어도 임대차가 존속하며, 목적물 취득자가 기존의 임대차계약을 승계하여 임대인이 된다.
25) 농지임대차에서 임대인이 일정한 경우에 임차농지를 유상으로 양도하는 때에는 그 농지를 "실제 경작하는 임차인(exploitant preneur en place)"은 일방적 행위에 의해서 그 소유자가 될 수 있는 권한이 있다(농지어업법전 제L.412-1조부터 제L.412-13조까지). 농지는 경작자가 가져야 한다(La terre à ceux qui ont les mains calleuses)는 취지에서 인정된 이 우선매수권을 본받아서 1975년 12월 31일 법률(L. n° 75-1351 du 31 décembre 1975 relative à la protection des occupants de locaux à usage d'habitation)(제10조)과 1989년 7월 6일 법률(제15조)은 임차목적

하여 매도의 청약으로서 효력이 있다. 매매의 청약을 승낙한 임차인은 임대인에게 회신을 송부한 날로부터 2개월 내에 매매를 실현하여야 한다(II 제3항). 즉, 임차인이 목적물의 매수 여부를 결정하기 위한 기간은 2개월이다. 임대인이 매매사실을 통지함에 있어서 위법함이 있었거나 지체한 경우에는 임대인과 제3자와의 매매가 무효로 된다.[26]

매매의 청약을 승낙하지 아니한 임차인은 예고기간이 종료된 때 건물에 대한 점유권을 당연히 상실한다(II 제2항). 따라서 주택에서 퇴거하여야 한다. 그 후 소유자가 임차인에게 제시한 조건보다 더 유리한 조건 또는 가격으로 매도하기로 결정한 경우 공증인은 임차인에게 그 조건과 가격을 통지하여야 하며, 그렇지 않으면 그 매매는 당연 무효이다(II 제4항). 그 통지는 임차인을 위한 매매청약으로서의 효력을 갖는다. 그 청약은 수령일로부터 1개월간 유효하다. 1개월 내에 임대인이 승낙을 받지 못하면 청약은 소멸한다. 청약을 승낙한 임차인은 회신을 송부한 날로부터 2개월 내에 매매를 실현하여야 한다(II 제5항).

매매는 임대차기간 중에 일어날 수도 있는데 임차인이 목적물을 매수하지 않는다고 해서 그의 임차권이 소멸되지는 않는다. 그는 목적물을 계속해서 사용수익할 수 있고, 당해 부동산은 임차인이 사용하고 있는 상태대로 매도된다. 하지만 매매청약이 임대차기간의 종료에 즈음하여 행해지는 때에는 임차인이 2개월 내에 우선매수권을 행사하지 않으면 임차인은 임대차기간의 만료와 더불어 목적 주택에서 퇴거해야 한다(1989년법 제15조 II 제2항). 매매청약에 대해 임차인이 승낙하

물인 주택 또는 주거와 업무 겸용건물의 매매 시 그 임차인 또는 선의의 점유자에게 우선매수권을 부여했다. 영업용건물의 임차인에게도 마찬가지로 우선매수권이 인정된다(프랑스상법 제L.145-46-1조).

26) Civ. 3e, 3 juillet 2002, n° 00/21422, *REC* 2003, p. 102, obs. crit. Fr. Collart-Dutilleul : "임차인이 우선매수권을 알지 못한 경우 임차인은 목적물의 매매일자를 안 날로부터 6개월 내에 그 매매의 무효화소송을 제기할 수 있다." 당해 사건에서 임차인은 5년 전에 매매의 존재를 알았으나 매매일자는 알지 못하였는데, 법원은 그 임차인이 무효화소송을 제기할 수 있다고 판단하였다.

지 않으면 그 청약은 사실상 임대차의 해지통고에 해당하기 때문이다.[27] 임차인을 보호하기 위해 2014년 3월 24일 Duflot법은 1975년 법률을 개정하여 그 경우 꼬뮨이 임차인을 대신해 목적물을 취득하여 임차인에게 임대할 수 있도록 하였다(1975년법 제10조).

1975년 법률은 구분소유권의 성립 후에 행해지는 매매에도 적용되는데, 이는 임차인에게 더욱 위험하다. 왜냐하면 언제라도 임차인에게 전유부분에 대한 매매청약이 행해질 수 있고 임차인이 그에 대해 거절하는 때에는 목적물로부터 퇴거해야 하기 때문이다. 그 경우 목적물은 임차인이 존재하지 않는 상태에서 매각된다. 종전에는 집합건물이 일괄 매각되는 경우에 임차인은 원칙적으로 우선매수권을 행사할 수 없었다.[28] 건물을 통째로 사들인 매수인이 그 건물에 구분소유권을 성립시킨 후 되팔면서 높은 가격을 부르면 임차인들로서는 그 가격을 감당할 수 없어 우선매수권을 행사하지 못하고 목적물로부터 퇴거해야만 하였다. 그런데 법관들은 1975년에 도입된 우선매수권을 넓게 해석했고[29] 기망을 인정하기도 했다.[30] 2006년 6월 13일 법률은 이러한 실무를 바로잡기 위해서 제정되었는데, 10개가 넘는 거주공간이 있는 건물을 가진 원소유자는 설령 해당 건물을 통째로 파는 경우에도 미리 각 임차인에게 매매청약을 하여야 한다. 그러나 건물 매수인이 임차인들의 사용수익을 최소 6년간 용인하기로 약속한 때에는 그러하지 아니하

---

27) Civ. 3^e, 24 mars 2004, *Bull. civ.* III, n° 59.
28) Civ. 3^e, 11 mars 2015, n° 14-10447, *Bull. civ.* III, n° 29.
29) Civ. 3^e, 8 juin 2005, *Bull. civ.* I, n° 127; *JCP* G 2005.II.10086, n. S. Raby : 한 호실에 대해서만 구분소유권이 성립되어 매각된 후에 건물이 통째로 팔렸다면 그 호실의 임차인은 우선매수권을 행사할 수 있고 그 호실에 대한 매매의 무효를 주장할 수 있다.
30) Civ. 3^e, 16 nov. 2005,*Bull. civ.* III, n° 223; *D.* 2005, IR 2968, obs. Y. Rouquet : 소유자가 구분현황명세서를 작성한 후에 건물을 통째로 매각하였는데, 그렇다면 그는 임차인들로 하여금 각 전유부분에 대한 우선매수권을 행사할 수 있도록 하는 조치를 취했어야 했다.

다. 이를 위반한 경우 그 매매는 무효이다(1975년법 제10-1조). 이들 조문에 대해서는 위헌 여부가 다투어졌으나 합헌으로 결정되었다.31) 임차인의 권리를 무시하는 경우 제3자와의 매매가 무효로 된다.32) 임차인이 사망한 경우 그의 우선매수권은 상속인에게 상속된다.33)

(3) 정당하고 중대한 사유에 기한 해지통고권

'정당하고 중대한 사유'가 있는 경우란 차임 미지급, 보험 미가입, 주거 목적 이외의 사용, 임대인의 동의 없는 전대차, 이웃에게 큰 피해를 주는 식의 평온을 해치는 거주 등 임차인에게 귀책사유가 있는 경우를 말한다.

나. 해지통고의 방식

해지통고는 배달증명 우편이나 집행증서(acte d'huissier)의 송달로써 하여야 한다(1989년법 제15조 Ⅰ 제11항 제1문). 따라서 보통우편으로 하는 해지통고는 무효이다.34) 임차인 본인에게 직접 통지서를 주고 수령증을 받거나 난외 서명을 받는 것도 가능하다.

---

31) Cons. const., 9 janv. 2018, n° 2017-683, *Defrénois* 2018, n° 12, p. 23, chron. G. Rouzet; *D.* 2018. 1118, obs. N. Damas.
32) Civ. 3ᵉ, 23 juin 2010, n° 09-13153, *Bull. civ.* Ⅲ, n° 128; *D.* 2010. 1709, n. Y. Rouquet; 임차인에게의 통지가 적법하지 않은 경우.
33) Civ. 3ᵉ, 28 sept. 2005, *Bull. civ.* Ⅲ, n° 177.
34) Lyon, 25 juin 2002, RG n° 00/06330, *Loyers et copr.* 2003, n° 5, obs. Vial-Pedroletti – Amiens, 28 févr. 2009, RG n° 02/01530, *Loyers et copr.* 2003, n° 234, obs. Vial-Pedroletti.

다. 준수해야 하는 기간

(1) 최소 6개월 전 통고

임대인이 해지통고를 하는 경우 6개월의 예고기간을 준수하여야 한다(1989년법 제15조 Ⅰ 제1항 말미). 다시 말하면 임대차가 종료하기 적어도 6개월 전에 해지통고를 하여야만 묵시적 갱신을 배제할 수 있다. 예고기간과 관련된 분쟁은 주로 예고기간의 기산점에 관한 것이고 예고기간의 종료일에 관하여 다투는 경우도 있다.

(가) 예고기간의 기산일

배달증명우편에 의해 해고 통고를 하는 경우에는 예고기간의 기산점이 문제된다. 예고기간은 "배달증명우편을 수령한 날부터 진행한다". 그 결과 우편이 상대방에게 도달하지 않으면, 특히 상대방이 우편물을 찾으러 우체국에 가지 않거나 수령증에 서명한 자가 제3자인 때에는 예고기간이 전혀 진행되지 않는다. 사실 우편물이 우체국에 도착한 일자는 아무런 상관이 없다. 우편물 배달을 시도한 날짜도 고려될 수 없다. Versailles 항소법원의 판결은 이러한 판례를 좇아서 임차인에게 두 번 배달을 시도하였으나 임차인이 주소지에 부재중이었는데 그 임차인이 우체국 직원이라고 해서 그것만으로 임차인의 악의를 추정할 수는 없다고 판시하였다.35) 임대차기간이 만료하는 일자가 6개월이 넘게 남은 시점에 해지통고를 하였다면 그 통지는 유효하다. 그러므로 임대인이 배달증명우편에 의해 해지통고를 하는 경우에는 충분한 시간적 여유를 두고 통지하는 것이 좋다. 임차인이 수령하지 않는 경우에는 집행증서에 의한 통고를 하거나 본인에게 직접 통지서를 주기 위해서이다. 집행증서에 의해 해지통고를 하는 경우에는 통지일이 예고

---

35) Versailles, 12 juin 1998, RG n° 4996/96, *Loyers et copr.* 1999, n° 116, obs. B. Vial-Pedroletti.

기간의 기산점이며 실제 수령한 날이 아니다(프랑스민사소송법 제658조, 1989년법 제15조 Ⅰ 제11항 제2문).

(나) 예고기간의 만료일

예고기간 만료일의 결정은 프랑스민사소송법에 규정된 원칙에 따른다. 프랑스민사소송법 제641조 제2항에 따르면 "기간이 월로 표시된 때에는 기간의 개시일인 통지일과 동일한 마지막 달의 날짜에 기간이 종료한다. 동일한 날짜가 없는 때에는 그 달의 마지막 날에 기간이 종료한다." 이 원칙에 대해서는 아무런 예외가 없다.

프랑스민사소송법 제642조에 따르면 "모든 기간은 마지막 날의 24시에 종료한다. 토요일이나 일요일 또는 공휴일에 만료할 기간은 다음 평일까지 연장된다." 따라서 어느 달의 1일이 임대차만료일인 경우 해지통고를 1일에 하면 늦다. 왜냐하면 모든 기간은 마지막 날의 24시에 만료하기 때문이다. 그런데 제642조는 임대차기간에는 적용되지 않는다. 즉, 어느 달의 31일에 만료하는 임대차는 그 31일이 일요일이라고 해서 다음 달 1일까지로 연장되지 않는다. 사실 프랑스민사소송법 제642조는 기간만료 전에 일정한 절차가 이행되어야 하는 경우에만 적용된다.

가령 임대인이 한 해지통고를 1월 8일에 수령하였다면 예고기간은 7월 8일에 만료한다. 하지만 3월 31일에 수령하였다면 예고기간은 9월 30일에 만료한다. 12월 31일에 수령한 해지통고는 6월 30일에 예고기간이 만료한다. 해지통고를 8월 31일에 수령하였다면 예고기간은 2월 28일 또는 29일에 종료한다. 해지통고를 1월 14일에 수령하였다면 7월 14일(국경일)이 아닌 7월 15일 또는 16일(프랑스혁명기념일이 토요일인 경우) 또는 17일(프랑스혁명기념일이 금요일인 경우)에 예고기간이 종료한다.

(2) 해지통고권이 정지되는 경우

주택임대인의 해지통고권은 다음 두 경우에 정지된다.

(가) 주택매수인의 해지통고권

임대차가 존속 중인 주택을 매수한 사람이 주택취득 후 3년이 넘어서 임대차계약 기간이 만료한다면, 임대인은 그 임대차기간이 만료하는 때에 주택을 매각하기 위한 해지통고를 할 수 있다(제15조 Ⅰ 제2항 제1호). 그러나 주택취득 후 3년이 되기 전에 임대차기간이 만료한다면, 임대인은 존속 중인 임대차가 한 번 합의에 의해서나 묵시적으로 갱신된 기간이 종료한 후에야 주택을 매각하기 위한 해지통고를 할 수 있다(같은 항 제2호). 즉, 임대인이 자연인인가 법인인가에 따라 3년 또는 6년의 기간으로 묵시적 갱신 또는 합의에 의한 갱신이 이루어진 후 그 기간이 만료하는 때에야 매매를 위한 해지통고를 할 수 있다.

또한 매수인이 임대차가 존속 중인 주택을 취득한 후 2년이 되기 전에 임대차기간이 만료한다면, 임대인이 거주를 목적으로 해지통고를 하더라도 그 임대차는 매수인이 주택을 취득한 날짜로부터 2년의 기간이 만료한 때에야 종료한다(같은 항 제3호). 달리 말하면 해지통고는 원래의 계약기간이 만료하기 6개월 전에 해야 하지만 그 해지통고의 효력발생은 장래의 날짜로 보류된다. 이는 사실상 예고기간을 연장하는 것이다.

그런데 파리항소법원은 임대차가 존속 중인 주택을 매수한 사람의 해지통고권을 제한하는 1989년법 제15조는 상속으로 주택을 취득한 경우에는 적용되지 않는다고 판시하였다.[36]

(나) 비위생 선고 또는 위험 아래때

건물의 안전과 위생에 관하여 건축및주거법전 제L.511-10조에 규정

---

36) Paris, 12 mars 2019, n° 16/17263, *Rev. loyers* 2019. 177, obs. Brena.

된 절차가 개시되면 임대인은 임차인에게 해지통고를 할 수 없고 임대차기간도 정지된다. 그러나 아레떼(arrêté)의 발령 여부에 대한 통지를 받지 못한 때에는 그러한 절차에 대한 권한이 있는 행정당국의 우편물을 수령한 때로부터 6개월이 지나면 정지가 해소된다. 안전대책이나 비위생상태처리에 관한 아레떼가 내려지면 임차인은 건축및주거법전 제L.521-1조와 제L.521-2조에 규정된 보호조치를 받는다. 그에 따르면 차임 등 목적물 점유에 따른 반대급부를 지급할 의무가 더 이상 발생하지 않으며 주택의 소유자 또는 개발업자는 점유자의 주거 또는 숙소를 보장하거나 건축및주거법전 제L.521-3-1조에 규정된 요건에 상응하는 비용을 분담할 책임이 있다.

라. 점유회복 결정을 이유로 한 해지통고에 대한 규제

임차인에게 귀책사유가 없지만 임대인이 해지통고를 통해 임대차를 종료시킬 수 있는 것은 가.의 두 가지 사유[(1)과 (2)]이다. 이 두 가지 사유는 임대인이 목적물에 대한 점유를 회복하기로 결정하였음을 이유로 해지통고를 할 수 있게 하는 것인바, 이는 두 개의 기본권, 즉 임대인의 소유권과 임차인의 주거권 사이에서 균형을 잡고자 하는 프랑스 입법자들의 논쟁 대상이었다.

(1) 거짓임이 밝혀진 경우

임대인이 점유회복 결정을 이유로 해지통고를 하였으나 그것이 거짓임이 밝혀진 때에는 임대인이 자연인이라면 6,000유로 이하, 법인이라면 3만 유로 이하의 벌금에 처해진다(1989년법 제15조 Ⅳ 제1항). 벌금액은 확인된 사실의 경중에 비례한다. 임차인은 형사소송절차에서 부대사소(constitution de partie civile)를 제기하고 임대인에게 손해배상을 청구할 수 있다(제15조 Ⅳ 제2항).

(2) 저소득 고령 임차인의 보호

(가) 원칙

임대인이 목적물을 스스로 사용하거나 매각하기를 원하더라도 일정한 경우에는 임대인이 임차인의 갱신청구를 거절할 수 없다. 재산이 기준에 미달하는 65세 이상 노인인 임차인의 경우에 그러하다. 1948년 9월 1일법 제13조 이하에서 말하는 일정한 지역 내에서 임차인의 필요와 형편에 맞는 대체주택을 찾을 수 없는 한, 위와 같은 임차인은 해당 부동산에 계속 거주할 권리가 있다.

(나) 예외 : 저소득 고령 임대인

임대인의 갱신거절에 대한 위와 같은 제약은 임대인 자신이 65세 이상인 자연인이거나 연간 수입이 위에서 말한 기준에 미달하는 경우에는 적용되지 않는다. 임차인의 연령과 임대인의 연령은 계약기간 만료일을 기준으로 하며 임대인과 임차인의 수입은 해지통고 시를 기준으로 평가한다.

4. 차임연체로 인한 임대차 해지절차

가. 지급최고

임차인이 차임 또는 관리비를 약정된 기간에 지급하지 아니하였다는 이유로 임대인이 임대차를 해지하는 방법에는 임대차계약상의 해제약정에 의거하는 방법과 법원에 지급청구의 소를 제기하는 방법이 있다. 해제약정에 의거하는 경우에도 임대인은 우선 지급최고서(commandement de payer)를 임차인에게 보내야 한다(제24조 Ⅰ 제1항). 당연해지조항이 있다고 해도 임대차가 자동으로 해지되지 않는다.[37]

차임 미지급의 경우 최고 후 6주 후에 종료한다.
지급최고서에는 다음 여섯 가지 사항을 기재하여야 하며 그렇지 않으면 무효이다. 첫째, 임차인은 6주 안에 채무를 변제하여야 한다는 점; 둘째, 월 차임과 관리비의 액수; 셋째, 채무 잔액; 넷째, 채무를 변제하지 않는 경우 임대차를 해지하고 임차인 퇴거시키기 위한 법적 절차에 들어간다는 점; 다섯째, 임차인은 도 주택연대기금(FSL)에 재정적 도움을 신청할 수 있다는 점과 신청서를 제출할 주택연대기금 주소; 여섯째, 임차인은 프랑스민법 제1343-5조에 기하여 법원에 은혜기간[38])을 신청할 수 있다는 점(1989년법 제24조 I 제2항).

나. 강제퇴거 예방조치 조정위원회에의 통지

임대인이 4촌 이내의 친족만으로 구성된 민사조합이거나 자연인인 경우에 그러한 임대인을 위해서 지급최고서를 교부한 집행관은 다음 두 경우에 임차인강제퇴거예방조치조정위원회(Commission de Coordination des Actions de Prévention des Expulsions locatives : CCAPEX)에 지급최고사실을 통지한다(제24조 I 제4항). 첫째, 임차인이 차임이나 관리비를 2개월 동안 계속해서 미지급하고 있는 경우. 둘째, 임차인이 연체한 차임이나 관리비가 관리비를 제외한 월 차임의 2배에 해당하는 경우. 조정위원회에의 통지는, 집행관은 자신이 알고 있는 정보를 토대로 점유자의 전화연락처와 전자적 연락처, 사회경제적 상황을 Exploc[39])에 전자적 방식으로 기재함으로써 행한다.
임대인이 법인인 경우[40])에 임차인의 차임 또는 관리비 연체상황이

---

37) Ph. Malaurie/L.Aynès/P.-Y. Gautier, *Droit des contrats spéciaux*, LGDJ, (2018), n° 674.
38) 김기환, "프랑스 민법상 은혜기간-법원에서 이행기 연장을 할 수 있는가?-", 비교사법 제25권 2호(한국사법학회), 521 이하.
39) 주택임대차 관련 소송의 예방을 위한 정보 시스템이다.

계속되어 건축및주거법전 제L.821-1조에 규정된 보조금의 지급을 유지하기 위해 주거보조금지급기관에 정해진 요건을 갖추어 미리 알린 때에는 임차인강제퇴거예방조치조정위원회에의 구제신청이 이루어진 것으로 간주한다. 조정위원회에의 구제신청에는 점유자의 전화연락처와 전자적 연락처, 사회경제적 상황이 기재되어야 하며 Exploc에 전자적 방식으로 입력함으로써 행한다(제24조 Ⅱ 제3문). 법인인 임대인은 조정위원회에 구제신청이 접수된 이후 2개월이 경과하기 전에는, 임대차 해지를 확인하는 소를 제기할 수 없다(제24조 Ⅱ 제1문). 이를 어길 경우에는 임대인의 소를 각하한다.

다. 도지사에의 통지

임차인이 차임을 연체하였다는 이유로 임대인이 임대차의 해지를 확인받기 위한 소를 제기한 경우에 집행관은 도지사(préfet)에게 이 사실을 법원에서 심문(audience)이 열리기 최소 6주 전까지 통지하여야 하며, 통지를 하지 않은 때에는 법원이 임대인의 소를 각하한다(제24조 Ⅲ 제1문). 도지사에게의 통지도 Exploc에 전자적 방식으로 입력함으로써 행한다(제24조 Ⅲ 제2문). 통지를 받은 도지사는 취약계층의 주거와 숙박을 위한 도내 대책을 담당하는 기관에 구제신청을 하여야 한다. 취약계층의 주거와 숙박을 위한 도내 대책을 담당하는 기관은 임차인과 임대인의 진술을 토대로 사회적 재정적 진단을 행하여 그 진단서를 법관과 임차인강제퇴거예방조치조정위원회에 전달한다.

라. 법원의 판결

법관은 임대차관련 채무를 해결할 능력이 있는 임차인에게, 프랑스

---

40) 4촌 이내 친족만으로 구성된 민사조합의 경우는 제외한다.

민법 제1343-5조 제1항[41])에 규정된 기간과는 달리, 직권으로 3년의 한도 내에서, 지급기간을 허여할 수 있다(제24조 V 제1문). 제24조 V 제1문에 기한 법관의 결정이 있는 때에는 프랑스민법 제1343-5조 제4항[42])이 적용된다(제24조 V 제2문). 법관은 직권으로 임차인의 채무를 구성하는 모든 요소를 조사할 수 있고 임대인이 온당한 주택을 인도할 의무를 준수하였는지 여부를 조사할 수 있다(제24조 V 제3문).

법관이 허여한 기간과 지급방법은 임대차계약의 이행에 영향을 미칠 수 없다. 특히 차임과 관리비의 지급을 정지시키지 않는다. 임차인의 퇴거를 명하는 판결 통지서에는 건축및주거법전 제L.441-2-3조에 규정된 조정위원회에 구제를 신청하는 방법과 위원회의 주소를 기재하여야 한다(제24조 XI).

III. 주거적합성

1. 개관

1989년법 제6조는 임차인에게 부담하는 임대인의 여러 의무를 열거하고 있다. 여기에 열거된 의무들은 프랑스민법에 규정된 의무들과 동일하다. 프랑스민법의 여러 조문(제1719조,[43]) 제1720조, 1721조, 1723

---

41) 프랑스민법 제1343-5조 ① 법관은 채무자의 상황 및 채권자의 필요를 고려하여 의무 있는 금전채무의 변제를 2년의 한도 내에서 연기하거나 분할하도록 할 수 있다.
42) 프랑스민법 제1343-5조 ④ 법원의 판결은 채권자가 제기한 집행절차를 정지시킨다. 법원이 정한 기간 중에는, 이행지체로 인한 이자의 증가가 발생하지 않으며 위약금이 부과되지 아니한다.
43) 프랑스민법 제1719조에 따르면 임대인은 다음 세 가지 의무를 진다. 첫째, 목적물을 임차인에게 인도하여야 한다. 목적물이 임차인의 주된 주거지라면 온당한 주택을 인도하여야 한다(제1호). 둘째, 목적물을 임대된 용도에 적합한 상태로

조, 1725조)에 산재해 있는 임대인의 의무들(인도의무, 유지의무, 평온한 사용 보장의무)을 1989년법은 한 조문 안에 모두 규정하고 있다. 1989년법 제6조는 이 의무들을 프랑스민법에 비해 더 엄밀하게 또는 덜 엄밀하게 규정한다.

그런데 프랑스민법의 조문들은 임의규정인 데 반해,[44] 1989년법 제6조는 강행규정이다. 1989년법 제2조가 제1편의 모든 조문(제1조부터 제25-2조까지)이 강행규정임을 명시하고 있기 때문이다. 법이 보호하고자 하는 계약당사자는 이 보호의 전부 또는 일부로부터 벗어날 수 있는데, 그러한 권리포기가 유효하려면 다음 세 가지 요건을 갖추어야 한다. 첫째, 권리의 포기임이 명확하여야 하며 모호하지 않아야 한다.

유지하여야 한다(제2호). 셋째, 임차인이 임대차기간 동안 목적물을 평온하게 향유하도록 하여야 한다(제3호). 넷째, 수목의 항구성과 품질을 보장하여야 한다(제4호).

44) 가령 프랑스민법 제1720조는 강행규정이 아니다. 따라서 임차인이 "목적물을 잘 확인하고 그 상태대로 인수한다고 선언"함으로써 임대인이 '목적물을 모든 종류의 수선이 잘 되어 있는 상태로 인도할 의무'를 면제받는 경우도 많다. 그러나 당사자들간의 이러한 약정은 엄격히 해석된다. 가령 Civ. 3^e, 18 mars 1992, *Bull. civ.* III, n° 88 : 임차인이 "목적물을 현 상태대로" 인수한다고 한 약정은 임대차계약 체결 시에 필요한 수선을 임대인이 면하게 할 뿐이다. 임대차기간 중에 필요하게 된 수선까지 임대인에게 면제해주는 것은 아니다. 그리고 그러한 약정은 계약법 총칙의 적용을 받는다. 따라서 의사표시의 하자(침묵에 의한 사기)가 인정되면 그 약정은 무효이다 : Civ. 3^e, 19 nov. 1985, *Rev. loyers* 1986. 130 : 임차인이 집합건물관리단이 부과하는 모든 금액을 지급하기로 한 약정이 문제된 사건이다. 임대인은 당해 건물에 관한 대규모 공사계약이 체결되어 있는 것을 알고 있으면서도 임대인은 이를 임차인에게 알리지 않은 채 위와 같은 약정을 체결하였다. 하지만 임대인의 기본적 의무인 목적물을 인도할 의무를 면제하는 내용의 합의는 있을 수 없다. Civ. 1re, 11 oct. 1989, *Bull. civ.* I, n° 317; *D.* 1991.525, n. P.Ancel: 이 사건은 이동식 주택(mobile-home)의 임대차에 관한 것이다. 계약서에는 "재료의 임차와 설치에 대한 비용과 위험은 임차인의 책임하에 임차인이 부담한다"라고 정하고 있었다. 법원은 이러한 약정이 있다고 해서 임대인이 자신의 목적물인도의무를 이행하였다는 점을 증명할 의무가 면제되지는 않는다고 판시하였다.

둘째, 자신의 권리를 알고 있는 상황에서 포기하여야 한다. 셋째, 포기하고자 하는 권리가 발생한 후(즉 계약서에 서명한 후)에 포기하여야 한다. 따라서 계약서에 강행규정에 반하는 약정을 집어넣으면서, 동시에 그 무효를 주장할 권리를 포기한다고 약정할 수는 없다.45)

2. 온당한 주택을 인도할 의무

가. 임대인의 인도의무의 특성

임대인의 목적물인도의무는 매도인의 목적물인도의무와 비슷해 보이지만 사실은 그보다 더 많은 내용을 담고 있다. 임대인의 목적물인도의무는 다음 세 가지 측면이 있다.

첫째, 임대인은 임차인에게 목적물에 대한 점유를 이전하여야 하고 그 목적물은 당사자들이 원하는 용법에 적합한 것이어야 한다. 이는 주택임대차가 아니더라도 모든 임대차에 공통되는 것이다.

둘째, 임대인은 임차인에게 온당한 주택(logement décent)을 인도하여야 한다. 이 의무는 임차인의 주된 주거지로 사용되는 주택의 임대차에 적용되는 의무이다. 그렇다고 1989년법의 적용을 받는 임대차에만 해당하는 것이 아니다. 프랑스민법 제1719조 제1호 역시 임대인은 "목적물이 임차인의 주된 주거지라면, 온당한 주택을 인도"하여야 함을 규정하고 있기 때문에, 파기원은 이 조문을 근거로 하여 상사임대차에 포함된 주거용 장소와 관련하여 임대인은 온당한 주택을 인도할 의무가 있다고 판시하였다.46) 임차인의 주된 주거지로 사용되는 주택

---

45) J. Lafond et B. Vial-Pedroletti, *Les baux d'habitation,* LexisNexis, (2017), p. 37, n° 88.
46) Civ. 3ᵉ, 14 oct. 2009, n° 08-10.955: *JurisData* n° 2009-049880; *Loyers et copr.* 2010, comm. 14.

에 대해서는 모두 이 의무가 적용된다.

셋째, "임대인은 목적물을 모든 종류의 수선이 잘 되어 있는 상태로 인도할 의무가 있다"(프랑스민법 제1720조 제1항). 이 의무는 다음에 살펴볼 유지의무와는 달리, 수선의 종류를 구분하지 아니한다. 즉, 유지의무에 있어서는 임차인이 부담하는 수선은 임대인이 하지 않아도 되지만, 임차인이 목적물에 입주하기 전이라면 임대인은 임대차 개시 후에는 임차인이 부담하게 될 수선까지도 포함한 모든 수선을 행하여 목적물을 인도하여야 한다.

주택임대인은 "임대차계약에 열거된 설비들이 잘 작동하는 상태로" 인도할 의무가 있다(1989년법 제6조 제6항 a호). 그러나 임차인이 공사를 행하고 그 공사비를 차임에서 공제한다고 하는 합의하는 것은 가능하다.

나. 온당한 주택의 인도

(1) 온당한 주택의 개념

1989년법 제6조 제1항은 온당한 주택(logement décent)이란 무엇인지를 규정하고 있다. 그에 따르면 온당한 주택은 ①물리적 안전이나 건강을 해칠 수 있는 명백한 위험을 띠지 않고 ②해충과 기생충이 없고, ③건축및주거법전 제L.173-1조에서 규정하는 주거적합성에 관한 최소기준을 충족하고 ④건물을 주거용으로 쓸 수 있게 하는 요소들을 구비한 주택을 말한다.

1989년법 제6조 제2항은 온당한 주택의 개념에 상응하는 특성들을 국참사원의 데크레로써 정한다고 하는바, 이를 위해 제정된 데크레가 도시연대및재생에관한법률 제187조의 적용을 위한 온당한 주거의 특징에 관한 2002년 1월 30일 데크레[47]이다. 이 데크레의 내용을 보면,

---

47) Décret n° 2002-120 du 30 janvier 2002 relatif aux caractéristiques du logement

우선 온당한 주택은 임차인의 물리적 안전이나 건강과 관련된 특정 요건들을 충족하는 상태이어야 한다.

임대인은 신체적 안전에 대한 위험이 내포되지 않은 주택을 인도하여야 한다. 덧창이 없는 경우에 임차인은 주거침입을 막기 위한 창살의 설치를 요구할 권리가 있다.[48] 창문, 계단, 발코니 등의 난간처럼 사람이 떨어지지 않게 막아주는 설비는 이용에 적합한 상태가 유지되어야 한다(2002년 데크레 제2조 제3호). 따라서 임대인은 추락 위험을 피하기 위한 설비를 갖출 의무가 있다.[49]

건축재료, 배관재료, 내장재, 외장재에는 임차인의 건강과 안전에 대한 명백한 위험이 있지 않아야 한다(2002년 데크레 제2조 제4호). 따라서 석면이 사용된 주택은 '온당한' 주택으로 볼 수 없다.[50] 임대인은 임차인이 입주하기 전에 석면 제거공사를 시행해야 한다. 그렇지 않으면 임대인은, 프랑스민법 제1721조[51](같은 내용을 규정한 1989년법 제6조 제6항 b호)에 의거하여, 임대차 기간중에 제거공사를 함으로 말미

---

    décent pris pour l'application de l'article 187 de la loi n° 2000-1208 du 13 décembre 2000 relative à la solidarité et au renouvellement urbains. 이 데크레에 관한 해설은 J. Lafond, Les critères du logement décent : *JCP* N 2002, n° 10, 1177. - Cl. Giverdon, Les caractérisques du logement décent : *Loyers et copr.* 2002, chron. 6를 보시오.

48) Nimes, 8 oct. 2020, n° 19-04612 : *JurisData* n° 2020-018852; *Loyers et copr.* 2020, comm. 122.
49) Civ. 3ᵉ, 14 févr. 2012, n° 11-13.135; *JurisData* n° 2012-002197; *Loyers et copr.* 2012. 97.
50) Aix-en-Provence, 11e ch. B, 20 févr. 2014, n° 2014/103; *JurisData* n° 2014-007578.
51) 제1720조 ① 임대인은 임대목적물의 사용을 방해하는 모든 하자나 결함에 대하여 임차인에게 담보책임을 부담하고, 임대인이 임대차계약 체결 시에 그 하자나 결함을 알지 못한 때에도 마찬가지이다.
② 이 하자나 결함으로 인하여 임차인에게 어떠한 손실(perte)이 발생하면, 임대인은 이를 배상할 의무가 있다.

암아 임차인이 입은 사용수익방해에 대한 손해를 배상할 책임이 있다.52) 내장재나 외장재에 기준치를 넘는 농도의 납이 들어있다는 진단을 받은 주택도 온당한 주택으로 볼 수 없다.53)

전기와 가스배관 및 난방설비, 온수설비는 법령에서 정한 안전기준에 합치하여야 한다(2002년 데크레 제2조 제5호). 따라서 하자가 있거나 위험한 전기시설이 있는 주택은 온당한 주택이 아니다.54)

비위생 또는 위험 판정 아레떼(arrêté)를 받은 주택은 온당한 주택으로 볼 수 없다. 목적물이 A등급부터 F등급까지에 들지 못하면 온당한 주택이 될 수 없다(1989년법 제6조 제3항).

(2) 제재

"온당한 주택"이 될 수 없는 장소를 주거용으로 임대하는 것은 금지된다. 이에 반하는 임대인과 임차인의 합의는 무효이다.55) 즉, 임대인은 임차인과의 약정을 통해 온당한 주택을 인도할 의무를 면제받을 수 없다. 이는 임차인이 목적물이 온당하지 않은 상태였음을 알았거나 모를 수 없었다 해도 마찬가지이다.56) 임대인이 온당한 주택을 인도하여야 한다는 1989년법 제6조는 앞서 말했듯이 강행규정이기 때문이다. 임차인이 목적물을 현 상태대로 인수한다고 하는 약정이 있거나 차임이 매우 저렴하다(loyer minoré)는 사정이 있는 경우에도, 임대인은 여

---

52) Civ. 3e, 2 juill. 2003, n° 01-16.246, n° 02-14.642 : *JurisData* n° 2003-019712 et 2003-019713; *JCP* N 2004, n° 12, 1152, note L. Leveneur; *D.* 2004, p. 1411, note G. Pignarre.
53) Paris, 6e ch. C, 22 mai 2007, n° 05/15099 : *JurisData* n° 2007-334443; *AJDI* 2007, p. 753.
54) Bordeaux, 1re ch. civ. A, 29 janv. 2015: *Rev. loyers* 2015, p. 132.
55) 예 : Civ. 3e, 17 déc. 2015, n° 14-22754(9㎡ 미만의 면적) 참조.
56) 오래된 집이어서 임차인이 그 집이 온당하지 않은 상태임을 모를 수 없었던 경우에 관한 Aix-en-Provence, 11e ch., sect. A, 28 oct. 2014, n° 19/14490 : *Juris-Data* n° 2014-025616; *Loyers et copr.* 2015, comm. 5 참조.

전히 온당한 주택을 인도할 의무를 부담한다.57)

3. 주거의 평온한 사용의 보장

주택임대인은 임차인에게 주거의 평온한 사용을 보장할 의무가 있다(1989년법 제6조 제6항 b호). 그런데 프랑스민법 제1725조는 "임대인은 제3자가 임차인의 사용수익을 사실상 방해한다 하더라도 그 제3자가 임대목적물에 대해 권리를 주장하지 않는 때에는 임차인에게 담보책임을 부담하지 않는다."라고 규정한다. 이웃의 소음으로 인해 임차인이 사용수익을 방해받는 경우가 그런 경우이다. 그런데 소음을 유발하는 자와 피해자가 모두 같은 임대인의 임차인이라면, 임차인은 원칙적으로 임대인을 상대로 임대차계약에 기한 청구의 소를 제기할 수 있다. 소음을 발생시키는 임차인은 프랑스민법 제1725조에서 말하는 "제3자"에 해당하지 않기 때문이다. 또한 피해자는 소음발생자를 상대로 소를 제기할 수도 있다.

주택임대인은 목적물을 점유하는 사람들이 제3자에게 일으키는 생활방해를 중지시키기 위해 정식으로 이유를 붙인 최고를 한 후에 자신의 권리를 적절히 행사할 의무가 있다. 그러나 정당한 이유가 있는 때에는 그러하지 아니하다(1989년법 제6-1조).

주택임차인은 임대인의 (차임액에 관한 동의가 포함된) 서면동의가 없는 한, 임대차계약을 양도하거나 주택을 전대할 수 없다(1989년 법 제8조). 그러므로 임대인이 허락하기만 하면 임대차계약의 양도가 가능하다.58) 그러나 임대인이 동의할 의무는 없다. 임차인이 임차주택에

---

57) 난방장치가 없는 주택을 인도한 경우에 관한 Civ. 3^e, 4 juin 2014, n° 13-17.289, FS-P+B+I; *JurisData* n° 2014-013364; *Loyers et copr.* 2014, comm. 199.
58) 농지임대차에서는 임대인의 동의가 있더라도 임차권의 양도가 금지된다. 반면 상사임대차에서는 임차권의 양도가 자유로운데, 특히 임대인은 상업자산 양수

대한 권리를 무상으로든 유상으로든 양도하는 것이 금지되어 있다 해도 임차인이 제3자에게 임시로 사용대여하거나 제3자를 유숙하게 하는 것까지 금지되는 것은 아니다. 특히 가족을 유숙하게 하는 것은 무단전대가 될 수 없다.59) 임차인이 자신이 임차주택에서 계속 거주하면서 자기 가족을 유숙하게 하는 것은 임대차계약상 부여된 권한을 행사하는 것이다. 파기원은 제3자의 유숙을 금지하는 약정이 존재한 사안에서 임차인은 자기 가족을 유숙하게 할 권한이 있으므로 가족을 유숙하게 한 경우에는 약정을 위반한 것이 아니라고 판시하였다.60) 그 근거로 원용된 유럽인권협약 제8조 제1항에 따르면, 모든 사람은 사생활과 가족생활 및 주거를 존중받을 권리가 있다. 파기원은 임차인이 자신의 근친을 유숙하게 할 수 있는 가능성을 박탈당할 수 없다고 판시하였다. 근친에는 친족이나 인척관계에 있는 사람들이 포함되며 풍속의 변화에 따른 사실적 상황을 배제할 수 없다고 하였다.

파기원에 따르면 임대인이 임차권의 무단양도나 전대를 문제 삼기 위해서는 제3자의 점유가 유상성을 가지며 제3자의 대가지급이 채무로서의 성격을 갖는다는 점을 임대인이 증명하여야 한다.61) 파리항소법원은 2002년 9월 12일 판결에서, 임차인이 임차주택을 제3자가 사용하도록 하였지만 관리비와 차임을 자기 스스로 계속 지급하고 있던 사안에 관하여 임차권의 양도가 존재하지 않는다고 판결하였다.62) 하지만 파리항소법원은 1994년 3월 18일 판결에서, 임차인이 목적건물에 자신의 동생이 거주하게 하고 동생으로 하여금 차임을 지급하게끔 한 사안에 관하여 임차권의 양도가 존재한다고 판단하였다. 다툼이 있는

인에게의 임차권 양도나 회생절차에 들어간 기업을 인수한 자에게의 임차권 양도를 거절할 수 없다.
59) Civ. 3e, 14 déc. 1994, *Bull.* n° 210.
60) Civ. 3e, 6 mars 1996, *Bull.* n° 60.
61) Civ. 3e, 5 juillet 1995, *Bull.* n° 164.
62) Paris 6e ch. B, 12 sep. 2002 : *Loyers et copr.*, janvier 2003, n° 1.

경우 법관은 여러 사정을 종합적으로 고려하여 무상유숙 또는 사용대차가 진정한지 여부를 판단한다.

4. 주택을 적합한 상태로 유지할 의무

임대인은 계약에서 정한 용법에 적합한 상태로 목적물을 유지하고 그에 필요한 수선을 할 의무가 있다. 다만, 임차인이 부담하여야 하는 수선은 제외한다(1989년법 제6조 제6항 c호).

IV. 부담가능성

1. 차임

주택 임차인은 약정한 지급기한을 준수하여 차임과 관리비를 지급하여야 한다(1989년법 제7조 제1항 a호). 임차인이 차임을 월마다 지급하겠다고 하는 경우에 변제기한은 1개월이다. 임차인이 차임지급을 월별로 하기를 요구하는 경우 임대인은 이를 허용하여야 한다(제7조 제1항 a호). 임차인이 건축주거법전 제L.843-1조를 적용받아서 하는 차임의 일부지급은 임차인의 이행지체로 간주되지 않는다.

프랑스에서 차임 규제가 처음 도입된 것은 1914년이다. 이는 제1차 세계대전에 참전한 병사의 가족이 차임을 지불하지 못해 주택거주에 어려움을 겪지 않도록 하기 위한 것이었다. 제2차 세계대전 후에 제정된 1948년법은 법률제정일 이후에 신축되는 건물에 대해 차임을 자유화하였다. 1989년법은 차임을 자유로이 결정할 수 있도록 하였다. 1989년법에 차임규제가 도입된 것은 2012년부터이다.[63]

가. 차임감독기구(Observatoires des loyers)

(1) 설치주체

차임 급등이 일어나지 않도록 하기 위해서는 차임의 추이를 엄중하게 감시하고 통제하여야 한다. 1989년법의 모든 조치는 이러한 필요성에 기초를 두고 있다. 그렇게 하자면 각 지방(région), 각 도(département) 그리고 각 꼬뮨(commune)에서의 차임 실태를 알아야만 한다.[64] 그리하여 1989년법은 "차임감독기구"라는 조직을 만들어냈다. 즉, 중앙정부나 지방자치단체, 또는 자치단체연합에 차임감독기구를 둘 수 있도록 하고(1989년법 제16조 제1항 제1문), 인구 5만 명 이상인 도시지역으로서 주택의 공급과 수요가 불균형하여 주거에 대한 접근이 매우 어려운 곳에는 지역차임감독기구(OLL)를 필수적으로 둔다(제17조 Ⅰ).

(2) 형태

차임감독기구는 비영리사단(association)이나 공익법인(GIP)의 형태를 취할 수 있다(제16조 제4항).

(3) 승인(agrément)

차임감독기구는 주택부장관의 승인을 얻어야 한다(제16조 제3항). 주택부장관은 지역차임감독기구에 대한 승인을 함에 있어서, 건축및주거법전 제L.364-1조에서 말하는 지방(région) 주택위원회와 도(département) 주택위원회의 자문을 얻어야 하고, 주택부장관에게 자문을 행하는 독

---

63) 2010년 기준으로 민간주택 임차인 중 절반은 수입의 27%를, 민간주택 임차인 중 1/4은 수입의 40% 이상을 차임으로 지출하고 있었다.
64) 프랑스 본토는 13개의 지방(région)으로 구분된다. 지방 내에는 여러 도(département)가 있고, 도 내에는 최소 행정단위인 꼬뮨(commune)이 있다. 가령 인구 1,200만 명이 거주하는 일드프랑스 지방에는 8개의 도가 있다.

립된 과학위원회가 제시한 방법론적 의견을 존중하여야 한다(제16조 제3항).

차임감독기구로서 승인을 받으려면 정관상 이사회에서 임대인과 임차인, 관리인이 동등하게 대표되는 것이 보장되고 자격 있는 인사들의 이사회 참여가 보장되어야 한다. 국가와 지역주거프로그램(PLH)을 시행하는 자치단체연합(EPCI)은 지역차임감독기구(OLL)의 이사회에서 대표된다.

(4) 임무

차임감독기구의 임무는 특히 관할 지역의 차임에 관한 자료를 수집하고 이에 관한 통계결과를 보급하는 것이다. 차임의 관찰과 분석을 위한 참조집단은 주거용 건물 또는 영업 및 주거 겸용 건물 전체이며(제16조 제2항), 저차임주택[65] 공급·관리기관(organisme d'HLM)에 속하는 건물, 사회주택을 건축 관리하는 복합경제회사(SEM)에 속하는 건물, 건축및주거법전 제L.365-2조에 규정된 협력기관에 속하는 건물은 제외한다.

지역차임감독기구(OLL)는 보유한 자료 전체를 건축및주거법전 제L.366-1조 제3항에서 말하는 국가기관[66])에 제공한다(제16조 제5항).[67] 결국 차임감독기구는 차임결정에 관한 법제도의 실효성을 보장하는 데 있어 매우 중요한 역할을 한다. 사회보장법전 제L.223-1조에서 말하는 기관도 국립주거정보사무소에 차임에 관한 정보와 사회보장법전 제L.542-1조와 제L.831-1조에서 말하는 수당을 받는 자가 점유하는 주거의 특정에 관한 정보, 위 주거의 소유자의 성명과 주소에 관한 정보

---

[65] 사회주택 가운데 건축및주거법전에 따라 취약계층을 위해 공급하는 임대형 사회주택에는 저차임주택(HLM)이라는 명칭이 사용된다.
[66] 국립주거정보사무소(ANIL)를 말한다.
[67] 위 자료를 제공하는 요건과 제3자에게 제공할 수 있는 요건은 데크레로써 정한다.

를 제공한다(제16조 제6항).68)

나. 최초 차임의 결정

(1) 차임 결정의 자유

원칙적으로 최초 차임에 대한 규제는 없다(1989년법 제17조 Ⅱ). 다만 F등급이나 G등급에 해당하는 주택을 새로이 임대하는 때에는 그 차임액은 종전 임차인에게 적용된 최종 차임액보다 고액일 수 없다.

(2) 긴장지구 차임상한제

(가) 상한제가 적용되는 지역 : '긴장지구'

긴장지구(zone tendue)에서는 최초의 차임에 대해 데크레에 의한 규제가 적용되는데, 도지사에 의한 규제까지도 받을 수 있다. 긴장지구란 인구 5만 명 이상인 도시지역으로서 주택의 공급과 수요가 불균형하여 주거에 대한 접근이 매우 어려운 곳을 말하는데, 특히 차임 수준이 높거나, 구 주택을 취득하는 가격이 높거나, 사회주택에 연간 입주하는 숫자에 비해 주택에 대한 수요가 높다는 특징이 있는 곳이다(1989년법 제17조 Ⅰ). 2015년 6월 10일 데크레는 2013년 5월 10일 데크레의 목록에 열거된 꼬뮨들이 곧 긴장지구에 포함됨을 정하고, 있다.69) 이들

---

68) 국참사원은 데크레로써 위 자료의 성질과 위 자료의 제공요건과 활용요건을 정한다.
69) 결국 긴장지구에 속하는 꼬뮨의 목록은 2013년 5월 10일 데크레(Décret n° 2013-392 du 10 mai 2013 relatif au champ d'application de la taxe annuelle sur les logements vacants instituée par l'article du code général des impôts)에 열거되어 있다. Ajaccio, Annecy, Arles, Bastia, Bayonne, Beauvais, Bordeaux, Draguignan, Fréjus, Genève-Annemasse, Grenoble, La Rochelle, La Teste-de-Buch-Arcachon, Lille, Lyon, Marseille-Aix-en-Provence, Meaux, Menton-Monaco, Montpellier, Nantes, Nice, Paris, Saint-Nazaire, Sète, Strasbourg, Thonon-les-Bains, Toulon,

지역에는 지역차임감독기구를 두어야 한다.

(나) 도지사에 의한 차임규제

2018년 11월 23일 법률(일명 엘랑법) 제140조 I에 따르면 긴장지구에서는 지방자치단체가 차임규제조치의 실행을 요구할 수 있다. 이때 지방자치단체는 차임규제조치를 시행할 지역을 제안하며 그에 기초하여 다음 요건을 충족하는 지역을 데크레로써 한다 : 첫째, 민간임대주택에서 확인된 차임평균(loyer moyen)과 사회임대주택에서 행해지는 차임평균 사이에 차이가 크다. 둘째, 차임 중앙값이 높다. 셋째, 최근 5년간 기존 주택에 비해 신축주택의 비율이 낮다. 넷째, 주택에 관한 지역 프로그램에 등록되는 주택이 수년간 적었고 향후에도 증가할 가능성이 적다.

이렇게 정해진 지역을 위해서 도의 지사[70])가 매년 아레떼로써 기준차임(loyers de référence)과 최고기준차임, 최저기준차임을 정한다. 이 차임들을 표시할 때는 거주할 수 있는 평면의 제곱미터당 가격, 주택의 유형, 지리적 구분을 기재한다.

1) 기준차임

기준차임은 "지역 차임감독기구가 주택유형과 지리적 구분에 의하여 확인한 차임수준을 기초로 계산한 차임 중앙값(loyer médian)"이다 (2018년법 제140조 II). 주택유형과 지리적 구분은 지역차임감독기구가 확인한 임대차시장의 구조에 따라서 결정한다.[71]) 2015년 6월 10일 데크레 제2조에 따르면 주택 유형은 가구 딸린 주택인지 여부, 방의

 Toulouse 도시권에 속하는 꼬뮨들이 이에 해당한다.
70) 일 드 프랑스 지방(région)에서는 그 지방(région) 지사가 정한다.
71) 2015년 6월 10일 데크레 제2-1조에 따르면 임대차시장의 구조와 차임수준을 확인하기 위한 정보들은 지역차임감독기구가 그 승인(agrément)을 받기 전에도 수집할 수 있다.

개수, 건축연도 등에 따라 구분된다. 지리적 구분은 임대차시장에서 확인되는 차임 수준이 동질적인 지역들을 구분하는 것이다. 최고기준차임(기준차임보다 20% 높은 차임)과 최저기준차임(기준차임보다 30% 낮은 차임)은 기준차임을 각각 증액하고 감액함으로써 정해진다(같은 법 제140조 II). 도지사의 아레떼가 적용되는 지역에 위치한 주택의 임대차계약서에는 기준차임을 표기하여야 한다.

2) 기본차임의 결정

도지사의 아레떼가 적용되는 지역에서, 임대주택의 기본차임(loyer de base)은 임대차계약 체결 시 최고기준차임의 한계 안에서 정해야 한다(1989년법 제17조 II A 제1문). 임대차계약에서 정한 기본차임이 계약서명일에 시행 중인 최고기준차임보다 높은 때에는 차임감액소권을 행사할 수 있다(2018년법 제140조 III A). 최고기준차임의 한계를 준수하지 않는 임대차계약이 있음을 도지사가 확인한 때에는 도지사는 임대인에게 2개월 내에 임대차계약을 수정할 것과 초과차임을 임차인에게 반환할 것을 최고할 수 있다. 최고에도 불구하고 임대인이 이를 행하지 않는 때에는 도지사는 자연인 임대인에게 5,000유로 이하, 법인인 임대인에게 15,000유로 이하의 과태료를 부과할 수 있다. 임대인에게 과태료가 부과된 경우에도 임차인은 차임감액소권을 행사할 수 있다.

3) 차임보충

같은 지리적 구분에 위치한 같은 유형의 주택과 비교할 때 해당 임대주택의 위치가 탁월하다든가 편의성[72]이 뛰어난 경우에는 기준차임에 차임보충이 적용될 수 있다(2018년법 제140조 III B). 2015년 6월 10일 데크레 제3조에 따르면 해당 주택이 다음과 같은 특징을 갖춘 경우

---

72) 프랑스에서 편의성이라고 하면 화장실과 목욕시설, 난방시설을 의미한다.

에만 차임보충을 적용할 수 있다. 첫째, 그 주택에 적용되는 기준차임을 결정할 때 고려되지 않은 특징을 해당 주택이 갖추고 있다. 둘째, 그 특징은 차임을 결정함에 있어서 아주 결정적인 특징이다. 특히 동일한 지리적 구분에 위치한 동일한 유형의 주택과 비교했을 때 그러하다. 셋째, 그 특징이 있다는 이유로 임대인이 관리비 명목으로 더 받지도 않고 임대인이 시행하는 공사를 위한 에너지절약 분담금을 받지도 않는다.

차임보충금액과 그 이유가 되는 주택의 특징은 임대차계약서에 기재한다. 차임보충이 적용되는 경우에는 기본차임과 보충차임을 합한 것이 차임이다. 그런데 기본차임이 최고기준차임보다 적은 경우에는 차임보충을 적용할 수 없다.

차임보충에 대해 다투고자 하는 임차인은, 임대차계약 서명일로부터 3개월 내에 도 조정위원회(Commission départementale de conciliation : CDC)에 조정을 신청할 수 있다. 다툼이 있는 경우 임대인은 해당 주택이 동일한 지리적 구분에 속한 동일한 유형의 주택들에 비해 위치나 편의성 면에서 우수하다는 점을 증명할 책임이 있다. 조정이 이루어지면 차임액은, 조정위원회가 교부한 조정서에서 정한 차임이다. 조정이 이루어지 않으면 임차인은 도 조정위원회(CDC)의 의견서를 수령한 날로부터 3개월 내에 법원에 차임보충의 무효화소송 또는 감액소송을 제기할 수 있다. 법관은 사전절차인 도 조정위원회(CDC)에서의 조정절차를 거치지 않았음을 이유로 임차인의 청구를 직권으로 각하할 수 있다. 위의 두 경우에 조정서 또는 판결문에 기재된 차임은 임대차 개시일부터 적용된다(2018년법 제140조 Ⅲ B).

다. 임대차 존속 중의 차임 개정 또는 증액

(1) 차임의 개정(révision)

1989년법은 (처음 개시한 임대차이건 갱신한 임대차이건 간에) 임대차계약에서 차임의 개정에 관하여 약정하는 것을 금지하지 않는다. 차임이 물가에 연동하여 인상되도록 약정하면 임대인은 화폐가치가 하락하여도 손실을 입지 않게 된다. 개정조항이 계약서에 명시되어 있음에도 불구하고, 임대인이 차임을 개정하겠다는 의사를 임대차 개시일로부터 1년 내에 명시하지 않은 때에는, 이미 경과한 년도에 관하여는 개정조항의 이익을 포기한 것으로 간주한다(제17-1조 Ⅰ 제3항). 임대인이 임대차 개시일로부터 1년 내에 차임개정 의사를 명시한 때에는, 차임개정은 임대인이 요청한 때로부터 효력이 발생한다(제17-1조 Ⅰ 제4항).

차임개정약정에 의한 차임의 변동은, 프랑스 국립통계경제연구소(Institut national de la statistque et des études économiques : INSEE)[73]가 분기마다 공포하는 차임기준지수(Indice de Référence des Loyers : IRL)의 변동을 초과할 수 없다(제17-1조 Ⅰ 제2항). 차임기준지수는 차임과 담배를 제외한 소비자물가 변동의 최근 12개월간의 평균치이다.[74] 이 지표는 주택차임이 소비자 물가상승률을 넘어가지 않도록 하는 의미를 지닌다.[75]

기준일을 정하는 약정을 하지 않은 때에는 임대차계약 서명일에 공포된 최종 차임기준지수(IRL)의 일자를 기준일로 한다. 차임 개정은 1년에 한 번 일어나는데, 당사자들이 합의한 날짜에 일어나거나(제17-1

---

73) 프랑스의 공식 통계를 산출하고 분석하며 공포하는 국립통계기관이다.
74) 새로운 차임=(현행 차임 X 현행 IRL 값)/작년 같은 기간의 IRL 값
75) 이성근·최민아, "프랑스 주택 임대료 규제 및 관련제도 연구", LHI Journal (2018), 5.

조 Ⅰ 제1항), 계약일로부터 매 1년 말일에 일어난다.

(2) 예정된 개량공사로 인한 증액(majoration)

처음 개시한 임대차이건 갱신한 임대차이건 임대차기간 중에는 차임액이 불변인 것이 원칙이다. 하지만 1989년법은 당사자들이 임대인이 시행하게 될 주택개량공사에 관하여 합의한 때에는 임대차계약 또는 그 부칙에서 그 공사 시행 후 차임이 인상된다는 점을 정할 수 있도록 허용한다(제17-1조 Ⅱ). 이러한 인상은 차임감액소송(action en diminution de loyer)의 대상이 될 수 없다.

(3) 불량주택의 경우

1989년법 제17-1조에 규정된 차임의 개정과 증액은 등급이 F 또는 G인 주택에는 적용될 수 없다.

라. 갱신차임의 결정

(1) 새로운 차임의 제안

계약갱신 시 차임은 기존차임이 적용되며, 기존차임이 현저히 낮은 경우에만 재산정이 행해진다(제17-2조 Ⅰ 제1항). 그 경우 임대인은 1989년법 제15조에서 정하는 절차를 준수하여 새로운 차임을 제안할 수 있다(제17-2조 Ⅰ 제2항). 즉, 임대인은 임차인에게 임대차기간 종료 6개월 전까지 새로운 차임을 제안하는 통지서를 보내야 한다.

그런데 임대인은 차임이 현저히 낮다고 하는 증거를 임차인에게 제시하여야 한다. 따라서 새로운 차임을 제안하는 통지서에는 새로운 차임액뿐 아니라 그 지역의 비슷한 주택의 차임 사례 3개를 기재하여야 한다(제17-2조 Ⅰ 제6항). 그러나 인구가 100만 명 이상인 대도시지역(agglomération)[76]에 속하는 기초자치단체(꼬뮨)[77]에 있는 주택의 경우에는 적어도 6개의 참고사례를 제시하여야 한다.

참고(référence)로 사용되는 차임은 비슷한 주택에 대하여 인근에서 통상적으로 확인되는 차임 전체를 대표하는 것이어야 한다(제17-2조 Ⅰ 제3항). 비슷한 주택은 동일한 건물군에 속하거나 또는 동일한 지리적 지역에 위치하면서 유사한 특성을 가진 건물군에 속하여야 한다. 이 기준을 구성하는 요소들은 참사원이 데크레로써 정한다.

새로운 차임을 제안하는 서면에는 차임증액 절차를 정하고 있는 제17-2조 Ⅰ의 법조문을 모두 기재하여야 한다(제17-2조 Ⅰ 제6항). 이렇게 임대인이 새로운 차임을 제안하는 때에는 임대차기간의 만료를 이유로 계약을 해지할 수 없다(제17-2조 Ⅰ 제5항).

(2) 합의가 이루어지지 않거나 임차인의 답변이 없는 경우의 절차

계약만료 4개월 전까지 합의가 이루어지지 않거나 임차인이 응답하지 아니하는 경우 임대인은 제20조에 규정된 도 조정위원회(CDC)에 조정을 신청할 수 있다(제17-2조 Ⅰ 제7항). 도 조정위원회에서도 임대인과 임차인 간에 합의가 이루어지지 아니하면 임대인은 법원에 소를 제기할 수 있다(제17-2조 Ⅰ 제8항). 이 경우 소는 계약기간 만료 전에 제기하여야 하며 그렇지 않으면 임대차가 기존의 차임 조건으로 연장된다(제17-2조 Ⅰ 제8항).

(3) 차임 인상

임대차 갱신 시에 당사자 사이에 합의하였거나 법원이 정한 인상분은 임대차기간이 3년인가 6년인가에 따라 1/3씩 또는 1/6씩 적용된다(제17-2조 Ⅰ 제9항).[78]

---

76) 파리, 리옹, 마르세이유.
77) 그 목록은 데크레로써 정해진다.
78) 기간이 3년인 임대차의 월 차임이 310유로이었고 임대차 갱신시 차임을 330유

하지만 인상분이 10%를 넘는 경우에는 임대차계약기간이 3년이든 6년이든 그 인상분이 매년 1/6씩 적용된다. 그 결과 기간이 6년 미만인 임대차가 갱신되었다면, 10%가 넘는 인상분은 장래의 갱신 시에 적용된다(제17-2조 Ⅰ 제10항). 가령 원래 차임이 600유로인데 갱신 시 차임이 700유로로 정하였다면 차임 인상분이 10%를 넘는다. 따라서 갱신 첫해에는 임차인이 인상분(100유로)의 1/6인 16.67유로를 기존 차임 600유로에 더한 616.67유로를 임대인에게 매월 지급하면 차임지급의무를 면한다. 갱신 둘째 해에는 633.34유로가, 셋째 해에는 650유로가, 넷째 해에는 666.68유로가, 다섯째 해에는 683.35유로가, 여섯째 해에는 700유로가 임차인이 지급하여야 할 월 차임이다.

(4) 불량주택의 경우

목적물이 F등급 또는 G등급에 속하는 주택인 때에는 계약갱신 시에 차임을 재산정할 수 없다(제17-2조 Ⅱ). 즉, 기존차임이 그대로 적용된다.

마. 긴장지구에서의 차임 인상 제한

(1) 적용범위

긴장지구란 "인구 5만 명 이상인 도시지역으로서 주택의 공급과 수요가 불균형하여 주거에 대한 접근이 매우 어려운 곳"을 말한다(1989년법 제18조 제1항). 파리, 릴, 리옹 그르노블, 엑스 메르세유, 보르도, 라로셀 등 프랑스 중간 도시 이상의 인구밀집지역은 모두 포함되며, 해당 도시와 연계된 인접지역까지 포함한다.

국참사원은 긴장지구에 대해 빈집(logement vacant)과 갱신계약에서의 차임 인상(évolution des loyers) 한도를 데크레로써 매년 정한다(같

로로 약정하면 첫 해에는 316.66유로, 둘째 해에는 323.32유로, 셋째 해에는 330유로가 월 차임이다.

은 조 제1항). 임대인이 상당한 금액을 들여 공사를 시행한 주택이나 지나치게 낮은 차임으로 임대하였던 주택에 대해서는 인상률 제한에 예외를 둘 수 있다(같은 조 제2항).

차임 인상 제한은 가구가 없이 임대되는 주택뿐 아니라 가구가 딸린 주택, 직무 연수, 고등교육, 견습계약 등과 관련하여 단기로 임대된 주택에도 적용된다. 사회주택에는 적용되지 않으며 민간주택 가운데에서도 적용을 받지 않는 주택이 있다. 즉 1948년법이 적용되는 주택, ANAH와 협약을 체결한 주택, 여행객을 위한 가구 딸린 주택, 전대차에는 적용되지 않는다.

(2) 비어 있던 기간이 18개월 미만인 주택의 임대 시 차임 제한

빈집이란 종전 임차인이 퇴거한 상태에서 임대청약이 이루어진 주택을 말하는데(2017년 7월 27일 데크레[79]) 제2조 제1항), 처음으로 임대되는 주택(a호)과 18개월 이상 임차인이 없었던 주택(b호)은 빈집에 대한 차임 인상 제한을 적용받지 않는다(같은 조 제2항).[80]

따라서 임차인이 없는 상태가 18개월이 넘지 않은 주택을 임대인이 다시 임대하는 경우 그는 종전 임차인에게 적용되던 차임보다 높은 차임을 새로운 임차인에게 요구할 수 없다(2017년 데크레 제3조 제1항). 그런데 이에 대해서는 네 가지 예외가 존재한다.

첫째, 새로운 계약체결이 있기 전 12개월 동안 차임개정이 없었던 경우에는 1989년법 제17-1조 Ⅰ제2항에서 말하는 차임기준지수에 따라 개정된 종전 차임까지 요구할 수 있다(같은 조 제2항). 이 개정을 위한 기준지수는 새로운 임대차계약을 서명하는 날을 기준으로 가장

---

[79]) Décret n° 2017-1198 du 27 juillet 2017 relatif à l'évolution de certains loyers dans le cadre d'une nouvelle location ou d'un renouvellement de bail applicable du 1er août 2024 au 31 juillet 2025, pris en application de l'article 18 de la loi n° 89-462 du 6 juillet 1989.

[80]) 따라서 그 두 경우에는 차임을 자유롭게 결정할 수 있다.

최신인 차임기준지수이다(같은 조 제3항). 예를 들어 빈집의 종전 임차인의 차임이 월 600유로였는데, 그가 퇴거한 후에 임대인이 새로운 임차인과 2016년 5월에 임대차계약을 체결한다고 하자. 2016년 1/4분기 차임기준지수(IRL)에 의거할 때 차임 인상가능액은 0.33유로이므로, 임대인이 새로운 임차인에게 요구할 수 있는 차임은 600.33유로까지이다.

둘째, 임대인이 최초의 임대차계약을 체결한 후 또는 임대차를 마지막으로 갱신한 후에 전유부분이나 공용부분에 목적물을 '온당한 주택'으로 만들기 위한 공사 또는 개량공사를 시행한 경우에 임대인은 세금을 포함한 공사 비용의 15%까지 연간 차임을 인상할 수 있다(2017년 데크레 제4조 제1호). 단, 그 공사비가 적어도 지난 1년간 차임(관리비는 제외)의 50%에 해당하는 금액이어야 한다.

셋째, 종전 임차인에게 적용된 최종 차임이 현저히 낮다는 점을 증명한 경우 2017년 데크레 제3조에 규정된 한도에서 개정된 종전 임차인의 차임과 인근지역 차임액 사이의 차액의 50%까지 인상할 수 있다(같은조 제2호).

넷째, 개량공사를 시행한 지 6개월 미만인 주택인 경우 그 공사비가 적어도 지난 1년간 차임에 이른다면, 임대인은 임대차 갱신 시에 차임을 자유롭게 재산정할 수 있다(같은 조 제3호).

(3) 갱신 시 차임 재산정의 제한

앞서 말하였듯이, 임대인이 임차인과의 계약을 갱신하는 경우 임대인은 현저히 낮은 차임의 재산정을 할 수 있다. 하지만 긴장지구에서 그 인상액은 다음 두 가지 중 높은 금액을 초과할 수 없다(2017년 데크레 제5조). 첫째, 인근지역에서 관찰된 평균차임과 임차인의 차임 간의 차액의 50%. 둘째, 임대인이 최초의 임대차계약을 체결한 후 또는 임대차를 마지막으로 갱신한 후에 전유부분이나 공용부분에 목적물을 '온당한 주택'으로 만들기 위한 공사 또는 개량공사를 시행함에 있어 적어도 지난 1년간 차임과 동일한 금액을 들인 경우, 세금을 포함한 공사 비용의 15%에 해당하는 연간 차임의 증액(majoration du loyer annuel).

가령 임대인이 개량공사를 시행한 적이 없다고 가정하면, 임차인의 월 차임이 450유로이고 인근 지역의 평균차임이 520유로인 경우 그 차이는 70유로이므로 임대차 갱신 시 차임 인상액은 35유로를 넘을 수 없다.

(4) 분쟁이 있는 경우

차임 인상 제한에 관한 데크레의 적용으로 인하여 임대차 당사자 간에 분쟁이 있는 경우 도 조정위원회에 조정을 신청할 수 있다. 이 조정 절차를 거치지 않고는 법원에 제소할 수 없다(1989년법 제18조 제3항).

2. 관리비(Charges locatives)

가. 임차인에게 상환을 청구할 수 있는 관리비의 개념

관리비야말로 차임에 진정으로 부수하는 금전적 부담이다. 임차목적물의 사용을 위해서 임대인이나 임차인이 부담하는 비용이기 때문이다. 임차인이 지불하여야 할 관리비는 아주 다양한데, 임차주택의 특성, 즉 단독주택인가 공동주택인가 등에 따라 달라진다. 관리비에는 수도요금, 전기요금, 난방요금, 승강기 운행비용, 공용부분의 유지 및 사소한 수선 비용, 임차인에게 제공되는 서비스에 대한 대가 등이 포함된다. 관리비는, 임차인이 부담하는 주택 자체의 유지 및 사소한 수리 의무로 인하여 발생하는 비용과는 구분된다.

관리비는 임차인 자신에게 직접 부과되기도 하고 임대인이 미리 지급하기도 한다. 가령 전기나 수도, 난방 등이 개별적으로 공급되는가

집단적으로 공급되는가에 따라 달라진다. 임대인이 미리 지급하는 경우에는 임차인에게 상환을 청구한다.

나. 특성

1989년법은 임대인이 근거를 제시하며 상환을 청구할 수 있는 관리비를 제한하고 있다. 임대인이 임차인에게 상환을 청구할 수 있는 관리비는 다음 세 가지이다(1989년법 제23조 제1항).

첫째, 임차목적물의 여러 구성부분의 사용과 연관된 서비스에 대한 대가.

둘째, 임차목적물의 공용부분의 현상유지 및 사소한 수리를 위한 비용. 예를 들면 다세대 공동주택에서 승강기의 운행비용, 공동공간에 대한 청소비용 등이 이에 포함된다.

셋째, 임차인이 직접 이용하는 서비스에 대한 대가. 이러한 비용의 목록은 국참사원의 데크레로써 정해져 있다(제23조 제2항).

다. 임차인에게 청구할 수 있는 관리비에 적용되는 법제

(1) 근거제시

위 비용을 상환받으려면 임대인은 지출의 근거를 제시하여야 한다. 임차인은 임대인의 비용청구가 법률 규정과 데크레에 합치하는지 여부를 검토할 수 있어야 하므로, 지출근거에 관한 적절한 정보를 제공받아야 한다. 하지만 1989년법은 임대인이 임차인에게 예납금을 요구하는 것을 허용한다(제23조 제3항 제1문).

(2) 연단위 정산절차

예납금은 지난 해의 비용을 근거로 산출되며 따라서 적어도 1년마다 재산정된다. 재산정을 하기 1개월 전에 임대인은 임차인에게 비용명세서 원본을 전달하여야 하고 공동주택인 경우에는 임차인들 간의 비용 배분 방식에 관한 설명서와 필요한 경우에는 난방 및 온수 산정 방법에 관한 설명서를 전달하여야 한다(제23조 제4항 제1문). 2015년 9월 1일부터는 임대인은 임차인의 요청이 있으면 임차인에게 관리비 일람표를 전자적 방식이나 우편으로 전달하여야 한다(제23조 제5항). 위 명세서를 송부한 날로부터 6개월 동안 그 증빙서류는 임차인이 활용할 수 있다(제23조 제4항 제2문).

3. 담보

가. 개관

부동산임대인은 임대부동산에 비치된 동산에 대해 우선특권을 갖는다(프랑스민법 제2332조 제1호).[81] 하지만 임대인은 종종 계약상의 담보를 요구한다. 즉, 보증금이나 보증인을 요구한다.

나. 보증금(Dépot de garantie)

(1) 보증금을 약정할 수 있는 경우

임대차계약에서 보증금을 지급할 것을 약정한 임차인은 임대인에게 보증금을 지급하여야 한다. 그 명칭에서 알 수 있듯이 보증금은 임차인의 의무이행을 담보하는 기능을 한다.

---

81) 박준혁, "프랑스민법상 동산우선특권에 관한 연구", 충남대 법학연구, 제33권 제4호, 충남대 법학연구소 (2022), 147.

(2) 보증금액의 결정

1989년법은 보증금의 액을 1개월[82])의 차임에 해당하는 금액으로 제한하고 있다(제22조 제1항). 2개월이 넘는 기간에 대한 차임을 선납하기로 한 때에는 보증금 지급에 관한 약정을 아예 할 수 없다(같은 조 제2항 제1문). 다만, 임차인이 1989년법 제7조에 의거하여 차임을 월별로 지급할 것을 요청한 경우에는 임대인은 보증금을 요구할 수 있다(제22조 제2항 제2문). 위와 같이 정해진 보증금액은 불변이다. 즉, 임대차기간 동안은 물론이고 갱신 시에도 개정할 수 없으며(같은 조 제6항 제2문), 임차인을 위한 이자가 발생하지 않는다(같은 항 제1문).

(3) 보증금반환에 관한 규율

임대차가 종료하면 임대인은 보증금을 반환하는데, 임차인이 임대인에게 지급할 의무가 있는 금액과 임대인이 임차인 대신 부담할 수도 있는 금액은 공제한다. 다만, 공제하는 금액의 근거를 제대로 밝혀야 한다(1989년법 제22조 제3항 제1문). 이를 위해서 임차인은 임대인이나 그 수임인에게 열쇠를 반환할 때 자신의 새 주소를 알린다.

보증금의 반환은 임대인 또는 그 수임인이 열쇠를 반환받은 후 2개월 내에 행해져야 한다(제22조 제3항 제1문). 임차인의 퇴거 시 부동산 상태보고서(état des lieux de sortie)가 입주 시 상태보고서(état des lieux d'entrée)와 합치하는 때에는 열쇠 반환 후 1개월 내에 행해져야 한다(같은 조 제4항). 그 기한 내에 보증금을 반환하지 않은 경우에는 지체된 만큼 매월 월 차임의 10%에 해당하는 금액을 가산한 금액을 반환하여야 한다(같은 조 제7항 제1문).

---

[82]) 본래 2개월 차임이 보증금 한도액이었으나 2014년 개정 시 1개월 차임으로 감축되었다.

다. 일반보증(Cautionnement)

(1) 개념

보증이란 임대인이 임차인의 채무불이행에 대비하여 임차인 이외의 자로 하여금 임차인의 채무이행을 보증하도록 하는 것이다. 보증인은 임차인의 채무를 이행할 의무를 부담한다.

(2) 적용범위

보증의 적용범위는 엄격히 제한되어 있다. 임차인의 채무를 담보하기 위해 보험에 가입하거나 "다른 형태의 보증"을 취득한 임대인은 따로 보증인을 요구할 수 없으며 보증계약을 체결하여도 무효이다(1989년법 제22-1조 제1항).[83] 이러한 중복금지는 제22조에서 정하는 보증금에는 적용되지 않는다. 즉, 1개월분의 보증금을 받았더라도 보증인을 요구할 수 있다. 그리고 임차인이 부담할 금액에 대한 보증은 제24-2조에 규정된 차임의 보편적 보증을 적용하여 임대인에게 지급되는 보조금에 상응하는 금액에도 미친다(제22-1조 제4항).

임대인이 보증인을 요구하는 경우, 임대인은 보증인이 되고자 하는 자가 프랑스 국적을 가지고 있지 않다거나 대도시에 거주하고 있지 않다는 이유로 그가 보증인이 되는 것을 거부할 수 없다(제22-1조 제3항).

(3) 보증기간

(가) 기간이 확정되어 있는 경우 : 보증계약에서 그 기간을 최초의 임대차기간으로 한정하고 있으면 그 보증은 묵시적으로 연장된 임대차기간에는 미치지 않는다. 보증기간이 확정되어 있는 보증인은 일방적으로 계약을 해지할 수 없다. 그러한 보증은 임대차 종료 시 또는 지

---

83) 그러나 주택을 학생이나 견습생에게 임대한 경우에는 그러하지 아니하다.

급최고일로부터 2개월 뒤에 종료한다.[84]

(나) 기간이 확정되어 있지 않은 경우 : 1989년법 제1편을 적용하여 체결된 임대차계약에 기한 채무에 대한 보증에 있어 아무런 기간을 정하지 않았거나 보증기간이 불확정적으로 약정되어 있는 때에는 보증인은 일방적으로 계약을 해지할 수 있다. 보증인의 해지는 임대인이 해지통고를 수령한 때에 진행 중인 임대차계약(최초의 계약인지 연장된 계약인지 갱신된 계약인지를 불문한다)의 종료 시에 효력을 발생한다(제22-1조 제5항).

(4) 준수하여야 하는 방식

보증계약은 그 효과가 중대한 계약이다. 임차인의 채무불이행의 경우 보증인으로서 임대인에게 그 책임을 부담하기 때문이다. 그러므로 임대인은 보증인이 되고자 하는 사람에게 월급명세서나 과세증명서 등을 요구하곤 한다. 여기에서 입법자의 관심은 보증인이 자신의 책임 범위를 잘 인식하도록 하는 것이다. 그리하여 1989년법은 다음과 같은 방식을 요구한다.

보증채무를 부담하는 사람은 보증계약서에 서명하기 전에, 임대차계약서에 나타난 차임액 및 차임개정요건을 수기로 기재하고, 보증채무의 성질과 범위를 알고 있다는 점을 명백히 수기로 언급하며, 해지의 요건과 효과를 규정하는 1989년법 제22-1조 제5항의 내용을[85] 수기로 기재하여야 한다(제22-1조 제6항). 이 방식을 준수하지 않은 보증계약은 무효이다.

---

84) Versailles, 5 nov. 1999, RG n° 97/00007987, *BICC* 2000, n° 1063; *D.* 2002. Somm. 1723, obs. CRDP Nancy 2.
85) 해지권에 대한 언급은 보증기간이 확정되어 있는 경우에도 요구된다 : Civ. 3e, 27 sept. 2006 : *JCP G* 2006, I, 195 note Ph. Simler.

(5) 보증인의 의무

임차인이 차임이나 관리비를 지급하지 않는 경우 임대인은 임차인에게 최고서를 송달한 날로부터 15일 내에 보증인에게 최고서를 송달하여야 한다(제24조 Ⅰ 제3항). 그렇지 않으면 보증인은 위약금이나 지연이자를 지급할 의무가 없다.

라. 차임의 보편적 보증(GUL)

수요가 공급보다 많은 지역에서는 임대인이 임차인에게 보증인을 요구하는데, 주택의 차임이 높은 경우 보증인의 요건을 충족하는 사람을 찾기가 어렵다. 임차인들이 겪는 어려움을 해소하기 위해 차임의 보편적 보증제도가 2014년에 만들어졌다. 월 차임의 1~2%에 해당하는 비용을 임차인과 임대인이 반반씩 내면 된다. 이는 보조금제도로서의 형태를 취하여 임대인을 차임 미지급의 위험으로부터 보호한다(제24-2조 Ⅰ 제1항).

차임의 보편적 보증은 가구 딸린 주택 또는 가구가 딸리지 않은 주택을 임차인의 주된 주거지로 사용하는 임대차에 적용된다(제24-2조 Ⅰ A 제1항).

차임의 보편적 보증이라는 명목으로 임대인에게 지급되는 보조금은, 다음 요건이 모두 충족된 경우에만 지급된다(제24-2조 Ⅰ B 제1항). 첫째, 임대인이 제22-1조에서 규정하고 있는 일반보증을 요구하지 않았어야 한다(제24-2조 Ⅰ B 제1항 제1호). 임차인이 학생이거나 견습생인 때에는 이 요건이 요구되지 않는다(제24-2조 Ⅰ B 제2항). 둘째, 임대인이 차임의 보편적 보증에 의해 보호되는 위험에 관하여 보험에 가입하지 않았어야 한다. 셋째, 임대인이 주택을 자신의 존·비속에게 임대하거나 자기 배우자나 동거인의 존·비속에게 임대하지 않았어야 한다. 넷째, 임대인이 차임의 보편적 보증기구에 임대차계약을 신고했어야 한다.86) 다섯째, 주택이 1989년법 제6조에서 정하는 '온당한 주택'이어야 한다. 여섯째, 임대차계약이 서면으로 입증되어야 하며 1989년법이 정하는 양식을 준수하고 차임의 보편적 보증을 포기한다는 기재가 없어야 한다.87) 일곱째, 임차인이 차등적 주거비지원수당(Aide Personnalisée au Logement : APL)을 받는 경우에는 임대인이 데크레에 정해진 요건에 따라 직접 지급을 청구하여야 한다.

이 제도는 2016년 1월 1일부터 시행될 예정이었으나 시행을 위한 데크레조차 제정되지 않은 채 2018년 11월 23일 법률에 의해 폐지되었다.

마. VISALE

차임의 보편적 보증은 비용이 너무 많이 드는 제도이어서 시행되지 못하였다. 그 대신, 보증인을 구하지 못해 고생하는 젊은 노동자와 학생들을 위해서 주택행동기금(Action Logement)이 무상으로 담보를 제공하기로 하였다. VISALE이라고 약칭하는 담보인데, 30세 이하의 청년이 임차주택을 빌리는 경우에 무상으로 제공되며 36개월의 차임까지 담보한다.

---

86) 차임의 보편적 보증을 포기하지 않은 경우에는 임대인은 제24-2조 II에 규정된 기관에 임대차계약을 신고할 의무가 있다(1989년법 제3조 제3항).
87) 차임의 보편적 보증(GUL)을 포기한 경우에는 그 점을 임대차계약서에 명시하여야 한다(제3조 제3항).

V. 결

1. 프랑스법상 주택임대차의 갱신거절 법리는 우리 「주택임대차보호법」과 비슷하면서도 차이점이 있다. 중요한 차이는 프랑스에서는 묵시적 갱신을 원칙으로 하는 데 반하여 우리 「주택임대차보호법」은 임차인의 갱신요구에 따른 갱신을 원칙으로 한다는 것이다. 프랑스에서 주택임대차의 묵시적 갱신을 저지하는 방법으로는 임대인의 해지통고권만이 있고 그 해지통고는 임대차기간 만료 6개월 전까지 하여야 한다(1989년법 제15조 I). 필자는 우리 「주택임대차보호법」 제6조에 기한 임대인의 거절통지의 기간을 임대차기간 만료 전 6개월부터 3개월까지로 바꿀 것을 제안한다. 이렇게 개정하는 경우, 기간만료 3개월 전까지 임대인의 거절통지가 없으면 묵시의 갱신이 확정되게 되고 임차인으로서는 갱신요구를 할 필요가 없게 되고, 4년간은 주택임차권의 존속을 보장해주고자 하는 갱신요구권제도의 취지와 더 부합한다.

「주택임대차보호법」 제6조의3은 임차인이 계약갱신요구권을 1회만 행사할 수 있도록 하므로 최초의 임대차가 시작된 때부터 4년 뒤에는 임대차가 종료한다. 필자는 주택임차인이 갱신요구권을 3회까지 행사할 수 있도록 할 것을 제안한다. 그 이유는 다음과 같다. 첫째, '2019 서울연구논문 공모전' 응모자들이 서울시 민간등록임대주택 임차인을 대상으로 설문조사를 시행한 결과 임차인들이 제도적으로 보장할 필요가 있다고 생각하는 거주기간은 평균 7.9년이었다.[88] 둘째, 안정적인 아동교육에 필요한 기간이 최저 7년(초등학교 6년, 유치원 1년)이므로 주택임대차기간을 8년까지 보장할 필요가 있다.[89]

---

[88] 윤성진 외, "민간등록임대주택의 현황과 문제점-세입자 권리 보장을 중심으로-", 서울도시연구 제21권 제2호, 서울연구원 (2020), 16.
[89] 이은희, "상가건물임차인의 계약갱신요구권", 민사법학 제26호, 한국민사법학회

임대인 측이 거주할 목적의 갱신거절은 개정 「주택임대차보호법」이 시행된 후 가장 논란이 된 거절사유이다. 임대인이 거주 목적의 갱신거절을 하는 방식에 관하여 엄격히 규정할 필요가 있다. 프랑스에서는 임대인이 임차인에게 보내는 해지통고 서면에 점유회복으로 인한 수혜자의 이름과 주소, 임대인과 수혜자 사이의 관계를 밝혀야 하며 이를 밝히지 아니하면 그 해지통고는 무효이다. 임대인의 배우자의 직계존속이나 직계비속이 실제 거주하려는 경우에도 갱신을 거절할 수 있도록 하자는 논의가 있는데, 갱신거절의 방식을 명확히 하지 않은 상태에서 거주자의 범위를 확대하여서는 안된다.

일부 학자들은 임차인의 계약갱신요구권으로 인하여 임대인이 임대차기간 만료에 즈음하여 자기 소유의 주택을 처분할 권리를 제한받고 있다고 주장한다.90) 앞서 말했듯이 프랑스에서는 최초의 임대차나 갱신된 임대차의 기간이 만료할 즈음에 임대인이 매매를 위한 해지통고를 할 수 있다(1989년법 제15조 Ⅱ). 이 해지통고는 임대인으로 하여금 임차인이 없는 상태로 주택을 매도할 수 있게 해주는 장치로서 자연인뿐 아니라 법인인 임대인에게도 열려 있다. 이는 우리나라에서도 분양전환공공임대주택의 사업자에게 인정되고 있는 권리이다. 「공공주택특별법」에 따르면 공공주택사업자는 임대의무기간이 지나면 공공임대주택을 매각할 수 있는데(제50조의2 제1항), 이때에는 기존 임차인과의 재계약을 거절할 수 있다. 필자는 주택임차인의 갱신요구권이 3회까지 허용된다면 이 사유를 추가할 수 있다고 생각한다. 그런데 그 경우에는 임차인에게 우선매수권이 부여되어야 한다. 「공공주택특별

(2004), 140.

90) 권오상, "개정 주택임대차보호법의 문제점 검토", 법학연구 제31권 제1호, 연세대 법학연구원 (2021), 127; 정성헌, "주택임대차보호법상 임차인의 갱신요구권에 대한 연구—새 임대인의 실거주를 이유로 갱신을 거절할 수 있는지에 대한 하급심 판결들을 중심으로—", 민사법의 이론과 실무 제25권 제1호, 민사법의 이론과 실무학회 (2021), 167.

법」에는 분양전환 시 기존 임차인에게 우선매수권을 부여하는 규정이 있다. 즉, 공공주택사업자는 분양전환 당시까지 거주한 일정한 임차인 등에게 우선 분양전환의 기회를 주고 임차인 등이 정해진 기간 안에 그 제안에 응하지 아니할 경우에 한하여 제3자에게 매각할 수 있다(공공주택특별법 제50조의3, 시행령 제55조). 이 권리를 「주택임대차보호법」에도 도입할 필요가 있다.[91]

「주택임대차보호법」에 따르면, 임대인이 거주목적의 갱신거절을 하였으나 거짓임이 밝혀진 경우에 임차인은 임대인을 상대로 손해배상을 청구할 수 있다(제6조의3 제6항). 하지만 이것만으로는 임대인의 사해행위를 막기에 부족하며[92] 형사 처벌규정을 둘 필요가 있다.

2. 우리나라에서 주택의 주거적합성을 위한 규제는 주택건설 단계에서 이루어질 뿐 주택이용단계에서는 잘 이루어지지 않고 있다. 이제 부적합 거처가 건설되지 않도록 규제하는 것에서 한 걸음 나아가 기존 거처의 주거적합성을 판단하고 그 이용을 제한할 필요가 있다.

3. 수요와 공급이 불균형한 지역에서 임대료의 결정을 당사자의 자치에 맡겨 놓으면 임대인이 임차인에게 지나치게 불리한 차임약정을 강요하는 현상이 나타난다. 예외적으로 높은 차임으로부터 임차인들을 보호하는 수준의 차임규제는 이루어져야 한다. 이자제한법이 이자율의 상한을 정하듯이, 임대주택의 자본가치의 일정비율로 최고차임(maximum rent)을 정하는 것이 바람직하다.

---

91) 같은 견해 : 이준형, "임대주택의 분양전환과 기존 임차인의 권리보호", 법학논집 제37집 제2호, 한양대 법학연구소 (2020), 252.
92) 황규현, "임차인 보호를 위한 주택임대차 규제에 관한 연구", 홍익대 법학박사 학위논문 (2021), 37.

| 참고문헌 |

한불민사법학회, 개정 프랑스채권법 해제, 박영사 (2021)
_____, 프랑스민법전, 박영사 (2023)
황규현, 임차인 보호를 위한 주택임대차 규제에 관한 연구, 홍익대 법학박사학위논문 (2021)

권오상, "개정 주택임대차보호법의 문제점 검토", 법학연구 제31권 제1호(연세대 법학연구원 (2021)
김기환, "프랑스 민법상 은혜기간-법원에서 이행기 연장을 할 수 있는가?-", 비교사법 제25권 2호, 한국사법학회 (2018)
박준혁, "프랑스민법상 동산우선특권에 관한 연구", 충남대 법학연구, 제33권 제4호, 충남대 법학연구소 (2022)
윤성진 외, "민간등록임대주택의 현황과 문제점-세입자 권리 보장을 중심으로-", 서울도시연구 제21권 제2호, 서울연구원 (2020)
이성근·최민아, "프랑스 주택 임대료 규제 및 관련제도 연구", LHI Journal (2018)
이은희, "상가건물임차인의 계약갱신요구권", 민사법학 제26호, 한국민사법학회, (2004)
_____, "프랑스법상 주택임대차에 관한 연구", 법학연구 제26권 제1호, 충북대 법학연구소 (2015)
이준형, "임대주택의 분양전환과 기존 임차인의 권리보호", 법학논집 제37집 제2호, 한양대 법학연구소 (2020)
정성헌, "주택임대차보호법상 임차인의 갱신요구권에 대한 연구—새 임대인의 실거주를 이유로 갱신을 거절할 수 있는지에 대한 하급심 판결들을 중심으로—", 민사법의 이론과 실무 제25권 제1호, 민사법의 이론과 실무학회 (2021)
최민아, "프랑스 사회주택 제도 고찰 및 시사점", 주거공익법제연구, 경인문화사 (2023)

A. Bénabant, *Droit des contrats spéciaux civils et commerciaux*, LGDJ, (2017)
J. Lafond et B. Vial-Pedroletti, *Les baux d'habitation,* LexisNexis (2017)
Ph. Malaurie/L.Aynès/P.-Y. Gautier, *Droit des contrats spéciaux,* LGDJ, (2018)

한국 임차인의 권리 증진
- 거주안정성

김영두*

|초록|

주택은 단순한 거주공간을 넘어 인간다운 생활을 영위하기 위한 필수적인 요소이다. 이러한 맥락에서 주거권은 안정적이고 쾌적한 주거에서 생활할 수 있는 권리로서 국제규약과 국내법을 통해 보호받고 있으며, 인간 존엄성과 직접적으로 연결된다.

많은 사람이 주택을 소유하기보다는 임차를 통해 주거공간을 확보하고 있으며, 이러한 임차인의 주거생활을 보호하기 위해서는 임차권의 보호가 필수적이다. 주택임차권을 보호하는 데 있어 주거권은 유용한 개념이 될 수 있다. 주거권은 안정적이고 쾌적한 주거생활을 할 수 있는 법적 이익이며, 임차인의 경우에 이러한 주거권은 임차권을 통하여 실현된다. 따라서 임차권 보호 제도를 마련하거나 개선할 때, 주거권 실현이라는 목적을 중심에 두어야 한다. 임차인이 임대차계약을 통해서 주거권이라는 이익을 실현하며, 임대인은 수익권이라는 이익을 실현한다. 임대인의 수익권은 임차인의 주거권에 상응하는 개념이다. 따라서 임차인의 주거권 보호를 강화하는 경우에는 임대인의 수익권에 대한 보장방안도 마련되어야 한다. 계약관계에서 일방의 이익만을 보호한다면 상대방의 이익은 소홀히 취급되기 쉽다. 계약은 양 당사자의 이익이 서로 절충되는 지점에서 체결된다는 점을 고려한다면 일방의 이익만을 지나치게 보호하게 되면 결국 임대차계약이 활발히 체결되지 못하고 임대시장이 위축될 수밖에 없다. 또한 주거권 보호 방안에 대한 임대인의 저항도 그만큼 커질 수밖에 없다. 따라서 임차인의 주거권을

* 충남대학교 법학전문대학원 교수

적극적으로 보호하려면 임대인의 수익권도 어느 정도 보장되도록 제도를 마련할 필요가 있다.

임차인의 주거권은 임대차기간의 장기화와 차임에 대한 제한을 통해서 실현될 수 있다. 임대차기간의 장기화란 임대인이 임대차계약을 종료시킬 수 있는 정당한 사유가 존재할 때까지 임차인이 원하면 계속적으로 거주할 수 있도록 한다는 것을 의미한다. 미국, 일본, 독일, 프랑스 등의 입법례는 모두 이러한 관점에서 임차권을 보호하고 있다. 반면에 우리나라는 1회의 갱신요구권을 허용하는 방식으로 임차권을 보호하고 있기 때문에 4년이라는 단기의 임대차기간만을 보장하고 있다. 임차인의 주거권을 보호하기 위해서는 갱신요구권의 행사 횟수에 대한 제한을 없애고 합리적인 사유가 있는 경우가 아니라면 임차인이 제한없이 갱신요구권을 행사하여 계속적으로 거주할 수 있도록 해야 한다. 임차인의 주거권을 보호하기 위해서는 차임의 급격한 인상을 막아야 한다. 이러한 차임 인상의 제한은 임대차기간 중에도 필요하지만, 임대차계약을 체결할 때에도 필요하다. 임대차계약을 체결할 때에 차임을 제한하지 않는다면 결국 임대인은 높은 차임을 위해서 기존의 임대차계약을 종료하게 되며, 임차인은 높은 차임으로 인해서 기존과 같은 환경에서 거주할 수 없게 되어 주거권이 보호될 수 없다.

임차인과 임대인의 이익상태의 균형을 맞추기 위해서 임차인의 주거권을 보호한다면 그에 상응하여 임대인의 수익권도 보호할 필요가 있다. 이러한 임대인의 수익권은 임대수익을 위한 비용을 절감하도록 하여 운용이익을 늘리는 방식으로 보호되어야 한다. 다만 임대인은 임차목적물을 처분하여 자본이득을 취하는 방식으로 수익을 추구할 수도 있는데, 이러한 방식의 자본이득이라는 수익권은 특별히 보장할 필요는 없다. 더 나아가 전세제도는 결국 임차인으로부터 전세보증금에 해당하는 금전을 빌리는 것이므로 전세제도를 활용한 갭투자 등을 방지할 필요가 있다. 이를 위해서 전세자금대출이나 전세금반환대출 등을 통하여 금융기관의 대출금이 결과적으로 임대인에게 유입되는 경로를 차단하여야 한다.

I. 서론

주택은 단순한 거주공간을 넘어 인간다운 생활을 영위하기 위한 필수적인 요소이다. 이러한 맥락에서 주거권은 안정적이고 쾌적한 주거에서 생활할 수 있는 권리로서 국제규약과 국내법을 통해 보호받고 있으며, 인간 존엄성과 직접적으로 연결된다.

많은 사람이 주택을 소유하기보다는 임차를 통해 주거공간을 확보하고 있으며, 이러한 임차인의 주거생활을 보호하기 위해서는 임차권의 보호가 필수적이다. 주택임차권을 보호하는 데 있어 주거권은 유용한 개념이 될 수 있다. 주거권은 안정적이고 쾌적한 주거생활을 할 수 있는 법적 이익이며, 임차인의 경우에 이러한 주거권은 임차권을 통하여 실현된다. 따라서 임차권 보호 제도를 마련하거나 개선할 때, 주거권 실현이라는 목적을 중심에 두어야 한다. 임차인은 임대차계약을 통해서 주거권이라는 이익을 실현하지만 임대인은 임대차계약을 통하여 수익권이라는 이익을 실현한다. 임대인의 수익권은 임차인의 주거권에 상응하는 개념이다. 따라서 임차인의 주거권 보호를 강화하는 경우에는 임대인의 수익권에 대한 보장방안도 마련되어야 한다. 계약관계에서 일방의 이익만을 보호한다면 상대방의 이익은 소홀히 취급되기 쉽다. 계약은 양 당사자의 이익이 서로 절충되는 지점에서 체결된다는 점을 고려한다면 일방의 이익만을 지나치게 보호하게 되면 결국 임대차계약이 활발히 체결되지 못하고 임대시장이 위축될 수밖에 없다. 또한 주거권 보호 방안에 대한 임대인의 저항도 그만큼 커질 수밖에 없다. 따라서 임차인의 주거권을 적극적으로 보호하려면 임대인의 수익권도 어느 정도 보장되도록 제도를 마련할 필요가 있다. 이하에서는 임차인의 주거권과 임대인의 수익권의 내용을 살펴보고, 주거권과 수익권을 조화롭게 보장하기 위한 방안을 살펴본다.

II. 임차인의 주거권과 임대인의 수익권

1. 임차인의 주거권

가. 주거권의 의의

　주거권이란 안정적이고 적절한 주거에서 생활할 수 있는 권리를 말한다.1) 우리 헌법에는 주거권에 관한 규정은 없지만, 헌법 제14조는 모든 국민이 거주·이전의 자유를 가진다고 규정하고 있으며, 제16조는 모든 국민은 주거의 자유를 침해받지 않는다고 규정하고 있다. 그리고 헌법 제35조는 모든 국민은 건강하고 쾌적한 환경에서 생활할 권리를 갖는다고 규정하고 있으며, 제34조 제1항은 모든 국민은 인간다운 생활을 할 권리를 갖는다고 규정하고 있다. 이러한 헌법상의 규정은 우리 국민이 주거권을 누릴 수 있음을 규정하고 있다.
　「세계인권선언문」(Universal Declaration of Human Rights) 제25조는 모든 사람이 의식주를 포함하여 자신과 가족의 건강과 안녕을 위해 적합한 생활수준을 누릴 수 있는 권리를 갖는다고 규정하고 있다.
　「경제적·사회적 및 문화적 권리에 관한 국제규약 (A규약)」 (International Covenant on Economic, Social and Cultural Rights) 제11조 제1항은 "이 규약의 당사국은 모든 사람이 적당한 식량, 의복 및 주택을 포함하여 자기 자신과 가정을 위한 적당한 생활수준을 누릴 권리와 생활조건을 지속적으로 개선할 권리를 가지는 것을 인정한다."라고 규정하고 있다. 우리나라는 1990년 비준하였기 때문에 이 규약은 국내법적 효력을 갖는다.
　법률에서도 주거권에 관해서 규정하기도 한다. 주거권에 관해서 직

---

1) 임숙녀·박희원, "주거권의 법리에 관한 고찰", 「토지공법연구」 제75집, 한국토지공법학회 (2016. 8.), 296.

접적으로 규정하고 있는 법률은 「주거기본법」이다. 「주거기본법」 제1조는 이 법률의 목적이 주거권을 보장하여 국민의 주거안정과 주거수준의 향상에 이바지하는 것이라는 점을 규정하고 있다. 그리고 제2조의 표제는 주거권인데, "국민은 관계 법령 및 조례로 정하는 바에 따라 물리적·사회적 위험으로부터 벗어나 쾌적하고 안정적인 주거환경에서 인간다운 주거생활을 할 권리를 갖는다."라고 주거권에 관해서 규정하고 있다. 또한 국가 및 지방자치단체는 주거권을 보장하기 위해서 주거정책을 수립하고 시행해야 한다(동법 제3조). 「주거기본법」상의 주거권은 사회적 기본권(사회권)의 성격을 띠며, 입법이나 정책수립의 지침으로서 역할을 한다. 그러나 「주거기본법」은 주거권에 관해서 권리라는 표현을 사용하고 있지만, 이 규정에 말하는 권리는 사법상 권리를 의미하는 것으로 볼 수는 없다.

「주택임대차보호법」은 주거권을 직접적으로 언급하고 있지 않지만, 제1조는 국민주거생활의 안정 보장이 목적임을 규정하고 있으며, 결국 「주택임대차보호법」은 주거권을 보호목적으로 한다. 「주택법」 제1조는 쾌적하고 살기 좋은 주거환경 조성에 필요한 주택의 건설·공급 및 주택시장의 관리 등에 관한 사항을 정함으로써 국민의 주거안정과 주거수준의 향상에 이바지함을 목적으로 한다고 규정하고 있다. 따라서 「주택법」도 「주택임대차보호법」과 마찬가지로 국민들의 주거권 향상을 목적으로 하고 있다. 이와 같이 헌법과 여러 법률은 주거권을 보호목적으로 하고 있다.

이러한 헌법이나 법률들이 주거권을 보호의 목적으로 하고 있지만, 이를 근거로 주거권을 재산권이나 사법상의 권리로 인정하기는 어렵다.[2] 이 규정들은 주거권의 실체적 내용을 구체화하기보다는 주거권을

---

[2] 이계수, "주거권의 재산권적 재구성: 강제퇴거금지법 제정운동에 붙여," 「민주법학」 제46호, 민주주의법학연구회 (2011. 7.)은 주거권을 침해하는 행위에 대해서 방어권을 행사할 수 있도록 주거권을 재산권으로 보아야 한다고 주장한다.

하나의 이념적 가치 또는 정책적 목표로서 선언하는 성격이 강하다. 다만, 법률 중에서는 주거권을 재산권으로 볼 수 있는 단서를 제공하는 경우도 있다. 「공익사업을 위한 토지 등의 취득 및 보상에 관한 법률」(이하 "토지보상법") 제78조는 이주대책의 수립에 대해서 규정하고 있다. 공익사업의 시행으로 인해서 주거용 건축물을 제공하여 생활의 근거를 상실하게 되는 자를 위해서 사업시행자는 이주대책을 수립하고 실시하거나 이주정착금을 지급하여야 한다. 즉, 이 법률은 공익사업을 위해서 주택을 수용한 경우에 수용보상금 지급과 별도로 주거권을 상실하는 자에게 이주대책을 수립하거나 이주정착금을 지급하도록 하여 주거권의 상실에 대해서 일정한 보상을 하도록 규정하고 있다. 물론 이러한 이주대책은 무허가주택이나 소유자가 아닌 자를 보호하지는 않는다(토지보상법 시행령 제40조제4항). 그러나 주거권이 침해된 경우를 대비하여 이주대책을 실시하도록 규정하고 있다는 것은 주거권을 보호되는 법적 이익으로 보고 있으며, 더 나아가서 권리나 법익으로 인정될 가능성을 열어주고 있다. 이러한 가능성은 영업에 대한 손실보상과 비교해 본다면 더욱 명확하다. 동법 제77조는 공익사업으로 인하여 영업을 상실한 경우에 영업손실에 대한 보상을 규정하고 있는데, 이러한 손실보상은 비록 영업가치의 상실에 대한 온전한 보상이라고 보기는 어렵지만[3] 영업이라는 재산의 상실에 대한 보상이라는 점은 분명하다. 이렇게 영업손실에 대한 보상을 동법 제77조가 규정하고 있는데, 주거권의 상실로 인한 보상을 바로 다음 규정인 제78조에서 규정하고 있다.

결국 제77조의 보상은 영업이라는 재산에 대한 보상이며, 제78조의 보상(또는 이주대책)은 주거권 상실에 대한 보상이라고 할 수 있다. 물

---

[3] 공익사업의 경우에 영업보상제도의 문제점에 대해서는 김영두, "권리금 회수기회 보호와 영업보상 및 임대차기간보장의 관계", 법조 제725호, 법조협회 (2017. 10.), 76 이하 참조.

론 차이는 있다. 주거권 상실에 대한 보상은 주택의 소유자에 대해서만 인정된다. 소유자가 아닌 자도 주거권을 향유할 수 있음에도 불구하고 주택의 소유자만 보상의 대상이 된다. 반면에 영업손실의 경우에 그 영업에 대한 권리를 갖고 있는 자가 점포의 소유자인지 여부를 고려하지 않고 영업의 상실에 대한 보상을 한다. 즉, 임차인에게도 영업손실을 보상한다. 이러한 차이는 영업이라는 재산은 현행법 하에서 확실히 재산권으로 보호되지만, 주거권은 아직 사법상의 권리나 재산권으로 보호되지 못한다는 차이에서 기인한다고 볼 수 있다.

나. 주거권의 법적 성격

사법상의 권리로 인정되기 위해서는 어떠한 이익이 법적으로 보호할 필요성이 있을 뿐만 아니라 권리의 주체, 권리의 내용 등이 명확히 설정되어야 하며, 그 권리가 실현가능해야 하고, 권리의 침해에 대해서 방어할 수 있는 수단이 마련되어야 한다. 이러한 관점에서 본다면 상가건물임대차에서 상가임차권을 통해서 보호하고자 하는 영업에 대한 권리는 재산권에 해당한다고 볼 수 있다. 영업이라는 재산은 양도가능하고[4] 양도담보권을 설정할 수 있다.[5] 영업권의 침해로 인한 불법행위의 성립이 인정된다.[6] 「부정경쟁방지 및 영업비밀 보호에 관한 법

---

4) 상법 제7장은 영업양도로 인한 법률관계를 규정하고 있다. 영업양도는 기업체의 영업양도에 초점이 맞추어져 논의가 이루어지고 있지만, 소규모 점포의 영업양도도 상법상 영업양도에 해당한다. 예를 들어 소규모 미용실의 영업은 시설, 상호, 간판, 비품 등의 요소로 구성되어 있으며 종업원, 노하우, 거래처 등의 요소가 존재하지 않을 수 있다. 그럼에도 불구하고 영업으로 인정될 수 있고 이러한 영업을 양도하는 것도 상법상 영업양도에 해당한다(대법원 2009.9. 14. 선고 2009마1136 결정).
5) 대법원 1983. 12. 27. 선고 82다카670 판결.
6) 우리 판례에서 영업권 침해로 인한 불법행위의 성립에 대해서는 안법영, "영업경영의 과실침해와 책임귀속의 인과적 표지", 「판례연구」 8권, 고려대학교 법학

률」(이하 "부정경쟁방지법") 제2조 제1호 가목부터 사목까지 7개의 '부정경쟁행위'를 정의하고 있다. 타인의 상품의 표지와 동일한 표지를 사용하는 등의 행위가 부정경쟁행위에 해당한다. 이러한 부정경쟁행위가 있으면 영업상 이익이 침해되었거나 침해될 우려가 있는 자는 부정경쟁행위의 금지 또는 예방을 청구할 수 있다(부정경쟁방지법 제4조 제1항). 또한 부정경쟁행위에 대해서 고의 또는 과실이 있고 이로 인해서 타인의 영업상 이익을 침해하여 손해를 입힌 자는 손해배상의무가 있다(부정경쟁방지법 제5조). 이러한 점을 고려한다면 상가임차권을 통하여 보호하고자 하는 영업은 재산이며, 상가임차권은 이러한 재산권의 존속을 위한 기초가 된다. 물론 영업에 대한 재산권은 반드시 임차권을 통해서만 존속하는 것은 아니며 점포에 대한 소유권을 통해서도 존속할 수 있다.

상가임대차와 마찬가지로 주택에 대한 임차권은 주거권의 존속을 위해서 필수적이며, 주택임차권을 보호하는 목적은 주거권을 보호하기 위함이다. 그러나 주택임차권이 보호하고자 하는 주거권은 상가임차권이 보호하는 영업과 달리 재산권으로 인정되기 어렵다. 안정적이고 쾌적한 환경에서 거주할 수 있는 이익이라는 것이 어느 정도 법적으로 보호되어야 하는지에 관한 사회적 논의 또는 확신이 형성되었다고 볼 수 없다. 또한 주거권의 주체가 누구인지 불명확하다. 영업에 대한 권리(이하 "영업권"[7])이라 한다)는 상인의 재산이기 때문에 권리의 주체가 명확하다. 그러나 주거권은 주택의 소유자나 임차인이 누릴 수도

연구원 (1996. 1.), 239 이하; 윤태영, "영업이익의 침해로 인한 불법행위책임의 연구", 박사학위논문, 중앙대학교 대학원 (2005. 6.) 103 이하 참조.
7) 영업권은 상법이나 회계학상으로 영업권은 기업이 다른 동종의 기업들에 비하여 초과수익력(超過收益力)을 가질 경우 그 배타적 영리기회를 가질 수 있는 무형의 재산적 가치를 말하며, 영업이라는 재산을 구성한다. 그러나 영업권은 이러한 회계학상의 의미와 달리 영업에 대한 권리라는 의미로 사용되기도 한다. 이하에서 영업권을 영업에 대한 재산권이라는 의미로 사용하도록 한다.

있지만, 주택에 거주하는 소유자나 임차인의 가족도 주거권의 주체라고 볼 수 있다.

　물론 하급심 판결에서는 주거권의 침해로 인한 불법행위의 성립이 문제된 경우가 있다.8) 만약 이러한 사례에서 주거권의 침해를 이유로 불법행위책임이 성립한 경우가 있다면 주거권도 법적으로 독자적으로 보호되는 이익이나 권리로서 인정될 가능성을 보여주었다고 말할 수 있다. 그러나 이러한 하급심 판결에서 실제로 주거권 침해를 이유로 불법행위책임이 인정된 경우는 거의 없다. 주거권 침해로 인한 정신적 손해를 인정한 경우가 있을 뿐이다.9) 그리고 주거권의 침해는 인정하였지만 손해배상액의 산정에 있어서 주거권 침해로 인한 손해를 별도로 산정하지 않은 경우도 있다.10) 이러한 하급심 판결에서는 소유권이나 임차권과 더불어 주거권을 침해하였다는 주장이 제기되었는데, 직접적으로 주거권의 침해로 인한 불법행위를 인정하지 않았다. 따라서 주거권의 침해를 인정한 일부 하급심 판결이 있다고 해서 그러한 판결들이 주거권을 보호되는 법익이나 권리로 보기 위한 가능성을 열었다고 보기는 어렵다.

　이와 같이 아직까지 주거권은 보호의 필요성, 권리의 주체, 권리의 내용 및 범위 등이 명확하지 않기 때문에 사법상의 권리로 인정되기는 어렵다. 특히 주거권이 사법상의 권리로 인정될 경우, 그것은 필연적으로 다른 재산권이나 계약의 자유를 제한할 수 있다. 하지만 사법적으로 이러한 권리가 인정되려면 관련 법령에 명문의 규정이 있거나, 그

---

8) 수원지방법원 2022. 1. 26 선고 2021나53757 판결; 울산지방법원 2020. 8. 21 선고 2020노147 판결; 수원지방법원 2024. 4. 18 선고 2022나89906 판결; 대전지방법원 공주지원 2015. 11. 26 선고 2014가단21389(본소), 2014가단3015(반소) 판결; 의정부지방법원 2023. 9. 7 선고 2022나217880 판결; 수원지방법원 2016. 12. 14 선고 2016가단507723 판결 등.
9) 청주지방법원 충주지원 2020. 1. 31 선고 2018가단21596 판결.
10) 인천지방법원 2017. 10. 26 선고 2017나50778 판결.

법률의 취지나 조리 등에 비추어 권리의 주체, 내용, 범위 및 행사 방법 등이 구체적으로 정립되어 있어야 한다.11) 주거권의 경우에 이러한 점을 인정하기 위한 사회적 공감대가 부족하다.

다만 주거권을 사법상의 권리로 보기 어렵지만, 법에 의해서 보호될 수 있는 법적 이익으로 볼 수는 있다. 즉, 주거권은 소유권이나 임차권을 통하여 향유하는 이익이라고 볼 수 있으며, 독자적인 이익으로 승인될 정도로 중요성을 갖는 경우에 독자적으로 법적인 보호를 받을 수 있는 이익이라고 볼 수 있다. 주거권이 법적 이익에 해당할 수 있다는 점은 조망권이나 일조권에 관한 논의에서 단서를 찾을 수 있다. 햇빛을 받을 수 있는 일조이익이나 일조권12)은 객관적인 생활이익으로서 가치가 있다고 인정된다면 법적인 보호의 대상이 될 수 있다. 따라서 일조권을 침해하는 경우에 불법행위가 성립할 수 있다. 마찬가지로 조망이익이나 조망권은 외부를 조망할 수 있는 이익을 말하는데, 사회통념상 독자적인 이익으로 승인되어야 할 정도로 중요성을 갖는다면 법적 보호의 대상이 될 수 있다.13) 이러한 조망권이나 일조권의 법적 성질에 대해서는 아직 정립된 이론이 있는 것은 아니고, 소유권의 일부로 볼 수도 있고, 인격권의 일부로 볼 수도 있다.14)

조망권이나 일조권과 마찬가지로 주거권은 안정적이고 평온한 주거생활을 할 수 있는 주거이익을 의미하며, 이러한 주거권은 객관적인 생활이익으로서 가치가 있다고 인정된다면 법적으로 보호의 대상이 될 수 있다. 따라서 주거권을 침해한 경우에 불법행위가 성립될 수도

---

11) 대법원 1995. 5. 23.자 94마2218 결정.
12) 대법원 2008. 12. 24. 선고 2008다41499 판결.
13) 대법원 2004.09.13 선고 2003다64602 판결.
14) 조망이익에 대해서는 최민수, "조망이익의 침해와 보호범위 : 건물신축에 의한 시야차단으로 인한 압박감(개방감 상실)을 조망이익 이외의 별도의 독자적인 권리나 보호법익으로 볼 수 있는자", 「재산법연구」 제30권, 한국재산법학회 (2013), 164 참조.

있고, 주거권에 기초하여 방해배제를 청구할 수도 있고, 주거권이라는 법적 이익이 박탈된 경우에 그에 대한 보상을 해야 한다는 주장을 펼칠 수도 있다. 하지만 주거권이 법적으로 보호될 가능성이 있는 법적 이익이라고 보더라도 그 자체가 사법상의 권리라고 보기는 어렵고, 소유권이나 임차권에 의해서 형성된 법적 이익이라고 볼 수 있다. 결과적으로 주거권은 소유권과 임차권의 권능에 의해서 실현되는, 법적으로 보호되는 이익이라고 볼 수 있다. 즉, 소유권의 경우에 주거권은 사용권능에 의해서 실현되는 이익이며, 임차권은 임대인에 대해서 임차목적물에 대한 사용을 청구할 수 있는 권능15)에 의해서 실현되는 이익이고, 주거권은 이러한 소유권과 임차권의 내용을 확정해 주는 기능을 한다고 볼 수 있다.

다. 주거권의 주체와 내용

주거권이 안정적이고 쾌적한 주거생활을 할 수 있는 법적 이익이라고 한다면, 주거권이 실현되기 위해서는 현실적인 거주공간의 확보가 전제되어야 한다. 이는 곧 주거권이 물리적 기반을 전제로 하는 이익이라는 것을 의미한다. 사람들이 주거권을 실현하는 방식은 크게 두 가지로 나뉜다. 하나는 주택을 직접 소유함으로써 주거권을 실현하는 방식이다. 다른 하나는 타인의 주택을 임차하여 주거권을 실현하는 방식이다. 즉, 주거권은 소유권을 매개로 실현되기도 하고, 임차권을 매개로 실현되기도 한다. 따라서 주거권은 원칙적으로 주택의 소유자나 임차인이 누릴 수 있는 주거이익이라고 볼 수 있다.

---

15) 「주택임대차보호법」에 의해서 대항력을 취득하게 되면 제3자에게 임차권을 주장할 수 있으며, 등기된 임차권은 용익권능을 갖고 있다는 대법원의 판결(대법원 2002. 2. 26. 선고 99다67079 판결), 임차권의 물권화 경향을 고려한다면 대항력이 있는 임차권의 경우에 임차인도 물건에 대한 사용권능을 갖고 있으며, 주거권은 그러한 임차권의 사용권능에 의해서 실현되는 이익이라고 볼 수 있다.

그러나 헌법 제34조 제1항과 「주거기본법」 제2조 제1호는 모두 모든 국민에게 쾌적하고 안정된 주거생활을 보장할 것을 천명하고 있으며, UN 경제적·사회적·문화적 권리규약(ICESCR) 제11조 역시 모든 사람에게 적절한 주거를 보장할 것을 요구하고 있다. 이와 같은 규범은 주거권의 기초가 되는 소유권이나 임차권과 상관없이 현실적으로 주택에서 거주하는 모든 개인도 주거권을 갖는다는 것을 의미한다. 따라서 주택의 소유자나 임차인이 아니더라도 주거를 위한 물리적 공간에서 실질적으로 생활하는 사람이라면 모두 주거권의 주체가 될 수 있다. 다만 소유자나 임차권자가 아닌 자의 주거권이 독자적인 보호를 받는 법적인 이익으로 인정되기 위해서는 주거권을 보호하고자 하는 관련된 법률과 법리가 좀 더 발전할 필요가 있다.

주거권의 내용과 관련하여 주거권이 안정적이고 쾌적한 주거생활을 할 수 있는 이익이라고 한다면 주거권은 쾌적성 및 안정성이라는 두 가지 요소로 구성되어 있다고 볼 수 있다.

첫째, 쾌적한 주거생활은 인간으로서의 존엄을 유지할 수 있을 정도의 생활환경을 의미하며, 이는 적절한 위생, 안전, 공간, 환기 및 단열 등이 확보된 주거공간에서 생활할 수 있는 권리를 의미한다. 더 나아가 주거지 주변의 생활 인프라, 소음, 환경오염 등 외부적 요소까지 포함한다. 이러한 기준은 유엔 경제적·사회적·문화적 권리규약(ICESCR) 제11조에서 언급하는 '적절한 주거(adequate housing)'의 개념과도 맥락을 같이한다.

둘째, 주거권은 안정적이고 지속적인 주거생활을 내용으로 한다. 안정적이고 지속적인 주거생활은 다시 두 가지로 구분해 볼 수 있다. 하나는 현재 살고 있는 주택에서 계속해서 안정적으로 거주할 수 있는 이익이고, 다른 하나는 현재 살고 있는 주택이 위치하는 지역에서 계속적으로 거주할 수 있는 이익이다. 사람들은 주택에서 주거생활을 하면서 관계를 형성하게 되는데, 그러한 관계는 집 자체와 연결될 수도 있고 지역과 연결될 수도 있다.

라. 임차권과 주거권

주거권은 인간다운 생활을 영위하기 위한 기본적인 권리이다. 주거권이 실현되기 위해서는 무엇보다도 안정적인 거주공간의 확보가 전제되어야 하는데, 많은 사람은 주택을 직접 소유하기보다는 임차권을 통해 주거공간을 확보한다. 이처럼 임차권은 주거권 실현을 위한 핵심적 기초가 되며, 「주택임대차보호법」은 이러한 임차권을 보호함으로써 주거권을 실질적으로 보장하는 데 그 입법 목적이 있다. 즉, 「주택임대차보호법」이 보호하고자 하는 것은 단순히 임차권 자체가 아니라, 임차권을 기초로 형성된 주거권이다. 주거공간은 단순한 점유의 대상이 아니라, 생활의 기반으로서 가족생활, 지역 공동체와의 관계, 사회적 유대 등 다양한 인간관계를 구성하는 장소이며, 주거권은 이를 누릴 수 있는 이익에 해당한다. 따라서 임차권 보호는 주거권 보호로 이어지며 임차인이 주거를 통해 누리는 삶의 질과 존엄성을 지키기 위한 법적 수단으로 기능한다.

이러한 맥락에서 「주택임대차보호법」의 구조는 「상가건물임대차보호법」과 유사하다. 「상가건물임대차보호법」은 영업의 지속성과 그에 따른 가치 회수를 보호하기 위해 임차권을 보호하고 있는데, 마찬가지로 「주택임대차보호법」은 주거생활의 안정성과 그 기반 위에 형성된 주거권의 실질적 보장을 위해 임차권을 보호한다. 따라서 대항력의 인정, 계약갱신요구권의 부여, 전입신고 및 확정일자에 따른 우선변제권의 부여와 같은 임차권을 강화하기 위한 제도는 모두 임차인의 주거권을 실질적으로 보장하기 위한 법적 수단이다.

마. 임대인의 주거권

주택의 소유자도 주거권을 향유할 수 있는 주체이다. 그러나 소유자가 주택을 임대한 경우에 임대인의 주거권과 임차인의 주거권이 충돌할 수 있다. 예를 들어 임차인이 임대차계약의 갱신을 원하지만, 임대인이 해당 주택에서 가족들과 함께 직접 거주하고자 하는 경우에 임대인과 임차인의 주거권이 충돌하게 된다. 이 경우 우리나라의 「주택임대차보호법」은 임대인의 주거권에 우선적 지위를 부여하고 있다. 즉, 임차인이 갱신을 요구하는 경우에 임대인은 본인 또는 가족의 거주를 사유로 들어 임차인의 계약갱신 요구를 거절할 수 있다. 이는 임차인의 주거권보다 임대인의 주거권을 우선적으로 보호하는 것이다. 임대인의 주거권을 임차인의 주거권보다 우선하는 입장은 다른 입법례에서도 일반적이다. 미국, 영국, 프랑스, 일본 등 주요 선진국은 임대차기간의 계속성을 보장하지만, 임대인이 본인 또는 가족의 실거주를 이유로 임대차관계를 종료할 수 있도록 허용하고 있다.[16]

임차인의 주거권과 임대인의 수익권이 충돌하는 경우에는 임차인의 주거권을 우선하거나 조화롭게 고려하여야 하지만, 임차인의 주거권과 임대인의 주거권이 충돌하는 경우에는 임대인의 주거권을 우선하는 것이 바람직하다는 관점에서 「주택임대차보호법」에서 임대인이나 직계존비속의 거주를 이유로 갱신을 거절하도록 하는 것은 적절하다. 다만 임대인이나 직계존비속의 거주의 필요성은 임대인의 일방적인 주장에 따른 갱신거절이므로 임차인의 지위가 불확실하게 된다. 따라서 갱신요구를 받은 임대인이 실거주를 이유로 갱신을 거절하려면 갱신요구를 받은 시점으로부터 상당기간으로 제한할 필요가 있다.[17]

---

16) 법무부, 「주요국들의 최근 주택임대차 안정화 법제에 관한 연구」(2021)는 미국, 캐나다, 일본, 프랑스, 독일에서 임대차 종료를 위한 사유에 대해서 상세히 소개하고 있다.
17) 이에 대해서는 김영두, "주택임대차보호법의 갱신요구권과 임대인의 실거주", 집합건물법학, 한국집합건물법학회 (2021), 123 이하 참조.

2. 임대인의 수익권

가. 임대인의 수익권의 의의

물건은 일반적으로 사용가치와 처분가치라는 두 가지 경제적 가치를 지니며, 소유권이라는 권리는 사용·수익·처분의 권능을 통하여 사용가치와 처분가치를 실현하게 된다. 구체적으로 사용가치는 사용권능과 수익권능을 통해서 실현되며, 처분가치는 처분권능의 행사에 의해서 실현된다. 임대차계약에 있어서 임대인은 임차목적물의 소유자로서 해당 물건의 사용가치와 처분가치를 활용하여 경제적 이익을 획득하게 된다. 먼저, 임대인은 임차인으로부터 차임을 수취함으로써 임대수익을 얻는데, 이는 사용가치를 활용한 경제적 이익으로서 운용이익(operating income)이라고 한다.

한편, 임대인은 이러한 운용이익의 가능성을 포기하고, 임차목적물을 처분함으로써 매각대금에서 취득대금과 비용을 공제한 차액에 해당하는 이익을 실현하기도 하는데, 이는 처분권능의 행사를 통해서 실현한 이익이며 이를 자본이득(capital gain)이라고 한다. 자본이득은 임대차계약으로부터 직접 발생하는 이익은 아니지만, 임대인이 해당 물건으로부터 계속해서 운용이익을 얻을 것인지 아니면 처분하여 자본이득을 얻을 것인지 선택한다는 관점에서 본다면 자본이득은 임대차관계의 존속에 상당한 영향을 주기 때문에 임대인이 향유하는 이익으로서 운용이익과 함께 검토할 필요가 있다.

임대차계약은 임대인과 임차인이 서로의 이익이 일치하는 지점에서 성립하게 된다. 이 경우에 임차인의 이익은 주거권이며, 임대인의 이익은 수익권이다. 이러한 대가적 이익에 대한 이해관계가 일치할 때 임대차계약이 성립하게 되는데, 만약 임대차계약이라는 공동의 목적을 달성하기 위한 관계에서 임차인의 주거권만을 보호하고 임대인의 수익권을 보호하지 않게 된다면 결국 임대차를 통해서 실현하려고 했던 임대인의 수익권은 약화될 수밖에 없다. 주거권을 보호하기 위한 법적 규제로 인해 임대인의 수익성이 악화된다면, 신규 임대사업 진입이 억제되고, 기존 임대사업자의 퇴출이 늘어날 수 있으며, 이는 민간임대 공급물량의 축소로 이어진다. 공급물량이 줄어들게 되면 결국 국가나 지방자치단체가 공공임대를 통해서 임대물량을 공급하여야 하는데, 공공임대만으로 임대시장이 제대로 작동할 수 없다는 점을 고려한다면 민간임대에 의한 공급확대도 필요하다. 따라서 임대시장이 제대로 작동하게 하려면 임차인의 주거권뿐만 아니라 임대인의 수익권을 어느 정도 보호해야 한다. 그리고 임대인이 지속해서 임대사업을 유지할 유인이 있어야 임차인이 장기적으로 주거권을 보장하려면 따라서 임차인의 주거권을 보장하기 위해서는 그에 상응하여 임대인의 수익권도 보장할 필요가 있다.

나. 운용이익과 자본이득

임대인의 운용이익은 임차목적물의 사용가치를 활용하여 실현되는 경제적 수익으로, 통상적으로는 임대수입을 통해서 실현된다. 그러나 임대수입이 곧바로 임대인의 운용이익이 되지는 않으며, 자산운용 과정에서 필연적으로 소요되는 각종 비용을 임대수입에서 공제한 금액이 운용이익이 된다. 즉, 임대인의 운용이익은 임대수입에서 필요경비를 공제한 금액이 된다.[18] 여기서 필요경비에는 감가상각비, 유지관리비, 조세공과금, 손해보험료, 대손준비금, 공실손실상당액, 정상운영자금이자 등 임대인이 자산을 유지·관리하고 수익을 실현하는 데 필수적으로 소요되는 비용을 의미한다. 임대수입에서 이러한 필요경비를 공제한 잔여분이 바로 임대인의 운용이익이다. 운용이익은 자산을 보유한 상태에서 반복적·지속적으로 실현되는 수익이라는 점에서 자산의

---

18) 수익분석법에 의한 임대료 산정방법(「감정평가에 관한 규칙」 제2조 제10호)

처분을 통해서 일시에 실현되는 자본이득과는 구별된다. 운용이익은 소유권의 사용·수익 권능을 바탕으로 물건의 사용가치를 활용하여 발생하는 이익이다.

반면에 자본이득은 임차목적물의 소유자가 해당 물건을 처분함으로써 실현하는 경제적 이익이다. 이는 자산을 보유한 상태에서 발생하는 반복적·지속적 수익인 운용이익과 구별되며, 자본이득은 소유권의 처분권능에 의해서 일시에 실현되는 이익이다. 자본이득은 일반적으로 자산의 매각가격이 취득원가 및 처분 관련 비용을 초과할 경우 발생한다. 즉, 자본이득은 매각가격에서 취득원가를 공제하여 산정되는데, 취득원가에는 취득가격과 취득에 소요된 제반 비용, 즉 등기비용, 중개수수료, 세금, 기타 양도 관련 비용 등이 포함된다.

다. 전세제도와 자본이득

임대인은 임대목적물을 처분함으로써 매각대금에서 취득가격과 비용을 공제한 차액에 해당하는 자본이득을 얻을 수 있다. 특히 임대인은 부동산가격이 높은 시점에서 임대목적물을 매도하게 되면 자본이득을 극대화할 수 있다. 즉, 집값이 폭등하면 임대인의 자본이득의 수익성이 높아지게 된다. 임대인이 레버리지(leverage)를 활용한다면, 즉 자금을 조달하여 주택을 매수한다면 부동산 가격 상승기에 자본이득이 급격하게 증가하게 된다.

임대인이 주택매수에 레버리지를 활용하기 위해서 금융기관으로부터 대출을 받거나 자금을 차입하여야 하는데, 이를 위해서는 금융비용이 발생한다. 또한 금융비용보다 문제되는 것은 총부채원리금상환비율(DSR), 주택담보인정비율(LTV), 총부채상환비율(DTI)과 같은 대출규제이다. 이러한 대출규제로 인해서 대출을 받는 데 제한이 있기 때문에 레버리지를 활용한 주택의 매수는 제한이 있다. 이러한 대출규제 정책은 다른 나라에서도 볼 수 있는 보편적인 제도이다. 그런데 우리나라에는 전세제도가 있다. 따라서 임대인은 전세제도를 활용하여 주택 구입 자금을 조달할 수 있다. 즉, 임대인은 임차인으로부터 전세보증금을 받아서 그 자금을 주택 구입 자금으로 활용할 수 있다. 임대인이 전세보증금을 활용하여 자산을 증식하게 된다면 임대인은 무한정 레버리지를 활용할 수 있게 되고 수익을 극대화할 수 있다. 그런데 높은 수익에는 높은 위험이 따르기 때문에 임대인이 전세보증금을 통하여 부동산을 구입하면 부동산가격 하락기에 임대인은 전세금을 상환하지 못하는 결과로 이어질 수 있으며 이는 임차인의 주거권 침해라는 결과를 가져올 수 있다.

결국 임대차계약에서 임대인의 수익권과 임차인의 주거권이 조화를 이루도록 함에 있어서 우리나라의 독특한 제도인 전세제도를 고려하여야 한다. 즉, 임대인의 수익권을 운용이익과 자본이득으로 구분하여 접근할 필요가 있다. 차임을 통한 임대인의 수익권은 임차인의 주거권과 더불어 적극적으로 보장하지만, 자본이득을 통한 임대인의 수익권은 이를 금지할 수는 없더라도 보장할 필요가 없다. 특히 임대인이 전세보증금으로 자금을 조달하여 자본이득을 얻는 것은 대출규제 정책의 취지를 고려한다면 최대한 방지하여야 한다. 물론 임대인이 전세계약을 체결하는 것과 자본이득을 실현하는 것을 법적으로 막을 수는 없다. 이는 계약자유의 원칙을 과도하게 제한하는 것이기 때문이다. 그러나 최소한 주택 구입을 위한 은행의 대출제한에 대한 규제가 전세제도를 통해서 회피되는 구조는 방지하여야 하고, 특히 정부가 전세금담보대출이나 전세금반환보증보험, 전세금반환대출 등을 통해서 이를 조장하여서는 안 된다.

라. 주거권보장에 상응하는 수익권보장

계약은 당사자 간의 권리와 의무에 관한 합의를 기반으로 성립하는 법률행위로서, 본질적으로 상호 이익 교환을 목적으로 한다. 이러한 계약은 단지 형식적인 합의의 산물이 아니라, 당사자들이 각자의 이익을 고려하고 합리적으로 판단하여 체결되게 된다. 즉, 계약은 당사자들이 계약 체결을 통해 기존 상태보다 더 높은 효용을 얻을 수 있다고 기대할 때 성립하게 된다. 이러한 맥락에서 계약 당사자들은 자신의 효용을 극대화하기 위하여 대가 교환을 통해 상호 이익을 실현한다. 이때 당사자들의 이익관계는 상호 배타적이지 않으며, 오히려 상대방의 이익 실현을 통해 자신의 이익 또한 실현된다. 따라서 계약관계는 일방의 이익이 타방의 손실을 전제로 하는 제로섬(zero-sum) 관계가 아니라, 양 당사자의 효용이 동시에 증진될 수 있는 조화로운 구조를 전제로 한다. 이러한 효용의 조화가 이루어지지 않는다면 계약 체결 자체가 위축될 수 있으며, 결과적으로 계약 본래의 목적인 당사자 간 이익의 극대화도 달성하기 어렵게 된다.

임대차계약의 경우에도 위와 같은 원리가 적용된다. 임대인은 자신이 소유한 자산을 활용하여 경제적 수익을 얻고자 하고, 임차인은 안정적인 주거공간을 확보하고자 하는바, 양 당사자는 계약을 통해 각각 수익권과 주거권을 실현하고자 한다. 따라서 주거권과 수익권이라는 두 가지 상이한 이익은 계약관계 속에서 조화를 이루어야 한다. 어느 한쪽의 이익이 과도하게 우선될 경우, 임대차계약의 성립과 지속 가능성 자체가 위축될 수밖에 없기 때문이다. 그러므로 주택임차권의 보호를 강화하고자 할 때에도, 임차인의 주거권과 임대인의 수익권을 상호 조화롭게 보장할 수 있는 제도적 접근이 필수적이다.

Ⅲ. 임차인의 주거권 보장방안

1. 개관

주택임차인의 주거권을 실효적으로 보장하기 위해서는 임대차기간의 장기적 보장과 차임 규제라는 두 가지 측면이 함께 고려되어야 한다.
첫째, 임대차기간의 장기적 보장은 주거권 실현의 필수적인 전제조건이다. 임대차기간이 단기에 그칠 경우 임차인은 주거안정성을 근본적으로 위협받게 되며, 임대인의 계약갱신 거절 또는 조건 변경에 따라 반복적인 주거 이전을 경험함으로써 생활 기반의 훼손, 사회적 관계망의 단절 등 다양한 위험에 노출될 수 있다. 따라서 계약갱신요구권 보장을 넘어 일정 기간 이상의 장기적 거주를 원칙으로 하는 임대차 제도의 확립이 필요하며, 이를 통해 임차인의 주거권이 안정적이고 지속적으로 보호될 수 있다.
둘째, 차임 규제 역시 임대차기간의 장기화와 함께 주거권 보호를 위한 필수적인 방안이다. 임대차계약이 장기적으로 유지된다 하더라도, 임대인이 차임을 과도하게 인상할 경우 임차인은 실질적으로 계약을 유지하기 어렵게 되므로, 이는 임차인을 사실상 퇴거시키는 결과를 초래할 수 있다. 따라서 장기적인 임대차기간 보장과 더불어 차임 인상을 합리적 범위 내에서 규제하는 제도적 장치가 병행되어야 한다.
결국 임대차기간의 장기적 보장과 차임 규제는 주택임차인의 주거권 보호를 위한 핵심적인 요소이다.

2. 임대차기간의 보장

가. 임대차기간의 장기화

우리나라의 「주택임대차보호법」은 최소 임대차기간을 2년으로 보장하고 있고 임차인에게 1회 갱신을 요구할 수 있는 권리를 부여하여 최장 4년 동안 임대차기간을 보장하고 있다. 「주택임대차보호법」의 개정에 의해서 임차인에게 갱신요구권을 부여함에 따라 보호되는 임대차기간이 4년으로 연장되었다. 그러나 4년의 기간으로는 임차인의 주거권을 보호하기에 충분하지 않다. 4년이 경과하면 임차인의 주거권은 더 이상 보호되지 않기 때문이다. 따라서 임차인의 주거권을 충분히 보호하기 위해서는 임차인이 원하는 동안 주택에서 거주할 수 있어야 한다.

독일, 미국, 프랑스, 일본 등 다른 나라의 입법례는 우리나라와 달리 기본적으로 일정한 사유가 존재하지 않으면 임차인이 계속해서 거주할 수 있도록 한다. 예를 들어 독일민법의 경우에 임차인이 계약을 위반하거나, 임대인이나 가족의 주거를 위해서 필요한 경우, 재건축 등의 사유로 필요한 경우에 임대인은 계약을 해지할 수 있다(독일민법 제573조 제2항). 이러한 사유가 없다면 임대인은 임대차계약을 해지할 수 없으며, 임차인은 계속해서 거주할 수 있다. 물론 임대인은 임대차기간을 정하여 임대차계약을 체결할 수 있는데, 기간이 정해진 임대차계약을 임의로 체결할 수 있는 것은 아니고 일정한 사유가 인정되는 경우에만 임대차기간을 정할 수 있다. 이러한 사유는 기간을 정하지 않은 임대차에서 임대인이 계약을 해지할 수 있는 사유와 유사하다. 즉, 임대인이 자신이나 가족의 주거를 위해 사용하려는 경우, 주택을 철거하거나 리모델링하는 경우 등의 사유가 있어야 기간을 정한 임대차계약을 체결할 수 있다(독일민법 제575조 제1항).

일본의 방식도 독일과 유사한데, 임대차기간을 정하지 않았다면 임대인은 정당한 사유가 있는 경우에만 계약을 해지할 수 있다(일본 차지차가법 제27조제2항). 정당한 사유는 임대인이나 가족의 거주를 위해서 필요한 경우,[19] 재건축이나 부지의 효율적인 이용이 필요한 경우를 말한다.[20] 만약 임대차기간을 정하였다면 임대인은 정당한 사유가 있는 경우에만 계약을 해지하거나 갱신을 거절할 수 있다. 정당한 사유는 기간을 정하지 않은 임대차계약에서 해지권을 행사하기 위한 사유와 동일하다. 프랑스, 영국, 미국의 뉴욕주나 캘리포니아주, 프랑스의 경우에도 임대차를 종료시키기 위해서는 일정한 사유가 존재하여야 한다. 이러한 사유는 임대인이나 가족이 거주하는 경우, 재건축이나 리모델링의 경우 등을 의미한다.

결국 다른 입법례는 원칙적으로 임대차계약을 종료할 정당한 사유가 있는 경우가 아니라면 임차인이 계속해서 거주할 수 있도록 함으로써 임차인의 주거권을 보호하고 있다. 이를 고려한다면 우리나라 「주택임대차보호법」도 1회에 한해서 임차인의 갱신요구권을 인정할 것이 아니라 임차인이 원하는 범위에서 갱신요구권을 행사할 수 있도록 할 필요가 있다. 물론 임대인이 직접 해당 주택에 거주하거나, 임차인의 채무불이행 등의 사유가 있는 경우와 같이 합리적인 사유가 있는 경우에는 임대인이 갱신을 거절할 수 있어야 한다.

임차인이 계속해서 임차주택에서 거주할 수 있도록 하려면 「주택임대차보호법」 제6조의3제2항의 갱신요구권에 대한 회수제한을 삭제할 필요가 있다. 「주택임대차보호법」을 이렇게 개정하더라도 임차인은 언제나 갱신요구권을 행사할 수 있는 것은 아니며, 「주택임대차보호법」 제6조의3 제1항 각호의 사유가 존재한다면 임대인은 갱신을 거절할 수 있다. 이러한 사유는 임대차기간을 장기로 인정하는 나라에서 해지권

---

19) 일본 최고재판소 1952년 10월 7일 선고 민집 6권 9호 772.
20) 법무부, 「주요국들의 최근 주택임대차 안정화 법제에 관한 연구」 (2021), 241-242.

을 허용하거나 임대차를 종료시킬 수 있는 사유와 비슷하다. 따라서 임차인이 회수의 제한 없이 갱신요구권을 행사하도록 하더라도 임대인의 수익권과 임차인의 주거권이 조화를 이룰 수 있다.

현행 「주택임대차보호법」	개정제안
제6조의3(계약갱신 요구 등) ① (생략) ② 임차인은 제1항에 따른 계약갱신요구권을 1회에 한하여 행사할 수 있다. 이 경우 갱신되는 임대차의 존속기간은 2년으로 본다. ③ ~ ⑥ (생략)	제6조의3(계약갱신 요구 등) ① (생략) ② 제1항에 따라 갱신되는 임대차의 존속기간은 2년으로 본다. ③ ~ ⑥ (생략)

임대차기간을 장기간 보호하는 제도는 이미 「상가건물임대차보호법」에서 규정하고 있다. 상가임대차의 경우에 임차인은 10년의 범위 내에서 갱신요구권을 행사할 수 있으며(동법 제10조), 이 기간이 경과하더라도 임차인은 임대인이 갱신을 거절하는 경우에 권리금회수기회를 보호(동법 제10조의4) 받을 수 있으므로 임차권이 존속하는 효과를 간접적으로 누리게 된다.21)

나. 임대차기간 장기화의 전제조건

임차인의 주거권을 실질적으로 보호하기 위해서 임대차기간을 장기로 보장하는 것은 보편적인 현상이며, 우리나라에서도 주거권 보호를 위하여 주택임대차의 기간을 장기로 할 필요가 있다. 다만, 임대차기간을 장기로 보장하려면 두 가지 문제가 해결되어야 한다.

첫째, 임대차기간의 장기화를 위해서는 임차권 보호 규제의 유연성

---

21) 상가임대차에서 임차권의 존속보장에 대해서는 김영두, "점포임차인의 영업보호에 관한 연구", 「민사법학」 제70호, 한국민사법학회 (2015. 3), 669-681 참고.

을 제고할 필요가 있다. 다시 말해, 임대차계약에서 임대인과 임차인의 이해관계 조정이 시장상황과 경제여건의 변화에 따라 탄력적으로 이루어질 수 있어야 한다. 현행 「주택임대차보호법」은 차임 증액 한도를 일률적으로 5%로 제한하고 있으나, 이러한 획일적 규제는 지역별 시장 상황이나 경제적 변동성을 충분히 반영하지 못하는 한계가 있다. 이로 인해 임대차계약의 당사자인 임대인과 임차인은 미래에 대한 불확실성에 직면하게 되며, 양 당사자가 손실 회피를 위한 보수적 태도를 취함으로써 장기 임대차 계약 체결을 기피할 수 있다. 특히 경제적 상황의 변동성이 큰 현실에서 장기 임대차가 의무화될 경우, 임대인은 예측 불가능한 손실 위험을 우려하여 계약 체결을 회피할 수도 있다.

둘째, 현행 전세제도 역시 임대차기간 장기화의 장애요인으로 작용한다. 전세제도는 임차인이 임대인에게 주택 시가의 약 50~60%에 이르는 고액의 전세보증금을 지급하고 임대인이 이를 자금으로 활용하는 자본 차용적 구조를 가진다. 이러한 구조는 임대인에게 임대차계약과 동시에 자금을 조달할 수 있는 수단을 제공하며, 임대인은 이 자금을 활용하여 자본이득을 실현하고자 한다. 그러나 자본이득 실현을 목적으로 임대차계약을 체결한 임대인은 임대차기간이 장기화될 경우에 적시에 자본이득을 실현하는 데 어려움을 겪을 수밖에 없다. 결국 이러한 구조는 임대인의 장기 임대차에 대한 부정적 태도를 강화하는 요인이 된다. 따라서 임대차기간의 장기화를 실효적으로 추진하기 위해서는 전세제도 대신 월세제도가 더욱 보편화될 필요가 있다.

3. 차임의 통제

가. 차임통제의 필요성

임차인의 주거안정성을 보호하기 위해서는 차임에 대한 규제가 필요하다. 임차인이 감당할 수 없는 차임의 인상은 주거를 불안정하게 만들 수밖에 없기 때문이다. 임차인의 주거권을 위하여 차임을 규제하는 경우에 차임규제는 임대차기간 중의 규제와 임대차계약 체결시점의 규제로 나누어 볼 수 있다.

나. 임대차기간 중의 차임통제

임대차기간 중의 차임 인상은 임차인의 주거권 보장과 밀접하게 관련이 있다. 만약 임대차기간 중에 차임 인상을 제한하지 않는다면 급격한 차임의 인상으로 인해서 임차인이 더 이상 거주하지 못할 수 있기 때문이다. 우리나라 「주택임대차보호법」은 임대차기간 중에 임대인이 차임을 인상하는 경우에 5%를 넘지 못하도록 규정하고 있다(동법 제7조제2항).

다른 나라도 마찬가지로 임대차기간 중의 차임을 규제한다. 다른 나라의 차임통제 방법을 살펴본다면 우리나라의 차임통제는 획일적이라는 문제점을 갖고 있다. 예를 들어 미국 뉴욕주에서는 매년 임대료 가이드라인위원회(RGB, Rent Guideline Board)가 차임 인상률의 상한을 정한다. 캘리포니아주는 차임 인상률을 물가 연동 방식으로 규제하고 있다. 임대인은 12개월 동안 해당 지역의 소비자물가지수(CPI)에 5%를 더한 범위 내에서 차임을 인상할 수 있다.[22] 만약 지역별 소비자물가지수를 산출할 수 없다면, 산업관계부(Department of Industrial Relations)가 결정하는 전국 평균 소비자물가지수를 적용한다.

독일에서는 차임 인상 방식을 크게 단계식 임대료와 지수식 임대료로 구분하여 운영한다. 단계식 임대료는 임대인과 임차인이 사전 합의한 일정한 기간(최소 1년 이상)마다 차임을 인상하는 방식으로, 계약에

---

22) A National Survey of Tenant Protections Under State Landlord Tenant Acts, 2023. 2.[https://mf.freddiemac.com/research/insight/national-survey-tenant-protections]

명시된 인상 일정 외에는 차임 인상이 불가능하다. 지수식 임대료는 가계 물가지수 변동에 따라 차임을 인상하는 방식이다. 프랑스에서는 계약을 체결하면서 임대료 조정 시점을 정하거나, 매년 연말에 조정할 수 있도록 한다. 다만, 차임 인상은 소비자물가 변동을 반영한 기준 임대료 지수를 초과할 수 없다.

영국의 보장임대차(assured tenancy)의 경우, 임차인이 차임 인상에 대해 이의를 제기하면 심판소(tribunal)에서 최종적으로 차임을 결정한다.

이처럼 각국은 차임을 규제하지만 그 기준은 유연하게 적용하여 시장상황의 변화에 대처할 수 있도록 한다. 특히 주거권 보장을 위해서 임대차기간을 장기화하려면 임대차기간 중의 차임통제를 유연하게 할 필요가 있다. 따라서 현행 「주택임대차보호법」과 같이 차임규제를 획일적으로 하지 않고, 차임에 대한 인상률을 지역별 또는 경제상황에 따라 유연하게 설정할 필요가 있다.

다. 임대차계약체결에 있어서 차임통제

현행 「주택임대차보호법」은 임대차계약 체결 시점의 차임에 대해서 별도로 규제하고 있지 않다. 따라서 임대인은 기존 임대차계약이 종료된 후 새로운 임대차계약을 체결할 때, 이전 계약에서 정한 차임에 구속되지 않고 자유롭게 차임을 설정할 수 있다. 이로 인해 부동산 가격이 급격히 상승하여 차임 수준이 상승하는 시기에 임대인이 기존 계약을 종료하고 새로운 임대차계약을 체결하여 더 높은 차임을 얻으려는 유인이 커진다. 이 과정에서 임대인은 기존 임대차계약을 종료할 수 있는 수단을 적극적으로 모색하게 되고, 결국 새로운 계약에서의 급격한 차임 인상으로 인해 임차인은 동일지역에서 기존과 동일한 수준의 주거환경을 더 이상 유지할 수 없게 되어 주거권 침해의 위험에 노출된다.

특히 우리나라의 경우 부동산 가격과 임대료의 변동 폭이 상당히 크다는 점을 감안할 때, 임대차계약 체결 단계에서부터 차임이 과도한 수준으로 책정되지 않도록 적절한 규제를 마련할 필요가 있다.

예를 들어 미국에서는 임대료 등록제도를 운영하고 있어, 모든 임대차계약의 차임은 등록의무가 부과된다. 등록된 임대료가 공정시장 임대료(Fair Market Rent)를 초과할 경우 임차인은 이에 대해 이의를 제기할 수 있으며, 뉴욕주 주택사회복지국(New York State Division of Housing and Community Renewal)이 이를 심사하여 임대료를 적정 수준으로 조정한다. 이러한 규정은 1984년 4월 1일 이후로 「임대료 안정화법」(Rent Stabilization Law)의 적용을 받는 임대차에 대하여 시행되고 있다. 공정시장 임대료 역시 뉴욕주 주택사회복지국에서 결정하며, 이는 임대료의 과도한 책정을 방지하는 장치로 기능한다.

독일의 경우 최초 차임에 대한 일반적인 규제는 존재하지 않으나, 임대료 위험지역(Mietpreisbremse)으로 지정된 곳에서는 최초 차임이 해당 지역의 표준임대료(Mietspiegel)의 10%를 초과하지 못하도록 제한된다. 프랑스 또한 주택 부족 지역으로 지정된 경우, 최초 차임을 기준임대료(loyer de référence)를 중심으로 20% 범위 내에서 합의하도록 규정하고 있다. 이 규정은 2014년 3월 24일 제정된 「주택 접근 및 도시 재개발을 위한 법」(Loi pour l'accès au logement et un urbanisme rénové)에 근거를 두고 있다.

이처럼 임대차계약 체결 시점에서의 차임 통제는 임대차 기간 중의 차임 규제에 비하여 보편적이지는 않지만, 표준임대료나 기준임대료를 설정하고 이를 기준으로 일정 비율 이상을 초과하지 못하도록 규제하는 입법례가 존재한다. 이러한 해외 사례를 참고할 때, 우리나라에서도 임대차계약 체결 단계에서부터 차임 수준을 규제할 필요가 있다. 이와 관련하여 최초 차임을 표준임대료의 10% 범위 이내로 제한해야 한다는 견해,[23] 또는 신규 임대차 계약의 경우에도 지수와 연동된 합리적

---

[23] 이근영, "주거권 강화와 개정 「주택임대차보호법」의 문제점과 개선방안에 관한

상한선을 설정해야 한다는 견해24)가 존재한다. 반면, 이와 같은 규제가 도입될 경우, 기존에 낮은 차임을 책정했던 선의의 임대인이 불이익을 받을 가능성이 있으며, 최초 차임 규제를 실효적으로 시행하기 위해서는 정부 차원에서 전국의 부동산에 대한 명확한 차임 기준을 제시할 수 있도록 차임 수준에 관한 전반적이고 객관적인 감정평가 및 통계적 작업이 선행되어야 한다는 반론도 제기된다.25)

임대차계약 체결시점의 차임통제를 위해서는 지역별 표준임대료나 기준임대료에 대한 통계자료가 생성되어야 하고, 이를 기준으로 일정한 비율 이상으로 차임에 대한 합의를 하는 것을 방지하는 방안이 필요하다.

라. 관리비와 차임

차임은 본질적으로 임대 목적물의 사용에 대한 대가인 순수 차임과 임대차 목적물의 유지·보존 등을 위한 필요경비로 구성될 수 있으며, 이 두 가지를 통합하여 차임채권으로 파악할 수 있다. 이에 따라 임대인이 임차인에 대하여 가지는 차임채권에는 관리비 항목도 포함될 수 있다. 관리비용을 포함한 차임을 징수한 임대인은 그 대가로 임차 목적물을 유지하고 보존할 의무를 부담하게 된다. 그러나 순수 차임채권과 관리비채권을 명확히 구분하여, 임대인이 임차인에게 각각 별도로 청구할 수도 있다. 대법원도 임대인이 임차인에 대해 차임과 관리비에 관한 별도의 채권을 갖는다고 판단한 바 있다.26)

　　소고", 「민사법이론과 실무」 제24권 제3호, 민사법의 이론과 실무학회 (2021), 123-124.
24) 김상현, "'주택임대차보호법」상 계약갱신에 관한 고찰", 「일감법학」 제50권, 건국대학교 법학연구소 (2021), 95.
25) 추선희·김제완, "개정 「주택임대차보호법」상 갱신요구권에 관한 몇 가지 쟁점", 「법학논집」 제25권 제1호, 이화여자대학교 법학연구소 (2020), 146-147.

「부동산 거래신고 등에 관한 법률」(이하 "부동산거래신고법") 제6조의2는 임대인과 임차인이 보증금 또는 차임 등을 신고할 의무를 부과하고 있으나, 관리비는 신고 대상이 아니다. 이로 인해 임대인은 신고 의무를 회피할 목적으로 관리비 비중을 늘려 책정하는 편법을 사용할 수 있다. 예컨대 월세가 29만 원, 관리비가 29만 원인 임대차 사례가 나타나는 것이 그러한 경우이다.27) 또한 임대인이 차임 인상률 제한을 우회하기 위해 차임은 5%만 인상하고 관리비를 그 이상 인상하는 사례도 존재한다.28) 이와 같은 현상은 결과적으로 임차인의 경제적 부담을 가중시켜 주거권 침해로 이어질 우려가 있다.

이러한 문제는 등록된 임대사업자가 건물 전체를 임대하거나, 집합건물 또는 공동주택에서 전유부분의 구분소유자가 임대차계약을 체결하는 경우에는 발생하기 어렵다. 「민간임대주택에 관한 특별법」 또는 「공동주택관리법」과 「집합건물의 소유 및 관리에 관한 법률」이 관리비 징수를 엄격히 규율하고, 공동주택이나 집합건물에서는 임대인이 아닌 입주자대표회의나 관리단이 관리비를 징수하기 때문이다. 결국 관리비를 통해 사실상 차임 규제를 회피하는 현상은 임대인이 빌라, 연립주택, 다세대주택, 다가구주택을 단독 소유하여 임대하는 경우에 주로 발생한다. 이를 방지하기 위한 제도적 개선 방안은 다음과 같다.

첫째, 원칙적으로 차임은 관리비를 포함하는 것으로 보아야 한다. 임대수익은 원래 비용을 포함하는 개념이기 때문이다. 다만 계약 당사

---

26) 대법원 2017. 3. 22. 선고 2016다218874 판결 : 차임이나 관리비 등은 임차건물을 사용한 대가로서 임차인에게 임차건물을 사용하도록 할 당시의 소유자 등 처분권한 있는 자에게 귀속된다고 볼 수 있기 때문이다.
27) "월세 25만원인데 관리비가 20만원… 집주인이 왜 이럴까", 조선일보 (2021. 7. 8.), (https://www.chosun.com/economy/real_estate/2021/07/08/DAAESR5DVNEXHG2646MIC6R3CM/); "월세 29만원인데 관리비도 29만원?… 전·월세 신고제 '회피 꼼수'", 뉴스1 (2021. 7. 9.), (https://www.news1.kr/articles/4365854); 소병훈 의원실 보도자료, (2021. 10. 5.).
28) 소병훈의원실 보도자료 (2021. 10. 5.).

자들이 관리비를 별도로 징수하기로 약정할 수 있는데, 이 경우에도 「주택임대차보호법」 제7조 제2항의 차임 인상 제한 규정이 적용되어야 한다. 즉, 차임과 관리비를 분리하여 징수하더라도 차임 인상률 제한을 판단할 때는 관리비를 차임에 포함시켜야 한다.

둘째, 임대소득세를 산정할 때 관리비의 이중 공제를 방지하는 방안이 필요하다. 현행 소득세법상 월세 수입의 50%는 필요경비로 공제된다(「소득세법」 제64조의2 제2항). 그러나 임대인이 관리비를 별도 징수하는 경우, 해당 금액은 이미 임차인으로부터 필요경비 명목으로 받은 것이므로, 이 금액은 필요경비 공제 대상에서 제외하는 것이 합리적이다. 예를 들어 월세가 28만 원일 경우 임대소득세를 산정할 때에 월세에서 필요경비로 14만 원(50%)을 공제하지만, 임대인이 별도로 관리비 10만 원을 징수하였다면 필요경비로 공제할 금액을 4만 원으로 제한해야 한다. 만약 관리비가 필요경비 공제 비율(50%)을 초과한다면, 초과하는 부분은 임대소득에 포함하여 과세하는 방식을 취함으로써 임대인의 이중 수익을 방지할 수 있다.

IV. 임대인의 수익권 보장방안

1. 개관

2020년 「주택임대차보호법」 개정으로 도입된 계약갱신청구권제와 임대료 인상률 상한제, 즉 이른바 '임대차 2법'은 임차인의 권리 보호에 실질적으로 기여하였다. 특히 임대차기간의 안정성과 차임 부담의 예측 가능성이 증가하면서 임차인의 주거권 보호가 제도적으로 한층 강화되었다. 그러나 이러한 제도적 변화는 상대적으로 임대인의 이익을 감소시키는 결과를 초래하였으며, 이는 계약갱신청구권, 차임 인상

제한 및 전월세 신고제도 시행과 같은 규제적 요소 때문이다.

이러한 맥락에서 임차인의 주거권 보장을 더 효과적으로 실현하려면 임대인의 정당한 수익권 역시 균형 있게 고려되어야 한다. 만약 임차인의 이익 개선이 곧 임대인의 손실로 연결된다는 인식이 확산된다면 사회적 갈등이 심화될 가능성이 크고, 제도 개선을 위한 사회적 합의도 어려워질 수 있다. 따라서 임차인의 주거권 보호를 우선적으로 보장하되, 동시에 임대인의 수익권이 효율적이고 예측가능한 방식으로 보장될 수 있도록 제도적 균형을 유지하는 것이 필수적이다.

임대인의 수익권 보장을 위한 방안으로는 세제 혜택 부여 및 임대사업자에 대한 정책적 인센티브 제공 등이 고려될 수 있다. 이러한 정책적 조치는 임대인의 경제적 유인을 유지함으로써 임대차 시장의 공급 안정성과 신뢰성을 높이는 기능을 수행할 수 있다. 물론 임대인에 대한 세제 혜택 등의 정책은 단기적으로 국가의 세수 감소라는 사회적 비용을 초래할 수 있지만, 이는 장기적으로 임대차 시장의 안정화와 주거권 보호라는 사회경제적 편익으로 충분히 상쇄될 수 있다.

결국 임대인의 수익권이 일정 수준 제도적으로 보장될 경우, 임대인의 시장 이탈을 방지하고 안정적인 임대주택 공급을 촉진할 수 있다는 점에서, 임차인의 주거권 보호와 임대인의 수익권 보장을 상호 균형적 관점에서 접근하여 제도를 설계하는 것이 바람직하다.

2. 운용이익의 보장

임대인의 수익권 강화 문제는 임대료 산정 구조에 대한 분석을 전제로 접근해야 한다. 「감정평가에 관한 규칙」 제2조 제10호에 따르면, 임대료는 '기대순수익과 필요경비의 합계'로 구성된다. 이때 기대순수익, 즉 임대인의 실질적인 운용이익은 임대료(차임)에서 필요경비를 공제한 금액이다. 필요경비란 감가상각비, 유지관리비, 조세공과금, 손해보험료, 대손준비금, 공실손실액, 정상운영자금이자 등을 포함한다.

임대차2법 시행 이후 임대료 인상 가능성은 제한되었으나, 필요경비는 지속해서 증가하고 있어 임대인의 운용이익이 감소하는 결과를 초래하고 있다. 이는 필연적으로 임대인의 수익권을 저하시킬 수 있다. 이러한 문제를 보완하기 위해 세제 혜택을 통해 필요경비 부담을 낮춤으로써 임대인의 수익성을 유지하거나 강화하는 방안을 고려할 수 있다.

예컨대 임대사업자는 주택 취득세, 재산세, 종합부동산세, 소득세 등 다양한 조세를 부담하고 있으며, 이러한 조세는 운용이익을 감소시키는 필요경비의 중요한 구성요소다. 따라서 세제 혜택을 통해 필요경비를 경감한다면, 임대인의 순수익률을 향상시킬 수 있을 것이다. 이를 실현하기 위해서는 다음과 같은 사항을 고려할 필요가 있다.

첫째, 현행 등록임대사업자 제도의 적용 범위를 아파트를 포함한 더 다양한 주택 유형으로 확대해야 한다. 현재 등록임대사업자는 일정 요건을 충족하면 취득세, 재산세, 소득세, 종합부동산세 등의 감면 혜택을 받을 수 있다. 이는 임대인의 운영비용을 감소시키고 장기적인 임대공급 유인을 유지하는 데 기여할 수 있다. 그러나 아파트에 대해서는 이 같은 감면이 제한되어 있어 실질적인 주거공급 측면에서 제도적 재검토가 필요하다.[29]

둘째, 세제 혜택은 단순히 일방적인 인센티브 제공이 아니라, 등록임대사업자에게 부과된 일정한 공적 의무와 결합한 형태로 설계되어야 한다. 예컨대 임대기간 중 양도 제한, 보증금 및 차임 인상 제한, 계약변경 신고의무, 관리비 등 임차인에 대한 정보제공의무와 연계하여 공공성과 수익권 보호 사이의 균형을 확보할 수 있다.

---

[29] 아파트의 등록임대제도에 대해서는 부정적인 견해가 많다. "20년 장기임대 도입…부활 요원해진 아파트 등록임대", 세무사신문 (2024. 8.) (https://webzine.kacpta.or.kr/news/articleView.html?idxno=21082 (최종방문 2025. 4. 3.).

한편, 임대인의 수익권과 직접 관련성이 낮은 세목에 대해서는 감면 혜택 대상에서 제외하는 것이 타당하다. 대표적으로 양도소득세는 임대차 계약을 통해 실현되는 운영상의 수익과 직접적 관련이 없으며, 임대주택의 양도는 오히려 임대사업의 폐업이나 구조조정의 일환으로 간주될 수 있다. 따라서 일반적인 양도소득세 감면은 임대인의 수익권 보호 목적과 정합성을 가지기 어렵다. 다만, 장기임대주택이나 기준시가 이하의 저가 임대주택 등 공공성이 인정되는 경우에는 예외적으로 제한적 감면을 허용하는 방안이 고려될 수 있다.

결국, 임대인의 수익권을 제도적으로 보완하기 위해서는 수익구조와 직접 연관된 세목에 초점을 맞추어 세제 혜택을 제공하되, 그 범위와 조건은 공공적 목적과의 조화를 유지하는 방향으로 설정되어야 한다. 이를 통해 임차인의 주거권 침해를 최소화하면서도 임대인의 수익권을 합리적으로 보장함으로써 장기적이고 안정적인 임대주택 공급을 촉진할 수 있을 것이다.

3. 주택의 가치보전·개량과 단기임대차

임대인의 임대차계약 종료 사유를 엄격히 제한할 경우, 정당한 사유에 해당하지 않는 한 임차인의 주거권 보호가 실질적으로 강화된다. 그러나 임차인의 주거권 보호 강화는 임차목적물의 개량이나 가치 보전 등 임대인의 재산권 행사를 제한할 수 있다. 경우에 따라서는 임차인의 주거권보다 임대인의 재산권 행사가 더 우선적으로 보호되어야 하는 상황도 존재한다.

예를 들어 임대인이 다세대주택을 임대하고 있는데, 건물의 노후화로 인해 안전 문제나 자산가치 보존 및 증대를 위해 리모델링을 하고자 할 때, 각 전유부분의 임대차 종료 시기가 서로 다르면 리모델링이 곤란하다. 이 경우 임대인이 「주택임대차보호법」의 적용을 받지 않는 일정한 단기임대차계약을 체결할 수 있다면 공실 발생을 최소화하며 효율적으로 임대차계약을 종료하고 리모델링을 실시할 수 있다. 이러한 필요성으로 인해 다른 나라의 입법례에서는 일정 조건 하에서 임대인이 기간을 정한 임대차계약을 체결할 수 있다는 점을 인정하고 있다. 독일 민법의 경우 임대인의 해지권을 엄격히 제한하면서도, 리모델링을 위하여 필요한 경우와 같은 정당한 사유가 존재할 경우 기간을 정한 임대차계약을 허용하고 있으며, 프랑스와 일본, 영국에서도 유사한 제도를 운영하고 있다.

우리나라 「주택임대차보호법」은 계약갱신요구권을 통해 최장 4년까지 임차인의 주거권을 보호하고 있다. 이로 인해 건물 노후화에 따른 리모델링이나 임대사업의 폐업·변경 등 임대인의 재산권 행사 필요성이 있더라도 임차인의 계약갱신요구권 때문에 즉각적인 점유회복이 어려운 상황이 발생할 수 있다. 특히 다수 주택을 보유한 임대인의 경우 전체 리모델링이나 매각 과정에서 불가피하게 장기간 공실 상태를 유지할 수밖에 없는 문제가 발생한다.

이러한 문제를 해결하기 위해서는, 임대인과 임차인이 임대차기간을 단기로 합의하더라도 「주택임대차보호법」이 임차인의 주거권을 우선하여 임차인에게 불리한 단기 합의를 무효로 보고 최소한의 법정 보호기간을 보장하는 현행 구조를 일정 부분 보완할 필요가 있다. 즉, 임대인의 재산권 행사를 위해 정당한 사유가 있는 경우, 「주택임대차보호법」 제6조의3 제1항 각 호의 사유가 없더라도 단기임대차계약을 체결할 수 있도록 하여 계약 만료 시 갱신이나 기간 연장 없이 계약을 종료할 수 있는 제도를 설계할 필요가 있다.

다만, 단기임대차제도는 임대인이 임차인의 보호를 회피하는 수단으로 남용되지 않도록 엄격한 제한을 두어야 한다. 이를 위해 단기임대차계약 체결의 정당한 사유를 임대인의 주거 이전, 임대사업의 폐업이나 변경, 임차목적물의 리모델링 등으로 명확히 한정해야 하며, 이러한 사유 없이 체결되거나 갱신·연장되는 경우에는 「주택임대차보호법」

의 적용을 받아 보호의 우회적 회피를 차단해야 한다. 이러한 제도 설계를 통해 임차인의 주거권 보호와 임대인의 정당한 재산권 행사가 균형을 이루도록 해야 한다.

4. 전세제도를 통한 자본이익 실현의 제한

전세계약은 임차목적물을 사용하기 위한 임대차계약과 임차인이 임대인에게 전세보증금을 빌려주는 소비대차계약이 결합된 계약에 해당한다.[30] 임차인은 임대인에게 전세보증금을 일시불로 지급하는 대신 매월의 차임을 면제받는다. 임대인은 임차인으로부터 금전을 빌리기 때문에 금융비용 없이 유동자금을 확보할 수 있으며, 전세보증금을 활용한 자산운용이나 추가적인 부동산 투자 등이 가능하게 된다. 결과적으로 전세제도는 임대인이 전세보증금을 자기자본처럼 활용하게 하고, 이를 바탕으로 추가적인 부동산을 매입하는 이른바 레버리지 투자의 기반을 제공한다. 특히 주택가격이 상승하는 시기에는 임대인은 본인의 실질 자본 투입을 최소화한 상태에서 자산가치 상승분을 고스란히 자본이득으로 실현할 수 있게 된다. 그러나 전세보증금의 실질가치 하락, 전세 사기의 위험, 전세가격의 급등 등으로 임차인의 부담이 증가하고 주거권이 위협을 받는다.

더 나아가서, 이러한 전세제도는 자본이득을 극대화하기 위한 목적에서 활용되는 갭투자와 같은 현상을 가능하게 한다. 임대인은 낮은 자기자본으로 매매가와 전세가의 격차를 활용하여 다수의 부동산을 단기간 내에 매입하고, 가격 상승에 따라 실질적 이익을 실현한다. 이러한 행태는 주택의 실거주 기능을 훼손하고, 전세 공급을 수단화하는 결과를 초래함으로써 임차인의 주거 안정성을 위협한다.

---

30) 民法案審議錄 上卷, 183.

또한 전세보증금은 금융기관을 통한 대출이 아니라는 점에서, 정부가 마련한 주택담보대출 규제 등을 우회하는 통로로 작동한다. 만약 임대인이 금융기관으로부터 대출을 받아 부동산을 구입하려고 하면 대출규제로 인해서 일정한 기준을 넘는 자금을 확보할 수 없다. 그러나 임차인이 전세금담보대출을 받고, 그 돈으로 임대인에게 전세금을 지급한다면 결과적으로 임대인은 임차인을 통해서 금융기관으로부터 부동산 구입 자금을 간접적으로 무제한 대출받을 수 있게 된다. 이러한 자금 공급으로 인해서 부동산 가격 상승을 부추기게 되고, 결국 임차인의 주거권을 침해하는 결과로 이어진다. 따라서 임대차계약에서 임차인의 주거권 보장에 비례하여 임대인의 수익권도 보장할 필요가 있지만, 전세제도를 활용한 임대인의 자본이득이라는 수익권은 보장할 필요가 없다. 이를 위해서 다음과 같은 점이 고려되어야 한다.

주택 시장에서 과도한 신용공급은 자산가격의 급등과 가계부채 증가로 이어질 수 있기 때문에, 이를 방지하고 금융시장의 안정을 도모하기 위한 대출규제의 도입은 필수적이다. 이러한 규제는 차주의 상환능력과 담보가치를 기준으로 대출 한도를 제한함으로써 실효성을 갖는다. 담보인정비율(LTV, Loan to Value ratio)은 담보가치 대비 대출금의 비율을 제한하여 자산가격 하락 시 금융기관의 손실을 방지하고, 총부채상환비율(DTI, Debt to Income ratio)은 연소득 대비 주택담보대출의 상환 부담을 기준으로 하여 차주의 소득에 비례한 대출을 유도한다. 더 나아가, 총부채원리금상환비율(DSR, Debt Service Ratio)은 주택담보대출뿐만 아니라 신용대출 등 모든 금융부채의 원리금 상환액을 연소득과 비교함으로써 차입자의 전반적인 채무상환 능력을 종합적으로 평가하는 보다 엄격한 규제 수단으로 작용한다.

그런데 임대인은 전세제도를 이용하여 이러한 규제를 회피할 수 있다. 이러한 회피는 전세금담보대출을 통해서 이루어진다. 전세금담보대출제도는 임차인이 전세보증금을 담보로 금융기관으로부터 대출을 받을 수 있도록 지원하는 제도이다. 금융기관은 임차인에게 전세금의 일정비율을 대출해 주고 전세보증금 반환채권에 대해서 질권을 설정받는다. 전세금담보대출제도는 결과적으로 금융기관이 임차인을 통해서 임대인에게 자금을 대출해 주는 결과를 만든다. 즉, 법적으로는 임차인이 금융기관으로부터 금전을 빌리지만, 결과적으로 해당 금전은 전세보증금의 형태로 임대인에게 흘러들어간다. 따라서 간접적으로 금융기관이 임대인에게 자금을 대출해 주는 결과가 된다. 전세금담보대출을 위해서는 금융기관이 전세보증금반환채권에 대해서 질권을 설정하게 되는데, 이렇게 되면 사실상 금융기관이 채권자처럼 직접 이행을 청구할 수도 있고, 임대인도 금융기관에 전세금을 반환해야 하기 때문이다. 그런데 문제는 금융기관은 간접적으로 임대인에게 금전을 대출해 주기 때문에 DSR, DTI와 같은 대출규제가 적용되지 않는다. 따라서 임대인은 전세금담보대출을 통하여 사실상 금융기관으로부터 무제한으로 자금을 제공받아 주택을 구매할 수 있게 된다. 결과적으로 임대인은 전세제도를 통해서 대출규제를 회피할 수 있게 된다. 이러한 현상을 방지하기 위해서는 임대인이 전세계약을 체결하는 경우에 임차인이 전세금담보대출을 받았다면 그러한 대출금은 임대인의 부채로 보고 대출규제에 대한 기준을 적용할 필요가 있다.

또한 전세가격 하락으로 인해 역전세난이 발생하면서 정부가 전세금반환대출 규제를 완화하기도 한다. 그런데 전세금반환대출은 금융권의 자금이 주택 시장으로 유입되는 경로를 제공하며, 주택 임대차 시장의 유동성을 지속해서 유지하는 역할을 한다. 따라서 전세금반환대출이 확대된다면 임대인의 재무 건전성 악화와 전세 시장의 불안정성을 초래할 가능성이 있다. 또한 전세금반환채무를 부담하는 임대인이 채무를 변제하는 데 필요한 비용을 빌려주는 구조가 되며, 이는 결국 금융기관이 부동산 매수를 위한 자금을 빌려주는 것과 동일한 결과에 이르게 된다. 따라서 전세금반환대출제도는 원칙적으로 허용되어서는 안 된다.

V. 결론

　임차인의 주거권과 임대인의 수익권은 상호 배타적인 관계가 아니라, 상호 보완적인 개념으로서 균형 있게 보호되어야 한다. 임대인의 수익권도 보장될 때 임차인의 주거권도 확실히 보장될 수 있다.
　임차인의 주거권은 임대차기간의 장기화와 차임에 대한 제한을 통해서 실현될 수 있다. 임대차기간의 장기화란 임대인이 임대차계약을 종료시킬 수 있는 정당한 사유가 존재할 때까지 임차인이 원하면 계속적으로 거주할 수 있도록 한다는 것을 의미한다. 미국, 일본, 독일, 프랑스 등의 입법례는 모두 이러한 관점에서 임차권을 보호하고 있다. 반면에 우리나라는 1회의 갱신요구권을 허용하는 방식으로 임차권을 보호하고 있기 때문에 4년이라는 단기의 임대차기간만을 보장하고 있다. 임차인의 주거권을 보호하기 위해서는 갱신요구권의 행사 횟수에 대한 제한을 없애고 합리적인 사유가 있는 경우가 아니라면 임차인이 제한없이 갱신요구권을 행사하여 계속적으로 거주할 수 있도록 해야 한다. 또한 임차인의 주거권을 보호하기 위해서는 차임의 급격한 인상을 막아야 한다. 이러한 차임 인상의 제한은 임대차기간 중에도 필요하지만, 임대차계약을 체결할 때에도 필요하다. 임대차계약을 체결할 때 차임을 제한하지 않는다면 결국 임대인은 높은 차임을 위해서 기존의 임대차계약을 종료하게 되며, 임차인은 높은 차임으로 인해서 기존과 같은 환경에서 주거생활을 할 수 없게 되어 주거권이 보호될 수 없다.
　임차인과 임대인의 이익상태의 균형을 맞추기 위해서 임차인의 주거권을 보호한다면 그에 상응하여 임대인의 수익권도 보호할 필요가 있다. 이러한 임대인의 수익권은 임대수익을 위한 비용을 절감하도록 하여 운용이익을 늘리는 방식으로 보호되어야 한다. 다만 임대인은 임차목적물을 처분하여 자본이득을 취하는 방식으로 수익을 추구할 수도 있는데, 이러한 방식의 자본이득이라는 수익권은 보장의 대상이 아니다. 더 나아가 전세제도는 결국 임차인으로부터 전세보증금에 해당하는 금전을 빌리는 것이므로 전세제도를 활용한 갭투자 등을 방지할 필요가 있다. 이를 위하여 전세금담보대출을 통하여 금융기관의 대출금이 결과적으로 임대인에게 유입되는 경로를 차단하거나 임대인의 전세금반환대출을 차단하여야 한다.

| 참고문헌 |

김상현, "「주택임대차보호법」상 계약갱신에 관한 고찰", 「일감법학」 제50권, 건국대학교 법학연구소 (2021)
김영두, "점포임차인의 영업보호에 관한 연구", 「민사법학」 제70호, 한국민사법학회 (2015)
_____, "권리금 회수기회 보호와 영업보상 및 임대차기간보장의 관계", 법조 제725호, 법조협회 (2017)
_____, "주택임대차보호법의 갱신요구권과 임대인의 실거주", 집합건물법학, 한국집합건물법학회 (2021)
민의원 법제사법위원회 민법안심의소위원회, 民法案審議錄(上卷) (1957)
법무부, 「주요국들의 최근 주택임대차 안정화 법제에 관한 연구」 (2021)
안법영, "영업경영의 과실침해와 책임귀속의 인과적 표지", 「판례연구」 8권, 고려대학교 법학연구원 (1996)
윤태영, "영업이익의 침해로 인한 불법행위책임의 연구", 박사학위논문, 중앙대학교 대학원 (2005)
이계수, "주거권의 재산권적 재구성: 강제퇴거금지법 제정운동에 붙여," 「민주법학」 제46호, 민주주의법학연구회 (2011)
이근영, "주거권 강화와 개정 「주택임대차보호법」의 문제점과 개선방안에 관한 소고", 「민사법이론과 실무」 제24권 제3호, 민사법의 이론과 실무학회 (2021)
임숙녀·박희원, "주거권의 법리에 관한 고찰", 「토지공법연구」 제75집, 한국토지공법학회 (2016)
최민수, "조망이익의 침해와 보호범위 : 건물신축에 의한 시야차단으로 인한 압박감(개방감 상실)을 조망이익 이외의 별도의 독자적인 권리나 보호법익으로 볼 수 있는지", 「재산법연구」 제30권, 한국재산법학회 (2013)
추선희·김제완, "개정 「주택임대차보호법」상 갱신요구권에 관한 몇 가지 쟁점", 「법학논집」 제25권 제1호, 이화여자대학교 법학연구소 (2020)
A National Survey of Tenant Protections Under State Landlord Tenant Acts (2023) [https://mf.freddiemac.com/research/insight/national-survey-tenant-protections]

임대주택의 주거적합성

서종균*

|초록|

주거정책에서 주거적합성은 중요하게 고려되지 않았다. 최저주거기준이 도입되었지만 가장 열악한 거처의 문제를 해소하는 데는 직접적인 영향을 미치지 않았다.

부적합한 주거를 규제하지 않으면 최악의 거처들은 사라지지 않는다. 대규모 주택 공급으로 전반적인 수준이 많이 개선되었다. 최저주거기준 이하에서 생활하는 가구도 상당히 줄었다. 하지만 좁고 창문 없는 고시원은 사라질 기미가 보이지 않는다. 매우 좁은 다중주택은 신축되는 주택 중 상당한 비중을 차지하고 있다. 주거적합성 문제를 계속 방치해서는 안 될 상황이다.

기존 정책 중에서 주거품질에 실질적인 영향을 미친 것은 구조, 안전, 위생에 대한 규제였다. 주로 건설 단계에 강하게 작동했고, 이용 단계에도 몇 가지는 영향을 미치고 있다. 주거품질을 종합적으로 다룰 것으로 기대되던 최저주거기준은 도입 이후 상당한 시간이 지났지만 실질적인 집행력을 갖지 못하고 있다.

외국의 주거적합성 관련 정책을 보면 열악한 환경의 임대용 거처에 대응하는 것이 핵심적인 과제였다. 주거적합성 관련 종합적인 기준을 만든 것도 최악의 거처에 대한 규제의 집행력을 높이기 위한 것이었다. 임대주택에 대한 등록제를 통해서 기준 이하의 거처가 임대되지 않도록 하는 정책을 실시하는 국가나 지방정부도 늘어나고 있다. 열악한 거처가 많은 공유주거에 대해서는 특별한 기준을 만들기도 하고, 더 많은 행정력을 쏟는다.

향후 실시하기를 기대하는 주거적합성 정책으로 공유주거에 적용할 기준,

---

* 씨닷 주거정책연구자, 전 주택관리공단 사장

기존 주택에 대한 최저주거기준 적용 방법, 임대주택 의무등록제, 주거약자를 위한 주택개조에 정당한 편의제공 의무 적용을 제안한다. 주거적합성 실현을 위한 정책은 임차인의 기본적인 수준의 거처에서 생활할 권리를 보호하고, 기준을 충족하는 거처를 제공할 임대인의 의무를 명확히 하는 역할을 할 것이다. 이를 위해서 정부의 정교한 개입 수단과 역량도 필요하다.

I. 서론

열악한 거처는 산동네, 판자촌, 비닐하우스, 쪽방, 지하셋방, 고시원, 원룸텔 등으로 형태를 달리하면서 계속 양산되었다. 이런 거처를 임대하는 것은 수익성이 높은 사업이다. 투자에 비해 높은 이익을 얻을 수 있기 때문에 취약한 거처를 저소득층에게 임대하는 사업은 지속되었다. 열악한 임대용 거처들은 자연스럽게 사라지지 않으며, 정책적 개입이 필요하다.

그동안 주거의 질을 확보하기 위한 정책은 실질적으로 가장 열악한 거처를 제한하는 역할을 하지 않았다. 안전과 관련한 규제, 불법건축물에 대한 규제, 최저주거기준 등의 제도와 정책이 없었던 것은 아니다. 하지만 사람이 생활하는 모든 거처가 최소 수준을 충족하도록 강제하는 수단은 없다. 특히 전반적인 주거 수준을 확보하기 위한 정책이라고 볼 수 있는 주거기본법에서 정하고 있는 최저주거기준은 명목상의 규정이지 집행을 위한 수단이라고 보기는 어렵다. 이런 정책들의 현황을 점검하고 새로운 대안을 모색할 필요가 있다.

누구나 양질의 주택에서 안정적으로 생활할 수 있고, 그것이 지나치게 큰 부담이 되지 않게 하는 것이 주거정책의 궁극적인 목적이다. 양질의 주거를 확보하고자 하는 주거적합성에 대한 고려는 주거정책의 핵심을 구성하는 요소이다.

주거권에 대한 권위 있는 문서로 유엔사회권위원회의 '일반논평 4'에서는 '적절한 주거에 대한 권리(the right to adequate housing)'가 7가지 요소로 구성된다고 한다. 점유의 법적인 안정성, 서비스 이용가능성, 부담가능성, 거주성, 접근성, 입지, 문화적 적절성이 그것들이다.[1] 이 중에서 점유안정성과 부담가능성이 주거를 보장하는 방법이라고 한다면, 나머지 5가지 요소가 적절한 주거의 내용을 구성한다고 볼 수 있다.

이런 관점으로 보면 주거적합성(housing adequacy)은 주거공간이 최소한의 물리적 조건과 기본적인 기능을 수행하는지, 사용자의 필요를 충족시키는지, 사회·문화적 기준을 충족하는지를 포함하는 개념이다. 가구 규모를 고려할 때 최소한의 면적과 방 수가 충족되어야 하고, 지역사회에서 필요한 시설을 이용하는 데 어려움이 없어야 하는 것 등도 고려되어야 한다.

정책에 의해서 실질적으로 규제가 이루어지는 내용은 제한적이다. 건물의 구조적 안전, 화재 등 재해로부터의 보호, 위생, 상하수도나 전기 등 기본적인 서비스에 대한 접근성 정도가 건설 단계에 필수적인 요건으로 적용되고, 이용 단계에 점검이 이루어지는 내용은 더 줄어든다. 이런 상황에서 주거적합성 개념을 정책적으로 고려하는 것은 사람이 사는 거처라면 반드시 확보해야 할 의무적인 사항이 무엇인지 명확하게 정하고, 그것을 실행해가는 방법을 고안하는 것이다.

많은 나라에서 임대주택에서 주거의 질을 규제하는 정책을 실시하고 있다. OECD 국가 등에 대한 조사에서 43개국 중에서 임대주택의 주거품질에 대한 규제를 시행하고 있는 나라가 26개였다. 21개국은 안전, 건강, 위생과 관련된 최소 기준을 규정하고 있다. 최소 면적에 대한 기준이 있는 곳은 15개국인데, 실제 적용은 특정 도시에서만 이루

---

1) The Committee on Economic, Social and Cultural Rights, "CESCR GC No. 04: The right to adequate housing (art. 11 (1) of the Covenant)", (1991).

어지거나 공공이 지원하는 신축주택 등에 대해서 제한적으로 이루어지기도 한다.2)

이용 단계에 주거적합성 기준은 임대주택에서 효과적으로 실행될 수 있다. 기준은 주택 전체에 대한 것이지만, 이런 기준을 충족하지 못한 거처의 임대를 제한하는 규제를 통해서 가장 열악한 거처의 이용을 줄일 수 있다.

II. 부적합한 거처 대응의 한계

지하주거, 고시원에서 사망 사고가 있었다. 이런 열악한 거처들은 건강에도 나쁜 영향을 미친다. 건축 규제는 있었지만, 이용을 제한하는 경우는 거의 없었다. 이런 거처들은 쉽게 사라지지 않을 것으로 보이고, 최악의 거처에 대한 임대를 규제할 필요가 있다.

1. 지하주거 침수 사망 사고와 지하주거 대책

2022년 8월 지하셋방이 침수되고 사망자가 발생하는 사고가 있었다. 지하주거 중에는 습기와 곰팡이로 인해서 건강에 유해하여 이용하기 적합하지 않은 경우가 많다. 거기에 수해로 인한 사망 사고로 인해 안전 문제도 심각하다고 판단하게 되었다. 그래서 지하주거를 없애야 한다는 주장이 나타났다. 하지만 기존 지하주거의 이용을 제한하지는

---

2) OECD Directorate of Employment, Labour and Social Affairs - Social Policy Division, "OECD Affordable Housing Database", (2024), 15, http://oe.cd/ahd (2025. 3. 1.).

못하고, 건축법을 개정하여 2024년 3월부터 지하층 거실 설치를 원칙적으로 금지하고 지방자치단체의 조례로 정하는 경우에만 예외적으로 허용하는 것으로 일단락되었다. 기존 지하주거에 대한 개입은 어렵다고 판단한 듯하다.

지하층 주택 신축을 금지한 것이 바람직한지 아닌지 간단히 답하기 어렵다. 기존 지하주거 중에는 주거환경이 열악한 경우가 상당히 있지만, 지하공간이 가진 장점을 적극적으로 활용해야 한다는 주장도 있었다. 문제는 열악한 주거환경이지 지하주거 자체는 아니다.

기존 지하주거의 이용을 전면 금지하는 것은 실행이 어렵다. 2020년 전국적으로 지하층에 365,374가구가 거주하고 있으며, 서울시에는 지하층에 거주하는 224,274가구가 있다.3) 이런 지하주거의 규모는 단기적으로 대응하기 어려운 수준이다.

하지만 그것이 지하주거의 건강과 안전 문제에 대한 대안을 고려하지 않는 이유가 되지는 않는다. 그래서 나온 정책이 지하주거가 많은 지역에서 정비사업을 촉진하는 것, 공공이 매입하여 다른 용도로 활용하는 것, 침수 우려를 줄이기 위해 차수판을 설치하는 등 안전조치를 하는 것 등이다. 일부 정책은 적극적으로 시행되고 실질적인 효과도 다소간 있었다. 또 주거취약계층 주거상향지원사업에 지하거주가구를 포함하여 매입임대주택이나 전세임대주택으로 옮겨갈 수 있는 가능성도 생겼다.

돌이켜보면 지하주거 침수는 오래전부터 반복적으로 나타났다. 이 문제가 부각되면 시행되던 대책도 그리 다르지 않았다. 차수벽 설치, 창문이나 방범창 교체, 지하주거 매입 등이다. 그런데 안전과 건강 관련 주거기준을 만들고 위험한 거처를 규제하는 조치는 시도되지 않았다. 이런 개입을 하려면 근거가 있는 기준이 필요하고 집행을 위한 체

---

3) 한국도시연구소·KBS, 지옥고 거주 실태 심층 분석 보고서 - 2020년 인구주택총조사 마이크로데이터 분석 (2022), 9-10.

계도 만들어야 한다. 새로운 규제에 대한 임대인의 불만도 나타날 것이다. 이런 문턱을 아직 넘어서지 못하고 있다.

2. 고시원의 화재 사고와 고시원 대책

고시원에서도 화재로 인한 사망 사고가 반복되었다. 2018년에는 국일고시원에서 불이나 7명이 죽고 11명이 크게 다쳤다. 그 고시원에는 스프링클러가 설치되어 있지 않았다. 2009년 「다중이용업소의 안전관리에 관한 특별법」으로 신규로 허가를 받는 고시원은 스프링클러를 설치하도록 했는데, 이전에 허가를 받은 고시원은 그렇지 않았다. 사고 이후 2020년 6월 다중이용업소법 개정을 통해서 모든 고시원에 스프링클러 설치가 의무화되었고, 2022년 6월까지 경과 기간을 두고 적용되었다. 이런 조치와 함께 스프링클러 설치 비용의 일부를 정부가 지원했다.

고시원의 문제는 화재 위험만이 아니다. 매우 좁은 공간, 창문이 없는 방, 사생활이 보호되지 않는 방음 상태, 부족한 화장실 수 등 건강을 고려할 때에도 문제가 있고 생활에도 매우 불편한 환경인 경우가 많다. 가장 열악한 거처를 규제하는 정책은 고시원의 문제부터 대응해 가야 마땅하다.

법적으로 숙박시설도 아니고 주택도 아닌 고시원에 대한 최소 기준에 대한 세부적인 내용은 지방정부가 건축조례 등으로 정하고 있다. 국토교통부고시인 다중생활시설 건축기준은 고시원의 화재, 치안 등에 관한 내용을 정하고 있는데, 2020년 3월 지방자치단체가 건축조례로 더 자세한 내용을 정할 수 있게 개정했다. 서울시는 2021년 건축조례에 고시원의 최소 면적과 창에 대한 규정을 만들었다. 실별 최소 면적은 전용공간만 둘 경우 $7m^2$ 이상, 개별 화장실을 둘 경우 $9m^2$ 이상이어야 한다. 창은 외기에 면한 창문이고 폭 0.5m 이상, 높이 1.0m 이상

이어야 한다.

이런 기준은 고시원업 허가를 받을 때 적용되고, 이미 허가를 받은 업소에는 적용되지 않는다. 일정 기간이 지나면 허가를 갱신해야 하는 것도 아니다. 기존 고시원은 최소 면적에 미치지 못하거나 창문이 없어도 계속 영업을 할 수 있다. 이런 거처들은 앞으로도 가장 열악한 거처의 중요한 부분을 차지하게 될 것이다.

<그림 1> 고시원 및 다중주택 추이

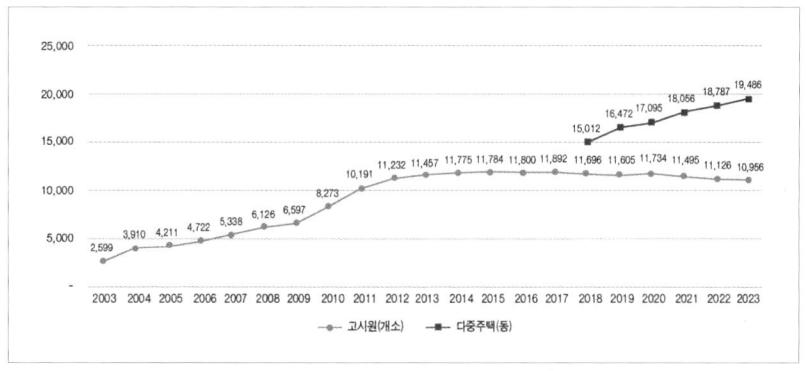

출처: 소방청, 통계연보(2007-2023); 한국부동산원, 건물에너지사용량(2018-2023).

3. 사라지지 않는 부적합 주거

열악한 거처는 좀처럼 사라지지 않는다. 저렴한 주택에 대한 수요를 양질의 주택으로 충족하기 어려운 상황에는 값싸고 질이 낮은 거처들이 양산된다. 도시화가 급격하게 진행되는 시기 산동네 판자촌이 그러했고, 이후 비닐하우스촌으로 이어졌다. 1980년대부터 90년대에 걸쳐서는 지하주거가 급격하게 늘어났다. 2000년대에서 2010년대 초반까지는 고시원 증가가 눈에 띄고, 최근에는 다중주택이 늘어나고 있다.

주택을 많이 지은 덕분에 평균적인 주거 수준은 상당히 높아졌다.

해마다 많은 양의 신규 주택을 공급했고, 기존 주택을 철거하고 새로운 집을 짓는 재개발도 적극적으로 추진해왔다. 덕분에 최저주거기준에 미달하는 가구의 비율은 신속하게 낮아졌다. 이런 과정에도 저렴한 주거에 대한 요구는 지속되었고, 공공임대주택 공급 등의 노력으로 이를 충족시키기 어려웠다. 그래서 생활하기 적절하지 않은 거처를 만들어서 임대하는 사업은 형태를 바꾸어가면서 지속되었다.

일정한 수준에 이르지 못한 열악한 거처의 이용을 규제하는 정책은 사용되지 않았다. 고시원과 지하주거에 대한 건축 관련 규정을 바꾸는 것만으로는 기존에 허가를 받아 임대되고 있는 부적합한 거처를 해소할 수 없었다. 그리고 한 유형에 대한 규제를 강화하면 다른 유형이 출현하기도 한다.

쪽방, 고시원, 지하주거 거주자들에게 공공임대주택을 우선적으로 제공하는 지원도 실시하고 있다. 기존 거주자가 공공임대주택으로 이주하고 남은 곳에는 또 다른 가난한 사람들이 들어왔다. 이런 사업의 결과로 열악한 거처의 수가 줄어들지는 않았다.

종합적으로 주거정책이 열악한 거처의 수나 비중을 줄이는 것에 영향을 미쳐왔지만, 정해진 최소 수준 이하의 거처를 일정 시점까지 해소하겠다는 직접적이고 과감한 접근은 이루어지지 않았다. 주택 임대차와 관련해서 정책이 주목한 것은 전세제도의 영향으로 보증금을 보호하는 것이었다. 또 급격한 가격 상승으로 인한 주거 불안정 문제 때문에 계약기간이나 임대료 인상이 쟁점이 되어 왔다. 임대주택의 주거적합성과 관련한 논의는 깊이 있게 다루어진 적이 없다. 주거적합성에 대한 개입은 강제할 최소 기준을 정하고 기존 거처를 포함하는 모든 사람이 생활하는 곳을 대상으로 실제로 집행하는 것이다. 이런 방법을 논의할 단계이다.

4. 부적합 거처에 대한 이용 제한의 필요성

주거 문제를 완화하기 위해 지금까지는 주로 공급을 확대하는 것을 통해서 대응해왔다. 공급 규모를 계속 유지하려면 건설붐이 지속되어야 하는데, 이것은 건설업이나 부동산업의 이해와 일치하는 것이다. 이 과정에 최저주거기준 이하의 주택에서 거주하는 가구의 비중도 낮아졌다. 그런데 그 비율이 어느 정도 내려간 이후에는 더 이상 빠른 속도로 줄어들지 않는다. 주거비 부담이 커지면서 새로운 형태의 열악한 거처가 양산되기도 한다.

부적합한 거처에 대한 규제는 두 가지로 구분할 수 있다. 하나는 적합하지 않은 거처가 건설되지 않도록 규제하는 것이고, 다른 하나는 기존 거처의 적절성을 판단하고 이용을 제한하는 것이다. 전자는 매우 광범위하게 활용되고 있고, 게임을 위해서 당연히 있어야 하는 규칙처럼 받아들여진다. 그런데 후자는 제한적으로만 활용되고 있다. 기존 거처에 대한 규제는 저소득층을 위한 주택 공급을 위축시키고 그들에게 피해를 줄 수 있다는 식으로 비판되기도 한다.

하지만 부적합한 거처의 임대를 규제해야 최소한의 조건을 갖추지 못한 거처의 수를 효과적으로 줄일 수 있다. 건축에 대한 규제만으로는 새로운 형태의 거처와 불법적인 이용을 차단하는 데 어려움이 있다.

질이 낮지만 저렴한 주거 공급을 억제하면 부담능력이 낮은 임차인들이 피해를 볼 것이라는 주장은 합리적이지 않다. 임대인이 부적합한 거처를 유지하는 것은 수익성이 높기 때문이다. 질이 낮은 거처에 대한 규제가 없으면 큰 규모의 투자를 하지 않는 것이 합리적이다. 부적합한 주택을 임대하지 못하도록 규제하면 임대인은 투자를 해서 일정한 조건을 갖추고 임대사업을 할 것이다. 적합하지 않은 거처가 유지되게 하는 것은 규제의 부재라는 제도적 요인이 작용하기 때문이다.

주거적합성 기준은 먼저 주거비 보조 정책에서 적용될 수도 있다. 현재 주거급여는 거처의 상태를 고려하지 않고 제공된다. 많은 주거급여 수급자가 부적합한 거처에서 생활하고, 그런 거처의 임대료는 주거급여 수준으로 정해진다. 일정한 수준을 충족해야 주거비 보조를 받을 수 있도록 하여 주거 상태가 개선되도록 유도할 수 있다. 기준 이하의 거처에 대한 임대를 금지하기에 앞서 주거급여 대상에서 배제하는 것을 고려할 수 있다.

Ⅲ. 임대주택의 질에 영향을 미치는 기존 정책

양질의 주거를 확보하기 위한 정책은 다양한 방식으로 추진된다. 건축할 때 지켜야 하는 규제, 안전한 상태를 유지하기 위한 규제, 불법건축물에 대한 규제 등은 실질적으로 영향을 미치는 것들이다. 최저주거기준은 기본적으로 보장되어야 할 주거 수준을 정하고 있는데, 실제 규제 수단으로 활용되지는 않았다. 임대주택과 관련한 등록제도는 과세, 점유안정성 등 주거적합성과는 다른 의도로 도입되었다.

1. 최저주거기준

2003년 「주택건설촉진법」을 「주택법」으로 전면개정하면서 최저주거기준을 도입하였다. 2015년 「주거기본법」을 제정하면서 이 법에 최저주거기준과 유도주거기준의 법적인 근거를 두게 되었다. 최저주거기준의 내용에는 주거면적, 용도별 방의 개수, 주택의 구조·설비·성능 및 환경요소 등을 포함했으며, 사회적·경제적인 여건의 변화에 따라 그 적정성을 유지할 수 있게 검토하도록 하였다.

최저주거기준 정책적 활용 방법은 크게 두 가지로 구분된다. 첫째,

주거정책 기초자료로 최저주거기준 미달가구의 규모가 활용된다. 이것이 감소하면 긍정적인 변화가 있었다고 보는 것이다.

〈표 1〉 최저주거기준 미달가구 현황

(단위 : 천가구, %)

구분		2017	2018	2019	2020	2021	2022	2023
최저주거기준 미달가구수		1,141	1,111	1,060	921	932	834	777
미달비율		5.9	5.7	5.3	4.6	4.5	3.9	3.6
기준별 미달비율	면적기준	4.1	4.0	3.8	3.3	3.3	2.8	2.7
	시설기준	3.3	3.1	3.0	2.8	2.7	2.6	2.3
	침실기준	0.3	0.4	0.3	0.2	0.2	0.1	0.2
지역별 미달비율	수도권	6.7	6.8	6.7	5.6	5.5	4.5	4.2
	광역시등	4.5	4.4	4.3	3.0	3.1	2.8	2.5
	도지역	5.6	4.7	3.9	3.9	3.9	3.7	3.3

출처: 국토교통부, 2023년 주거실태조사 일반가구 연구보고서 (2024), 83-84.

둘째, 공공임대주택 배분이나 기타 주거지원에서 최저주거기준에 미달하는 가구에 우선순위를 두는 것이다. 일부 유형의 공공임대주택 배분에서 최저주거기준 미달 가구를 입주자격이나 점수제를 통해서 고려한다.[4] 임차가구에 대한 주거급여를 제공하는 조건으로 최저주거기준을 충족 여부를 고려하는 것이나 최저주거기준 미달 가구가 밀집한 지역에 임대주택 건설이나 정비사업을 우선적으로 시행하는 것 등이 거론되기는 하지만 실행되지는 않았다.

최저주거기준의 내용은 ①가구구성별 최소 주거면적, ②용도별 방의 개수, ③전용부엌과 화장실 등 필수적인 설비 기준, ④안전성, 쾌적성 등을 고려한 주택의 구조, 성능 및 환경기준을 포함하도록 정하고

---

[4] 최저주거기준이 공공임대주택 배분에서 우선적으로 고려되는 것과 관련한 내용은 기존주택 등 매입임대주택 업무처리지침, 기존주택 전세임대주택 업무처리지침, 주거취약계층 주거지원 업무처리지침에서 확인할 수 있다.

있다. 1인 가구의 경우 총 주거면적이 14m² 이상이어야 하며, 전용입식부엌과 수세식화장실 및 목욕시설을 갖출 것, 적절한 방음·환기·채광 및 난방설비를 갖출 것 등을 요구한다.

최저주거기준은 종종 너무 낮은 수준이라는 비판을 받았다. 전반적인 주거 수준이 높아지고 최저주거기준 미달 가구의 규모도 줄었으니, 기준을 더 높여야 한다는 것이다. 유도주거기준이 필요하다는 주장도 나왔다. 결국 2024년 12월 개정에서는 유도주거기준 설정을 의무로 명시했다.

하지만 최저주거기준이 실질적으로 어떤 의미가 있는지 점검해볼 필요가 있다. 최저주거기준은 건축허가에 반영된다. 신축주택은 적어도 이 수준 이상으로 공급될 것이라고 기대된다. 일부 유형의 공공임대주택 배분에서 기준 미달 가구에 우선순위를 두고 있다. 그런데 새로 지어지는 거처 중에는 최저주거기준에 미달하는 것들이 많다. 최근에는 다중주택이 대표적이다.[5] 기존 거처 중에서도 최저주거기준에 미치지 못하는 것들이 많은데, 이에 대해서는 아무런 조치도 취하지 않는다. 기준 이하의 거처들이 새로 만들어지는 것을 억제하지 않고, 가장 열악한 거처를 줄여나가는 것에도 효과적으로 기능하지 않고 있다. 이런 상황은 최저주거기준이 최소한의 주거생활을 보장하고 모든 사람의 주거적합성을 확보하기 위한 정책의 일부인지 의심하게 한다.

---

5) 서울시 노원구에서 2015년에서 2017년 사이 신축된 다중주택 27동에 대한 자료를 보면, 연면적을 공급호수를 나눈 호 당 평균 면적이 14.4m²이다. 전용면적 비율이 60%일 것이라고 가정하면 평균 8.6m²이다. 2017년 서울시에서 주택으로 건축허가를 받은 건물동수 중에서 29.1%가 다중주택이었다. 최경옥, 이영한, "다중주택의 외부 환경 실태조사 분석-노원구 대학가 공릉 1동, 공릉 2동을 중심으로-", *KIEAE Journal* Vol.19 No.2 (2019. 4.), 17-19.

2. 주택의 건축과 이용에 대한 기준

주택의 구조·성능·환경과 관련된 기준의 내용과 관련된 실행 방법은 건축법과 주택법을 비롯한 여러 가지 법령에서 정하고 있다. 최저주거기준에도 주택의 구조·성능·환경과 관련된 기준이 언급되어 있다. 정부가 고시한 최저주거기준의 내용에는 구조적 안전, 내열·내화·방열 및 방습에 양호한 재료, 방음·환기·채광 및 난방설비, 소음·진동·악취 및 대기오염 등 환경요소, 자연재해, 전기시설과 화재 관련 안전성이 언급되어 있다.[6] 자세한 내용은 모두 별도의 법령에서 정하고 있고, 관련된 정책 수단도 마찬가지이다. 최저주거기준에서 별도의 내용이나 정책 수단이 다루어지지는 않는다.

이런 기준을 확보하기 위해서 건축허가, 안전검사, 시정명령 등 다양한 수단이 활용된다. 건축 단계에는 건축허가와 사업계획승인, 감리, 그리고 사용승인 절차가 있다. 이것은 주택의 질을 확보하기 위한 가장 강력한 수단이다. 건축허가를 위해서는 정해진 기준을 충족시키는 계획이 있어야 한다. 허가를 받은 내용과 정해진 기준을 준수했는지를 확인하기 위해서 감리를 수행하고 사용승인을 한다.

건축허가 사항을 위반하면 시정명령 또는 원상회복명령을 할 수 있다. 허가된 내용과 다른 불법건축행위로 판정되면 구조·용도·형태 등의 시정을 명할 수 있다. 이를 이행하지 않을 경우 이행강제금을 부과한다. 시정명령, 이행강제금 부과 등의 조치에도 불구하고 개선되지 않으면 행정대집행에 의한 강제 철거도 가능하다.

이용 중인 건물에 대해서는 안전점검 등의 수단을 활용한다. 건축물의 구조적 안전, 소방, 전기, 가스, 승강기 등 각종 설비에 대한 점검을 지방자치단체나 소방서, 기타 전문기관 등이 수행한다. 안전기준에 미치지 못하면 정밀진단, 시정이나 개선 명령을 한다. 이를 이행하지

---

6) 국토해양부공고 제2011-490호, "최저주거기준", (2011. 5. 27.).

않을 경우 과태료나 이행강제금, 사용중지나 철거 명령, 형사처벌 등의 조치를 취할 수 있다.

 주택의 건축과 이용 과정의 여러 가지 기준과 절차는 안전하고 쾌적한 환경을 만들기 위한 것이긴 하지만 거주하기 부적합한 거처들에 대한 개입으로 충분하지 않았다. 주로 건축 단계에 영향을 미치고, 이용 단계에 대한 개입은 제한적이다. 기존 건물에 대해서 실시하는 안전점검의 경우 일정 규모 이상의 건물에서 의무적으로 실시하고 소규모 건축물은 제외된다. 지자체가 재량으로 실시할 수도 있지만, 인력이나 재원의 한계로 매우 제한적으로만 이루어졌다. 점검 내용은 구조적 안전이나 화재 등 재난과 관련된 것이다. 당장 지하주거의 곰팡이가 심해서 건강에 위험하다는 것을 확인해도 조사 방법이나 취할 수 있는 조치가 마땅치 않다.

 열악한 거처에서 흔히 발견되는 문제 가운데 하나는 불법적인 구조 변경이나 증축, 허용되지 않은 용도의 이용, 무허가건물 등이다. 이들은 모두 법령 등에서 정해진 기준과 절차를 어긴 위반건축물이라 할 수 있다. 방 쪼개기 등을 통해서 열악하고 안전하지 않은 거처가 계속 발생하고 있다. 지방자치단체가 위반건축물 단속과 이행강제금이라는 수단으로 대응하고 있지만, 기준 이하의 거처가 늘어나지 않게 억제하지는 못하는 상황이다.

3. 임대주택 관련 등록제도

 임대주택에서 주거적합성 정책은 임대주택 등록제도를 기반으로 효과적으로 추진될 수 있다. 주거품질에 대한 평가가 이루어지고 등록된 정보가 투명하게 제공되면 임대주택의 구조, 안전, 위생 상태가 최소한의 기준을 준수하는지 쉽게 관리할 수 있다. 임차인은 등록된 정보를 토대로 거처의 기본적인 상태를 확인하고 선택할 수 있다. 이것은 임대주택의 기본적인 품질 확보에 기여할 것이다. 임대주택 등록제도가 주거품질 보장에 기여하려면 주거로 임대되는 모든 거처를 등록하도록 해야 한다. 등록되지 않은 열악한 임대시장이 존재하면 주거의 질에 대한 규제는 큰 의미를 갖기 어렵다. 등록하지 않은 거처나 최소한의 기준을 충족하지 않는 거처에 대한 규제는 합리적인 집행 수단을 갖추어야 한다.

현재 임대주택과 관련해서는 두 가지 등록제도가 있다. 하나는 과세를 위한 정보를 확보하기 위한 것이고, 다른 하나는 세금 등으로 인센티브를 제공하는 대신 상대적으로 점유안정성이 높은 임대주택을 확보하기 위한 것이다.

전자의 과세와 관련된 등록은 주택임대사업자가 사업장 현황신고를 주택이 소재한 세무서장에게 하는 것이다. 주택을 임대하여 소득이 있는 경우 사업장 현황신고를 해야 한다. 2주택 이상이면서 월세 수입이 있으면 신고 대상이고, 1주택인 경우에도 기준시가가 12억 원 이상이면서 월세 수입이 있는 경우 사업자등록을 해야 한다. 3주택 이상인 경우에는 월세 수입이 없어도 주택의 규모가 크거나 보증금이 일정 규모 이상이면 신고 대상이다. 규모가 작거나 월세가 없는 다가구주택, 다중주택은 예외가 될 수 있다. 2021년 말 집계한 주택임대사업자는 471,333명이며,[7] 사업자등록은 앞으로도 확대될 것이다. 여기서 주택의 수준은 검토하지 않는다.

후자는 「민간임대주택특별법」에 따른 등록임대주택사업자 제도이다. 등록임대주택사업자 신청은 시군구청에서 받는다. 주택임대사업자로 등록하면 여러 가지 세제 혜택(취득세, 재산세, 양도세)을 받게 되고, 대신 몇 가지 의무사항을 지켜야 한다. 임대주택 등록일부터 의무임대기간(2020년 8월 18일 이후 등록하는 주택은 10년) 동안 계속 임대하여야 하며, 임대료 증액을 청구하는 경우 종전 임대료의 5%를 초

---

[7] 뉴시스, "주택임대 사업자 47만명 … 4년 새 10배 늘었다" (2022. 9. 14.).

과해서는 안 된다. 임대차계약을 맺거나 변경하면 3개월 이내에 주택 소재지 관할 지자체에 신고해야 한다. 이런 제도를 도입한 것은 일정 기간 안정적으로 거주할 수 있는 임대주택 공급을 확대하고자 하는 의도가 있었고, 임대인은 세금을 줄이기 위해서 등록을 한다. 개별적인 주택으로 구분되지 않아도 화장실과 부엌이 갖추어진 독립적인 생활이 가능한 주거공간이면 다가구주택, 오피스텔 등도 민간임대주택으로 등록할 수 있다. 등록한 민간임대주택은 2024년 9월 현재 972,010호이고, 그 규모는 등록 요건과 세제 변동에 따라 달라지고 있다. 등록된 주택의 상태를 점검하지는 않는다.

  두 가지 임대주택에 대한 등록제도는 실제 임대 목적으로 운영되는 모든 형태의 주거공간을 포괄하지 못하고, 주거적합성 확보를 위한 활용에도 한계가 있다. 등록이 목적하는 바를 검토하고 보다 효과적인 방법을 고안할 필요가 있다. 각각의 제도가 의도한 과세 기반 확인, 공식 부문 확대를 통한 점유안정성 강화 등의 목적과 함께 주거적합성, 안전한 거래 등 추가적인 정책적 필요도 함께 고려해야 할 것이다.

Ⅳ. 외국의 주거적합성 정책

  주거적합성 정책은 다양한 방식과 수준으로 추진되고 있다. 각 국가의 제도적 현황과 역사는 고유한 특성을 갖고 있지만, 각각의 맥락 속에서 파악하는 것이 필요하다. 하지만 여기서는 정책 구상을 위해서 참고할 수 있는 정보들은 주거적합성 기준, 묵시적 의무 인정, 공유주거 기준, 임대주거 의무등록제로 정책 영역을 나누어서 살펴본다.

1. 주거적합성 기준

　영국과 프랑스는 체계적인 주거적합성 기준을 정하고 있고, 기준 미달 거처를 규제한다. 영국은 위생과 안전 등에 대한 위험성을 평가하여 매우 위험하다고 판단되는 경우에는 지방정부가 의무적으로 조치를 취한다. 지방정부의 주거적합성 관련 역할은 확대되는 추세이다. 프랑스의 경우에도 주거적합성 기준을 정하고 있고, 이를 지키지 못한 경우 임차인이 개보수 요청, 임대료 감액 등을 요구할 수 있다. 이런 권리 주장을 지원하기 위한 체계도 갖추고 있다. 주택을 임대하려면 사전에 허가를 받도록 하여 기준 이하의 거처가 임대되지 않도록 한다.

　영국은 주거의 질과 관련한 정책의 역사가 길다. 19세기 영국 도시에서는 산업화로 급격하게 인구가 유입되면서 극도로 과밀하고 비위생적인 주택이 급증하였다. 전염병 확산으로 공공보건정책의 중요한 과제로 주거환경 개선을 위한 정책이 실시되었다. 19세기 중반부터 상하수도 설치, 쓰레기 처리, 슬럼 철거, 주택 개량을 위한 제도가 실시되었다. 주택의 안전, 위생과 관련한 내용은 1875년 노동자 주택 개선법(Artisans' and Labourers' Dwellings Improvement Act)에서 제도의 틀을 갖추었다.

　20세기 초에는 공공임대주택(사회주택) 공급 확대와 슬럼 철거 중심의 정책이 추진되었다. 1957년과 1959년 주택법에 이르러서 주택의 불량 여부를 판단하는 기준을 구체화하고, 지방정부가 개선이나 철거 명령을 할 수 있는 법적 근거를 명확히 했다. 주택의 상태는 건물의 구조적 안정성과 위생과 설비 조건, 단열, 방수, 환기, 조명 등을 고려하여 판단한다.

　1985년 주택법에서는 주거적합성기준(Housing Fitness Standard)이 제시되었다. 주택에 대한 보다 종합적인 평가체계로 발전한 것이고, 임대인의 책임과 지방정부의 집행력은 높아졌다.

　2004년에는 거처의 위험성을 점수화하여 평가하는 주거위생안전평가체계(Housing Health and Safety Rating System, HHSRS)를 실시하기로 하고,[8] 이어서 2006년 임대인과 관리자 등을 위한 지침서를 발간하였다.[9] HHSRS는 주거적합성기준을 대체한 것이고, 주거환경에 따른 건강·안전에 대한 위험을 점수화하여 평가하고 지방정부가 의무적으로 개입하도록 했다는 특징이 있다. 열악한 주거환경을 개선하고 부실한 관리를 규제하는 지방정부의 역할을 강화한 것이다.

〈표 2〉 영국의 주거적합성 평가체계

Housing Fitness Standard	HHSRS (Housing Health and Safety Rating System)
Housing Act 1985	Housing Act 2004
• 불량 판단 기준: 건물 구조적 안정성, 심각한 수리 불량 아닐 것, 습기·곰팡이, 적절한 자연채광과 조명, 환기, 적절한 난방 시설, 위생 설비, 식수 공급과 위생, 조리 시설 • 기본 요건 중 하나라도 중대 결함이 있으면 '불량(unfit)'으로 판단	• 평가 대상 위험요소: 29개 유형의 위험(Hazards)을 정의. 습기·곰팡이, 과도한 추위·더위, 화재, 낙상, 감전, 구조·설비 결함, 일산화탄소 중독, 위생·하수 문제 등 • 발생 가능성(Likelihood) × 결과의 심각성(Severity)을 종합하여 위험도(Risk) 점수 산출 • Category 1(심각한 위험), Category 2(경미한 위험)로 분류하여 대응
• 개선 명령, 철거 명령, 임시 이용 금지 등의 조치를 취할 수 있음 • 불량한 주택이 많은 지역에 대해서는 주택개량지원구역, 철거대상지역을 정할 수 있음	• Category 1 위험에 대해서는 지방정부가 반드시 제재를 하고(법적 의무), Category 2 위험은 개선 명령을 하거나 주의·권고 정도 조치를 취함 • 긴급수리제도를 통해 지방정부가 즉각 조치도 가능

---

[8] 잉글랜드와 웨일즈는 2004년 주택법(The Homes (Fitness for Human Habitation) Act)에 의해서 HHSRS를 도입하였다. 스코틀랜드와 북아일랜드는 세부적인 위험 평가 모델 대신 임대주택의 기본 안전·건강 기준 및 주거적합성을 확보하는 체계를 운영하고 있다.

[9] Department for Communities and Local Government(DCLG), *Housing health and safety rating system (HHSRS): guidance for landlords and property-related professionals*, DCLG Publications (2006).

HHSRS는 최소 기준의 내용을 각각 달성했는가를 보는 것이 아니라 잠재적 위험성을 종합적으로 평가한다. 이런 평가는 지방정부의 대응 방법의 근거가 된다. 건강과 안전에 대한 가장 심각한 위험에 대해서는 지방정부가 우선적이고 의무적으로 대응한다. 습기와 곰팡이, 과도한 추위 등으로 인한 건강에 대한 위험 요소, 홈리스 상태로 인해서 심각한 스트레스를 받거나 아동발달에 악영향을 미칠 수 있는 상황 등은 상대적으로 심각한 위험으로 본다. 위험의 정도가 덜한 경우에는 지방정부가 개입의 수준을 조절할 수 있다.

열악하고 문제가 되는 거처의 비중이 높은 유형은 더 엄격하게 규제한다. 민간임대주택은 대부분 지방정부의 주택의 위험성 평가 대상이 될 수 있는데, HMO(House in Multiple Occupation)는 의무적으로 허가를 받아야 임대할 수 있다. 그리고 허가를 받기 위해서는 반드시 HHSRS 평가를 실시하고 필요한 조치가 있는지 확인해야 한다.[10]

지방정부는 HHSRS를 활용하여 임대인이 적합한 상태의 주택을 공급하도록 영향을 미친다. 지방정부의 조사관은 주택의 위험 요소를 조사하고, 그 결과를 토대로 개선 명령, 이용 금지 조치 등을 할 수 있다. 임차인도 적정한 주거환경이 제공되지 않을 경우 임대인을 상대로 수선 명령을 신청하거나 손해배상을 청구할 수 있다. 이런 조건은 임대인이 적합한 환경을 만들고 필요한 개보수를 할 동기를 강화한다.[11]

열악한 주거환경에 대한 지방정부의 대응에 영향을 미치는 요소들이 있다. 자원과 인력 부족으로 집행에 한계를 느끼는 지방정부가 많다. 임차인 조직의 요구가 강한 경우 지방정부는 더 적극적으로 개입하기도 한다. 임차인이 신고하면 임대인이 보복성 퇴거를 하는 경우도 있는데, 퇴거 위협을 받는 임차인을 보호할 수단을 마련할 경우 임차

---

[10] 같은 글, 5.
[11] 여경수, "비적정 주거 개선을 위한 법제 연구-영국과 미국의 법제를 중심으로", 일감부동산법학, 제26호 (2023. 5.), 151-152.

인의 신고는 활성화될 수 있다.

　HHSRS가 실행된 이후 부적합한 주택의 규모는 감소하고 지방정부의 역할은 커지고 있다. 제도 초기에는 가장 심각한 위험 수준인 Category 1에 포함되는 경우에 대해서만 개선 명령이나 이용 금지 조치가 내려졌지만, 2020년에는 70%의 지방정부에서 Category 1과 Category 2에 대해서 이런 조치를 취한 것으로 나타났다. 2016년 주택과 계획법(Housing and Planning Act)에서는 벌금제를 도입했는데, 이것도 개입의 실효성을 높였다.[12]

　주거적합성에 대한 정책은 임대인이 제공하는 주택이 기본적인 건강과 안전에 관한 기준에 부합해야 한다는 점이 주택임대차계약의 묵시적 조건으로 인정받는 토대가 된다. 이런 조건을 충족하지 못한 것을 이유로 임차인은 계약 위반을 주장할 수 있고, 계약 위반에 대해서는 배상 청구, 주택 상태 개선 명령 청구 등의 법적인 조치를 할 수 있다.

　프랑스에서는 임대주택에 적용되는 주거적합성 기준(logement décent)을 명문화하고 있다. 임대주택이 충족해야 할 최소한의 면적, 안전·위생 설비, 환기, 에너지 효율 등의 요건을 제시하고 있다. 임대인은 최소 조건을 충족하는 주택을 임차인에게 제공해야 한다. 여기에는 민간임대주택과 사회주택 모두가 대상이다. 1989년 임대차관계법에서 처음 도입되었고, 현재는 2000년 연대와 도시재생법에 법적인 근거를 두고 있다. 기준의 구체적인 내용에는 9m² 이상의 거주 가능 면적, 채광과 환기가 가능한 창문, 구조적 안전, 위생·건강 위험 요소 제거, 정상적인 전기·가스 설비, 방범·출입 안전, 급수·배수(온수 공급 포함) 정상 작동, 실내 화장실, 온수가 있는 욕실이나 세면시설, 취사공간, 에너

---

[12] Reeve, Kesia et al., *Local authority enforcement in the private rented sector: headline report*, Department for Levelling Up, Housing & Communities (2022), https://www.gov.uk/government/publications/local-authority-enforcement-in-the-private-rented-sector-headline-report/local-authority-enforcement-in-the-private-rented-sector-headline-report (2025. 3. 1.).

지 기준 충족하는 난방기기 등의 내용이 포함된다.

<표 3> 프랑스 임대주택 주거적합성 기준

최소 면적·내부 부피	• 최소 9m² 이상의 거주 가능 면적('거주 가능 면적'은, 높이가 1.80m 이상인 공간의 실내 바닥면적에서 문틀·벽체·계단 등을 제외한 실제 거주 가능 부분을 말함) • 또는 20m³ 이상의 거주 가능 내부 체적 • 천장 높이는 일반적으로 2.20m 이상을 권장 혹은 요구
채광·환기	• 적절한 자연광 및 환기가 가능한 창문(혹은 외기에 면한 개구부)이 있어야 함 • 곰팡이·습기 등이 발생하지 않도록 환기장치(자연 환기 또는 기계 환기)를 갖추거나, 최소한 공기 유입·배출이 가능해야 함
안전·위생· 구조적 안정성	• 건물 또는 거주 공간의 구조적 안전이 위태롭지 않아야 함(균열, 누수, 붕괴 위험 등) • 거주자가 생활하다가 안전사고를 당할 우려가 없어야 함(천장·바닥·벽체 붕괴, 전기 합선 등) • 위생·건강 위험 요인 없어야 함(납·석면·라돈 등 유해물질에 대한 관리, 누수·과도한 습기·환기 불량 등의 위험 요소) • 전기·가스 설비가 정상적으로 작동하고, 안전기준을 준수해야 함 • 방범·출입 안전 • 출입문, 창문 등이 정상적으로 잠금·개방 가능하고, 외부 침입을 막을 수 있는 최소한의 방범 상태를 갖출 것
기본적 설비·시설 요건	• 급수·배수(온수 공급 포함) 설비가 정상적으로 작동해야 함 • 화장실은 실내에 마련되어야 하며, 주거·취침 공간과 독립된 형태로 설치되어야 함 • 욕실(또는 샤워실)과 세면기구는 온수 사용이 가능해야 하고, 하수 배수시설이 정상 기능을 해야 함 • 음식을 조리할 수 있는 싱크대(세척 용도), 배수시설, 가스·전기, 취사기기 등을 설치할 수 있는 적절한 공간이 있어야 함(별도의 주방이든 간이 취사공간이든, 기본 설비·배수·환기 등이 가능해야 함) • 실내 난방이 가능하고, 에너지 사용 안전기준을 충족하는 난방기기를 갖추어야 함 • 안전성 확보를 위해 배기·통풍 설비를 갖추고, 화재 예방 장치를 설치해야 함
에너지· 환기 성능	• 에너지 성능 진단 정보를 임차인에게 문서로 제공해야 함 • 단열 불량, 난방비 과다로 건강과 안전을 위협하지 않아야 함

임대주택이 최소 기준에 미치지 않으면 임차인은 임대인에게 개보수나 임대료 감액을 요구할 수 있다. 임대인이 이를 거부하면 분쟁조정위원회나 법원에 조정을 신청할 수 있다. 지방정부도 구조적 안전이나 위생 문제가 심각한 경우 부적합 주택으로 분류하여 시정 명령, 거주 금지 등의 조치를 할 수 있다. 임대인이 장기간 개선 명령을 이행하지 않으면 벌금, 공공의 강제 수선 후 구상권 청구 등의 절차를 진행할 수 있다. 2014년부터는 전국적으로 임대용 거처는 사전 신고를 하거나 허가를 받도록 하여 기준 이하의 거처를 임대하지 못하도록 규제하고 있다.

2. 임대인의 묵시적 의무를 통한 주거적합성 보장

미국은 법원이 임대차계약의 묵시적 의무를 인정하면서 최소한의 여건을 갖춘 거처를 임대하는 것이나 적절한 수선을 하는 것이 임대인의 책무로 여겨지게 되었다. 최소한의 기준을 제시하고 이를 지키게 만드는 행정적인 노력도 있었고, 자세한 주거적합성 기준을 제시하고 있다. 이런 노력들이 묵시적 의무 인정의 배경이 되었지만, 실제로는 참고가 되는 정도이다.

1901년 뉴욕주의 「다가구주택법」(Tenement House Act 1901)은 미국 주거적합성과 관련한 정책의 중요한 출발점이다. 당시 뉴욕시에는 과밀 거주, 비위생적인 환경, 화재 위험 등 열악한 임대주택의 주거환경 문제가 만연해 있었다. 주택의 위생과 안전에 대한 개입의 필요성이 커지면서 일정 크기 이상의 창문 설치, 일정 높이 이상의 천장, 화장실과 급수 시설, 쓰레기 처리 시설 확보, 건물 내부의 통풍 및 채광 조건 등 실질적인 요건들이 법으로 의무화되었다. 이런 기준은 신축이나 개축되는 주택에 적용되었다. 기존 건물에 대해서는 최소한의 위생과 안전을 확보하기 위해서 일부 내용을 적용하여 개선 명령을 하였다.

1902년 뉴욕주 전역에서는 임대주택을 대상으로 대규모 실태조사와 점검이 이루어졌다. 그 결과 수만 건에 달하는 주거환경 위반 사례(화장실 부재, 통풍 미흡, 과도한 밀집 등)가 확인되었고, 많은 경우 시정명령이 내려졌다. 이를 이행하지 않으면 벌금이나 법원 명령 등의 제재가 따랐기 때문에, 건물주는 최소한의 기준을 충족하도록 주택을 개선하였다. 뉴욕주의 「다가구주택법」과 정책 실행은 다른 주들도 주거적합성에 관한 입법을 하는 계기가 되었다.

주거적합성을 요구하는 실정법의 존재와 별개로, 미국에서 임대주택의 주거적합성에 대한 권리는 1970년대 법원이 임대주택에 대한 주거적합성의 묵시적 보증을 인정하는 판례가 확립되면서부터 비로소 확보되었다고 여겨진다. 이전에도 주택 위생·안전 기준을 강제하는 법률은 있었지만, 임차인을 위해 임대주택을 반드시 적정하게 유지해야 할 직접적 책임(민사상 책임)은 명확히 확립되지 않았다. 그런데 1970년대부터 주택이 필수적인 주거 기능을 제공하고, 합리적으로 거주하기에 적합한 상태를 유지해야 한다는 묵시적 의무를 인정하는 판례들이 축적되었다. 이러한 기준이 충족되지 않을 경우, 임차인은 임대료의 전부 또는 일부를 지불하지 않거나 손해배상을 청구할 수 있는 근거가 마련되었다.[13] 주거적합성이 행정적인 조치에서 임차인의 권리로 발전한 것이다.

1972년 제안된 미국의 「통일주택임대차법」(Uniform Residential Landlord and Tenant Act)은 각 주에서 관련 법을 제정할 때 참고하는 기본 틀이 되었으며, 많은 주가 이와 유사한 내용을 담은 법률을 시행하고 있다.[14] 「통일주택임대차법」에서는 임대인과 임차인 관계에서 적

---

13) 김영희, "미국법상 임대차주택의 주거적합성에 관한 연구", 법사학연구 제57호 (2018. 4.), 367-380.
14) 통일주택임대차법(Uniform Residential Landlord and Tenant Act)은 연방 차원에서 제정한 연방법이 아니라 미국의 표준주법위원회(National Conference of Commissioners on Uniform State Laws, NCCUSL)가 정한 모델 법률(Model Act)

합한 주거환경을 유지하고, 합리적인 수선을 해야 할 임대인의 의무를 정하고 있다.15)

미국 연방 주택도시개발부(HUD)는 1999년부터 건강주택사업(Healthy Homes Program)을 추진하고 있었는데, 2011년 전후로 영국 HHSRS와 비슷한 건강주택평가체계(Healthy Home Rating System, HHRS)를 채택하였다. 주택의 위험 요인을 확인하고 체계적으로 줄여나가기 위한 기준이다. 기준의 내용에는 실내 공기 오염, 결로 및 곰팡이, 해충, 낙상 위험, 물리적 안전 문제 등 주택 내부 및 주변 환경에서 발생할 수 있는 29개 잠재적 위해 요소가 포함되어 있다. 주택 조사를 통해서 각 요소의 위험 발생 가능성과 피해 정도를 고려해 점수화하고, 이를 종합하여 주택의 안전·건강 등급을 결정한다.16)

HHRS는 직접 규제 수단으로 활용되고 있지는 않다. 주 법률에서 HHRS를 활용하여 조사를 하고 일정 수준 이하일 경우 의무적인 조치를 취하도록 하지는 않는다. 관련된 제도와 정책에서 참고할 수 있는 가이드라인이다. 일부 지표를 활용하여 주택에 대한 조사를 실시하고, 규제나 보조금 지원 등을 실시하는 지방정부도 있다.

3. 공유주거에 대한 기준과 규제

여러 가구가 기본적인 시설을 함께 사용하는 거처는 주거적합성을 고려할 때 더 주목해야 할 대상이다. 열악한 임대용 거처가 많이 발견되기 때문이다. 영국의 HMO(House in Multiple Occupation)나 미국의 SRO(Single Room Occupancy)의 경우 별도의 허가 체계를 만들었다.

이다. 주에서는 자율적으로 이를 채택하거나 변형할 수 있다.
15) 여경수, 앞의 글, 157-158.
16) The U.S. Department of Housing and Urban Development(HUD), *The Healthy Homes Program Guidance Manual* (2012), 8-12.

이런 별도의 제도가 없더라도 프랑스와 같이 주거적합성 기준을 적용하고 임대용 거처에 대한 등록과 허가를 의무화하여 최소 기준을 지키도록 규제하기도 한다.

영국의 경우 HMO(House in Multiple Occupation)를 임대하려면 면허를 받아야 한다. 2004년 주택법(Housing Act 2004)에서 HMO에 대한 최소 기준을 제시하였다. HMO는 여러 가구의 3명 이상이 거주하고, 침실은 각각 사용하지만 부엌이나 욕실 등은 공용으로 사용하는 거주 형태이다. 특히 5인 이상의 거주자를 수용하는 2개 층 이상의 규모가 큰 HMO는 의무적으로 면허를 받아야 한다. 지방정부는 지역 상황에 따라 면허를 받아야 하는 범위를 확대하기도 한다.

지방정부는 구조, 안전 설비(소화기, 화재경보기, 비상구 등), 위생 및 배관 시설, 최소 면적(방 면적, 1인당 최소 면적), 관리자의 적격성 등을 심사하고 면허를 발급한다. 면허는 통상 5년 정도 유효하고, 재발급을 위한 심사를 받아야 한다. 면허 신청을 받으면 지방정부는 일정 기간 이내에 위험성 평가를 하고, 위험이 발견되면 이를 해소하기 위한 조치를 명령한다. 면허 없이 임대사업을 하거나 과밀 거주, 안전 기준 미비 등의 위반에 대해서는 벌금, 임대 금지, 배상, 형사 처벌 등의 대상이 될 수 있다.

미국에는 SRO(Single Room Occupancy) 허가 제도가 있다. SRO는 건물의 방을 1인 단위로 임대하고, 욕실이나 부엌 등은 공용으로 사용하는 형태이다. 주로 저소득층, 학생, 단기 거주자 등을 위한 저렴한 임대용 거처이다. 대공황을 전후해서 뉴욕, 시카고, 샌프란시스코 등 대도시에서 저소득층의 중요한 거처로 자리를 잡았다. 재개발을 거치면서 SRO 건물은 줄어드는 추세이다.

영국과 달리 미국 연방 차원에서 일괄적으로 적용되는 SRO 면허 제도가 존재하지는 않고, 주나 도시별로 주택법, 건축법, 조례 등을 통해서 규제하고 있다. 건물의 다른 부분과 별도 구획 설정, 최소 면적, 천장 높이, 적절한 환기와 채광 조건, 소방 안전 설비(소화기, 경보기,

스프링클러 등), 안전 관리(소방, 전기, 가스 관련 점검), 임차인 등록 등을 요건으로 정하고 있다. SRO 용도로 사용하려면 건축허가나 용도 변경허가를 받아야 한다. 이후 정기적으로 안전·위생 점검을 받고, 시정 명령이 내려지면 일정 기간 내에 개선해야 한다. 그밖에도 벌금, 건물 폐쇄 등의 조치가 가능하다.

샌프란시스코의 경우 저렴한 거처에서 차지하는 비중이 큰 SRO가 줄어들지 않게 하고자 SRO를 보호하기 위한 조례를 두고 있다. SRO를 용도 변경하거나 철거하려면 허가를 받아야 한다. SRO의 임차인을 보호하기 위해서 임대료 인상 폭을 제한하거나 퇴거 절차를 엄격하게 정하고 있기도 하다. 저렴한 거처의 감소는 홈리스 문제에 직접적인 영향을 미치기 때문이다.

프랑스는 공유주거에 대한 별도의 기준과 규제는 없다. 일반적인 주거용 거처에 대한 규제와 관리 체계가 있고, 이를 활용하여 여러 가구가 함께 거주하는 임대용 거처를 통제하고 있다. 주거적합성 기준, 임대용 거처에 대한 허가제, 그리고 안전과 위생에 대한 관리 등을 통해서 공유주거의 최소한의 조건을 보장하도록 규제한다. 주택을 임대하기 전에 지방정부에 미리 신고하고 사전 점검을 받아야 한다. 무분별한 쪼개기나 비위생적이고 안전 기준에 미달하는 거처를 임대하지 못하게 하는 수단이다.

영국의 HMO나 미국의 SRO에 대한 규제는 가장 열악한 거처가 최소한의 요건을 갖추도록 만드는 것을 목표로 한다. 이런 거처들은 허가를 받도록 하고, 정기적으로 상태를 확인하고 관리한다. 기준의 내용에는 최소 면적, 창문, 시설에 대한 기준, 안전과 위생에 대한 기준 등이 공통적으로 포함되어 있다. 공유주거에 대한 별도의 기준이 없는 프랑스의 경우에도 일반적인 임대용 거처에 대한 기준을 적용하여 규제한다. 기준에 미치지 못하는 거처들은 기간을 두고 기준을 준수하도록 지원하기도 한다.

4. 임대주택 의무등록제

　임대주택 등록제도는 민간임대주택이 일정 수준 이상의 주거환경을 제공하도록 하는 정책의 중요한 토대이다. 등록제도는 임차인 보호와 주거 안정을 위한 수단이기도 하다. 임대주택 등록제도를 실시할 경우 민간임대주택을 소유한 임대인은 임대사업을 위해서 의무적으로 등록해야 한다. 등록하려면 대체로 주거적합성 평가를 받아야 하며, 정기적으로 재등록해야 한다. 주거적합성에 대한 확인 절차를 포함하지 않고 등록제를 실시하는 경우도 있다.

　영국의 스코틀랜드와 웨일즈는 의무적인 등록제를 운영하고 있다. 스코틀랜드에서는 2006년부터 임대인 등록제도(Landlord Registration Scheme)를 실시하고 있다.[17] 이 제도는 일정 수준 이상의 주거환경을 유도하기 위한 것으로 주택의 상태와 관리 이력 등을 고려하여 등록을 거부하거나 취소할 수 있다. 등록하려면 주거적합성 평가를 받아야 한다. 법적으로 가스 안전, 전기 안전, 화재 안전 등에 관한 필수적인 검사가 규정되어 있는데, 이를 완료한 증명도 포함된다.

　등록에서는 임대인에 대한 평가도 이루어진다. 여기에는 과거의 임대 기록이나 주택 상태에 대한 위반 사항도 포함된다. 이를 위해서 임대인에 대한 기본 정보, 소유한 임대용 자산에 대한 정보, 관련 법적 요구사항을 준수하고 있는지, 임대나 관리 업무의 대리인에 대한 정보, 임대인의 과거 임대 운영 기록 등을 제공해야 한다. 임대인의 과거 임대 기록은 불법적인 임대나 기타 법적 문제가 발생한 적이 있는지 확인하기 위한 것이다. 임대인의 범죄 기록도 조회한다. 3년마다 재등록해야 하고, 등록 갱신 시 다시 평가를 받는다. 등록된 정보를 공개하는데, 이는 임차인의 권리와 안전을 보장하기 위한 것이다. 불법적인 임

---

17) Livingston, Mark et al., "Private Renting Reforms: how to evidence the impact of legislation", *SPICe Briefing* 18-77, The Scottish Parliament (2018. 11.), 14-16.

대주택은 계약하지 않도록 하고, 임대인에 대한 평가도 확인하고 안전한 집을 구할 수 있게 돕는다. 등록 의무를 위반한 임대인은 벌금과 함께 임대 금지 명령을 받을 수 있다.

웨일즈는 2014년 웨일즈 주택법(The Housing (Wales) Act 2014)에 따라 민간임대주택에 대한 등록제를 실시하고 있다. 모든 임대인 및 임대관리자는 의무적으로 Rent Smart Wales에 등록해야 한다. 2015년 실행 방안을 만들었고, 1년의 유예 기간을 두고 2016년 등록을 시작했다.[18]

민간임대주택 등록제도의 목적은 임대주택이 기본적인 수준을 갖추고 적절히 관리되게 하는 것이다. 관리인의 자격이 강조되고 있는데, 면허가 있는 관리자를 지정하거나 임대인이 직접 주택을 관리하고자 할 경우에는 교육을 받아야 한다. 유효기간은 5년이고 만료 전에 갱신해야 한다. 관리인이 되기 위해서는 범죄 경력 및 임대차 관련 법률 위반 경력을 확인한다. 등록을 하지 않거나 면허가 있는 관리인에 의한 관리가 이루어지지 않으면 벌금을 부과할 수 있고, 임대사업을 제한할 수도 있다.

잉글랜드는 일반적인 민간임대주택에 대한 등록제도는 실시하지 않고 있지만, HMO의 임대는 허가를 받도록 하고 있다. HMO에 대한 규제는 잉글랜드만이 아니라 영국 전역에 걸쳐서 실시되고 있다. 지방정부마다 구체적인 적용 시기와 방법은 조금씩 다르다.

미국은 연방이나 주 차원에서 실시하는 임대주택 등록제도는 없고, 도시 차원에서 시행하는 경우가 있다. 뉴욕시의 경우 3호 이상의 주택이 있는 건물, 건물주가 거주하지 않는 건물의 임대주택은 예외 없이 등록해야 한다. 임대주택 등록은 임대인과 임차인의 권리관계를 명확하게 하고 임대료 정책의 영향을 받는 주택의 관리를 위한 것이다. 뉴

---

18) RSM PACEC Ltd., *Evaluation of Rent Smart Wales*, Welsh Government (2018), 10-1

욕시는 높은 주거비로 인해서 일부 주택에 대한 임대료 규제나 임대료 안정화 정책을 실시하고 있다. 뉴욕시의 임대주택 등록 과정에는 주거품질을 현장에서 점검하지는 않는다. 주거품질에 대한 관리는 일반적인 건축물 이력 관리 체계와 주택 관리에 대한 점검 등을 통해서 이루어진다.

뉴욕시의 등록 대상 임대주택은 대부분 등록되어 있다. 대상이 되는 임대주택은 매년 등록해야 한다. 등록 조건에 해당하는데 등록하지 않는 주택은 호당 매달 최대 500달러의 벌금이 부과될 수 있다. 그럼에도 불구하고 등록되지 않은 주택이 많다. 이는 등록 누락을 시스템적으로 추적하지 못하고 있고, 등록하지 않음으로써 얻는 세금이나 규제 회피 등의 이익이 벌금보다 크다고 판단하는 경우도 있기 때문이다.

클리블랜드는 모든 임대주택을 등록하도록 하고 있다. 소유자 이외의 사람이 거주하는 주택은 모두 등록 대상이다. 임대주택 등록은 매년 갱신해야 하고, 등록을 위해서는 주택 소유자의 정보와 연락처, 관리인, 유지보수 담당자에 대한 정보 등이 필요하다. 등록 과정에서 주택의 물리적 상태, 안전성, 위생 등을 직접 확인한다. 모든 임대주택을 매년 검사하려면 많은 인력이 소요된다. 그래서 인력은 줄이고 효과는 높이기 위해서 고위험 지역, 과거 위반 이력 보유 주택, 오래된 건물 중심으로 우선 점검을 실시한다. 또한 일정 비율 무작위 추출 검사, 임대인 자가 인증도 병행하고 있다.[19]

시애틀은 임대주택 등록과 검사 제도를 시행하고 있다. 2014년에 임대주택의 안전과 주거적합성을 확보하기 위해서 도입되었다. 임대되는 모든 주택을 대상으로 하고, 건물의 규모에 따라 단계적으로 확대해왔다. 임대주택은 정기적인 검사를 통해서 기본적인 안전, 건강 및

---

19) City of Cleveland, "Residents First Rental Registeration Process for Landlords", https://www.clevelandohio.gov/sites/clevelandohio/files/Residents%20First%20One%20Pager%20-%20Landlord-0424.pdf, (2025. 3. 1.).

유지보수 기준 충족 여부를 확인한다. 10% 무작위 샘플 조사를 하여 평균 10년마다 검사가 진행될 수 있게 한다.[20]

독일은 민간임대주택 시장에 대한 규제가 엄격한 편이다. 전국에 걸쳐서 단일한 체계가 작동하는 것은 아니지만, 민간임대주택 등록제도를 실시하는 주가 많다. 등록제도는 임차인 보호, 임대료 상승에 대한 규제, 임대주택 시장의 투명성 확보 등의 여러 가지 정책 목적과 관련이 있다. 일부 주에서는 모든 임대주택을 등록하도록 하고 있다. 주거비가 비싸고 임차인 보호의 필요성이 큰 베를린의 경우가 그러하다. 등록하지 않으면 벌금을 부과할 수 있다. 등록된 정보를 토대로 임대주택시장의 현황을 파악하고, 과도한 임대료 상승이나 부당한 임대 조건을 규제한다. 베를린은 주기적으로 지역별 평균 임대료를 발표하여 적절한 임대료가 유지되도록 유도하고 부당한 가격 책정을 억제한다. 등록된 임대주택 데이터를 통해 수요를 분석하고 공급 계획을 세우기도 한다.

프랑스는 2014년 주거접근성 향상 및 도시계획 개혁법 이후 지방정부가 임대주택에 대한 허가나 사전 신고제를 실시할 수 있게 되었다. 주로 주거환경이 열악하거나 임대주택에 대한 질적 관리가 필요하다고 여겨지는 지역에서 도입되는 경향이 있다.

임대주택에 대한 허가 또는 사전 신고 과정에는 주거적합성 기준이 적용된다. 허가제는 지방정부가 일정 구역 내에서 주택을 임대하기 전에 반드시 허가를 받도록 하는 제도이고, 사전 신고제는 임대 개시 전에 지자체에 신고만 하면 되는 방식이다. 허가제를 적용하는 경우, 주택이 주거적합성 기준을 충족하는지 여부를 확인하는 절차를 거쳐야 하며, 사전 신고제에서는 해당 기준을 확인할 수 있는 문서나 정보를

---

20) Seattle Department of Construction and Inspections, "RRIO Checklist", https://www.seattle.gov/documents/Departments/SDCI/Codes/RRIO/RRIOChecklist.pdf (2025. 3. 1.).

제출하도록 요구한다.

V. 주거적합성 정책 추진 방안

주거적합성 정책은 일정한 기준 이하의 열악한 거처에서 생활하지 않도록 하려는 목표를 가지고 있다. 그런데 최저주거기준은 그 이하의 거처를 규제하기 위한 수단으로 활용되지 않았다. 주택을 건설할 때 기준으로는 고려되었지만, 기존 주택이 이에 미치지 못하는 경우 규제하지는 않았다. 열악한 거처가 집중된 공유주거나 다중주택, 고시원 등의 내용을 담고 있지 않다. 실질적으로 열악한 거처의 공급과 이용을 규제하기 위해서 적용할 기준을 고안할 필요가 있다. 먼저 공유주거에 대한 기준을 만들고 적용하는 것이 우선적인 과제로 여겨진다. 이어서 주택의 이용 단계에 최저주거기준을 적용할 방법을 고안해야 할 것이다.

임대용 거처의 최소 품질을 확보하기 위한 효과적인 방법은 임대주택을 등록하게 하고 일정 기준을 충족하도록 규제하는 것이다. 이러한 기준을 충족하지 못한 거처는 임대가 허용되지 않아야 한다. 임차인에게는 기본적인 수준을 요구할 수 있는 권리도 보장되어야 하고, 기준 이상의 거처를 제공하는 것이 임대인의 책임으로 인식되어야 한다. 기준의 적용과 규제는 가장 열악한 거처부터 단계적으로 시행하는 것을 고려할 수 있다. 집행을 위한 행정 능력을 확보해야 실질적인 성과를 거둘 것이다.

1. 임대용 거처에 적용할 주거적합성 기준

가. 공유주거 기준

다중주택, 고시원을 포함하는 공유주거에 적용할 기준이 필요하다. 주거용으로 임대되고 화장실이나 부엌 등 기본적인 시설을 공유하는 경우에 적용된다. 기숙사 등도 당연히 포함된다. 신규 공급이나 이용 단계에 모두 적용한다. 최저주거기준과 별도로 만들어질 수도 있다.

이런 기준에는 면적, 창문, 환기, 화장실, 취사시설 등 건축조례에서 다룰 수 있는 기본적인 사항이 포함된다. 또한 건강과 안전에 대한 위험 요소를 제거하기 위한 것과 기본적인 생활에 필요한 설비를 갖추고 정상적으로 작동하는 상태를 포함할 수 있다.

이런 내용을 지방자치단체 건축조례 등에 위임하는 것이 아니라, 중앙정부 차원에서 확보되어야 할 최소 수준을 명확하게 제시한다. 지방마다 더 높은 기준을 적용할 수 있도록 재량을 부여할 수 있다.

필요한 경우 기존 거처에 적용되는 기준은 신규 거처를 허가하는 기준보다 완화할 수도 있다. 저렴한 거처의 수가 급격하게 줄어드는 충격을 초래하지 않기 위해서이다. 현장의 변동을 충분히 파악한 상태에서 기존 거처에 대한 기준은 조정해갈 수 있다. 영향을 받는 거처에 거주하는 사람은 상담과 이주 지원, 공공임대주택 제공 등을 통하여 주거를 개선할 기회를 제공한다. 건물 소유자에게는 필요한 경우 건물을 개량하여 기준에 부합하는 거처를 만들거나 다른 용도로 전환할 수 있게 유도한다. 장기적으로는 신축되는 거처에 적용되는 기준과 일관성을 갖게 한다.

나. 기존 주택에 대한 최저주거기준 적용

공유주택 이외의 주택에 대해서는 최저주거기준을 적용한다. 허가

단계만이 아니라 이용 단계에도 개입한다. 임대주택에 대한 정기적인 등록을 실시할 경우 일정 기준 이하의 주택에 대한 임대를 허가하지 않을 수 있으며, 이용 중에도 개선 명령 등의 조치를 취할 수 있다. 기존 주택에 대한 적용은 실질적으로 임대주택으로 제한된다. 임대차 거래 시에도 등록 내용을 변경하도록 하여 거래 신고를 대신한다.

최저주거기준의 항목 전체를 임대주택 등록과 갱신 시점에 현장에서 점검하기는 어렵다. 임대주택 등록과 갱신에서는 점검을 생략할 수 있는 항목도 있고, 일상적인 안전점검 결과로 대체할 수 있는 사항들도 있다. 자가점검 방식을 활용하여 현장점검의 부담을 줄일 수 있다. 항목별로 적용 시기를 조정하거나 단계를 두고 완화한 기준을 적용하는 것도 고려할 수 있다.

2. 적용 방법

가. 임대주택 의무등록제

임대주택 의무등록제[21]는 주거적합성 보장, 안전한 주택임대시장, 주택임대차 거래에 정보 확보, 임차인의 권리 보호 등의 목적을 가지고 있다. 제도의 실행을 위해서는 주요 내용을 법률로 정해야 한다.

임대주택 등록제는 주택의 품질을 규제할 수 있는 토대가 된다. 등록된 임대주택은 최소한의 수준을 확보해야 하고, 지방정부는 임대할 주택이 최소한의 조건을 충족했는지 확인한다. 임대사업을 하려면 해당 주택이 최소한의 기준에 부합하는지 임대사업을 시작하기 전 그리

---

21) 임대주택 의무등록제라는 명칭을 사용하지만, 대상이 주택법에서 정의하는 주택 혹은 준주택으로 제한되지는 않는다. 주거용으로 임대되는 거처는 전체가 포함되어야 한다. 주택임대차계약 없이 소유자가 아닌 사람이 거주하는 거처로 대상을 정의할 수도 있다.

고 일정한 시기마다 점검을 받는다. 임차인은 기준을 충족하지 못할 경우 지방자치단체에 조사를 요청할 수 있고, 기준에 미치지 못할 경우 지방자치단체는 개선 명령 등의 조치를 할 수 있다. 개선 명령을 이행하지 않으면 과태료를 부과하거나, 등록을 취소할 수 있다. 등록대장에는 가장 최근의 주택의 품질 검사 정보가 포함된다. 기준에 미치지 못해서 검사를 통과하지 못한 경우에는 그 내용과 개선 이력도 기록한다. 에너지 성능 등 기타 주택 품질에 대한 정보도 포함할 수 있다. 임대차 거래 시 수선이 필요한 사항을 기록하여, 향후 수선에 대한 책임이 이행되도록 유도한다.

등록제도는 안전한 거래에도 도움이 된다. 모든 임대차 거래는 등록제도를 통해서 신고하게 된다. 등기부와도 연계된 등록정보를 통해서 해당 주택의 권리관계를 즉시 파악할 수 있다. 임대인에 대한 정보, 임대인이 보유하고 있는 다른 임대주택과 임대료 현황도 공개된다. 임대차 관련 범죄 경력도 포함할 수 있다. 임차인은 언제든 정부가 제공하는 웹사이트에서 임대인과 임대주택의 정보를 확인할 수 있다. 이런 정보를 통해서 임대차 거래가 안전한지 확인할 수 있다. 정부가 임대주택과 임대인에 대한 정보를 파악하고 있다는 것 자체가 불법적이거나 기준에 부합하지 않는 임대차를 예방하는 효과도 있다. 명의를 도용하고 서류를 위조하기도 어렵다. 거주 과정에서 발생하는 분쟁에 대응하는 것도 용이하다.

임대주택 등록제는 임대인에 대한 자격 심사를 포함할 수 있다. 과거 임대사업과 관련한 범죄 경력 등을 확인하고 사기 전력이 있는 경우 임대주택 등록을 거절할 수 있다. 이는 악성 임대인의 진입을 막는 효과가 있다. 등록하지 않은 무허가 임대를 지속하는 경우에는 벌금, 사업 금지 등의 조치를 할 수 있다.

등록된 정보는 임대주택에 대한 다양한 정책을 추진할 수 있는 토대가 되는 데이터베이스이다. 임대료 규제 등 임대주택에 대한 정책에 필요한 정보를 제공하는 역할을 할 수 있다. 임대주택시장 상황을 정확하게 파악할 수 있고, 입지와 주택의 품질을 고려한 임대료 파악도 가능하다. 이런 정보는 공정임대료를 제시하는 근거로 활용될 수 있다. 평균적인 수준 이상의 임대료 인상인지 판단하는 정보를 제공할 수도 있으며, 임대료를 둘러싼 분쟁 조정에서도 활용될 수 있다. 이를 위해서도 모든 임대용 거처가 대상이 되고, 등록은 의무적인 사항이 되어야 한다.

나. 가장 열악한 거처 우선 적용

열악하고 위험한 거처를 줄여가기 위한 주거적합성 정책은 최악의 거처에 대한 규제부터 시작할 수 있다. 최악의 거처를 규제하지 않는 주거적합성 정책은 실질적인 의미를 갖지 않는다.

우리 사회에서 상대적으로 열악하고 위험한 거처가 집중된 거처의 유형은 다중주택, 고시원 등을 포함하는 공유주거이다. 이에 대한 규제를 우선적으로 고려할 필요가 있다. 공유주거에 대한 주거적합성 확보를 위해서는 최저주거기준과는 별도의 기준이 필요하다. 그리고 공유주거에 대한 규제를 일반적인 주택에 대한 것보다 우선적으로 엄격하게 적용하는 것이 바람직하다. 공유시설이 있는 유형은 우선적으로 정책 대상으로 삼을 뿐만 아니라 현장검사 등도 엄격하게 적용할 필요가 있다. 습기와 곰팡이로 건강에 위해한 환경일 가능성이 높은 지하주거도 우선적으로 고려할 필요가 있는 유형이다.

임대용 거처에 대한 등록에서도 법적인 주택만이 아니라 주거용으로 임대되는 거처가 모두 포함되어야 한다. 준주택을 포함하는 것은 물론이고, 다른 용도의 시설이 주거용으로 이용되는 경우에도 등록과 주거적합성을 판단해야 할 대상으로 보는 것이다. 명확하게 대상으로 언급되지 않아서 새로운 유형의 열악한 거처가 방치되지 않도록 주의할 필요가 있다.

주거용으로 임대되는 것을 어떻게 정의할 것인가의 문제도 있다.

임대차계약, 주민등록, 임대기간 등을 기준으로 고려될 수 있는데, 실질적인 주거용 이용이 모두 포함되도록 해야 할 것이다. 그밖의 경우에는 상대적으로 엄격한 기준을 적용하는 것이 적절하다.

다. 단계적 적용

일정 수준 이하의 거처에 대해서 임대를 허용하지 않는 조치는 충분한 검토 후에 실시해야 할 것이다. 어느 정도의 기준을 어떤 방식으로 적용할 것인가를 정하는 것도 중요하다. 특히 초기에는 조사와 점검, 적용 범위, 기준의 내용, 유예 기간, 지원책 등을 적절히 활용하여 큰 충격을 주지 않도록 하고, 점진적으로 그 수준을 높여가는 것이 필요하다.

서울시 건축조례에서 제시하고 있는 $7m^2$의 최소 면적과 창문을 의무적으로 설치하도록 하는 정도의 수준은 공유주거에서 임대 금지를 위한 조치가 가능한 수준이라고 판단된다. 2022년 「주택 이외의 거처 주거실태조사」에 따르면 전용면적 $6.5m^2$ 미만의 거처에서 19,992가구가 생활하고 있고, 그들의 대부분(80%)은 고시원, 고시텔에 거주하는 이들이다. 2017년의 조사에 따르면 전용면적 $6.5m^2$ 미만의 거처에서 35,453가구가 생활했고, 이 중 84%는 고시원이나 고시텔 거주 가구였다. 「주택 이외의 거처 주거실태조사」가 포착하지 못한 부분이 있을 것이다. $6.5m^2$ 미만 거처에서 생활하는 가구의 규모가 당장 이용을 금지하기에 상당히 크지만 감소하고 있다. 그래서 약간의 유예기간을 두고 임대를 금지하는 것은 큰 충격을 주지 않을 수 있다.

2022년 조사에 따르면 $6.5m^2$ 이상 $14m^2$ 미만의 거처에는 149,425가구가 생활하고 있다. 이 정도 규모는 짧은 시간 안에 대응하기는 어려울 것이다. 또 2017년 75,228가구에 비해서 상당히 증가하기도 하였다.[22]

---

[22] 국토교통 통계누리, 주택 이외의 거처 주거실태조사 (2017; 2022), https://stat.

〈표 4〉 주택 이외의 거처 현황

구분		2017		2022	
		가구수	비중	가구수	비중
전체 가구		369,501	100.0%	443,126	100.0%
거처 유형	숙박업소 객실	30,411	8.2%	58,155	13.1%
	판잣집·비닐하우스	6,601	1.8%	10,132	2.3%
	고시원·고시텔	151,553	41.0%	158,374	35.7%
	일하는 곳의 일부공간(유주택자)	180,936	49.0%	65,255	14.7%
	일하는 곳의 일부공간(무주택자)			104,224	23.5%
	기타			46,986	10.6%
지역	서울	190,186	51.5%	92,890	21.0%
	인천경기			137,570	31.0%
	광역시 등	179,315	48.5%	55,863	12.6%
	도지역			156,803	35.4%

출처: 국토교통 통계누리, 주택 이외의 거처 주거실태조사 (2017; 2022), https://stat.molit.go.kr/, (2025. 3. 1.).

「주택 이외의 거처 주거실태조사」에서 확인된 것만으로 가장 열악한 거처에 생활하는 가구가 충분히 파악되었다고 보기 어렵다. 다중주택은 단독주택으로 분류되기 때문에 이 조사에 포함되지 않는다. 다중주택은 건축허가 당시에도 최소 규모에 대한 제한이 없고 매우 작은 거처가 집중적으로 공급되는 유형이다. 최근 건축허가에서 급격하게 증가하고 있기도 하다.

고시원에 대한 서울시 건축조례와 같은 수준의 규제는 오래 전에 허가를 받아서 영업하던 기존 고시원이나 쪽방이 밀집된 지역에 상당한 영향을 미칠 수 있다. 다중주택이 집중된 지역도 주의를 기울여야

molit.go.kr/, (2025. 3. 1.).

할 것이다. 이런 지역은 규제의 영향이 상대적으로 클 수 있다. 이런 영향을 줄이지 않으면, 저소득층의 어려움은 커지고 홈리스 발생의 원인이 될 수도 있다. 집행 과정에는 거주자에 대한 상담과 대체 거처 제공에도 주의를 기울여야 한다.

라. 집행 체계

주거적합성 정책의 추진을 위해서는 집행 능력도 중요하다. 객관적인 기준은 안정적이고 일관된 정책 추진을 위해 필수적인 요소이지만, 확인된 문제에 대응할 인력과 조직, 재원이 부족하면 의도한 목표는 달성되기 어렵다.

주거적합성 정책은 먼저 임대주택 등록 조건으로 최소 기준을 충족하고 있는지 검사를 실시한다. 기준 이하의 거처에 대해서 시정 명령, 이용 금지 등의 조치가 가능하다. 필요한 경우에는 행정기관이 직접 수선 등의 조치를 행하고 그 비용에 대한 구상권을 행사할 수도 있다. 이런 조치들은 법적 근거가 명확해야 가능하다.

이런 집행은 실행 조직과 예산 확보 수준에 의해서 제약을 받는다. 주택점검은 지방자치단체 주택조사관이 직접 수행하거나 전문위탁기관을 활용할 수 있다. 기준에 미달하는 거처에 대한 조치는 지방자치단체의 의무도 명확해야 실질적인 효과를 거둘 수 있다. 법적으로 반드시 조치를 취해야 하는 사항이 명시되어야 한다. 그리고 지방자치단체가 의무적 개입 범위를 확대해갈 수 있는 재량도 명확해야 한다.

지방자치단체의 각종 조치가 적절하고 합리적인지에 대한 의심과 다툼이 나타날 것이다. 이런 부담은 피할 수 없지만 줄이기 위한 고려는 필요하다. 가능한 단순하고 투명한 기준, 분명한 집행 절차 등을 통해 분쟁의 여지를 줄인다. 개입의 필요성과 방법의 적절성에 대해서 수긍할 수 있는 수준인지 점검한다. 임대인에게 지나친 부담을 지우면 분쟁이 발생할 가능성이 커진다. 이행 과정에 임차인의 권리가 침해되지는 않는지도 주의해야 한다. 이런 고려는 민원 부담을 줄이는 데 도움이 될 것이다.

VI. 합리적인 주택개조에 대한 편의제공

적절한 주거에 대한 권리를 구성하는 요소로서 주거적합성은 개인이나 가구의 특성도 고려해야 한다. 노인과 장애인을 위한 주택개조는 기본적인 주거생활이 가능한 여건을 제공하기 위한 것이고, 주거적합성 정책의 일부로 볼 수 있다. 이런 관점에서 노인과 장애인을 위한 합리적인 내용의 주택개조는 기본적인 권리 보장을 위한 것으로 보아야 한다. 또 임차가구를 위한 주택개조에 대해서는 정당한 편의제공 의무를 도입하여 권리 침해가 발생하지 않도록 해야 한다.

1. 주택개조를 통한 노인과 장애인의 주거적합성 보장

개인의 특성에 따라 적합한 주거환경의 내용은 달라질 수 있다. 노인과 장애인 등 주거약자에게 적합하지 않은 주거환경은 독립적인 생활을 제한하고, 지역사회로부터 격리된 시설에서 의존적인 삶을 강요하는 원인이 된다.

주택개조는 주거약자의 개별적 욕구에 맞게 그들이 생활하는 주택을 고쳐서 일상생활의 불편을 줄이고 접근성을 높이고 안전하게 생활할 수 있게 만드는 수단이다. 이를 통해서 주거약자가 자신의 삶을 주도적으로 결정하고 통제하면서 공동체의 일원으로 독립적이고 존엄한 삶을 선택할 기회를 확대할 수 있다.

자립생활을 선택할 수 있는 기회는 보편적인 권리로 보장되어야 한다. 이를 지지하는 핵심적인 정책 중 하나가 주택개조 지원이다. 주택개조가 필요한 사람들을 보편적으로 지원하면 자립생활의 여건은 크게 개선될 수 있다. 고령자의 요양원이나 요양병원 의존도가 매우 높고, 현재의 추세가 이어지면 재정적 부담을 감당하기 어렵다. 이런 문제에 대응하기 위해서도 주택개조 지원을 확대하여 지역사회에서 계속 생활할 수 있는 정책을 과감하게 추진할 필요가 있다.

장애인·고령자 등 주거약자 지원에 관한 법률에는 정부가 주택개조에 대한 지원을 할 수 있다고 언급하고 있다.[23] 이를 선택 사항이 아닌 의무로 명확하게 국가의 책임을 규정할 필요가 있다. 정부가 재정적인 여건을 고려하여 대상자의 소득 상한을 정하거나 지원액의 규모를 제한할 수는 있다. 하지만 보편적 지원을 통하여 부담능력 때문에 주택개조를 포기하지는 않게 해야 한다.

2. 주택개조에 대한 임대인의 정당한 편의제공 의무 도입

임대주택에서도 주택개조는 허용되어야 마땅하다. 임대인이 동의하지 않기 때문에 주택개조가 이루어지지 않고, 그로 인해 살던 집에서 정상적인 주거생활을 할 수 없어서 이주를 해야 하는 상황은 발생하지 않도록 해야 한다. 주택개조가 이루어지지 않아서 주거약자 임차인이 겪게 되는 불편은 임대인이 받는 영향에 비해서 훨씬 크다. 지역사회 자립생활을 포기하고 시설이나 병원을 선택할 수밖에 없는 상황이라면 그 정도는 더 심각하다. 따라서 주거약자 임차인을 위해 주택개조

---

[23] 현재 주거약자법 제15조에서는 주거약자에게 주택개조 비용을 지원할 수 있다고 정하고 있다. 제16조에서는 주택개조 지원을 받은 주택은 5년간 주거약자에게 임대하도록 정하고 있다.

가 가능하도록 여건을 마련해야 하면, 이에 따라 임대인과 임차인의 권리도 적절히 조정되어야 한다.

「장애인차별금지 및 권리구제 등에 관한 법률」에는 정당한 편의제공 의무가 규정되어 있는데, 이를 주택임대차관계에도 적용할 수 있다. 임차인이 합리적인 내용의 주택개조를 하고자 할 때 임대인은 정당한 이유 없이 거부하지 못하게 하는 것이다. 또한 원상복구 의무도 원칙적으로 면제하는 것이 바람직하다.

주택개조와 관련하여 정당한 편의제공 의무를 법으로 정하고 있는 나라는 많다. 미국의 공정주거법(Fair Housing Act),[24] 영국의 평등법(Equality Act 2010), 프랑스의 임대차법 등에서는 장애 등으로 인하여 주택개조가 필요한 경우 임대인이 물리적 변경을 허용하도록 임대인의 정당한 편의제공 의무를 규정하고 있다. 임대인은 구조를 손상시키는 등의 조건에 해당하지 않는 한 거부할 수 없다. 이런 규정은 노인과 장애인의 주거권과 자립생활을 보장하기 위한 제도의 발전과 함께 도입되었다.

늦었지만 임차인이 장애·고령·질병 등의 합리적 이유로 주거공간 개조를 요청하는 경우 임대인은 이를 거절하지 못하도록 하는 원칙을 법으로 정하는 것이 필요하다. 주택개조에 대한 임대인의 정당한 편의제공 의무를 도입하는 것이다. 이용자의 특성을 고려하면서 안전하고 편리한 주거공간을 제공하는 주거적합성 보장 정책을 구성하는 요소이다.

---

[24] 미국에서 주택개조에 대한 정당한 편의제공에 해당하는 사항과 그렇지 않은 사항에 대한 판단 기준은 법과 행정지침에서 정하고 있다. HUD & DOJ 공동지침에서는 정당한 편의제공의 구체적 범위, 임차인과 임대인 간 책임 분담, 복구 비용 등을 다룬다. Department of Justice & Department of Housing and Urban Development(DOA & HUD), "Joint Statement of the Department of Housing and Urban Development and the Department of Justice: Reasonable Modifications under the Fair Housing Act" (2008), 1-4.

합리적인 주택개조 요구가 임대인에게 과도한 부담을 주지 않는 한 허용해야 한다. 임차인의 요청을 거절하려면, 건물 안전 훼손, 과도한 비용 발생, 구조상 불가능함 등을 임대인이 증명하도록 한다. 주택개조를 하고자 하는 임차인은 의사를 전달하고, 임대인이 답을 하지 않아도 주택개조 공사를 할 수 있게 한다.

이를 위해서는 임대인과 임차인의 권리와 의무 사항을 규정하고 있는 민법이나 「주택임대차보호법」 개정이 필요하다. 여기에 정당한 편의제공 의무를 규정하고, 임대인이 요청을 거부할 수 있는 정당한 사유도 명시해야 한다. 그리고 주택개조에 대한 원상회복 의무를 면제하는 내용도 포함한다.

Ⅶ. 결론

임대주택의 품질과 임차료가 상응하는 자유계약이 이루어진다는 원리에 따르면 임대주택의 주거적합성과 관련한 고려를 할 필요는 없다. 하지만 여러 국가에서 임대주택의 주거적합성을 확보하기 위한 정책을 실시하고 있다.[25] 이런 개입은 위생이나 안전 문제에서 출발했지만, 점차 임차인에게 기본적인 수준의 거처를 보장하기 위한 것으로 발전하고 있다.

가장 열악한 임대주택시장은 착취적 성격이 있다. 그리고 계속 재생산된다. 이를 고려하면 주거품질에 대한 개입이 없는 것이 문제를 유지하고 심화시키는 원인이라고 여겨질 수 있다.

최저주거기준 제도는 행정법 영역에서 이미 주거적합성 개념을 도

---

25) 김영희, "주택임대차에서 목적물의 품질과 주거적합성과 최저주거기준", 민사법학 제88호 (2019. 9.), 125-130.

입한 것이라 볼 수 있다. 하지만 정책적 실행 수단이 없는 명목상의 성격이 강하다. 이런 상태가 오래 방치된 것은 정치적인 관심이 낮고, 정책 수단을 발전시키고자 하는 노력이 부족했기 때문이다.

주거와 관련된 기준이 실천적인 것이 되기 위해서는 기준 이하의 임대용 거처를 규제하는 것이 핵심적인 수단이다. 이런 정책 수단을 도입하는 것은 적합한 수준의 거처를 제공해야 하는 임대인의 의무를 부여하는 것이다. 임차인은 기준이 충족되지 않은 것에 대항할 수 있는 권리를 갖게 된다. 이런 변화는 임대차계약을 통해서 기준을 충족한 주택을 거래해야 한다는 묵시적 동의를 형성하는 토대이다.

기준 이하의 거처에 대한 임대를 규제하기 위해서는 기준의 내용과 활용 방식을 검토해야 한다. 기준 이하의 거처를 규제할 수 있는 수단을 개발하고, 임대인과 임차인의 관계를 원만하게 조정해야 한다.

임대주택 의무등록제는 주거적합성 기준을 효과적으로 관철시킬 수 있는 수단이다. 임대용 거처의 등록 요건에 최소한 기준을 충족시키는 것을 포함하여 기준 이하의 거처를 규제하는 것이다. 이때 적용할 기준은 최저주거기준과는 다를 수 있다. 기존 거처들이 기준에 미치지 못할 경우에는 지방자치단체가 개선 명령 등의 조치를 취할 수 있다.

임차인의 취약성을 고려한 주택개조가 보편적으로 실시되게 하는 것도 개별적인 특성을 고려한 주거적합성을 보장하는 방법이다. 이를 위해서 주택개조에 대한 지원을 가능한 보편적으로 제공하고, 주택개조에 대해서 임대인의 정당한 편의제공 의무를 법률로 규정하는 것이 필요하다.

| 참고문헌 |

City of Cleveland, "Residents First Rental Registeration Process for Landlords", https://www.clevelandohio.gov/sites/clevelandohio/files/Residents%20First%20One%20Pager%20-%20Landlord-0424.pdf (2025. 3. 1.)

Department for Communities and Local Government(DCLG), *Housing health and safety rating system(HHSRS): guidance for landlords and property-related professionals*, DCLG Publications (2006)

Department of Justice & Department of Housing and Urban Development(DOA & HUD), "Joint Statement of the Department of Housing and Urban Development and the Department of Justice: Reasonable Modifications under the Fair Housing Act" (2008)

Livingston, Mark et al., "Private Renting Reforms: how to evidence the impact of legislation", *SPICe Briefing* 18-77, The Scottish Parliament (2018. 11.)

Oatt, Paul, *Private Sector Housing and Health: Evaluating the Effectiveness of Regulation Intended to Protect the Health of Tenants*, Routledge (2025)

Rachel G. Bratt, Michael E. Stone, & Chester Hartman, *A Right to Housing: Foundation for a New Social Agenda*, Temple University Press (2006)

Reeve, Kesia et al., *Local authority enforcement in the private rented sector: headline report*, Department for Levelling Up, Housing & Communities (2022), https://www.gov.uk/government/publications/local-authority-enforcement-in-the-private-rented-sector-headline-report/local-authority-enforcement-in-the-private-rented-sector-headline-report (2025. 3. 1.)

RSM PACEC Ltd., *Evaluation of Rent Smart Wales*, Welsh Government (2018)

Seattle Department of Construction and Inspections, "RRIO Checklist", https://www.seattle.gov/documents/Departments/SDCI/Codes/RRIO/RRIOChecklist.pdf (2025. 3. 1.)

The Committee on Economic, Social and Cultural Rights, "CESCR General Comment No. 4: The Right to Adequate Housing (art. 11 (1) of the Covenant)" (1991)

The U.S. Department of Housing and Urban Development(HUD), *The Healthy Homes Program Guidance Manual* (2012)

WHO, *Health Principles of Housing* (1989)

국토교통 통계누리, 주택 이외의 거처 주거실태조사 (2017; 2022) https://stat.molit.go.kr/ (2025. 3. 1.)

국토교통부, 2023년 주거실태조사 일반가구 연구보고서 (2024)

국토해양부공고 제2011-490호, "최저주거기준" (2011. 5. 27.)

김영희, "미국법상 임대차주택의 주거적합성에 관한 연구", 법사학연구 제57호 (2018. 4.), 339-386

김영희, "주택임대차에서 목적물의 품질과 주거적합성과 최저주거기준", 민사법학 제88호 (2019, 9.), 125-205

소방청, 통계연보 (2007-2023)

여경수, "비적정 주거 개선을 위한 법제 연구-영국과 미국의 법제를 중심으로", 일감부동산법학 제26호 (2023. 5.), 139-173

윤성진 외, 불법건축물의 주거용 임대 실태와 세입자 주거권 보장 방안, 국토연구원 (2023)

전장헌, "미국부동산에서 주택임대차의 성립요건과 의무에 대한 고찰 –미국주택임대차법을 중심으로-", 한국법학회법학연구 Vol.19 No.2 통권 74호 (2019. 6.), 331-356

최경옥, 이영한, "다중주택의 외부 환경 실태조사 분석-노원구 대학가 공릉 1동, 공릉 2동을 중심으로-", KIEAE Journal Vol.19 No.2 (2019. 4.), 17-24

한국부동산원, 건물에너지사용량 (2018-2023)

임차인의 부담가능성
– 임차인 권리 증진을 위한 소고

김경목*·권도형*·백지욱*·임부루**

|초록|

임차인의 주거 안정을 위해서는 임차인이 부담하는 임대료의 상한을 규제할 필요가 있고, 이러한 차원에서 2020년 7월 31일 시행된 개정 「주택임대차보호법」은 계약갱신요구권과 함께 전월세상한제를 도입하였다. 그런데 전월세상한제 실시로 임대인이 사실상 4년 동안의 임대료 동결 후 신규 계약을 체결할 때 임대료를 인상하는 부작용이 발생할 것이라는 비판 등이 제기되었다. 전월세상한제의 정책적 수단으로서의 효과를 평가해 본 결과, 전월세상한제 실시 이후 신규 임대차계약에 있어 전세가격 상승이 초래되었으며, 전월세거래량이 시기에 따라 최대 30% 정도까지 감소한 것으로 추정되는 등 전세거래가 상당히 감소한 것으로 나타났다. 이처럼 전월세상한제는 그 의도와는 달리 임차인의 주거 안정 보장이라는 목적을 충실히 달성하지 못하고 있는 문제점이 발견된다.

외국의 사례를 통해 현행 전월세상한제의 개선점을 찾아보고자 하였는데, 시장의 상황을 고려하지 않은 채 획일적으로 5%라는 상한선을 강제하는 현재의 전월세상한제는 소비자물가지수나 지역상례적 비교차임 등 지수에 연동하여 경제상황이 반영되도록 하는 외국의 사례와 비교할 때 합리적이지 못한 측면이 있고, 독일의 차임일람표와 같이 임대료를 임대인과 임차인에게 공개하여 임대차시장에서 예측가능성과 안정성을 높이는 방안의 도입을 모색할 수 있다. 그리고 현재 전월세상한제가 임대차 기간 존속 중의 임

---

* 이상 법무법인(유한) 태평양 변호사
** 법무법인(유한) 태평양 전문위원

대료 상승을 규제하는 것에서 나아가 임차인의 주거 안정을 실효성 있게 보장하기 위하여 임대차 개시 시에도 임대료를 규제하는 방안의 도입을 제안한다.

마지막으로 임차인의 부담가능성을 덜어주기 위한 수요자 지원 정책과 관련하여, 저소득층의 주거비를 지원하는 현재 주거급여는 저소득층이 실제로 부담하는 임차료를 충당하기에 충분한 수준으로 지급되도록 개선할 필요가 있다. 그리고 서민의 주거 안정을 지원하기 위해 지속적으로 확대된 전세대출은 오히려 전세 수요를 자극하여 전세보증금 상승의 주요 요인이 되고 있어 전세대출로 인한 과도한 유동성을 억제하기 위한 정책 추진이 필요하다.

I. 들어가며

2023년도 주거실태조사에 따르면 전국의 주거 점유형태는 자가에서 거주하는 가구 57.4%, 임차로 거주하는 가구 38.8%로 나타났다.[1] 이처럼 임차가구의 비율이 상당한 우리나라에서 임대차제도를 포함한 정부의 주택정책은 국민의 주거생활에 큰 영향을 미칠 수밖에 없다. 주택시장에 영향을 미치는 정부의 모든 정책은 넓은 의미의 주택정책에 해당한다. 이러한 주택정책은 주거용(사회적) 건설을 돕는 실물 지원과 주택수당을 통한 세입자 지원 등과 같은 적극적 정책, 그리고 임대료 규제와 임차권의 존속 보장(임차인의 퇴거 방지) 등과 같은 제한적 정책으로 구분할 수 있다. 이 중 임대료 규제 정책은 세입자를 임대료 인상으로부터 보호하는 것을 목표로 하는데, 이는 단기적으로 주택 공급을 빠르게 늘릴 수 없기 때문에 주택 공급량으로 임대료를 조절할 수 없고, 임대료의 경우 가계 지출의 가장 중요한 구성 요소로서 가계

---

1) 국토교통부, 2023년도 주거실태조사 - (일반가구) 연구보고서 (2024), 62.

에 미치는 영향이 크기 때문에 정책적으로 규제할 필요성이 크기 때문이다.2) 즉, 임대료 규제의 궁극적인 목적은 임차인의 주거 안정성 보장이다.3)

현행 임대료 규제 방안에는 「주택임차대보호법」 및 「민간임대주택에 관한 특별법」의 전월세상한제가 있다.4) 임대료 규제 제도가 있다고 하더라도 임차인에게 계약갱신요구권이 인정되지 않는다면, 임대인은 기존 임차인과의 계약을 갱신하는 대신, 새로운 임차인과 계약을 체결하는 방식으로 임대료 규제를 회피할 수 있으므로, 임대료 규제 제도의 실효성을 확보하려면 임차인의 계약갱신요구권이 필수적이라고 할 수 있다. 2020년 7월 31일 시행된 개정 「주택임대차보호법」은 전월세상한제와 함께 계약갱신요구권을 도입함으로써 임대료 규제가 실질적으로 작동할 수 있게 하였다.5) 그 결과 임차인은 임대료 규제 하에 최대 4년간의 임대기간을 확보할 수 있게 되었으나, 개정 주택임대차보호법 시행 이후 임대인이 사실상 4년 동안의 임대료 동결을 예상하여 미리 큰 폭으로 임대료를 인상하는 부작용이 발생하였다는 등 현행 제도에 대한 비판이 있다.

이 글은 지금 이루어지고 있는 임대료 규제가 임차인의 주거 안정성을 보장하기에 충분한지를 살펴보고 그 개선 방안을 모색하는 데 목적이 있다. 이를 위해서 먼저 주택임대차보호법의 개정으로 도입된 전월세상한제가 임차인의 부담 경감을 위한 실효성 있는 수단이었는지에 대한 평가를 시도한다. 그리고 임대료 규제는 주택에 대한 임대인의 계약 자유를 지나치게 제한하는 것으로서 위헌이라는 주장이 제기

---

2) 이춘원, "주택 임대료 규제의 법 정책적 검토", 일감부동산법학 (2023. 11.), 49-52.
3) 노현숙, "임대료규제의 문제점과 개선 방안", 일감부동산법학 제27호 (2023. 11.), 7.
4) 노현숙, 위의 논문, 8-9.
5) 노현숙, 위의 논문, 7-10.

되고 있는데, 임대료 규제 정책에 관한 헌법적인 문제점을 헌법재판소의 판단을 통해 살펴본다. 다음으로, 현재 전월세상한제는 임대차 기간 존속 중의 임대료 상승을 통제하는 데 그치고 있어, 임대료 규제를 효과적으로 하기 위해서는 임대차 개시 시에도 임대료를 규제할 필요가 있다. 독일의 입법례를 통해 임대차 개시 시 임대료를 통제하는 방안의 도입 가능성을 살펴보고, 전월세상한제의 개선을 위한 방안을 검토해 본다. 마지막으로 임차인의 부담가능성을 완화하기 위한 적극적인 정책으로, 임차인에게 임대료를 지원하는 현행 제도에 관해 알아보고 그 개선책을 찾아본다.

Ⅱ. 임대료 변화 및 전월세상한제의 실효성 평가

1. 임차인의 부담에 대한 실태 파악

임차인의 부담 정도에 대한 실태 파악 자료로는 국토교통부에서 실시하는 주거실태조사를 참조할 수 있다. 현재 주거실태조사는 2023년 기준 결과까지 발표되어 있다. 이 결과 중 임차인의 부담 정도에 대하여 참고할 수 있는 통계지표는 다음과 같다.

먼저 임차 가구의 비율을 보면, 이는 전체 가구 중 임차 규제의 1차적 영향을 받는 대상의 규모를 파악할 수 있게 해준다. 다음 〈그림 1〉에 지역별 임차가구의 비율이 나타나 있다. 전국 기준 대략 39%의 가구가 임차 가구이며, 임차 가구 비율에는 지역별로 편차가 있는데, 특히 인구가 많은 수도권의 경우는 임차 가구의 비율이 45%를 상회하는 등 전국 평균보다 높은 것을 알 수 있다. 이러한 결과에 의하면 우리나라 전체 가구 중 임차 가구의 비중이 상당한 것으로 나타난다.

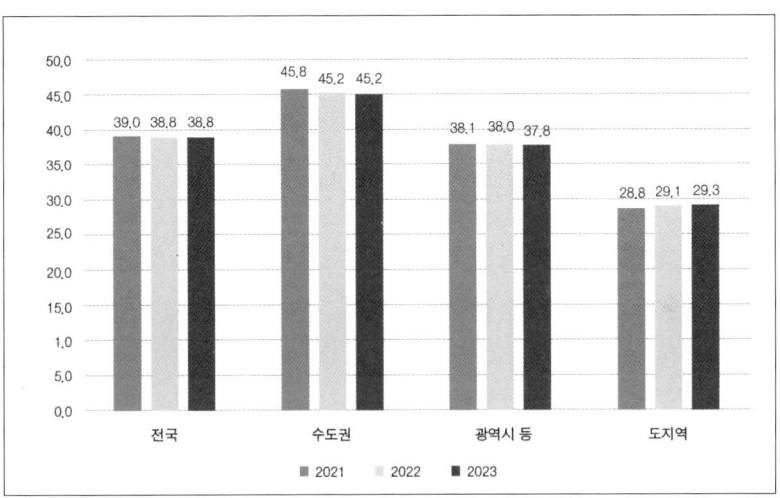

〈그림 1〉 지역별 임차가구 비율(2021 ~ 2023)

출처: 국토교통부, 2023년도 주거실태조사 - (일반가구) 연구보고서 (2024), 63.

 이러한 임차 가구의 주거비 부담 정도를 검토하기 위하여 월소득 대비 월임대료 비율(임차가구 RIR, Rent to Income Ratio)을 살펴본다.[6] 월소득 대비 주택임대료 비율은 "중위월임대료를 중위월가구소득으로 나눈 값"으로, 소득에서 주거비가 차지하는 비중을 보여주며, 이 비율이 20%를 넘으면 주거비 부담이 과중하다고 판단한다. 〈그림 2〉에는 지역별 월소득 대비 월임대료 비율의 추이가 나타나 있는데 전국 기준으로 2023년의 비율은 15.8%이다. 코로나19 이후 이 비율은 꾸준히 상승하고 있으며, 특히 임차 가구의 비중이 높고, 인구가 많은 수도권에서의 비율이 높으며, 2021년 이후 매우 가파르게 상승하는 추세를 보이고 있다.

---

6) 국토교통부, 2023년도 주거실태조사 결과 보도자료 (2024. 12. 27. 발표).

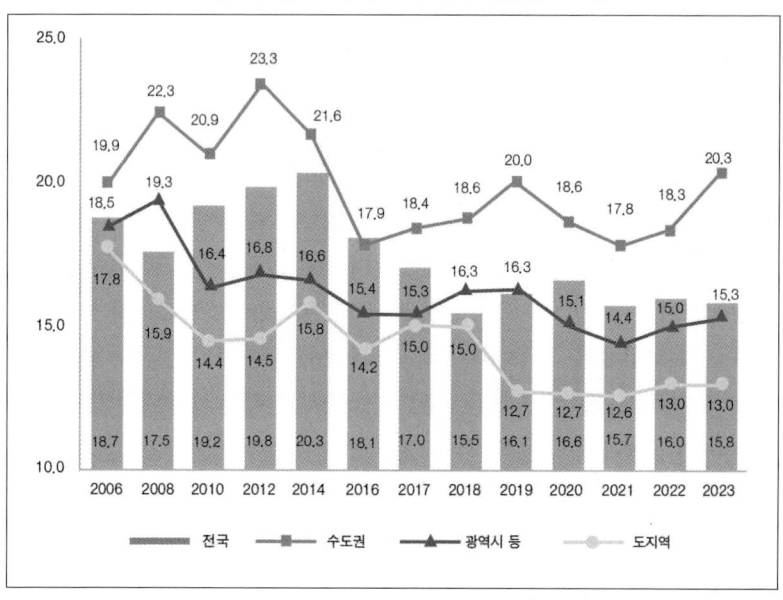

〈그림 2〉 임차가구 월소득 대비 월임대료 비율

출처: 국토교통부, 2023년도 주거실태조사 - (일반가구) 연구보고서 (2024), 97.

또한 가구 특성별 비율을 살펴보면 2023년 기준 전체 가구 평균 비율은 15.8%인 반면, 청년가구는 17.4%, 신혼가구는 18.3%, 고령가구는 29.1%로 이들 가구가 주거비 부담이 더 많은 것을 알 수 있다.

[표 1] 가구 특성별 월소득 대비 월임대표 비율

구분	일반		청년		신혼		고령	
	2022	2023	2022	2023	2022	2023	2022	2023
임차가구RIR(%)	16.0	15.8	17.4	17.4	19.3	18.3	30.6	29.1

출처: 국토교통부「2023년도 주거실태조사」결과 보도자료 (2024. 12. 27.).

2. 주택임대차보호법상 전월세상한제 도입 이후 그 성과에 대한 분석

계약갱신요구권과 전월세상한제를 주요 내용으로 하는 개정 주택임대차보호법이 2020년 7월 31일 시행된 이후 실제 시장에 어떤 영향을 미쳤는지에 관한 분석이 이루어질 필요가 있다. 그러나 실제 개정 이후 약 5년 정도 경과하였음에도 법 개정이 실증적으로 주택시장에 어떤 영향을 미쳤는지에 관한 연구는 많지 않은 것으로 보인다. 이 글에서는 일부 검토된 연구를 활용하여 개정 이후 주택시장에 나타난 변화에 관해 차임 수준 및 임대주택 공급 측면에서 살펴보고자 한다.

먼저 계약갱신요구권과 전월세상한제 도입이 차임의 수준을 상승시켰는지 및 어느 정도로 상승시켰는지에 대하여 살펴본다. 이 주제는 개정 제도 도입의 효과를 분석함에 있어서 가장 큰 비중을 차지한다. 결국 제도 개정 취지의 핵심 중 하나는 임차인의 주거비 부담을 경감한다는 것인데, 본래 취지와는 달리 제도 도입으로 인하여 오히려 임대료가 더욱 상승하는 결과가 나타날 것이라는 예측과 관련한 논란이 많이 있었기 때문이다.

전반적인 수요와 공급 측면에서 볼 때, 개정 제도 도입으로 인하여 임대차 계약은 임차인 측면에서는 이점이 증가하였고, 임대인 측면에서는 감소한 것으로 볼 수 있다. 이에 따라 임대차에 대한 수요는 증가하고 공급은 감소할 것으로 예상해 볼 수 있고, 그 결과 다른 조건이 동일하다면 차임은 상승할 가능성이 있다.[7] 다만 임대차 수요 또는 공급에 영향을 미치는 다른 시장 요인 또는 제도 변화에 따라 차임의 상승 여부는 영향을 받을 수 있을 것이다.

법 개정 이후 임대료가 기존보다 상승한 이유는 다음과 같다. 첫째,

---

7) 송경호, "주택임대차보호법 개정이 주택시장에 미친 영향", 조세재정 Brief 165 (2023), 1-8.

계약기간이 증가함에 따라 미래에 예상되는 가격 상승분이 최초 계약 가격에 선반영되어 차임이 급격히 증가할 수 있다는 것이다. 예를 들어 2년 뒤 차임이 30% 상승할 것으로 예상되는 상황에서 전월세상한제가 없다면 현재 시세대로 계약을 체결한 뒤 2년 뒤 30% 상승한 가격에 다시 계약을 체결할 수 있다. 그러나 전월세상한제가 있는 경우는 2년 뒤 30% 상승한 가격에 계약을 체결하기 어려우므로 이를 현재 체결하는 임대차 계약의 가격에 선반영하여, 시세보다 높은 가격에 계약이 체결된다는 것이다. 둘째, 계약기간이 연장됨에 따라 미래 가격에 대한 예측 불확실성이 기존보다 증가하고, 이에 따른 리스크 프리미엄을 반영하여 차임이 증가한다는 것이다. 이는 마치 리스크 프리미엄을 반영하여 단기금리보다 장기금리가 통상적으로 높게 형성되는 것과 유사한 논리이다.

이와 같은 이론적 논의에 기반하여 법 개정 이후 실제로 차임의 증가가 어느 정도로 나타났는지에 대하여 검토한 결과는 다음과 같다. 송경호(2023)에서는 임대차보호법 개정이 전세가격에 미친 영향을 분석하였는데, 신규 계약의 경우 2020년 12월까지 평균 전세가격은 약 9~11% 정도 상승한 것으로 추정되었으며, 가장 많이 상승한 2020년 12월의 경우 13~18%까지 상승한 것으로 추정되었다.[8] 서울 아파트를 중심으로 분석한 또 다른 연구[9]에서는 단순 비교 시 신규 전세계약 아파트 평균 전세 보증금은 개정 이전에 비해 24.24%p(5.15배) 더 상승한 것으로 나타났다. 이는 법 개정의 규제 대상인 갱신 전세계약 아파트 평균 전세 보증금이 개정 이전에 비해 3.8%p(0.35배) 감소한 것과는 대조되는 결과이다.

한편, 옵션가치 평가모형을 통해 개정 이후 전세가격 상승에 대하

---

[8] 재계약 건까지 포함한 경우에는 2020년 12월까지 평균 4~6% 상승, 2020년 12월의 경우 9% 상승으로 나타난다.
[9] 박현석. "주택임대차보호법 개정이 전세 및 월세 시장에 미치는 영향", 박사학위논문, 서울대학교 (2022).

여 분석한 연구보고서10)에서는 법 개정으로 인하여 신규 전세가격이 2% 정도 상승한 것으로 추정되었고, 이는 위의 다른 논문에서 도출된 결과에 비해 상당히 낮은 상승률이다. 지역별 상승률에는 편차가 있었는데, 서울은 5~6%, 경기는 2~3%, 비수도권은 1~2%로 주택가격 변동성이 높을수록 상승률이 높았다.

차임 상승에 대한 실증분석 결과를 요약하면, 계약갱신요구권과 전월세상한제 도입은 차임의 유의미한 상승에 영향을 미쳤을 가능성이 높다고 볼 수 있다. 다만 그 상승 수준이 상당한지 여부는 논란의 여지가 있는 것으로 보인다. 신규 계약을 기준으로 했을 때, 송경호(2023)에서는 9~11%, 박현석(2022)에서는 24.24%p로 비교적 그 상승률이 높은 것으로 나타났지만, 문윤상 외(2023)에서는 전국 기준 2% 상승한 것으로 추정되었다. 특히 문윤상 외(2023)에서는 이러한 결과에 대하여 법 개정 이후 발생한 전세가격 급등에 해당 규제가 주된 원인으로 작용하였을 것이라는 일반적 주장에 대하여 다소 부정적으로 평가하면서, 논의되었던 수준보다 현저하게 낮다고 보고 있다.

다음으로는 법 개정 이전에 비해 임대주택의 공급이 감소하였는지에 관한 결과를 살펴본다. 앞서 살펴본 바와 같이 임차인의 입장에서는 주거안정성이나 비용부담 측면에서 개선 효과가 있을 수 있으므로 최초 계약가격을 기준으로 동일한 가격에서 임대주택에 대한 수요가 증가할 것으로 예상할 수 있다. 반면 임대인 입장에서는 법 개정으로 인해 재산권 행사에 상당한 제약이 발생하고, 기대 수익도 감소할 것으로 예상되므로 최초 계약가격을 기준으로 동일한 가격에서 임대주택에 대한 공급이 감소할 것으로 예상된다.

이와 같은 수요 및 공급 측면의 변화가 반영된 결과 나타나는 거래량에 법 개정이 미친 영향을 살펴본 실증분석 결과11)에서는 임대차보

---

10) 문윤상·오지윤·이승협, "주택시장과 규제 (Korean Unique Regulations in Housing Market)", KDI Research Monograph 2023-06 (2023).

호법 개정안 발의 시점을 기준으로 하는 경우 전월세거래량이 11% 정도 감소한 것으로 추정되었으며, 시기에 따라 최대 30%정도까지 감소한 것으로 추정되었다. 또한 전세거래 비율에 관한 분석 결과, 전체 임대거래에서 전세거래가 차지하는 비중은 임대차법 시행 이후 5.58%p, 임대차보호법 발의 시점을 기준으로는 2.42%p 감소한 것으로 나타났다. 따라서 법 개정 이후 전세거래가 상당히 감소한 것으로 볼 수 있다. 만약 개정법에 따라 동일 가격에 대한 공급 의사는 감소하지만, 수요 또한 그에 상당하는 정도로 증가한다면 수요, 공급 변화에도 불구하고 거래량은 유사한 수준으로 형성될 것이다. 그러나 개정법 이후 거래량이 상당히 감소하였다는 사실은 수요 증가 효과보다 공급 감소 효과가 훨씬 크다는 것을 의미한다.

임대주택 공급 감소에 관하여 다른 측면에서 유사한 결론을 도출한 연구 결과[12]도 있다. 이 연구에서는 주택 매수자들이 매수 이후 임대차로 전환한 기간에 주택임대차보호법이 미친 영향에 관해 분석하였다. 분석 결과 법 개정으로 인하여 매매 이후 임대차로 전환하기까지의 기간이 평균적으로 40~52% 증가하였는데, 이는 곧 임대주택의 공급량이 감소할 가능성을 의미한다. 법 개정에 따라 공급 측면에서는 임대의 투자 매력도가 감소하고, 수요 측면에서는 기대 거주기간 증가에 따라 임차에 대한 탐색 정도가 증가하였기 때문일 수 있다고 논의되었다.

결론적으로 계약갱신요구권과 전월세상한제는 도입 시 많은 논란이 있었지만, 시행 이후 제도 도입의 경제적 효과를 평가하기 위한 노력은 상당히 부족했던 것으로 보인다. 일부 실증분석결과에 의하면, 법 개정 이후 차임의 상승이 발생하는 것으로 보이지만 그 정도에 대해서

---

11) 송경호, 앞의 글.
12) 이성원·신승우, "주택임대차보호법이 임대차 공급기간에 미치는 영향 분석: 서울 임대차 아파트를 중심으로", 부동산학연구 28(3), 81-93.

는 보다 면밀한 분석이 필요할 것으로 보인다.

Ⅲ. 임대료 규제에 관한 헌법적 검토

1. 현행 법령

「민법」은 "당사자 일방이 상대방에게 목적물을 사용, 수익하게 할 것을 약정하고 상대방이 이에 대하여 차임을 지급할 것을 약정함으로써 그 효력이 생긴"는 물건의 임대차에 관한 여러 사항을 규정하고 있다(민법 제618조~제654조). 즉, 민법은 물건의 임대차에 관한 일반법이라고 할 수 있다.

그런데 주거용 건물(주택)의 경우 물건에 해당되지만, 일반적인 물건과 달리 국민의 주거생활과 직접적인 관련이 있으므로, 이를 특별히 보호하여야 할 필요가 있다. 이에 우리나라는 주택의 임대차에 관하여 국민 주거생활의 안정을 목적으로 하는 「주택임대차보호법」이라는 민법의 특례를 마련해두고 있다.[13] 예컨대, 임차인의 계약갱신요구권과 임대인의 전월세상한제는 「주택임대차보호법」이 규정하고 있다.

한편, 임대 목적으로 제공하는 주택(민간임대주택)과 임대사업자에 대하여 규율하는 법으로 「민간임대주택에 관한 특별법」이 존재하는데, 이하에서는 임차인의 부담이라는 관점에서 「주택임대차보호법」과 「민간임대주택에 관한 특별법」을 살펴보고자 한다.

가. 주택임대차보호법

「주택임대차보호법」은 임대차에 관한 일반법인 민법에 대한 특례로

---

13) 김준호, 민법강의, 법문사 (2023), 990.

서 국민 주거생활의 안정을 보장함을 목적으로 주택의 임대차를 규율하는 특별법이다(제1조). 즉, 「주택임대차보호법」은 주택의 전부 또는 일부의 임대차에 관하여 적용되는바, 비주거용건물에는 적용되지 않는다(제2조). 예컨대, "가게와 방 한 칸이 딸려 있는 주택"의 경우 그 일부를 임차하여 그 방에서 생활하면서 영업도 한다면, 해당 임대차에 대해서 「주택임대차보호법」이 적용되는 반면, "여관의 방 하나를 내실로 사용하거나, 다방에 방 두 개가 딸린 경우에 그 방을 주거용으로 사용하더라도" 이는 비주거용건물의 일부를 주거용으로 활용하는 것이므로, 그 여관 및 다방의 임대차에는 주택임대차보호법이 적용되지 않는다(대법원 1987. 4. 28. 선고 86다카2407 판결, 대법원 1996. 3. 12. 선고 95다51953 판결). 또한 주택의 사용대차와 일시사용을 위한 임대차의 경우에도 「주택임대차보호법」은 적용되지 않는다.[14]

계약갱신요구권과 전월세상한제를 주요 내용으로 하는 개정 「주택임대차보호법」은 2020년 7월 31일 시행되었다. 먼저 계약갱신요구권은 「주택임대차보호법」이 종전부터 인정하던 묵시의 갱신(제6조)보다 한층 더 임차인의 임차권을 보호하는 제도인데, 개정 「주택임대차보호법」에 따르면 임대인은 임차인이 임대차기간이 끝나기 6개월 전부터 2개월 전까지의 기간 이내에 계약갱신을 요구할 경우 정당한 사유가 없으면 이를 거절하지 못한다(제6조의3 제1항). 계약갱신요구권은 형성권으로서 임대인이 정당한 사유를 들어 거절하지 않는 이상 계약갱신 효과가 즉시 발생한다. 갱신요구의 방식에 관해서는 법령에서 별다른 정함이 없으므로 서면은 물론, 구두도 가능하다.[15]

임차인의 계약갱신요구권 행사에 따른 계약갱신 시 갱신되는 임대차는 전 임대차와 동일한 조건으로 다시 계약된 것으로 보지만, 임대인은 일정한 범위에서 차임과 보증금을 증감할 수 있다(제6조 제3항).

---

14) 김준호, 위의 책, 990-991.
15) 전휴재, 온주 주택임대차보호법, 로앤비.

구체적으로 임대인은 계약갱신 시 약정한 차임이나 보증금의 5%를 초과한 금액을 증액할 수 없다(제6조 제3항, 제7조 제2항, 이른바 전월세상한제). 이와 같은 「주택임대차보호법」의 개정에 따라 임차인은 임대차계약의 갱신을 종전의 2년에서 최대 4년(2+2년)까지 할 수 있게 되었고, 임대인은 임차인의 계약갱신요구에 따라 임대차계약을 갱신할 경우 5% 이내로만 임대료를 인상할 수 있게 되었다.

주택임대차보호법 개정 당시 정부는 "「주택임대차보호법」 개정이 경제적으로 취약한 임차인의 권리를 보호하기 위해 마련된 특별법이며, 임대인과 임차인 간의 관계를 보다 균형 있게 재정립하는 것을 목표로 한다"라고 설명하였다.[16] 하지만 앞서 살펴본 바와 같이 개정 「주택임대차보호법」 시행 이후 계약갱신요구권과 전월세상한제의 결합으로 임대차 계약기간이 장기화되고 계약갱신요구권이 행사된 후에야 임대료 변경이 가능하게 됨에 따라[17] 정부의 의도와 달리 임대료가 상승하는 문제가 제기되었다.[18]

이러한 문제는 앞서 본 바와 같이 기본적으로 수요와 공급의 불균형 때문에 발생한 것으로 볼 수 있다. 즉, 계약갱신요구권과 전월세상한제의 도입은 임차인의 입장에서 임대차계약의 조건을 기존보다 향상시키는 효과가 있는바, 이는 "임차인의 임대 계약에 대한 지불의사 금액(willingness to pay)"를 올리고, 임대 계약에 대한 수요를 증가시키는 결과로 나타날 수 있다. 반면에 임대인의 입장에서는 임대차계약의 조건이 종전보다 나빠진바, 그 결과 임대인의 임대 공급 유인은 감소하게 된다.[19] 개정 「주택임대차보호법」 시행 이후 임대인이 사실상 4년 동안의 임대료 동결을 예상하여 미리 임대료를 상당 정도 인상하는

---

16) 송경호, "주택임대차보호법 개정이 임대가격 변동성에 미친 영향과 계약갱신청구권의 실효성", 현안분석 (2024. 9.), 6.
17) 노현숙, "임대료규제의 문제점과 개선 방안", 일감부동산법학 제27호 (2023. 11.), 9.
18) 송경호, 앞의 논문, 7.
19) 송경호, 앞의 논문, 7.

행위가 발생20)하는 것은 이와 같은 임대 관련 비용과 불확실성이 증가하였기 때문인 것으로 보인다.21)

「주택임대차보호법」은 전월세상한제 외에 "보증금을 월 차임으로 전환할 때의 전환 비율"을 규제하는 형태로도 임대료를 규제하고 있다.22) 구체적으로 「주택임대차보호법」 제7조의2는 "보증금의 전부 또는 일부를 월 단위의 차임으로 전환하는 경우에는 그 전환되는 금액에 은행법에 따른 은행에서 적용하는 대출금리와 해당 지역의 경제 여건 등을 고려하여 대통령령(연 1할)으로 정하는 비율 또는 한국은행에서 공시한 기준금리에 대통령령(연 2%)으로 정하는 이율을 더한 비율 중 낮은 비율을 곱한 월 차임의 범위를 초과할 수 없다"라고 규정하고 있다.

「주택임대차보호법」 제7조의2는 보증금만 존재하거나, 차임과 보증금이 동시에 존재하는 임대차계약에만 적용되고, 보증금 없이 차임만 지급하는 임대차에는 적용되지 않는다. 또한 「주택임대차보호법」 제7조의2는 보증금의 전부 또는 일부를 차임으로 전환할 때만 규정하고 있으므로, 차임을 보증금으로 전환할 때에는 적용되지 않는다. 이에 대해서는 임차인의 보호라는 측면에서 역방향 전환에 대한 규제가 필요하다는 견해가 있다.23) 한편, 「주택임대차보호법」 제7조의2는 강행규정으로 임차인이 위 규정에 따른 월차임 산정률을 초과하여 차임을 지급한 경우에는 초과 지급된 차임의 반환을 청구할 수 있다(제10조, 제10조의2).

---

20) 노현숙, 앞의 논문, 9.
21) 송경호, 앞의 논문, 7.
22) 노현숙, 앞의 논문, 10-11.
23) 전휴재, 앞의 책.

나. 민간임대주택에 관한 특별법

　민간임대주택이란 임대 목적으로 제공하는 주택으로서 임대사업자가 「민간임대주택에 관한 특별법」 제5조에 따라 등록한 주택을 의미한다. 민간임대주택에는 토지를 임차하여 건설한 주택 및 오피스텔 등 준주택과 다가구주택으로서 임대사업자 본인이 거주하는 실(室, 한 세대가 독립하여 구분 사용할 수 있도록 구획된 부분)을 제외한 나머지 실 전부를 임대하는 주택이 포함되고, 민간건설임대주택과 민간매입임대주택으로 구분된다(법 제2조 제1호, 시행령 제2조, 제2조의2). 여기서 민간건설임대주택은 임대사업자가 임대를 목적으로 건설하여 임대하는 주택과 주택건설사업자가 사업계획승인을 받아 건설한 주택 중 사용검사 때까지 분양되지 않아 임대하는 주택을 말하고, 민간매입임대주택은 임대사업자가 매매 등으로 소유권을 취득하여 임대하는 민간임대주택을 뜻한다(법 제2조 제2호, 제3호).

　「민간임대주택에 관한 특별법」은 임대료를 규제하고 있는데, 임대사업자가 민간임대주택을 임대하는 경우 최초 임대료는, 공공지원민간임대주택의 경우 국토교통부령이 정하는 기준에 따라 임대사업자가 정하는 임대료로, 장기일반민간임대주택의 경우 임대사업자가 정하는 임대료로 하되, 민간임대주택 등록 당시 존속 중인 임대차계약이 있는 경우에는 그 임대차계약에 따른 임대료로 한다(제44조 제1항). 임대사업자는 임대기간 동안 임대료 증액을 청구할 경우 주거비 물가지수, 인근 지역의 임대료 변동률, 임대주택 세대 수 등을 고려하여 임대료의 5% 이내에서만 청구할 수 있고(제44조 제2항), 임차인은 위 증액 비율을 초과하여 증액된 임대료를 지급한 경우 초과 지급한 임대료 상당금액의 반환을 청구할 수 있다(제44조의2). 그리고 임대사업자는 민간건설임대주택, 분양주택 전부를 우선 공급받아 임대하는 민간매입임대주택, 동일 주택단지에서 100호 이상의 주택을 임대하는 민간매입임대주택, 그 외의 민간매입임대주택을 임대하는 경우 임대보증금에 대한 보증에 가입하여야 한다(제49조 제1항).

2. 전월세상한제에 대한 헌법재판소의 합헌 결정
(헌재 2024. 2. 28. 2020헌마1343등 결정)

가. 사건개요 및 쟁점

국내에 주택을 소유한 임대인들은 2020년 7월 31일 개정된 「주택임대차보호법」 중 ①임차인이 일정한 기간 내에 계약갱신을 요구할 경우 임대인이 정당한 사유 없이 이를 거절하지 못하도록 한 제6조의3 제1항 및 제3항 본문(계약갱신요구 조항), ②갱신거절 시 임대인에게 손해배상을 하도록 하는 제7조 제5항 및 제6항(손해배상조항), ③임대차의 차임이나 보증금 증액청구 시 약정한 차임이나 보증금의 20분의 1의 금액을 초과할 수 없도록 하는 제7조 제2항(차임증액한도 조항) 등에 대하여 헌법소원심판을 청구하였다.

나. 헌법재판소 결정의 요지

(1) 명확성원칙 위반 여부

청구인은 차임증액한도 조항이 차임이나 보증금의 증액청구 시 약정한 차임이나 보증금의 20분의 1을 초과하지 않도록 규정하고 있으나 차임과 보증금이 모두 존재하는 경우 약정한 차임과 보증금의 증가분이 각각 20분의 1을 초과하지 못한다는 것인지, 약정한 차임을 보증금으로 환산하여 환산된 총 보증금의 20분의 1을 초과하지 못한다는 것인지를 전혀 알 수 없으므로 명확성원칙에 위반된다고 주장하나, 차임과 보증금이 모두 존재하는 경우 20분의 1 초과 여부를 산정하는 기준과 관련하여 차임을 보증금으로 환산한 총 보증금 기준으로 삼는 것이 관련 규정과의 체계적 해석에 비추어 볼 때 타당하므로 명확성원칙에 위반된다고 볼 수 없다.

(2) 과잉금지원칙 위반 여부

(가) 심사기준

계약의 자유에 대한 과잉금지원칙 심사에 있어서 제한하는 내용이 개인의 본질적이고 핵심적인 자유영역에 속하는 사항인지, 사회적 연관관계가 큰 경제활동에 관한 사항인지에 따라 비례원칙 적용에 있어서 심사 강도가 달라질 수 있는바, 사회적 연관관계에 있는 경제적 활동을 규제하는 입법사항에 대하여는 보다 완화된 심사기준이 적용된다.

주택은 인간의 생존을 위한 기본요소이자 주거생활의 터전이 되고, 인간의 삶의 기본적인 물질적 조건이라는 특수성을 가지며, 주택 임대차관계에서 임차인의 보호가 주거 안정의 보장과 관련하여 중요한 공익적 목적이 되는 점을 고려할 때 주택 재산권에 대하여서도 토지 재산권만큼은 아니더라도 상당한 정도의 사회적 구속성이 인정된다. 나아가 주택 임대차계약의 갱신 여부, 계약내용 및 상대방 결정 등과 같은 계약의 자유로 보호되는 내용은 임차인 보호와 주거 안정 보장의 측면에서 중요한 사회적 관련성을 가지므로 「주택임대차보호법」상 임차인 보호 규정들이 임대인의 계약의 자유와 재산권을 침해하는지 여부를 심사함에 있어서는 보다 완화된 심사기준을 적용하여야 할 것이다.

(나) 입법목적의 정당성 및 수단의 적합성

헌법은 국가에 주택개발정책 등을 통해 모든 국민이 쾌적한 주거생활을 할 수 있도록 노력하여야 할 의무를 부과하고 있다(제35조 제3항). 국민의 쾌적한 주거생활 보장, 즉 주거권 보장의 핵심은 주거의 안정성이고 이는 인간다운 생활을 하기 위한 필수불가결한 요소이므로, 주택 임차인의 주거 안정을 보호하는 것은 모든 국민은 인간다운 생활을 할 권리를 가지며, 이를 위해 국가는 사회보장·사회복지의 증진에 노력할 의무가 있다고 규정한 헌법 제34조 제1항 및 제2항에 의해서도 정당화될 수 있다.

주택임대차법은 이와 같은 헌법상 의무를 구체화한 것이고, 계약갱신요구 조항과 차임증액한도 조항 및 손해배상 조항의 임차인 주거안정 보장이라는 입법목적은 정당하다고 할 것이며, 이를 통해 임차인의 주거이동률을 낮추고 차임 상승을 제한함으로써 임차인의 주거 안정을 도모할 수 있다는 점에서 수단의 적합성 또한 인정된다.

(다) 피해의 최소성 및 법익의 균형성

주택가격이 상승하고 임대주택의 공급이 부족해지면 차임 급등이 초래되어 임차가구의 주거불안 및 주거비 부담에 따른 생계곤란으로 이어질 우려가 있다. 나아가 임대인이 보증금이나 차임의 과도한 증액을 청구할 경우 임차인은 주거비 부담으로 계약갱신요구권 행사를 사실상 포기하게 되어 계약갱신요구권 제도의 실효성을 확보할 수 없게 된다. 따라서 차임증액의 범위를 제한하는 것은 계약갱신요구권 제도의 실효성 확보를 위한 불가피한 규제에 해당한다.

차임증액한도 조항은 차임증액의 범위를 일정 비율로 제한할 뿐 차임과 보증금 액수를 직접 통제하거나 그 인상 자체를 금지하지 아니한다. 임대인의 입장에서는 주변 다른 임대차의 시세가 급등할 경우 이와 유사하게 더 높은 차익을 올릴 기회를 제한받을 수 있으나, 임차인에게 계약갱신요구권이 1회에 한하여 부여되는 이상 계약갱신으로 인해 차임인상률 제한이 적용되더라도 갱신된 임대차계약 기간의 제한에 불과하다. 또한 2019년 연간 소비자물가상승률과 2015년에서 2019년까지의 수도권 전세가격의 상승률에 비추어 볼 때, 차임 등 증액의 상한인 20분의 1의 비율이 지나치게 낮다고 보기도 어렵다.

한편, 계약갱신요구 조항으로 인하여 임대인은 자신이 소유한 주택에 대한 계약의 자유 및 재산권을 제한받게 되나, 그 경우에도 임대인은 계약갱신에 따라 종전 임차인과의 임대차계약을 유지함으로써 해당 주택에 대한 사용·수익권을 여전히 행사할 수 있다는 점은 마찬가지이므로, 임대인의 사용·수익권에 대한 전면적인 제한이 발생한다고 볼 수 없다. 또한 임대인이 계약갱신요구를 거절할 수 있는 사유를 규정하여 임대인의 기본권 제한을 완화하는 입법적 장치도 마련하고 있다.

주거의 안정은 인간다운 생활을 영위하기 위한 필수불가결한 요소이며, 국가는 경제적 약자인 임차인을 보호하고 사회복지의 증진에 노력할 의무를 지므로, 계약갱신요구 조항과 차임증액한도 조항 및 손해배상 조항이 달성하고자 하는 임차인의 주거 안정이라는 공익은 크다고 할 것이다. 반면 임대인의 계약의 자유와 재산권에 대한 제한은 비교적 단기간 이루어지는 것으로 그 제한 정도가 크다고 볼 수 없으므로 법익의 균형성도 인정된다.

3. 독일 연방헌법재판소의 임대료 제동조치 (Mietpreisbremse)에 대한 합헌 결정

가. 사건개요

2015년 의회에서 통과된 "긴장된 주택임대차시장에서의 임대료 상승 억제와 주택거래 중개에서 의뢰인 중개수수료 부담원칙 강화를 위한 법률"(MietNovG)의 독일민법 제556조d에 대하여 2019년 독일연방헌법재판소는 합헌 결정을 내렸는데,[24] 이 중 임대차 개시 시 임대료 상승을 억제하는 법률조항에 대한 판단 부분만 소개한다.

독일민법(Bürgerliches Gesetzbuch, 이하 "BGB") 제556조d 제1항은

---

24) BVerfG, 18. 07. 2019 - 1 BvL 1/18, 1 BvR 1595/18, 1 BvL 4/18.

주거시장이 열악한 지역의 주거공간에 대하여 임대차 시작 당시 허용되는 임대료는 지역상례적 비교차임보다 최대 10%까지만 상회할 수 있다고 규정하였다(제1항). 그리고 주정부는 법규명령을 통해 주거시장이 열악한 지역을 최장 5년간 지정할 수 있는 권한을 가지는데, 주거시장이 열악한 지역은 임대료가 전국 평균보다 명백히 높게 상승한 경우, 가구의 평균적인 임대료 부담이 전국 평균을 명백히 초과하는 경우, 인구 증가에도 불구하고 신축 주거공간이 공급되지 아니하는 경우, 공실률이 낮고 수요가 많은 경우에 해당된다(같은 조 제2항).

베를린은 2015년 1월 법규명령을 공포하여 도시 전체를 5년간 주거시장이 열악한 지역으로 지정하였는데, 임차인인 원고는 임대인을 상대로 월임대료가 지역의 비교 임대료보다 10% 이상 높은 가격이었음을 이유로 초과 지불된 임대료의 상환을 청구하는 소송을 제기하였다. 이에 임대인인 피고는 임대료 상승을 규제하는 법률의 규정 및 베를린의 법규명령이 재산권 및 일반적 행동의 자유를 침해한다고 주장하며 헌법소원을 제기하였다.

나. 독일 연방헌법재판소의 판단

독일 연방헌법재판소는 임대료 상승을 규제하는 BGB 제556조의d가 비례원칙에 위반되지 않아 임대인의 재산권을 침해하지 않는다고 판단하였는데, 그 내용은 다음과 같다.

(1) 높은 수요가 있는 주거 지역에서 경제적으로 생산성이 낮은 인구 집단이 직간접적으로 이주하는 것을 방지하기 위해 재임대 시 임대료 수준을 제한하는 것이 입법목적이며, 이는 공익에 부합한다.

그리고 임대차 시작 시 임대료 수준을 규제하는 것은 헌법적 관점에서 볼 때 저소득 세입자가 기존 지역에서 쫓겨나는 것을 막을 수 있어 경쟁이 심한 주택시장에서 기존 세입자를 보호하는 역할을 하므로 입법목적을 달성하는 데에도 적합하다.

(2) 임대료 상승을 억제하는 조항의 적용범위가 제한적이라는 점, 즉 단지 과잉 수요의 위협이 있을 때만 규제가 가능하다는 사실에서 임대인의 재산권이 부당하게 침해되지 않는다.

최대 임대료는 지역상례적 비교차임을 기준으로 하며, 이는 BGB 제558조 제2항 제1문에 따라 지자체별로 결정된다. 지역상례적 비교차임은 임대인에게 지역 시장을 대상으로 한 임대료를 보장해 주며, 이는 일반적으로 아파트의 경제적 실행 가능성을 보장하므로 BGB 제556조의d 제1항은 주거용 부동산의 사용 가능성을 부당하게 제한하지 않는다.

또한, BGB 제556조의d 제1항은 임대인이 지역상례적 비교차임의 10%까지 임대료를 인상할 수 있도록 허용하는데, 이는 적어도 현재로서는 인플레이션 보상 효과가 있으며, 동시에 일반적으로 모든 비용 증가에 대한 적절한 보상을 가능하게 한다.

한편, BGB 제556조의e는 임대인이 이전 임대차 또는 임대목적물에 대한 현대화 조치를 고려하여 제556조의d에 따라 허용된 임대료를 초과하는 임대료에 동의할 수 있도록 예외규정을 두고 있다.[25]

(3) 입법부가 재산의 내용과 한계를 결정할 수 있는 권한은 재산의 대상이 사회적 관련성과 사회적 기능을 가질수록 더욱 확대되며, 이는 특히 임대차 규제에 적용된다. 가정은 개인과 그의 가족에게 매우 중

---

25) BGB 제556조의d의 예외로는,
① 이전 세입자가 마지막으로 지불한 임대료(이전 임대료)가 민법 제556조d 제1항에 따라 허용되는 임대료보다 높은 경우 이전 임대료 금액까지 임대료를 합의할 수 있다.
② 임대인이 임대 개시 전 3년 동안 현대화 조치를 시행한 경우 민법 제556조d 제1항에 따라 허용되는 임대료는 이를 초과할 수 있다.
③ 그리고 임대 시작 시 허용 임대료에 대한 규정은 처음으로 사용 및 임대되는 아파트와 전면적으로 현대화한 이후 첫 임대에는 적용되지 않는다.
④ 2014년 10월 1일 이후 처음으로 사용 및 임대되는 아파트에는 적용되지 않는다.

요하다. 그러나 수요가 많은 도시 지역에서도 인구의 상당수는 불가피하게 임대주택에 의존하고 있다. 거주 환경도 입법자가 고려해야 할 측면이다. 또한, 생활 공간은 일반적으로 토지에 의존하기 때문에 주택시장이 촉박하더라도 원하는 대로 재공급될 수 없다

임대료 규제는 기본법 제14조 제1항 제1문에 의해 보호되는, 아파트를 임대하려는 아파트 소유자의 재산권을 제한하는 것은 사실이다. 헌법에 의해 보장된 재산은 사적 유용성과 재산을 처분할 수 있는 소유자의 기본적 권리가 특징이다. 입법부는 개인의 자유와 일반 대중의 복지 사이에서 균형을 맞춰야 하며, 공공복리는 기준점일 뿐만 아니라 재산권을 제한하는 한계이기도 하다. 재산의 사용은 공공의 이익을 위해 이루어져야 하며, 아파트 소유자의 재산권의 내용과 한계를 정하는 독일 민법 제556조의d 제1항은 정당하다.

4. 프랑스 헌법재판소의 임대료 규제에 대한 합헌 판단

프랑스 1946년 헌법 전문 제10문단은 "국가는 개인과 가정에 자신들을 개발하는 데 필요한 조건들을 보장하여야 한다", 그리고 제11문단은 "국가는 특히 어린이, 부녀 및 노인 근로자에게 건강, 물질적 안보, 휴식 및 여가를 보장하여야 한다. 연령이나 육체적 혹은 정신적 상태, 경제적 상황을 이유로 노동을 할 수 없는 모든 인간은 살아갈 수 있는 적정한 수단을 공동체로부터 얻을 권리가 있다"라고 규정한다.[26] 이 규정에 따라 모든 사람이 적절한 주거를 가질 수 있는 가능성은 헌법적 가치를 지닌 목표가 된다고 하여 주거권을 헌법상 권리로 보장하고 있다.

프랑스는 2014년 알뤼르(ALUR)법을 시행하여 '주택의 수요와 공급

---

[26] 권세훈, "프랑스의 주거정책과 주거권", 법제논단 (2016. 12.), 169~170.

사이에 현저한 불균형이 있는 인구 50,000명 이상의 지속적인 도시화 지역'(이하 "밀집지역")에 위치한 주택의 최초 차임에 대해 상한규제를 실시하였다. 밀집지역은 주거에 대한 접근이 매우 어려운 지역으로, 특히 임대료 수준이 높은 경우, 주택의 매매가가 높은 경우, 또는 사회 임대 주택 재고에 비해 수요가 많은 경우 등이 해당된다. 밀집지역에서는 도(département)의 국가 대표자가 매년 법령에 따라 주거 범주 및 지리적 부문별로 주거 공간 평방미터당 가격으로 표시되는 기준 임대료, 최고기준임대료, 최저기준임대료를 설정한다.

알뤼르법이 시행되기 전에 60명이 넘는 야당 의원과 상원의원은 위 법률을 프랑스 헌법재판소(Conseil Constitutionnel)에 회부하였다.27) 상원의원들은 시스템의 복잡성으로 인해 임대 시장의 동향을 정확하게 모니터링하는 것이 불가능하며, 이러한 규제 시스템은 오히려 시장을 경직시키는 효과만 있을 것이라는 주장을 하였다. 헌법위원회는 2014년 3월 20일 심판회부된 알뤼르 법의 조항들이 대부분 조항이 합헌이라고 판단하였다(Décision n° 2014-691 DC du 20 mars 2014).

프랑스 헌법재판소는 주택의 공급과 수요 사이에 불균형이 발생하여 임대료가 상승하는 특정 도시지역에 임대료 규제 제도를 도입함으로써 입법자가 그러한 불균형으로 인한 주거 접근의 어려움을 해소하고자 한 점, 따라서 공공의 이익을 위한 목적을 추구한 점 등을 고려하면, 이 사건 법률조항은 그 입법목적의 정당성을 인정할 수 있다고 판단하였다. 그리고 프랑스 헌법재판소는 의회와 동일한 성격의 일반적인 평가 및 결정 권한이 없다는 점을 고려하면 법률이 채택한 조치가

---

27) 프랑스는 1958년 헌법재판소(Conseil Constitutionnel)를 설치하면서 사전적 규범통제절차를 도입하였는데, 대통령, 수상, 하원의장, 상원의장, 60명의 상·하원의원이 위헌법률심판을 청구할 수 있으며, 이러한 사전적 규범통제는 법률이 최종적으로 통과된 후 공포 전에 이루어지는 것이다(최인화, 프랑스 사전적 위헌법률심판제도의 도입방안 -대상법률과 청구권자를 중심으로-, 서강법률논총 제10권 제3호).

그 목표에 명백하게 부적절하지 않은 한 입법부가 설정한 목표를 다른 수단으로 달성할 수 있었는지 여부를 결정하는 것은 헌법재판소의 권한이 아니라고 함으로써 입법목적을 달성하기 위한 수단의 선택에 있어 입법부의 재량권을 넓게 인정하였다.

프랑스 헌법재판소는 임대료 규제조치는 임대료 수준에 미치는 영향을 고려할 때 주택 공급과 수요 간의 현저한 불균형으로 인해 주택 접근에 심각한 어려움을 겪는 특정 도시 지역에서만 시행될 수 있다는 점, 주거 가능 면적 평방미터당 가격으로 표시되는 기준 임대료는 주거 범주 및 지리적 부문별로 설정된다는 점, 주거 범주와 지리적 부문은 차임감독기구가 조사한 임대 시장 구조에 따라 결정된다는 점, 관할 법원의 통제하에 기준 임대료의 정의가 일반적으로 임대료의 설정을 결정하는 모든 특성과 일치할 수 있도록 충분히 정밀하게 주거 범주 및 지리적 부문을 정의하는 것은 행정 당국의 몫이라는 점 등을 고려하여 임대료 규제조치는 임대인의 소유권 및 계약의 자유에 영향을 미치지 않는다고 판단하였다.

5. 소결

위에서 본 바와 같이 한국, 독일, 프랑스의 헌법재판기관은 모두 임차인의 주거 안정을 위하여 임대료 상한제도를 두는 것은 정당한 입법목적임을 확인하고 있다. 다만 임대료 상한제도가 과잉금지원칙에 위반하여 임대인의 재산권 또는 계약의 자유를 제한하는지와 관련하여 논증의 정치(精緻)함에 있어서는 차이를 보인다.

독일 연방헌법재판소는 임대료 규제가 주택을 임대하려는 임대인의 재산권을 제한하지만 가능한 가장 높은 임대 수입을 얻을 수 있을 것이라는 그들의 확신은 재산권 보장에 의해 보호되지 않는다고 판단하였다. 즉, 임대료 통제의 영향을 받는 주택에 대해 임대인이 높은,

종종 신용으로 조달된 투자 비용을 부담하는 것은 사실이며, 이는 장기간에 걸친 임대 수입을 통해서만 상환될 수 있으나, 사회적으로 논란이 많은 임대법 분야에서 집주인은 법이 자주 바뀔 것으로 예상해야 하며, 자신에게 유리한 법적 상황이 지속적으로 유지될 것이라고 기대할 수 없다는 것이다.[28]

독일 연방헌법재판소는 재산 대상의 사회적 관련성이 강할수록 입법부가 그 내용과 한계를 정하는 권한은 더욱 커진다는 점을 강조하면서도 입법자가 임대료 상승을 통제하는 규정을 만들 때 임차인과 임대인의 이익을 동등하게 고려해야 한다는 점을 고려하고 있다. 이러한 차원에서 임대료 상한 조항에 대한 합헌의 근거로 임대료 상승을 억제하는 조항의 적용범위가 제한적이라는 점, 즉 단지 과잉 수요의 위협이 있을 때만 규제가 가능하다는 사실에서 임대인의 재산권이 부당하게 침해되지 않는다는 점을 들고 있다. 그리고 최대 임대료의 기준이 되는 지역상례적 비교차임은 임대인에게 지역 시장을 대상으로 한 임대료를 보장해 주며, 이는 일반적으로 아파트의 경제적 실행 가능성을 보장하므로 주거용 부동산의 사용 가능성을 부당하게 제한하지 않는다는 것과 임대인이 지역상례적 비교차임의 10%까지 초과하여 임대료를 인상할 수 있도록 허용함으로써 인플레이션을 보상하는 효과가 있고 동시에 일반적으로 모든 비용 증가에 대한 적절한 보상이 가능하게 한다는 것, 임대목적물에 대한 현대화 조치를 한 경우에는 허용된 임대료를 초과하는 임대료에 동의할 수 있도록 예외규정을 두고 있다는 것을 합헌 판단의 근거로 삼았다.

프랑스 헌법재판소 역시 임대료 규제조치가 주택 공급과 수요 간의 현저한 불균형으로 인해 주택 접근에 심각한 어려움을 겪는 특정 도시 지역에서만 시행될 수 있고, 기준 임대료가 주거 범주 및 지리적 부문

---

28) 박신욱, "독일 임대차임 제동수단(Mietpreisbremse)의 성과와 지불 가능한 임대차임에 대한 연구", 법학논총 제37집 제1호 (2020), 244-245 참조.

별로 시장상황을 반영하여 설정된다는 점 등을 합헌 판단의 근거로 들고 있다.

우리나라에서 시행되고 있는 전월세상한제는 그 적용범위가 주택 공급과 수요가 현저히 불균형한 상황에 있는 지역으로 제한되어 있지 않고, 전월세상한의 기준도 5%로 고정되어 있다는 점에서 독일, 프랑스와 차이가 있다. 현재 시행 중인 전월세상한제와 관련하여 전월세상한의 기준으로 제시한 5%가 왜 적절한지 분명한 근거가 없고,[29] 일률적인 상한 설정은 시장상황을 반영하지 못하는 경직성을 초래하며 지역 간 물가나 경제적 상황의 상이성을 반영하지 못한다는 지적이 있다.[30]

이러한 점에서 독일과 프랑스의 경우 임대료 상한을 규제하여 임차인 보호를 도모하면서도 적용범위, 기준이 되는 차임, 예외의 허용 등을 매우 세심하게 규정하여 임대인에 대한 제한을 최소화하려고 하였다는 것은 향후 우리나라에서 전월세상한제를 임대차 개시 시에도 시행하려고 할 때 참고하여야 할 사항이다.

IV. 차임 규제 방식의 개선 방안

1. 임대차 존속 중 차임인상 규제

가. 독일의 차임인상 규제

BGB에 따르면, 주거공간 임대차에서의 차임인상은 ①당사자 사이

---

[29] 김상현, "주택임대차보호법상 계약갱신에 관한 고찰", 일감법학 제50권, 건국대학교 법학연구소 (2021), 94.
[30] 김경희·이상영, "주택 임대차 3법의 문제점과 대안 탐색", 동향과전망 114호, 한국사회과학연구소 (2022).

에 체결된 약정이나, ②법률의 규정에 근거하여 이루어진다.31) 당사자 사이에 체결된 약정에 근거한 차임인상은 장래의 차임변경에 관하여 당사자 사이에 합의한 (a)단계식 차임(Staffelmiete)32) 또는 (b)지수식 차임(Indexmiete)33) 약정이 있는 경우에 이루어진다. 단계식 차임을 약정한 경우 차임제동(Mietpreisbremse)에 의한 허용 차임의 제한은 새로운 임대차개시 시 뿐만 아니라 각 단계식 차임에도 적용되므로, 주 정부가 법규명령으로 주거시장 사정이 열악한 지역으로 지정한 지역 안에 있는 주거공간에 관하여 단계식 약정이 체결되어 있는 경우에는 지역상례적 비교차임(ortsübliche Vergleichsmiete)34)의 10%까지로 차임인상이 제한된다.35) 지수식 차임 약정이 체결되어 있는 경우에는 차임인상률이 물가지수 변동률에 따라 결정되므로 차임인상률에 관한 별도의 상한을 규정하지는 않고 있다.36)

한편, 법률의 규정(BGB 제558조 제1항)에 근거한 차임인상은 일정 요건을 갖춘 임대인이 임차인에 대하여 지역상례적 비교차임의 수준으로 차임을 인상하는 것에 동의할 것을 청구함으로써 이루어진다. 다만, 장래의 차임변경에 관한 당사자 사이의 단계식 차임 또는 지수식 차임 약정이 있는 경우에는 BGB 제558조 제1항의 적용은 배제된다.37)

---

31) BGB 제557조 내지 제561조.
32) 단계식 차임이란 임대차기간 중 일정 기간의 차임을 단계별로 약정하는 방식을 말한다(BGB 제557조의a).
33) 지수식 차임이란 물가의 변동이 차임의 증감에 반영되도록 일정 물가지수에 따라 결정되도록 하는 차임을 말한다(BGB 제557조의b).
34) BGB 제558조 제2항에 따르면 지역상례적 비교차임은 에너지 고효율과 관련된 시설과 성상을 포함하여 유형, 크기, 시설, 성상 및 위치가 유사한 주거공간에 대해 해당 지자체 또는 비교가능한 지자체에서 지난 6년간 합의된 일반적인 임대료로 구성된다. 원래 과거 조사기간이 4년이었으나 2020년 6년으로 개정되었다.
35) BGB 제557조의a 제4항, 제556조의d 제1항 및 제2항.
36) BGB 제557조의b 제4항.
37) BGB 제557조의a 제2항 제2문, 제557조의b 제2항 제3문.

BGB 제558조 제1항에 따른 차임인상청구는 (a)차임이 인상되는 때로부터 거슬러 15개월간 차임이 변동되지 않고, 차임인상 청구가 최종 차임인상이 있은 후 최소 1년(12개월)이 경과하였을 것,38) (b)지역상례적 비교차임 수준으로 차임 인상을 요구할 것,39) (c)3년의 기간 동안에 20%를 초과하여 인상하지 아니할 것(이하 "인상한계")40)을 요건으로 한다.

인상한계는 원칙적으로 20%로 규정되어 있으나, 기초지방자치체 또는 그 일부에서 임대차주거를 적정한 조건으로 충분하게 공급하는 것이 특히 위태롭게 되고 주 정부가 법규명령으로 최장 5년의 기간으로 지역을 지정한 경우에는 인상한계가 15%까지 강화될 수 있다.41) 독일의 연방대법원은 인상한계를 강화하는 내용의 베를린 주의 법규명령이 적법하다고 판단하였고,42) 바이에른 주 헌법재판소도 인상한계를 강화하는 내용의 바이에른 주의 법규명령이 위헌이 아니라고 판단한 바 있다.43) 현재 독일의 16개 주 중에서 12개 주에서는 법규명령으로 인상한계를 15%로 설정하고 있다.44)

한편, 임대인이 지역상례적 비교차임 수준으로의 차임인상을 청구하기 위해서는 임차인에게 이유를 제시하여야 하는데,45) 이유 제시를 위해서는 (a)차임일람표(Mietspiegel), (b)특별 차임일람표(Qualifizierter

---

38) BGB 제558조 제1항 제1문 및 제2문.
39) BGB 제558조 제1항 제1문 및 제2항.
40) BGB 제558조 제3항 제1문.
41) BGB 제558조 제3항 제2문 및 제3문.
42) BGH, Urt. v. 4.11.2015, Ⅷ ZR 207/14, GE 2016, 113. 홍윤선 외 공저, "민사법 정비시리즈 Ⅰ: 독일의 임대차관계에서 차임액의 규율 및 인상방식의 검토, 국내법상 도입 가능성에 관한 연구(上)", 한국법학원, 63에서 재인용.
43) BayVerfG, Entscheidung v. 22.6.2015, Vf. 12 - Ⅶ - 14. 홍윤선 외 공저, 앞의 글, 63에서 재인용.
44) 홍윤선 외 공저, 앞의 글, 64.
45) BGB 제558조의a 제1항.

Mietspiegel), ⒞차임데이터베이스(Mietdatenbank), ⒟전문가 감정서,46) ⒠개별 유사주택의 차임47)이 인용될 수 있다.48)

차임일람표란 임대인 및 임차인의 이익대표가 공동으로 또는 기본지방자치체가 작성하거나 승인한 지역상례적 비교차임에 대한 일람표를 말한다.49) 차임일람표는 하나의 또는 수개의 기초지방자치체의 구역이나 기초지방자치체의 일부에 대해서 작성될 수 있으며,50) 2년 간격으로 시장의 변화에 맞추어 조정되어야 하고,51) 기초지방자치체는 원칙적으로 차임일람표를 작성하여야 하며 그 내용은 공개되어야 한다.52)

특별 차임일람표란 일반적으로 승인된 전문적 원칙에 따라 작성되고 기초지방자치체 또는 임대인과 임차인의 이익대표가 승인한 차임일람표를 말한다.53) 특별 차임일람표는 2년의 간격으로 시장의 변화에 맞추어 조정되어야 하고, 이는 무작위표본조사원 또는 연방통계청이 조사한 국내가계물가지수의 변동이 그 기초가 될 수 있으며, 4년 후에는 새로 작성되어야 한다.54) 특별 차임일람표에 기재된 차임은 지역상례적 비교차임으로 추정된다.55)

차임데이터베이스는 지역상례적 비교차임을 조사하기 위하여 지속해서 수집한 차임정보의 집합으로서 임대인과 임차인의 이익대표가 공동으로 또는 지방자치체가 이를 수집하거나 승인하고 또한 그로부

---

46) 공적으로 위촉받고 선서한 전문가가 이유를 붙여 작성한 감정서를 의미한다.
47) 임대 목적물과 유사한 개별 주택 3채의 차임을 의미한다.
48) BGB 제558조의a 제2항 제1호 내지 제4호.
49) BGB 제558조의c 제1항.
50) BGB 제558조의c 제2항.
51) BGB 제558조의c 제3항.
52) BGB 제558조의c 제4항.
53) BGB 제558조의d 제1항.
54) BGB 제558조의d 제2항 제1문 내지 제3문.
55) BGB 제558조의d 제3항.

터 개별 주거에 대하여 그 지역상례적 비교차임을 추단할 수 있는 정보를 제공하는 것을 말한다.56) 독일에서는 하노버주에서만 차임데이터베이스를 구축하여 운영 중인 것으로 알려져 있다.57)

나. 독일의 차임인상 규제의 시사점(국내 도입 필요성)

당사자 사이의 합의를 존중하면서도 지역상례적 비교차임이라는 개념에 기초한 차임인상 규제를 도입한 독일의 사례는, 차임의 급격한 상승을 막고 임대인과 임차인에게 차임인상에 관한 예측가능성을 제공한다는 점에서 국내에 시사하는 바가 크다.

먼저, 독일에서는 장래의 차임변경에 관한 당사자 사이의 합의 내용을 존중하여 원칙적으로 단계식 차임 약정이나 지수식 차임 약정을 한 경우 이에 따른 차임인상을 허용하고 있다. 이 경우 단계식 차임 약정이나 지수식 차임 약정의 내용은 사전에 서면으로 명확하게 규정되어 있어야 하고, 이와 다른 약정으로서 임차인에게 불리한 것은 효력이 없다.58) 또한 단계식 차임 약정에 따른 차임인상의 경우 지역상례적 비교차임의 10%를 초과할 수 없고, 지수식 차임 약정에 따른 차임인상의 경우에도 물가지수에 연동되는 특성상 급격히 상승하는 경우가 발생하기 어렵다. 현행 「주택임대차보호법」 제7조는 임대차계약의 존속 중 당사자 일방이 약정한 차임 등의 증감을 청구한 때에 한하여 적용되고, 임대차계약이 종료된 후 재계약을 하거나 임대차계약 종료 전이라도 당사자의 합의로 차임 등이 증액된 경우에는 적용되지 않는다.59) 따라서 독일처럼 임대차계약 체결 시 당사자 사이에 장래의 차

---

56) BGB 제558조의e.
57) 홍윤선 외 공저, 앞의 글, 67.
58) BGB 제557조의a 제1항, 제5항, BGB 제557조의b 제1항, 제5항.
59) 홍윤선 외 공저, "민사법 정비시리즈 Ⅰ: 독일의 임대차관계에서 차임액의 규율 및 인상방식의 검토, 국내법상 도입 가능성에 관한 연구(下)", 한국법학원, 8.

임변경 방식에 관하여 합의를 할 때 약정 방식을 법에서 규율하고, 지역상례적 비교차임을 기준으로 그 한계를 설정하는 제도를 국내에 도입할 경우 급격한 차임인상을 방지하고, 특히 임대인과 임차인의 차임인상에 관한 예측가능성을 높일 수 있을 것으로 기대된다.

또한, 독일에서는 단계식 차임 약정이나 지수식 차임 약정이 없는 경우 임대인이 지역상례적 비교차임 수준으로 차임인상을 청구할 수 있도록 허용하되,[60] 3년의 기간에 20%를 초과하여 인상하지 못하도록 인상한계를 설정하고 있다.[61] 지역상례적 비교차임이라는 개념 자체가 지난 6년 동안 합의되었거나 변경된 상례적 차임을 의미하고, 지역상례적 비교차임은 차임일람표 등을 통해 공개되며, 지역상례적 비교차임을 기초로 차임인상 청구를 하는 경우 별도로 인상한계가 적용된다는 점 등에 비추어 보면, 이와 같은 제도를 국내에 도입할 경우 급격한 차임인상 방지와 임대인과 임차인의 차임인상에 관한 예측가능성 확보라는 긍정적인 효과를 기대할 수 있다.

따라서 독일의 차임인상 규제를 국내에 입법론적으로 도입할 경우, 현행 「주택임대차보호법」 시행에 따라 임대차 계약 체결 이후 4년이 지난 시점에서의 차임인상 여부 및 차임인상의 정도에 관한 불확실성 때문에 임대차 개시 시점에서의 차임 또는 4년이 지난 이후 시점의 차임이 급격히 인상되는 문제점을 해소할 수 있을 것으로 기대된다.

다. 국내 도입 시 고려사항

사적자치의 원칙에 반하여 임대인의 재산권을 과도하게 제한하는 위헌적인 상황이 발생하지 않도록 제도를 도입 및 운영해야 할 필요가 있다. 이를 위해서는 단계식 차임 약정, 지수식 차임 약정 등 당사자

---

60) BGB 제558조 제1항 제1문.
61) BGB 제558조 제3항 제1문.

사이에 합의한 내용을 최대한 존중하되,62) 사전에 서면으로 약정하도록 하여 차임인상 여부 및 정도에 관한 예측가능성이 담보될 수 있도록 하는 한편, 차임일람표에 기초한 지역상례적 비교차임을 활용하여 차임 인상의 상한을 설정하도록 하는 등의 제도 설계 방안을 고민할 필요가 있다. 더불어 지역상례적 비교차임에 기초한 획일적인 규제보다는 지역상례적 비교차임의 일정 범위 내에서 임차료를 받는 임대인들에 대한 세제 혜택 및 금융 지원 제공 등 시장친화적 방안을 모색해야 한다.

또한, 지역상례적 비교차임의 근거가 되는 차임일람표(또는 특별차임일람표) 작성 방식의 객관성과 공정성을 확보해야 한다. 독일은 차임일람표를 2년 간격으로 시장의 변동에 따라 조정되도록 함으로써 시장상황을 반영하도록 하고 있으며, 지자체는 차임일람표가 필요하고 합리적인 비용으로 가능한 경우 이를 작성하여야 하고, 특히 인구 5만 명 이상의 지자체는 차임일람표를 작성하여야 한다.63) 연방정부는 연방의회의 동의를 얻어 법규명령으로써 차임일람표의 보다 상세한 내용과 그 작성절차 및 조정절차에 관한 규정을 제정할 권한을 가진다.64) 이처럼 독일은 지자체로 하여금 차임일람표를 작성하도록 하고 주기적으로 시장의 변동에 따라 그 내용을 조정하도록 하여 임대인과 임차인에게 지역의 임대료에 관한 정보를 제공하고 있다.

그리고 독일의 경우 차임일람표 작성에 임대인과 임차인의 이익대표의 참여를 전제로 하고 있으나, 우리나라에서는 임대인과 임차인을 대표할 수 있는 단체가 존재하지 않으므로, 공신력 있는 독립적인 기

---

62) 홍윤선 외 공저, 각주 42의 글, 73-74.
63) BGB 제558조c 제3항 및 제4항.
64) BGB 제558조c 제5항. 차임일람표 작성 및 조정을 위한 법규명령(Verordnung über den Inhalt und das Verfahren zur Erstellung und zur Anpassung von Mietspiegeln sowie zur Konkretisierung der Grundsätze für qualifizierte Mietspiegel)이 제정되어 있다.

관을 별도로 설립하여 데이터 수집, 구축, 조사, 업데이트 등을 전담할 필요가 있다. 조사 결과에 대한 이의 절차 마련, 전월세 신고제 등과 연계한 차임데이터베이스 구축 방안 등도 함께 검토하여야 한다.[65]

2. 임대차 개시 시 차임액 규제 도입

가. 독일의 사례

독일은 2015년 개정으로 주거공간에 대하여 임대차 개시 시에도 차임액을 규제하는 제도(Mietpreisbremse)를 도입하였다. 주거시장 사정이 열악한 지역 내에 있는 주거공간에 관하여 임대차계약이 체결되는 경우에는 임대차 개시 시의 차임을 지역상례적 비교차임의 10%까지만 상회할 수 있다.[66] 여기서 주거시장 사정이 열악한 지역(angespannter Wohnungsmarkt)이란 기본지방자치체나 그 일부지역에서 지역주민이 적정한 조건으로 임대차주거를 충분하게 공급받는 것이 현저하게 위태롭게 되는 경우를 의미하는데, BGB 제556조의d 제2항 제3문은 ① 차임이 연방 기준의 범위에서 평균보다 명백히 높게 상승하는 경우, ② 가구의 평균적 차임 부담이 연방 기준의 범위에서 평균을 명백하게 초과하는 경우, ③인구가 증가하였으나 그로써 요구되는 주거공간이 신축에 의해 공급되지 않는 경우, ④수요가 많음에도 빈 주거가 거의 없는 경우를 예시적으로 열거하고 있다.[67] 주 정부는 주거시장 사정이 열악한 지역을 최장 5년의 기간에 대해 결정할 권한을 가지고,[68] 관련

---

65) 이도국, "독일 주택임대차관계에서의 차임에 관한 연구 – 최근 독일 개정법을 중심으로 -", 법학논총 제36권 제2호 (2019), 198.
66) BGB 제556조의d 제1항.
67) 홍윤선 외 공저, 각주 42의 글, 39.
68) BGB 제556조의d 제2항 제1문.

법규명령을 2020년 12월 31일까지 시행하여야 한다.[69] 주정부는 법규명령을 제정함에 있어 어떠한 사정으로 인해 주거시장 사정이 열악한 지역으로 인정되는지에 관한 이유를 제시해야 한다. 그리고 그 이유에서 주정부가 주거시장 사정이 열악한 지역으로 지정된 지역 및 기간에 대해 이러한 상황을 개선하기 위해 어떠한 조치를 마련할 것인지도 구체적으로 설명해야 한다.[70] 주별 법규명령 제정·시행 과정에서 이유제시 의무를 소홀히 하였거나 이유제시를 공시하지 않은 것과 같은 법규명령 적법요건의 흠결을 이유로 일부 주의 법규명령이 무효가 되었다.[71]

허용되는 차임액은 지역상례적 비교차임의 10% 이내이며, 여기서 차임은 일반적으로 관리비나 추가 기타비용을 제외한 기본차임(Grundmiete)을 말한다.[72] 10% 상한에 대한 예외로 전 임대차관계에서 임차인이 지급한 차임(Vormiete)이 허용되는 차임액을 초과하였던 경우에는 새로 임대차계약을 체결하는 임대인과 임차인은 전 차임액의 한도에서 차임액을 약정할 수 있는데,[73] 이는 임대인이 가지는 이익의 존속을 보호하기 위한 것이다.[74] 이와 관련하여 임대인은 계약 체결 전에 임차인이 정보에 관한 요청을 하지 않아도 전 임대차관계가 종료하기 1년 전의 차임에 관한 정보를 제공하여야 하며, 임대인이 이에 관한 정보를 제공하지 않은 경우에는 전 차임을 한도로 하는 차임액을 주장할 수 없다.[75]

지역상례적 비교차임의 10% 상한이 적용되지 않는 예외규정으로 1)임대인이 임대차관계의 개시 전 3년 내에 개량조치를 실행한 경우

---

69) BGB 제556조의d 제2항 제4문.
70) BGB 제556조의d 제2항 제5~7문. 홍윤선 외 공저, 각주 42의 글, 40.
71) 홍윤선 외 공저, 각주 42의 글, 41.
72) 홍윤선 외 공저, 각주 42의 글, 44.
73) BGB 제556조의e 제1항.
74) 홍윤선 외 공저, 각주 42의 글, 45.
75) BGB 제556조의g 제1a항 제1호, 제2호.

(제559조 제1항), 2)2014년 10월 1일 이후에 사용이 개시되고 임대된 신축 주택과 포괄적 개량조치 후 최초의 임대(제556조의f), 3)단기 임대(제549조 제2항) 등이 있다.

독일의 사례는 임대차개시 시에 임차인 보호를 위하여 임대료 상한을 통제할 필요성을 인정하면서 그 제한과 관련하여 요건을 엄격하고 세세하게 규정하고 있다는 점에 주목할 필요가 있다. 즉, 전 지역을 대상으로 하는 것이 아니라 주거시장 사정이 열악한 지역으로 한정하고 있으며, 주정부는 주거시장 사정이 열악한 지역으로 인정되는지에 관한 이유를 제시하고, 개선조치를 구체적으로 설명하도록 하였다. 그리고 주거시장 사정이 열악한 지역은 5년의 기간으로 지정하고, 연장하려면 법 개정이 필요하다. 그리고 예외규정을 두어 임대인의 이익이 충분히 고려될 수 있도록 하였다.

한편, 독일 경제형법 제5조는 고의 또는 과실로 주거공간의 임대 및 이와 연계된 부수적 급부에 대해 적절하지 않게 높은 보수를 요구하거나, 이를 약정하도록 하거나, 수령하는 사람은 질서를 위반하여 행위하는 것으로 규정한다(제1항). 여기서 적절하지 않게 높은 보수란 공급부족 상황을 이용하여 해당 지역의 지역상례적 비교차임의 20%를 초과하여 정한 보수를 말하며(제2항), 질서위반행위로 인정되는 경우에는 5만 유로 이하의 과태료가 부과된다(제3항). 임대차 개시 시 차임액을 규제하는 제도가 도입되기 전에는 위 경제형법조항이 차임 약정에서의 일반적 한계로 기능하여 왔다.[76]

나. 국내 도입 필요성

새롭게 임대차계약을 체결하거나 새로운 임차인과 계약한 경우에는 전월세상한제가 적용되지 않는다. 임대인이 임대료를 더 많이 받기

---

76) 홍윤선 외 공저, 각주 42의 글, 37.

위해 기존 임차인과 계약을 갱신하지 않으면 기존 임차인의 주거안정도 보장되지 못하고, 새로운 임대차계약을 체결하려는 임차인은 인상된 임대료를 지불해야 하므로 주거 안정을 해치게 된다. 위에서 살펴본 바와 같이 주택임대차보호법 개정 이후 신규계약의 경우 전세가격이 상당히 상승한 것으로 나타나 이러한 우려가 현실로 드러났다. 이러한 점에서 주택임대차보호법에 임대차 개시 시의 임대료 규제 방안을 도입하는 것을 고려해볼 필요가 있다. 다만, 이 경우에도 임차인의 이익을 도모하면서도 임대인의 기본권 제한이 최소화할 수 있도록 조치하는 방안을 강구하여야 한다.

우리 헌법재판소를 비롯하여 독일, 프랑스 헌법재판소는 임차인 주거 안정을 보장하기 위한 임대료 상한제도에 대해 입법목적의 정당성을 인정하고 있다. 그런데 독일과 프랑스의 경우 임대인의 재산권 제한을 최소화하는 여러 조치를 두고 있는 것과는 달리 현재 시행되고 있는 전월세상한제의 경우 5%라는 기준만을 설정하고 있을 뿐 주변지역 임대료의 변동 상황, 물가지수, 예외가 적용되는 상황 등을 전혀 고려하고 있지 않다는 점에서 차이가 있다.

신규 임대차의 경우에도 임대료 인상을 제한하는 제도를 도입하고, 주요 선진 국가들이 소비자물가지수(스페인, 오스트리아, 핀란드 등), 생계비지수(벨기에), 건설비용지수(프랑스), 지역상례적 비교차임(독일) 등과 연동하여 인상하도록 제한하고 있는 점을 참고하여 이와 같이 지수와 연동한 합리적 상한선을 책정할 필요가 있다.[77] 그리고 전세가격지수는 수도권과 지방 도시, 그리고 서울과 지방 도시를 비교해보면 도시별로 상당한 차이가 있다는 점에서[78] 임대료 상한제가 적용되는 지역을 주택의 공급과 수요가 현저히 불균형한 지역으로 제한하여 실

---

[77] 김상현, 앞의 글, 94-95.
[78] 한상훈, "주택임대사업 개선과제에 관한 연구 : 임대료 통제의 관점에서", 대한부동산학회지 제38권 제2호, 대한부동산학회 (2021).

시하고, 임대주택의 개량이나 신축 주택의 최초 임대차계약 시에는 적용을 제외하는 등 예외사유를 규정하는 방안을 고려해볼 만하다.

3. 차임 규제 지역 지정

우리나라에서도 차임 규제 지역을 지정하는 방안이 논의된 바 있다. 2011년 3월 17일 박준선의원이 대표발의한 「주택임대차보호법」 일부개정법률안은, 정부가 지역별로 주택의 차임과 보증금 변동가격을 고시하도록 하고, 정부가 국민주거생활의 안정을 위하여 주택의 차임과 보증금의 제한이 필요하다고 판단하는 경우 주택임대차 관리지역과 주택임대차 신고지역을 지정할 수 있도록 하면서, 주택임대차 관리지역에 대해서는 주택의 차임과 보증금의 상한을 정하여 이를 초과하한 계약 체결을 금지하고 초과분의 반환을 청구할 수 있도록 하는 한편, 주택임대차 신고지역에서는 권장가격을 초과 계약을 체결하려고 하는 경우 임차인이 조정신청을 할 수 있도록 하는 내용을 포함하고 있었다.[79]

우리나라는 서울을 포함한 수도권과 지방의 임대료 차이가 크다. 따라서 현 시점에서 전국적으로 획일적인 차임 규제 방식을 전면적으로 도입하기보다는, 지역별 차이를 반영하여 차임 규제 지역을 지정하여 지역별로 차임 규제를 달리 적용하거나 단계적으로 적용하여야 할 필요가 있다.[80] 또한 이를 임대차 개시 시점에서의 차임 결정 뿐만 아니라 임대차 존속 중의 차임 인상과도 연계하는 방안도 모색해 볼 필요가 있다.

---

79) 2011. 3. 16. 강용석의원이 대표발의한 주택임대차보호법 일부개정법률안에서도 주택임대차관리지역 지정 및 차임 등 상한을 고시하는 내용이 포함되어 있었다. 장경석, "주택 임대료 규제 관련 국내·외 동향과 시사점", 국회입법조사처, 9-18.
80) 이도국, 앞의 글, 197.

V. 주거비 지원 정책의 개선 방안

1. 주거급여

가. 현황

주거급여란 주거 안정에 필요한 임차료, 수선유지비, 그 밖의 수급품을 지급하는 것을 말한다.[81] 주거급여는 「국민기초생활 보장법」, 「주거급여법」, 주거급여 실시에 관한 고시(국토교통부고시), 2025년 주거급여 선정기준 및 최저보장수준(국토교통부고시) 등 관계 법령 및 하위 규정에 근거하여 시행되고 있다.

주거급여는 소득인정액[82]이 보건복지부 산하 중앙생활보장위원회의 심의·의결을 거쳐 결정하는 금액 이하인 사람을 대상으로 실시하도록 되어 있는데,[83] 2025년 주거급여는 기준 중위소득[84]의 48% 이하인 가구를 대상으로 지원하도록 되어 있다. 예를 들어 4인가구의 경우 소득인정액이 2,926,931원 이하인 경우 주거급여 대상이 된다.[85]

---

81) 국민기초생활 보장법 제11조 제1항 제2호, 주거급여법 제2조 제1호.
82) 소득인정액이란 국가 등 보장기관이 급여의 결정 및 실시 등에 사용하기 위하여 산출한 개별가구의 소득평가액과 재산의 소득환산액을 환산한 금액을 말한다(기초생활보장법 제2조 제9호).
83) 주거급여법 제5조.
84) 기준 중위소득이란 보건복지부장관이 급여의 기준 등에 활용하기 위하여 중앙생활보장위원회의 심의·의결을 거쳐 고시하는 국민 가구소득의 중위값을 말한다(기초생활보장법 제2조 제11호). 2025년 기준 중위소득 및 생계·의료급여 선정기준과 최저보장수준(보건복지부고시)에 따르면 4인가구의 기준 중위소득은 6,097,773원으로, 이는 2024년 대비 6.42% 인상된 금액이다.
85) 2025년 주거급여 선정기준 및 최저보장수준.

[2025년 기준 중위소득 및 소득인정액[86]]

가구원수	1인	2인	3인	4인
기준 중위소득	2,392,013	3,932,658	5,025,353	6,097,773
소득인정액(원/월)	1,148,166	1,887,676	2,412,169	2,926,931

주: 5인가구 이상 기재 생략

[주거급여 선정기준[87]]

소득 인정액 기준	• 보장가구의 소득인정액이 기준 중위소득의 48% 이하인 가구 - 소득인정액 = 소득평가액 + 재산의 소득환산액

	• 소득평가액 = 실제소득 - 가구특성별 지출비용 - 근로소득공제
	  *실제소득 : 근로소득, 사업소득, 재산소득, 사적이전소득,
	           공적이전 소득, 보장기관 확인소득

	• 재산의 소득환산액 = (재산의 종류별가액 - 기본재산액 - 부채) ×
	  재산의 종류별 소득환산율
	• 재산의 종류 : 일반재산(주거용재산), 금융재산, 자동차, 기타 산정되는
	  재산
	 - 기본재산액 : 서울(9,900만원), 경기(8,000만원),
	              광역·세종·창원(7,700만원), 그외 지역(5,300만원)
	 - 소득환산율 : 주거용재산(월1.04%), 일반재산(월4.17%),
	              금융재산(월6.26%), 자동차(월100%)

주거급여의 유형은 크게 ①임차급여와 ②수선유지급여로 구분된다. ①임차급여는 타인의 주택 등에 거주하면서 임대차 계약 등을 체결하고 임차료를 지불하고 있는 수급권자에게 임차료를 지급하는 것을 말한다.[88] ②수선유지급여는 주택 등을 소유하면서 그 주택 등에 거주하는 수급권자에게 수선유지비를 지급하는 것을 말한다.[89] 결국 주거급

---

86) 2025년 주거급여 선정기준 및 최저보장수준 재구성.
87) 국토교통부, 2024년 주거급여 사업안내 (2024), 16.
88) 주거급여법 제7조 제1항 등.
89) 주거급여법 제8조 제1항 등.

여를 통한 임차인 주거비 지원이란 임차급여를 의미한다.

임차급여는 지역별 기준임대료를 상한으로 소득인정액 구간(생계급여 선정기준 초과 여부) 등에 따라 차등 지급된다.[90] 여기서 기준임대료란 최저주거기준을 고려하여 지역별[91] 및 가구원 수별로 산정한 임대료를 말하는데, 예를 들어 2025년 서울특별시(1급지)에 거주하는 4인가구의 기준임대료는 545,000원으로 책정되어 있다.

[주거급여 실시에 관한 고시 제7조 제1항]

> **제7조(임차급여의 지급기준)** ① 임차급여는 다음 각 호와 같이 산정하여 지급한다.
> 1. '수급자의 소득인정액≤생계급여 선정기준'(「국민기초생활 보장법」에 따라 정한 생계급여 선정기준을 말한다. 이하 같다)인 경우 : 기준임대료. 다만, 수급자가 임대차계약서에 따라 실제 지불하는 임차료(이하 "실제임차료"라 한다)가 기준임대료보다 적은 경우에는 실제임차료
> 2. '수급자의 소득인정액>생계급여 선정기준'인 경우 : 제1호와 같이 산정하되, 자기부담분을 차감한다. 이 경우 자기부담분은 (소득인정액-생계급여 선정기준)의 100분의 30으로 한다.
> 3. '수급자의 실제임차료>주거급여 기준임대료의 5배'인 경우 : 임차급여는 1만원을 지급한다.

주거급여 업무는 다음과 같은 절차에 따라 처리된다.[92] 가구원 등이 관련 서류를 갖추어 읍·면·동 주민센터에 주거급여를 신청하면, 시·군·구 통합조사관리팀에서 관련 서류를 이관받아 자산 조사 및 선정 등 업무를 수행한 후, 주택조사 전담기관(한국토지주택공사)에 주택조사를 의뢰한다. 주택조사 전담기관은 임차 가구에 대해 임대차 계약에 관한 사항, 임차료 적정성 여부, 주택 등의 현황에 관한 사항, 실거주

---

90) 주거급여법 제7조 제2항 및 제3항, 주거급여 실시에 관한 고시 제4조 제1항 내지 제3항, 제7조 제1항 내지 제6항.
91) 1급지(서울특별시), 2급지(경기도, 인천광역시), 3급지(그 외 광역시, 세종특별자치시, 수도권 외 특례시), 4급지(그 외 지역)로 구분된다.
92) 국토교통부, 앞의 책, 17-24.

[2025년 기준임대료[93]]

(단위: 원/월)

구분	1급지(서울)	2급지(경기인천)	3급지(광역·세종시·수도권 외 특례시)	4급지(그외 지역)
1인	352,000	281,000	228,000	191,000
2인	395,000	314,000	254,000	215,000
3인	470,000	375,000	302,000	256,000
4인	545,000	433,000	351,000	297,000
5인	564,000	448,000	363,000	307,000
6인	667,000	531,000	428,000	363,000

* 가구원 수가 7인의 경우 6인 기준임대료와 동일하고, 가구원 수가 8~9인의 경우 6인 기준임대료의 10%를 가산(10인 가구 이상은 동일한 방식(2인 증가 시 10% 인상)에 따라 적용)

여부에 관한 사항 등을 조사하여 시·군·구 주거급여 담당 사업팀에 통보한다. 이에 따라 시·군·구 주거급여 담당 사업팀에서는 최종적으로 수급권자 해당 여부를 결정하여 그 결과를 신청자에게 통지한 후, 수급권자에게 매월 주거급여를 지급한다. 이후 시·군·구 통합조사관리팀에서 소득·재산 변동 내역 등을 모니터링하면서, 주택 확인조사 의뢰 등을 통한 사후관리를 실시한다.

주거급여 수급가구는 2015년 12월경 약 80만 가구에서 2021년 12월경 127.3만 가구로 50% 이상 증가하였는데, 이는 2018년에 부양의무자 기준이 폐지되고, 2021년에 청년 주거급여 분리지급을 시행하는 한편, 주거급여 선정기준을 기준 중위소득의 48%까지 지속해서 확대했기 때문이다.[94] 이에 따라 관련 예산도 증액되어 2025년 주거급여지원사업 예산은 총 3조 368억여 원으로 편성되었다.[95]

---

93) 2025년 주거급여 선정기준 및 최저보장수준 제2호 가목.
94) 장경석·김강산, "주거급여법의 입법영향분석", 국회입법조사처 (2022), 25-26.
95) 국토교통부, 2025년도 예산 및 기금운용계획 사업설명자료(Ⅱ-1) (2025), 605.

나. 문제점 및 개선 방안

공공임대주택 공급이 저소득층의 주거 안정을 위한 주택 공급 정책이라면, 주거급여는 주택 수요자 입장에서 저소득층의 주거비를 지원하는 정책으로서의 의미를 갖는다.[96] 특히 주거급여는 공공임대주택 공급 등 지원을 받지 못한 저소득층의 주거 안정을 위한 최후의 보루다. 따라서 주거급여(임차급여)는 민간임대주택에 거주하는 저소득층이 실제로 부담하는 임차료를 충당하기에 충분한 수준으로 지급되어야 할 필요가 있다.

그런데 이길제 외(2021)에 따르면, 민간임대주택에 거주하는 수급가구의 실제임차료 대비 기준임대료(임차급여의 상한)의 비율은 2020년에 81%, 2019년에 79.9%에 불과하고,[97] 민간임대주택에 거주하는 수급가구 중 실제임차료가 기준임대료를 초과하는 주택에 거주하는 가구의 비율은 2020년에 61.8%, 2019년에 63.5%에 달하는 것으로 확인된다.[98] 이는 주거급여(임차급여)의 수준이 민간임대주택에 거주하는 수급가구의 주거 안정을 확보하기에 충분하지 않음을 의미한다.

더욱이 공공임대주택에 거주하는 수급가구의 실제임차료 대비 기준임대료의 비율이 2020년에 151.9%, 2019년에 146.6%인 점을 고려하면,[99] 공공임대주택을 공급받았는지 여부에 따라 주거급여(임차급여)가 주거 안정에 미치는 영향에 큰 차이가 발생하고 있음을 알 수 있다. 박서언·전희정(2019)에 따르면, 주거급여 수급가구의 주거비 부담 수준은 공공임대주택 거주가구나 일반 저소득 임차가구에 비해 상대적으로 높을 뿐만 아니라, 평균적으로 소득 대비 주거비의 비율이 30%를

---

[96] 장경석·김강산, 위의 글, 13.
[97] 이길제 외 공저, "주거급여 발전방안 마련 및 주거상향 지원 방안 연구 - 제1권 주거급여 최저보장수준 평가 및 발전 방안 연구", 국토연구원 (2021), 28-29.
[98] 이길제 외 공저, 위의 글, 31.
[99] 이길제 외 공저, 위의 글, 28, 30.

초과하는 주거비 과부담에 속한다.100)

　이와 같이 주거급여(임차급여) 수급가구의 유형에 따라 수급가구별로 주거 안정에 미치는 영향이 달라지는 것은 4개의 급지별로 주거급여(임차급여)가 일률적으로 책정되어 지급되기 때문이다. 따라서 급지를 세분화하거나 유형별로 주거급여(임차급여) 수준을 조정하여 차등 지급하는 제도 개선 방안을 모색할 필요가 있다. 이와 관련해서는 일본에서 주택부조제도를 운영함에 있어서 급지 내 세부기준 정하여 주택부조액을 차등 지급하는 사례를 참고해 볼 수 있다.101) 또한 장기적으로는 독일의 차임일람표 제도를 국내 도입하면서 이에 기초한 지역 상례적 비교차임을 활용하여 기준임대료를 설정하는 방안도 생각해 볼 수 있을 것이다.

　한편, 주거급여의 사각지대를 해소하기 위한 노력도 지속해야 한다. 주거급여 선정기준을 매년 상향 조정하고 있지만, 여전히 주거급여 수급 대상인데도 주거급여를 받지 못하는 가구들이 상당한 비율로 존재하고 있는 것이 현실이다. 강미나 외(2019)에 따르면, 기준 중위소득 44% 이하 가구(2019년 당시 기준 적용)는 181.6만 가구로 추산되었고, 수급률 77.03%를 적용하였을 때 139.8만 가구가 주거급여를 수령할 것으로 예상하였지만,102) 실제로 2019년에 주거급여 수급가구는 103.9만 가구에 불과했는데, 이는 주거급여의 사각지대가 존재함을 의미한다.103)

---

100) 박서연·전희정, "주거복지정책 유형별 주거비 부담수준 결정요인 분석 – 공공임대주택 거주가구와 주거급여 수급가구의 비교연구", 국토계획 제54권 제3호 (2019), 35, 43.
101) 일본에서는 전국 109개 도도부현과 지정도시 그리고 중핵시를 구분하고 각 지역에 3단계 급지 등급을 추가로 적용하여 동일 행정구역이라고 할지라도 주택부조액을 차등 지급하고 있고, 장애자 등 특별한 사정이 있는 가구의 주택부조액은 기준액의 1.3배로 증액하여 지급하고 있다고 한다. 김성연, "주거권 실현을 위한 주거급여 실태분석: 임차급여를 중심으로", 도시행정학보 제33집 제4호 (2020. 12.), 118.
102) 강미나 외 공저, "주거비 부담 완화를 위한 정책방안 연구", 국토연구원 (2019), 33.

주거급여의 사각지대가 존재하는 이유에는 주거급여 수급자 본인이 개인적인 사정으로 신청을 기피하는 경우도 있지만, 주거급여를 몰라서 신청하지 못하는 경우도 상당 부분 존재하는 것으로 보인다. 이를 위해서는 적극적인 홍보와 직권조사가 활성화되어야 할 필요가 있다. 또한 이와 동시에 재정자립도가 낮은 지방자치단체의 주거급여 지급액이 상대적으로 높다는 점을 고려하여 재정자립도에 따른 국고부담률 차등 적용도 고려해야 할 필요가 있다.[104]

2. 전세대출

가. 현황

우리나라에서 주택 임대차를 논할 때 전세(傳貰)를 빼놓을 수 없다. 전세는 우리나라의 독특한 주택 임대차 방식으로, 임차인이 주택 소유자에게 집값의 일정 부분에 해당하는 전세보증금을 교부하고 추가적인 차임 지급 없이 일정 기간 주택을 사용하다가 주택 반환 시 전세보증금을 돌려받는 제도를 말한다. 전세는 연혁적으로 조선시대 후기[105]나 일제강점기 당시의 기록에서도 확인되는 관습인데,[106] 물권으로서의 전세권이 민법에 규정된 이후에도[107] 주택 소유자 입장에서는 대항

---

103) 김성연, 앞의 글, 110.
104) 김성연, 앞의 글, 117-118.
105) 조선시대 후기에 물적 담보제도였던 가사전당의 형태 중 채권 담보를 위해 가사의 점유를 이전하고 기한을 넘기면 영원히 소유하도록 하는 점유질로서의 가사전당이 전세 관습으로 형성된 것으로 보인다. 윤대성, "전세권의 입법과 법리", 민법전시행30주년기념논문집 민법학의 회고와 전망 (1993), 397.
106) 조선총독부 취조국, 관습조사보고서 (1913), 243; 민법심의록(상권), 민의원법제사법위원회민법안심사소위원회 (1957), 182-183; 김용덕 편집대표, 주석 민법 [물권 3] (제5판), 한국사법행정학회 (2019), 236에서 재인용

력과 처분권까지 가지게 되는 강한 물권(전세권)의 설정을 회피할 유인이 많아 여전히 미등기 전세, 즉, 채권적 전세가 성행하게 되었다.[108]

특히 전세는 우리나라에서 도시화 및 산업화가 빠르게 진행되어 도시의 주택공급이 주택수요를 따라가지 못하던 상황에서, 여유 주택을 전세로 내놓고 금전을 융통받으려는 주택 소유자의 이해관계가 월세 부담 없이 도시에서 거주할 주택이 필요한 임차인의 이해관계와 맞아 떨어지면서 널리 확산되었다. 이처럼 전세는 우리나라의 고도성장기에 사금융의 역할을 수행하며 주거 안정성을 제공하였다. 그러나 경제 성장에 따라 집값 상승과 함께 전세가격도 크게 상승하면서, 임차인이 저축을 통해 전세보증금을 마련하는 것이 사실상 불가능해졌고, 은행으로부터 전세대출을 받아 전세보증금을 조달하여 주택 소유자에게 융통해주어야 하는 상황이 발생하였다.

이와 같은 상황에서 정부는 2009년부터 서민의 주거비 부담 완화를 이유로 보증기관의 보증을 통한 저금리 전세대출을 정책적으로 확대해 나갔다. 정부는 2009년 8월 23일 주택금융공사의 전세대출보증한도를 일시적으로 확대(당초 1억 원→2억 원)하는 내용의 "전월세 지원 방안"을 발표하는 것을 시작으로, 2010년 8월 29일 주택신용보증기금의 전세대출 보증한도를 확대(70%→80%)하는 등의 내용이 포함되어 있는 "실수요 주택거래 정상화와 서민·중산층 주거 안정 지원 방안"을 발표하는 등 이후 수차례에 걸쳐 주택금융신용보증기금 보증한도 상향, 인정소득 조건 완화, 한도 확대, 금리 인하 등 전세대출 확대 방안

---

107) 민법 제303조 내지 제319조에서는 등기를 요하는 물권으로서의 전세권을 별도로 규정하고 있다.

108) 물론 민법 제621조에 따르면 부동산임차인은 당사자간에 반대약정이 없으면 임대인에 대하여 그 임대차등기절차에 협력할 것을 청구할 수 있고, 부동산임대차를 등기한 때에는 그때부터 제3자에 대하여 효력이 생긴다고 되어 있으나, 현실은 부동산의 소유자로서 경제적 강자인 임대인이 임대차의 등기를 원하지 않는 것이 보통이므로 임대차등기는 사실상 거의 이루어지지 않고 있다(헌법재판소 2000. 6. 29. 선고 98헌마36 판결).

을 발표하였다.[109] 이후 민간보증(서울보증보험 주식회사)을 통해서도 급격하게 전세대출이 확대되었고,[110] 전세대출 확대 추세는 주택담보대출에 대한 규제가 강화되는 중에도 그대로 유지되었다.[111]

전세대출은 대부분 한국주택금융공사, 주택도시보증공사, 서울보증보험 주식회사와 같은 보증기관의 보증을 통해 진행되었는데, 대부분의 전세대출 상품은 전세보증금의 80~90%까지 대출을 제공하고, 주택담보대출 및 신용대출보다 대출 금리가 낮다는 특징이 있다.[112]

전세대출 잔액은 2012년에 23조 원 규모였던 것이 2021년에는 180조 원까지 급증하게 되었다.[113] 또한, 주택금융공사의 전세보증 잔액과 주택도시보증공사 전세자금대출 특약 보증 잔액은 2018년 66.5조 원에서 2023년 139.9조 원으로 2배 이상 증가하였다.[114] 한국주택금융공사의 전세대출 보증 공급 규모는 2019년 40조 3,247억 원에서 2023년 52조 9,340억 원으로 증가하였고, 주택도시보증공사의 전세대출 보증 공급 규모는 2019년 26조 1,975억 원에서 2023년 51조 9,476억 원으로 증가하였다.[115]

---

109) 강민석·정종훈, "전세자금대출 증가에 따른 시장 변화 점검", KB금융지주 경영연구소 (2022), 4. 21-22.
110) 2013년 서울보증보험 주식회사의 전세대출 한도는 2억 원에서 3억 원으로 증액되었고, 2015년에는 5억 원까지 증액되었다. 박세훈, "전세사기 피해지원 법제 및 정책에 대한 토지공법적 검토 - 전세사기피해자 지원 및 주거안정에 관한 특별법, 전세사기 피해자 지원제도 -", 토지공법연구 제107집 (2024), 67.
111) 강민석·정종훈, 위의 글, 4.
112) 강민석·정종훈, 위의 글, 2.
113) 강민석·정종훈, 위의 글, 3.
114) 오민준·서진호, "전세자금대출 보증이 주택시장에 미치는 영향과 정책방향 연구", 국토연구원 (2024), 62.
115) 오민준·서진호, 앞의 글, 57.

나. 문제점 및 개선 방안

　전세대출의 급격한 증가는 결과적으로 임차인의 주거 불안정성을 증대시키는 결과를 초래한 것으로 보인다. 우진 외(2024)는 서민의 주거 안정을 지원하고자 지속적으로 확대된 전세대출이 전세 수요를 자극하여 전세보증금 상승의 주요 요인이 된 것으로 분석하였다.[116] 오민준 외(2024)는 전세대출 보증 공급은 전세가격, 매매가격을 상승시키는 것으로 분석하였다.[117] 김수현(2023)은 전세대출 확대가 전세보증금 상승, 갭투자 활성화, 매매가격 상승으로 이어졌다고 보았다.[118] 강민석 외(2022)는 전세대출 증가가 전세가격의 상승 요인으로 작용하였고, 전세가격 상승기에 보증금 있는 월세로의 전환을 지연시켰으며, 매매가격을 상승시키고, 갭투자에 유리한 환경을 조성하는 결과를 초래하였다고 분석하였다.[119] 최성호(2018)는 실증분석 결과 전세대출 확대가 주택구매에 긍정적인 역할을 한다고 보기 어렵다고 판단하였다.[120] 하정화(2018)는 아파트의 경우 전세대출 비율의 변화와 전세가격지수가 정의 관계를 가지며, 이는 전세대출의 증가가 임차인의 유동성 제약을 완화시켰기 때문인 것으로 보았다.[121]

　특히 현행 전세대출은 보증기관의 과도한 보증에 따라 은행이 대출심사를 소홀히 하고, 임대인과 임차인의 도덕적 해이(moral hazard)를 초래하는 문제점을 안고 있다. 즉, 보증기관이 대출금 대부분을 보증해

---

116) 우진 외 공저, "전세자금대출이 임차가구 주택수요에 미치는 영향", 부동산분석 제10권 제3호 (2024), 72-75.
117) 오민준·서진호, 앞의 글, 65-70.
118) 김수현, 부동산과 정치, 오월의 봄 (2023).
119) 강민석·정종훈, 앞의 글, 9-16.
120) 최성호, "전세자금대출이 주택구매 확률에 미치는 영향", 주택연구 제26권 제2호 (2018), 98.
121) 하정화, "전세자금대출이 전세가격에 미치는 영향", 석사학위 논문, 한양대학교 (2018), 37.

줌에 따라 은행이 주택 소유자의 전세보증금 반환 가능성에 대해서는 심사를 소홀히 하는 문제가 발생하게 되고, 임대인들은 이를 악용하여 전세보증금을 편취할 유인이 발생하며, 임차인들도 전세보증금을 돌려받지 못할 가능성에 대해 주의하지 않는 문제가 발생한다. 이는 최근에 발생하고 있는 깡통전세, 전세사기 등의 사회문제와 무관하지 않다.

따라서 현 상황에서는 전세대출로 인한 과도한 유동성을 억제하기 위한 정책 추진이 불가피해 보인다. ①먼저, 전세대출에 대한 보증기관의 과도한 보증 비율을 축소하면서 은행의 대출심사를 강화하는 방향의 정책 추진이 필요하다. ②또한, 전세보증금이 매매가격의 일정 비율(예: 70%) 이상을 초과하게 되면 일정부분을 월세로 전환하지 않는 이상 전세자금 대출을 제한하는 등의 대출 제한 조건 정비가 필요하다. ③그리고 전세자금 대출 대상을 특정 취약계층으로 축소하여 전세자금 대출이 서민의 주거 안정성 확보라는 당초 목적에 부합하게 운영되도록 하여야 한다. ④나아가 차주들에게 월세 세액공제 확대 등 세제 혜택, 월세 대출 지원 등을 통해 원리금 상환 및 월세 전환을 유도해야 할 필요가 있다.

VI. 나가며

임차인의 주거 안정을 보장하기 위해 도입된 전월세상한제의 효과와 문제점을 살펴보고 그 개선책을 찾아보고자 하였다. 현재까지의 분석 자료를 종합하면 전월세상한제는 신규 임대차계약에 있어 전세가격 상승을 초래한 것으로 나타났으며, 다만 그 상승 규모에 대해서는 의견 차이가 있다. 그리고 전월세상한제의 실시 이후 전월세거래량이 시기에 따라 최대 30% 정도까지 감소한 것으로 추정되는 등 전세거래가 상당히 감소한 것으로 보인다. 이처럼 전월세상한제는 그 의도와는 달리 임차인의 주거 안정 보장이라는 목적을 오롯이 달성하고 있다고 보기 어려울 듯하다.

이는 현행 전월세상한제가 임차인의 이익을 도모하기 위해 임대인을 배려하는 조치를 하지 않은 점에도 일부 원인이 있다고 할 수 있다. 시장의 상황을 고려하지 않은 채 획일적으로 5%라는 상한선을 강제하는 방안은 소비자물가지수나 지역상례적 비교차임 등 지수에 연동하여 경제상황이 반영되도록 하는 외국의 사례와 비교할 때 합리적이지 못한 측면이 있다. 특히, 독일에서 지역상례적 비교차임을 임대료 인상의 기준으로 하고, 그 근거가 되는 차임일람표 또는 특별 차임일람표를 작성하여 임대인과 임차인에게 공개하는 방안은 임대차시장에서 예측가능성과 안정성을 높일 수 있다는 점에서 적극적으로 도입을 모색할 필요가 있다. 그리고 현재 전월세상한제는 임대차 기간 존속 중의 임대료 상승을 규제하는 것이어서 임대차 개시 시에는 적용이 되지 않는데, 이것만으로는 임차인의 주거 안정을 실효성 있게 보장하기 어려우므로 임대차 개시 시에도 임대료를 규제하는 방안의 도입을 검토할 필요가 있다.

임차인의 부담가능성을 덜어주기 위한 수요자 지원 정책과 관련하여, 저소득층의 주거비를 지원하는 주거급여는 현재 주거급여(임차급여)의 수준이 민간임대주택에 거주하는 수급가구의 주거 안정을 확보하기에 충분하지 않은 것으로 나타나 민간임대주택에 거주하는 저소득층이 실제로 부담하는 임차료를 충당하기에 충분한 수준으로 지급되도록 개선할 필요가 있다. 그리고 서민의 주거 안정을 지원하기 위해 지속해서 확대된 전세대출이 오히려 전세 수요를 자극하여 전세보증금 상승의 주요 요인이 되었다는 점에서 전세대출로 인한 과도한 유동성을 억제하기 위한 정책 추진이 필요하다는 의견이다.

이 글에서 살펴본 전월세상한제, 주거급여 및 전세대출 제도는 임차인의 부담 가능성에 직접적으로 영향을 미치는 것으로서 국민의 주거 안정에 매우 중요하다. 정책의 결정은 문제가 되는 현실에 대한 정확한 인식과 정책이 가져올 수 있는 효과에 대한 최선의 예측에 근거하여야 한다. 주택임대차보호법에 도입된 전월세상한제는 이러한 정책적 뒷받침에 기반한 것으로 보이지 않는다. 지금이라도 입법자가 전월세상한제 도입 이후 시장에 미친 영향을 면밀히 분석하고 평가하여 문제점을 찾아내고 이를 해결하기 위한 개선책을 마련하려는 노력을 기울여야 할 때이다.

| 참고문헌 |

김수현, 부동산과 정치, 오월의 봄 (2023)
김준호, 민법강의, 법문사 (2023)
조선총독부 취조국, 관습조사보고서 (1913)
민법심의록(상권), 민의원법제사법위원회민법안심사소위원회 (1957)
김용덕 편집대표, 주석 민법[물권 3](제5판), 한국사법행정학회 (2019)
집필대표 황진구, 온주 주택임대차보호법, 온주편집위원회 (2021)

박현석, "주택임대차보호법 개정이 전세 및 월세 시장에 미치는 영향", 박사학위 논문, 서울대학교 (2022)
하정화, "전세자금대출이 전세가격에 미치는 영향", 석사학위 논문, 한양대학교 (2018)

강미나 외 공저, "주거비 부담 완화를 위한 정책방안 연구", 국토연구원 (2019)
강민석·정종훈, "전세자금대출 증가에 따른 시장 변화 점검", KB금융지주 경영연구소 (2022)
권세훈, "프랑스의 주거정책과 주거권", 법제논단 (2016. 12.)
김경희·이상영, "주택 임대차 3법의 문제점과 대안 탐색", 동향과전망 114호, 한국사회과학연구소 (2022)
김상현, "주택임대차보호법상 계약갱신에 관한 고찰", 일감법학 제50권, 건국대학교 법학연구소 (2021)
김성연, "주거권 실현을 위한 주거급여 실태분석: 임차급여를 중심으로", 도시행정학보 제33집 제4호 (2020. 12.)
노현숙, "임대료규제의 문제점과 개선 방안", 일감부동산법학 제27호 (2023. 11.)
문윤상·오지윤·이승협, "주택시장과 규제 (Korean Unique Regulations in Housing Market)", KDI Research Monograph 2023-06 (2023)
박서연·전희정, "주거복지정책 유형별 주거비 부담수준 결정요인 분석 – 공공임대주택 거주가구와 주거급여 수급가구의 비교연구", 국토계획 제54권 제3호 (2019)

박세훈, "전세사기 피해지원 법제 및 정책에 대한 토지공법적 검토 - 전세사기 피해자 지원 및 주거안정에 관한 특별법, 전세사기 피해자 지원제도 -", 토지공법연구 제107집 (2024)

박신욱, "독일 임대차임 제동수단(Mietpreisbremse)의 성과와 지불 가능한 임대차임에 대한 연구", 법학논총 제37집 제1호 (2020)

송경호, "주택임대차보호법 개정이 주택시장에 미친 영향", 조세재정 Brief 165 (2023)

_____, "주택임대차보호법 개정이 임대가격 변동성에 미친 영향과 계약갱신청구권의 실효성", 현안분석 (2024. 9.)

오민준·서진호, "전세자금대출 보증이 주택시장에 미치는 영향과 정책방향 연구", 국토연구원 (2024)

우진 외 공저, "전세자금대출이 임차가구 주택수요에 미치는 영향", 부동산분석 제10권 제3호 (2024)

윤대성, "전세권의 입법과 법리", 민법전시행30주년기념논문집 민법학의 회고와 전망 (1993)

이길제 외 공저, "주거급여 발전방안 마련 및 주거상향 지원 방안 연구 - 제1권 주거급여 최저보장수준 평가 및 발전 방안 연구", 국토연구원 (2021)

이도국, "독일 주택임대차관계에서의 차임에 관한 연구 - 최근 독일 개정법을 중심으로 -", 법학논총 제36권 제2호 (2019)

이성원·신승우, "주택임대차보호법이 임대차 공급기간에 미치는 영향 분석: 서울 임대차 아파트를 중심으로", 부동산학연구 28(3)

이춘원, "주택 임대료 규제의 법 정책적 검토", 일감부동산법학 (2023. 11.)

장경석·김강산, "주거급여법의 입법영향분석", 국회입법조사처 (2022)

최성호, "전세자금대출이 주택구매 확률에 미치는 영향", 주택연구 제26권 제2호 (2018)

최인화, "프랑스 사전적 위헌법률심판제도의 도입방안 -대상법률과 청구권자를 중심으로-", 서강법률논총 제10권 제3호

한상훈, "주택임대사업 개선과제에 관한 연구 : 임대료 통제의 관점에서", 대한부동산학회지 제38권 제2호, 대한부동산학회 (2021)

홍윤선 외 공저, "민사법 정비시리즈 I: 독일의 임대차관계에서 차임액의 규율 및 인상방식의 검토, 국내법상 도입 가능성에 관한 연구(上)", 한국법학원

_____, "민사법 정비시리즈 I: 독일의 임대차관계에서 차임액의 규율 및 인상방식의 검토, 국내법상 도입 가능성에 관한 연구(下)", 한국법학원

국토교통부, 2023년도 주거실태조사 - (일반가구) 연구보고서 (2024)
국토교통부, 2023년도 주거실태조사 결과 보도자료
국토교통부, 2024년 주거급여 사업안내 (2024)
국토교통부, 2025년도 예산 및 기금운용계획 사업설명자료(II-1) (2025)

한국 민간임대주택사업자 등록제도 개선 방향

김준우[*]·용진혁[*]·이희숙[**]·최나빈[**]

| 초록 |

본 연구는 한국의 민간임대주택사업자 등록제도가 변화해 온 연혁을 살피면서 개별 정책들이 직면했던 비판과 그에 따른 변화, 개선 노력을 개관하고 이후 제도 개선점을 점검하는 데 목적이 있다. 현행 민간임대주택사업자 등록제도는 10년 장기임대를 기본으로 하여 임대사업자에게 취득세, 양도소득세 중과배제 등 세제 혜택을 부여하는 한편, 임차인 보호를 위해서는 임대료 규제와 임대의무기간 보장, 보증금 반환 보증보험 의무화가 기본 정책 틀로 정착되었다.

문재인 정부의 2017년 '임대주택 등록 활성화 방안' 시행 이전까지는 임대사업자 등록제도에 대한 인지도가 낮아서, 논의의 초점은 주로 임대사업자 등록제도의 활성화 방안에 맞추어져 있었다. 그런데 '임대주택 등록 활성화 방안' 발표 이후 신규로 등록한 임대사업자와 민간등록임대주택의 호수가 크게 증가하였다. 이에 따라 임대사업자 등록제도가 주택가격 및 공급 안정에 미치는 영향에 관하여 다양한 의견이 개진되고, 관련된 정책 변경이 이루어질 때마다 임대사업자 등록제도를 전면 폐지하여야 한다는 의견부터 정반대의 의견들이 첨예한 대립을 이루었다.

최근 전세사기나 깡통전세가 사회문제가 되면서 임대사업자 등록제도가 원인이 되었다는 주장도 제기되었다. 하지만 실태조사 결과 전세사기가 발생한 가구 중 임대주택으로 등록된 가구의 비율은 33%에 불과했고, 전세사기는 기존 주택을 매입해 임대 등록한 경우가 대부분이라 임대사업자 등록

---

 * 이상 법무법인(유한) 태평양 변호사
** 이상 재단법인 동천 변호사

을 통해 취득세 감면을 받을 수 있는 대상에 해당하지 않고, 조정대상지역에서 매입한 주택은 임대사업자도 종합부동산세 합산배제 혜택을 받지 못한다는 점 고려하면, 임대사업자 등록제도가 전세사기의 원인이라는 주장의 실증적 근거는 부족해 보인다. 오히려 2020년에 160만 호에 달하던 등록 임대주택이 대폭 줄어듦에 따라 저렴한 임대주택이 그만큼 사라져 서민들이 전세사기극에 휩쓸리기 쉬운 환경이 되었다는 일각의 주장도 있다. 이처럼 논란이 된 임대사업자 등록제도의 개선을 위하여 국회에서 민간임대주택법 개정안이 다수 발의되었다. 주요 개정안으로는, 민간임대주택 공급 확대를 위한 단기등록임대 제도 도입안, 등록 임대주택 유형에서 제외되었던 아파트 매입임대를 허용하는 개정안, 전세사기 피해 예방과 임차인 보호를 위하여 등록 요건을 강화하고 등록 말소 요건을 확대하는 개정안 등이 있다.

향후 제도 개선은 장기적인 목표를 가지고 추진할 필요가 있으며, 그 방향은 임차인의 주거생활을 안정시키고자 하는 민간임대주택 등록제도의 목적을 염두에 두어야 한다.

주택임대시장이 전세에서 월세로 전환되는 속도를 앞질러 어려운 현실을 인정하고, 월세 임대주택 확대를 위한 임대수익에 대한 소득세 감면 외에 저소득층의 월세 보조를 위한 주거급여 확대, 월세정보 공개를 통한 시장 투명성 강화 등이 필요하다. 임차인 보호를 위한 제도 보완 및 관리 강화를 위해 민간등록임대주택에 대한 지방자치단체의 관리를 강화할 필요가 있다. 장차 주택임대 시장에서 월세의 비중이 높아지면 임차인의 차임에 대한 세금 공제나 보조금 제도 등이 발달할 가능성이 커서 장기적으로 이러한 시장 변화에 대비한 제도 개선과 지원이 필요하므로 이를 위한 사전 연구와 대비가 필요하다.

I. 서론

우리나라 주택 임차인의 권리를 보장하는 기본법은 민법과 「주택임대차보호법」이다. 그러나 이들 법이 보장하는 계약갱신권이나 전월세 상한제는 1회 계약 갱신으로 4년의 기간에만 적용된다는 한계가 있으며, 정부가 이를 통해 임대차시장을 조성·유도하고 개입하는 데에도 한계가 있다.

정부가 임차인의 권리를 보장하기 위하여 가장 적극적으로 개입하는 것은 직접 공공임대주택을 공급하는 것이지만, 정부와 LH의 재무여건이라는 근본적인 제약이 있다. 이와 달리 정부가 민간 임대사업을 장려함으로써 임대주택 공급을 활성화하는 한편, 적절한 규제를 통해 임차인의 권리를 보장하는 제도가 바로 민간임대주택사업자 등록제도이다.

민간임대주택사업자 등록제도는 길지 않은 기간에 주택시장의 변화에 따라 끊임없이 변화하여 왔다. 국회에서 발의되었다가 폐기된 법안도 많고, 정부 정책도 발표되었다가 채 시행되기 전에 폐기된 경우도 있었다. 제도 개선이 간단치 않은 것은 제도의 양면성 때문이다. 즉, 임대사업자들에게 세제 혜택을 부여하여 시장을 확대하려는 정책이 다주택자 규제를 회피하는 수단이 될 수 있다는 양면성을 가지고, 임차인을 보호하기 위한 임대료 규제, 임대의무기간 등의 제도가 임대사업자의 경제적 유인을 약화하는 양면성도 보인다. 이러한 양면성으로 인해 정부가 경제상황이 바뀔 때마다, 또는 정권이 바뀔 때마다, 민간임대주택 분야에서 새로운 정책을 시도하였고, 이로 인해 일관성이 부족한 정책으로 인식되었다.

그렇지만 여러 시행착오 끝에 현행 민간임대주택사업자 등록제도는 10년 장기임대를 기본으로 하여 임대사업자에게 취득세, 양도소득세 중과배제 등 세제혜택을 부여하는 한편, 임차인 보호를 위해서는 임대료 규제와 임대의무기간 보장, 보증금 반환 보증보험 의무화라는 정책 틀이 정착된 것으로 보인다. 이 글에서는 민간임대주택사업자 등록제도가 변화해 온 연혁을 살피면서 개별 정책들이 직면했던 비판과 그에 따른 변화, 개선 노력을 개관하고, 이후 제도 개선점을 점검해 보고자 한다.

Ⅱ. 민간임대주택사업자 등록제도 연혁 및 현황

1. 의의

가. 정의

민간임대주택사업자 등록제도는 민간임대주택에 거주하는 임차인의 주거 안정을 지원하고 전·월세 시장의 안정화를 위해 도입된 것이다. 임대인이 자발적으로 임대주택을 등록하면 그 임대사업자에게 임대의무기간 및 임대료 인상률 등의 공적 의무를 부여하여 규제를 적용하는 대신, 폭넓은 세제 혜택을 부여하는 제도이다.

민간임대주택 및 임대사업자 등 용어에 관한 정의는 다음과 같다. '민간임대주택'은 임대 목적으로 제공하는 주택으로 임대사업자가 「민간임대주택에 관한 특별법」(이하 '민간임대주택법'이라 한다) 제5조에 따라 등록한 주택을 말한다(민간임대주택법 제2조 제1호). '임대사업자'는 「공공주택 특별법」 제4조 제1항에 따른 공공주택사업자가 아닌 자로서 1호 이상의 민간임대주택을 취득하여 주택을 임대하는 사업을 할 목적으로 민간임대주택법 제5조에 따라 등록한 자를 말한다(민간임대주택법 제2조 제7호).

민간임대주택의 유형은 아래 표와 같이 구분한다(민간임대주택법 제2조 제1호 내지 제5호).

임대사업자의 임대주택의 취득 방법(건설 또는 매매)에 따른 구분

구분	내용
민간건설임대주택	임대사업자가 임대를 목적으로 건설하여 임대하거나 주택법 제4조에 따라 등록한 주택건설사업자가 같은 법 제15조에 따라 사업계획승인을 받아 건설한 주택 중 사용검사 때까지 분양되지 아니하여 임대하는 주택
민간매입임대주택	임대사업자가 매매 등으로 소유권을 취득하여 임대하는 민간임대주택

임대사업자의 종류에 따른 구분

구분	내용
공공지원민간임대주택	임대사업자가 일정 요건에 해당하는 민간임대주택을 10년 이상 임대할 목적으로 취득하여 민간임대주택에 관한 특별법에 따른 임대료 및 임차인의 자격 제한 등을 조건으로 일정한 공공지원을 받아 임대하는 민간임대주택
장기일반민간임대주택	임대사업자가 공공지원민간임대주택이 아닌 주택을 10년 이상 임대할 목적으로 취득하여 임대하는 민간임대주택
단기민간임대주택 (2025. 6. 4. 시행)	임대사업자가 6년 이상 임대할 목적으로 취득하여 임대하는 민간임대주택

나. 도입 취지

임대사업 목적의 임대주택이 시장에 등장한 이후 이를 위한 별도의 제도가 마련되지 않은 상황에서, 임대 목적의 주택임에도 임차인의 장기 거주가 어렵고, 임대료 상승에 제한이 없어 임차인의 주거 안정을 해치고, 임대인들은 소득을 신고하지 않아 과세 정의 실현에도 제약이 있었다.[1] 이에 따라 1994년 민간임대주택에 거주하는 임차인의 주거 안정 지원을 위해 민간임대주택사업자 등록제도가 처음으로 도입되었다.[2]

---

1) 공익허브, 임대사업자 등록제도의 한계 및 개선방안 (2020. 7. 7.).

2. 법제 연혁

1985년 「임대주택건설촉진법」이 제정되기 이전에는 국내 주택 공급은 분양주택이 주를 이루었다. 1985년 제정된 「임대주택건설촉진법」에서는 임대주택을 '임대를 목적으로 건설, 공급되는 주택'으로 정의하여 매입임대 개념은 부재하였다. 1994년 「임대주택건설촉진법」이 「임대주택법」으로 전부 개정되면서 임대주택에 매입임대주택의 개념 및 임대사업자 등록제도가 도입되었으나, 민간이 주체가 된 매입임대주택보다는 공공임대주택이나 건설임대주택이 주를 이루었다.[3]

2013년 12월 5일 준공공임대주택 제도가 시행되어 임대사업자에게 재산세 및 양도소득세의 추가 감면, 주택매입 및 개량자금에 주택기금 융자 등 혜택을 부여하면서, 그에 따른 의무로는 10년의 임대의무기간, 면적 제한($85m^2$ 이하), 최초임대료 및 보증금 제한(시세 이하), 연 5% 이하의 임대료 인상률 제한 등을 부과하였다.

2015년 12월 29일 「임대주택법」이 「민간임대주택법」으로 전부 개정되면서, 공공임대주택에 관한 규정은 「공공임대주택 특별법」으로 이관하고, 민간임대주택에서는 매입임대주택 유형을 단기임대주택, 준공공임대주택, 기업형임대주택 등으로 규정하였다. 그리고 기존 「임대주택법」에서 임대사업자에게 적용하던 임차인 자격 제한, 최초임대료 제한, 분양전환의무, 담보권 설정 제한 등의 4개의 규제가 폐지되었다.[4]

2020년 8월 18일 「민간임대주택법」 일부 개정에서는 전월세상한제, 계약갱신요구권 도입을 통해 일반 임대주택과 차별성이 희박해진 단기민간임대주택과 주택시장의 과열 요인이 될 수 있는 아파트 장기일반민간매입임대주택 유형을 폐지하고, 민간임대주택의 임대의무기간

---

2) 국토교통부 보도자료, "등록 임대사업자 공적 의무 위반여부 전수조사, 합동점검 실시" (2020. 2. 28.), 1.
3) 윤성진, "민간등록임대주택 관련 제도 변화와 시사점", 국토연구원 (2021), 11.
4) 윤성진, 앞의 연구, 12.

을 종전 8년 이상에서 10년 이상으로 연장하였다.

이후 2024년 12월 3일 민간임대주택법이 개정되어(2025. 6. 4. 시행 예정) 비아파트를 대상으로 임대의무기간 6년이 적용되는 단기민간임대주택 유형이 도입되었다.

3. 현황 및 제도 변화

가. 등록요건

(1) 현행

현행법상 임대사업자로 등록할 수 있는 자는 민간임대주택으로 등록할 주택을 소유하거나 주택을 취득할 예정인 자이며[「민간임대주택에 관한 특별법 시행령」(이하 '민간임대주택법 시행령'이라 한다) 제4조 제2항], 임대사업자로 등록하려면 1호 이상의 민간임대주택을 취득하여야 한다. 1994년 민간임대주택 등록제도가 도입될 당시는 임대주택 5호 이상을 요구하였으나, 2008년 이후로는 1호만 임대하여도 임대사업자 등록이 가능하다.[5]

민간임대주택으로 등록할 수 있는 주택은 임대주택의 취득 방법에 따라 임대사업자가 임대를 목적으로 건설한 민간건설임대주택과 임대사업자가 매매 등으로 취득하여 임대하는 민간매입임대주택으로 구분한다(민간임대주택법 제2조 제1호). 이들 임대주택 중 임대사업자가 10년 이상 장기 임대할 목적으로 취득하여 임대하는 주택은 별도로 임대사업자 등록을 할 수 있는데, 일정한 공공지원을 받고 임대료 및 임

---

[5] 윤성진, 앞의 연구, 13. 현행법에는 임대사업자를 1호 이상의 민간임대주택을 취득하여 임대하는 사업을 할 목적으로 제5조에 따라 등록한 자를 말한다고 규정한다(민간임대주택법 제2조 제7호).

차인 자격 제한 등을 받아 임대하는 경우는 공공지원민간임대주택(제5조 제2항 제2호)으로, 공공지원을 받지 않는 경우는 장기일반민간임대주택(같은 항 제3호)으로 구분하여 등록 신청할 수 있다. 한편, 2024년 12월 3일 일부개정 된 민간임대주택법(2025. 6. 4. 시행 예정)은 비아파트를 대상으로 임대의무기간 6년이 적용되는 단기민간임대주택 유형을 도입하였다.

(2) 민간임대주택(매입임대주택 포함) 등록요건의 변화

임대주택시장 상황 및 각 정부 정책에 따라 민간임대주택 등록 제도가 변화되었다. 1994년 「임대주택법 시행령」 제6조 및 제9조에 따라 임대사업자의 등록요건은 임대주택 5호 이상, 임대의무기간은 3년으로 규정한 이후로, 요건의 완화와 강화를 반복하였다.

임대의무기간의 경우 2005년에는 투기를 방지하기 위하여 5년으로 연장되었다가, 2013년에는 85m^2 이하의 임대의무기간이 10년인 준공공임대주택 제도가 도입되었다(「민간임대주택법」 제2조3의3). 2015년에는 단기임대주택은 4년, 준공공임대주택은 8년으로 완화되었다가, 2020년에는 장기일반임대주택의 임대의무기간이 10년으로 연장되고 단기일반임대주택과 장기일반임대주택 중 아파트 유형이 폐지되는 등 규제가 강화되었다(「민간임대주택법」 제2조 제5호).[6]

이후 2021년에는 폐지된 아파트 장기일반임대주택 중에서 도시형생활주택은 예외로 하고, 주택이 아닌 건축물을 기숙사로 리모델링한 경우 이를 민간임대주택의 하나인 준주택으로 포함하는 등 규제를 완화하였으며, 2023년에는 민간임대주택의 대상이 되는 준주택의 범위에 임대형 기숙사를 추가하고 2024년에는 비아파트 6년 단기임대주택을 도입함으로써 완화 규정을 마련하였다.

---

6) 윤성진, 앞의 연구, 13.

나. 등록 현황

(1) 현행

국토교통부의 등록민간임대주택 데이터 자료에 따르면, 2024년 9월 30일 기준 등록 민간임대주택의 수는 972,010호이다.[7)]

등록 임대사업자 수에 관하여는 2023년까지의 통계만 발표되어 있다. 국토교통 통계누리 사이트의 임대주택통계 자료에 의하면 2023년 임대사업자의 수는 267,501명으로 개인이 261,986명, 법인이 5,515명이다.[8)]

(2) 변화 추이

2018~2020년 임대사업자 등록에 관한 국토교통부의 보도자료에 따르면,[9)] 연도별 등록 임대사업자 및 임대주택의 현황은 다음과 같다.

---

7) 공공데이터포털, 국토교통부_등록민간임대주택 데이터 https://www.data.go.kr/data/15100433/fileData.do?recommendDataYn=Y(2025. 4. 1. 최종 검색).
8) 국토교통 통계누리 사이트, 임대주택통계(Rental Housing Statistics)4. 시도별 임대사업자 현황(2020~2023), https://stat.molit.go.kr/portal/cate/statView.do?hRsId=37&hFormId=6830&hSelectId=6830&sStyleNum=1&sStart=2023&sEnd=2023&hPoint=00&hAppr=1&oFileName=&rFileName=&midpath=(2025.4.1. 최종 검색).
9) 국토교통부, 보도자료, "임대사업자 등록, '17년 대비 증가추세 지속", https://www.molit.go.kr/USR/NEWS/m_71/dtl.jsp?id=95080781 (2018. 5. 10.), 국토교통부, 보도자료, "임차인 거주 안정성 제고를 위한 「등록 임대주택관리 강화방안」 발표", https://www.molit.go.kr/USR/NEWS/m_71/dtl.jsp?id=95081796 (2019. 1. 9.), 국토교통부, 보도자료, "'19년 신규 임대사업자 7.4만명 및 임대주택 14.6만호 등록", https://www.molit.go.kr/USR/NEWS/m_71/dtl.jsp?id=95083499 (2020. 2. 3.).

연도	등록임대주택 수(호)	등록 임대사업자 수(명)
2017년 말	98만	25.9만
2018년 말	136.2만	40.7만
2019년 말	150.8만	48.1만
2020년 1분기	156.9만 호	51.1만

이후 국토교통부가 2021년부터 제공하고 있는 등록민간임대주택 데이터상 등록 임대주택 수(12월 31일 기준)와 국토교통 통계누리의 임대주택통계 자료에 따른 임대사업자 등록 현황을 종합하면 아래와 같다.10)

연도	등록임대주택 수(호)	임대사업자 수(명)	개인(명)	법인(명)
2021	1,056,207	351,404	346,030	5,374
2022	1,039,526	299,226	293,781	5,445
2023	1,021,338	267,501	261,986	5,515

위에서 살펴보았듯이 2024년에는 등록임대주택의 수가 100만 호가 되지 않고, 2021년부터 2024년까지 지속해서 감소하고 있다.

국토교통부가 제공하는 등록민간임대주택 데이터 및 국토교통 통계누리의 자료에 따르면 2021년부터 2023년까지 등록임대주택의 수는 매년 약 20,000호씩 감소했고 2023년에서 2024년에는 49,328호가 감소하였으며 등록 임대사업자 수도 지속해서 감소하였다. 법인의 경우 2022년 대비 2023년 등록 임대사업자 수가 약간 증가하기도 했으나 개인은 지속해서 감소하였다. 이는 앞에서 살펴본 바와 같이 단기임대주택제도, 아파트 매입임대주택 폐지 등 임대사업자 등록 요건 강화와

---

10) 국토교통부의 2020년 보도자료상 등록임대주택 수 150.8만호와 공공데이터포털의 등록민간임대주택 데이터상 2021년 말 현재 등록임대주택 수 105.6만호는 큰 차이가 있는데, 원인은 확인하지 못하였다.

세제 혜택의 축소에 따른 것으로 보여지고, 최근 6년 비아파트단기임대주택 제도 도입에 따라 향후 일부 확대가 있을 것으로 예상된다.

다. 세제 지원

임대사업자는 「지방세특례제한법」, 「종합부동산세법」, 「조세특례제한법」 등에 따라 취득세, 양도소득세, 재산세, 종합부동산세 감면 등 세제 혜택을 받을 수 있다.[11]

(1) 취득세 감면

(가) 현행

공공지원민간임대주택 또는 장기일반민간임대주택을 임대용 부동산으로 하여 임대사업자로 등록한 임대사업자가 임대할 목적으로 임대형 기숙사 또는 공동주택을 건축하는 경우, 이를 위하여 취득하는 토지와 임대형기숙사 또는 공동주택에 대해서는 2027년 12월 31일까지 취득세를 면제 또는 50% 경감한다(「지방세특례제한법」 제31조의3 제1항). 다만, 2020년 7월 11일 이후 단기민간임대주택에서 공공지원민간임대주택으로 변경 신고한 주택, 장기일반민간임대주택 중 아파트를 임대하는 민간매입임대주택, 단기민간임대주택에서 장기일반민간임대주택으로 변경 신고한 주택은 제외한다.

임대사업자가 임대할 목적으로 건축주로부터 실제 입주한 사실이 없는 임대형기숙사, 공동주택 또는 오피스텔을 최초로 유상거래로 취득하는 경우에는 취득세를 2027년 12월 31일까지 면제 또는 50% 경감한다(「지방세특례제한법」 제31조의3 제2항). 다만, 지방세법 제10조의3

---

11) 「지방세특례제한법」 제31조의3 제1항, 제2항, 제4항의 각 본문, 「종합부동산세법」 제8조 제2항 제1호, 「조세특례제한법」 제97조 내지 제97조의5, 「조세특례제한법 시행령」 제97조 및 제97조의5 등 참조.

에 따른 취득 당시의 가액이 3억 원(수도권 6억 원)을 초과하는 공동주택과 오피스텔은 감면대상에서 제외한다.

매각 또는 임대 목적으로 신축하여 2024년 1월 10일부터 2025년 12월 31일까지 취득하는 아래의 주택에 대해서는 취득세의 25%를 경감한다(「지방세특례제한법」 제33조의2 제1항).

구분	내용
취득세의 25% 경감	전용면적이 $60m^2$ 이하인 공동주택(아파트 제외) 전용면적이 $60m^2$ 이하인 「주택법」 제2조제20호에 따른 도시형 생활주택 「주택법」 제2조 제2호에 따른 단독주택 중 다가구주택으로서 「건축법」 제38조에 따른 건축물대장에 호수별로 전용면적이 구분되어 기재되어 있는 다가구주택(전용면적이 $60m^2$ 이하인 호수 부분으로 한정)

(나) 변화 추이

취득세 감면 제도는 2010년 3월 31일 「지방세특례제한법」이 제정된 때부터 있었다. 이는 조례에 따라 감면되어 오던 사항을 법으로 규정한 것이다. 도입 당시에는 전용면적 $60m^2$ 이하인 공동주택을 취득할 경우 취득세를 면제하고, $60m^2$ 초과 $85m^2$ 이하인 장기임대주택을 20호 이상 취득하거나 20호 이상 장기임대주택을 보유한 임대사업자가 추가로 장기임대주택을 취득할 경우 25%의 취득세를 감면하였다(지방세특례제한법 제31조 제1항). 2015년 12월 29일 「지방세특례제한법」(법률 제13670호)의 일부 개정을 통해 $60m^2$ 초과 $85m^2$ 이하인 장기임대주택을 20호 이상 취득하거나 보유한 임대사업자의 취득세 감면 비율을 25%에서 50%로 상향했고(제31조의3 제1항 제3호), 현재까지 그 비율을 유지하고 있다.[12]

한편, 임대사업자에 대한 취득세 감면 부분에서 문재인 정부가

---

[12] 국가법령정보센터 「조세특례제한법」 제정·개정이유 참조(www.law.go.kr).

2018년 임대주택 등록 활성화 제도를 발표한 시점 당시에도 별도의 제도 완화가 이뤄졌다고 보기는 어려우나, 임대주택의 등록 요건이 완화되면서 취득세 감면 혜택을 받는 임대사업자의 수가 증가하는 등 취득세 감면 혜택의 유의미성이 높아질 수 있다는 분석이 있다.[13]

(2) 재산세 감면

(가) 현행

공공지원민간임대주택 또는 장기일반민간임대주택을 임대용 부동산으로 하여 임대사업자로 등록한 경우, 과세기준일 현재 임대 목적의 임대형 기숙사, 대통령령으로 정하는 다가구주택[14] 또는 2세대 이상의 공동주택, 오피스텔을 건축하여 임대하고자 하는 경우, 그 토지와 임대 목적으로 직접 사용하는 해당 건물에 대해서 아래와 같이 재산세를 2027년 12월 31일까지 감면한다(「지방세특례제한법」제31조의3 제4항). 재산세의 면제 및 75% 경감의 경우 감면되는 재산세는 「지방세법」제112조에 따른 부과액을 포함한다.

구분	내용
면제	임대형기숙사, 다가구주택, 전용면적 $40m^2$ 이하인 공동주택 또는 오피스텔을 건축 중인 토지 임대형기숙사, 다가구주택, 전용면적 $40m^2$ 이하인 공동주택 또는 오피스텔
재산세의 75% 경감	전용면적 $40m^2$ 초과 $60m^2$ 이하인 공동주택 또는 오피스텔을 건축 중인 토지 전용면적 $40m^2$ 초과 $60m^2$ 이하인 공동주택 또는 오피스텔
재산세의 50% 경감	전용면적 $60m^2$ 초과 $85m^2$ 이하인 공동주택 또는 오피스텔을 건축 중인 토지 전용면적 $60m^2$ 초과 $85m^2$ 이하인 공동주택 또는 오피스텔

---

13) 윤성진, 위의 연구, 국토연구원 (2021), 17.
14) 다가구 주택은 모든 호수의 전용면적이 $40m^2$ 이하인 경우를 말한다.

다만, 「지방세법」 제4조 제1항에 따라 공시된 가액 또는 시장·군수가 산정한 가액이 3억 원[수도권은 6억 원(「민간임대주택에 관한 특별법」 제2조 제2호에 따른 민간건설임대주택인 경우에는 9억 원)으로 한다]을 초과하는 공동주택과 「지방세법」 제4조에 따른 시가표준액이 2억 원(수도권은 4억 원으로 한다)을 초과하는 오피스텔은 감면 대상에서 제외한다.

(나) 변화 추이

임대사업자에 대한 재산세 감면제도는 2011년 「지방세특례제한법」이 제정된 때부터 있었고, 당시 2012년이었던 일몰 기한은 계속해서 연장되고 있다. 2013년 준공공임대주택 제도가 도입되면서 「지방세특례제한법」에 의하여 전용면적에 따라 재산세를 면제 또는 경감하였고, 이후 2014년에는 재산세의 감면 비율을 상향하였으나, 2020년에는 공시가액이 3억 원(수도권 6억 원)을 초과하는 주택은 감면 대상에서 제외하고 있다.15)

(3) 종합부동산세 합산배제

(가) 현행

민간임대주택, 공공임대주택, 대통령령으로 정하는 다가구 임대주택으로서 임대기간, 주택의 수, 가격, 규모 등을 고려하여 대통령령으로 정하는 주택 종합부동산세의 과세표준 합산 대상이 되는 주택은 종합부동산세의 과세표준 합산 대상이 되는 주택의 범위에 포함되지 않는다(「종합부동산세법」 제8조 제2항). 현행법에서는 종합부동산세 합산에서 배제되는 민간매입임대주택에 대하여 임대호수, 임대의무기간, 임대료 증가율 제한 요건 기준을 두고 있다.

---

15) 윤성진, 위의 연구, 국토연구원 (2021), 19.

(나) 변화 추이

민간임대주택에 대한 합산배제 제도는 종합부동산세가 처음으로 도입된 2005년부터 있었다. 위 제도의 도입 이후 면적, 임대호수, 가격, 임대의무기간 등에 대한 기준을 완화하거나 폐지하였다가, 2013년 2월 22일 「종합부동산세법 시행령」이 개정되면서 매입임대주택의 경우 면적과 임대호수 제한은 없이 임대기간 5년, 공시가격 6억 원 이하(비수도권 3억 원 이하) 주택을 임대하는 경우 합산배제 대상으로 정하였다(「종합부동산세법 시행령」제3조).[16] 그 후 임대기간을 8년, 10년으로 점차 강화하고, 조정대상지역의 경우 합산배제 제외, 임대료 증가율 제한 등 합산배제 요건을 강화하였다.

(4) 양도소득세 감면

(가) 현행

공공지원민간임대주택 또는 장기일반민간임대주택 등을 등록하여 일정한 요건을 갖추는 경우 그 주택을 양도할 때 양도소득세 감면 및 장기보유 특별공제 대상으로 적용된다(「조세특례제한법」 제97조의3 제1항, 제97조의5 제1항). 조세특례제한법의 개정(2023년 1월 1일 시행, 법률 제19199호)으로 장기보유특별공제대상으로 적용될 수 있는 계속 임대 기간이 8년에서 10년으로 늘었으며(97조의3제1항제1호), 2025년 1월 1일 시행된 개정법(법률 제20617호)에서 장기일반민간임대주택 등으로 등록하는 기한을 2027년 12월 31일까지로 연장하였다(97조의3제1항).

---

16) 윤성진, 앞의 연구, 국토연구원 (2021), 21.

유형	등록	임대 기간	요건	기타
공공지원 민간임대주택 또는 장기일반 민간임대주택	2027년 12월 31일까지	10년 이상	임대보증금 또는 임대료 증액 제한 요건 등 준수	장기보유 특별공제액 계산 시 70% 공제율 적용
	2018년 12월 31일까지 취득 후 3개월 이내	10년 이상	임대보증금 또는 임대료 증액 제한 요건 등 준수	양도소득세의 100% 상당하는 세액 감면

(나) 변화 추이

「조세특례제한법」제97조의3, 제97조의5 규정은 2014년 1월 1일 법률 제12173호로 일부 개정을 통해 신설되었다. 주택거래 활성화 및 서민들의 주거비 부담을 완화하고자 거주자가 「임대주택법」에 따른 준공공임대주택을 10년 이상 계속하여 임대한 후 양도하는 경우 60%의 장기보유 특별공제율을 적용하도록 했으며, 거주자 또는 비거주자가 「임대주택법」에 따른 매입임대주택을 6년 이상 임대한 후 양도하는 경우 현행 「소득세법」에서 보유기간에 따라 최대 30% 공제율을 적용받을 수 있었던 것을 최대 10%의 공제율을 추가로 적용받을 수 있게 하였다.[17]

한편, 2018년 임대주택 등록 활성화 방안이 발표된 이후에는 기존의 준공공임대주택에 적용되던 양도소득세 감면 적용의 취득기한을 1년으로 연장하는 것 외에는 추가 연장이 이뤄지지 않았다.

(5) 양도소득세 중과배제(소득세법 시행령 제167조의3 제1항)

(가) 현행

조정대상지역에 있는 1세대 3주택 이상에 해당하는 주택을 양도하는 경우 양도소득세를 중과하는데(「소득세법」 제104조 제7항 제3호),

---

17) 국가법령정보센터 「조세특례제한법」 제정·개정이유 참조(www.law.go.kr).

민간매입임대주택 및 장기일반민간임대주택 등은 양도소득세 중과배제 대상이다(「소득세법 시행령」 제167조의3 제1항 제2호 각 목). 2025년 1월 17일 기획재정부에서 발표한 개정 세법의 후속 시행령 개정안에 따르면, 양도소득세 중과배제 대상에 임대의무기간이 6년인 단기민간임대주택을 포함하고, 장기민간건설임대주택의 가액요건을 6억 원에서 9억 원으로 상향하며, 조정대상지역에 있는 주택을 2년 이상 보유한 경우 중과배제 기한이 1년 연장되었다.[18]

(나) 변화 추이

2003년 12월 30일 「소득세법 시행령」의 일부 개정(대통령령 제18173호)을 통해 제167조의3을 신설함으로써, 1세대 3주택 이상에 해당하는 주택의 양도 시에는 양도소득과세표준의 60% 세율을 적용하도록 함에 따라 농어촌에 있는 3억 원 이하의 주택은 1세대 3주택에 있어서 주택수의 계산에서 제외하도록 하는 등 다주택소유 시 양도소득세 적용 방법을 정하도록 하였다.[19] 사업자등록과 임대사업자등록을 한 거주자가 임대주택으로 등록하여 임대하는 국민주택으로서 일정 요건에 해당하는 주택(장기임대주택)의 경우에 1세대 3주택 이상에 해당하는 주택 범위에서 제외되었다(제167조의3 제1항 제2호).

2008~2013년에는 면적, 임대 기간, 가격, 세대수 등 조건이 완화되었다가 2018년 문재인 정부의 '임대주택 등록 활성화 방안' 발표 이후에는 의무 임대기간이 5년에서 8년으로 연장되었다가 2020년에는 10년으로 연장되는 등 규제가 강화되었다.[20]

한편, 2022년 이후로는 다주택자에 대한 양도소득세 중과를 한시적으로 배제하고 그 기간을 연장하고, 다주택자에 대한 양도소득세 중과

---

[18] 국민참여입법센터, 소득세법 시행령 일부개정령안 입법예고, 2025. 1. 17.
https://opinion.lawmaking.go.kr/gcom/ogLmPp/81294/RP(2025. 4. 1. 최종 검색).
[19] 국가법령정보센터, 「소득세법시행령」 제정·개정이유 참조(www.law.go.kr).
[20] 윤성진, 위의 연구, 국토연구원 (2021), 23.

세율 적용이 배제되는 소형 신축주택의 범위에 도시형 생활주택도 포함하는 등 세제 혜택을 강화하였다. 도시형 생활주택을 가진 다주택자가 이를 임대주택으로 등록할 경우, 소형주택 임대사업자에 대한 세액 감면 혜택을 받으면서 일정 기간 임대한 이후에는 양도소득세 중과배제를 적용받을 수 있으므로 임대사업자 등록 유인이 될 것으로 보인다.

(6) 소형주택 임대사업자에 대한 세액 감면

(가) 현행

「조세특례제한법」과 「조세특례제한법 시행령」에 따라 소형주택 임대사업자는 임대사업에서 발생한 소득에 대하여 세액 감면을 받을 수 있다. 내국인이 대통령령으로 정하는 임대주택을 1호 이상 임대하는 경우에 적용되며, 세액 감면 기간은 2025년 12월 31일 이전에 끝나는 과세연도까지이다. 임대주택을 1호 임대할 경우 소득세 또는 법인세의 30%(2호 이상 20%), 공공지원민간임대주택 또는 장기일반민간임대주택인 경우에는 75%에 상당하는 세액(2호 이상 50%)을 감면한다(「조세특례제한법」 제96조 제1항). 일반 임대주택은 4년 이상, 장기일반민간임대주택 등은 10년 이상 임대해야 한다.

(나) 변화 추이[21]

소형주택 임대사업자에 대한 세액 감면 규정은 2014년 1월 1일 민간임대주택의 공급을 확대하기 위해 「조세특례제한법」(법률 제12173호) 제96조로 신설 및 시행되었다. 시행 당시에는 3호 이상 임대주택을 5년 이상 임대할 경우 소득세 또는 법인세의 20%를 감면하고, 장기임대를 유도하기 위해서 3호 이상의 임대주택을 5년 이상 임대하지 않는 경우에는 감면받은 세액을 추징하도록 하였다. 2017년 12월 19일 「조

---

[21] 국가법령정보센터, 「조세특례제한법」「조세특례제한법 시행령」 제정·개정 이유 참조(www.law.go.kr).

세특례제한법」(법률 제15227호, 2018. 1. 1. 시행)의 일부 개정을 통해 임대주택을 1호 이상 임대해도 세액 감면을 받을 수 있게 하여 임대사업자 등록을 유도하였다.

한편, 2019년 2월 12일에는 「조세특례제한법 시행령」을 개정(대통령령 제29527호)하여 임대보증금 또는 임대료의 증가율이 연 5%를 초과하지 않도록 하여 세액감면 요건을 강화하였다(제96조 제2항 제3호 신설). 그리고 2019년 12월 31일에는 「조세특례제한법」(법률 제16835호) 개정을 통해 2호 이상 임대사업자가 2021년 1월 1일 이후 임대사업으로 발생하는 소득에 대해서는 감면 세율을 30%에서 20%로 혜택을 축소하였다.

라. 기타 혜택

임대사업자는 민간임대주택법에 따라 토지의 우선 공급 등의 지원이나 건폐율과 용적률, 층수 제한을 완화하는 등 규제 완화를 적용받을 수 있다.[22]

토지 등의 우선 공급 지원의 경우, 국가·지방자치단체·공공기관 또는 지방공사가 그가 소유하거나 조성한 토지를 공급하는 경우에는 「주택법」 제30조 제1항에도 불구하고 민간임대주택을 건설하려는 임대사업자에게 우선적으로 공급할 수 있다(민간임대주택법 제18조 제1항). 임대사업자가 공공지원민간임대주택을 건설하기 위하여 관련 법령에 따라 사업계획승인을 신청하거나 건축허가를 신청하는 경우에도 민간임대주택법 제21조 각 호에 따라 건폐율 및 용적률, 층수 제한에 있어 완화된 기준을 적용할 수 있다.

---

22) 찾기쉬운생활법령정보, 임대사업자에 대한 혜택, https://easylaw.go.kr/CSP/CnpClsMain.laf?popMenu=ov&csmSeq=864&ccfNo=1&cciNo=1&cnpClsNo=2&search_put= 참고하여 작성함(2025. 4. 1. 최종 검색).

2015년 8월 29일 민간임대주택법이 전부 개정되면서(법률 제13499호, 2015. 12. 29. 시행) 민간임대주택의 개념에 준주택이 포함되었다. 민간임대주택법 제2조 제1호에서 "민간임대주택"의 개념에 토지를 임차하여 건설된 주택 및 오피스텔 등 대통령령으로 정하는 준주택을 포함한 것이다. 동법 시행령 제2조에서는 준주택의 범위를 아래와 같이 규정하고 있다.

민간임대주택법 시행령

제2조(준주택의 범위) 「민간임대주택에 관한 특별법」(이하 "법"이라 한다) 제2조제1호에서 "오피스텔 등 대통령령으로 정하는 준주택"이란 다음 각 호의 건축물(이하 "준주택"이라 한다)을 말한다. 〈개정 2017. 9. 19., 2021. 8. 10., 2022. 1. 13., 2023. 9. 26.〉
  1. 「주택법」 제2조 제1호에 따른 주택 외의 건축물을 「건축법」에 따라 「주택법 시행령」 제4조 제1호의 기숙사 중 일반기숙사로 리모델링한 건축물
1의2. 「주택법 시행령」 제4조 제1호의 기숙사 중 임대형기숙사
  2. 다음 각 목의 요건을 모두 갖춘 「주택법 시행령」 제4조 제4호의 오피스텔
    가. 전용면적이 120제곱미터 이하일 것
    나. 상하수도 시설이 갖추어진 전용 입식 부엌, 전용 수세식 화장실 및 목욕시설(전용 수세식 화장실에 목욕시설을 갖춘 경우를 포함한다)을 갖출 것

또한, 다가구주택에서 임대사업자 본인이 거주하는 실(室, 한 세대가 독립하여 구분 사용할 수 있도록 구획된 부분)을 제외한 나머지 실 전부를 임대하는 경우도 민간임대주택으로 포함하였다(민간임대주택법 제2조 제1호 및 민간임대주택법 시행령 제2조의2).

임대료의 경우, 장기일반민간임대주택 및 단기임대주택의 임대사업자는 최초 임대료를 정할 수 있으나, 민간임대주택 등록 당시 존속 중인 임대차계약이 있으면 그 종전임대차계약에 따른 임대료로 하여야 한다(민간임대주택법 제44조 제1항 제2호).

한편, 국토교통부는 2024월 8월 28일 〈서민·중산층·미래세대 주거안정을 위한 새로운 임대주택 공급방안〉을 발표하면서, 임대사업 유형

을 자율형, 준자율형, 지원형으로 사업모델을 구별하고, 그에 따라 민간임대주택법상의 규제를 차등적으로 완화하겠다고 밝혔다. 각 유형별 규제 적용 기준은 아래 표와 같다.23)

사업모델별 임대료 규제 적용 기준		자율형	준자율형	지원형
주택임대차보호법	2+2년, 임대료 상승률 5% 상한	O	O	O
민간임대주택법	임대보증 가입+임대차계약 신고의무	O	O	O
	임대기간 계약갱신청구권+5% 상한	×	O	O
	초기임대료 규제(시세 95%)	×	×	O
	임대료 상승률 물가상승률(CPI) 연동	×	×	×
	임차인대표회의 협의의무	×	×	×
	임차인 변경 시에도 상승률 제한	×	×	×

자율형의 경우 최소한의 규제를 하되, 20년 장기임대의 경우 「주택임대차보호법」상 임대료 증액 기준을 준수할 경우 법인 취득세 중과배제, 종합부동산세 합산배제 등을 적용하고, 지방세 감면은 준자율형과 지원형에만 적용된다. 준자율형의 경우 임차인 자격에 제한이 없으며 지원형은 무주택자 우선 공급 요건 외의 자격요건을 배제하기로 하였다. 장기임대주택을 건설하는 경우 용적률, 건축물 용도, 공공임대 인수가격 및 주차장 확보 기준 등의 규제를 완화하였고, 기존 10년 임대(장기일반) 유형의 경우 사업자의 의사에 따라 신유형 장기임대(준자율형, 지원형)로 전환을 허용한다.

---

23) 민간임대주택법, 세법 등 개정이 필요한 정책으로, 김정재 의원이 위 내용으로 민간임대주택법 개정안을 대표발의하여 국회에서 논의 중이다.

마. 임대사업자의 의무 및 위반 시 제재

(1) 임대사업자의 의무

임대사업자는 임대 기간 중에 민간임대주택의 임차인 자격 및 선정 방법 등에 대하여 정해진 기준에 따라 공급하여야 한다(민간임대주택법 제42조 제1항). 공공지원민간임대주택의 경우 주거지원 대상자 등의 주거 안정을 위하여 국토교통부령으로 정하는 기준을 따르고, 장기일반민간임대주택의 경우 임대사업자가 정한 기준에 따른다. 또한, 동일한 주택단지에서 30호 이상의 민간임대주택을 건설 또는 매입한 임대사업자가 최초로 민간임대주택을 공급하는 경우, 시장·군수·구청장에게 대통령령으로 정하는 방법에 따라 신고하여야 한다(민간임대주택법 제42조 제4항).

한편, 임대사업자는 민간임대주택에 대하여 임대차계약을 체결할 경우, 임대차계약 신고, 표준임대차계약서 작성, 임차인에 대한 설명 의무가 있다(민간임대주택법 제46조 내지 제48조). 공공지원민간임대주택과 장기일반민간임대주택의 경우 10년 이상의 임대의무기간이 규정되어 있는데, 2024년 12월 3일 민간임대주택법 개정(2025. 6. 4. 시행 예정)으로 인하여 도입된 단기민간임대주택의 임대의무기간은 6년 이상이다. 임대사업자는 임대기간 동안 임대료의 증액을 청구하는 경우, 임대료의 5%를 초과하여 청구할 수 없으며, 임대차계약 또는 약정한 임대료 증액 이후 1년 내에는 임대료 증액 청구를 할 수 없다.

임대사업자로 등록된 기간에 임대사업자는 임차인의 의무위반 또는 일정한 사유가 발생하여 임대차를 계속하기 어려운 경우를 제외하고 임대차계약을 해제 또는 해지하거나 재계약을 거절할 수 없다. 해제 또는 해지가 가능한 경우는 민간임대주택법 시행령 제35조에 규정하고 있다.

임대보증금 보증가입 의무가 확대되어 민간건설임대주택과 민간매입임대주택 전부에 대하여 보증가입 의무가 있으나, 임대보증금이 소액이고 임차인이 보증에 가입하지 않는 것에 동의하는 경우 등 보증가입 의무의 예외 규정을 두고 있다(민간임대주택법 제49조). 2025년 1월 14일 민간임대주택법 개정으로 보증회사는 보증에 가입한 임대사업자 중 말소 요건에 해당하는 임대사업자를 별도로 관리하고, 보증금 미반환 임대사업자가 추가로 보증에 가입되지 아니하도록 관리하여야 하는 등 보증회사의 임대사업자 관리가 강화되었다.

(2) 위반 시 제재

임대사업자가 임대료, 임대기간, 보증금 반환이나 보증 가입 등 민간임대주택법 및 시행령이 정한 일정한 조건을 위반한 경우 지자체장이 임대사업자 등록을 말소할 수 있다(민간임대주택법 제6조). 또한 이들 의무 위반에 대하여 과태료 부과도 가능하다(민간임대주택법 제67조).

임대사업자가 임대의무기간 중에 민간임대주택을 임대하지 않거나, 임대료의 증액 비율을 초과하여 임대료를 증액한 경우, 동일한 주택단지에서 30호 이상의 민간임대주택을 건설 또는 매입한 임대사업자가 최초로 민간임대주택을 공급하는 경우에 신고하여야 하는 의무를 위반한 경우, 임대차계약 신고를 하지 않거나 거짓으로 신고하는 경우, 표준임대차계약서를 사용하지 않을 경우, 임차인이 의무를 위반하거나 임대차를 계속하기 어려운 사유가 발생하지 않았음에도 임대차계약을 해제 또는 해지하거나 재계약을 거절한 경우, 지자체장이 임대사업자 등록을 말소할 수 있다(민간임대주택법 제6조). 등록 말소 외에도 임대사업자의 의무 위반에 대하여는 위반의 정도에 따라 500만 원 내지 3,000만 원의 과태료를 부과한다(민간임대주택법 제67조 제2항, 제3항).

Ⅲ. 임대사업자 등록제도에 관한 논의 및 평가

　문재인 정부의 2017년 '임대주택 등록 활성화 방안' 시행 이전까지 일반인의 임대사업자 등록제도에 대한 인지도는 매우 낮았고, 논의의 초점은 주로 임대사업자 등록제도의 활성화 방안에 맞추어져 있었다.[24] 그런데 문재인 정부의 '임대주택 등록 활성화 방안' 발표 이후 2018년 14.8만 명, 2019년 7.4만 명의 임대사업자가 신규로 등록했고, 이를 통해 2018년 38.2만 호, 2019년 14.6만 호의 민간등록 임대주택이 증가하였다. 이는 활성화 정책 이전 등록한 임대사업자 신규 등록인 2015년 3.4만 명(13만 호), 2016년 6.4만 명(20만 호), 2017년 5.7만 명(19만 호)에 비해 급격히 높아진 수준이다.

　이에 따라 언론을 비롯하여 시민단체, 학계 등에서 임대사업자 등록제도가 주택 가격 및 공급 안정에 미치는 영향에 관하여 다양한 의견이 개진되었고, 이후 임대사업자 등록제도와 관련된 정책의 변경이 이루어질 때마다 임대사업자 등록제도를 전면 폐지하여야 한다는 의견부터 정반대의 의견들이 첨예한 대립을 이루었다.

---

24) 윤성진 외, "민간등록임대주택의 현황과 문제점", 서울도시연구(21-1) (2020), 7.

1. 문재인 정부의 2017년 '임대주택 등록 활성화 방안'에 대한 평가

가. 임대사업자 등록제도에 대한 비판적 의견25)

(1) 장기적인 집값 상승

임대사업자 등록제도는 단기적으로 서민의 주거 안정이라는 목표를 일부 달성할 수 있을지 모르지만, 장기적으로 투기 과열화 및 집값 상승의 원인이 된다는 의견이다.

현재 우리나라에서 집값 상승을 방지하고 투기를 억제하기 위해 가용 가능한 가장 효과적인 방법은 보유세라고 보고, 보유세 중과를 통해 다주택자들의 무차별적인 주택 구매를 억제함과 동시에 그들의 불로소득을 환수하여 양극화 완화 및 부의 재분배 효과를 얻을 수 있음에도, 임대사업자 등록제도는 보유세 감면 혜택을 부여함으로써 부유세의 투기 억제 효과를 무력화하는 일종의 조세피난처 역할을 한다는 것이다.

나아가 임대사업자로 등록한 주택 보유자들이 등록제도의 혜택을 온전히 누리기 위해서는 4년 혹은 8년의 임대의무기간을 충족해야 하는데(2020. 8. 전 기준), 이 때문에 오히려 이른바 '매물 잠김' 효과가 발생하여 임대차시장 공급확대를 통해 주거 안정을 달성하려는 정책이 역설적으로 매매시장에서는 공급이 감소하고 집값이 상승하는 역효과를 보인다고 주장한다.

비판론자들은 또한 장기적으로 보았을 때, 임대사업자 등록제도는 임대료 인하에도 기여하지 못한다고 주장한다. 매매시장의 집값 상승

---

25) 이하 비판적 의견의 내용은 주로 공익허브, "임대사업자 등록제도의 한계 및 개선방안", (2020) 및 이준구, 「누가 내 집 마련의 꿈을 빼앗아 갔는가?」, 문우사 (2023)을 요약하였음.

은 결국 장기적인 임대료 상승으로 이어지기 때문에 궁극적으로는 임차인들의 거주비 부담 증가로 연결되기 때문이다.

특히 이준구는 "집값과의 전쟁에서 승리를 거둘 수 있는 유일한 방법은 암 덩어리와도 같은 임대사업자 등록제를 폐지하는 것밖에 없다"라며 임대사업자 등록제도에 대하여 신랄하게 비판한다. 보유세 강화를 부동산 투기 억제책의 핵심의제로 설정해 놓았지만, 임대사업자 등록제의 존재가 보유세 강화의 실제 효과를 현저하게 떨어뜨리는 결과를 가져오고 이로써 다주택자로 하여금 정부의 투기 억제책을 회피할 수 있는 길을 열어준 꼴이 되었다는 것이다.

(2) 주택 소유 격차를 확대하는 개념적 모순

비판론자들은 임대사업자 등록제도가 주택을 많이 보유한 다주택자들에게 혜택을 부여하지 않으면 유지될 수 없는 제도라면서, 서민의 주거 안정을 위해 도입된 제도임에도 불구하고, 기득권층에 해당하는 다주택자들에게 더 많은 혜택을 부여할 수밖에 없는 모순적인 제도라고 주장한다. 이러한 유형의 주거 안정은 단기적으로 서민들에게 거주할 공간을 제공하는 효과는 있을 수 있으나 장기적으로는 다주택자와 무주택자들 사이의 주택 소유 격차를 더 확대하여 저소득층의 자가 소유를 통한 주거 안정을 불가능하게 만들고 사회 양극화를 심화시킨다는 것이다.

(3) 공급확대에 미치는 영향이 제한적

이준구는 임대사업자에게 제공되는 세제상 특혜가 폐지된다 해도 임대주택 공급에 미치는 영향이 제한적이라며, 민간임대주택 공급을 활성화 한다는 명분 자체도 실효성이 없다고 비판한다. 예를 들어 집을 5채 소유하고 있는 A의 경우, A의 임대주택 공급량은 어떤 상황에서도 자신이 거주하는 1채를 재외한 4채로 고정될 수밖에 없고, 조세상 막대한 특혜가 주어지든 반대로 아무런 특혜가 주어지지 않든 4채의 임대주택 공급량에는 아무런 차이가 없다는 것이다. 그렇기 때문에 우리 사회 임대주택 총 공급량은 단기에서 고정되어 있을 수밖에 없고, 임대주택 공급량을 늘리기 위해 임대사업자에게 특혜를 제공한다는 것은 일고의 가치도 없는 어불성설이라고 주장한다.

(4) 공정과세와 형평성

비판론자들은 임대사업자들이 받는 세제 혜택은 공평 과세의 원칙에도 어긋난다고 주장한다. 일반적으로 더 소득수준이 낮은 임차인들에게는 세금 부담이 온전히 전가되는 한편 소득수준이 더 높은 임대인들에게 과도한 세금 혜택이 돌아가는 시스템은 소득이 낮은 이들이 아닌 소득이 높은 이들의 과세 부담을 완화함으로써, 소득의 종류가 다른 국민 간에 세금 부담이 공평하게 배분되어야 한다는 수직적 공평의 원칙을 훼손하며, 더 많이 가진 자들에게 걷어서 더 적게 가진 자들에게 삶의 안전망을 제공하는 복지사회의 개념에 역행한다는 것이다.

이준구 역시 "임대사업자 등록제도의 폐지는 단지 주택 투기를 막는다는 목적에서뿐 아니라 우리 조세제도상의 중대한 결함을 시정한다는 차원에서도 시급한 과제이다. 임대사업자를 편파적으로 우대하는 이 제도는 효율성과 공평성의 측면에서 매우 심각한 문제를 일으키고 있다"라고 주장한다.

(5) 사회자원의 비효율적 배분

비판론자들은, 부동산을 통해 창출되는 이익은 상품 가치가 있는 다른 생산수단들과는 달리 사회적으로 창출되는 실질적인 부가가치가 없는 사회적 불로소득에 해당함에도 임대사업자 등록제도가 다주택자들에게 제공하는 보호막은 국가적으로 비효율적인 자원 배분으로 이어진다고 주장한다.

이준구 역시 주택임대사업자에 대한 세금 부담이 제조업을 하는 경우에 비해 10년간 약 10%에 지나지 않는다며 지나치게 과도한 세제 혜택이 주어져 세원 간 형평성을 저해한다고 주장한다.

나. 임대사업자 등록제도에 대한 긍정적 의견

(1) 임대사업자 등록제도가 주택 가격을 끌어 올렸다는 실증적 증거 부족

문재인 정부가 '임대주택 등록 활성화 방안'을 발표한 2017년 12월부터 임대인에 대한 혜택을 대폭 축소한 2020년 7월까지 연립·다세대 주택의 매매가격 지수를 비교하면, 서울 기준 93.7%에서 97.4%로 3.9% 상승하였고 전국 기준 97.6%에서 97.9%로 0.3% 상승하는 데 그쳤다는 것이다. 또한, 아파트 매매평균가격 상승률을 보더라도, 임대주택 등록 대상인 아파트(1~3분위)[26]가 4, 5분위 아파트의 상승률보다 더 급등했다고 보기 어렵다는 점을 근거로 한다.[27]

박진백 역시 임대사업자 등록제도 활성화 이후 공시가격 수준별 임대등록 주택의 매매가격 및 전세가격 변화, 매물 잠김 효과 등을 분석하였는데, 제도 도입으로 인한 매물 잠김으로 인한 매매가격 인상은 미미한 반면, 전세가격 안정 효과가 뚜렷이 나타난다고 주장한다. 임대사업자 등록제도 활성화 대책 이전에도 약 98만 호의 등록 임대가 있었다는 점에서 활성화 대책 이후 증가 물량이 전체 시장에 큰 영향을 주었다고 보기는 어렵고, 분포도 특정 지역에 쏠려 있는 것이 아니라 전국에 다양하게 분산되어 있다는 점에서 민간임대등록 제도로 인하여 매물이 잠겼다고 보기는 어렵다는 것이다.[28]

---

26) 수도권의 경우 공시가격 6억 원, 비수도권의 경우 공시가격 3억 원 이하.
27) 이성영, "민간임대사업자 등록제도 평가와 개선방향", 재단법인 동천, 23, 24.
28) 박진백, "민간임대등록 활성화와 주택가격 변화", 민간임대등록 정책세미나 발표자료 (2020). (재인용 문헌이고, 세미나 발표자료로 원문을 찾을 수 없음).

변세일의 경우, 공간패널모형(Spatial Panel Model)을 활용하여 민간임대주택 공급 확대가 매매가격에 미치는 영향을 분석한 결과, 통계적 의미를 가지는 유의성이 확인되지 않아 임대사업자 등록제도 자체가 가격상승을 유발했다고 단정하기는 어렵다고 한다. 즉, 임대사업자 등록제도 외에 저금리, 풍부한 유동자금, 대체투자처 부재, 부동산 정책 등 다양한 변수가 존재하므로 매물 잠김과 매매가격 상승의 주원인을 민간임대사업자 등록제도 때문이라고 단정할 수 없다는 것이다.[29]

(2) 임대사업자 등록제도가 전월세 시장을 안정시키는 데 효과를 발휘

실제로 한국부동산원에 따르면 2017년 12월부터 2020년 7월까지 연립·다세대 주택의 전세가격지수는 서울 기준 0.7% 상승하는 것에 그쳤고, 전국 기준으로 보면 오히려 1.2% 하락하였다. 같은 기간 아파트 월세통합가격지수 역시 서울 기준 0.2% 하락, 전국 기준 2.3% 하락하였다. 특히 아파트의 경우 임대주택 등록 대상인 1~3분위(서울 기준) 아파트의 전세가격 상승률은 4, 5분위 아파트보다 낮거나 유의미한 차이가 없었다.

윤성진은 2011년부터 2018년까지 서울 마포구의 전월세 실거래 건수 83,071건을 분석하여 중·장기적으로 임대사업자 등록제도를 통해 전월세 시장의 안정 효과를 거둘 수 있다고 보았다.[30]

---

29) 변세일 외, "민간임대주택등록 활성화 제도의 성과 점검과 개선방안", 국토연구원 (2020), 66.
30) 윤성진 외, "민간등록임대주택의 현황과 문제점", 서울도시연구(21-2) (2020), 11.

〈마포구 민간임대주택 등록 여부에 따른 전세 가격 인상률 분석〉

다. 평가

사실 문재인 정부의 '임대주택 등록 활성화 방안'에는 임대인 혜택이 일부 추가됐으나 대부분 제도 변화로 이어지지 않았고, 전반적으로 기존과 유사한 수준을 유지하는 가운데 오히려 의무가 강화되어 이를 임대주택 등록 활성화라고 평가하기는 모호한 측면이 존재한다.[31]

민간등록임대주택사업자에게 주어지는 세제 혜택은 대부분 '임대주택 등록 활성화' 이전에 이미 확대된 것이다.

다만, '임대주택 등록 활성화'와 동일한 기간에 다주택자 규제 등

---

[31] '임대주택 등록 활성화 방안' 발표 당시 재산세 감면을 위한 호수 제한 완화, 8~9년 임대하는 양도소득세 공제율 상향 등의 내용이 포함됐으나, 실제 법 개정 등 제도 변화로 이어지지 않았다. 임대소득세 감면을 위한 호수 제한을 3호에서 1호 이상으로 완화되는 방안이 적용됐으나, 기존 과세가 유예됐던 임대소득세 과세를 정상화하여 실질적으로는 세율이 상승하였다. 그 외 기존 5년 이상에 주어지던 다주택자 양도소득세 중과배제 및 종합부동산세 합산배제 적용의 의무기간을 8년으로 연장하는 등 의무도 강화되었다.

세율 강화가 이뤄짐에 따라 미등록임대주택의 부담이 강화되어 민간 등록임대주택에 대한 세제 혜택의 유의미성이 증가하였다. 즉, '임대주택 등록 활성화' 전후 등록임대주택사업자의 절대적 부담은 기존과 유사한 수준이거나 오히려 다소 증가했으나, 미등록임대주택의 사업자에게 주어지는 부담이 크게 증가하면서 등록임대주택사업자의 상대적 혜택 수준 역시 크게 증가하였다는 것이다.

다시 말해 '임대주택 등록 활성화' 정책은 등록임대주택사업자에 대한 절대적 혜택 증가가 아니라 미등록임대주택에 적용되는 규제 강화에 따른 상대적 효과로 작용했으며, 활성화 정책 이후 등록임대주택이 증가한 것도 등록하지 않았을 경우에 적용되는 강화된 규제를 피하려는 목적에서 이루어졌다고 볼 수 있다. 이러한 면에서 "보유세 강화를 부동산 투기 억제책의 핵심의제로 설정해 놓았지만, 임대사업자 등록제의 존재가 보유세 강화의 실제 효과를 현저하게 떨어트리는 결과를 가져오고 있다", "다주택자로 하여금 정부의 투기 억제책을 회피할 수 있는 길을 열어준 것이다"라는 이준구의 지적은 타당한 측면이 있다.

물론, 앞서 살펴 보았듯이 임대사업자 등록제도가 매물 잠김 및 주택 가격의 원인이 아니라든지, 전월세 시장 안정의 효과가 있었다는 연구 결과가 있으나, 이 정책을 추진한 문재인 정부 스스로 1년도 지나지 않아 180도로 입장을 바꾸어 임대인에 대한 세제 혜택을 대폭 축소하였다는 점에서 적어도 성공한 정책이었다고 평가하기는 어렵다.[32]

---

[32] 특히, 일반적으로 주택가격 상승 국면에서는 다주택자 증가로 인한 전월세 공급 물량이 늘어나 단기적으로 임차료 안정 효과가 발생하므로, 임대사업자 등록제도의 활성화로 인하여 전월세 시장이 안정되었다고 단정하기도 어렵다.

2. 문재인 정부 2018. 9. 13. 주택시장 안정대책, 2019. 12. 16. 주택시장 안정화 방안 및 2020. 7. 10. 주택시장 안정 보완대책에 대한 평가

(1) 임대인에 대한 세제 혜택의 지속적인 축소

문재인 정부는 2017년에 이어 2018년에도 단기간에 걸쳐 주택가격이 급등하자 매물 부족 상황에서 대출로 구입하는 투자와 투기 수요 등이 가세하여 시장 불안을 가중시키고 있다고 판단하였다. 이에 다주택자의 임대주택 추가 취득을 막고자 2018년 9월 13일 '주택시장 안정대책'을 발표하였다. 그 내용은 종합부동산세 다주택자의 세율 인상과 공정시장가액 비율 조정, 규제지역 내 비거주 고가주택 구입 시 주택담보대출 금지, 임대주택사업자 종합부동산세 및 다주택 중과 규정 강화, 1주택자 장기보유특별공제 및 거주기간 특례 요건 강화 등이다.

이후 2018년 9월 13일에 발표된 '주택시장 안정 대책'은 기존 주택을 소유한 사람들에게는 영향력이 크지 않으나, 임대주택사업자 대출을 활용하여 다주택을 취득하려는 사람들에게는 주택을 추가로 취득하기 어렵게 하는 조치이다. 정부의 판단은 급격하게 주택가격이 상승하는 이유 중의 하나가 임대주택사업자 대출제도를 활용한 투자가 만연해 발생되고 있는 것으로 판단하였기 때문이다.

문재인 정부의 이러한 정책 변경은 곧바로 일관성 없는 부동산 정책으로 투기를 부추겼다는 비판을 불러왔다. 즉, 정부가 2017년 12월 집주인과 세입자가 상생하는 임대차시장 정착이라는 목표로 '임대주택 등록 활성화 방안'을 발표하였으나 불과 9개월 만인 2018년 9월 '주택시장 안정 대책'을 발표하면서 세제 혜택에 대한 요건과 제도적 의무를 강화함으로써 손바닥 뒤집듯 정책을 변경하였는데, 이러한 잦은 제도의 변경은 다주택자에게 정부정책에 대한 불신을 초래하여 임대주택사업자 등록에 부정적인 영향을 미친다는 것이다.[33]

결정적으로 2020년 7월 계약갱신청구권제 및 전월세상한제 도입을 골자로 한 이른바 임대차 3법이 시행되면서 보편적 세입자의 권리가 강화되었고, 임대사업자 등록제도만의 차별성이 약화되었다. 이에 따라 정부는 2020년 7월 "임대차 3법 시행과 연계하여 제도간 정합성 및 임대인간 의무 대비 혜택 형평성 확보를 위한 제도개편 및 기 등록분에 대한 관리방안 마련"을 목적으로 단기임대주택(4년)과 아파트의 장기일반매입임대주택(8년)의 유형을 폐지하며 임대의무기간을 기존의 8년에서 10년으로 연장하고, 등록임대사업자의 임대보증금 보증 의무가입 등의 방안을 발표하였다.

이러한 등록 임대사업자에 대한 혜택 축소 기조는 2021년에도 계속되어 당시 여당이었던 더불어민주당은 2021년 5월 27일 모든 주택유형에 대한 (매입임대) 신규등록을 폐지하는 방안을 발표하기도 하였다. 더불어민주당은 위 발표에서 "과도한 세제지원으로 임대사업자가 폭증하면서 부동산 시장 불안이 높아"졌다면서, "임대차 3법이 통과되는 등 전·월세 시장의 안정을 꾀할 다양한 수단이 확보되면서 등록임대사업자의 과도한 세제 혜택, 그로 인한 매물 잠김 현상에 대한 비판이 더욱 커진 상황"을 타계하기 위해, 매입임대의 경우 모든 주택유형에 대한 신규 등록을 폐지하고 2020년 7월 이전 등록한 기존 사업자의 양도소득세 중과배제 혜택을 정비한다고 하였다.[34] 임차인의 주거 안정을 위해 야심차게 추진하였던 임대사업자 등록제도 활성화 정책이 불과 4년도 되지 않아 집값 상승의 주범으로 몰려 제도 자체의 폐지까지 논의되기에 이른 것이다.

다만, 임대사업자들의 강력한 반발에 더불어민주당은 매입임대 신규등록 전면 폐지 방안을 원점에서 재검토하는 것으로 물러섰고,[35] 이

---

33) 장정섭, "민간매입임대주택 사업자 등록 영향요인 분석" (2019), 63.
34) 더불어민주당 부동산특별위원회, "주택시장안정을 위한 공급·금융·세제 개선안 보도자료", (2021. 5. 27.).
35) "임대사업자 폐지 없던 일로 ⋯ 오락가락 정책에 시장 혼란", 연합뉴스 (2021.

후 실제 시행되지는 못한 채 윤석열 정부로 이어지게 되었다.

(2) 임대차 3법 시행 이후 임대사업자등록 제도의 독자적인 의미

일각에서는 임대차 3법 시행 이후 임대사업자등록 제도는 존치할 이유가 없다면서 이를 폐지하자고 주장하기도 한다.[36] 그러나 여전히 등록 임대주택에서 세입자 권리 보장 수준은 미등록임대주택에 비해 높다. 예를 들어 장기일반임대주택의 임대의무기간이 10년으로 늘어났고, 종전 임대차 계약을 최초 임대료로 하는 단서 조항이 신설되었으며, 설명의무 강화 및 임차인대표회의 의무 요건이 강화되었다. 또한 임대보증금 보증 보험 의무 가입으로 인해 보증금 손실 위험이 낮고, 표준임대차계약서 사용이 의무화되며 권리관계에 대한 설명의무가 추가되는 등 임대차 기간 중 불확실성이 상대적으로 낮고, 임차인대표회의 구성을 통한 임대료·관리비 등에 대한 교섭력도 높다.

특히, 임대사업자 등록제도를 사회 전반에 바로 도입하기 어려운 세입자 보호 정책을 시도하는 장으로 활용할 수 있다. 임대차 3법으로 도입된 계약갱신청구권 및 임대료 상한 등 세입자 보호정책 역시 임대사업자 등록제도에서 먼저 적용되고 이후 사회 전반으로 확대되었다. 민간 임대차시장에 대한 관리·통제가 제한적이고 이로 인해 세입자의 권리 침해가 나타나는 상황에서 이를 보완하기 위한 제도 개선의 마중물로서 활용할 수 있다는 점에서 임대사업자 등록제도의 의의가 있다는 견해도 경청할 만하다.[37]

---

8. 10.).
36) 한국도시연구소, "임대주택등록제 현황 및 조세 개선 방안 마련", (2021), 53.
37) 윤성진, "민간등록임대주택 관련 제도 변화와 시사점", 국토연구원 (2021), 46.

3. 2023년 대규모 전세사기 사건과 임대사업자 등록제도 사이의 관계

2022년 12월을 기점으로 인천 및 경기 지역에서 동시다발적으로 발생한 이른바 '전세사기' 사건이 언론에 보도되기 시작하였다. 소수의 임대인들이 수백에서 수천 채의 빌라를 갭투자로 사들인 뒤 전세를 주었으나, 이후 주택 가격이 떨어지고 부채를 감당하지 못하면서 수백 명의 세입자에게 전세 보증금을 돌려주지 못하는 사태가 벌어진 것이다.

일각에서는 임대사업자 등록제도가 전세사기 사건의 원인이 되었다고 주장하기도 하였다. 단기 등록임대주택 제도와 등록임대주택에 대한 세제 혜택은 갭투기를 부추겼으며, 전세사기·깡통전세의 원인이 되었다는 것이다.[38] 또한, 다수의 피해 임차인들이 부동산중개업소와 임대인으로부터 "등록임대사업자라 보증이 의무이니 안심해도 된다"라고 기망당한 것도 전세사기의 한 원인으로 지목되었다.[39]

그러나 한국도시연구소가 전세사기가 발생한 1,579가구에 대한 실태조사 결과, 임대주택으로 등록된 가구의 비율은 33%에 불과하였다.[40] 또한 취득세 감면은 신축이나 최초로 분양받은 주택만 가능한데, 전세사기는 기존 주택을 매입해 임대 등록한 경우가 대부분이라 취득세 감면 대상에 해당하지 않는 점, 종합부동산세 합산 배제 혜택 역시 2018년 9월 주택시장 안정대책으로 인해 조정대상지역에서 매입한 주택은 적용받지 못한다는 점까지 고려하면 임대사업자 등록제도가 전세사기의 원인이라는 주장은 실증적 자료로 뒷받침되기는 어려워 보인다. 오히려 일각에서는 2020년에 160만 호에 달하던 등록임대주택이

---

38) 참여연대, "[공동논평] 국민 주거 안정에 전세사기 피해 세입자가 없다", (2024. 1. 12.).
39) 한국도시연구소 외, "전세사기 깡통전세 피해가구 실태조사 및 피해 회복과 예장을 위한 제도 개선 방안", (2023), 21.
40) 한국도시연구소 외, 앞의 연구, 83.

대폭 줄어듦에 따라 저렴한 임대주택이 그만큼 사라져 서민들이 전세사기극에 휩쓸리기 쉬운 환경이 되었다고 주장한다.41)

Ⅳ. 임대사업자 등록제도 법개정안 및 쟁점

위와 같이 논란이 된 임대사업자 등록제도의 개선을 위하여 국회에서 민간임대주택법 개정안이 다수 발의되었다. 주요 개정안으로는, 민간임대주택 공급 확대를 위한 단기등록임대 제도 도입안, 등록 임대주택 유형에서 제외되었던 아파트 매입임대를 허용하는 개정안, 전세사기 피해 예방과 임차인 보호를 위하여 등록 요건을 강화하고 등록 말소 요건을 확대하는 개정안 등이 있다. 구체적인 쟁점 및 검토 사항은 아래와 같다.

1. 민간임대주택 등록 확대 개정안

가. 단기임대주택제도 도입

(1) 개정안 개요

2015년 2월 개정 전 구 임대주택법은 5년의 단기임대주택제도가 있었고, 민간임대주택법 전부 개정에 따라 4년으로 변경되었다. 이후 주택임대차보호법상 계약갱신청구권과 전월세 상한제 등이 도입됨에 따라 일반 임대인과 등록한 단기임대주택사업자의 공적 의무가 사실상

---

41) "재앙이 된 임대차 3법 … 文 주택정책이 '전세사기 대란판 깔았다'", 조선일보 (2023. 1. 1.).

동일해져서 별도의 지원을 유지할 이유가 없다는 이유로 2020년 민간임대주택법 개정으로 폐지되었다.

〈민간임대주택 유형의 변천〉[42]

구분		구 「임대주택법」			「민간임대주택에 관한 특별법」		
		'94.4~	'05.9~	'13.12~	'15.12~	'18.7~	'20.8~
매입	단기	3년	5년		4년		폐지
	장기	-		준공공 10년	준공공 8년	장기일반 8년	장기일반 10년
		-			기업형 8년	공공지원 8년	공공지원 10년
건설	단기		5년		4년		폐지
	장기	-		10년('04.3)	준공공 8년	장기일반 8년	장기일반 10년
		-			기업형 8년	공공지원 8년	공공지원 10년

* 자료: 국토교통부

폐지 후 단기임대주택제도 재도입에 대한 요구가 지속되었고, 2021년 6월과 9월에 단기민간임대주택제도 폐지가 서민들의 전월세 수급 불안정을 야기하고 있다는 이유로 임대의무기간을 5년으로 하는 단기민간임대주택제도 도입에 관한 민간임대주택법안[43]이 발의되었다. 그러나 「주택임대차보호법」 개정으로 인한 4년 단기임대주택제도 폐지의 취지를 고려할 때 5년 단기임대주택제도가 독자적인 의의를 가지기 어렵다는 비판이 있었고 임기 만료로 법안은 폐기되었다.

22대 국회에서 김상훈 의원은 소형 임대주택 공급 활성화를 위해 임대의무기간을 6년으로 완화한 단기등록임대제도를 도입하는 개정안[44]을 발의하였고, 위 법안은 국토교통위원장의 대안발의를 통해

---

[42] 김상훈 의원 대표발의, 제417회국회(임시회) 제1차 국토교통위원회, 민간임대주택에 관한 특별법 일부개정법률안(의안번호 제2200561호) 검토보고, (2024. 8.), 4.

[43] 추경호 의원 등 12인, 민간임대주택에 관한 특별법 일부개정 법률안(의안번호 제2112515호); 송석준 의원 등 14인, 민간임대주택에 관한 특별법 일부개정 법률안(의안번호 제210628호).

2024년 11월 14일 가결되었다. 1인 가구 증가 등 주택 수요가 다변화되는 가운데 연립·다세대 등 비아파트 주택 공급이 위축되고 있어 다양한 유형의 주택공급 활성화를 위하여 비아파트 대상으로 임대의무기간 6년이 적용되는 단기등록임대제도의 도입이 필요하다는 취지이다.45)

(2) 검토

단기민간임대주택 제도 도입으로 2주택자가 비아파트를 6년 임대하는 경우 1세대 1주택 특례가 적용되므로 세제 혜택에 따른 공적 의무가 주어지는지에 대한 평가가 필요하다. 일반 임대의 경우보다 2년 더 안정적인 거주가 가능하고, 임대사업자의 경우 보증보험 가입이 의무화되어 전세사기 위험을 낮출 수 있는 점 등은 긍정적으로 평가할 수 있다.

국회에 보고된 아래 단기민간임대주택 등록 자동말소 현황을 살펴보면, 2020년부터 2023년 동안 전국 비아파트 단기임대주택 중 등록 말소된 주택은 41만 8,000호에 이른다. 이는 아파트 23만 9,000호의 2배에 육박하는 비율이고, 2023년도 공공임대 및 민간임대주택 재고가 총 331만 호임을 고려할 때46) 단기임대주택 제도 부활에 따라 전체 임대주택 재고 비율의 10% 이상 증가할 것으로 기대할 수 있다.

국토교통부 통계누리에 의하면 2023년도 주택 인허가 물량 42만 8,774호 중에서 아파트 인허가 물량이 37만 7,612호, 나머지 5만 1,132호가 비아파트 물량으로서 전체의 12%에 불과하고 특히 수도권에는

---

44) 김상훈 의원 등 108인, 민간임대주택에 관한 특별법 일부개정 법률안(의안번호 제2200561호), (2024. 6. 17.).

45) 국토교통위원장, 민간임대주택에 관한 특별법 일부개정법률안(대안)(의안번호 제2205436호) 대안의 제안 이유 및 주요 내용.

46) 지표누리 e-나라지표, 임대주택 재고; https://www.index.go.kr/unity/potal/main/EachDtlPageDetail.do?idx_cd=1232.

〈연도별 단기민간임대주택 등록 자동말소 현황〉[47]

(단위: 만호)

구분			합계	'20	'21	'22	'23.12
전국			65.1	39.6	25.5	15.1	7.2
단기	건설	아파트	8.4	4.9	3.5	1	0.7
		비아파트	9.0	4.0	5.0	2.8	0.7
	매입	아파트	14.5	8.6	5.9	2.7	0.9
		비아파트	32.8	22.0	10.8	8.3	4.5

주택 인허가 총 20만 3,551호 중 비아파트 인허가는 2만 1,285호로 10.4%에 그치고 있다. 2017년에서 2021년 5년 평균 인허가 물량에서 비아파트가 24.8%에 달했던 점을 고려할 때 비아파트 공급 비율이 절반 이하로 낮아진 것이다.[48] 이러한 비아파트 공급 감소 현상을 고려할 때 비아파트 거주하는 서민 주거 안정을 위해서 공급 활성화 지원의 필요성도 있다.

임차인의 장기 주거 안정을 위하여는 6년 단기 임대보다는 10년 이상의 장기임대가 필요하겠으나, 이미 도입된 제도에 대하여 향후 단기간 내에 개정이 이루어질 경우 부동산 시장의 혼란과 정책에 대한 신뢰에 부정적인 영향을 미치므로 상당한 기간 안정적으로 제도를 운영하면서 실제 기대한 효과가 나타나는지 검증이 필요할 것이다.

나. 아파트 장기일반 매입임대 재도입 논의

(1) 개정안 개요

2020년 아파트 매입임대제도가 폐지된 이후 21대, 22대 국회에서

---

[47] 김상훈 의원 대표발의, 제417회국회(임시회) 제1차 국토교통위원회 민간임대주택에 관한 특별법 일부개정 법률안 (의안번호 제2200561호) 검토보고, (2024. 8.), 13.

[48] "비아파트 공급 '씨가 말랐다' … 아파트 쏠림 심화", 연합인포맥스 (2024. 7. 29.).

임대주택등록 활성화 취지에서 단기임대주택제도 도입과 함께 아파트 장기일반민간임대주택을 재도입하는 법안이 발의되었다.[49]

이 개정안은 시장 과열 발생 가능성 등을 감안하여 주거전용면적이 85제곱미터 이하인 아파트로 제한하고, 소규모 사업자 난립을 방지하기 위하여 2호 이상의 민간매입임대주택 등을 등록하는 경우로 신규 등록을 제한하는 내용이다. 그러나 아파트 규모나 호수를 제한하더라도 갭투자 수단이 될 수 있는 점이 문제되어 대안에 반영되지 아니하고 폐기되었다.

(2) 검토

아파트 매입임대 재도입에 대한 법안 발의가 지속해서 이루어져왔고, 아직 반영되지 아니하였으나 이후에도 논의가 계속될 것으로 예상된다. 재도입된 단기임대주택제도에도 아파트는 제외되었는데, 이는 아파트와 비아파트의 불균형적인 공급에 대한 비아파트 지원 성격임을 고려할 때 아파트 장기매입임대 재도입도 신중할 필요가 있다. 특히 국토교통위원회 검토보고서에서도 아파트 장기매입임대 재도입이 주택 가격 회복기에 갭투자 수단이 되어 투기 수요가 유입되거나 매도 가능한 주택이 감소하는 매물 잠김 현상을 유발하여 집값 상승을 부추길 수 있다는 우려가 제기될 수 있음을 지적하고 있다.[50] 아파트 실거래가지수는 지속적인 상승추세에 있어 갭투자 위험이 여전히 높은 상황이다.

현재 장기임대주택은 10년의 임대의무기간이 적용되나, 정부는 20

---

[49] 추경호 의원 등 12인, 민간임대주택에 관한 특별법 일부개정 법률안(의안번호 제2112515호); 송석준 의원 등 14인, 민간임대주택에 관한 특별법 일부개정 법률안(의안번호 제210628호); 김상훈 의원 등 108인, 민간임대주택에 관한 특별법 일부개정 법률안(의안번호 제2200561호), (2024. 6. 17.).

[50] 김상훈 의원 대표발의, 제417회국회(임시회) 제1차 국토교통위원회 민간임대주택에 관한 특별법 일부개정 법률안(의안번호 제2200561호) 검토보고, (2024. 8.), 8.

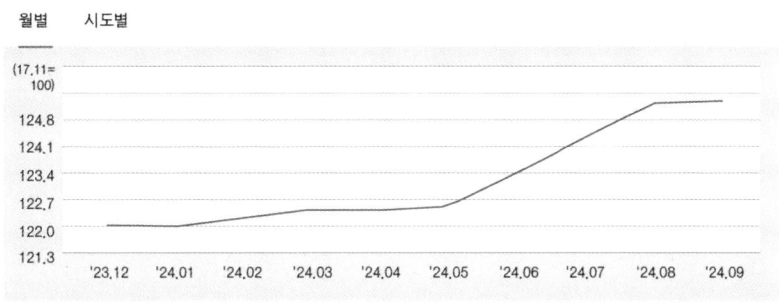

〈아파트매매실거래가격지수〉

출처: KOSIS(한국부동산원, 「공동주택실거래가격지수」)

년 기업형 임대주택 공급을 추진하고 있는 점을 고려할 때,51) 향후 20년 장기 매입임대주택제도가 마련되는 경우 아파트 매입임대가 갭투자 수단이 되기는 어려우므로 이를 허용하는 방안을 고려해볼 수 있을 것이다.

한편, 김상훈 의원이 대표발의한 개정안은 민간매입임대주택만을 등록하거나 민간건설임대주택과 민간매입임대주택을 모두 등록하는 경우 2호 이상 공급을 요건으로 하고 있다. 2018년 7월 개정 이전에는 민간건설임대주택의 경우 2호(2세대) 이상 공급을 요건으로 하고 있었고, 2008년 11월 개정 이전에는 매입임대주택의 경우 5호(5세대) 이상 공급을 등록 요건으로 제한하고 있었다. 개인 민간임대사업자의 상당수(59.8%)가 주택 1호만 등록하고 있어 1호(1세대) 주택 공급을 제외할 것인지는 민간임대주택제도에 상당한 영향을 미친다. 1호와 2호 공급을 달리할 실익이 크지 않고, 2호 공급 이상으로 제한할 경우 3주택자를 2주택자보다 우대하는 정책이 될 수 있으므로 임대사업자 등록 요건을 2호 이상으로 제한하는 것은 신중한 접근이 필요하다고 할 것이다.

---

51) 대한민국 정부 브리핑, 최장 20년 장기 거주…기업형 임대주택 10만 가구 공급 추진, (2024. 8. 28.); https://www.korea.kr/news/policyNewsView.do?newsId=148933151

〈개인 등록임대사업자의 보유 호수 현황〉[52]

보유호수	합계	1호	2~3호	4~5호	6~10호	11호 이상
사업자수(명)	261,986	156,741	55,643	14,085	16,783	18,734
(비율)	(100)	(59.8)	(21.2)	(5.7)	(6.4)	(7.2)
주택수(호)	868,273	156,741	126,449	65,552	127,757	391,774
(비율)	(100)	(18.1)	(14.6)	(7.5)	(14.7)	(45.1)

주: 2023년 12월 기준
자료: 국토교통부

다. 20년 장기임대주택제도 도입

(1) 개정안 개요

정부는 2024년 8월 20년 장기 기업형임대주택을 10만 가구 공급하겠다고 발표하였고, 2024년 10월 4일 김정재 의원이 같은 내용의 민간임대주택법 개정안을 대표발의하였다.[53] 리츠 등 법인이 동일 주택단지별 100호 이상 대규모로 최소 20년 이상 장기간 운영할 수 있도록 규제완화와 공적지원을 적용한 새로운 민간임대주택을 도입한다는 취지이다. 개정안의 "20년 장기 민간임대주택"이란 법인 임대사업자가 동일 주택단지에서 대통령령으로 정하는 호수 이상의 민간임대주택을 20년 이상 임대할 목적으로 취득하여 임대하는 민간임대주택을 말하며 자율형(임대보증금에 대한 보증 가입 및 임대차계약 신고 의무 등을 받는 민간임대주택), 준자율형(임차인의 계약갱신요구권 및 임대료 증액 비율 상한 등이 적용되는 민간임대주택), 지원형(임차인의 권리보호 사항과 최초 임대료 제한 등을 적용받으면서 주택도시기금의 출자 또는 「주택법」 제2조 제24호에 따른 공공택지의 할인 공급 또는 이 법

---

52) 김상훈 의원 대표발의, 제417회국회(임시회) 제1차 국토교통위원회 민간임대주택에 관한 특별법 일부개정 법률안(의안번호 제2200561호) 검토보고, (2024. 8.), 16.
53) 김정재 의원 등 10인, 민간임대주택에 관한 특별법 일부개정 법률안(의안번호 제2204574호).

제18조 제2항에 따라 수의계약의 방법으로 토지 공급을 받는 등의 공공지원을 받는 민간임대주택)으로 구분된다. 각 유형별 지원과 규제는 아래 표와 같다.

〈개정안 요약〉[54]

구 분		현행 10년 임대		개 정 안(추 가)		
		공공지원 민간임대주택	장기일반 민간임대주택	20년장기민간임대주택		
				지원형	준자율형	자율형
임대사업자 유형변경 허용		⇩ 지원형	⇧ 장기일반 민간임대	⇩ 공공지원 민간임대 준자율형, 지원형	⇧ 공공지원민 간임대 장기일반민 간임대	⇧ 장기일반민 간임대	-
토지 등의 우선 공급		○	×	○	○	×
건폐율 완화		○	×	○	○	○
용적률 완화		○ (상한의 100%)	×	○ (상한의 120%)	○ (상한의 120%)	○ (상한의 120%)
층수 제한 완화		○	×	○	○	○
상업지역 건축 제한 완화		×	×	○	○	○
주차장 설치 기준 완화		×	×	○	○	○
지자체 기부채납 임대주택 공급		○	×	○	○	○
민간임대주택 공급촉진지구		○	×	○	○	×
	토지 등의 수용	○	×	○	×	×
	건축 제한 완화	○	×	○	○	×
	건폐율 완화	○	×	○	○	×

[54] 김정재 의원 대표발의, 제418회국회(정기회) 제11차 국토교통위원회 민간임대주택에 관한 특별법 일부개정 법률안(의안번호 제2204574호) 검토보고, (2024.11.), 5.

구 분	현행 10년 임대		개 정 안(추 가)		
	공공지원 민간임대주택	장기일반 민간임대주택	20년장기민간임대주택		
			지원형	준자율형	자율형
용적률 완화	○ (상한의 100%)	×	○ (상한의 120%)	○ (상한의 120%)	×
층수 제한 완화	○	×	○	○	×
주차장 설치기준 완화	×	×	○	○	×
건축법, 공원 녹지법, 주택법 기준 완화	○	×	○	○	×
임대주택 기부채납	○	×	○	○	×
국유재산 사용, 매입,대여 특례	○	×	○	×	×
공급 기준	국토교통부령	임대사업자	국토 교통부령	임대 사업자	임대 사업자
최초 임대료	국토교통부령	임대사업자	국토 교통부령	임대 사업자	임대 사업자
임대료 증액 상한	5% 이내 대통령령	5% 이내 대통령령	5% 이내 대통령령 (임차인 변경시 ×)	5% 이내 대통령령 (임차인 변경시 ×)	×
불리한 입법 배제	향후 임대료에 관한 불리한 입법은 개정 당시 민간임대주택에 대해서 무효				
계약갱신 의무	○	○	○	○	×
임대료 증감 임차인대표회의 협의	○	○	×	×	×
주거서비스 관리	국토교통부장관이 주거서비스 관리 체계 등을 마련 가능				
임대사업 지원	임대사업 지원기관으로 LH, 지방공사, 한국부동산원 외 '주택도시보증공사(HUG)' 추가				

자율형은 건폐율, 용적률, 층수 제한 완화 등의 혜택을 받으나 토지 등의 우선 공급 혜택을 받지는 못한다. 대신 자유롭게 임대료를 정할 수 있고, 임대료 증액 상한도 적용되지 않는다. 계약갱신 의무도 없으

므로 「주택임대차보호법」상 2년 기간과 1회 계약갱신, 즉 4년 경과 후에는 거주 안정성이 담보되지 않는다. 준자율형은 민간임대주택공급촉진지구 내 토지 수용이 불가능하고, 국유재산 특례를 적용받지 못하는 것 외에는 토지 우선 공급, 건축 특례 등 지원형과 동일한 혜택이 인정된다. 최초 임대료를 임대사업자가 자유롭게 정할 수 있으므로 초기 임대료는 높게 설정될 가능성이 있다. 그러나 임대료 증액 상한 규정과 계약갱신 의무가 인정되어 20년 간 안정적 거주는 가능하다. 지원형의 경우 현행 공공지원민간임대주택에서 임대의무기간이 20년으로 장기화된 것으로 볼 수 있다. 토지 및 건축 등 각종 특례가 인정되고 최초 임대료 규제 및 임대료 상한, 계약갱신 의무가 따른다.

(3) 검토

위 법안은 2024년 10월 7일에 국토교통위원회에 회부되어 계류 중이다. 2024년 11월 28일 진행된 국토교통위원회 회의에서는, 20년 장기임대 유형 신설 시 전세사기 등의 폐단을 막을 수 있을 것이라는 점이 긍정적으로 평가되었으나, 주택도시기금을 사실상 과점적으로 출자를 받아온 부영이 임차인에게 갑질을 했던 사례가 지적되어,[55] 위와 같은 행태가 재발되지 않도록 하는 대책 마련이 선행되어야 한다는 비판이 있었다.[56]

20년 장기민간임대주택에 대하여는 기업 등이 선진화된 주거서비스를 제공하여, 부가가치가 높은 부동산서비스산업을 성장시키고 양질의 신규일자리를 창출시킬 수 있다는 의견이 있는 반면, 위와 같이 기업의 잘못된 행태에 대한 대책 마련이 필요하다는 비판과 함께 20년 장기민간임대주택에 대해서만 임대료 규제를 완화하는 것은 형평에 맞지 않고 중장기적으로 임대차시장의 임대료 상승 요인으로 작용할

---

55) "주택기금 투입 임대주택 비싸게 판 '부영' 도마위", 국제신문 (2024. 10. 22.).
56) 제418회 국회(정기회) 국토교통위원회 회의록 (2024. 11. 28.), 21-22.

수 있으며, 전세제도가 보편화되어 있어 월세 수요가 상대적으로 적은 한국에서는 기업형 민간임대주택 제도에 민간이 참여할 유인이 적다는 반대의견이 있다.[57]

현재 제안된 20년 장기민간임대주택은 임대료 상한 등 규제를 완화하면서 20년 장기 공급의 공공성에 근거하여 도시계획·세제·금융·부지 등 지원을 강화하는 것이다. 과거 박근혜 정부에서 기업형민간임대주택 공급 확대 취지에서 도입된 뉴스테이와 유사하나, 8년 공급이 아닌 20년 공급으로 임대기간을 확대하였다는 차이가 있다. 당시 뉴스테이는 초기 임대료 규제 없이 8년 임대 후 자유롭게 처분 가능하다는 점에서 기업에게 지나친 혜택을 제공한다는 비판을 받으며 폐지되었다. 국토교통위원회 검토보고에서도 뉴스테이가 공공성 부족으로 실패하였음을 고려할 때 20년 장기민간임대 제도 도입에 있어서도 면밀한 검토가 필요하다고 보았다.[58]

20년 장기민간임대주택의 경우 시세 차익을 기대한 투자를 상정하기는 어렵다는 차이점이 있다. 그러나 자율형의 경우 임대료 증액 제한 규제, 계약갱신 의무가 없다. 초기 임대료 규제도 없어 고가의 임대주택 공급이 예상되는데 이는 일반 민간임대 시장에서 수요, 공급에 따라 공급될 영역이므로 정책적 지원의 필요성을 찾기 어렵다. 준자율형은 최초 임대료 규제 없이 임대료 증액 상한 규제, 계약갱신 의무가 적용되고 민간임대주택 공급촉진지구에서 각종 혜택을 받을 수 있어 기존 뉴스테이와 규제와 지원이 유사하다. 사업자의 참여 유인 측면에서는 20년 간 사업비와 금융비용 대비 임대료 수입의 안정성이 보장되는 사업구조가 필요한데 토지와 기금이 상당히 지원된다는 점을 고려할 때 중산층 임차인보다는 서민, 주거취약계층에 더 집중할 필요가 있다.

---

57) 김정재 의원 대표발의, 제418회국회(정기회) 제11차 국토교통위원회 민간임대주택에 관한 특별법 일부개정 법률안(의안번호 제2204574호) 검토보고, (2024. 11.), 7.
58) 위 검토보고 (2024. 11.), 8.

2. 민간임대주택사업자 규제 강화

가. 개정안

2024년 7월 26일 문진석 의원은 임대사업자가 보증금을 반환하지 아니하여 보증회사가 보증채무를 이행한 경우 임대사업자의 등록을 말소할 수 있도록 하고, 일정 요건에 해당하는 보증금 미반환 임대사업자에 대하여 보증회사는 추가적인 보증가입을 거부하도록 하며, 이들에 대하여 정보를 공유하도록 하고, 전세사기피해자 등으로 결정된 임차인에게 피해를 입힌 경우에도 임대사업자의 등록을 말소하도록 하는 내용의 민간임대주택법 개정안을 대표발의하였다.[59]

임대사업자가 보증금 반환을 지연하여 "임차인"의 피해가 명백히 발생하였다고 대통령령으로 정하는 경우에 등록 말소 대상으로 규정한 법 개정은 2020년 8월 18일 개정에서 반영되었다(민간임대주택법 제6조 제1항 제12호). 위 개정안은 이에 더하여 보증회사의 피해가 발생한 경우, 임차인이 「전세사기 피해자지원 및 주거안정에 관한 특별법」에 따른 전세사기피해자등으로 결정된 경우에도 등록 말소 대상이 되도록 한 것이다. 위 개정안은 위원장 대안에 반영되었고, 2024년 12월 3일 법 개정에 따라 보증회사가 대위변제 후 1년간 상환 이력이 없거나, 보증회사의 미회수채권 총액이 2억 원 이상인 경우 말소 요건에 해당하게 되었다.

이 경우 보증회사는 말소 요건에 해당하는 임대사업자를 별도 관리하고 추가적으로 보증에 가입하지 않도록 하여야 한다(개정 민간임대주택법 제49조 제9항). 그리고 보증회사는 보증금 미반환 임대사업자의 식별에 필요한 정보 등을 공유할 수 있다(같은 조 제10항).

---

[59] 문진석 의원 등 10인, 민간임대주택에 관한 특별법 일부개정 법률안(의안번호 제2202296호).

나. 검토

임대사업자 등록 말소 시 임대사업자는 세제 혜택이 박탈되는 부담이 있으므로, 법 개정은 임대보증금의 조속한 반환을 유도하는 정책적 효과를 기대할 수 있을 것이다. 다만, 현행법상 임차인의 피해가 '명백히' 발생하였다고 인정되는 경우는 보증금반환 소송을 제기하여 승소판결이 확정되거나 조정이 성립된 후 임대사업자가 보증금을 반환하지 않는 경우로 국한되어 있어 이 제도만으로 보증금의 신속한 반환이 담보된다고 보기는 어렵다. 이처럼 엄격한 요건이 규정된 것은, 다수 주택을 공급하는 사업자가 1세대에 대한 임대보증금 미반환으로 임대사업자등록이 말소되는 경우 다른 세대 임차인에 대하여도 장기공급의무가 소멸되고, 등록 말소에 따라 증가하는 세금 부담으로 인해 다른 세대 임차인에 대한 보증금 반환에도 영향을 미칠 수 있는 점 등을 고려한 것으로 보인다.

V. 민간임대주택 등록제도 개선 방안

민간임대주택법 제정 이후 정부 정책은 전·월세 시장의 안정이나 임차인의 주거 안정을 위한 장기적인 정책을 일관되게 추진하지 못하고, 부동산 투기나 일시적인 전세 수요공급 불일치 등에 갈팡질팡 대응하는 모습을 보여왔다. 임대사업자들도 안정적인 임대수익을 목표로 하는 것이 아니라 보유주택에 대한 세제 혜택을 얻는 데 더 관심이 있었다. 이는 변동성이 큰 우리나라 부동산 시장의 특성 때문에 불가피한 면이 있었지만, 그 과정에서 시행착오를 통해 현행 제도는 시장에 큰 부작용을 일으키지 않는 수준으로 정비되어 있다고 판단된다.

향후 제도 개선은 단기 정책 목표보다는 장기적인 목표를 가지고 추진할 필요가 있다. 그 방향은 임차인의 주거생활을 안정시키고자 하는 민간임대주택 등록제도의 목적을 염두에 두어야 한다. 일시적인 정책 변화로 임대주택 시장에 바로 효과를 보고자 하는 조급한 정책은 의도한 효과를 거두지 못할 뿐만 아니라, 임대주택 시장에 대한 신뢰를 약화시켜 임차인의 주거 안정을 해치는 부작용이 크다는 점을 유념하여야 한다.

1. 민간임대주택 범위 확대

2024년 11월 14일 개정에 따라 시행된 6년 단기민간임대주택은 1인 가구 증가 등 주택 수요 다변화에 대처하기 위하여 비아파트에서 소형 임대주택 공급을 활성화하고자 한 것이다. 일반 임대에 비해서 거주기간이 2년 더 보장되고, 보증보험 가입을 통한 임차인 보호가 가능한 점은 긍정적이다. 그러나 비아파트, 소형 주택이라는 점만으로 임대의 무기간을 10년에서 6년으로 크게 단축하면서 동일한 세제 혜택을 주는 것이 조세형평성에 반할 여지도 있다. 따라서 공급 확대 효과를 면밀히 살피고 갭투자와 투기 가능성도 모니터링하여 경우에 따라서는 신규 등록을 중단하거나 지역별로 조정하는 등 신중한 정책 집행이 필요하다. 다만, 향후 정책 변화가 필요하다고 판단되는 경우에도 정책 변화의 속도와 범위에 주의를 기울여, 기존 정책을 신뢰하고 임대사업을 행한 사업자들이 뜻밖의 손해를 입지 않도록 할 필요가 있다.

단기민간임대주택과 상반된 공급 확대 방안으로는 20년 장기민간임대주택이 있다. 20년 장기임대는 시세 차익을 노리는 투기 수요와 전세사기가 발생할 가능성이 낮은 점이 긍정적이다. 그러나 준자율형과 자율형은 최초임대료에 대한 제한이 없고, 자율형은 임대료 증액 상한이나 계약갱신 의무도 없어서, 임대차 시장의 임대료 상승 요인으로 작용할 우려가 있다. 특히 20년이라는 장기간에 적용되는 정책이므로, 성급히 공급을 확대하면서 기존 규제를 완화하였다가 다시 돌이키기는 매우 어렵다. 20년간 임대주택을 공급한다는 공공성을 고려하면 종합부동산세 합산과세나 양도세 중과배제는 적용할 수 있지만, 주거안정을 위한 임대료 규제는 유지할 필요가 있다. 임대료 규제가 완화된 임대차시장에 대하여는 정부가 세제 혜택이나 금융지원을 통해 시장을 형성할 공공성이 있는지 의문이 있으므로, 시장에서 자율적으로 공급이 이루어지는 것이 바람직하다. 따라서 20년 장기민간임대주택은 기존 장기민간임대주택에 대한 규제는 유지하되, 공적 지원을 확대할 수 있는 법적인 근거를 마련해 두고 시장의 필요에 따라 20년 장기임대를 공급하여야 할 것이다.

임대주택을 공급하는 민간임대주택사업자의 경제적 동기는 임대료 수익과 임대주택에 대한 시세 차익이다. 세제지원과 규제완화를 통해서 임대주택 공급을 활성화하는 것은 시세 차익에 대한 기대에 편승하지 않으면 대규모 공급 확대는 어렵다. 그런데 정부로서는 비아파트, 소형 주택이라고 해서 집값 상승을 억제한다는 정책 목표를 포기할 수는 없을 것이다. 그렇다면 등록민간임대주택 확대는 주택임대시장이 전세에서 월세로 전환되는 속도에 앞서 나가기 어렵다는 점을 현실로 인정해야 한다. 월세 임대주택 확대를 위한 임대수익에 대한 소득세 감면 외에 저소득층의 월세 보조를 위한 주거급여 확대, 월세정보 공개를 통한 시장 투명성 강화 등이 월세 임대주택 공급 활성화에 도움이 될 수 있다.

2. 임차인 보호를 위한 제도 보완 및 관리 강화

민간임대주택등록 제도 초기에는 등록임대주택 확대를 통한 전·월세 시장 안정화에 정책 초점이 맞춰졌으나, 전세사기 등 임대차시장의 불안정으로 인해 최근에는 임차인의 주거 안정 강화가 특히 중요해졌다. 특히 「주택임대차보호법」 개정으로 미등록임대주택에도 임차인 보호 장치가 강화되어, 등록임대주택에서 임차인 보호 제도를 더 강화하는 제도 개선이 필요하다.

예를 들어 임대사업자는 보증금 반환의무를 담보하기 위한 보증보험 가입 의무가 있는데, 전세사기 사건에서 등록임대주택도 보증보험 가입이 이루어지지 않아서 보증금 반환을 받지 못하는 사례들이 있었다. 등록임대주택은 부동산등기부에 부기등기가 이루어지므로, 이를 중개하는 공인중개사는 임대차계약 체결 후 잔금지급 및 인도가 이루어지기 전에 보증보험 가입을 확인하도록 의무화하고, 인도일까지 보증보험 미가입 시 임차인이 손실없는 계약해지가 가능하도록 개선을 고려해 볼 수 있을 것이다.

또한, 민간등록임대주택에 대한 지방자치단체의 관리를 강화할 필요가 있다. 임대차계약 신고제와 임대주택등록을 통해서 지방자치단체는 임대차계약과 사업자에 대한 정보를 파악하는 것이 가능하다. 임차인들로 하여금 임대사업자의 사업 정보에 관한 접근권을 확대하여 거래에 도움을 주는 것은 물론, 수집된 정보를 효과적으로 관리하여 이상 거래나 징후를 파악하여 임차인의 피해를 예방하거나 최소화할 수 있는 시스템을 갖추는 것도 필요하다.

3. 전세 축소와 월세 확대를 대비한 제도 정비

우리나라 주택임대차제도는 전세를 중심으로 발전하고 정비되어 왔다. 임대사업자 제도는 전세뿐만 아니라 월세에 대하여도 임대소득세 감면 등 제도를 구비하고 있다. 장차 주택임대시장에서 월세의 비중이 높아지면 임차인의 차임에 대한 세금 공제나 보조금 제도 등이 발달할 가능성이 높다. 이 경우 임대사업자가 전세에 비해서 영수증

처리와 세무 신고 등 업무가 복잡해진다.

또한 차임 미납에 따른 분쟁이 늘어나고, 임대사업자가 임차인의 임대료 납부 자력을 확인하고자 하는 수요도 생길 것이다. 장기적으로 이러한 시장 변화에 대비한 제도 개선과 지원이 필요하므로, 이를 위한 사전 연구와 대비가 필요하다.

| 참고문헌 |

〈단행본〉

이준구, 누가 내 집 마련의 꿈을 빼앗아 갔는가?, 문우사 (2023)

〈논문〉

강문찬, "전세사기 발생원인 및 법적 방지방안에 관한 연구", 부동산법학 제27권 제2호 (2023)

공익허브, 임대사업자 등록제도의 한계 및 개선방안 (2020)

윤성진, "민간등록임대주택 관련 제도 변화와 시사점", 국토연구원 (2021)

변세일 외, "민간임대주택등록 활성화 제도의 성과 점검과 개선방안", 국토연구원 (2020)

한국도시연구소 외, "전세사기 깡통전세 피해가구 실태조사 및 피해 회복과 예장을 위한 제도 개선 방안" (2023)

한국도시연구소, "임대주택등록제 현황 및 조세 개선 방안 마련" (2021)

윤성진 외, "민간등록임대주택의 현황과 문제점", 서울도시연구(21-2), (2020)

장정섭, "민간매입임대주택 사업자 등록 영향요인 분석" (2019)

이성영, "민간임대사업자 등록제도 평가와 개선방향", 재단법인 동천

〈기타자료〉

국토교통부 보도자료, "등록 임대사업자 공적 의무 위반여부 전수조사, 합동점검 실시", (2020. 2. 28.)

국토교통부 보도자료, "임대사업자 등록, '17년 대비 증가추세 지속", (2018. 5. 10.)

국토교통부 보도자료, "임차인 거주 안정성 제고를 위한 「등록 임대주택관리 강화방안」 발표", (2019. 1. 9.)

국토교통부 보도자료, "'19년 신규 임대사업자 7.4만명 및 임대주택 14.6만호 등록", (2020. 2. 3.)

국가법령정보센터, 「조세특례제한법」 제정·개정이유 참조(www.law.go.kr)

국민참여입법센터, 소득세법 시행령 일부개정령안 입법예고, (2025. 1. 17.)

찾기쉬운생활법령정보, 임대사업자에 대한 혜택

박진백, "민간임대등록 활성화와 주택가격 변화", 민간임대등록 정책세미나 발표자료 (2020)

더불어민주당 부동산특별위원회 보도자료, "주택시장안정을 위한 공급·금융·세제 개선안", (2021. 5. 27.)

"임대사업자 폐지 없던 일로 … 오락가락 정책에 시장 혼란", 연합뉴스 (2021. 8. 10.)

참여연대, "[공동논평] 국민 주거 안정에 전세사기 피해 세입자가 없다", (2024. 1. 12.)

"재앙이 된 임대차 3법 … 文 주택정책이 '전세사기 대란'판 깔았다", 조선일보, (2023. 1. 1.)

김상훈 의원 대표발의, 제417회국회(임시회) 제1차 국토교통위원회 민간임대주택에 관한 특별법 일부개정 법률안(의안번호 제2200561호) 검토보고, (2024. 8.)

추경호 의원 등 12인, 민간임대주택에 관한 특별법 일부개정 법률안(의안번호 제2112515호)

송석준 의원 등 14인, 민간임대주택에 관한 특별법 일부개정 법률안(의안번호 제210628호)

문진석 의원 등 10인, 민간임대주택에 관한 특별법 일부개정 법률안(의안번호 제2202296호)

김상훈 의원 등 108인, 민간임대주택에 관한 특별법 일부개정 법률안(의안번호 제2200561호)

국토교통위원장, 민간임대주택에 관한 특별법 일부개정법률안(대안)(의안번호 제2205436호) 대안의 제안 이유 및 주요 내용

지표누리 e-나라지표, 임대주택 재고; https://www.index.go.kr/unity/potal/main/EachDtlPageDetail.do?idx_cd=1232

"비아파트 공급 '씨가 말랐다' … 아파트 쏠림 심화", 연합인포맥스 (2024. 7. 29.)

대한민국 정부 브리핑, 최장 20년 장기 거주 … 기업형 임대주택 10만 가구 공급 추진, (2024. 8. 28.); https://www.korea.kr/news/policyNewsView.do?

newsId=148933151

김정재 의원 등 10인, 민간임대주택에 관한 특별법 일부개정 법률안(의안번호 제2204574호).

김정재 의원 대표발의, 제418회국회(정기회) 제11차 국토교통위원회 민간임대주택에 관한 특별법 일부개정 법률안(의안번호 제2204574호) 검토보고, (2024. 11.)

"주택기금 투입 임대주택 비싸게 판 '부영'도마위", 국제신문 (2024. 10. 22.)

제418회 국회(정기회) 국토교통위원회 회의록 (2024. 11. 28.)

주택 전세제도 개선에 관한 소고
- 임차인 보호를 중심으로 -

장보은[*]

|초록|

국민의 주거 안정성 보호를 위해 주택 임대차에 관한 법제도 및 정책을 설계하는 것이 매우 중요하다. 이와 관련하여 우리 사회에서는 다른 나라에서는 찾아보기 어려운 전세제도가 널리 이용되고 있는바, 그 제도적 특징과 활용 배경 및 최근의 문제 상황을 충분히 이해하고 정책에 반영하여야만 실효성 있는 제도 구상이 될 것이다.

전세제도는 주거 목적으로 타인의 부동산을 용익하는 방안으로, 통상의 임대차와는 달리 상당한 금액의 전세보증금이 교부되는 특징이 있다. 이러한 점 때문에 전세제도는 사금융 수단으로 활용되어 왔다. 주택가격의 대세 상승기가 지나면서 전세제도가 가진 문제점들이 부각되기 시작했고, 역전세나 전세사기, 갭투자 등의 현상이 나타나고 있다.

그동안 주택임대차에서 전세보증금의 반환을 담보하는 것 등은 중요한 정책 목표였고, 이러한 목표 하에 「주택임대차보호법」이 제정 및 개정되었다. 특히 2020년에는 주택임대차와 관련하여 계약갱신요구권, 전월세상한제 및 전월세신고제가 도입되었다. 그런데 이른바 '임대차 3법'은 그 의도와는 달리 주택의 매매 및 전월세 가격을 상승시켰고 오히려 임차인의 주거 안정을 해하는 면이 있었다. 그 외에도 전세사기를 방지하고 그 피해를 보상하기 위한 법률적인 대응도 있었다.

전세제도가 문제점이 있더라도 이를 인위적으로 없애는 것은 현실적이지 않고, 반대로 막연히 전세가 월세보다 임차인에게 유리하다거나 우리의 전

---

[*] 한국외국어대학교 법학전문대학원 교수

통적인 제도라는 점을 내세워 전세 자체를 부양하려는 것도 합리적이지 않다. 또한, 전세제도가 사인 간에 활용되는 것이 주를 이룬다는 점에서 모든 것을 규제하겠다는 접근보다는 주택 임대차에 관한 투명성을 강화함으로써 임대인과 임차인 사이의 정보 불균형을 줄이고, 임차인의 보호가 요구되는 지점을 효과적으로 규제할 수 있는 방안을 고민할 필요가 있다.

우선 전세보증금 반환의 담보를 위해 대항력과 우선변제권의 취득 시점을 조정하고, 주택 소유권이 이전되는 경우에도 기존 임대인이 당연히 면책되는 것이 아니라 새로운 임대인이 의무를 이행하지 않는 경우 마치 보증인과 같이 책임을 지는 방안을 고려해 볼 수 있다. 주거 안정성의 제고를 위해서는 주거 취약층의 보호에 집중하고 임대인의 예측가능성을 부여하는 것이 바람직하다. 나아가 계약 당사자 간의 정보비대칭을 줄이기 위해 거래에 관한 투명성을 강화하고, 중개인의 의무를 강화하는 것도 의미가 있다.

I. 문제의 제기

주택 임대차에 관한 법제도 및 정책은 주택을 소유하지 않은 시민들의 주거와 직결된다는 점에서 매우 중요하고 임차인의 주거 안정성을 보호하기 위한 고려가 필요하다. 이는 전반적인 경제 정책과도 긴밀한 관련이 있고, 임대인과 임차인 등 많은 사회 구성원에게 직접적인 영향을 준다.

그런데 우리나라에는 다른 나라에서는 찾아보기 어려운 전세제도가 널리 이용되고 있어 주택 임대차에 대한 이해와 정책 구상을 더욱 어렵게 한다. 전세는 오랜 기간 우리 사회에서 관습으로 인정되는 특유한 임대차 형태로, 이에 대한 고려 없이 주택 임대차에 대한 정책을 수립하거나 외국의 논의를 그대로 적용할 수는 없다. 실제로 전세제도는 민법상 규정된 물권으로서의 전세권 외에도 기존의 관행으로 이어져 온 채권적 전세가 혼재되어 이용되고 있으며, 월차임을 약정하는 임대차의 경우에도 부동산 가액 대비 상당한 보증금이 교부되는 이른 바 반전세의 경우도 흔히 볼 수 있는바, 이러한 점들을 충분히 이해하고 정책에 반영하여야만 실효성 있는 제도 구상이 될 것이다.

이하에서는 전세제도의 성질, 우리 사회에서 전세가 장기간 활발하게 활용되었던 배경, 최근 전세사기나 역전세 등으로 문제가 되는 상황 등을 개괄적으로 정리하고, 관련 정책들을 짚어보면서 특히 임차인 보호라는 점에서 전세제도를 어떤 방향으로 개선하는 것이 바람직한지에 대해 검토하고자 한다.

II. 전세제도의 의의와 특징

1. 전세제도의 의의

「민법」에 규정된 전세권은 전세금을 지급하고 타인의 부동산을 점유하여 그 부동산의 용도에 좇아 사용·수익하는 권리로, 그 부동산 전부에 대하여 후순위권리자 기타 채권자보다 전세금의 우선변제를 받을 권리를 가지는 물권으로 규정되어 있다(민법 제303조 제1항). 즉, 주택에 대한 전세권자는 용익물권자로서 주택을 사용·수익할 수 있으며, 동시에 그 용익권능이 소멸하면 전세권반환채권의 만족을 위해 목적물 전부에 대하여 우선변제권을 가지고 이를 위해 목적물에 대한 경매를 청구할 수 있는 담보물권을 가진다고 설명된다(민법 제318조). 이처럼 주택 전세에서는 전세권자가 주택 소유자에게 전세금을 지급하고 그 주택에 거주할 수 있고, 전세기간이 끝나면 전세금을 돌려받을 수 있는 것이 기본적인 구조이고, 물권으로서의 전세권을 설정한 경우에는 전세권이 전세금반환채권을 담보하는 기능을 한다.

그런데 이처럼 민법상 물권으로서 전세권이 규정되어 있음에도 불구하고, 민법 제정 이전부터 관행적으로 있었던 채권계약으로서의 전세도 여전히 유지되고 있을 뿐만 아니라, 실상 전세권 등기를 하는 경우보다는 이러한 채권적 전세가 활용되는 경우가 훨씬 많다. 이는 1981년 「주택임대차보호법」이 제정된 이래 전세권 등기가 없더라도 전세권자에 대한 상당한 보호가 가능하고, 어떤 측면에서는 「주택임대차보호법」상의 임차인의 보호 정도가 민법상 전세권자보다 더 강한 면도 있으므로, 특히 주택에 대해서는 전세권 등기를 할 유인이 높지 않다는 점에서 기인한다.1) 주택 소유자의 입장에서는 임차인에게 보증금 반환을 보다 확실하게 담보할 특별한 사정이 있거나 임차인이 상당한 협상력이 있는 등의 예외적인 경우에만 자신의 소유권자로서의 권능을 제한하면서 전세권 등기를 용인해 주는 것이 현실이다.2) 따라서 이렇게 전세권 등기를 마쳤다고 하더라도 전세권자가 「주택임대차보호법」상의 임차인으로서의 지위를 포기했다고 보기는 어려울 것이다. 이런 경우에는 전세권자로서의 지위 및 「주택임대차보호법」상 임차인으로서의 지위가 모두 인정된다는 것이 대체적인 판례의 태도이기도 하다.3)

그동안 전세권 또는 전세제도의 법적 성질에 관한 논의는 민법상 전세권이 부동산 용익과 전세금반환채권의 담보 중 어느 것에 초점이 있는지, 물권으로서의 전세권과 채권적 전세권의 관계가 어떠한지 등이 주된 쟁점이었다.4) 그런데 특히 주택임대차의 관점에서 임대인과 임차인의 관계를 어떻게 정립할 것인지를 기준으로 이 문제를 바라본다면, 이론적이거나 당위적 접근보다는 실제로 전세제도가 활용되는

---

1) 곽윤직·김재형, 물권법(제8판), 박영사 (2024), 351 이하; 양창수·김형석, 민법Ⅲ-권리의 보전과 담보(제5판), 박영사 (2023), 750 이하 등.
2) 대법원 1989. 7. 11 선고 88다카21029 판결; 대법원 1992. 3. 10 자 91마256,91마257 결정; 대법원 2001. 7. 2 자 2001마212 결정; 대법원 2002. 2. 5 선고 2001다62091 판결; 대법원 2007. 8. 24 선고 2006다14684 판결 등.
3) 대법원 1993. 12. 24. 선고 93다39676 판결 등.
4) 곽윤직·김재형, 위의 책, 356; 박동진, 물권법강의, 법문사 (2022), 349; 송덕수, 물권법(제6판), 박영사 (2019), 421.

방식에 비추어 이 제도의 본질을 파악할 필요가 있다. 임대차보호법에서는 채권적 전세를 포함하는 주택의 임대차를 그 대상으로 하고 있고(제12조), 우리 사회에서 주택 임대차는 단순히 몇 개월분의 차임을 담보하기 위한 정도가 아니라 부동산 가액에 비추어 상당한 보증금을 지급하는 경우가 많다. 이러한 점을 고려할 때 민법상 전세권과 채권적 전세, 상당한 보증금을 수반하는 임대차를 구분하지 않고 포괄적으로 광의의 전세제도라고 전제한 다음, 그 특수성을 파악하는 것이 논의 목적에 부합할 것이다.5)

2. 전세제도의 특수성

(1) 주거 목적의 용익과 전세금 반환의 담보

주택에 대한 전세는 타인의 부동산을 용익하는 방안이다. 특히 주거의 안정은 사회 구성원의 기본적인 권리라고 할 것이므로, 해당 주택을 소유하지 못한 사람들이 주거를 위해 타인 소유의 주택에 거주하는 것이라는 점에서, 다른 물건에 대한 대차나 주택이 아닌 다른 종류의 부동산에 대한 용익물권과는 다른 특별한 취급이 필요함은 물론이다.6)

그런데 전세제도가 통상의 임대차와 다른 점은 전세계약을 하면서 전세권자가 주택의 소유자에게 상당한 금액의 전세금7)을 지급한다는 것이다. 이는 주택의 용익과 관련한 손해배상 등에 대해 일종의 보증금으로서의 역할도 일부 수행하고 있지만, 거액의 전세금에 대한 이자

---

5) 이하에서 '전세제도'는 별도의 언급이 없는 경우 이러한 광의의 전세제도를 전제로 하며, '임대차'라는 용어도 특별한 경우가 아닌 한 전세를 포함하는 것으로 사용하고자 한다.
6) 박진백·김지혜·권건우, "전세 레버리지(갭투자) 리스크 추정과 정책대응방안 연구", 국토정책 Brief No. 904, 국토연구원 (2023. 2).
7) 이하에서는 전세금, 보증금, 전세보증금 등의 용어를 혼용한다.

로써 주택의 용익에 대한 차임을 전부 또는 일부 갈음하는 것이 주된 목적이라고 할 수 있다. 이처럼 전세금의 절대적인 금액이 크고 주택 가액 대비 전세금의 비중이 높다는 점에서, 전세금 반환채권을 담보하는 것이 중요해진다. 이를 위해 민법은 전세기간이 만료한 이후의 전세권을 담보물권으로 규정하여 전세금에 대한 우선변제권 및 경매신청권을 인정하였고(민법 제303조, 제318조), 전세권 등기가 없는 채권적 전세(보증금 비중이 높은 반전세를 포함함)라고 하더라도 「주택임대차보호법」을 통해 보증금에 관해 우선변제를 받을 수 있도록 제도적으로 보장하고 있다(주택임대차보호법 제3조, 제3조의2).

이처럼 법적으로 전세제도는 부동산에 대한 용익의 방식 또는 특수한 임대차로서의 성격을 가지는 것으로 파악되고, 특히 전세금 반환을 담보하기 위한 제도적인 장치들을 마련하는 것이 주된 관심사였다. 이러한 배경에서 「주택임대차보호법」 또한 전세금 내지 임대차보증금의 반환 보장을 핵심 목표로 하고 있는바, 주요 선진국에서의 주택 임대차 관련 법제가 임차권의 존속보장과 차임인상률 제한에 주안점을 두고 발전한 것과는 차이가 있다.[8] 통상 다른 나라들에는 전세제도가 없고, 월세를 기반으로 1~2개월 정도의 차임 상당액을 보증금으로 하는 임대차를 전제로 하므로,[9] 외국의 주택 임대차 관련 법제도를 비교할 때에는 이러한 점을 주의해야 한다.

(2) 사금융 수단으로서의 전세제도

이와 관련하여 법적으로는 본격적인 연구대상으로 잘 부각되지 않

---

[8] 김제완, "임대주택 양도시 임차인의 지위와 임대인의 통지의무 - 깡통주택·전세사기로부터 주택임차인을 보호하기 위한 법제 개선방안", 법조 제72권 제4호 (2023. 8.), 41.

[9] 미국(뉴욕), 영국, 독일 등 주요 국가의 주택임대차 제도에 관하여는 박진백·이태리·전성제 외, 주택임대차 제도개선 방안 연구, 국토교통부 보고서 (2024), 133 이하 참조.

는 면이 있으나, 전세제도는 실상 사금융 수단으로 활용되어 왔다는 점도 충분히 고려되어야 한다.[10] 경우에 따라 전세금은 주택 가액의 70% 이상을 차지하기도 한다. 이처럼 거액의 전세금을 지급하고 주택에 거주하는 전세제도는 과거 기업이 아닌 개인이 금융권으로부터 대출을 받기 어려웠던 점을 반영한 것이다. 과거에는 금융산업이 충분히 발달하지 못해 주택 구입 시 장기 모기지 대출을 받을 수 없었으므로, 전세를 통해 주택 매수 자금을 조달하는 것이 일반적이었다. 이를 법적으로는 전세제도가 특수한 임대차계약임과 동시에 소비대차로서의 성격을 가진다고 설명할 수도 있을 것이나,[11] 통상의 소비대차와는 다른 추가적인 고려가 필요하다.

전세계약을 체결하면 마치 주택 소유자가 전세권자에게 채권을 발행한 것과 같이, 전세권자는 주택의 소유자에게 전세금을 교부하고, 전세기간이 만료되면 주택 소유자는 전세권자에게 전세금을 반환해야 하는 관계가 형성된다. 이때 전세권자는 전세금에 대한 이자를 현금으로 받는 대신 주택에 거주할 수 있게 되므로, 실질적인 주택의 차임은 전세금 이자 상당액이라고 할 수 있다. 따라서 전세가격이 결정되는 요인은 여러 가지가 있겠으나,[12] 특히 이자율과 밀접한 연관관계를 가지게 된다.[13]

---

10) 전세의 금융적 속성에 관하여는 고제현·민병철·방송희, "한국 고유의 주택금융 채널과 파급경로", 한국주택금융공사 주택금융연구원 보고서 (2022); 민병철, "한국의 그림자금융 전세? - 미국 금융위기와 비교해 본 현재 상황 -", 주택금융 리서치 (2023) 등 참조.
11) 명순구, 실록 대한민국 민법 2, 법문사 (2010), 313.
12) 박진백·박천규, "주택 임대차시장 현황과 개선방향", 국토정책 Brief No. 955, 국토연구원 (2024)에서는 전세가격 변동에 대한 주요 결정요인으로 매매가격, 금리, 정책, 수요, 공급 등을 들고 있고, 실증적 분석을 통해 이 가운데 특히 매매가격과 금리의 영향력이 크고 일정 기간 갱신계약 증가도 전세가격 상승에 기여하였다는 점을 보여주었다.
13) 김제완, 앞의 논문, 43.

통상 채권은 채무자의 신용도에 대한 의존도가 크지만, 전세제도가 사적인 금융수단으로 활용된다는 점에서, 전세금 반환의 재원은 임대인이 보유하는 다른 자산보다는 후속 임차인이 지급하는 전세금이 되는 것이 일반적이다.14) 전세금 반환채권은 종국적으로는 해당 부동산의 담보가치로써 담보될 것이다. 전세금은 전세권자의 전체 자산 가운데 상당한 비중을 차지하는 경우가 많으므로, '전세금을 적기에, 안전하게 돌려받을 수 있는지 여부'는 주거의 안정성만큼이나 혹은 그 이상으로 중요한 가치가 된다.

3. 전세제도의 활용 배경과 문제점

우리나라에서 유독 전세제도가 발달한 이유는 앞서 언급한 바와 같이 금융산업이 충분히 발전하지 못했던 점도 있으나, 고도성장기에 부동산 호황이 이어지고 주택가격이 꾸준히 오르면서, 전세가 당사자 모두에게 이익이 되었기 때문이다.15) 우선 주택의 소유자는 고금리 시대에 무이자로 전세금만큼을 장기 차입할 수 있었고, 이는 유용한 레버리지 투자 수단이 되었다. 임차인으로서는 목돈을 전세금 또는 보증금으로 지급하고 주거를 해결하면서, 매월 차임을 지급하지 않는 대신 그만큼의 자금을 모아 자가 주택의 구입 등을 위한 재원으로 삼을 수 있었다. 이런 의미에서 전세제도가 월세에서 전세, 전세에서 자가 주택으로 가는 서민들의 '주거 사다리'라고 일컬어졌다.

그런데 주택가격의 대세 상승기가 지나면서 이런 전제들이 유효한가 하는 의문이 들기 시작하였다. 앞서 언급한 바와 같이 전세제도는

---

14) 김진유·권혁신·윤성진, "전세의 역할과 개선방향", 도시정보 제508호 (2024), 8-9.
15) 박춘성, "전세제도의 거시경제적 위험과 정책과제", 금융브리프 논단 제32권 제7호, 한국금융연구원 (2023); 오림경·김홍택, "전세계약의 문제점 및 개선방향에 관한 연구", 한국지적학회지 제40권 제2호 (2024. 8.), 159 이하.

이자율과 밀접한 관련이 있는데, 금리가 낮아지면 전세금은 그만큼 높아져야만 차임을 상쇄할 수 있게 된다. 이런 상태가 오래 유지되면 임대인으로서는 전세보다는 반전세나 월세로 임대 방식을 전환하거나, 임대보다는 양도 소득을 추구하는 것이 합리적이다.[16] 매매가와 전세가의 차액이 낮은 주택을 대상으로 이른바 갭투자가 가능해지고, 자기자본이 거의 없는 상태에서 주택을 대거 매수한 후 임대차계약을 체결하면서 보증금을 수취하고 이를 돌려주지 못하는 유형의 전세사기도 발생하게 되었다.[17] 전세가격은 여러 외부 요인에 의해 영향을 받는데, 전세가격이 급격하게 오르면 임차인들의 주거 불안이 심화되고, 전세가격이 급락하면 전세보증금 반환이 어려워지고 역전세[18]나 깡통전세[19]의 문제가 대두된다.[20]

또한, 금융위기 이후 2008년 서민의 주거안정을 위한 제도적 장치로서 전세대출이 도입되고, 2013년부터 전세보증금반환보증이 실시되면서[21] 전세제도는 순수한 사금융 수단만은 아니고 가계부채와도 밀접한 관련을 가지게 되었다.[22] 전세가격이 높아짐에 따라 전세대출 한

---

16) 김제완, 앞의 논문, 43.
17) 오림경·김홍택, 앞의 논문, 162 이하 참조.
18) 만기 도래 시 전세가격이 계약 체결 시보다 낮아서 보증금 반환이 어려워지는 경우를 일컫는다.
19) 주택의 매매가격이 전세보증금에도 미치지 못하는 경우를 일컫는다.
20) 신세덕, "전세제도 폐지에 관한 논거", 법이론실무연구 제11권 제4호 (2023. 11.), 576 이하.
21) 보증보험은 1995년 서울보증보험에서 출시된 전세금보장신용보험, 2013년 주택도시보증공사에서 출시된 전세보증금반환보증, 2020년 한국주택금융공사에서 출시된 전세지킴보증이 있는데, 이 가운데 주택도시보증공사의 전세보증금반환보증이 전체의 90% 이상을 점유하고 있는 상황이다. 권경선, "대규모 전세사기(빌라왕)에 대한 공법적 규제방안", 부패방지법연구 제6권 제2호 (2023. 8.), 45 이하.
22) 다만 전세대출 및 보증보험은 DSR, LTV에 포함되지 않아서 특별한 제한 없이 보증금의 80%까지 대출을 받을 수 있는 상황이다.

도는 늘어났고, 저리로 쉽게 전세대출을 받을 수 있게 되어, 부담 능력을 넘어서는 전세 수요가 확대되었는바, 이는 전세가격을 더욱 높이고 이른바 갭투자가 성행하는 원인이 되었다.

Ⅲ. 시장의 변화와 법률의 대응[23]

1. 「주택임대차보호법」의 제·개정과 그 배경

(1) 「주택임대차보호법」의 제정과 주요 내용

민법 제303조 이하에서는 물권으로 전세권에 대한 규정을 두고 있으나 여전히 전세권 등기를 하지 않는 경우가 많고, 채권적인 전세나 반전세에 대해서는 민법 제618조 이하의 임대차계약에 관한 규정이 적용될 것인데 이러한 규정만으로는 주거 목적의 임차인 보호에 미흡한 면이 있었다. 이러한 배경에서 1981년 제정된 「주택임대차보호법」은 주거용건물의 임대차에 관하여 민법에 대한 특례를 규정함으로써 국민 주거생활의 안정을 보장함을 목적으로 한다(제1조).

이 법이 제정됨에 따라 주택의 전부 또는 일부의 임대차의 경우, 임차인이 주거의 안정을 기할 수 있도록 등기가 없는 경우에도 임차인이 주택의 인도와 주민등록을 마친 때에는 그 익일부터 대항력이 인정되고(제3조), 1년 미만의 임대차는 그 기간의 정함이 없는 것으로 간주하며(제4조), 기간의 정함이 없는 임대차의 경우 임대인의 해지 통고권을 제한하고(제5조), 일정한 조건 하에 묵시적 갱신이 인정되게 되

---

[23] 공공임대에 관한 법규로는 공공주택 특별법 등이 있는데, 이하에서는 사인 간에 이루어지는 전세제도를 중심으로 살펴보기로 한다. 또한 전세제도의 변화를 이해하기 위해서는 부동산정책 전반, 금융제도 등을 포함한 분석이 필요할 것이나, 이하에서는 주요 법률들로 한정하여 검토한다.

었다(제6조).

(2) 주요 개정과 배경

「주택임대차보호법」은 처음 시행된 이래 지금까지 주택임대차에 관한 정책 변화와 함께 여러 차례 개정을 거듭하였다. 그 주요 내용은 다음과 같다.

1) 1983년 개정에서는 등기하지 않은 전세계약에 대해서도 이 법을 준용한다는 점을 명시하고(제12조), 주택의 일부가 주거 외의 목적으로 사용되는 경우까지 확대하여 주거권을 보호하고자 하였다(제2조). 임차인의 대항력과 관련하여 임차주택의 양수인이 임대인의 지위를 승계하는 간주규정을 신설하였고(제3조 제2항), 보증금 반환과 관련해서는 보증금 미반환 시 임대차관계가 존속하는 것으로 간주하고(제4조 제2항), 최우선변제권의 범위와 기준을 마련하였다(제8조). 부담의 증감이나 경제사정의 변동에 따른 차임증감청구권도 규정되었다(제7조).

2) 1989년 개정은 보증금 회수를 보다 적극적으로 보장하기 위해 주택의 인도와 전입신고, 확정일자를 요건으로 하는 우선변제권을 인정하고(제3조의2), 소액보증금제도를 개선하여 보증금 중 일정액에 대한 최우선변제권을 규정한 것(제8조)이 특징적이다.

기한의 정함이 없거나 2년 미만의 임대차 기간을 2년으로 간주하는 것도 중요한 내용인데(제4조 제1항), 당시는 주택시장에서 절대적인 공급이 부족하여 주택가격 및 전세가격이 연평균 20%가 급등한 상황이었으므로, 임차인의 주거 안정을 위해 최소 2년의 존속기간을 보장하려는 것이 배경이 되었다. 그런데 이러한 개정으로 전세기간이 늘어나게 되자 오히려 전세가격이 더욱 급등하여 심각한 사회문제가 되기도 하였다.[24]

3) 1999년 개정은 IMF 외환위기 등으로 경제상황이 악화되어 보증금 미반환 문제가 발생하자,[25] 임차인 보호를 위해 임차권등기명령 제도를 도입하는 것이 골자이다(제3조의3, 제3조의4). 이에 따라 임차인은 임대차가 종료되었음에도 보증금을 받지 못한 경우 단독으로 임차권등기를 할 수 있게 되었고, 임차인이 경매를 신청하는 경우에도 임차주택에 계속 거주하는 것이 가능하도록 하는 규정도 신설되었다(제3조의2).

4) 2001년에는 임대인의 과다한 월세로 인한 임차인의 피해를 방지하기 위하여, 보증금을 월차임으로 전환하는 경우 대통령령이 정하는 월차임의 범위를 초과할 수 없도록 하였다(제7조의2). 대출금리 및 해당 지역의 경제여건 등을 감안하여 산정률을 정하도록 하였는바, 시행령 제2조의2에서 연 14%를 초과할 수 없다고 규정하였다.

5) 2007년 개정은 법인이 국민주택기금을 재원으로 하여 저소득층의 무주택자에게 주거생활 안정을 목적으로 전세임대주택을 지원하는 경우에 법인에게 대항력 및 우선변제권을 부여하는 것을 내용으로 한다(제3조 제2항, 제3조의2 제1항, 제3조의3 제2항 제3호).

6) 2009년은 글로벌 금융위기 직후였는데, 법무부에 주택임대차 관련 전문가로 구성된 주택임대차위원회를 두고(제8조의2, 제8조 제3항), 임대차계약의 묵시적 갱신의 경우 임대차 존속기간을 2년으로 보는 내용으로 개정되었다(제6조 제2항).

7) 2013년 개정에서는 중소기업 법인이 직원의 주거지원을 위하여

---

24) 박진백·이태리·전성제 외, 앞의 보고서, 24.
25) 박진백·이태리·전성제 외, 앞의 보고서, 22.

주택을 임차하는 경우에도 대항력을 취득할 수 있도록 하고(제3조 제3항), 임차인의 보증금반환채권을 양수한 금융기관 등에 우선변제권을 인정하는 한편(제3조의2 제7항, 제8항, 제9항), 확정일자 부여 절차와 차임 등의 객관적인 정보 제공요청권을 신설하고(제3조의6), 보증금의 월차임 전환 시 산정률의 상한을 한국은행 기준금리와 연동되도록 하였다(제7조의2).

당시는 장기간 전세가격이 상승하던 시기로, 특히 임차인이 전세자금을 대출받은 금융기관에게 보증금반환채권을 양도한 경우 금융기관에도 우선변제권을 부여하도록 한 부분은, 법무부의 이른바 '목돈 안 드는 전세' 정책을 구현하기 위한 것이다. 임차인이 보증금반환채권을 담보로 전세자금 등을 빌리는 경우 담보권자인 금융기관 등에도 우선변제권을 인정함으로써 주택 임차인이 낮은 금리로 전세자금을 빌릴 수 있도록 한 것이다. 그런데 저이율로 전세자금을 조달할 수 있게 되면 오히려 높은 전세가격을 유지하거나 더 오르게 하는 요인이 되고 가계부채를 증가시켜 서민 전세 안정화라는 정책 목표를 달성하기 어렵다는 점이 지적되었다.26)

8) 2016년에는 월차임 전환 시 상한율의 산정방식을 한국은행에서 공시한 기준금리에 대통령령으로 정하는 배수를 곱한 비율에서 한국은행에서 공시한 기준금리에 대통령령으로 정하는 이율을 더한 방식으로 개정함으로써 임차인의 주거비 부담을 완화하고(제7조의2), 대한법률구조공단의 지부에 주택임대차분쟁조정위원회를 설치하였다(제14조부터 제29조까지).

9) 2020년에는 두 차례 개정이 있었는데, 2020. 6. 9.자 개정은 묵시

---

26) 주요 개정 내용에 대한 검토 및 평가에 대해서는 최성경, "개정주택임대차보호법과 전세안정화 정책", 단국대 법학논총 제37권 제4호 (2013. 12.), 145 이하 참조

의 갱신과 관련하여 갱신거절 통지기간을 임대인은 임대차 종료 6개월 전에서 2개월 전까지, 임차인은 2개월 전까지 하도록 한 것(제6조 제1항)이고, 2020. 7. 31.자 개정은 전월세상한제와 계약갱신청구권에 대한 내용을 담고 있는바, 일명 '임대차 2법' 또는 '임대차 3법'[27]이라고 불린다. 이는 주택임대차 관련 중요한 정책적 결정을 담고 있고 시장에 상당한 영향이 있었으므로, 관련 내용은 아래 2.에서 별도로 살펴보기로 한다.

10) 2023년 개정은 코로나 이후 보증금 미반환 문제가 심화된 것과 관련하여,[28] 임대인으로 하여금 임차주택의 확정일자 부여일, 차임 및 보증금 등 정보와 납세증명서를 임차인에게 제시하도록 하고(제3조의7), 임대인에게 임차권등기명령이 송달되기 전에도 임차권등기명령을 집행할 수 있도록 하는 내용이다(부칙 제2조).

2. 이른바 '임대차 3법'의 내용과 그 영향

(1) 제정 배경과 내용

관련 법규가 개정되던 2020년 당시에는 주택 가격을 안정화시키고 부동산 투기를 억제하겠다는 정부의 부동산종합대책에도 서울을 비롯한 수도권 아파트 가격은 급상승하였고 전세가격도 상승하였다.[29] 주택시장의 불안정 속에서 전세에서의 월세로의 전환이 빨라지고 주택

---

[27] 「주택임대차보호법」상 전월세상한제 및 계약갱신청구권 외에 부동산 거래신고 등에 관한 법률상 전월세신고제까지 더하여 '임대차 3법'이라고 부르기도 한다.
[28] 박진백·이태리·전성제 외, 앞의 보고서, 22.
[29] 한상훈, "주거권과 주택임대료 규제에 관한 연구: 임대차 3법을 중심으로", 토지공법연구 제93집, 한국토지공법학회 (2021), 142.

임대료가 상승함에 따라 임차인들의 주거 불안과 주거비 부담이 가중되고 있었다. 또한 임차주택의 경우 평균 거주기간이 3.2년에 불과해 주거의 안정성이 낮고, 거래 비용의 부담이 가중되는 상황이었다.[30] 이에 도입된 이른바 임대차 3법은 임차인들의 전세난을 해결하고 안정적인 주거권을 확보할 수 있도록, 계약갱신요구권과 전월세상한제 및 전월세신고제를 도입하는 것이 주된 내용이다.

1) 「주택임대차보호법」 개정 내용

이 가운데 계약갱신요구권과 전월세상한제는 「주택임대차보호법」 개정 사항에 해당한다. 우선 임차인이 임대차 기간이 끝나기 6개월 전부터 2개월 전까지 계약갱신을 요구할 경우 임대인은 정당한 사유 없이 이를 거절할 수 없게 되었다(제6조의3). 이러한 계약갱신요구권은 1회에 한하여 인정되고 갱신되는 임대차의 존속기간은 2년으로 보게 되므로, 이에 따르면 임차인은 4년간 계속하여 주거할 수 있게 되었다. 임대인이 계약갱신을 거절할 수 있는 사유는 제6조의3 제1항 각 호에서 규정하는바, 임차인이 2기 차임에 해당하는 금액에 이르도록 차임을 연체하였거나, 부정한 방법으로 임차하였거나, 임대인 동의 없이 목적물을 전대하였거나, 목적물을 파손시키는 등 임차인으로서의 의무를 현저히 위반하거나 목적물이 멸실되는 등으로 임대차를 계속하기 어려운 중대한 사유가 있는 경우가 열거되어 있다. 그 외에도 상호 합의하여 임대인이 임차인에게 상당한 보상을 제공하였거나 임대인이 재건축 등을 이유로 목적물을 철거하는 경우도 갱신거절 사유가 된다.

특히 제8호에서는 "임대인(임대인의 직계존속·직계비속을 포함한다)이 목적 주택에 실제 거주하려는 경우"가 포함되어 있는데, 실제로 관련 분쟁이 빈번하다.[31] 주택임대차 시장에서 임대인이 전문임대사업

---

30) 박진백·이태리·전성제 외, 앞의 보고서, 24, 26.
31) 박진백·이태리·전성제 외, 앞의 보고서, 125. 수원지방법원 2021. 3. 11. 선고

자가 아니고 자신이 입주할 계획이 있는 경우도 많아서 이러한 조항을 두었는데,32) 이를 남용하지 못하도록 갱신요구가 거절되지 아니하였더라면 갱신되었을 기간이 만료되기 전에 임대인이 정당한 사유 없이 제3자에게 목적 주택을 임대한 경우 임차인에게 손해배상을 하도록 하였다(제6조의3 제5항).33)

이처럼 임차인이 계약갱신을 요구하는 경우, 갱신되는 임대차는 전 임대차와 동일한 조건으로 다시 계약된 것으로 보되, 차임과 보증금은 법에서 정한 범위 내에서 조정할 수 있도록 하였다(제6조의3 제3항). 이에 따라 임대차가 갱신되는 경우 증액은 차임이나 보증금의 5%를 초과하지 못하게 되었다(제7조).

이러한 계약갱신요구권과 전월세상한제는 이미 존속 중인 임대차에 대하여도 소급적으로 적용된다(부칙 제2조).

2) 부동산 거래신고 등에 관한 법률 개정 내용

그동안 부동산 매매는 부동산 거래신고 제도를 통해 실거래 정보가 공개되었으나, 주택의 임대차 계약은 신고 의무가 없어서 정보가 한정적이었다. 이러한 정보 불균형으로 임차인은 임대인과 대등한 위치에서 계약을 체결하기 어렵고, 분쟁의 해결 기준이 없는 문제가 있었다.

2020가단569230 판결; 서울동부지방법원 2021. 8. 12. 선고 2021가단10843;수원지방법원 2021. 8. 24. 선고 2021가단110 판결; 대법원 2022. 12. 1. 선고 2021다266631 판결 등.

32) 추선희·김제완, "개정 주택임대차보호법상 갱신요구권에 관한 몇 가지 쟁점", 이대 법학논집 제25권 제1호 (2020. 9.), 133.

33) 이에 대해서는 손해배상을 받기 위해 임차인이 2년 동안 임대 여부를 추적해야 한다는 점에서 실효성이 낮고, 개인정보 침해 소지가 있다는 등의 비판이 있다. 김세준, "개정 주택임대차보호법의 몇 가지 쟁점에 대한 평가 - 계약갱신요구권과 주택임대차분쟁조정제도를 중심으로 -", 조선대학교 법학논총 제28권 제1호 (2021. 4.), 160 이하; 지원림, "저가의 부동산임대차 법제에 관하여: 능력의 한계 아니면 의도된 오조준?", 부동산법학 제24집 제3호 (2020. 9.), 7 등.

이러한 문제 의식에서 특정 지역에서 일정 금액을 초과하는 주택 임대차계약을 체결한 당사자들은 30일 이내에 당사자, 보증금, 차임, 계약기간 등을 시·군·구청에 신고하도록 하였다(제6조의2). 임차인이 전입신고를 하는 경우에는 주택 임대차 계약의 신고를 한 것으로 보고, 주택 임대차 계약 신고의 접수를 완료한 때에는「주택임대차보호법」상 확정일자를 부여한 것으로 본다(제6조의5).

(2) 영향

임차인의 주거비 부담을 낮추고 주거 안정을 도모하기 위해 임대차 3법이 도입되었으나, 주택의 매매가격과 전세가격은 오히려 급등하였다.34) 당시 금리는 우리나라가 기준금리 제도를 도입한 이래 가장 낮은 상황이었는데, 이에 따라 유동성이 확대되면서 주택가격이 상승했고, 저금리에 의한 수요 확대, 매매가격의 상승 등의 영향으로 전세가격 또한 가파르게 상승했으며, 전세매물이 소진되면서 전세는 물론 월세가격도 큰 폭으로 오르게 되었다.35)

4년까지 임대차 존속기간이 늘어나고, 전월세가격의 인상요율을 제한하는 내용의 법 개정으로, 임대인들은 이러한 법 개정으로 인해 전월세가격이 제한받을 것을 선고려하여 보증금 및 월차임을 인상하였고, 이를 위해 기존 임차인보다는 새로운 임차인과의 계약을 선호하면서 임차인의 주거 안정을 오히려 해하는 면이 있었다. 전월세신고제로 인한 세금 등 비용 부담분도 임차인에게 전가되어 전월세가격을 더욱 높이는 요인이 되고, 전월세신고제를 회피하기 위해 6,000만 원 초과의 전세금을 낮추고 월차임을 30만 원으로 하되, 관리비 금액을 올리는 등 편법적 행태를 만들 것이라는 예측도 있다.36)

---

34) 국토교통부, 부동산통계정보(R-One) 참조.
35) 박진백·이태리·전성제 외, 앞의 보고서, 76 이하.

이처럼 금리, 주택시장의 상황, 지역별 주택 수급 상황, 전세가액 및 주택유형별 거래 상황 등에 따라 임대차제도가 미치는 영향이 다양하고, 부동산 정책에 다양한 이해관계자가 얽혀 있음을 충분히 고려하여 단계적이고 유연한 법 제도 개선이 필요하다는 점이 지적되었다.[37]

3. 전세사기 관련 법률

(1) 전세사기의 배경과 대응

전세가격이 하락하면 임대차계약 종료 이후에 보증금을 돌려받지 못하는 임차인이 증가한다. 특히 주택가격의 급등기에 전세가율이 높은 고위험 계약이 증가하면, 이런 전세계약 만기 시 전세가격이 유지되지 못하는 경우 전세보증 사고가 늘어난다. 또한 보증금 반환보증이 확대되면서 시세의 100%까지 가입이 가능한 보증제도를 악용한 깡통전세가 늘어나고, 여기에 분양대행사나 공인중개사 등이 가담하면서 조직적인 전세사기 피해가 발생하여 사회적 문제로 대두되었다.[38]

이에 정부는 전세사기를 예방하기 위한 다양한 정책을 도입하는 동시에 전세사기 피해자들을 지원하는 한편, 단속과 처벌을 강화하는 내

---

36) 다만 이와 관련하여 주택 임대차거래 신고제와 관련한 과태료 부과 기준을 일부 완화하는 내용의 부동산 거래신고 등에 관한 법률 시행령 개정안이 마련되었다. 국토교통부 보도자료, "임대차거래 단순 지연 신고 과태료 완화한다. - 2월 12일부터「부동산거래신고법」시행령 개정안 입법예고", (2025. 2. 11.) 참조.
37) 박진백·이태리·전성제 외, 앞의 보고서, 38 이하.
38) 2022년 전세보증 사고액은 2021년 대비 2배 이상인 약 1.2조원에 달했다. 전세사기 검거 건수도 2021년 187건에서 2022년 618건으로 증가했고, 공인중개사의 사기 가담 사례도 다수 적발되었다. 국토교통부 보도자료, "범정부 차원의 전세사기 예방 및 피해 지원방안 발표 - 전세사기를 뿌리 뽑고, 피해자를 두텁게 보호하는 장치 마련 -", (2023. 2. 2.), 2.

용의 대책을 마련하였다. 전세사기 예방을 위한 방안으로는 전세금 반환을 보증하는 주택도시보증공사(HUG)가 매매가의 100%까지 보증가입을 허용하던 것을 90%까지만 보증하도록 하는 등 무자본 갭투자를 막고, 안심전세앱을 통해 신축빌라 등의 시세, 악성 임대인 정보, 세금체납 정보 등의 정보를 임차인에게 제공하고 은행이 주택담보 대출 심사시 확정일자를 확인하도록 하는 등 임차인의 권리를 보호하고 공인중개사의 책임을 강화하는 등의 내용이 포함되었다.[39]

(2) 관련 법규

1) 「전세사기피해자 지원 및 주거안정에 관한 특별법」('전세사기피해자법')

이 법은 정부의 전세사기 피해 지원의 연장선상에서 이해할 수 있는바, 2023. 6. 1. 전세사기 피해자를 지원하고 주거안정을 도모함을 목적으로 제정되었다(제1조). 시행일로부터 2년간 유효한 한시적인 특별법으로(부칙 제2조), 국토교통부장관이 전세사기피해지원위원회를 통해 전세사기피해자를 결정하고, 이렇게 결정된 피해자들에 대하여는 경·공매 절차, 조세 징수 등에 관한 특례를 부여하며, 금융지원 등의 혜택을 주는 것을 주된 내용으로 한다.

이 법은 제정 이후 개정을 통해 주거안정 지원의 강화, 피해자 인정 범위 확대 및 관련 절차 효율화 등을 꾀하고자 하였으나, 전세사기 피해 지원에 초점이 있는 한시법으로 전세사기를 근본적으로 해결하기에는 한계가 있다.[40]

---

39) 위의 보도자료, 3~6.
40) 「전세사기피해자법」의 주요 내용, 문제점 및 개선방안에 관하여는 박세훈, "전세사기 피해지원 법제 및 정책에 대한 토지공법적 검토 – 전세사기피해자 지원 및 주거안정에 관한 특별법, 전세사기 피해자 지원제도 -", 토지공법연구 제107집 (2024. 8.), 59 이하; 권경선, 앞의 논문, 58 이하; 김제완, 앞의 논문, 44 이하 등 참조.

2) 공인중개사법

전세사기 피해를 예방하기 위한 방안으로 공인중개사의 책임 및 역할을 강화하기 위해「공인중개사법」도 개정되었다. 2023. 4. 18. 법률 제19371호 개정에서는 금고 이상의 형의 집행유예를 선고받은 경우 그 유예기간이 만료된 날부터 2년이 지나지 않으면 중개사무소의 개설등록을 할 수 없도록 하고(제10조 제1항 제5호), 개업공인중개사가 고용할 수 있는 중개보조원의 수를 1인당 5명까지로 제한하며(제15조 제3항), 중개보조원이 중개업무를 보조하는 경우 본인이 중개보조원이라는 사실을 미리 알리도록 하는 한편(제18조 제4항), 개업공인중개사가 중개의뢰인에게 확정일자 부여기관에 정보제공을 요청할 수 있다는 사항 등을 의무적으로 설명하도록 하였다(제25조의3).[41]

나아가 2023. 6. 1. 법률 제19423호 개정에서는 공인중개사자격증 및 중개사무소등록증의 양도·양수·대여의 알선행위에 대한 금지 및 처벌 규정을 신설하고(제7조 제3항, 제19조 제3항 등), 형법상 사기, 사문서 위조·변조 및 횡령·배임으로 금고형 이상을 선고받으면 자격 취소처분의 대상이 된다는 점(제35조 제1항 제4호) 및 부동산거래질서교란행위를 확대하는 내용도 추가하였다(제47조의2).

3) 주택도시기금법

2023. 3. 28. 법률 제19316호로 개정된「주택도시기금법」은 상습 다주택채무자의 성명 등을 공개하는 것을 골자로 한다. 대상자의 공개여부는 임대인정보공개 심의위원회에서 심의·의결 후 최종 결정하고, 대상자의 성명, 나이, 주소, 미반환 보증금액·기간, 주택도시보증공사의

---

[41] 한편 2024. 4. 9. 공인중개사법 시행령 개정으로, 관리비 금액과 그 산출내역, 주택임대차보호법상 임대인 정보 제시 의무 및 보증금 중 일정액의 보호에 관한 사항, 주민등록법에 따른 전입세대확인서의 열람 또는 교부에 관한 사항이 공인중개사가 확인·설명해야 하는 사항에 포함되었다(제21조 제1항).

대위변제금액, 횟수 등이 공개된다.

  이는 상습적으로 임차인에게 임차보증금을 반환하지 않아 주택도시보증공사가 임차보증금을 대위변제한 임대인의 명단을 공개할 법적 근거를 마련함으로써 임차인 보호를 강화하기 위한 것이다.

IV. 전세제도 관련 법 개선 방안

1. 개선의 방향

  전세제도의 제도상 문제점과 전세사기 등의 폐해를 지적하며, 이제 전세제도가 수명을 다했다거나 이를 폐지해야 한다는 주장도 있다. 그런데 오랜 기간 우리 사회에서 관습적으로 존재했던 제도를 인위적으로 없애는 것은 신중을 기해야 하며, 전세제도의 사회적 효용이 없어졌다고 단정하기도 어려운 상황이다.[42] 다만 전세가 우리 고유의 제도라거나 전세제도를 활용하는 모든 사람을 보호해야 한다는 당위성을 앞세워 전세제도 자체를 부양하기 위한 무리한 법제도를 운영하는 것은 지양해야 할 것이다. 막연히 월세보다는 전세가 임차인의 주거비용 부담을 줄이는 방안이라는 인식도 합리적이라고 할 수 없다.

  또한 우리 사회에서 전세제도는 임대사업자가 아닌 일반 사인 간의 거래가 주라는 점도 고려해야 한다. 전세제도가 임차인의 주거를 목적으로 한 것이므로 국가가 정책적인 고려를 하면서 일정한 규제를 할

---

42) 전세가 줄어들고 있는 것도 사실이지만, 여전히 상당한 비중을 차지한다. 한 통계에 따르면, 일반 가구 5,000가구 가운데 전세는 23.5%, 보증금 있는 월세는 12.4%였고, 이 가운데 서울에 거주하는 940가구를 기준으로 하면, 전세가 34.0%, 보증금 있는 월세가 16.6%에 달한다. 한국주택금융공사, 「주택금융및보금자리론실태조사」, 2023, (2025.03.15.), 점유형태(https://kosis.kr/statHtml/statHtml.do?orgId=321&tblId=DT_KHFC_026&conn_path=I2).

수 있다는 점을 인정하더라도, 그 방법이나 정도 면에서 지나치지 않도록 유의해야 할 것이다. 임차인의 주거권을 보장하기 위한 여러 정책들이 오히려 시장을 왜곡하여 반대의 결과를 낳았던 과거의 경험들에 비추어 볼 때, 법 제도가 가지는 사회경제적 영향을 충분히 고려하지 못하고 단편적으로 접근한다면 정책 목표를 달성하기 어려움은 물론이고 역효과가 생길 수 있다는 점도 염두에 두어야 한다.

법규로 모든 것을 규제하겠다는 접근보다는 주택 임대차와 관련하여 투명성을 강화함으로써 임대인과 임차인 사이의 정보 불균형을 줄이고, 임차인의 보호가 요구되는 지점을 효과적으로 규제할 수 있는 방안을 고민할 필요가 있다.

2. 보증금 반환의 담보 방안

전세금 비중이 높은 전세계약에서 전세보증금의 반환을 보장하는 것은 임차인 보호의 가장 중요한 부분이라고 할 수 있다. 전세가가 떨어지거나 전세 수요가 감소하는 등의 사유로 전세보증금 반환을 하지 못하는 경우가 문제되는데, 전세사기 사건은 이 가운데 임대인이 처음부터 보증금 반환을 할 의사가 없었던 경우를 말한다. 임차인이 제때 보증금을 받을 수 있도록 구조적으로 무리한 전세보증금이 형성되지 않게 전세대출이나 전세보증금반환 보증 및 임대사업자 등록 등과 관련한 전반적인 정책 조정이 필요할 것이나, 이하에서는 주로 「민법」 또는 「주택임대차보호법」과 관련된 법규 개선의 관점에서 검토한다.

(1) 임차권등기 또는 전세권등기를 의무화할 것인가?

2022년 이후 주택가격 및 전세가격이 하락하면서 보증금을 제때 돌려주지 못하는 임대인이 늘어났고, 2024. 8. 현재까지 정부가 인정한 전세사기 피해자 인정 건수가 2만 건이 넘는 실정이다. 이와 관련하여 여러 개선책이 논의되고 있는바, 주택 임대차의 불완전한 공시를 개선할 수 있도록 주택임대차에 대해서는 임차권등기 또는 전세권등기를 의무화하자는 주장이 있다.[43]

현행 「주택임대차보호법」에 따르면 인도와 주민등록으로 대항력을 인정하고 있으나, 그 즉시 대항력이 인정되는 것이 아니라 그 다음 날부터 효력이 생긴다(제3조 제1항). 이에 대해 법원은 "인도나 주민등록이 등기와 달리 간이한 공시방법이어서 인도 및 주민등록과 제3자 명의의 등기가 같은 날 이루어진 경우에 그 선후관계를 밝혀 선순위권리자를 정하는 것이 사실상 곤란한데다가, 제3자가 인도와 주민등록을 마친 임차인이 없음을 확인하고 등기까지 경료하였음에도 그 후 같은 날 임차인이 인도와 주민등록을 마침으로 인하여 입을 수 있는 불측의 피해를 방지하기 위하여 임차인보다 등기를 경료한 권리자를 우선시키고자 하는 취지"[44]라고 설명한 바 있다.

이처럼 「주택임대차보호법」상 인도와 주민등록, 확정일자 등은 공시로서 불완전한 면이 있고, 이를 악용하여 대항력이나 우선변제권이 발생하기 이전에 제3자에게 담보물권을 설정해 주는 식으로 전세사기가 벌어지는 예가 많아지면서, 등기필요성이 거론되는 것이다. 민법상 임대차등기를 하거나(제621조) 전세권설정등기를 하면(제303조 이하) 이러한 시차를 없앨 수 있는데, 등기를 하려면 소유자인 임대인의 협조가 필요하다. 통상 부동산의 소유자는 자신의 부동산에 이러한 등기

---

43) 김천일, "주택임대차등기 법제화 왜 필요한가?", 전세피해 해소를 위한 주택임대차등기 법제화 관련 법률 개정 토론회, 발표 자료, (2025. 1. 10.); 정경국, "전세피해 예방을 위한 주택임대차등기 의무화에 관한 소고", 전세피해 해소를 위한 주택임대차등기 법제화 관련 법률 개정 토론회, 발표 자료, (2025. 1. 10.) 등. 박용갑 의원 대표발의, 주택임대차보호법 일부개정 법률안(의안번호 제2205191호)도 주택에 대한 임차권등기를 의무화하는 내용을 담고 있다.
44) 대법원 1997. 12. 12. 선고 97다22393 판결.

를 하는 것을 꺼리고, 등기를 하려면 시간과 비용이 들기 때문에 실제로는 등기가 이루어지지 않는 경우가 많다. 그럼에도 불구하고 주택임차인을 보호하기 위해 「주택임대차보호법」에서는 대항력과 우선변제권을 인정하는 길을 열어둔 것이다.

그런데 사인 간의 주택 임대차계약에서 등기를 의무화하는 것에는 신중할 필요가 있다. 지금까지 주택의 임차권 또는 전세권을 등기할 수 있는 방법이 있었음에도 거래계에서는 등기를 하지 않는 것이 일반적인데, 이는 사람들이 주택 임대차에 대해 별도의 시간과 비용을 들여서 등기를 하지 않았고, 「주택임대차보호법」으로도 상당한 임차인 보호가 가능했기 때문이다. 그럼에도 불구하고 모든 주택임대차 거래에 대해 등기를 강제하는 것은 지나친 규제가 될 수 있다.

또한, 등기를 한다고 하더라도 여전히 계약을 체결하고 등기를 신청하고 등기가 되기까지도 시간차가 존재하는바, 이를 고의적으로 이용하려는 사기는 근절하기 어려울 것이다. 실제로 지자체별로 전세권 등기 설정을 독려하면서 그 비용을 지원하는 조례가 제정되기도 하였으나,45) 이 때문에 전세권 설정이 늘어나는 효과는 크지 않았다.46) 이는 등기를 하는 것이 근본적인 해결책이 되지는 못한다는 점을 시사한다.

(2) 대항력과 우선변제권의 취득 시점을 조정할 수는 없을까?

임차권등기나 전세권등기가 되지 않더라도 주택 임차인이 인도 및 주민등록을 갖춘 즉시 대항력을 취득하도록 하는 것은 의미가 있다.47)

---

45) 서울특별시 은평구 전세사기 피해예방 및 전세권 설정 등기 비용 지원 조례(조례 제1663호) 등 (2024.03.21.).
46) "전세사기 막는 '전세권 설정 등기' 3% 그쳐 ⋯ 전셋집 강제경매 1년 만에 90% 급증", 아주경제 (2024. 7. 1.).
47) 이은희, "전세의 월세화에 따른 주택임대차제도 개선방안", 민주법학 제58호 (2015. 7.), 71; 편집대표 곽윤직, 민법주해[ⅩⅤ], 박영사 (2009), 215(민일영 집

「주택임대차보호법」이 인도 및 주민등록을 갖춘 다음 날 0시를 기준으로 대항력이 발생하도록 한 것은 다른 등기와의 관계에서 선후를 구별하기 어렵고 등기를 할 때 대항력이나 우선변제권이 있는 임차인이 있는지 확인하기 어렵기 때문이라면, 그 확인을 용이하게 하고 바로 권리를 인정하는 것도 가능할 것이다.

임대차를 전자계약으로 하도록 하고, 필요한 정보를 공유할 수 있게 하는 것이 그 방법이 될 수 있다. 「부동산 거래신고 등에 관한 법률」 제25조에 따라 국토교통부장관은 부동산정보체계를 구축·운영할 수 있는바, 부동산 전자계약은 종이계약서가 아닌 전자계약시스템(http://irts.molit.go.kr)에 접속하여 계약서를 작성하는 방식으로 진행된다.[48] 최근 부동산 매매계약과 임대차계약 등의 중개 거래에서는 전자계약이 확산되고 있는 추세이다.[49] 전세계약과 동시에 실거래, 임대차 신고 및 확정일자 신청이 자동으로 처리되고, 휴대폰 인증 등을 통해 신분 확인을 하여 불법 중개행위로부터 보호받을 수 있으며, 동일 주소지에 이중계약이 불가하여 계약서 위변조나 허위 신고 등을 예방할 수 있는 장점이 있다.[50]

이 가운데 중요한 정보는 금융기관과 실시간으로 공유하는 방안도 기술적으로 구현할 수 있을 것이다. 국토교통부는 부동산거래관리시스

필부분).
[48] 부동산거래 전자계약시스템은 국토부고시 제2016-201호에 따라 한국부동산원에서 위탁운영하고 있다.
[49] 국토교통부 보도자료, "부동산거래는 경제적이고 안전하며 편리한 '전자계약'으로!" (2024. 8. 27.)에 의하면 중개거래 전자계약 체결건수는 2023년 상반기 6,973건에서 2024년 상반기 27,325건으로 약 4배가 되었고, 전자계약시스템 신규 가입 공인중개사는 2023년 상반기 3,035명에서 2024년 상반기 6,222명으로 약 2배가 되었다.
[50] 이처럼 전자계약의 신뢰도가 높아지고 대출·보증 사고의 위험이 낮아지므로, 전세자금대출, 주택담보대출 시 우대금리가 적용되고, 전세보증금 반환보증 수수료 인하, 등기대행수수료 할인 등의 다양한 혜택이 제공된다. 관련 내용은 위의 보도자료 참조.

템과 은행 간의 전용망을 연계하는 확정일자 정보 확인 시범사업을 실시하였는데, 이를 통해 은행에서 주택담보대출 시 신청인의 정보제공 동의를 받아서 대출심사 과정에서 담보 대상 주택의 확정일자 정보, 보증금, 임대차기간 등을 확인하여 대출을 실행하는 것이 가능해졌다.[51]

현재는 전자계약이 강제되지 않고 공인중개사를 통한 계약만이 전자계약이 가능한 상황이고, 확정일자 정보 확인도 시범사업으로 적용범위를 확대하고 있는 실정이나, 기술적·제도적 지원이 충분히 이루어진다면 등기 없이도 주택에 대한 대항력이나 우선변제권의 취득 시점을 당기는 방안을 추진할 수 있을 것으로 기대된다.[52]

(3) 주택의 소유권이 이전되는 경우 보증금반환의무의 승계 문제

'매매는 임대차를 깨뜨린다'는 원칙을 주택임대차에도 적용한다면 주거의 안정성을 크게 해하는 결과를 낳을 수 있다. 이런 점에서 「주택임대차보호법」 제3조 제4항은 임차주택의 양수인은 임대인의 지위를 승계한 것으로 본다는 점을 규정하여 임차인을 보호하고자 하였다. 이러한 임대인 지위의 승계는 법률상 당연승계이고, 이러한 효과를 배제하는 특약은 임차인에게 불리한 것으로서 효력이 없다.[53] 양수인은 보

---

51) 국토교통부 보도자료, "국토부·우리은행·한국부동산원, 전세사기 방지를 위해 손 잡는다 - 전세보증금 보호 위한 확정일자 정보연계 시범사업 추진 -", (2023. 1. 18.); 국토교통부 보도자료, "국토부·5대 은행 전세사기 방지에 힘 모은다 - 주택담보대출 심사 시 임차인 확정일자 및 보증금 확인 - - 국토부·은행·한국부동산원 시범사업 업무협약 체결 -", (2023. 3. 23.); 국토교통부 보도자료, "제2금융권도 저세사기 예방에 힘 보탠다 - 주택담보대출 심사 시 임차인 확정일자 및 보증금 확인 - 기업은행 및 제2금융권의 전국 11,100개 지점에서 확대 시행", (2023. 12. 13.).
52) 참고로 이수진 의원 대표발의, 주택임대차보호법 일부개정 법률안(의안번호 제2201107호); 이연희 의원 대표발의, 주택임대차보호법 일부개정 법률안(의안번호 제2201125호)은 대항력과 우선변제권이 즉시 발생하는 내용의 개정안이다.
53) 집필대표 황진구, 온주 주택임대차보호법, 온주편집위원회 (2021), 제3조(황진구

증금 반환의무를 승계하는데, 승계 시점까지 발생한 임대인의 채권은 당연 공제하고 승계되므로, 원래의 임대인은 보증금반환의무를 면하게 된다는 것이 판례의 태도이다.54)

그런데 이 같은 규정이 오히려 임차인에게 해가 되는 결과를 발생시킬 수도 있다. 주택 소유자가 변경되면 임대인 지위가 당연승계된다는 점을 악용하여 대규모 전세사기가 벌어지기도 하였다. 임대차계약을 체결한 후 임차인에게 고지하지 않고 변제 자력이 없는 제3자에게 주택을 매도하는 경우, 임대차계약이 종료되면 임차인으로서는 임대인 지위를 승계한 제3자에게 보증금반환을 청구해야 하지만 이를 돌려받기가 불가능해지는 것이다.55)

물론 임차인으로서는 자신의 의사와 무관하게 상대방이 변경되는 것을 반드시 받아들여야 하는 것은 아니므로, 임차인이 스스로 임대차관계의 승계를 원하지 않을 때에는 임대차계약을 해지할 수 있다.56) 그러나 임차인이 주택의 소유자가 변경된 것을 알지 못하는 경우도 있고,57) 주택 소유자가 변경된 것을 알게 되었다고 하더라도 임대차계약을 해지하는 것이 능사는 아니다. 우선 임차인으로서는 해당 주택에 계속 거주하는 것 자체가 가지는 효용이 있고 바로 집을 구해서 나가는 것이 어려울 수도 있다. 기존 임대인이 자력이 있을 수도 있지만, 그렇지 않고 주택의 담보가치에 의지해야 하는 경우라면, 임대차계약을 해지한다고 하더라도 보증금을 반환받기가 어렵고 주택의 담보가치마저 포기해야 하는 상황이 발생할 것이다. 새로운 소유자의 변제

집필부분).
54) 대법원 1987. 3. 10. 86다카114; 대법원 1996. 11. 22. 선고 96다38216 판결 등.
55) 보증보험에 정상적으로 가입했다고 하더라도 임대인 간의 매매계약서를 확보하지 못하면 보증보험의 이행이 거절되므로, 보증보험의 보호를 받기도 어렵게 된다고 한다. 박세훈, 앞의 논문, 70.
56) 대법원 1998. 9. 2. 선고 98마100 결정; 대법원 2002. 9. 4. 선고 2001다64615 판결 등.
57) 박세훈, 앞의 논문, 70.

능력을 확인하는 것도 어려운 일이므로, 합리적인 판단을 기대하기는 쉽지 않다.

국회에서는 전세사기의 문제를 해결하기 위한 일환으로 임대주택의 양도 시 임대인에게 통지의무를 부과하는 내용의 법안이 제안되었다.58) 임차인에게 양도 사실을 통지하고 그에 따라 선택권을 행사할 수 있도록 보장하는 것은 필요한 일이다. 그런데 그에 더하여 실질적으로 임차인을 보호하기 위해서는 임대인 지위를 당연승계함으로써 기존의 임대인이 보증금반환의무를 자동적으로 면하게 되는 법리의 수정이 필요하다.59)

참고로 독일민법 제566조는 주택임대차에서 매매가 임대차를 깨뜨리지 않는 예외를 정하고 있는데, 제1항은 우리 「주택임대차보호법」 제3조 제4항과 유사하게 "임대인이 임대주거공간을 임차인에게 인도한 후 이를 제3자에게 양도한 경우, 양수인은 임대인을 대신하여 자신의 소유기간 동안 임대로 인한 권리와 의무를 승계하여야 한다."라고 규정한다. 제2항에서는 "양수인이 그 의무를 이행하지 아니한 때에는 임대인은 사전 소송을 포기한 경우와 같이 양수인이 배상하여야 할 손해에 대하여 보증인으로서 책임을 진다. 임차인이 임대인의 통지에 의해 소유권 양도를 알게 된 경우, 임차인이 해지가 허용되는 첫 일자에 임대를 해지하지 않는 한 임대인은 그 책임을 면한다."라고 하였다. 임대인의 지위를 승계한다고 하여 기존의 임대인이 바로 의무를 면하는 것이 아니라 새로운 임대인이 의무를 이행하지 않는 경우 보증인과 같이 책임지도록 한 것이다. 독일민법은 기존 임대인에게 소유권 양도 사실을 통지할 의무를 부과하는 대신, 이를 통지하는 경우에 의무를 면할 수 있도록 하였다. 다만, 기존의 임대인이 통지만으로 바로 의무

---

58) 김희정 의원 대표발의, 주택임대차보호법 일부개정법률안(의안번호 제2203786호); 정준호 의원 대표발의, 주택임대차보호법 일부개정법률안(의안번호 제2205371호).

59) 김제완, 앞의 논문, 60 이하.

를 면하는 것은 아니고, 임차인이 해지할 수 있는 시점에 해지를 하지 않게 되면 그때부터 의무를 면하는 것이다. 주택의 소유자가 변경되었다는 사정으로 임차인이 새로운 해지권을 가지게 되었다는 것은 아니고, 임차인이 원래 가지고 있는 해지권을 기준으로 해지할 수 있음에도 해지하지 않는다면 기존 임대인은 면책된다.[60]

이러한 점에 비추어 본다면, 기존의 임대인이 소유권 양도로 당연히 면책이 되는 것으로 볼 것이 아니라, 새로운 임대인이 의무를 이행하지 않는 경우에는 마치 보증인과 같이 책임을 지도록 「주택임대차보호법」에 명시하는 방안을 고려해 볼 수 있다. 이렇게 되면 임차인으로서는 임대차계약을 새로운 임대인과 계속할 것인지, 임대차계약을 해지하고 바로 보증금을 회수할 기회를 가질 것인지를 선택하지 않아도 될 것이다. 기존 임대인의 책임은 최소한 원래 당사자들이 약정한 계약기간 동안은 지속되도록 하되, 기존 임대인이 임차인에게 소유권 양도 사실을 통지하는 경우에는 새롭게 갱신되는 계약부터는 책임을 면할 수 있게 하는 것이다. 다만, 전세보증금이 주택 가액에서 상당한 비중을 차지하는 점을 고려하여 이러한 법리가 실제 거래에 미치는 영향에 대한 충분한 검토가 선행되어야 할 것이다.

3. 주거의 안정성 제고 방안

(1) 주거 취약층에 대한 보호 필요성

이른바 '임대차 2법' 또는 '임대차 3법'으로 불리는 2020년 법 개정은 주거기간을 보장하고 주거비용을 안정화시키기 위한 정책적 목적에서 추진되었다. 그런데 그 의도와는 달리 전월세가격이 더욱 상승하

---

60) MüKoBGB/Häublein, 9. Aufl. 2023, BGB § 566 Rn. 60-61.

였고, 기존 임대인이 새로운 임차인과의 계약을 선호하며 임차인의 주거 안정성도 떨어지게 되었다는 점은 앞서 살펴본 바와 같다.

주택 임대차를 일정 기간 보장하고, 차임의 인상을 제한하는 것은 우리뿐만 아니라 여러 나라에서 공통적으로 확인할 수 있는 중요한 주거 정책의 일환이다. 그런데 우리는 다른 나라와는 달리 전세제도가 있다는 점에서, 추가적인 고려가 필요하다. 특히 고가 전세계약의 임차인이 언제나 임대인에 비해 거래상의 지위가 낮다고 단정할 것은 아니고, 안정된 차임으로 오랜 기간 주거를 확보하는 것 이상으로 거액의 전세금을 제때 돌려받는 것이 중요한 가치가 되는 경우도 있다. 고가의 전세계약을 체결하는 임대인은 해당 주택을 자신이나 가족의 주거에 활용할 가능성도 상대적으로 높고, 과거에 비해 금리가 낮아진 상황에서 전세를 월세 또는 반전세로 전환할 유인도 있다. 임대인의 정당한 경제적인 동기에도 불구하고 재산권을 엄격하게 제한하는 것은 지나친 감이 있고 전세계약 자체를 꺼리게 만들 수도 있다.

장기간 차임의 큰 변동 없이 안정적인 주거를 보장하는 것은 주거 취약층에게 더욱 필요하다. 저가 전세의 경우 아파트보다는 빌라나 연립, 다세대 등의 주택 형태가 많아 정보 접근도 쉽지 않고, 전세사기 피해에도 더 노출되어 있는만큼, 관련 정책을 주거 취약층의 보호를 강화하는 데 집중하는 것이 바람직하다.

(2) 전월세상한제에 대한 조정

임차인이 계약갱신요구권을 행사할 수 있으므로, 특별한 사정이 없는 한 적어도 4년간은 임대차계약이 유지될 수 있다. 이 경우 차임은 2년이 지난 시점에서 5%의 범위에서만 조정이 가능하다는 점도 일단 계약을 체결한 임차인에게는 유리한 사정이다.

그런데 전세가격에 영향을 미치는 다양한 요인이 있지만, 연구결과들은 대체로 존속기간이 늘어날수록 신규 전세가격에 대한 상승 유인이 강해지고, 상한요율을 낮출수록 더 즉각적인 상승 효과가 있다는 점을 보여준다. 전월세상한제요율을 높이거나 계약 갱신 시 매년 차임 증감을 허용하는 경우에는 전세가격의 상승폭이 둔화되고, 시장의 가격 상승과 전월세상한제의 요율이 같으면 전월세상한제가 전세가격에 특별한 영향을 주지 않는다는 것이다.[61]

그렇다면 적어도 일정 금액 이상의 고액 전세에 대해서는 5%의 상한요율을 적용하는 것에 대하여는 재고가 필요하다. 이와 관련해서는 5%의 상한요율을 상향 조정하자거나[62] 표준임대료 제도를 도입하여 표준임대료를 기준으로 과도한 인상을 제한하자는 등의 의견이 있다.[63] 전세가격은 주택의 매매가격, 금리 등의 경제상황, 임대주택의 수급 등에 따라 변동하므로, 갱신 시점의 가격은 시장에 맡겨도 큰 무리가 없다는 생각이다. 임대인이 부당하게 계약을 해소하기 위해 과도한 인상을 요구하는 정도를 규제할 수 있으면 충분할 것이다. 전월세상한제가 적용되지 않는 고액 전세의 기준은 주거 취약층 보호에 집중한다는 취지에 비추어 정하는 것이 타당하다. 예컨대 전세사기피해자법상 피해자로 인정될 수 있는 기준이 참고가 될 수 있다.[64]

---

61) 박진백·이태리·전성제 외, 앞의 보고서, 71 이하; 이수욱·박천규·오동욱·박진백·황관석·김지혜·전성제·조윤미, 부동산시장 안정을 위한 정책과제와 대응, 국토연구원 (2022), 91 이하.
62) 임윤수·김웅, "주택임대차3법의 쟁점분석 및 방안", 부동산법학 제26집 제3호 (2022. 9.), 195.
63) 김경세, "임대차3법의 주요쟁점과 개선방안에 관한 고찰", 동국대 비교법연구 제21권 제2호 (2021), 68 이하. 참고로 표준임대료 산정을 위한 주거기본법 일부개정안(의안번호 제1879호)에 대한 비판적 검토는 한상훈, "주택임대사업 개선과제에 관한 연구 : 임대료 통제의 관점에서", 대한부동산학회지 제39권 제2호 (2021. 8.), 94 이하 참조.
64) 전세사기피해자법 제3조 제1항 제2호에 의하면 이 법에 따라 피해자로 인정받기 위해서는 임차보증금이 5억원 이하여야 한다. 다만, 임차보증금의 상한액은 전세사기피해지원위원회가 시·도별 여건 및 피해자의 여건 등을 고려하여 2억원의 범위에서 상향 조정할 수 있다.

(3) 임대인의 예측가능성 부여

「주택임대차보호법」 제6조의3에 따라 임차인이 계약갱신을 요구할지 여부는 전적으로 임차인에게 달려 있다. 계약기간이 2년으로 끝날지, 2년이 더 늘어나서 4년이 될지는 임차인의 선택에 따르는 것이다. 임차인이 계약갱신청구권을 행사하면 2년간 임대차가 존속하는 것인데(제6조의3 제2항), 제6조의2에 따라 임차인은 언제든지 임대인에게 계약해지를 통지할 수 있고 임대인이 그 통지를 받은 날부터 3개월이 지나면 계약이 해지된다(제6조의3 제4항).

이처럼 임차인은 임대차 종료 시점에 대해 여러 선택지를 가지고 있지만, 임대인으로서는 언제 계약이 종료될지 예측하기 어려울 수 있다. 계약해지를 통지받으면 3개월 안에 새로운 임차인을 구하고 보증금을 돌려주어야 한다는 점에서 임대인의 지위가 불안정하고 보증금 반환을 둘러싼 분쟁도 발생할 개연성이 높아진다.

이런 점에서 갱신되는 계약을 원칙적으로 2년으로 하더라도, 계약갱신을 요구하는 임차인이 2년의 범위에서 달리 기간을 정할 수 있도록 하고[65](제6조의2와의 관계에서 3개월 이상의 기간으로 정해야 할 것이다), 갱신된 계약에 대해 임차인이 언제든지 해지 통지를 할 수 있도록 하는 것은 삭제하는 방안을 고려해 볼 수 있다.[66] 이를 통해 임차인의 주거권을 보장하면서도 임대인의 예측가능성을 제고함으로써 양자의 이익을 균형 있게 보호할 수 있을 것이다.

---

65) 유사한 견해로는 한수현·신국미, "개정 주택임대차보호법상 계약 갱신청구권의 문제점과 개선방안", 한국지적학회지 제38권 제2호 (2022. 8.), 48 이하 참조.
66) 최명순, "주택임대차보호법상 계약갱신에 대한 입법적 고찰", 부동산법학 제27권 제1호 (2023. 3.), 126 이하.

4. 투명성 및 중개인의 의무 강화

주택 임대차에서 임차인의 지위가 상대적으로 낮은 것은 계약 당사자 간의 정보 비대칭이 큰 이유 중 하나이다. 특히 연립·다세대, 다가구나 빌라 등의 소규모 주택에 대한 전세계약을 체결하는 경우에는 실거래가격을 비롯해서 정보 부족이 더욱 심각하여 전세사기에 내몰릴 위험도 커지게 된다. 그동안 앞서 살펴본 바와 같이 여러 정책을 통해 임차인의 협상력을 높이고 전세사기 등의 피해를 예방할 수 있도록 임차인들이 계약 체결 시 참고할 수 있는 가격 정보와 임대인 정보 공개를 확대해 온 것으로 이해된다. 이를 위해서는 전자계약의 활용을 도모하고, 현재 과태료가 유예되어 있는 부동산 거래신고 등에 관한 법률상 전월세신고제를 실질화하는 것이 필요하다.

확정일자와 전입세대 관련 정보 등도 임차인들에게 큰 의미를 가지는바, 「주택임대차보호법」은 임대차계약을 체결하려는 자가 임대인의 동의를 받아 확정일자부여기관에 해당 주택의 확정일자부여 현황과 차임 및 보증금 등 정보의 제공을 요청할 수 있도록 규정하고 있다. 나아가 「공인중개사법」에서는 개업공인중개사가 임대차계약을 체결하려는 중개의뢰인에게 이와 같이 해당 주택에 관한 정보를 확인할 수 있다는 사실을 설명하도록 하였다. 이에 더하여 임대차계약의 중개를 의뢰받은 개업공인중개사가 확정일자부여기관에 해당 주택의 확정일자부여 현황, 차임 및 보증금, 전입세대 등 관련 정보를 확인할 수 있도록 주택임대차정보시스템을 구축하고, 단순히 설명에 그칠 것이 아니라 계약 체결 시 이러한 정보를 임차인에게 제공할 수 있도록 하는 방안도 고민해 볼 필요가 있다.

V. 결어

전세제도는 민법이 제정되기 이전부터 관행적으로 존재하고 있었으며, 고도성장기를 거치면서 부동산 가격의 상승과 함께 서민의 주거 사다리로 불리며 주택 임대차시장에서 상당한 비중을 차지해왔다. 주택가격과 금리의 변동 등에 따라 전세가격이 불안정해지고, 역전세나 깡통전세 등의 문제가 발생하면서, 전세제도의 문제점들이 부각되었다.

시민의 주거권을 보호하고자 하는 주택 임대차의 정책적인 목표는 사회의 다양한 경제 지표들과의 세심한 조율이 필수적인바, 다른 나라에서는 찾아보기 어려운 전세제도에 대한 특별한 고려가 필요하다. 다만, 전세제도를 당장 폐지해야 한다거나 거꾸로 전세는 우리 고유의 제도이므로 보호해야 한다는 식의 접근은 바람직하지 않으며, 그 특징과 당사자들의 이해관계에 대한 이해를 바탕으로 합리적인 법제도 개선을 모색할 필요가 있다.

특히, 전세가 사인 간에 이루어지는 계약이라는 점에서 임대인에 대해 과도하게 규제하는 것은 지양하되, 임차인 보호가 요구되는 지점을 포착하여 정책을 집중해야 한다. 이를 위해 주택가격의 상당 부분을 차지하는 전세보증금 반환을 담보하기 위한 법제도를 개선하고, 주거취약층을 위주로 계약의 존속기간과 전월세 인상을 제한하되, 계약과 관련한 정보제공 및 공인중개사의 의무를 강화하는 방안을 제안한다.

| 참고문헌 |

〈국내문헌〉

곽윤직·김재형, 물권법(제8판), 박영사 (2024)
편집대표 곽윤직, 민법주해[ⅩⅤ], 박영사 (2009)
명순구, 실록 대한민국 민법 2, 법문사 (2010)
박동진, 물권법강의, 법문사 (2022)
송덕수, 물권법(제6판), 박영사 (2019)
양창수·김형석, 민법Ⅲ-권리의 보전과 담보(제5판), 박영사 (2023)
집필대표 황진구, 온주 주택임대차보호법, 온주편집위원회 (2021)

권경선, "대규모 전세사기(빌라왕)에 대한 공법적 규제방안", 부패방지법연구 제6권 제2호 (2023. 8.)
김경세, "임대차3법의 주요쟁점과 개선방안에 관한 고찰", 동국대 비교법연구 제21권 제2호 (2021. 8.)
김세준, "개정 주택임대차보호법의 몇 가지 쟁점에 대한 평가 - 계약갱신요구권과 주택임대차분쟁조정제도를 중심으로 -", 조선대학교 법학논총 제28권 제1호 (2021. 4.)
김제완, "임대주택 양도시 임차인의 지위와 임대인의 통지의무 - 깡통주택·전세사기로부터 주택임차인을 보호하기 위한 법제 개선방안", 법조 제72권 제4호 (2023. 8.)
박세훈, "전세사기 피해지원 법제 및 정책에 대한 토지공법적 검토 - 전세사기 피해자 지원 및 주거안정에 관한 특별법, 전세사기 피해자 지원제도 -", 토지공법연구 제107집 (2024. 8.)
신세덕, "전세제도 폐지에 관한 논거", 법이론실무연구 제11권 제4호 (2023. 11.)
오림경·김홍택, "전세계약의 문제점 및 개선방향에 관한 연구", 한국지적학회지 제40권 제2호 (2024. 8.)
이은희, "전세의 월세화에 따른 주택임대차제도 개선방안", 민주법학 제58호 (2015. 7.)
임윤수·김웅, "주택임대차3법의 쟁점분석 및 방안", 부동산법학 제26집 제3호

(2022. 9.)

지원림, "저간의 부동산임대차 법제에 관하여: 능력의 한계 아니면 의도된 오조준?", 부동산법학 제24집 제3호 (2020. 9.)

최명순, "주택임대차보호법상 계약갱신에 대한 입법적 고찰", 부동산법학 제27권 제1호 (2023. 3.)

최성경, "개정주택임대차보호법과 전세안정화 정책", 단국대 법학논총 제37권 제4호 (2013. 12.)

추선희·김제완, "개정 주택임대차보호법상 갱신요구권에 관한 몇 가지 쟁점", 이대 법학논집 제25권 제1호 (2020. 9.)

한상훈, "주거권과 주택임대료 규제에 관한 연구 : 임대차 3법을 중심으로", 토지공법연구 제93집 (2021. 2.)

한상훈, "주택임대사업 개선과제에 관한 연구 : 임대료 통제의 관점에서", 대한부동산학회지 제39권 제2호 (2021. 6.)

한수현·신국미, "개정 주택임대차보호법상 계약 갱신청구권의 문제점과 개선방안", 한국지적학회지 제38권 제2호 (2022. 8.)

고제현·민병철·방송희, "한국 고유의 주택금융 채널과 파급경로", 한국주택금융공사 주택금융연구원 보고서 (2022)

김진유·권혁신·윤성진, "전세의 역할과 개선방향", 도시정보 제508호 (2024)

김천일, "주택임대차등기 법제화 왜 필요한가?", 전세피해 해소를 위한 주택임대차등기 법제화 관련 법률 개정 토론회, 발표 자료, (2025. 1. 10.)

민병철, "한국의 그림자금융 전세? - 미국 금융위기와 비교해 본 현재 상황 -", 주택금융 리서치 (2023)

박진백·김지혜·권건우, "전세 레버리지(갭투자) 리스크 추정과 정책대응방안 연구", 국토정책 Brief No. 904, 국토연구원 (2023)

박진백·박천규, "주택 임대차시장 현황과 개선방향", 국토정책 Brief No. 955, 국토연구원 (2024)

박진백·이태리·전성제 외, 주택임대차 제도개선 방안 연구, 국토교통부 보고서 (2024)

박춘성, "전세제도의 거시경제적 위험과 정책과제", 금융브리프 논단 제32권 제7호, 한국금융연구원 (2023)

이수욱·박천규·오동욱·박진백·황관석·김지혜·전성제·조윤미, 부동산시장 안정을 위한 정책과제와 대응, 국토연구원 (2022)

정경국, "전세피해 예방을 위한 주택임대차등기 의무화에 관한 소고", 전세피해 해소를 위한 주택임대차등기 법제화 관련 법률 개정 토론회, 발표 자료, (2025. 1. 10.)

국토교통부 보도자료, "국토부·우리은행·한국부동산원, 전세사기 방지를 위해 손잡는다 – 전세보증금 보호 위한 확정일자 정보연계 시범사업 추진 -", (2023. 1. 18.)

국토교통부 보도자료, "범정부 차원의 전세사기 예방 및 피해 지원방안 발표 – 전세사기를 뿌리 뽑고, 피해자를 두텁게 보호하는 장치 마련 -", (2023. 2. 2.)

국토교통부 보도자료, "국토부·5대 은행 전세사기 방지에 힘 모은다 – 주택담보대출 심사 시 임차인 확정일자 및 보증금 확인 - - 국토부-은행-한국부동산원 시범사업 업무협약 체결 -", (2023. 3. 23.)

국토교통부 보도자료, "제2금융권도 전세사기 예방에 힘 보탠다 – 주택담보대출 심사 시 임차인 확정일자 및 보증금 확인 – 기업은행 및 제2금융권의 전국 11,100개 지점에서 확대 시행", (2023. 12. 13.)

국토교통부 보도자료, "부동산거래는 경제적이고 안전하며 편리한 '전자계약'으로!", (2024. 8. 27.)

국토교통부 보도자료, "임대차거래 단순 지연 신고 과태료 완화한다. - 2월 12일부터 「부동산거래신고법」 시행령 개정안 입법예고", (2025. 2. 11.)

한국주택금융공사, 「주택금융및보금자리론실태조사」, 2023, 2025.03.15., 점유형태 (https://kosis.kr/statHtml/statHtml.do?orgId=321&tblId=DT_KHFC_026&conn_path=I2)

〈외국문헌〉

MüKoBGB/Häublein, 9. Aufl. 2023, BGB § 566

| 에필로그 |

재단법인 동천 이사장·편집위원 | 유욱

　　공익법총서 제11권 《임차인의 권리연구》는 동천 주거공익법센터가 세 번째로 발간하는 책이다. 동천 주거공익법센터는 공익법총서 제9권 《주거공익법제연구》 발간을 계기로 2023년 발족되었다. 《주거공익법제연구》는 2023년 전세사기 사건으로 많은 피해자가 나오고 이에 대한 입법의 필요성에 대하여 논의가 진행되는 가운데 주거불안이 세계 최저 출산율(여성 1인의 합계 출산율 0.78)의 주된 원인이고 이 문제 해결 없이 우리 사회가 지속 가능하지 않다는 뒤늦은 깨달음으로 기획된 책이다. 책 출간을 계기로 동천에 주거공익법센터가 설치되었는데, 마침 《주거공익법제연구》의 출간을 보고 그 취지에 공감한 풀무원 한마음재단(남승우 이사장)의 재정 지원으로 전담 연구원(이성영)을 모셔서 센터를 발족할 수 있었다. 비슷한 무렵 《주거공익법제연구》를 보고 연락주신 국회 사무처장(이광재)의 도움으로 국회에서 주택도시기금을 중심 주제로 하여 제1회부터 제4회까지 주거공익법제포럼을 진행하였는바, 주택도시기금의 현황, 문제점, 개선방안 등에 대한 심도 있는 논의가 있어 그 결과물을 모아 《225조 원의 질문: **주택도시기금의 진실과 미래**》라는 책을 이 책과 비슷한 시기에 발간하게 되었다.

　　전세사기는 우리 사회 임차인의 불안정한 지위를 보여주는 단적인 예인바, 임차인의 주거불안정이라는 문제는 국민 43%가 무주택자로서 임차인인 현실에서 2천만 명이 넘는 임차인 국민에게 가장 중요한 문제이다. 임차인의 주거불안정 문제의 중심에는 임대차기간, 임대료, 보증금 등 임대차법제의 문제가 자리잡고 있기 때문에 공익법총서 제11권을 임대차법제의 현황, 문제점, 개선방안을 중심으로 다루어보기로 하고 불안정한 지위에 있는 임차인의 권리를 강조하기 위하여 제목을 《임차인의 권리 연구》라고 정하였다.

이하에서는 이 책에 실린 논문들을 임대차기간, 임대료, 보증금, 민간임대사업자 제도 및 지자체의 관리·감독 시스템, 공인중개사의 주의의무 등 주요 주제 별로 나누어 간략하게 쟁점과 논지를 정리하고 향후 과제를 도출하여 보려고 한다.

1. 임대차기간

김영두는 "한국 임차인의 권리 증진"에서 임차인의 주거권을 실효적으로 보장하기 위해 임대차기간의 장기화 필요성을 강조한다. 「주택임대차보호법」은 최소 임대차기간을 2년으로 보장하고, 임차인에게 1회 갱신을 요구할 수 있는 권리를 부여함으로써 최대 4년 동안의 임대차기간을 보장한다. 이 논문은 임대차기간이 단기로 그칠 경우 임차인의 주거 안정성이 근본적으로 위협받고, 임대인의 계약갱신 거절이나 조건 변경에 따른 주거 이전을 반복할 경우 생활 기반이 훼손되는 등 다양한 위험에 노출될 수 있다는 점을 지적한다. 이에 따라 일정 기간 이상의 장기적인 거주를 원칙으로 하는 임대차 제도의 확립을 통해 임차인의 주거권을 보호하여야 한다고 주장하면서, 그 방안으로 「주택임대차보호법」 제6조의3 제2항의 갱신요구권에 대한 횟수 제한을 삭제할 것을 제안한다. 이 논문에서는 기본적으로 일정한 사유가 없으면 임차인이 계속해서 거주할 수 있도록 하는 독일, 미국, 프랑스, 일본 등의 해외 입법례를 간략히 소개한다.

해외 입법례를 통한 비교법적 검토에 관해서는 박인환의 "일본의 건물임대차법", 정소민의 "미국 주택임대차제도에 대한 소고", 이도국의 "독일 주택임대차 법제에 있어 주택임차인 보호 고찰", 이은희의 "프랑스의 주택임대차법"에서 구체적인 내용을 살펴볼 수 있다.

특히 이은희는 "프랑스의 주택임대차법"에서 프랑스법상 주택 임대차가 묵시적 갱신을 원칙으로 하는 반면 「주택임대차보호법」은 임차인의 갱신 요구에 따른 갱신이 원칙이라는 중요한 차이를 지적한다. 이 논문에서는 주택 임대차 존속보장을 위한 갱신요구권 제도의 취지를 고려하여 여러 방안을 제시하는데, 갱신요구권을 3회까지 행사할 것을 제안한다. 이는 2019년 서울시 민간등록임대주택에 거주하는 임차인을 대상으로 시행한 설문에서 제도적 보장이 필요한 거주기간이 평균 7.9년이라는 조사 결과와 아동이 유치원에서 초등학교까지 필요한 교육의 최저 기간이 7년이라는 점을 근거로 한다.

요컨대 위 필자들은 현재 1회로 한정된 갱신요구권의 행사 횟수를 늘리거나, 임대차계약 갱신요구권의 횟수 제한을 삭제하고 임대인에게 일정한 해지사유가 없을 경우 임차인이 계속해서 거주할 수 있도록 하는 방안에 대체로 동의하는 것으로 보인다.

이에 대하여, 2025년 4월 12일 한국민사법학회 춘계학술대회에서 김영두의 발제에 대한 지정토론자로 참석한 서정원(성균관대)은 정책 도입 시 반대 여론의 영향 등 난점을 언급하면서, 갱신요구권의 회수 제한을 삭제하는 방안에 대하여 신중한 접근의 필요성을 강조하였다. 서정원은 일례로 2024년 12월 갱신청구권을 제한 없이 행사할 수 있는 내용을 포함한 주택임대차보호법 개정안이 의원입법으로 발의되었으나 2주 만에 발의가 철회되고, 2025년 3월에는 2년씩 도합 10년의 갱신을 허용하고 신규 임대차계약에도 5%의 차임 인상률 제한을 적용한다는 정책과제 발표에 대해서도 2주 만에 그 입장이 사실상 번복되었음을 지적하였다.

　이러한 해프닝이 발생한 것은 언론 매체를 통한 반대 여론의 역풍이 작용하기 때문으로 보이는데, 상당수 언론 매체의 지배주주가 건설회사인 현실에서 다수 언론사들이 반대 논리를 펼치고 이를 정치권이 받아 정치적인 논쟁으로 증폭시키게 되면 여론의 악화와 그에 따른 정치적 부담을 우려한 정치권에서 후퇴하는 일이 되풀이 되곤 했고, 이번에도 다르지 않았던 것이다. 임대차기간 문제는 문재인 정부 시절 도입된 임대차 3법에서 가장 뜨거운 이슈였고, 임차인을 보호하여 주거의 안정성을 확보하겠다는 좋은 의도와 달리 현실의 결과는 치솟는 집값과 전세가의 원인을 제공했다는 여론의 뭇매를 맞게 되었으며, 이러한 문제들을 해결하기 위하여 28회에 달하는 정책을 꺼내들었지만, 집값과 전세가를 잡지 못하자 그 정책 실패의 모든 책임을 지고 문재인 정부가 무너지게 된 과정은 두고두고 반추할 필요가 있어 보인다. 요컨대 임대차기간 문제는 단순한 민사법적인 문제가 아니라 고도로 복합적인 정치와 언론의 문제이기도 하고 그 근저에는 집값을 최고의 가치로 삼는 집값 물신주의의 시대정신이 자리잡고 있으므로 이에 대한 정책담론은 예상되는 언론의 반대 논리와 정치화에 따른 부담을 신중하게 고려하여 전략적으로 추진되어야 하는 과제라고 생각된다. 불쑥불쑥 당위론만을 내세워 접근했다가는 본전도 못 찾고 패퇴하는 결과를 맞게 될 가능성이 큰 것이다. 보다 깊게는 부동산 불패신화, 미래 세대의 희망과 꿈을 빼앗아가는 부조리한 현실을 만들어내고 있음에도 지난 수십년간 부동산 투자의 성공 스토리가 만들어낸 집값 상승이 모든 가치를 뛰어넘는 최고의 가치가 되어 집값 숭배의 물신주의가 시대정신이 되어버린 현실에서 임차인의 주거권이 자리잡을 공간은 거의 없어 보이는 것이다. 근본적으로 이런 가치관을 어떻게 바꾸어나갈 수 있는지, 집값 숭배의 물신주의를 부채질하고 지배주주인 건설사의 이익에 봉사하는 상당수의 언론들에 대하여는 어떻게 대응하여야 하는지 깊은 성찰과 정교한 전략이 필요하다고 생각한다.

2. 임대료

김경목, 권도형, 백지욱, 임부루의 "임차인의 부담가능성"은 현행 전월세상한제에 대하여 시장의 상황을 고려하지 않은 채 5%라는 획일적인 상한을 강제하는 것은 바람직하지 못한 측면이 있음을 지적하면서, 독일의 차임일람표와 같이 임대인과 임차인에게 임대료를 공개하여 임대차시장에서의 예측 가능성과 안정성을 높이는 방안을 제시한다.

이 논문은 실효성 있는 임차인의 주거 안정 보장을 위해 임대차 개시 시에도 임대료를 규제하는 방안의 도입을 제안한다. 현재 임대차계약을 새로 체결하거나 새로운 임차인과 계약하는 경우, 전월세상한제가 적용되지 않는데 이때 임대인이 기존의 임차인과 계약을 갱신하지 않고 새로운 임차인과 임대차계약을 체결하면서 임대료를 인상하는 방법을 고려할 수 있다는 것이다. 그렇다면 기존의 임차인은 주거 안정성을 보장받지 못하고 새로운 임차인도 높은 가격의 임대료를 부담해야 하는 문제가 있으므로 임대차를 개시할 때 임대료를 규제하는 방안을 고려할 필요가 있고, 해외에서 소비자물가지수나 생계비지수 등과 연동하여 인상을 제한하고 있는 점을 참고하여 합리적인 상한을 책정할 필요가 있으며, 임대료 상한제가 적용되는 지역을 주택의 공급과 수요에 불균형한 지역으로 제한하여 실시하고, 예외 사유를 규정하는 방안을 고려해야 한다고 주장한다.

이와 관련하여 이도국은 "독일 주택임대차 법제에 있어 주택임차인 보호 고찰"에서 독일에서 인정되는 일반적인 차임일람표와 공인 차임일람표의 2가지 방식을 소개한다. 이 논문에서는 임대차계약의 개시 시 차임에 대한 규제 근거가 없었던 기존의 법적 한계를 보완하고자 2015년 4월 21일 독일민법 제556조의d 내지 제556조의g 규정을 신설하여, 각 주별로 지역상례적 비교 차임의 최대 10% 수준으로 한계를 정해 강력한 차임 규제의 법적 근거를 마련하였지만, 기대만큼의 성과를 거두지 못한 것으로 평가되었다고 한다. 이에 따라 독일은 2019년부터 「임대차관계 시작 시 허용되는 차임에 대한 규정의 보완 및 임대차 목적물 개량에 대한 규정의 수정에 관한 법」을 시행하여, 주택임대차계약 시 요구되는 이전 차임의 정보와 관련하여 임대인에게 고지의무를 부여하는 등 법규범의 실효를 높이고자 했다고 한다.

한편, 김영두는 "임차인의 권리 증진"에서 독일의 경우 표준임대료를 설정하여 최초 차임을 일정한 범위 이내로 제한하고 있음을 소개하면서, 임대차계약 체결 시점의 차임 통제를 위해서는 지역별 표준임대료 등의 통계자료가 생성되어야 한다고 주장하는데, 이는 이도국의 위 논문에서 공정임대료나 표준임대료 등의 도입과 관련하여 차임 보호의 관점에서 주택 임대차시장에서 객관적이고 상당한 기준으로서 독일 민법상의 차임일람표 등의 지역상례적 비교차임제도에 대한 종합적이고 체계적인 연구의 필요성을 주장하는 것과 맥을 같이 한다.

표준임대료의 경우, 2020년 7월 14일 윤호중 의원이 대표 발의한 주거기본법 일부개정법률안(의안번호 2101879) 및 2023년 1월 16일 김두관 의원이 대표 발의한 주택임대차보호법 일부개정법률안(의안번호 2119498)에서 그 도입이 제안된 바 있으나, 원론적인 표준임대료 개념의 도입을 제안하는 선에 그치고, 표준임대료가 작동하는 구체적인 시스템에 관한 내용은 찾아 보기 어렵다. 개별공시지가 제도가 한 비교의 예가 될 수 있을 듯한데, 표준지 선정과 표준지의 공시지가 산정 및 이를 바탕으로 한 개별공시지가의 산정과 불복 제도 등이 마련되고 이를 전국적으로 시행할 수 있는 행정조직의 준비에 상당한 기간이 필요했을 것인데, 표준임대료 제도의 경우에도 다르지 아니할 것으로 예상되는바, 이러한 구체적인 시스템과 행정조직의 준비에 대한 논의 없이 표준임대료 개념만 가지고 할 수 있는 일은 없다. 향후 표준임대료 제도의 도입은 임대료 규제가 시장의 흐름과 같이 함으로써 시장의 수용성을 높이기 위한 것이므로 필요하다고 보고, 그 시스템 설계와 행정의 준비를 위한 심도 있는 연구가 뒤따라야 할 것이다.

3. 보증금

가. "임차권 등기 의무화"

보증금 반환의 안정성 확보와 관련하여 다양한 논의가 있었다. 최은영은 "전세사기 피해 실태에 기반한 법률 개정 방향"에서 임차인이 임대인의 동의 또는 보증금을 반환받지 못하는 피해 없이는 자신의 권리를 등기로 공시할 수 없는 지위에 있다는 문제를 제기하며 임차권 등기 의무화를 제안한다.

반면에 임차권 등기 의무화에 대해서 부정적이거나 유보적인 입장도 있다. 김제완은 "주택임대차거래의 합리화를 위한 법제 및 거래문화 개선방안"에서 부동산 등기로 임차권을 공시하는 경우, 임차권의 성립이나 소멸 시기 등이 더욱 명확해지고 임차인의 지위도 강화될 수 있는 것은 사실이지만, 여러 가지 법적 문제점으로 인해 실현하기 어렵다고 말한다. 그 문제점으로 임대인이 즉시 등기에 협력하지 않을 가능성, 추가로 비용 및 시간이 소요되어 비경제성, 대항력 등 발생 시기에 대한 분쟁 예상, 소액임차인의 최우선변제권과의 불균형 등을 논한다. 장보은도 "주택 전세제도 개선에 관한 소고"에서 모든 주택 임대차 거래에서 등기를 강제하는 것은 지나친 규제가 될 수 있음을 지적하며 사인 간의 주택 임대차 계약에서 등기를 의무화하는 것에는 신중해야 한다는 입장이다. 한편, 위 한국민사법학회 춘계학술대회에서 종합토론자로 참석한 이은희(충북대)는 임차인에 의한 단독 임차권 등기청구권을 인정하자는 지원림 교수의 제안을 강조하였다.

이처럼 임차권 등기 제도의 의무화와 관련하여 현실적으로 임대인에게 임차권 등기의무를 강제하기 어렵고, 특히 소액 임대차의 경우에는 더더욱 그러한 현실적 문제점이 있는바, 임대인이 임차권 등기의무를 이행하지 아니할 경우 형사처벌을 할 수도 없고, 행정벌을 한다면 과태료 정도일 텐데 현실에서 이를 강제하기 어려워 집행의 실효성을 담보하기 어려운 문제가 있어 보인다. 이와 같이 임대인이 원하지 않고 등기 시 비용과 시간이 소요되는 문제, 보증금이 소액인 경우 임차인 역시 등기를 원하지 않을 가능성 등 현실적으로 등기를 강제하기 어려운 점이 있다.

나. "임대인의 보증보험 가입 의무화"

김제완은 위 논문에서 "임대인의 보증보험 가입 의무화" 방안을 제안한다. 임차보증금의 반환을 금융 거래적인 시각에서 바라볼 필요가 있고, 금융거래의 채무자인 임대인이 임차보증금 반환에 관하여 자신의 변제능력 등 신용정보를 먼저 제공하고, 스스로 담보수단을 제공하는 것이 원칙이라고 하면서 이를 위해 「주택임대차보호법」에 보증보험의 가입 주체를 임대인으로 하여 보증보험 가입을 의무화하고, 임대인의 보증보험증서 교부와 임차인의 임차보증금 지급을 동시이행관계로 규율할 것을 제안한다. 보증보험료를 누가 부담할 것인지 명시적으로 밝히고 있지는 않으나 보증보험 가입의무가 임대인에게 있으므로 임대인에게 보증보험료 부담하는 것으로 이해된다. 민간임대주택에 관한 특별법상 임대사업자의 보증 가입이 의무화되어 있는 것(동법 제49조)을 근거로 이 법의 성과와 문제점을 잘 살펴「주택임대차보호법」에서도 이를 받아들일 것인지 여부를 판단할 단계인데, 이러한 규정이「주택임대차보호법」에 입법될 경우 주택임대차보호법 역사상 매우 중요한 전기가 되는 의미 있는 제도개선이 될 것이라고 주장한다.

임대인의 보증보험 가입 의무화는 보증보험의 실태와 문제점 뿐 아니라 보증보험의 성격과 목적, 위반시 제재와 이행확보방안 등에 대한 심도 있는 분석을 토대로 신중하게 검토되어야 할 문제로 생각된다. ① 보증보험에 가입된 임대차계약의 비율이 전체 임대차계약 중 얼마나 되는지,「민간임대주택에 관한 특별법」에 의한 민간임대사업자의 보증보험 가입비율은 얼마나 되는지, ② 최근 전세사기 사태 등으로 인한 보증보험금 지급액이 얼마나 되고, 이것이 주택도시보증공사(HUG) 등 재정에 미치는 영향이 어떠한지, ③ 현재의 보증보험은 임차인 보호를 위한 정책 보험의 성격을 가지고 있어서 민간 보험업자가 거의 관여하고 있지 않은데,[1] 이를 전국 모든 임대차계약에 적용할 경우 국가 재정에 미치는 영향이 어떠할지, 근본적으로 국가 재정으로 모든 임대차계약의 보증금반환을 보증하는 것이 필요하고 정당한 것인지, ④「민간임대주택에 관한 특별법」에 따른 민간임대사업자가 보증보험가입 의무를 위반한 경우 과태료 부과대상인데, 현실적으로 과태료 부과가 거의 이루어지지 않는 이유는 무엇인지(2024년 임대사업자 보증가입 의무 위반 건수는 236건에 불과), 이와 같이 민간임대사업자의 경우에도 보증보험 가입 의무가 제대로 지켜지지 않고 있고 이를 지방자치단체에서 관리 감독하거나 규제하기 어려운 실정인데, 모든 임대인에 대하여 보증보험 가입을 의무화할 경우, 위반시 제재와 이행확보방안 등

---

[1] 서울보증보험도 전세보증금 반환보증 상품이 있지만 전체 점유율의 5% 정도에 불과함.

규제나 관리 감독 체계, 시스템을 어떻게 할 것인지, ⑤ 보증보험이 의도와 달리 시장을 왜곡한다는 비판도 있는바, 집값 대비 전세금의 비율인 전세가가 90% 수준으로 오르는 시작왜곡과 함께 전세사기가 늘어나면서 주택도시보증공사(HUG)의 대위변제액이 늘어나 국민 세금 부담이 늘어나는 결과로 이어졌다는 문제 제기 등 보증보험의 근본적인 성격과 목적, 위반시 제재를 포함한 행정규제 체계, 시장왜곡 및 전세시장 및 국가재정에 미치는 영향 등에 대한 보다 심도 있는 검토가 필요해 보인다. 보증보험의 성격이 서민 임차인 보호를 위한 정책적인 것(보증대상 보증금 수도권 7억원, 그 외 지역 5억원 이하)이라면 이를 모든 임대차계약에 확장하는 것은 조심스럽게 검토할 필요가 있는바, 향후 보증금 반환 보증보험의 실태, 문제점, 개선방안 등에 대한 종합적인 연구를 토대로 신중하게 보증보험 의무화 입법 필요성에 대한 논의가 있어야 할 것이다.

다. "대항력의 효력 발생 시기"

김제완은 위 논문에서 현행법상 주택임대차에서 임차인의 대항력의 효력 발생일이 다음 날부터 발생하는 이른바 '익일 조항'으로 인하여 임차인이 놓일 수 있는 위험을 해결하기 위한 방안을 검토한다. 부동산 등기는 일반적으로 등기관이 등기를 마친 경우 그 등기를 '접수한 때부터' 효력이 발생하는바(부동산등기법 제6조 제2항), 저당권을 설정하려는 금융회사나 해당 주택의 매수인에게는 이러한 익일 조항이 도움이 된다는 것이다. 그러나 현실에서는 임차인의 대항력이 다음 날인 익일에 발생하는 시간 차이를 악용하여 임대인이 임차인 모르게 집을 담보로 대출을 받아 은행 등이 선순위 채권자가 되어 임차인이 보호받지 못하는 전세사기 피해자가 발생하고 있는바, 이는 「주택임대차보호법」의 목적에 부합하지 않는다.

이에 따라 임차인을 보호하기 위해 대항력의 발생 시기를 '당일 0시' 또는 '즉시'로 하자는 주장이 있는바, 김제완은 대항력의 발생 시기를 '당일 0시'로 하는 것이 당사자 간의 이해관계를 조율하고 주택임대차의 제도 개선에 필요한 합리적 방안이라고 주장한다. 이에 대하여 김기환(충남대)은 대항력의 발생 시기가 당일 0시로 변경될 경우, 은행 등의 금융기관은 주택담보대출이 전면적으로 중단되거나 대출금액이 감액될 가능성이 있다는 우려를 표했다(위 한국민사법학회 춘계학술대회 지정토론).

즉시로 개정하자는 주장은 일반적인 부동산등기법리를 적용하자는 것이나, 임차인의 전입신고와 제3자의 저당권 등 등기신청이 같은 날에 행하여진 경우 1초라도 먼저 완료한 사람이 선순위자가 되지만, 양자의 선후관계를 명확히 확인하여 이를 입증하는 것이 사실상 곤란하다는 중대한 문제점이 있다.[2] 현행법이 대항력의 발생 시기를 다음 날로 규정하는 것은 임차인이 대항력의 요건을 갖추는 행위와 제3자 명의의 저당권설정등기 등의 행위가 같은 날에 있을 때 그 선후관계를 명확히 하기 위한 것이다. 현행법상 근저당권의 효력은 등기 접수 시에 발생하고(부동산등기법 제6조에 따라 등기신청정보가 전산정보처리조직에 저장된 때), 주민등록법상 전입신고의 경우는 전입신고 시 주민등록표 등에 전입신고일자를 기록하도록 규정하고 있는바(주민등록법 제16조, 동법시행령 제23조 등), 각 신청의 접수 행정처리 소요시간이 있어 선후관계를 명확히 확인하기 어려운 문제가 있기 때문에 대항력의 발생 시기를 '즉시'로 하기는 어려워 보인다.

---

2) 2020. 조정식 의원과 맹성규 의원이 각 대표 발의한 주택임대차보호법 일부개정법률안은 임차인의 대항력 발생 시기를 '즉시'로 앞당길 것을 제안함. 전문위원 박철호, 주택임대차보호법 일부개정법률안 검토보고 〈대항력 발생 시기의 변경〉 조정식 의원 대표발의(의안번호 제498호), 맹성규 의원 대표발의(의안번호 제649호), 법제사법위원회, 2020. 7.

그렇다고 김제완의 주장과 같이 '당일' 0시로 할 경우, 주택의 인도와 주민등록을 마친 임차인이 없다는 사실을 확인하고 저당권 등기를 접수한 제3자에게 불측의 피해가 발생하는 문제가 있고, 일반적인 부동산등기의 우선순위 원칙에도 반하며, 현실적으로 위 김기환이 우려하는 바 주택담보대출이 전면적으로 중단될 것이라고까지 하기는 어렵겠지만, 예상 못한 선순위 임차권자의 존재로 인하여 담보가치가 감소하는 결과가 되므로 금융기관으로서는 대출계약시 이러한 문제를 고려할 수 있으며 전체적으로 부동산 담보대출 시장에 일정한 영향을 미칠 가능성이 있으므로 이에 대한 다각적인 논의와 검토가 필요할 것이다.

한편, 대항력의 발생 시기를 '즉시'로 하려면, 주민등록 전입신고와 저당권 등의 등기 접수 순위의 선후관계를 명확히 확인할 수 있도록 시스템 구축이 전제되어야 할 것인바, 장보은은 "주택 전세제도 개선에 관한 소고"에서 임대차계약을 전자거래화하는 방안을 제시한다. 임대차를 전자 계약으로 체결할 경우 실거래, 임대차 신고, 확정일자 신청이 자동 처리되고 저당권 등과 대항력의 우선순위 확인이 용이하며 전자거래화를 통해 중요한 정보를 금융기관과 실시간으로 공유할 경우 담보대출시 대상 주택의 확정일자 정보, 보증금, 임대차기간 등을 확인하여 대출 실행이 가능하게 된다면서, 기술과 제도적 지원이 충분히 이루어진다면 등기 없이도 주택에 대한 대항력이나 우선변제권의 취득 시점을 당기는 방안을 추진할 수 있을 것으로 기대된다고 한다. 다만 위 논문에도 나와 있듯이 현재 임대차 계약의 전자거래화 비율이 미미한 수준이고, 향후 전면적인 전자거래화와 금융기관과의 정보공유가 가능할 것인지는 단순한 기술만의 문제가 아니라 거래관행과 의식의 문제가 동반되어 있어 쉽게 가늠하기 어려우므로 전자거래화가 단시일 내에 대항력에 관한 대안이 되기는 어려워 보인다.

라. "주택 소유권 이전시 통보의무와 보증금반환의무의 승계문제"

최은영·홍정훈의 "전세사기 피해실태에 기반한 법률 개정방향"과 장보은의 "주택 전세제도 개선에 관한 소고"에서는 '임차 주택의 양수인은 임대인의 지위를 승계한 것으로 본다.'라는 「주택임대차보호법」 제3조 제4항의 규정과 관련하여 임대인의 지위가 법률상 당연승계되고 기존 임대인이 보증금 반환의무를 면하는 판례의 문제점을 지적한다. 이를 악용하여 문제가 된 전세사기의 유형 중 하나가 바로 '바지 임대인' 사례인바, 임대인이 임대차계약 이후에 자력이 없는 이른바 '바지 임대인'을 양수인으로 내세우는 경우, 기존의 임대인은 보증금 반환 의무에서 벗어나고 이때 보증금 반환 능력이 전혀 없는 임대인으로 변경된 주택의 임차인은 결국 보증금을 돌려받지 못하는 사태가 발생하는 것이다.

최은영·홍정훈은 이를 방지하기 위하여 「주택임대차보호법」 제3조 제4항 채무의 성격을 '중첩적 채무'로 명확하게 규정하거나, 임대인 변경 시 임차인에 대한 통보의무 조항을 추가하는 것이 필요하다고 주장한다. 장보은은 "주택 전세제도 개선에 관한 소고"에서 임대인 변경 시 통지의무를 부과하는 법안이 발의된 것을 인용하며 임차인이 이에 대하여 선택권을 행사할 수 있도록 보장하는 것이 필요하다고 하면서, 임차인을 보호하기 위해서는 임대인 지위를 당연승계함으로써 기존의 임대인이 보증금반환의무를 자동적으로 면하게 되는 법리 수정이 필요하다고 하며, 독일 민법 제566조를 참고하여 임대인의 지위를 승계한 임차 주택의 양수인이 의무를 불이행하는 경우 기존의 임대인은 보증인과 같은 지위에서 책임을 지게 하여 기존 임대인의 책임은 원래의 당사자 간에서 약정한 계약 기간 동안 지속하도록 하고, 소유권 양도 사실을 임차인에게 통지하는 경우 새로 갱신되는 계약분부터 그 책임을 면할 수 있도록 하는 방안을 제안한다. 이에 대하여 최지현(중앙대)

은 위 민사법학회 학술대회 지정토론에서 위와 같은 장보은의 제안대로 입법될 경우, 기존 임대인 입장에서는 경우에 따라 자신이 보증금 반환의무를 부담할 수 있는데, 그렇게 되면 매매대금을 어떻게 정할지 문제가 따라온다고 지적한다.

기존 임대인이 통보 없이 임대차 목적물을 양도하는 것은 앞서 본 바지 임대인을 이용한 전세사기 등의 문제가 나타나고 있어 임차인 보호의 관점에서 지양되어야 하므로 통보의무를 입법할 필요는 있어 보이는바, 관련하여 기존 임대인 또는 양수인의 통보의무에 관하여 2건의 법안이 22대 국회에 발의되어 있다. (1) 통보의무를 기존 임대인과 양수인 중 누가 부담할 것인지, (2) 통보 시점을 계약 체결 전으로 할 것인지, 계약 체결 후 일정 기간 이내로 할 것인지, 아니면 등기 후 일정 기간 내로 할 것인지, (3) 통보의무의 내용으로 양수인의 신용정보(국세 및 지방세 납세증명 등)을 포함할 것인지 등과 관련하여 보다 심도 있는 검토가 필요해 보인다. 또한 최지현이 지적한 바와 같이 매매대금을 정하는 문제 등 매매계약에 영향을 미치게 되는 문제가 발생할 수 있는 점도 충분히 검토되어야 할 것이다.

마. "소액보증금 기준과 최우선변제금"

최은영·홍정훈은 "전세사기 피해실태에 기반한 법률 개정방향"에서 최우선변제금을 받을 수 있는 소액보증금의 기준이 계약 시점이 아닌 근저당권 설정 시점으로 되어 있어서 보증금이 근저당권 설정 시점에서의 소액보증금 기준 이하여야 최우선변제금을 받을 수 있는 문제가 있고, 임차인이 임대차계약을 갱신하면서 증액된 보증금이 소액보증금 범위에서 벗어나면 소액임차인으로서 보호받지 못하는 문제가 있음을 지적한다. 이 글에서는 소액임차인의 기준을 폐지하여 모든 임차인이 최우선변제금을 보장받도록 할 필요가 있다고 하면서, 차선책으로 근저당권 설정 시점의 최우선변제금은 보증금의 증액과 상관없이 보장하는 것으로 제도를 재설계할 필요가 있다고 제안한다.

　소액임차인에 한하여 최우선변제금을 인정하는 취지는 영세 서민들에게 최소한의 주거권을 보장하기 위한 것이지만, 이는 물권 우선순위에 관한 법의 일반원칙의 예외이므로 소액임차인 범위 규정을 전면적으로 없애는 것은 과도한 것으로 보이고, 다만 소액임차인 범위를 일정 정도 확대하는 것은 적극적으로 검토할 필요가 있을 것이다. 우선 현재 소액보증금 기준이 어떤 근거로 정해진 것인지 확인하고(법무부 주택임대차위원회의 심의를 거쳐 결정되므로 필요하다면 정보공개청구 등 절차 통해), 그 기준에 따른 임차인이 전체 임차인 중 비율이 얼마나 되는지, 그 비율이 입법목적에 부합하는지, 일정 정도 소액임차인의 범위를 확대한다면 어느 정도까지 확대할 수 있는지 담보가치와 담보시장에 미치는 영향을 다각도로 검토하여 소액임차인 범위 확대 방안을 마련하는 방안을 향후 검토해보면 어떨까 한다.

바. "계약금 선반환 의무화"

　김제완은 위 논문에서 임차인이 기존의 임대차계약을 종료하고 새로운 임대차계약을 체결할 때 이사하는 당일에 기존의 임대인으로부터 보증금을 돌려받고 새로운 임대주택의 임대인에게 지급하는 거래 관행의 불합리성을 지적하면서 임대차계약이 종료되기 전에 임대인이 최소한 계약금 상당의 금원을 임차인에게 미리 지급할 수 있도록 하는 규정을 신설할 것을 제안한다. 임대차계약에서 임차인이 주택을 인도받기 전에 임대인에게 계약금을 미리 지급하는 것처럼, 임대차계약 종료를 앞둔 임대인도 임차인으로부터 미리 받았던 계약금을 선지급하는 것이 공정하다는 것이다. 이에 대하여는 임차인의 퇴거의사를 확실히 하기 위하여 임대인에게도 필요한 측면이 있어 계약금을 선반환하는 거래관행이 있다는 것인바, 이와 같은 거래 관행과 임대인 측면에서의 필요성 등도 추가적으로 검토할 필요가 있을 것이다.

4. 민간임대주택사업자 제도 개선 방향

김준우, 용진혁, 이희숙, 최나빈은 민간임대주택사업자 등록제도가 변화해 온 연혁을 살피면서 개별 정책들이 직면했던 비판과 그에 따른 변화, 개선 노력을 개관하고 이후 제도 개선점을 점검한다. 현행 민간임대주택사업자 등록제도는 10년 장기임대를 기본으로 하여 임대사업자에게 취득세, 양도소득세 중과배제 등 세제 혜택을 부여하는 한편, 임차인 보호를 위해서는 임대료 규제와 임대의무기간 보장, 보증금 반환 보증보험 의무화가 기본 정책 틀로 정착되었다. 문재인 정부의 2017년 '임대주택 등록 활성화 방안' 시행 이후 신규로 등록한 임대사업자와 민간 등록 임대주택의 호수가 크게 증가하였다. 이에 따라 임대사업자 등록제도가 주택가격 및 공급 안정에 미치는 영향에 관하여 다양한 의견이 개진되고, 관련된 정책 변경이 이루어질 때마다 임대사업자 등록제도를 전면 폐지하여야 한다는 의견부터 정반대의 의견들이 첨예한 대립을 이루었다. 최근 전세사기나 깡통 전세가 사회문제가 되면서 임대사업자 등록제도가 원인이 되었다는 주장도 제기되지만 전세 사기가 발생한 가구 중 임대주택으로 등록된 가구의 비율이 33%에 불과했다는 실태조사 등을 볼 때 임대사업자 등록제도가 전세사기의 원인이 되었다는 주장은 실증적 근거가 부족해 보인다.

이처럼 논란이 된 임대사업자 등록제도의 개선을 위하여 국회에서 민간임대주택법 개정안이 다수 발의되었다. 주요 개정안으로는, 민간임대주택 공급 확대를 위해 단기등록임대 제도, 등록 임대주택 유형에서 제외되었던 아파트 매입임대를 허용하는 개정안, 전세사기 피해 예방과 임차인 보호를 위하여 등록 요건을 강화하고 등록 말소 요건을 확대하는 개정안 등이 있다.

향후 제도개선은 장기적인 목표를 가지고 추진할 필요가 있으며 그 방향은 임차인의 주거생활을 안정시키고자 하는 민간임대주택 등록제도의 목적을 염두에 두어야 한다. 주택임대시장이 전세에서 월세로 전환되는 속도에 앞서 나가기 어려운 현실을 인정하고, 월세 임대주택 확대를 위한 임대수익에 대한 소득세 감면 외에 저소득층의 월세 보조를 위한 주거급여 확대, 월세정보 공개를 통한 시장 투명성 강화 등이 필요하다. 임차인 보호를 위한 제도 보완 및 관리 강화를 위해 민간임대사업자 및 민간등록임대주택에 대한 지방자치단체의 관리를 강화할 필요가 있다. 이제까지 민간임대사업자에 대한 행정적 관리·감독 실태와 문제점, 개선방안을 연구할 필요가 있고, 특히 위 민사법학회 학술대회에서 지정토론한 모승규(법제처)가 제안한 바와 같이 일정 규모 이상의 민간임대주택을 임대하는 민간임대사업자에 대하여는 주택임대사업자 등록을 의무화하여 보다 엄격한 관리·감독 체계를 강구할 필요가 있을 것이다. 장차 주택임대 시장에서 월세의 비중이 높아지면 임차인의 차임에 대한 세금 공제나 보조금 제도 등이 발달할 가능성이 커서 장기적으로 이러한 시장 변화에 대비한 제도개선을 위한 사전 연구와 대비가 필요하다.

5. 공인중개사 주의의무 강화 방안

김제완은 위 논문에서 임차인의 권리보호와 관련하여 공인중개사의 역할이 중요한데, 공인중개사의 주의의무에 관한 기준과 법리는 구체적이지 않으므로 관련 법제나 윤리규칙에서 보다 구체적이고 명확하게 하는 방향으로 하는 것이 임대차 관련 분쟁이나 피해를 예방할 수 있다고 주장한다. 특히 최근 임대된 주택의 매매를 중개한 중개사에게 보증금반환채무의 면책적 인수 여부에 관한 주의의무 위반이 문제된 사안에서 대법원이 공인중개사에게 채무인수의 법적 성격까지 조사·확인하여 설명할 의무가 없다는 취지로 판결하였는데, 이에 대하여 변호사 등 다른 전문영역 쟁점에 관하여 해당 전문가의 조언을 받도록 권유할 의무가 있다고 주장한다. 반면 최근 대법원은 신탁관계가 설정된 부동산에 관하여 임대차계약을 중개하는 공인중개사에게 신탁관계에 관한 조사·확인을 거쳐 중개의뢰인에게 신탁원부를 제시하고 신탁관계 설정사실 및 그 법적인 의미와 효과 등을 성실하고 정확하게 설명하여야 할 의무가 있다고 판단하였는데, 신탁법리에 관하여 공인중개사에게 지나친 주의의무를 인정한 것이 아닌지 의문을 제기한다. 이에 대하여 김기환은 공인중개사의 자격, 교육요건, 시험과목, 보수 등을 고려할 때 복잡한 권리관계 분석을 요구하는 것은 타당하지 않고, 그렇게 되면 권리관계가 복잡한 다가구 주택의 전세 중개가 감소하는 결과로 귀착될 것이라고 비판한다. 한편 장보은은 공인중개사가 확정일자 부여기관에 해당 주택의 확정일자 부여현황, 차임 및 보증금, 전입세대 등 관련 정보를 확인할 수 있도록 주택임대차정보시스템을 구축하고, 단순히 설명에 그칠 것이 아니라 계약 체결 시에 이러한 정보를 임차인에게 제공하도록 하는 방안도 고민해볼 필요가 있다고 하고, 최지현(중앙대)은 중개대상물 확인·설명서와 관련하여 단순한 설명에 그치지 않고 해당 정보를 적극적으로 임차인에게 제공하도록 하는 방안을 주장한다.

공인중개사에게 어느 정도의 주의의무를 부여할 것인지에 대하여는 향후 공인중개사의 자격, 교육요건, 시험과목, 보수 등을 고려하는 가운데, 김제완의 글에서 예시된 온타리오주의 윤리규칙 등 각국 예를 참고하여 정리될 필요가 있고, 그러한 논의를 바탕으로 중개대상물 확인·설명서 등 양식을 개정할 필요가 있을 것이다.

6. 마무리하며 – 임대차 법제 개선과제의 복합성

　최근 서민과 청년층의 주거 불안정의 핵심 문제로 임대차 법제를 정하고 그 문제점과 개선방안을 살펴보기 위하여 이 책을 준비하였는데, 편집을 마치며 드는 생각은 문제가 대단히 복합적이라는 것이다. 단적으로 민간임대사업자의 경우 보증보험 가입이 의무화되어 있고 위반시 과태료 부과대상인데, 이에 대하여 지자체의 관리·감독은 제대로 이루어지지 않았고, 이는 행정과 행정법의 문제이다. 금리와 유동성은 세법 등 규제와 함께 임대시장을 움직이는 거대한 힘인데, 금리와 유동성은 기획재정부와 금융위원회, 한국은행의 소관이고, 임대차 시장에서 수요 측면에서 중요한 자금원인 주택도시기금은 기획재정부, 국토교통부, 주택도시보증공사(HUG)의 거버넌스를 거쳐 수요자금융의 기반 역할을 하고 있다. 앞서 본 보증보험은 그 본질상 금융에 속하고 주택도시보증공사(HUG)의 소관 하에 있다. 단순한 민사법만의 문제로 접근해서는 문제해결에 턱없이 부족한 것이다.

　이 책의 주요 주제인 임대차기간, 임대료, 보증금, 민간임대사업자 제도, 중개사의 주의의무와 관련하여서도 문제의 복합성은 확인된다. 임대차기간 문제가 임대차 3법 입법시 엄청난 논란이 되고 최근 임대차기간 연장을 내용으로 하는 입법이 논란 끝에 철회된 것은 임대차기간 문제가 고도로 복합적인 정치와 언론의 문제임을 여실히 보여준다. 임대차기간 1회 갱신을 의무화한 법이 임대와 부동산 시장에 미친 영향도 큰 논란이 되는 문제여서 좋은 목적에도 불구하고 현실에서는 의도한 것과 많이 다른 결과가 나왔다는 비판이 있고 이는 일반적으로 보면 규제의 효과에 대한 경제학적, 사회학적, 정치학적 영향 문제와도 연결되어 있다. 임대료 상한을 5%로 한 규제가 임대와 부동산 시장에 미친 영향도 입법과정에서 검토되었어야 하는 문제이고 향후 표준임대료 제도를 채택할 경우 그 경제적, 사회적, 정치적 영향에 대해서도 입법과정에서 검토될 필요가 있을 것이다. 임대인의 보증보험 의무화 제안과 관련해서도 보증보험의 목적, 성과, 문제점 등에 대한 종합적인 평가를 바탕으로 전면적인 보증보험 의무화가 가져올 경제적, 사회적, 정치적 영향에 대한 검토가 필요해 보인다. 임대차 관련한 규제를 신설할 경우 그 의무 위반시의 제재와 의무이행확보방안은 규제의 실효성을 확보하기 위한 행정법적 검토사항이다. 임대차 대항력의 기준시점을 당일 0시로 하는 방안, 소액임차인 범위를 확대하고 최우선변제금을 상향할 경우 그것이 담보대출시장에 미칠 영향에 대하여 검토는 상당 부분 경제학적 검토를 필요로 하고, 민간임대사업자에 대한 세제 등 인센티브를 어느 정도로 할 것이고, 그에 대한 행정적인 관리는 어떻게 할 것인지 등은 세법과 행정법의 문제이며 공인중개사에 대한 주의의무를 정하고 관리·감독하는 것은 행정법의 문제이다.

임대차 문제를 포함한 우리의 주거 문제는 참으로 복합적이다. 김수현 전 정책수석이 《부동산과 정치》에서 토로한 바와 같이 부동산의 금융화 현상이 지배적이 되면서 금리와 유동성이 주택의 가격과 수요에 미치는 영향은 절대적이고 종합부동산세를 포함한 세법 역시 큰 영향을 미치며 복지 담론 역시 주거정책에 큰 영향을 미치는 요소이다. 문재인 정부에서 보듯이 주택문제는 정권의 향배를 좌우할 만큼 지극히 정치적인 이슈가 되었고 언론은 주택문제를 정치화하는데 결정적 역할을 하고 있다. 따라서 임대차를 포함한 주거의 문제는 단순히 도시계획학, 건축학, 부동산학의 문제가 아니라 금융, 재정, 세법, 입법, 복지와 언론, 정치 및 경제학 담론을 포괄하는 복합적이고 고도로 정치적인 문제이므로 그 정책담론은 이러한 복합적인 성격을 고려하여 다학제적인 각 분야 전문가 컨소시엄의 논의를 통해 마련될 필요가 있는 것이다.

주거공익법센터로서는 《공익법총서 제9권 주거공익법제연구》에 이어《225조 원의 질문: 주택도시기금의 진실과 미래》과 이 책을 발간함으로써 주거공익법제 연구에 본격 진입한 셈인데, 향후 과제를 아래와 같이 개략적으로 생각하고 있다. (1) 이 책에서 제시된 임대차법제 개선방안의 입법화, (2) 위 주택도시기금 단행본에서 제안된 개선방안의 입법화, (3) 주택도시기금 거버넌스 현황 분석과 개선방안, (4) 지역(지방) 주거분권 강화방안, (5) 보증금반환보증보험에 대한 종합적인 평가와 개선방안, (6) 민간 비영리, 제한영리 주택사업자 역할 제고방안, (7) 민간임대사업자 제도 개선방안, (8) 공공주택특별법 및 민간임대주택특별법 평가와 개선방안 등.

이 책이 향후 임차인의 권리 보호를 위하여 우리 임대차 법제를 개선하는 데 조금이라도 도움이 되기를 희망한다.

집필자 약력(가나다 순)

■ **권도형**
서울대학교 경제학부 졸업 (2010)
서울대학교 법학전문대학원 졸업 (2013)
The University of Chicago Law School (LL.M.) (2019)
제51회 행정고시 합격 (2007)
변호사시험 2회 합격 (2013)
법무법인(유한) 태평양 변호사 (2013~현재)

■ **김경목**
서울대학교 공법학과 졸업 (1993)
제36회 사법시험 합격 (1994)
제26기 사법연수원 수료 (1997)
김&장 법률사무소 변호사 (1997~2002)
미국 UC Berkeley School of Law (LL.M.) (2007), (J.S.D.) (2010)
헌법재판소 헌법연구관/선임헌법연구관/부장연구관 (2002~2020)
법무법인(유한) 태평양 변호사 (2020~현재)

■ **김영두**
연세대학교 법학 졸업 (1996)
연세대학교 대학원 법학 석사 (1998), 박사 (2004)
법무부 법무자문위원회 전문위원 (1999~2003)
충남대학교 법학전문대학원 교수 (2006~현재)
한국집합건물진흥원 이사장 (2018~현재)

■ **김제완**
서울대학교 사법학 졸업 (1981)
고려대학교 대학원 석사 (1994), 박사 (1998)
제27회 사법시험 합격 (1985)
제17기 사법연수원 수료 (1998)
고려대학교 법과대학 교수 (2000~2008)
고려대학교 법학과 학과장 및 법과대학 부학장 (2009~2010)
고려대학교 법학전문대학원 교수 (2009~현재)

■ **김준우**
서울대학교 외교학과 졸업 (1997)
제44회 사법시험 합격 (2002)
제34회 사법연수원 수료 (2005)
미국 University of Pennsylvania Law School (LL.M.) (2010)
법무법인(유한) 태평양 변호사 (2005~현재)
국제상업회의소(ICC) 중재 및 ADR 위원회 위원 (2022~현재)

■ **박인환**
연세대학교 법학과 졸업 (1988)
연세대학교 대학원 법학 석사 (1995)
서울대학교 대학원 법학 박사 (2004)
한림대학교 법행정학부 부교수 (2004~2009)
인하대학교 법학전문대학원 교수 (2009~현재)

■ **백지욱**
서울대학교 경제학부 졸업 (2009)
연세대학교 법학전문대학원 졸업 (2012)
변호사시험 1회 합격 (2012)
감사원 (2012~2018)
법무법인(유한) 태평양 변호사 (2018~현재)

■ 서종균

연세대학교 건축공학과 졸업 (1989)
서울대학교 환경대학원 석사 (1993)
중앙대학교 도시 및 지역계획학과 박사 (2004)
한국도시연구소 연구원 (1994~2012)
한국도시연구소 소장 (2013~2014)
서울주택도시공사 주거복지처장 (2015-2021)
주택관리공단 사장 (2021~2024)
씨닷 주거정책연구자 (2024~현재)

■ 용진혁

한동대학교 법학과 졸업 (2011)
한양대학교 법학전문대학원 졸업 (2014)
제3회 변호사시험 합격 (2014)
법무법인(유한) 태평양 변호사 (2014~현재)

■ 이도국

한양대학교 법학과 학사 졸업 (1995)
한양대학교 대학원 법학과 법학석사 (2005)
독일 Universität Konstanz 법학과 법학박사 (2013)
한양대학교 정책학과 교수 (2022~현재)

■ 이은희

서울대학교 사법학과 졸업 (1989)
서울대학교 대학원 법학과 석사 (1992), 박사 (1998)
충북대학교 법학연구소장 (2007~2009, 2011~2013)
충북대학교 법과대학/법학전문대학원 교수 (1998~현재)
한국사법학회 이사 (2002~현재)
한국민사법학회 이사 (2006~현재)

■ 이희숙
성균관대학교 법학과 졸업 (2005)
제46회 사법시험 합격 (2004)
제37기 사법연수원 수료 (2008)
북한대학원대학교 북한학(정치·통일) 석사 (2017)
법무법인(유) 로고스 변호사 (2008~2010)
주식회사 포스코 변호사 (2010~2015)
재단법인 동천 상임변호사 (2015~현재)

■ 임부루
서울대학교 경제학부 졸업 (2002)
서울대학교 대학원 경제학 석사 (2010)
신한은행 행원 (2005~2007)
법무법인(유) 광장 연구원 (2016~2021)
법무법인(유한) 태평양 전문위원 (2021~현재)

■ 장보은
서울대학교 법학과 졸업 (2002)
서울대학교 법학석사 (2006), 법학박사 (2017)
제45회 사법시험 합격 (2003)
제35기 사법연수원 수료 (2006)
김·장 법률사무소 변호사 (2006~2017)
Harvard Law School (LL.M) (2012)
한국외국어대학교 법학전문대학원 교수 (2017~현재)

■ 정소민
서울대학교 사법학과 졸업 (1991)
Stanford Law School (LL.M.) (1995)
서울대학교 대학원 법학(민법) 박사 (2012)
제39회 사법시험 합격 (1997)
제29기 사법연수원 수료 (2000)
법무법인 세종 변호사 (2000~2007)

한국외국어대학교 법과대학/법학전문대학원 교수 (2007~2017)
한양대학교 법학전문대학원 교수 (2017~현재)

- **최나빈**

고려대학교 노어노문학과 졸업 (2013)
고려대학교 일반대학원 법학(지적재산권법) 석사 (2016)
인하대학교 법학전문대학원 졸업 (2021)
변호사시험 10회 합격 (2021)
재단법인 동천 변호사 (2023~현재)

- **최은영**

서울대학교 지리교육과 학사 (1993)
서울대학교 지리교육과 석사 (1999), 박사 (2004)
통계청 사무관 (2007~2013)
한국도시연구소 연구위원 (2013~2019)
한국도시연구소 소장 (2019~현재)

- **홍정훈**

세종대학교 공공정책대학원 부동산학 석사 (2024)
한국도시연구소 책임연구원/연구원 (2020~현재)

법무법인(유한) 태평양은 1980년에 인재경영, 가치경영 및 선진제도경영이라는 3대 경영철학을 바탕으로 설립되었으며, 설립 이후 현재까지 지속적으로 로펌의 사회적 책임을 다하기 위해 다양한 공익활동을 수행해 오고 있습니다. 2001년에는 보다 체계적인 공익활동을 위해 공익활동위원회를 구성하였고, 변호사들의 공익활동 수행시간을 업무수행시간으로 인정하였으며, 2009년에는 공익활동 전담기구인 재단법인 동천을 설립하였습니다.

법무법인(유한) 태평양은 2013년에 공익활동의 선도적인 역할을 한 공로를 인정받아 대한변호사협회가 시상하는 제1회 변호사공익대상(단체부문)을 수상하였고, 2015, 2016년 국내 로펌으로는 유일하게 2년 연속 아시아 법률전문매체 ALB(Asian Legal Business)가 발표하는 CSR List에 등재되었고, 2022년에 산업계 전반으로 자리잡은 'ESG(환경·사회·지배구조) 경영' 성과를 평가하고자 신설된 ALB '올해의 ESG 로펌'상을 국내 최초로 수상하였습니다. 나아가 2018년에는 The American Lawyer의 아시아 리걸 어워즈에서 '올해의 프로보노분야 선도 로펌'으로 선정되었고, 2019년에는 '2018 평창동계올림픽' 법률자문 로펌으로 공로를 인정받아 유공단체 부문 대통령 표창을 수여받았으며, 난민의 근로권과 관련한 공익활동 성과를 인정받아 Thomson Reuters Foundation로부터 제9회 TrustLaw Collaboration Award를 공동수상하였습니다.

2024년 한 해 동안 법무법인(유한) 태평양 소속 국내변호사 557명(대한변호사협회 등록 기준) 중 73.3%인 430명이 공익활동에 참여하였고, 국내변호사들의 공익활동 총시간은 28,672시간에 이르며, 1인당 평균 공익활동 시간은 51.48시간으로 서울지방변호사회 공익활동 의무시간(20시간)의 약 2.6배 가까이 됩니다. 2024년 주요 사건으로는 정치적 사유로 한국에 입국한 이집트 난민 신청자가 6년 만에 난민으로 인정받은 판결, 재외동포가 입양한 자녀에게 재외동포 체류자격을 부여하지 않은 출입국관청의 결정을 취소한 판결, 발달장애인의 선거 참여 권리를 보장한 판결, 쪽방 거주자가 전입신고시 건물주의 동의를 요구하는 행정안전부의 지침이 위법함을 확인한 판결, 다일복지재단의 시정명령처

밥취소(밥퍼) 승소 판결, 장애인 대상 재산범죄 처벌 가로막는 형법규정 헌법불합치 결정 등 10여 건의 의미 있는 판결·결정을 이끌었습니다. 공익사건 중 소방관의 국가유공자 인정 판결 사건(제6회)과 장애인 대상 재산범죄 처벌을 가로막는 형법규정에 대한 헌법불합치 결정 사건(제7회)은 대한민국 법무대상 '법률공익상'을 수상하기도 하였습니다.

태평양 공익활동위원회는 분야별로 난민, 이주외국인, 장애인, 북한/탈북민, 사회적경제, 여성/청소년, 복지 등 7개 분과위원회로 구성되어 2025년 6월 현재 250여 명의 전문가들이 자원하여 활동하고 있습니다.

재단법인 동천은 2009년 법무법인(유한) 태평양이 설립한 국내 로펌 최초 공익재단법인으로서 '모든 사람의 기본적 인권을 옹호하고 우리 사회의 법률복지 증진과 법률문화 발전을 통해 모두가 더불어 함께 사는 세상을 만들어 나가는 것'을 목표로 전문적인 공익활동을 해오고 있습니다. 장애인, 난민, 이주외국인, 사회적경제, 탈북민, 여성, 청소년, 복지, NPO, 주거 분야에서 법률구조, 제도개선, 입법지원 등 법률지원 활동을 수행하는 것과 함께 태평양공익인권상, 장학사업, 공익법총서 발간, 주중배식봉사, 나무심기, 플로깅, 연말 나눔행사 등 다양한 사회공헌 활동을 수행하고 있습니다. 특히 2016년 12월에는 NPO(비영리법인, 단체) 법률지원의 허브를 구축하여 NPO의 성장, 발전에 기여하고자 '동천NPO법센터'를 설립하여 매년 NPO법률지원단을 운영하면서 NPO에 대한 전문적인 법률지원을 할 수 있는 변호사단을 배출하였습니다. 또한 주거취약계층의 주거권 보호를 위한 체계적이고 종합적인 공익법률지원 및 연구를 실천하고자 2023년 3월에 '동천주거공익법센터'를, 장애와 관련한 법·제도 연구와 관련 입법을 추진하기 위해 2024년 12월에 동천장애인법센터를 설립하였습니다. 동천은 이러한 성과를 인정받아 2014년 국가인권위원회 대한민국인권상 단체표창, 2015년 한국인터넷기자협회 사회공헌상, 그리고 2019년 국가인권위원회 대한민국인권상 단체표창을 공동수상하였습니다.

편집위원회

- **편집위원장**
김재형 교수 (前 대법관)

- **편집위원** (가나다 순)
김경목 변호사 (법무법인(유한)태평양, 동천NPO법센터장)
김준우 변호사 (법무법인(유한) 태평양, 동천주거공익법센터장)
유　욱 변호사 (법무법인(유한)태평양, 재단법인 동천 이사장)
유철형 변호사 (법무법인(유한) 태평양, 태평양 공익위원회 책임변호사)
이희숙 변호사 (재단법인 동천)

- **기획팀** (가나다 순)
구대희 사무국장 (재단법인 동천)
김윤진 변호사 (재단법인 동천)
최나빈 변호사 (재단법인 동천)

임차인의 권리 연구

초판 1쇄 인쇄　2025년 6월 5일
초판 1쇄 발행　2025년 6월 12일

편　　자	법무법인(유한) 태평양·재단법인 동천
발 행 인	한정희
발 행 처	경인문화사
편　　집	김지선 한주연 양은경 김한별
마 케 팅	하재일 유인순
출 판 번 호	제406-1973-000003호
주　　소	경기도 파주시 회동길 445-1 경인빌딩 B동 4층
전　　화	031-955-9300　팩　스 031-955-9310
홈 페 이 지	www.kyunginp.co.kr
이 메 일	kyungin@kyunginp.co.kr

ISBN 978-89-499-6863-6 93360
값 42,000원

* 저자와 출판사의 동의 없는 인용 또는 발췌를 금합니다.
* 파본 및 훼손된 책은 구입하신 서점에서 교환해 드립니다.